# 2020 서울생활문화 자료조사

# 장위동

# 도시 주거 변천의 파노라마

| | |
|---|---|
| **총괄** | 배현숙(서울역사박물관장)<br>송인호(前서울역사박물관장) |
| **기획** | 박현욱(학예연구부장)<br>김양균(조사연구과장)<br>최보영(학예연구사) |
| **현장조사 및 원고작성** | 김백영(서울대학교 사회학과), 임동근(한국교원대학교 교육박물관), 이연경(인천대학교 지역인문정보융합연구소)<br>신은기(인천대학교 건축학과), 정윤천(홍익대학교 건축학과), 박현(서울학연구소)<br>박해남(원광대학교 동북아인문사회연구소), 박치현(대구대학교 자유전공학부)<br>이보아·정진영(서울대학교 지리학과), 김하나·김민철·박지은·문율·이진주·최인혜(서울소셜스탠다드)<br>최보영(서울역사박물관 학예연구사), 배한솔(前서울역사박물관 연구원) |
| **발간지원** | 이결·최동진(연구원), 정명희(한국사회사학회) |
| **교정** | 내일날씨 |
| **사진** | 정영주, 최인호 |
| **행정지원** | 김성재, 김나현, 이성호 |
| **자료 제공** | 스마트서울맵, 서울특별시 에스맵, 카카오맵, 국토지리정보원, 성지문화사, 중앙지도문화사, 동아일보, 조선일보, 경향신문, 매일경제, 한겨레, 국민일보, 서울사진아카이브, 장서각, 장석교회, 장위동성당, 장위제일교회, 성광교회, 장위감리교회, 최무영, 이청자, 원불교 송천교당, 서울역사편찬원, 성북구청, 성북마을아카이브, 국가기록원, 한국토지주택공사, 국가아카이브, 서울기록원, 소구리문화지도, 네이버지도, 국립민속박물관, 대한민국역사박물관, 북부지법 등기국 |


**일러두기**

- 이 보고서는 2020년 서울생활문화자료조사 장위동 지역 조사의 일환으로 제작되었다.
- 보고서에 인용된 단행본, 신문자료, 논문 등의 내용은 최대한 원문을 표기하였다.
- 개인정보 보호를 위해 일부 제보자의 성명을 가명 또는 익명으로 처리하였다.
- 보고서에 실린 외부 자료의 저작권은 해당 소유자에게 있다.
- 보고서에 실린 시각자료는 서울역사아카이브(https://museum.seoul.go.kr)에서 확인 및 다운로드가 가능하다.

도시 주거 변천의 파노라마

# 장위동

JANGWI DONG

서울역사박물관

# 발간사

서울생활문화자료조사는 도시화 과정을 거치며 급격하게 변화하는 서울의 특징적 공간과 그 안에서 살아가는 사람들의 삶을 세밀하게 기록하는 사업입니다. 2007년부터 2020년까지 시장, 저소득층 주거지, 대학가, 제조업 지역 등 14개 자치구에서 36개 지역을 조사해 보고서를 발간했습니다. 2020년 조사지역인 성북구 장위동은 다소 평범한 저층 단독주택 밀집지역입니다. 그러나 아파트가 보편화되기 시작한 1990년대 이전 대부분의 서울 사람들은 장위동과 같은 동네에 살았다는 점에서 이번 조사에 의미를 찾을 수 있을 것입니다.

2020년 조사지역으로 선택된 장위동은 해방 이후 1950년대부터 현재에 이르는 시간동안 조성된 다양한 주택 형태가 공존하고 있는 독특한 주거문화를 간직한 지역입니다. 장위동은 서울의 도시화 과정에서 동북쪽 외곽 지역의 평범한 동네가 경험한 사회적·공간적 변화상을 잘 보여주는 지역으로, 서울에서 지난 60여 년간 시행된 다양한 택지개발사업의 전개 양상과 변화 추이를 조사하였습니다.

장위동은 조선시대 우이천을 경계로 한 한성부 성저십리의 동북쪽 끝자락에 해당하는 지역입니다. 일제강점기 이 일대에 1914년 경원선과 1939년 경춘선이 개통되어 도시화의 기틀이 마련되었습니다. 한적한 농촌마을 이었던 장위동은 6·25전쟁 이후 1958년 재건주택과 부흥주택, 1960년대 초 국민주택이 조성되면서 도시화가 시작되었습니다. 1960년대 중반에는 민간 자본에 의한 대규모 단지주택 개발 사업으로 동방주택단지가 조성되어 신흥 부촌이 형성되었고, 장위동의 인구 증가와 도시화가 크게 진행되었습니다. 그러나 1980년대 후반 이후 장위동 지역의 도시발전은 정체되었고 저지대 단독주택지 대부분이 다세대·다가구 주택으로 전환되어 서민주거지화 현상이 나타나게 되었습니다. 2005년 뉴타운 개발사업 대상지로 지정된 이후 현재까지 재개발 사업이 진행되고 있습니다.

이번 조사를 통하여 장위동에 현존하는 다양한 시차를 두고 형성된 이질적인 공간적·문화적 특성들이 어떻게 형성되었고, 그 역사적 변천 과정은 어떠하였는지를 세밀하게 조사하여 도시변동의 각 시기와 국면에 따라 다양한 변화를 종합적으로 살펴보고자 하였습니다. 이를 위해 조선시대부터 현재까지 장위동의 시간을 조선시대부터 일제강점기까지, 해방 후부터 1970년대, 1980~1990년대, 2000년대 이후로 나누고, 시기별 주택지 개발사업의 전개, 인구 구성과 사회문화, 건축물과 공간구조의 단면, 주민 구술생애사 등을 통시적 변화에 따라 총체적으로 구성하였습니다.

2020년 갑작스러운 코로나19 확산으로 인한 여러움 속에서도 조사를 맡아 주신 서울대학교 김백영 교수 외 여러 연구진과 정영주 사진작가, 박군제 감독께 진심으로 감사드립니다. 그뿐 아니라 조사를 원활히 진행할 수 있도록 협조해 주신 장위동 주민들과 관계자 여러분께 감사를 표합니다.

2021년 5월
서울역사박물관장 **배현숙**

# 목차

SAMICK
삼익
조식·중식·석식
식사됩니다!
(월식사가능)
주차장 진입로 부터 삼익APT에 관한 모든일을 장위 4구역
재개발조합은 왜 너희들 마음대로 하는가?
당장
시정하라

장위로31길
Jangwi-ro 31-gil
60-7

15

24-11

50 50

# 1

# 조사 개요

1.
조사배경
…

2.
조사과정 및 방법
…

3.
내용구성
…

# ① 조사 배경

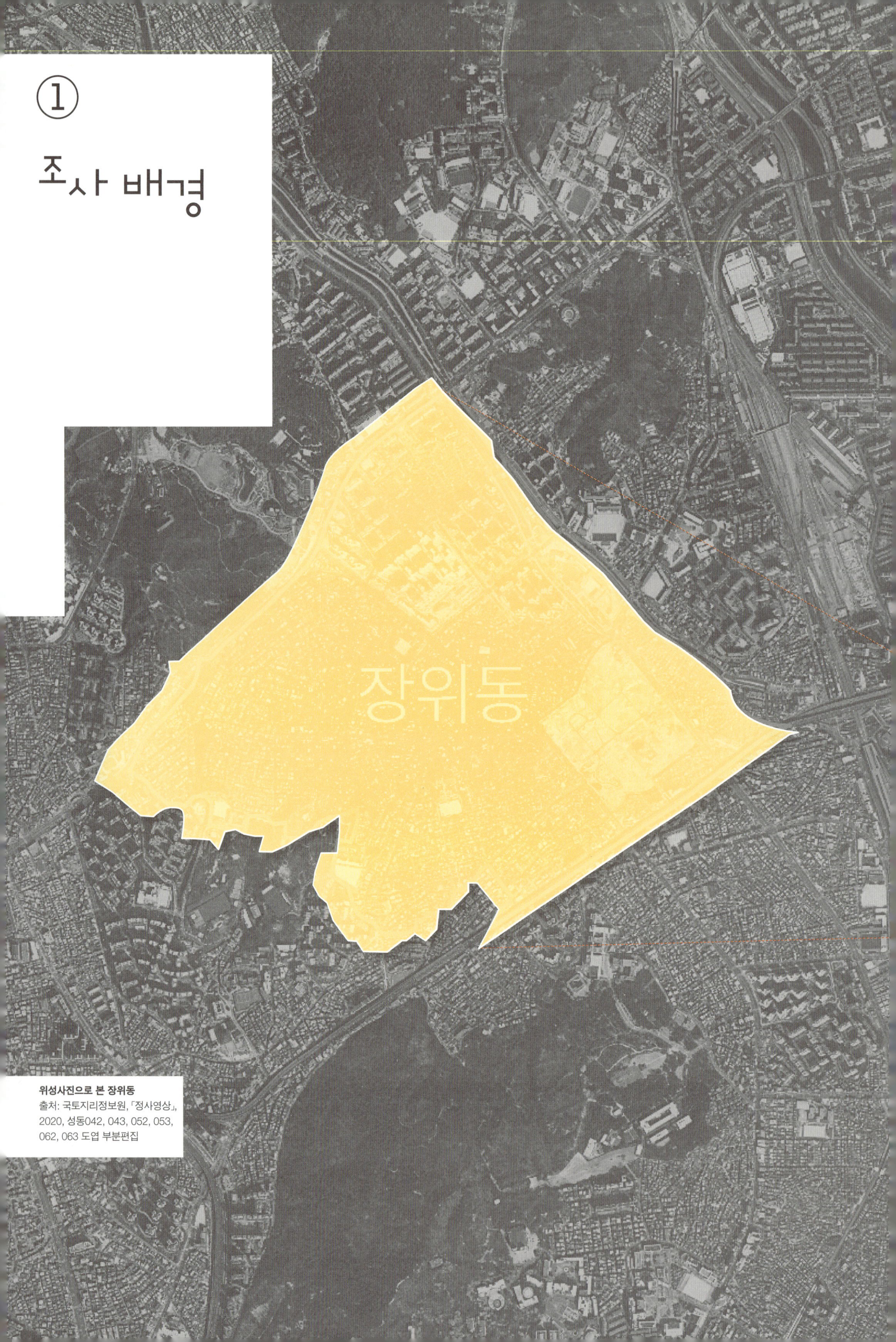


**위성사진으로 본 장위동**
출처: 국토지리정보원, 「정사영상」, 2020, 성동042, 043, 052, 053, 062, 063 도엽 부분편집

이 책은 2020년 서울역사박물관에서 성북구 장위동을 대상으로 하여 진행한 서울생활문화자료조사의 성과물이다. 2007년부터 시작된 서울생활문화자료조사 대상 지역들을 한성부 사대문 안 지역(①)과 사대문 밖 성저십리 지역(②), 일제강점 초기인 1914년 경성부 지역(③)과 1936년 확장된 '대경성'에 편입된 지역(④), 해방 이후 1949년에 서울시역에 편입된 지역(⑤)과 1963년 이후에 편입된 지역(⑥) 등으로 범주를 나눠 보면 장위동은 ②번과 ⑤번에 해당하는 지역이다. 즉 조선시대에는 한성부 외곽지역에 속하였으나 일제강점기 경성부에서는 배제되었다가 해방 이후에는 비교적 이른 시기에 서울시에 포함된 지역이다.

서울생활문화자료조사 추진 실적

| 구분 | 조사지역 |
|---|---|
| 2007 | 보광동 |
| 2008 | 강남, 가재읍 |
| 2009 | 북아현, 길음, 돈화문 |
| 2010 | 세운상가, 이태원, 아현, 서촌 |
| 2011 | 명동, 창신동, 동대문시장 |
| 2012 | 104마을, 청량리, 광장중부, 방산 |
| 2013 | 가리봉동, 마장동, 남대문시장 |
| 2014 | 성수동, 신림동, 황학동 |
| 2015 | 후암동, 인현동 |
| 2016 | 신촌, 청파-서계 |
| 2017 | 홍대앞, 대치동 |
| 2018 | 북촌, 반포동 |
| 2020 | 신문로2가, **장위동** |

장위동의 행정구역 변천 약사

- 1396 도성 및 성저를 5부 52방으로 획정할 때 한성부 동부에 속함
- 1788 도성 내외의 방(坊)과 계(契)의 명칭을 새로 정할 때 동부 인창방 장위리계에 속함
- 1876 한성부가 5부 47방 340계로 편제될 때 장위리계가 동부 숭신방에 속함
- 1911 조선총독부에 의해 경성부 인창면에 편입됨
- 1914 행정구역 개편으로 경기도 고양군 숭인면에 편입됨
- 1949 8월 성북구가 분리·신설될 때 성북구 숭인출장소 관할이 됨
- 1952 행정상 편의를 위해 성북구 석관동과 합쳐서 장석동이 설치됨
- 1970 다시 장위동과 석관동으로 분리되고, 장위1동과 장위2동으로 분동됨
- 1973 숭인출장소가 폐지되면서 성북구에 속함
- 1977 장위3동이 분동됨

장위동은 북서쪽으로는 매봉산(현 북서울꿈의 숲), 남동쪽으로는 돌곶이(현 화랑로), 동북쪽으로는 우이천, 서남쪽으로는 장위동고개(현 동방고개)를 자연지리적 경계로 하는 마름모 형상을 하고 있다. 또 서남쪽 고갯마루를 최고점으로 하여 동북쪽 우이천 방면으로 내리막 경사를 형성하는 사면에 자리하고 있다. 조선시대 장위동 일대는 우이천을 경계로 한 한성부 성저십리의 동북쪽 끝자락에 해당하는 지역으로,[01] 과거 성내에서 출발하여 이 지역으로 이동하려면 동북쪽으로 난 혜화문을 나와서 미아리고개와 장위동고개라는 두 개의 높은 고개를 넘어야만 다다를 수 있는 '고개 너머 마을'이자, 우이천 주변의 저지대를 중심으로 취락이 발달하여 다섯 개의 마을이 형성되어 있던 '고개 너머 천변마을'이었다. 아울러 이 지역은 한적한 농촌 마을로 임금의 동구릉 능행을 위한 거점지였다는 점과 순조의 셋째 딸인 덕온공주의 묘가 자리한 지역이라는 정도가 특기할 만한 사항에 해당한다.[02]

장위동은 다수의 전통시대 역사문화유산이나 역사적 명소, 유명한 근대문화유산을 보유하고 있거나 유명한 인물들을 배출한 다른 지역들에 비하면 상대적으로 덜 알려진 지역이라 할 수 있다. 어떤 의미에서 장위동은 서울 외곽에서 장삼이사들이 모여 살던 지극히 '평범한' 동네 중 하나라고 볼 수 있는데, 역설적으로 그렇기에 현대도시 서울의 형성과정에서 성저십리 동북쪽 외곽 지대가 경험한 변화상을 잘 보여주는 '대표적' 지역

01. 현재 우이천을 경계로 하여 성북구 장위동과 맞닿아 있는 노원구 월계동은 원래 개천 건너편 마을이라는 의미에서 '월계동(越溪洞)'이라고 불렸으나 언젠가부터 '월계동(月溪洞; 우이천과 중랑천 사이에 위치한 초승달 모양의 동네라는 뜻)'으로 한자가 변경되어 쓰이고 있다.

02. 덕온공주 묘를 돌보기 위한 재사(祭舍)로 지어진 건물이 현재 서울특별시 민속문화재 제25호로 지정되어 남아 있는 김진흥 가옥이다.

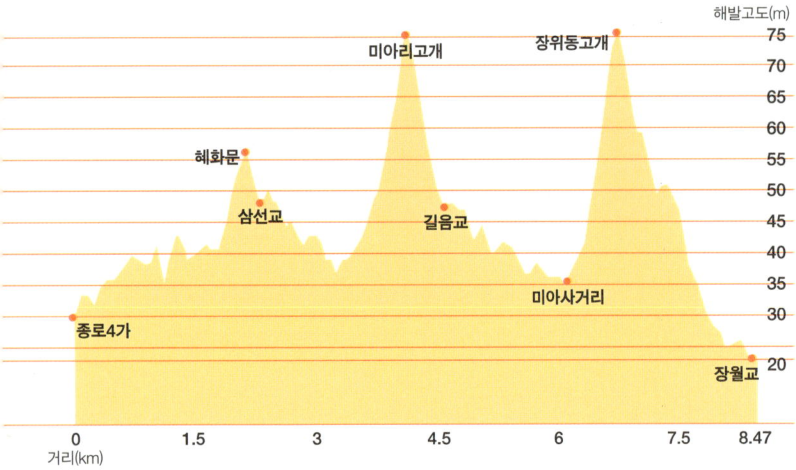


**장위동의 지형적 특성**
종로4가-혜화문-삼선교-미아리고개-길음교-미아사거리-장위동고개-장월교 구간의 지형 단면도이다.

이라 할 수 있다. 전근대 시기에 장위동은 윗마을·아랫마을·중간(간대)마을·명덕골·활량리 등 5개 자연촌락이 합쳐져 형성되었으며, 윤씨·한씨·최씨 등 세 성씨가 집성촌을 형성하고 있었다. 특히 조선시대 말기 덕온공주의 양자로서 '장위산인'으로 알려진 윤용구(1853~1939)가 장위동을 은거지로 택한 이래 이 지역의 대지주 가문이 된 윤씨 일가가 지역사회에 미친 영향력이 매우 컸다. 구한말 장위동의 농토는 대부분 윤용구와 그 일가의 소유였는데, 1960년대 초에 동방생명보험회사에서 윤용구의 손자 윤명섭으로부터 토지를 매입하면서 이 지역의 택지조성사업이 본격적으로 전개된다.

이처럼 장위동에 도시적 변화가 본격적으로 나타나기 시작한 것은 해방 이후의 일이다. 일제강점기에 이 일대는 1914년 경원선 개통과 1939년 경춘선 개통 등 도시화를 자극하는 요인들로 인해 택지 조성 움직임이 나타나기는 하였으나 실행되지는 않았다. 이 지역이 근대적인 교외주택단지로 개발되기 시작한 것은 해방과 정부수립, 6·25전쟁을 거친 이후인 1958년 재건주택과 부흥주택, 1960년대 초 국민주택이 조성되면서부터이다.

이후 1960년대 중반 이 지역에 동방주택단지가 조성되면서 대규모 단지주택 개발과 더불어 신흥 부촌이 형성되기 시작하였다. 1969년 미아리고개~장위로 구간 포장공사를 거쳐 1976년 화랑로, 1979년 장위로와 장석로(현 돌곶이길), 1983년 장월로가 차례로 개통되면서 장위동 일대의 간선도로망 정비가 일단락되었다. 이 시기에 장위동은 인구 증가와 더불어 도시화가 크게 진전되었다. 하지만 1980년대 후반부터 서울시 도시개발의 사각지대에 놓이게 되면서 장위동 지역의 도시 발전은 정체되기 시작하였고, 저지대 단독주택지 다수가 다세대·다가구주택으로 전환하는 등 서민주거지화 현상이 나타나게 되었다. 이는 같은 시기 서울의 다른 지역에서 전개된 대규모 택지개발사업과 연관해 보아야만 설명할 수 있는 현상으로, 멀게는 강남 개발의 본격화, 가깝게는 노원구 상계·중계·하계 일대의 대단위 아파트단지 건설, 그리고 1990년대 이후 수도권 신도시 개발의 본격화 등의 요인들로 인해 직간접적 영향을 받았음을 확인할 수 있다.

장위동은 2000년대 접어들어 뒤늦게 전면적인 도시개발의 거센 바람을 맞이하게 된다. 2005년 서울시에서 발표한 7개 뉴타운 개발사업 대상지구 중 장위뉴타운은 가장 넓은 면적이 사업대상지로 지정된 지역이었다. 5장에서 상술하겠지만, 이후 장위동은 뉴타운 개발사업 추진을 둘러싸고 지역사회 내부의 갈등으로 심각한 몸살을 앓았으며, 그 후유증은 현재까지도 지역민들에게 큰 상처로 남아 있다.

이처럼 장위동은 해방 이후 1950년대부터 최근에 이르는 다양한 시기에 조성된 이질적인 주택 형태가 공존하고 있는 독특한 주거문화를 간직한 지역이다. 장위동은 현대 서울이 초거대 도시화하는 과정에서 동북쪽 외곽 지역의 평범한 동네가 경험한 사회적·공간적 변화상을 잘 보여주는 지역으로, 서울시에서 지난 60여 년간 추진한 다양한 택지개발사업의 전개 양상과 변화 추이를 담아내고 있다. 그런 점에서 '택지개발의 야외박물관'이라 할 만한 지역이지만, 동시에 근년에 전면철거방식으로 추진된 뉴타운 사업의 영향으로 그 자취가 급속히 파괴되어 소멸 위기에 봉착해 있는 안타까운 지역이기도 하다.

## ② 조사과정 및 방법

장위동은 전통시대 한성부 외곽 고개 너머에 자리한 한적한 천변마을이 1960년대 이후 급격히 도시화하는 과정에서 경험한 택지개발사의 희비와 애환을 잘 보여주는 사례라고 할 수 있다. 이 조사는 이러한 장위동 일대의 역사적·공간적·문화적 특성을 종합적이고 입체적으로 기록하는 것을 목표로 하여, 2020년 4월부터 12월까지 약 8개월간에 걸쳐 진행되었다. 공동조사팀은 각각 역사지리, 건축·공간, 사회·문화 분야를 담당하는 세 개의 팀으로 나누어 조사업무를 분담하여 진행하되 정기적인 회의를 통해 조사·연구 성과를 공유하였다. 공동조사팀에서 시행한 조사방법은 대략 다음과 같이 다섯 가지로 나누어 볼 수 있다.

현장 조사 모습

### 1.2.1 현장답사

공동조사의 첫 번째 단계에서 전체 연구원이 함께 참여하여 수차례 현장을 답사하고 답사 결과에 대한 토론을 통해 지역 특성의 기초적 이해를 공유하였다. 이 과정은 사전 문헌조사만으로는 익힐 수 없는 기초적 현장지식을 획득하는 과정이자 팀원들 간의 팀워크를 다지고 자연스럽게 역할분담이 이루어지는 과정이기도 하였다. 이후 조사기간 내내 팀별 필요에 따라 수시로 현장답사가 이루어졌다.

### 1.2.2 문헌조사

조선시대~일제강점기에 이르는 역사적 변화는 주로 문헌조사 작업을 통해 진행되었다. 시대별로 다양한 1차 자료를 검토하였으며, 관련 선행 연구를 폭넓게 검토하여 필요한 내용을 발췌해 내고 추가적인 자료 발굴을 통해 사실을 확인·수정하거나 확충·보완하기도 하였다. 해방 이후 문헌자료로는 우선 관보를 통해 장위동과 직간접적으로 관련이 있는 서울시의 주요한 행정적 변화를 파악하였다. 또한 장위동을 키워드로 한 신문·잡지 기사를 모두 수집하여 관련 주제별로 분류하고 시대별로 배열하면서 계열·분야별 변동을 추적하는 작업을 거쳐

1·2·3. 현장 조사 모습
4. 중간보고회
5. 최종보고회

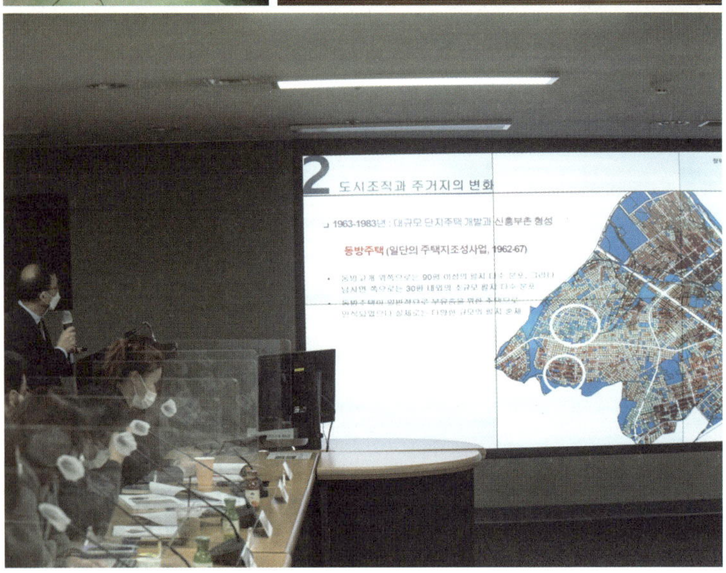


다. 장위동이 표시된 거의 모든 지도자료를 수집하여 지역공간의 시대별 변천사를 추적·확인하는 작업도 병행하였다.

### 1.2.3
### 건축 및 도시공간의 변화 조사

현장답사 과정에서 확인이 필요하다고 판단된 건축물이나 시대별 지도상에서 확인이 필요하다고 판단된 토지는 건축대장과 토지대장을 확인하여 건립·철거 연도나 토지 소유주와 필지 변동 연도를 확인하였다. 또 부흥주택·재건주택·국민주택·동방주택 등의 잔존 건축물들을 확인하여 가장 원형이 잘 보존된 사례를 골라 실측하고 도면으로 시각화하였으며, 과거의 형태가 잘 남아 있는 골목길 경관도 스캐닝하여 도면자료로 남기고자 하였다. 이와 함께 전문사진기사에게 의뢰하여 건축물의 실내외 사진 촬영은 물론이고 골목길 경관 촬영과 드론을 활용한 항공촬영 등을 진행하였으며, 이를 통해 확보한 다양한 사진자료를 활용하여 장위동의 주요 건축물과 공간구성의 특징적 양상을 입체적으로 시각화하고자 노력하였다.

### 1.2.4
### 심층면접조사

다양한 연령·세대·계층의 주민들을 만나 심층면접조사를 벌이는 등 지역사회와 생활문화의 내밀한 실상을 탐문하였다. 전근대~일제강점기 장위리 마을의 옛 모습을 기억하는 고령자 집을 방문하여 옛 마을 규약인 '장위리 존안'을 확인하는가 하면 동방주택단지의 형성사와 관련한 비사를 캐내고, 과거 재건주택이나 부흥주택에 거주한 경험이 있는 토박이들을 찾아 실제 거주 경험에 대한 체험담을 듣기도 하였다. 또한 통장이나 마을해설사, 재개발 구역의 이해당사자, 새마을부녀회나 마을엄마협동조합의 활동가를 만나 재개발 사업 등 지역사회 현안에 대한 다양한 지역민들의 입장을 듣기도 하였다. 이번 조사과정에서 가장 어려웠던 점은 예기치 못한 코로나19의 확산으로 인해 대면조사를 진행하기가 쉽지 않았다는 부분이다. 특히 방역지침을 준수하는 범위에서 면접조사를 효과적으로 수행하기 위해 여러 가지 궁여지책을 강구하였지만, 애초에 계획한 만큼의 충실한 심층면접조사를 실행하지 못한 점은 끝내 아쉬움으로 남는다.

이와 관련하여 또 하나 특기할 사실은 조사기간 중 장위2동에 소재한 사랑제일교회가 코로나19 감염확산과 관련해 전 국민적 관심의 대상으로 떠올랐다는 점이다. 그로 인해 교회사를 중심으로 장위동 일대 종교문화의 변천사에 대해 좀 더 깊이 있는 조사·분석의 필요성이 제기되어 추가적인 조사·연구 작업을 진행하기도 하였다.

지역사회의 중장기적 변화 추이를 살펴보기 위해 다양한 통계자료를 수집·분석하였다. 장위동의 도시화 과정에서 나타난 인구의 성별·연령별·계층별 변화, 시기별 인구의 전입과 전출의 방향과 성격 등 다양한 인구통계자료를 통해 시기별 지역사회 변동의 핵심적 성격을 파악하고자 하였다. 그 밖에 장위동 관련 신문기사에 나타난 주요 키워드의 시기별 변동, 지도상에 나타난 주요 시설물이나 랜드마크의 시기별 변화 등 다양한 통계자료 분석기법을 활용하여 장위동 주민의 일상적 생활세계의 시대적 변화상을 다각적으로 보여주고자 하였다.

서울 동북지역 법정동 (2021)
출처: 스마트서울맵

③

# 내용 구성

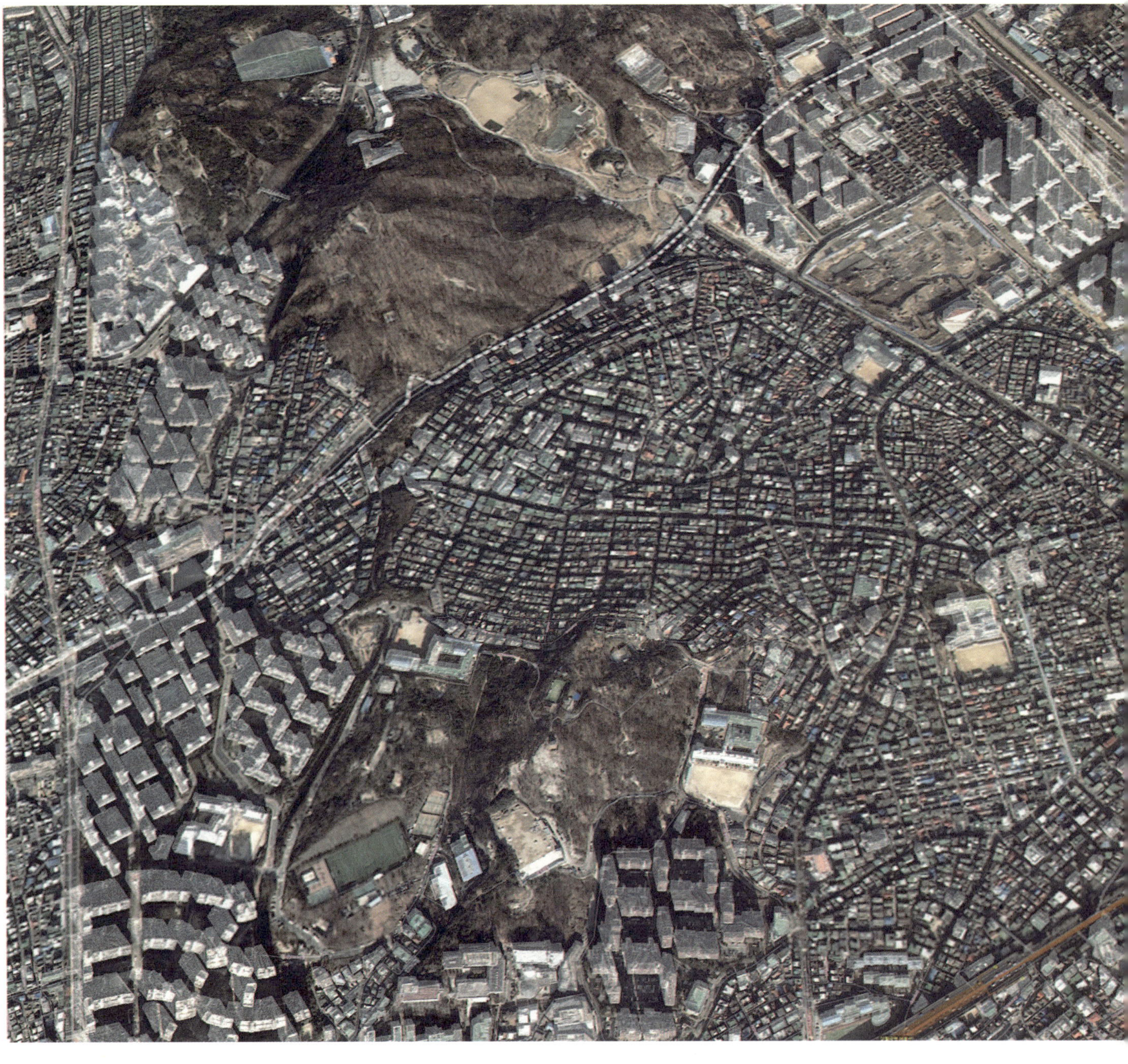

조사연구 및 보고서 작성이 마무리 단계에 접어들 무렵 이 책의 내용을 어떻게 구성할 것인지의 문제를 둘러싸고 시대별 구성과 주제별 구성이라는 두 가지 방식을 놓고 고심하였다. 두 가지 방안 모두 일장일단이 있어 결정을 내리기가 쉽지 않았다. 역사지리적 차원에서의 지역 전반에 걸친 변화, 건축 및 도시공간구조 차원에서의 변화, 그리고 주민과 지역공동체·생활문화의 변화 등 '사람 사는 이야기'라는 세 가지 주제별로 최종보고서를 구성하는 방안도 이 지역의 특징을 좀 더 자세히 파악할 수 있게 하는 장점이 있지만, 최종적으로 각 시기에 따른 통시적 변화 위주로 목차를 구성하기로 결정하였다.

위성사진으로 본 장위동 (2019년)
출처: 서울특별시 에스맵

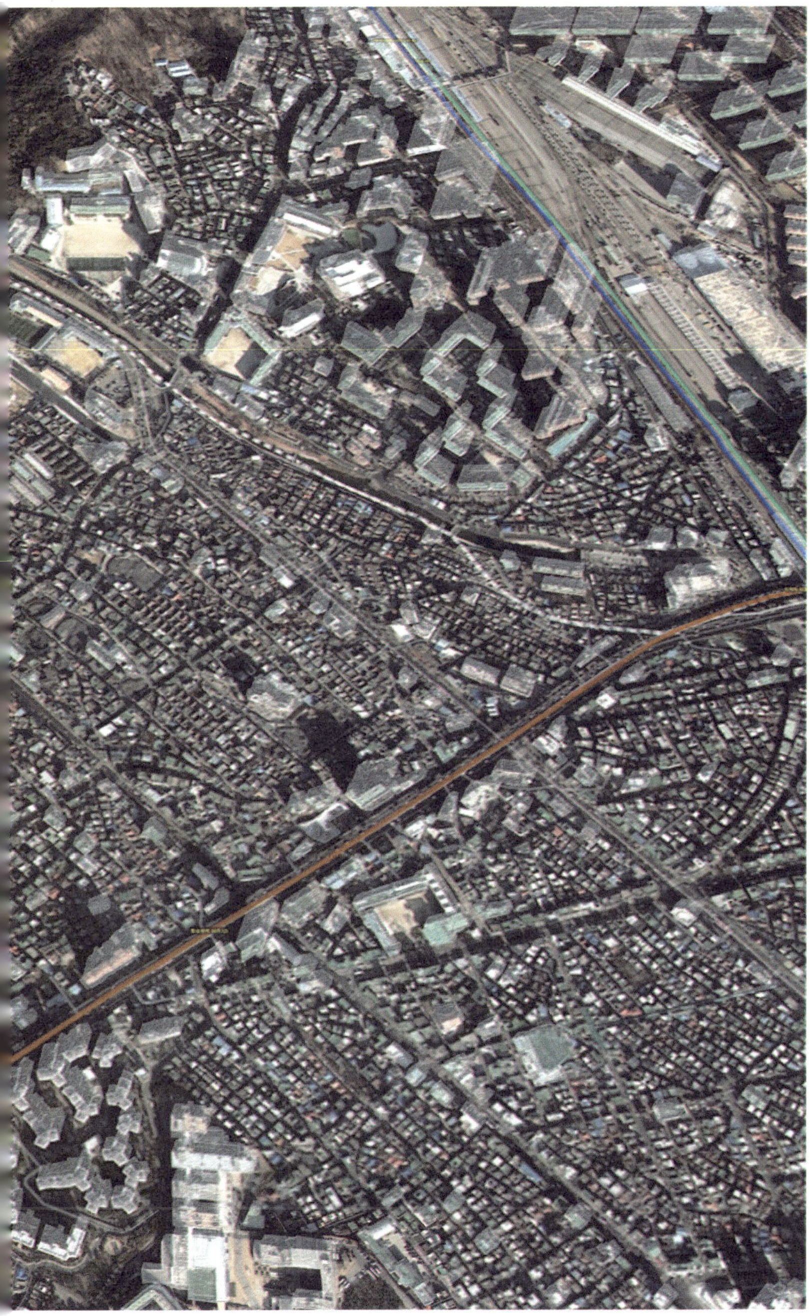

장위동은 서울의 도시개발이 한창 진행되던 고도성장기에 개발에서 소외된 탓에 서울의 다른 지역들에 비해 상대적으로 오래되고 낙후된 건축물들이 적지 않게 남아 있고, 최근 들어 전면적이고 급속하게 추진된 도시개발로 인해 도시사회의 변화가 진행 중이라 현시점에서 안정된 지역 특성을 포착해 내기 어려운 지역이다. 따라서 장위동에 현존하는 '다양한 시차를 두고 형성된 이질적인 공간적·문화적 특성'들이 어떻게 형성되었는지, 그 역사적 변천 과정을 세밀하게 서술하여 도시변동의 각 시기와 국면에 따라 다양한 변화를 종합적으로 구성하는 것이 장위동의 특성을 드러내는 데 더 적합한 방식이라고 판단하였다. 이에 이 책에서는 장위동의 역사적 변화과정을 4개의 시기로 나누어 다음과 같이 4개의 장으로 구분·서술하였다.

2장에서는 조선시대부터 일제강점기까지 장위동의 역사지리적 특성과 변화를 다룬다. 여기에는 조선시대 장위동의 행정구역 변천, 한성부 동북방 경계의 공간으로서 조선시대 능행의 주요 거점으로 갖는 특징, 장위산인 윤용구와 그 일가가 자리 잡게 된 역사적 배경, 조선시대 장위동의 도시조직과 공간특성, 경춘선의 부설 과정과 경춘철도주식회사의 장위동 주택지 개발사업 추진 양상 등이 포함된다.

3장에서는 해방 후부터 1970년대 주택단지 개발과 신흥부촌 형성에 대해 다룬다. 여기에는 사설철도가 국유화되는 양상, 대한주택영단에 의한 주택지 개발사업의 전개, 동방생명이 윤용구 가문의 토지를 매입하는 과정과 동방생명 택지조성사업의 전개 과정, 장위동의 도시화 과정과 그로 인한 인구 유입 및 종교시설의 등장 등이 포함된다.

4장에서는 1980~1990년대 인구증가와 서민주거지화 양상을 다룬다. 여기에는 도로망과 대중교통의 형성, 시장의 발달, 병원과 약국의 입지적 특성, 제자리걸음을 하는 교육환경, 인구변동과 서민주거지로의 변화, 종교시설의 확장과 변화 양상 등이 포함된다.

5장에서는 2000년대 이후 뉴타운 개발사업과 도시환경의 급변 양상을 다룬다. 여기에는 뉴타운 개발사업의 등장과 표류, 조각난 개발과 사회의 갈등, 이 시기 장위동 인구구조의 변화, 이질적인 공간들이 공존하는 장위동 공간구조의 단면, 그리고 도로교통 지도에 재현된 장소들의 변화상 등이 포함된다.

# 2

# 장위동의 역사지리적 특성과 변화



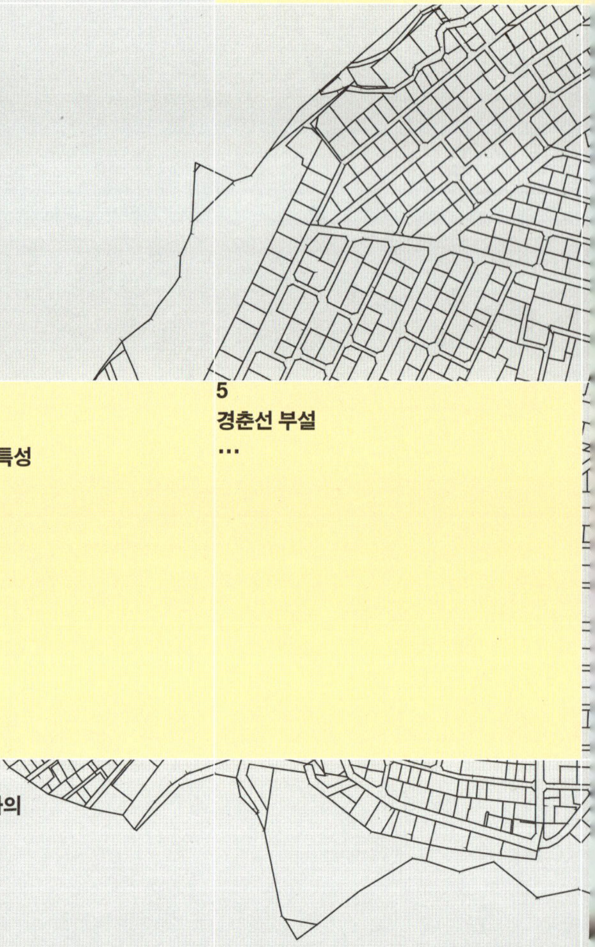

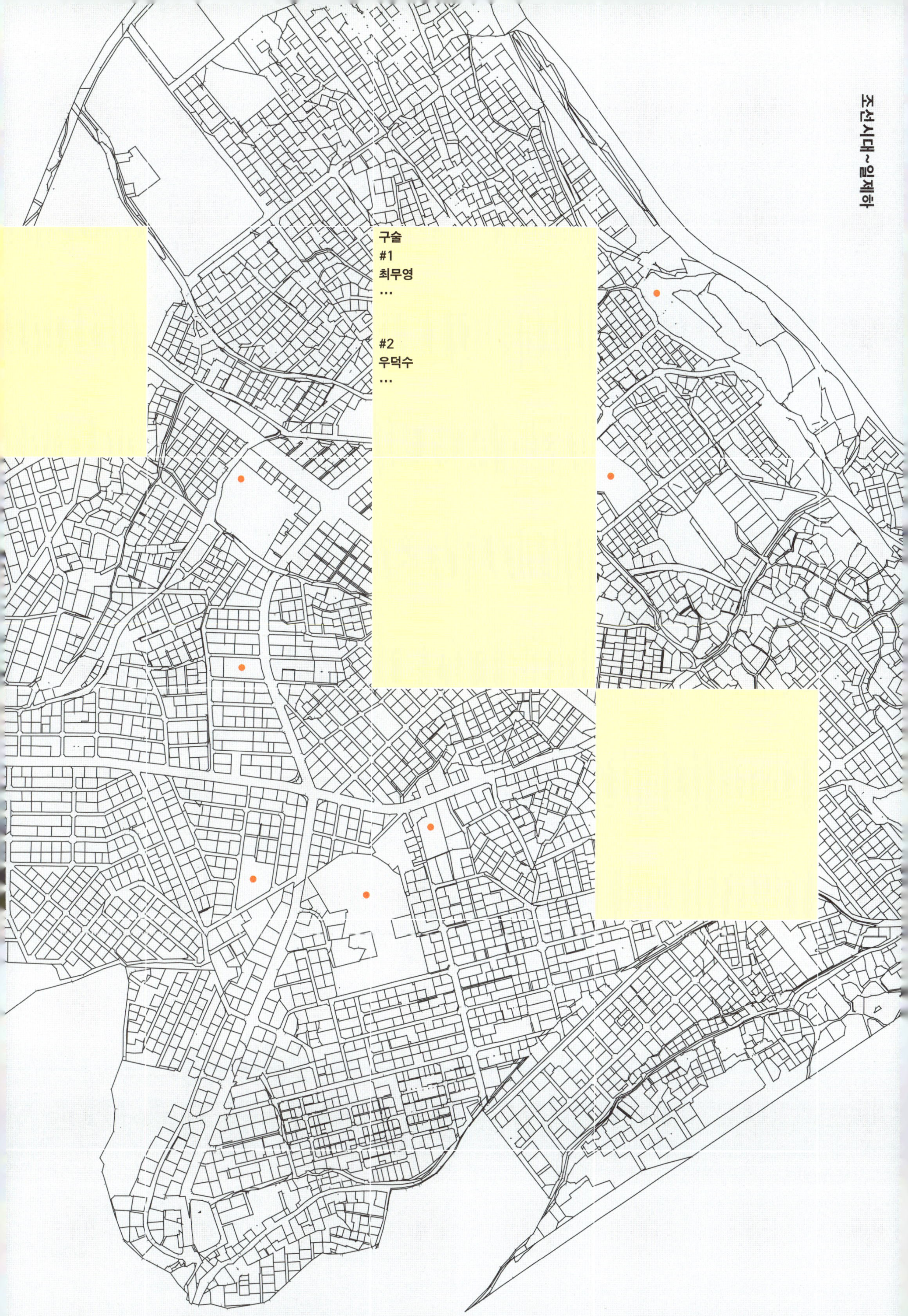
구술
#1
최무영
…
#2
우덕수
…

장위동長位洞은 서울특별시 성북구에 속한 동으로, 동쪽으로 우이천이 흐른다. 서쪽으로는 장위동고개(동방고개), 남쪽으로는 돌곶이(지하철 6호선 역), 북쪽으로는 매봉산(북서울꿈의숲) 등이 자리하고 있다.

장위동의 유래에 대해서는 대체로 두 가지 설이 있다. 하나는 마을 뒤 장위산獐位山의 이름을 따서 장위동이라 불렀다는 것이고, 다른 하나는 고려시대 높은 관직長位에 올랐던 신하가 이 마을에 살았기 때문에 장위동이라 불렀다는 것이다. 현재로서는 어느 하나의 설로 확정을 짓기는 어렵다.

장위동은 조선시대 서울의 도성 밖 성저십리 경계에 있던 농촌 마을이었으며, 이러한 장위동의 모습은 일제강점기 초반까지 큰 변화 없이 유지되었다. 하지만 일제강점기 중반 경춘선이 놓이면서 서울의 동북지역이 개발되자 장위동 일대도 도시화되기 시작하였다.

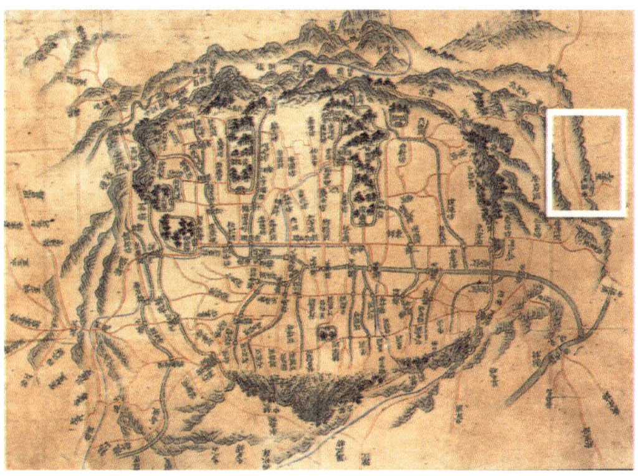

**조선시대 한성부 동쪽 밖에 있던 장위리**
출처: 『한양도』, 18세기 중반.

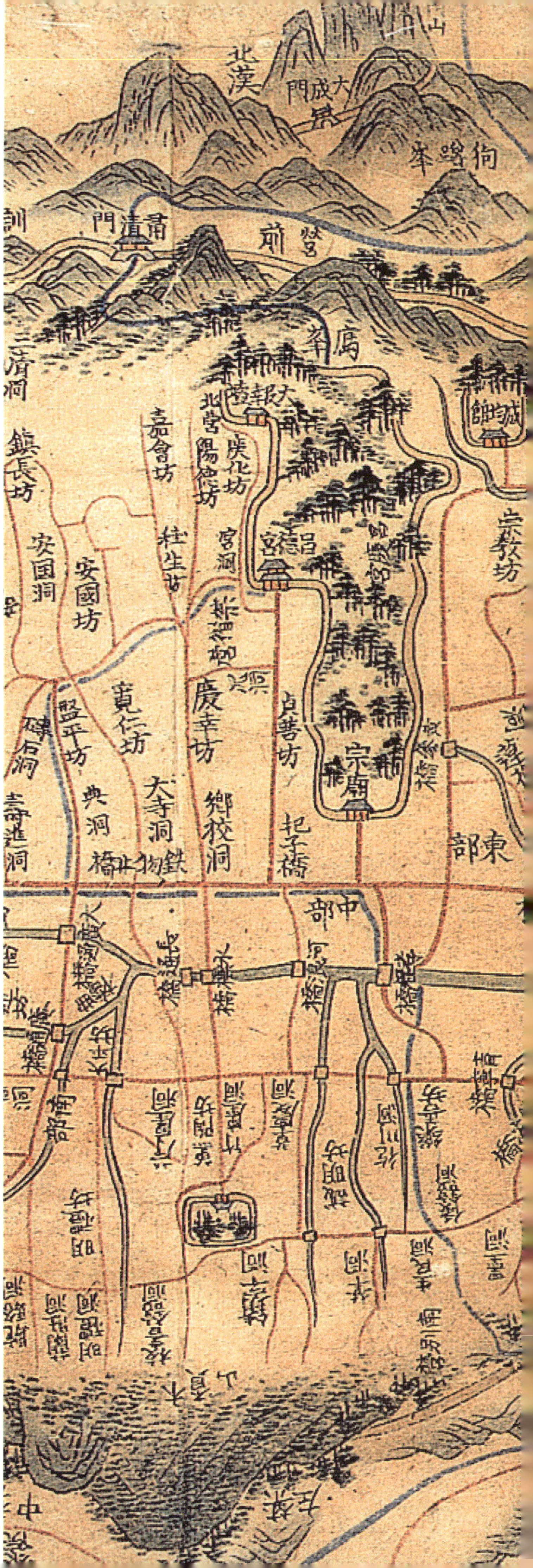

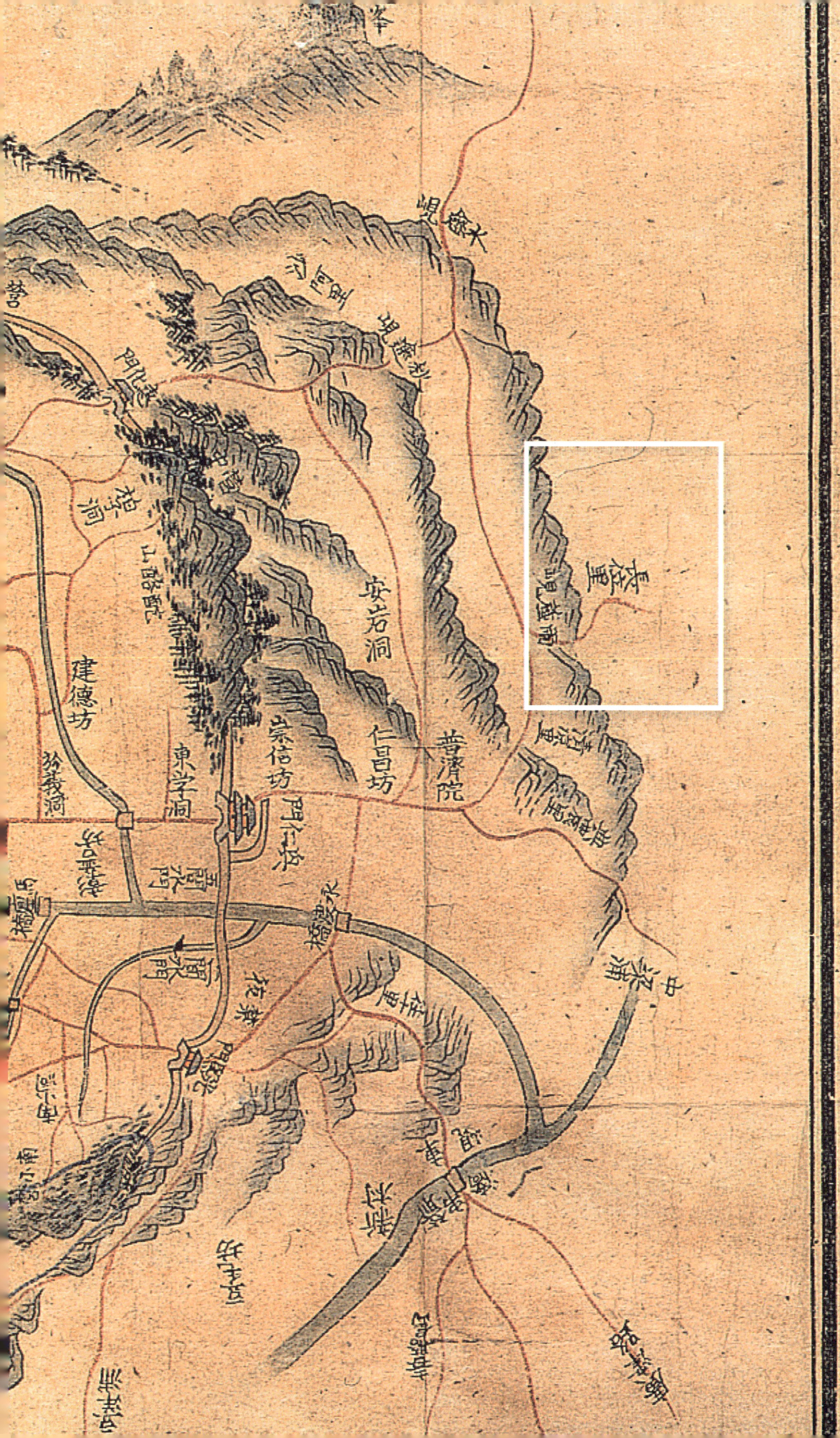

長位里
安岩洞
建德坊
崇信坊
仁昌坊
普濟院
東学洞

①

# 장위동의 행정구역 변천

**『사산금표도』에 나타난 장위리 지명**
출처: 『사산금표도』, 1765년, 서울역사박물관 소장

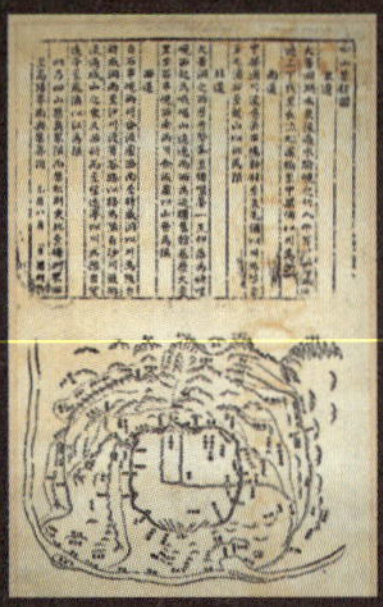

장위동(장위리)이라는 지명이 기록에 등장하는 시기는 대체로 조선 후기이지만, 이보다 이른 1530년(중종 25)에 간행된 『신증동국여지승람』에 장위리계長位里契라는 명칭이 등장한다. 장위리계는 제기리계祭基里契 전농리계典農里契 벌리계伐里契 중량동계中梁洞契 능동계陵洞契 가오리계加五里契 안암동계安岩洞契 우이계牛耳契 미아리계彌阿里契 청량리계淸涼里契 수유촌계水踰村契 등과 함께 어영청 전영에 속한 한성부 동부 성외城外 지역으로 분류되었다.

1765년에 제작된 『사산금표도』에서도 '장위'라는 명칭을 확인할 수 있다. 『사산금표도』는 한성부 및 성저십리 내에서 소나무의 벌채를 금지하고 장지葬地 조성을 금지하는 경계를 나타낸 지도로, 대보동大菩洞 수유현水踰峴 우이천牛耳川 상하벌리上下伐里 장위長位 송계교松溪橋에서 중량포中梁浦까지를 동쪽 경계로 하였다.[01]

1751년(영조 27)에 간행된 『어제수성윤음』을 통해서도 장위리의 지명을 확인할 수 있다. 『어제수성윤음』은 영조가 도성 수비에 대한 절목을 반포할 때 내린 윤음과 해당 절목 등이 수록된 책으로, 이 책에는 윤음 및 절목과 더불어 삼군영의 도성 수비 상황을 그린 지도와 각 군영의 도성 수비 지역을 정리한 「도성삼군문분계총목」이 포함되어 있다. 「도성삼군문분계총목」을 보면 장위리는 제기리계祭基里契 전농리계典農里契 벌리계伐里契 중랑포계中浪浦契 능동계陵洞契 가오리계加五里契 안암계安巖契 우이계牛耳契 사아리계沙阿里契 청량리계淸涼里契 수유촌계水逾村契 등과 더불어 어영청 전영前營이 관할하는 동부 성외城外 지역에 포함되었다.

1785년(정조 9)에 편찬된 『대전통편』을 보면 도성 10리 내에 무덤을 쓴 자를 도원릉수목률盜園陵樹木律로 논죄한다고 하였다. 여기서 도성 10리의 범위를 규정하였는데, 장위리는 대보동大菩洞 수유현水踰峴 우이천牛耳川 상벌리上伐里 하벌리下伐里 송계교松溪橋 중량포中梁浦 등과 함께 동쪽 경계에 포함되었다. 이 경계는 1765년 『사산금표도』의 것과 동일하다.[02]

1788년(정조 12)에는 한성부 각 부의 방坊과 계契의 명칭을 정하였는데, 장위리는 이때 동부 동대문 밖 역일계驛一契 역이계驛二契 사계私契 마장리계馬場里契 답십리계踏十里契 전농리계典農里契 청량리계淸涼里契 제기리계祭基里契 중랑포계中浪浦契 등과 더불어 인창방에 소속되었다.[03]

한편 1867년(고종 4)에 간행된 『육전조례』를 보면 한성부가 5부 47방 340계로 편제되었으며, 장위리는 동부 인창방에서 숭신동계崇信洞契 월곡리계月谷里契 안암동계安巖洞契 사아리계沙阿里契 종암리계鍾巖里契 벌리계伐里契 능동계陵洞契 수유촌계水逾村契 가오리계加五里契 우이리계牛耳里契 어창계御倉契 신설계新設契 등과 함께 동부 숭신방에 소속되었다.[04]

조선시대 이후 장위동의 행정구역 변천을 살펴보면 경술국치 이후 한성부가 경성부로 개칭되고 경기도로 편입되었는데, 장위리는 1911년 경성부 인창면으로 편입되었다. 1914년 행정구역 개편 시 경성부 용강면, 연희면, 은평면, 숭인면, 두모면, 한지면 등이 경기도 고양군으로 편입되었다. 장위리는 숭인면에 편입되었다.

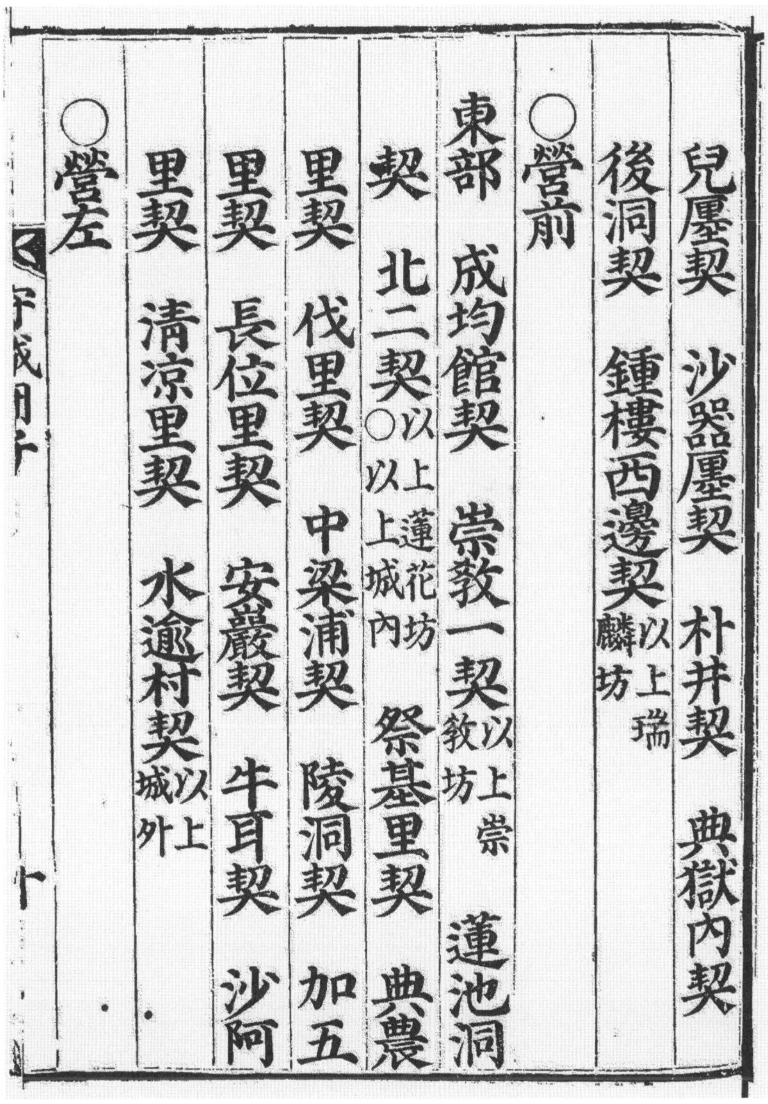
兒屢契 沙器屢契 朴井契 典獄內契
後洞契 鍾樓西邊契 以上瑞麟坊
○營前
東部 成均館契 崇教一契 以上崇教坊 蓮池洞
契 北二契 以上蓮花坊 ○以上城內 祭基里契 典農
里契 伐里契 中梁浦契 陵洞契 加五
里契 長位里契 安巖契 牛耳契 沙阿
里契 清涼里契 水逾村契 以上城外
○營左

**『어제수성윤음』에 나타난 장위리 지명**
출처: 『어제수성윤음』, 1751년, 장서각 소장.

01. 서울역사편찬원, 『서울 洞의 역사 성북구』 제4권, 2018, 215쪽.

02. 「국사편찬위원회 한국사데이터베이스」 (2020.9.26. 열람).

03. 「각부의 방과 계의 이름을 정해주다」, 『조선왕조실록』 정조 12년 10월 16일.

04. 「국사편찬위원회 한국사데이터베이스」 (2020.9.26. 열람).

# ㄹ

# 경계의 공간, 조선시대 능행의 주요 거점

조선시대 장위동 주변에는 송계원松溪院과 송계교松溪橋가 있었다. 송계원은 조선시대 국가에서 공무여행자에게 숙식을 제공하기 위해 주요 길목에 설치한 일종의 숙박 시설이다.[05] 송계원은 중랑천中浪川 동쪽에 있었던 것으로 보이며, 송계원이 중랑천 근처에 있었기 때문에 중랑천을 송계천松溪川이라고도 불렀다.

송계교가 놓였던 중랑천의 '중랑' 지명과 관련해서는 아래와 같은 설화가 전해진다. 송계교를 나무다리에서 돌다리로 개축할 때 인근 마을 장정이 모두 부역으로 동원되었다. 그런데 근처에 살던 중이仲伊라는 사람은 눈이 먼 데다 열여섯 살 딸 하나를 데리고 사는 홀아비였다. 부역을 거역할 수 없는 처지이나 양주 관아에서 이미 수차례 인원을 점검하였기 때문에 도망칠 수 없는 상황이었다. 이를 알게 된 그의 딸은 자신이 대신 부역을 하겠다며 양주 관아를 찾아갔으나 여자의 몸으로 석축 쌓는 일을 할 수 없다 하여 관아로부터 거절당하였다. 이에 굴하지 않고 중이의 딸은 관아 앞에서 여러 날을 지키며 아버지 대신 부역할 것을 간청하여 결국 관아로부터 부역 허가를 받았는데, 반드시 남장을 해야 한다는 것이 조건이었다. 그녀는 관아에서 시키는 대로 남장을 하고 참여하였지만, 문제는 생리현상이었다. 동료들과 일하다가 용변 때마다 어려움을 느꼈는데, 배변 시에는 별 문제가 없었지만 배뇨 시에는 남자들과 달리 앉아야 하였으므로 여자인 것이 금방 탄로나게 되는 상황이었다. 전전긍긍하던 그녀는 대나무를 잘라서 옷 속에 넣어 관을 통해 서서 배뇨할 수 있게 하고 가능한 한 수분 섭취를 줄여 배뇨 횟수를 줄이도록 노력하였다. 이런 눈물겨운 사연을 전해 들은 양주 관아에서 마침내 중이의 부역을 해제함으로써 중이를 대신해서 부역하던 그녀의 딸도 아버지의 곁으로 돌아가게 되었다. 남자인 줄만 알고 지내던 동료들은 그를 중낭자仲郞子라고 불렀으나 그가 남장 여자라는 사실을 알고 난 다음부터 그녀를 중랑仲郞이라 불렀다. 그 후 언젠가부터 다시 중랑中浪으로 바뀌었다고 한다.[06]

송계원은 한성부와 양주의 경계에 위치하여 강원도 지역으로 부임하는 고위 관리들이 한성부를 벗어나기 전 마지막으로 가족들과 시간을 보내는 곳으로 이용되었던 장소로 전해진다. 부임지로 향하는 관리가 가족과 함께 송계원에서 하루

05. 유승희, 「조선시대 한성부 성저십리의 지역적 특성과 城底民의 실태」, 『조선시대 다스림으로 본 성저십리』, 2019, 96쪽.

06. 서울특별시 시사편찬위원회, 『서울의 하천』, 2000, 142~143쪽.

**중랑천 유역도**
출처: 서울특별시 시사편찬위원회, 『서울의 하천』, 2000, 140쪽.

를 머물면 부인들이 입고 있던 치마를 마당의 깃대에 묶어 이별을 아쉬워하는 부부가 송계원에 있음을 알렸다고 한다. 지방으로 부임한 관리가 돌아올 때도 마찬가지로 송계원에서 만나지만 치마를 깃대에 매달던 행사는 생략하는 것이 보통이었다. 이런 행사는 풍기를 문란케 한다고 하여 양주 관아에서 이를 감시하기도 하였지만 묵인하는 경우가 많았다.[07]

관리뿐만 아니라 조선 초기 왕 또한 송계원을 방문하였다. 태종의 경우 1412년 태조 이성계의 무덤인 건원릉에 능행하여 추석제秋夕祭를 행하고 돌아오는 길에 송계원松溪院에 이르자 정부에서 술을 바쳤고 매사냥을 살곶이箭串 교외에서 구경하였다.[08] 이듬해에는 정종과 함께 양주 천보산·해룡산으로 사냥을 하러 갔다가 환궁하여 송계원에서 잔치를 베풀어 즐기다가 밤에 돌아오기도 하였다.[09] 1417년에는 건원릉 능행을 위해 주정소晝停所를 송계원 냇가에 설치하였다.[10]

세종의 경우 1419년 3월 10일 정종과 태종이 철원 등지에서 강무講武하는 데 배종하였다. 철원·연천·평강·영평·포천 등지에 머무르다 같은 달 20일 송계원에서 점심을 먹고 저물녘에 환궁하였다.[11] 1420년 6월에는 병환이 있던 원경왕후元敬王后를 모시고 송계원에 행차하여 원경왕후의 병환을 다스리고자 하였다.[12] 같은 해 7월 세종이 원경왕후가 사망한 후 풍양궁에 있던 태종을 만나고자 하였는데, 태종은 세종이 풍양궁에 와도 원경왕후가 없어 자신만 보게 되니 차마 세종을 보지 못할

07. 김완숙, 『(묵동 토박이들이 들려주는) 먹골이야기』, 청색시대, 2018, 25~26쪽.

08. 『태종실록』24권, 태종 12년 8월 11일.

09. 『태종실록』26권, 태종 13년 11월 2일.

10. 『태종실록』33권, 태종 17년 5월 1일.

11. 『세종실록』3권, 세종 1년 3월 20일.

12. 『세종실록』8권, 세종 2년 6월 24일.

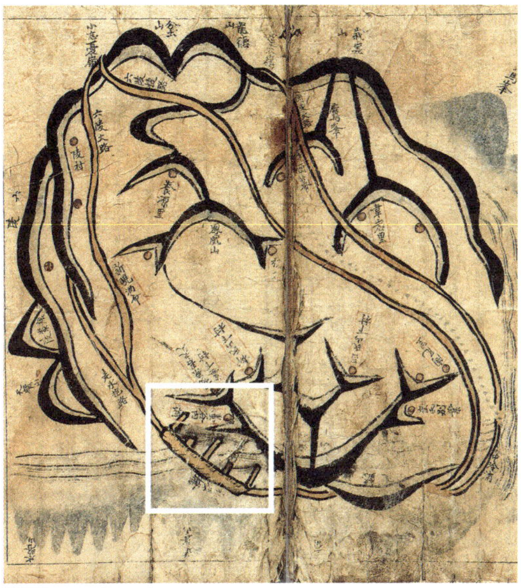

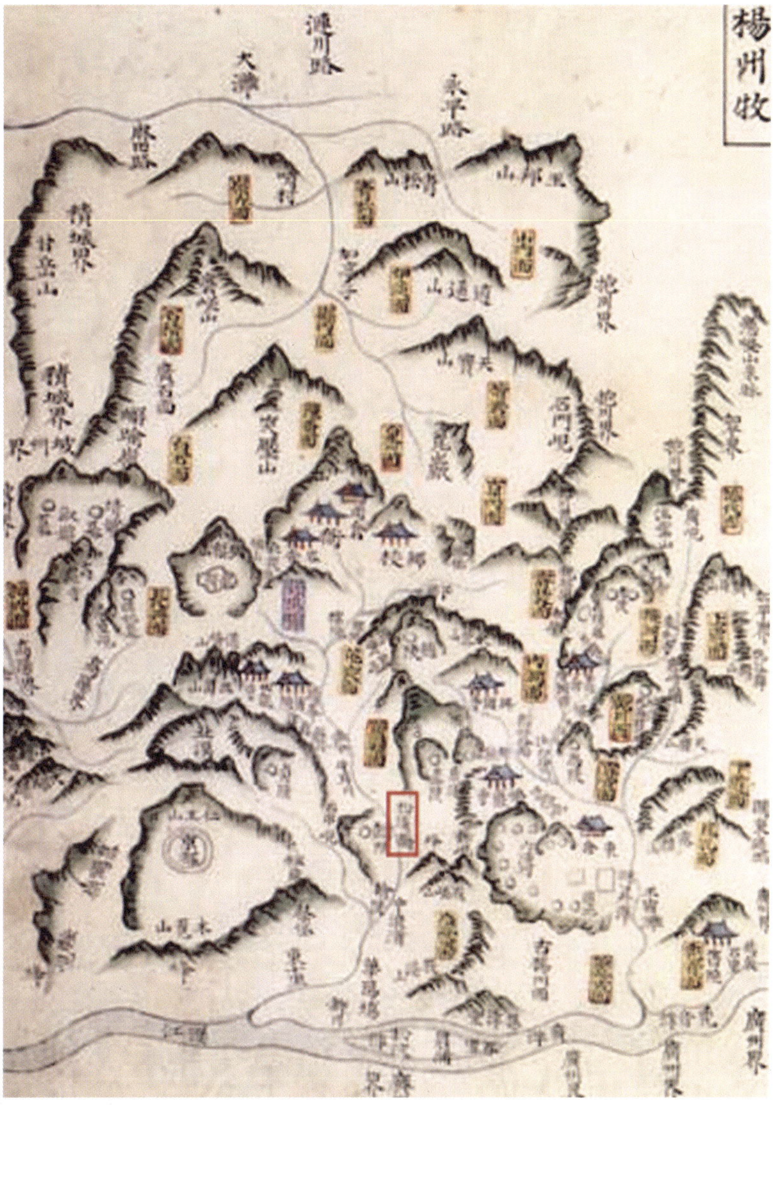


(왼쪽)
**『망우총도』에 보이는 송계교**
출처: 『망우동지』, 1760년

(오른쪽)
**『광여도』(19세기)를 통해 본 송계교의 위치**
출처: 서울역사박물관, 『아파트 숲이 된 북서울』, 2016, 142쪽.

것 같으며 송계원에서 보고자 생각하였으나 늙고 병들어 차마 보지 못할 것 같다며 세종을 만류하였다.[13] 태종은 낙천정으로 가면서 송계원에서 신하들과 원경왕후 능의 석실石室 제도를 의논하기도 하였다.[14]

송계교는 중랑천을 건너 송계원·동구릉 등지로 향하는 주요 교량 중 하나로, 현재 남아 있지 않지만 월릉교(현재 중랑구 묵동) 자리에 있던 것으로 추정된다. 다리 석재 일부가 중랑천 아래에 묻혀 있다고 한다.[15]

당시 송계교는 한성부와 한성부 동쪽을 구분하는 '경계의 공간'으로 여겨졌다. 『세종실록』 지리지에 따르면 한성부 성저십리의 동쪽 경계가 양주 송계원과 대현(현재 성동구 금호동1가에서 옥수동으로 넘어가는 고개)이었으나, 1765년 『사산금표도』에서는 송계원보다 위쪽인 장위리와 수유현 등지까지 서울의 동쪽 경계로 인식되었다.[16] 또 하나의 예를 살펴보면, 1783년(정조7) 경기 백성의 폐단을 줄이는 논의 과정에서 식거植炬[17]가 언급되었는데 한성부에서 송계교까지는 식거를 한성부에서 담당하고 송계교 이동以東은 해당 읍에서 담당한다고 하였다.[18]

송계교는 구리 동구릉으로 향하는 능행로 중 하나이기도 하였다. 동대문에서 동구릉까지의 능행로는 홍인문興仁門 → 양산수석교陽山守石橋 → 동관왕묘 뒷길東關王廟後路 → 보제원 앞길普濟院前路 → 승방천僧房川 → 제기현祭基峴 → 종암 앞길鍾巖前路 → 사아리沙阿里 → 대원천大院川 → 냉천冷川 → 우장현雨裝峴 → 독산우앞길禿山隅前路 → 의릉 동구 앞길懿陵洞口前 路 → 소송계小松溪 → 대송계 석교大松溪石橋 → 묘동 주정소廟洞晝停所 → 신방축천新坊築川 → 태릉화소밖泰陵火巢外 → 사고개 앞길沙古介前路 → 망우리현忘憂里峴 → 여석현礪石峴 → 인장리茵匠里 → 놋고개甫乙古介 → 독음 삼거리禿音三巨里 → 능동 입구陵洞口이다.[19]

앞서 태종대 송계원 냇가에 동구릉 능행을 위한 주정소가 설치되었다고 하였는데, 후대 왕들도 송계원 주정소를 활용하였다. 1557년 명종이 건원릉과 헌릉에 행행한 뒤 환궁하면서 송계에서 쉬며 음악을 연주하게 하고 호종하는 신하들에게 술을 내렸다.[20] 1630년 인조는 목릉·건원릉·현릉·유릉 등을 배알하였는데, 능행을 가는 길에 송계에서 쉬었다.[21]

송계교는 중랑천을 건너는 주요 다리 중 하나였다. 장마로 중랑천이 범람하면 송계교가 무너지면서 동구릉 등의 능행에 차질이 생길 수 있기 때문에 송계교의 현황을 파악하는 것은 능행을 준비하는 데 중요한 일이었다. 일례로 1805년 순조가 정순왕후 인산 과정에서 장마를 우려하였는데, 총호사 서매수는 송계교에 물이 넘치는 것이 가장 걱정할 사항이라고 답하였다.[22] 앞선 시기인 1603년 8월에는 사헌부에서 왕세자가 유릉에 전알하려 하는 것을 반대하였다. 그 이유는 당시 봄여름 가뭄과 풍수風水의 재앙으로 백성들의 힘이 다하였는데 왕세자가 유릉으로 행차하게 되면 지대支待[23]·제구와 길을 닦는 일이 백성의 힘에서 나와야 하고 송계교의 경우 여러 번의 홍수로 거의 다 무너져 공역이 많이 들어가므로 백성의 힘을 아끼고 기른다는 뜻에 어긋나니 능행을 멈추도록 명하여 달라는 것이었다.[24]

송계교는 단순히 능행로의 한 곳이 아니라 조선 초 송계원처럼 군사훈련의 장소로 활용되기도 하였다. 1662년 현종이 동구릉으로 행행하여 영릉·현릉·목릉·건원릉을 전알하고 환궁하였는데, 돌아오면서 송계를 지날 때 도로가 좁아 인마人馬가 복잡하게 뒤섞이니 금군에 명해 사아(沙河, 지금의 미아리) 들판으로 가서 진을 치고 대기토록 하였다. 이후 현종이 진 앞에 이르러 진을 파하도록 하고 동서로 말을 치달리며 살펴보았다.[25] 1653년 효종은 목릉에 능행한 후 환궁하면서 송계교 일대에서 금군 중 기사騎射에 능한 자를 뽑아 과녁을 세우고 말을 달리며 쏘게 하였다. 무사武士가 거가 뒤로부터 상앞을 가로질러 지나면서 교차해서 화살을 쏘자 효종이 기쁘게 보고는 말을 내려 주라고 명하였다.[26]

한편 동구릉으로 가는 길은 송계교를 지나는 경로와 더불어 청량리-중랑교를 지나는 경로가 새로 생겨났다. 새로운 길은 고종대 『승정원일기』에 '신작로新作路'라는 명칭으로 등장하는데, 1879년 동구릉 능행 시 신작로의 주정소를 삼서동三瑞洞으로 하라는 하교를 시작[27]으로 고종이 강제 퇴위당하는 1907년까지 동구릉으로 가는 길은 신작로를 이용한 것으로 보인다. 청량리-중랑교가 신작로로 불림에 따라 송계교를 지나는 기존의 길은 '구작로舊作路'로 불렸다.

동구릉으로 가는 새로운 경로가 생겨난

13. 『세종실록』8권, 세종 2년 7월 25일.

14. 『세종실록』9권, 세종 2년 9월 4일.

15. 서울역사박물관, 『서울특별시 문화유적 지표조사 종합보고서 제II권』, 2005, 820~821쪽.

16. 유승희, 「조선시대 한성부 성저십리의 지역적 특성과 城底民의 실태」, 『조선시대 다스림으로 본 성저십리』, 2019, 99쪽.

17. 밤에 임금이 거둥할 때 길 양쪽에 횃불을 세우는 일을 말한다.

18. 『승정원일기』1538책, 정조 7년 8월 11일.

19. 이왕무, 『조선후기 국왕의 능행 연구』, 민속원, 2016, 240쪽.

20. 『명종실록』22권, 명종 12년 3월 4일.

21. 『인조실록』22권, 인조 8년 11월 11일.

22. 『승정원일기』1894책, 순조 5년 6월 17일.

23. 지방에 출장나간 관원에게 필요한 음식물·일용품 등을 지방 관아에서 공급하는 일.

24. 『선조실록』165권, 선조 36년 8월 8일.

25. 『현종실록』6권, 현종 3년 9월 9일; 『승정원일기』176책, 현종 3년 9월 9일.

26. 『효종실록』11권, 효종 4년 9월 11일.

27. 『승정원일기』2867책, 고종 16년 9월 13일.

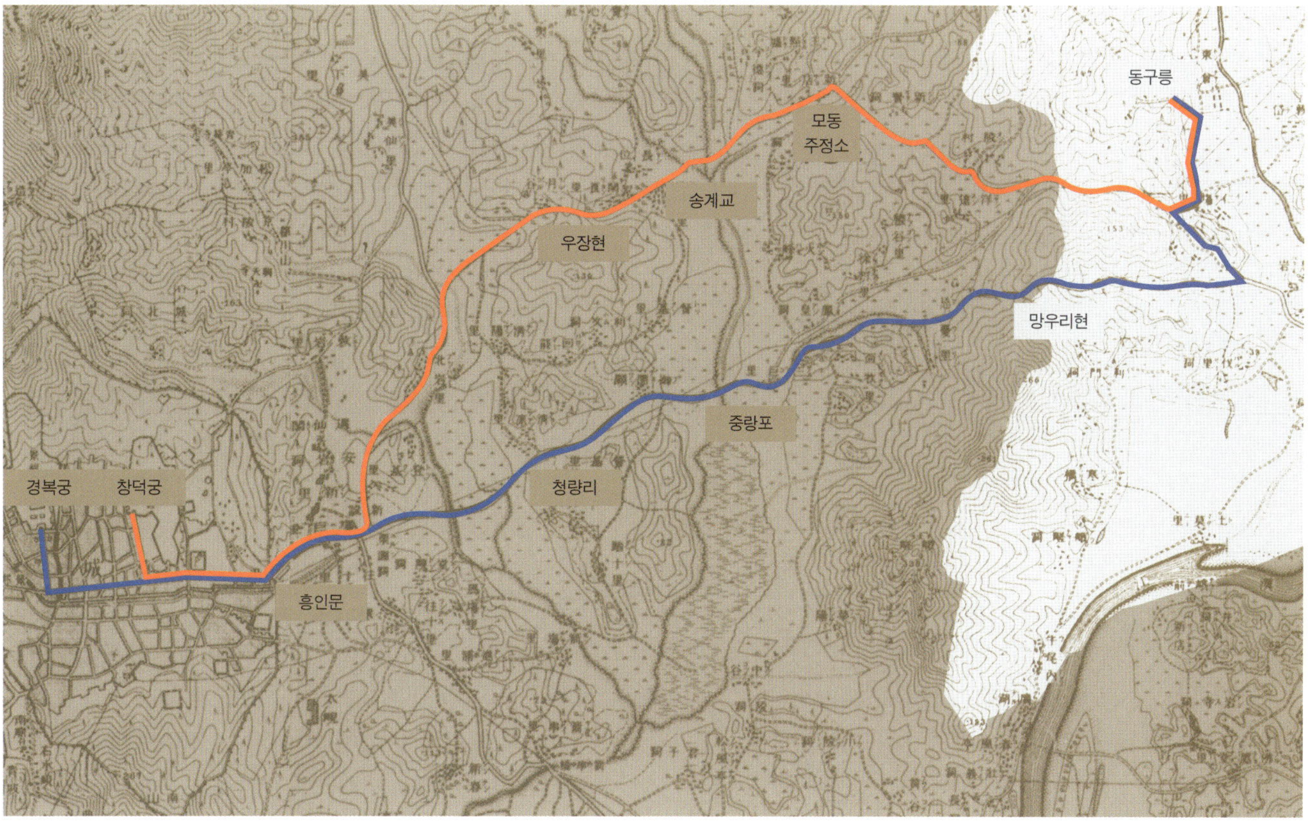


**고종 3년(1929년) 동구릉 능행로**
출처: 서울역사박물관, 『아파트 숲이 된 북서울』, 2016, 23쪽.

이유는 무엇일까? 1890년 신정왕후가 사망하고 동구릉 내 수릉으로 능소가 결정되면서 국장 준비가 진행되었다. 그중 대여大輿가 지나가는 길을 구작로와 신작로 어디로 할지를 조사하였다. 구작로는 석곡현石谷峴에서 사아리평沙阿里坪까지 5리는 길이 다소 넓고 평탄하지만 다른 곳은 오래되고 닦지 않아 백성들이 논으로 만든 곳이 많고 길의 윤곽이 없는 곳도 있으며, 가는 길에 큰 강이 두 곳인데 매우 넓으니 다리를 만드는 등의 일은 공사가 클 뿐 아니라 만약 큰비라도 만나면 사고가 발생할 수 있다고 보고되었다. 이에 비해 신작로는 구작로보다 10리가 가깝고 이전에 사용되면서 길을 닦아 놓았다는 이점이 있지만, 안감천安甘川에서 봉황동鳳凰洞 주정소까지의 길이 좁고 좌우가 모두 논이어서 길을 넓히고 흙을 채워 메운다 해도 혹 큰비가 내리면 진흙탕이 될 우려가 있으며 안감천 초입, 삼가리三街里, 휘경원徽慶園 뒤 점막店幕 세 곳은 길의 형세가 구불구불하여 좌우의 민가 네다섯 집을 철거해야 하는 문제가 있다고 보고되었다. 이에 고종은 신작로가 구작로에 비해 10리가 가깝고 또 백성들에게 끼치는 폐해가 적으니 신작로로 정하라고 전교하였다.[28]

위의 논의를 통해 동구릉으로 가는 데 10리 정도 가깝다는 점이 신작로의 이점으로 작용한 것으로 보인다. 1892년 신정왕후 국상 때 외에 고종이 직접 능행하지 않고 신하가 대신 동구릉에 봉심하였을 때도 봉심을 다녀온 신하가 신작로를 통해 오가는 것이 가까웠다고 보고하는 경우가 많았다.[29] 한편 능행로 변경과 관련해서는 흥선대원군이 경복궁 중건 당시 자재로 활용하기 위해 송계교를 부수었기 때문이라는 설도 있지만[30], 경복궁 중건 과정을 기록한 『경복궁영건일기』에 송계교에 대한 기록이 없는 것으로 보아 이 설을 신뢰하기는 어렵다.

28. 『승정원일기』2997책, 고종 27년 5월 21일.

29. 『승정원일기』2936책, 고종 22년 5월 24일.

30. 노원문화원, 『중랑천, 노원구의 물길 따라』, 2016, 169쪽.

# ③

# 장위산인 윤용구와 그 일가

조선 말기 장위동을 살펴보는 데 있어서 중요한 인물로 윤용구가 있다. 윤용구는 1853년 해평 윤씨 윤회선(尹會善, 1811~1861)과 그의 셋째 부인 여흥 민씨의 둘째 아들로 태어났다. 자는 주빈周賓, 호는 석촌石村, 해관海關, 수간垂幹, 장위산인長位山人이다. 윤용구의 가문은 이름난 집안으로, 선조 대 영의정을 지낸 윤두수를 비롯해 증조부 윤홍렬(尹弘烈, 1725~1798)은 홍문관 부수찬, 사간원 대사간, 공조판서를 역임하였고, 조부 윤치성(尹致性, 1743~1812)은 사간원 대사간, 성균관 대사성, 예조참판을 역임하였으며, 부친 윤회선은 윤용구가 태어날 즈음 진산군수를 지냈다.[31]

윤용구는 1867년 이전 순조의 셋째 딸 덕온공주(1822~1844)가 후사 없이 세상을 떠나자 작은아버지이자 덕온공주의 부군 윤의선(尹宜善, ?~1887)의 양자로 들어간 것으로 보인다.[32] 19세 때인 1871년 문과 병과에 급제한 후 홍문관 교리, 사간원 정언, 규장각 직각을 거쳐 1876년 24세 때 승정원 동부승지로 당상관이 되었다. 이후 성균관 대사성, 이조참의, 도승지, 홍문관 부제학, 이조참판, 규장각 직제학, 도승지를 역임하다 1887년 부친 윤의선의 사망으로 잠시 관직에서 물러났다. 부친상을 마친 후 1890년 형조참판으로 복직해 공조판서, 의정부 우참찬, 이조 판서, 법무대신, 그리고 1895년 궁내부대신에 임명되었다. 그러나 1894년 사직상소를 올리고 관직을 사양하였으며, 이후 몇 번의 사직상소 끝에 1907년 고종이 강제 퇴위되고 순종이 즉위한 뒤에는 더 이상 관직에 나아가지 않고 장위동에 은거하였다. 물론 은거 후 순종의 지문誌文을 짓는 등 황실의 일원으로서 해야 할 일을 맡기도 하였으며[33], 1912년 조선정악전습소 휘금徽琴 교수로 나서거나 1915년 동양미술전람회에 출품하는 등 음악·미술 분야에서 활동하기도 하였다.[34] 윤용구의 작품에 대해서는 그간 몇몇 연구를 통해 알려져 왔으나 그가 한글로 쓴 역사서가 남아 있다는 사실과 그 의의는 잘 알려지지 않았다.[35]

윤용구는 두 명의 부인을 두었다. 첫째 부인은 광산 김씨(1853~1884)로 아이가 없었다. 둘째 부인은 연안 김씨(1864~1954)로 윤용구와의 사이에 3명의 자녀를 두었다. 장녀 윤백영(1888~1986)의 아래로 1893년과1896년에 각각 윤건영과 윤헌영 두 아들이 태어났다. 윤백영은 궁궐을 출입하였기에 왕실 관련 유물을 다수 소장하고 있어 왕실 연구에 도움이 되고 있다. 윤백영이 소장하고 있던 왕실 유물은 석주선 박사에게 넘겨졌고, 석주선 박사는 이를 단국대학교에 기증하였다.

윤용구를 양자로 들인 윤의선과 덕온공주에 대해서도 살펴볼 필요가 있다. 윤용구가 장위동에서 은거한 것은 이 두 사람, 특히 덕온공주의 영향이 컸기 때문이다.

덕온공주(1822~1844)는 순조의 1남 3녀 중 셋째 딸이다. 나머지 형제인 효명세자(1809~1830), 명온공주(1810~1832), 복온공주(1818~1832) 등은 덕온공주가 결혼하기 전에 모두 사망하였다. 덕온공주는 1829년 8세에 공주의 작호를 받았다. 공주나 옹주가 보통 12세에 결혼하지만 순조의 3년 상으로 인해 1837년 16세에 결혼하였다. 상대는 윤치승의 둘째 아들 윤인갑이었다. 윤인갑은 부마가 된 후 '의선'으로 개명하였고 남녕위南寧尉에 봉작되었다. 부부는 나라에서 마련해 준, 현재 명동성당 부근의 저동 신혼집에서 거주하였다.[36]

덕온공주는 슬하에 자식 없이 23세의 나이로 사망하였다. 평소에 자주 병을 앓아 어머니 순원왕후의 배려로 궁에 들어와 치료를 받기도 하였으나 1844년 임신한 몸으로 급체를 하는 바람에 세상을 떠났다. 덕온공주의 묘소가 장위리로 정해지면서 윤용구와 장위리의 인연이 시작되었다.

덕온공주는 젊은 나이에 세상을 떠났으

31. 최열, 「을일지사 윤용구 행장」, 『인물미술사학』7, 2011, 77쪽.

32. 최열은 윤용구가 1867년 이전에 양자로 들어간 것으로 추정하였다. 「정사기람」 서문에서 윤용구는 일찍이 동해(童孩)로부터 (고종을) 강동하는 데 가까이 모셨다고 하였으며, 고종과 윤용구는 나이도 비슷하여 일찍부터 두 사람이 함께하였을 것으로 보인다. 최열, 「을일지사 윤용구 행장」, 『인물미술사학』7, 2011, 83쪽.

33. 『순종실록부록』, 권 17, 19년(1926) 6월 11일.

34. 최열, 「석촌 윤용구, 학이 되어 천년 만에 돌아온 은일지사」, 『내일을 여는 역사』47, 2012, 228~231쪽.

35. 김명주, 「석촌 윤용구 서화의 심미적 특징 연구」, 성균관대학교 유학대학원 석사학위논문, 2014 ; 박정숙, 「사후당 윤백영의 업적 및 한글서예작품 특징 분석」, 『조형교육』61, 2017 ; 박정숙, 『조선의 한글 편지』, 다운샘, 2017 ; 안병희, 「왕실자료의 한글필사본에 대한 국어학적 검토」, 『장서각』1, 1999 ; 이윤옥, 「윤용구 『정사기람』 서체 연구- 한글서체 형성에 미친영향을 중심으로-」, 경기대학교 디자인대학원 석사학위논문, 2013 ; 최열, 앞의 논문 등에서 윤용구의 생애와 서화 작품, 한글 역사 서 등에 대해 소개하였다.

36. 국립한글박물관, 『덕온공주가의 한글』1, 2019, 10쪽.

나 그녀가 남긴 유물들은 조선 후기 왕실의 생활상을 단편적으로나마 엿볼 수 있게 해 준다. 대표적으로 여러 편의 한글 편지와 한글 서예 작품을 들 수 있다. 덕온공주의 한글 자료는 2016년 국립한글박물관 기획특별전(1837년 가을 어느 혼례날: 덕온공주 한글 자료)과 2019년 국립한글박물관 개관 5주년 기획특별전(덕온공주 집안 3대 한글 유산: 공주 글시 뎍으시니) 등 두 차례의 전시를 통해 세상에 공개된 바 있다.

덕온공주의 남편인 윤의선(1823~887)은 윤치승의 둘째 아들로 본관은 해평, 자는 경교, 호는 석남이다. 덕온공주와 결혼하여 부마가 되었기 때문에 윤의선은 주로 왕실과 관련된 직을 맡았다. 구체적으로는 1863년 종척집사, 1864년 국장도감 하현궁명정서사관, 1865년 영건도감 제조, 1866년 가례도감 당상, 1867년 영건도감 제조 및 대왕대비전 서사관, 1872년 판돈령부사, 1874년 판의금부사, 1875년 왕세자책례도감 서사관, 1878년 종척집사로서 재궁상자 서사관, 1882년 명정서사관 등을 역임하였으며, 1885년과 1886년에는 경우궁(순조의 생모 수빈 박씨의 사당)을 옮겨 짓는 일을 감독하고 신주 이안 봉심을 살펴보았다.[37]

37. 서울특별시 성북구, 『장위동 김진홍가옥 보고서』, 2013, 89쪽.

앞서 윤용구가 1894년 이후 장위동에 은거하였다고 하였는데, 그가 거주한 주택은 현재 '장위동 김진홍 가옥'이라는 이름으로 남아 있다. 이 가옥은 1977년 서울특별시 민속문화재 제25호로 지정되었으며 현재 불교사찰 '진홍선원'으로 사용되고 있다. 명칭이 김진홍 가옥인 것은 1965년 김진홍 씨가 이 집을 매입해 33년 간 거주하였으며 그 사이에 문화재로 지정되었기 때문이다. 1998년 김진홍 씨의 부인 권옥경 씨가 재단법인 선학원에 대지와 건물을 기증하면서 '진홍선원'이 되었다.

이 가옥은 최초 덕온공주의 묘를 관리하고 제사를 준비하기 위한 재사祭舍로서 지어졌다. 1865년 윤의선의 주도로 지어졌으며, 묘의 관리와 제사 준비를 위한 공간뿐만 아니라 사랑채·안채·별채까지 포함된 제법 큰 규모의 가옥이었다. 윤용구는 장위동에 은거하기 전 사대문 안 재동 84-1번지에 거주하였다. 재동에 거주하기 전에는 덕온공주

김진홍 가옥(현 진흥선원)

와 윤의선이 살았던 저동에서 살았다. 재동으로 언제 이주하였는지는 확실치 않지만 1897년까지는 저동에 거주하였으며, 1897~1912년 사이에 재동으로 거주지를 옮긴 것으로 보인다.[38]

윤용구는 1939년 사망할 때까지 장위동에서 거주하였기 때문에 장위동 일대에서 윤용구와 그 가문이 가졌던 위상이 작지 않았다. 장위동 주민들 사이의 말에 따르면, 장위동 76번지에 징검다리가 놓여 있었고 윤용구 집 문밖에 큰 섬돌이 있었는데 이 다리는 당시 관직의 고하 여부에 따라 말에서 내리는 곳이었다고 한다. 또한 장위동에 사람을 잡으러 왔을 때나 죄인이 장위동으로 숨어들어가도 윤용구의 허락 없이는 체포할 수 없었다고 한다. 그 밖에 윤용구는 장위동을 '장위藏位'라고 하였다는데, 이는 윤용구가 벼슬을 버리고 은거하였다는 뜻과 상통하기도 하지만 그보다는 윤용구의 아호가 장위獐位인 것과 관련된 것으로 보인다.[39]

윤용구 가문의 위세를 구체적으로 보여주는 것은 역시나 장위동 일대에 소유하고 있던 토지 현황일 것이다. 1912년 장위동에서 윤용구 명의의 토지는 대지 8필지 1만 3,361평, 전田 12필 지 1만 3,857평, 답畓 12필지 4만 2,418평, 임야 1필지 760평, 지소池沼 1필지 311평, 분묘지 1 필지 549평을 소유하고 있었다.[40] 더불어 장위동 주변 월계동(당시 경기도 양주군 노해면 월계리)에도 1,289평의 답畓 필지를 소유하고 있었던 것으로 보인다. 이 토지 중 일부는 광복 이후 동방생명보험에서 매입하여 동방주택을 건설하기도 하였다.

38. 서울특별시 성북구, 『장위동 김진흥가옥 보고서』, 2013, 91쪽.

39. 서울특별시 시사편찬위원회, 『동명연혁고』8 성북구편, 1983, 174쪽.

40. 서울특별시 성북구, 『장위동 김진흥가옥 보고서』, 2013, 94쪽.

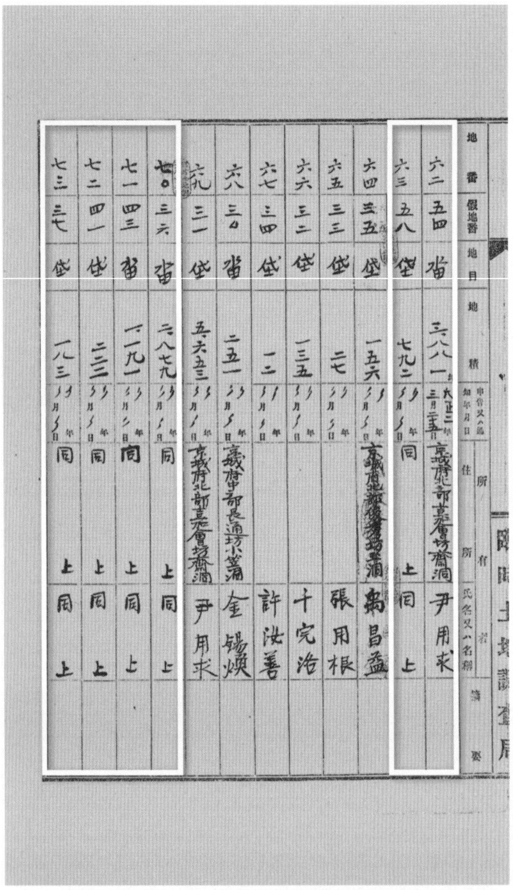

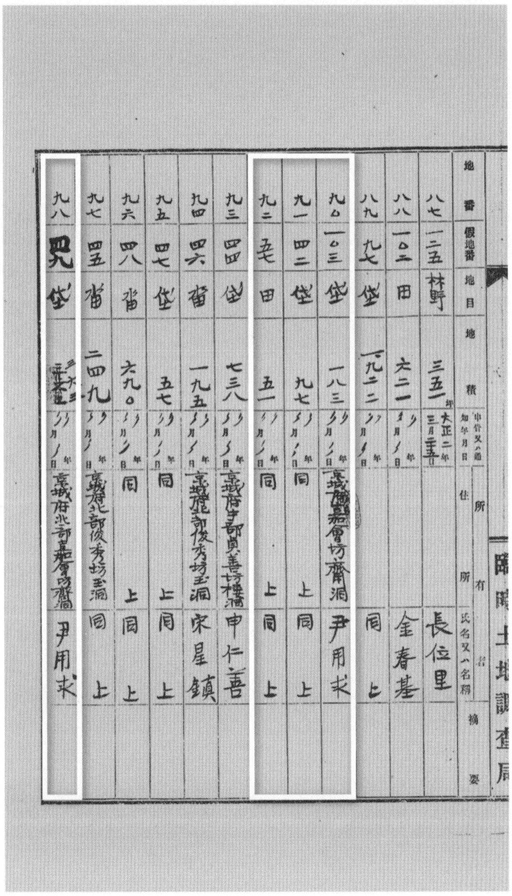

**윤용구의 토지 소유 현황을 확인해 볼 수 있는 장위리 토지조사부**
출처: 「토지조사부」, 고양군 숭인면 장위리, 1912.

④

# 장위동의 도시조직과 공간 특성

조선시대 장위동은 1788년 이후 한성부 동부 인창방 장위리계에 속하였다가 1876년에는 한성부 동부 숭신방 장위리계에 속하였다. 당시 장위리는 한양 도성 밖 성저십리에 위치한 한적한 농촌 마을에 지나지 않았다. 장위리는 북쪽의 매봉산, 남쪽의 돌곶이, 서쪽의 장위동고개 그리고 동쪽의 우이천이라는 자연경계에 싸인 촌락으로 웃말(윗마을), 중간(간대)마을, 아래말(아랫마을), 명덕굴, 활량리 등 5개 소규모 촌락이 길과 하천을 따라 분포하였다. 웃말은 장위동 지역 위에 있다 하여 붙여진 이름으로 윗마을이란 뜻이다. 현재 장위2동 일부와 장위3동 일부에 해당한다. 아랫말은 웃말과 마찬가지로 장위동 지역 아래에 있다 하여 붙여진 이름이며, 중간(간대)마을은 장위동 지역 가운데 있다 하여 붙여진 이름이다. 이 두 촌락은 현재 장위3동에 해당한다. 명덕굴은 명덕고을 혹은 명덕동으로도 불리며, 현재 장곡초등학교를 비롯한 장위1동에 해당한다. 활량리는 한량리로도 불리며, 조선시대 때 이 마을에 술집이 많아 한량들의 발걸음이 끊이지 않았던 데서 비롯된 이름이다. 현재 장위시장을 비롯한 장위2동에 해당한다.

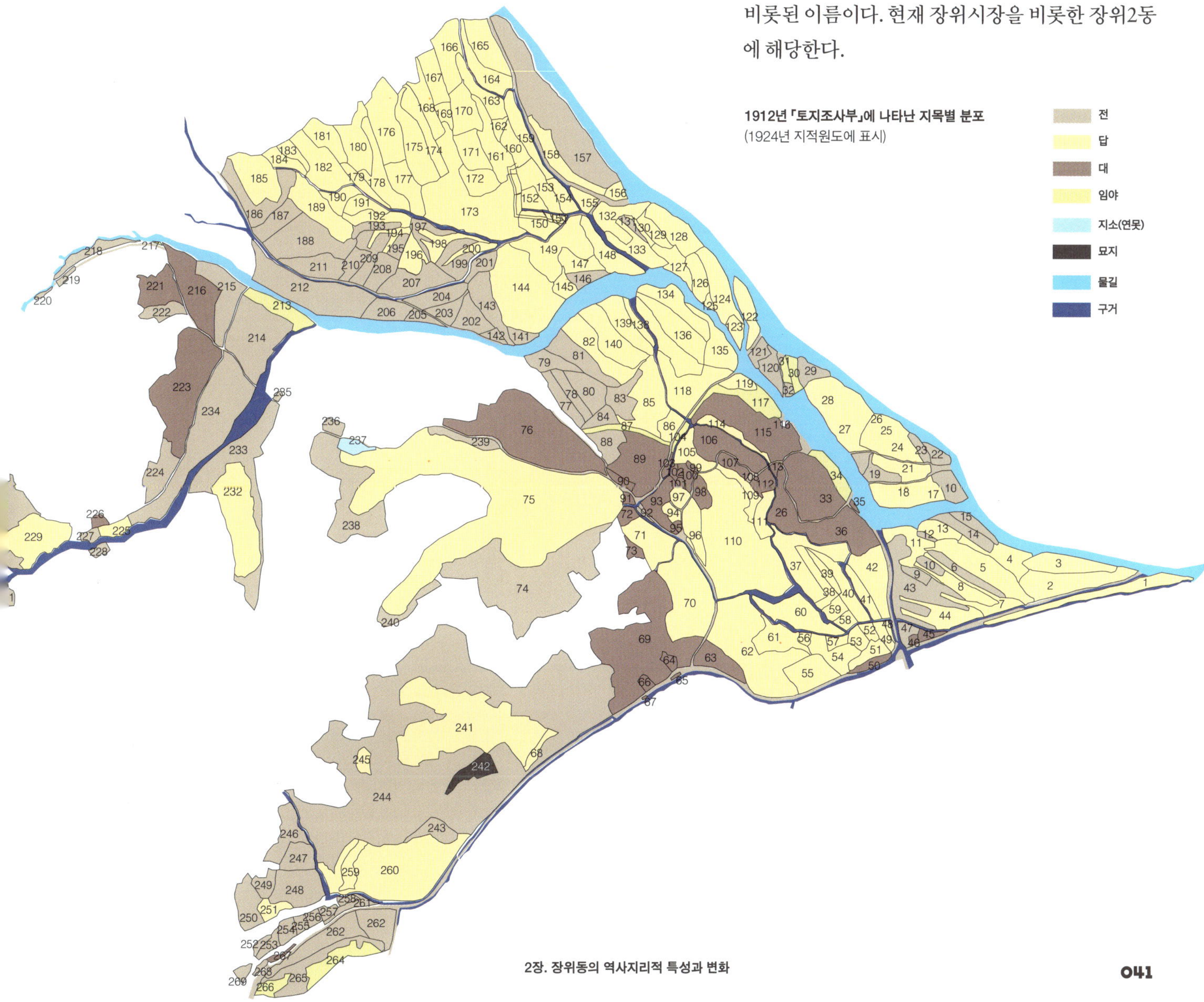


**1912년「토지조사부」에 나타난 지목별 분포**
(1924년 지적원도에 표시)

1924년 제작된 지적원도 및 1926년 제작된 지형도를 통해 확인해 볼 때 매봉산에서 남동쪽으로 흘러내리는 하천은 장위동의 동쪽 경계를 형성하고 있는 우이천으로 합류하였고, 하천과 연결된 물길(구거)들이 장위리 전체에 분포하였다. 장위리의 주요 길로는 현재 돌곶이역이 위치한 부근에서 물길을 따라 월곡동 부근으로 이어지는 길과 매봉산 자락에서부터 웟마을, 중간마을을 거쳐 돌곶이역 방향으로 북서-남동을 잇는 길이 있다. 장위리 내부 길은 대부분 소로로 자연적으로 형성된 도로였다. 1924년 당시 지목 성격별로 살펴보면 전田 95, 답畓 127, 대垈 39, 지池 1, 임林 9, 묘墓 1의 분포 상황을 보인다.

대지가 모여 있는 곳은 총 5개 지역으로 명덕골, 웟마을, 중간마을, 아랫마을, 활량리 등 자연촌락이다. 묘지는 대지 남서쪽의 장위동 242번지에 있지만 누구의 묘인지는 확인되지 않는다. 덕온공주의 묘는 웟마을의 북측인 산1번지에 있었고, 웟마을에는 남녕위재사가 있었다.

조선시대 장위동의 주요 시설로 순조의 셋째 딸인 덕온공주(1822~1844)의 묘와 덕온공주의 제사祭舍인 남녕위재사南寧尉齋舍가 있었다. 덕온공주의 묘는 위치와 이장 시기 등이 정확하게 알려져 있지는 않지만 1954년 항공사진에서 남녕위재사 북서쪽에 위치한 것으로 보이며, 1960년대 윤용구 일가의 소유 토지들이 동방생명보험회사로 매각되었을 시기에 이장된 것으로 추정된다.

**웟마을에 위치한 덕온공주묘와 남녕위재사의 위치**(1954년 항공사진 위에 표시)

덕온공주묘
남녕위재사

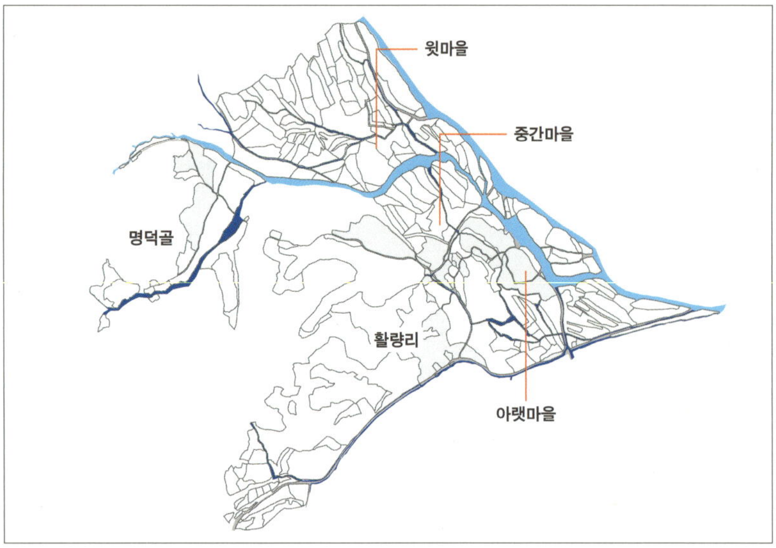


**장위동의 다섯 마을**(1924년 지적원도에 표시)

1912년 「토지조사부」의 정보에 따르면, 현재의 돌곶이인 서측(장위1,2동)은 대부분 윤씨 가문의 소유였으며 장위2동은 대부분 윤용구의 소유였다. 또한 1917년 지세명기장의 정보에 따르면, 산 1~3번지(월곡산 동측) 역시 윤용구의 소유여서 장위동 일대를 대부분 윤용구 일가가 소유하고 있었음을 알 수 있다. 윤용구 일가 외에는 최씨와 한씨의 분포가 높았는데 최씨는 주로 중간마을과 아랫마을, 한씨는 윗마을의 남측 일부에 분포하였다. 명덕골·윗마을·활량리는 윤씨 집성촌이었고 중간마을과 아랫마을은 최씨 집성촌이었다. 윤씨와 최씨에 비해 한씨의 비중은 낮았으나 장위동 일대가 3개 성씨의 집성촌 성격을 가지고 있었음을 알 수 있다.

**1912년 「토지조사부」에 나타난 소유주 성씨별 분포**
(1924년 지적원도에 표시)

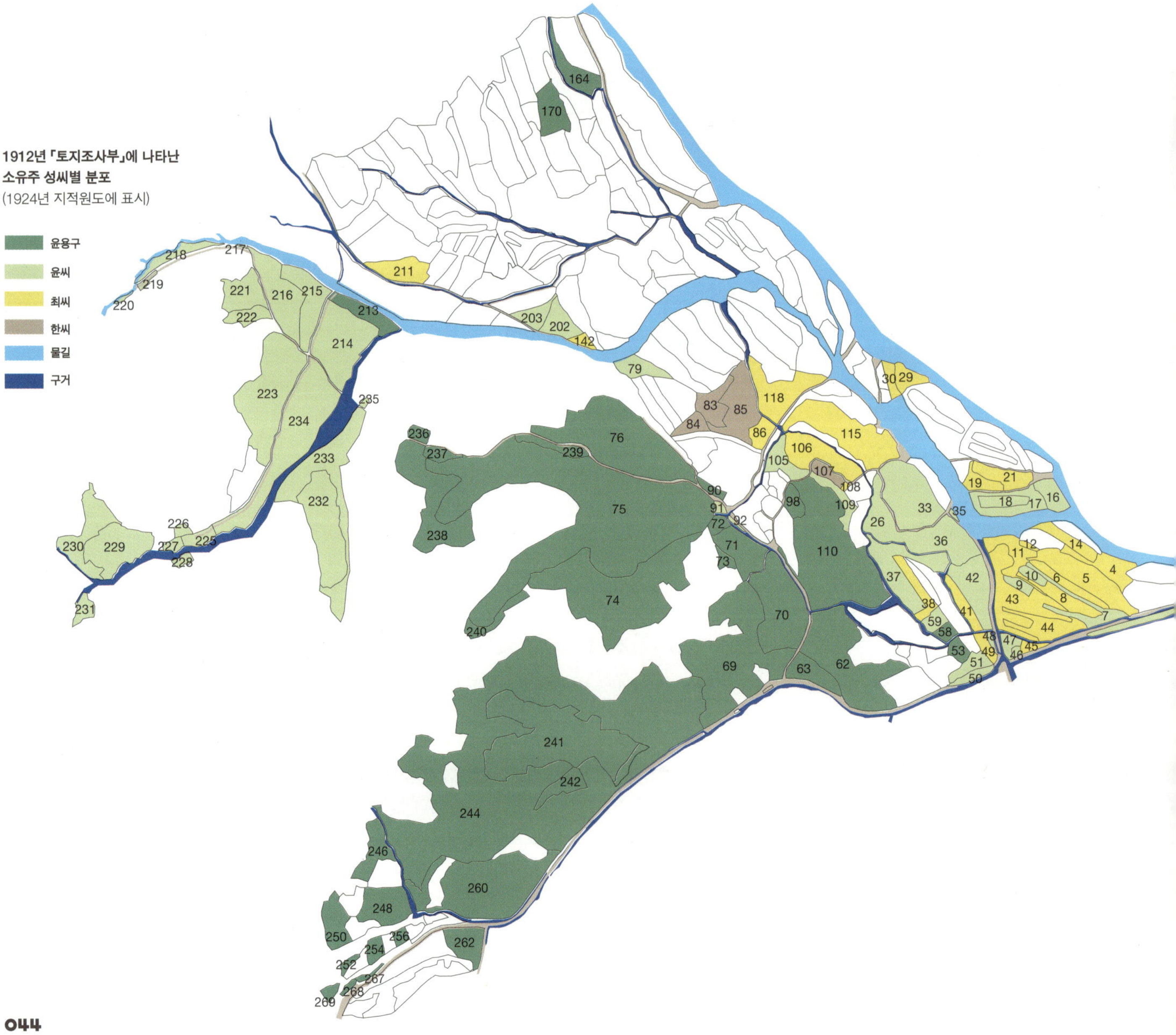

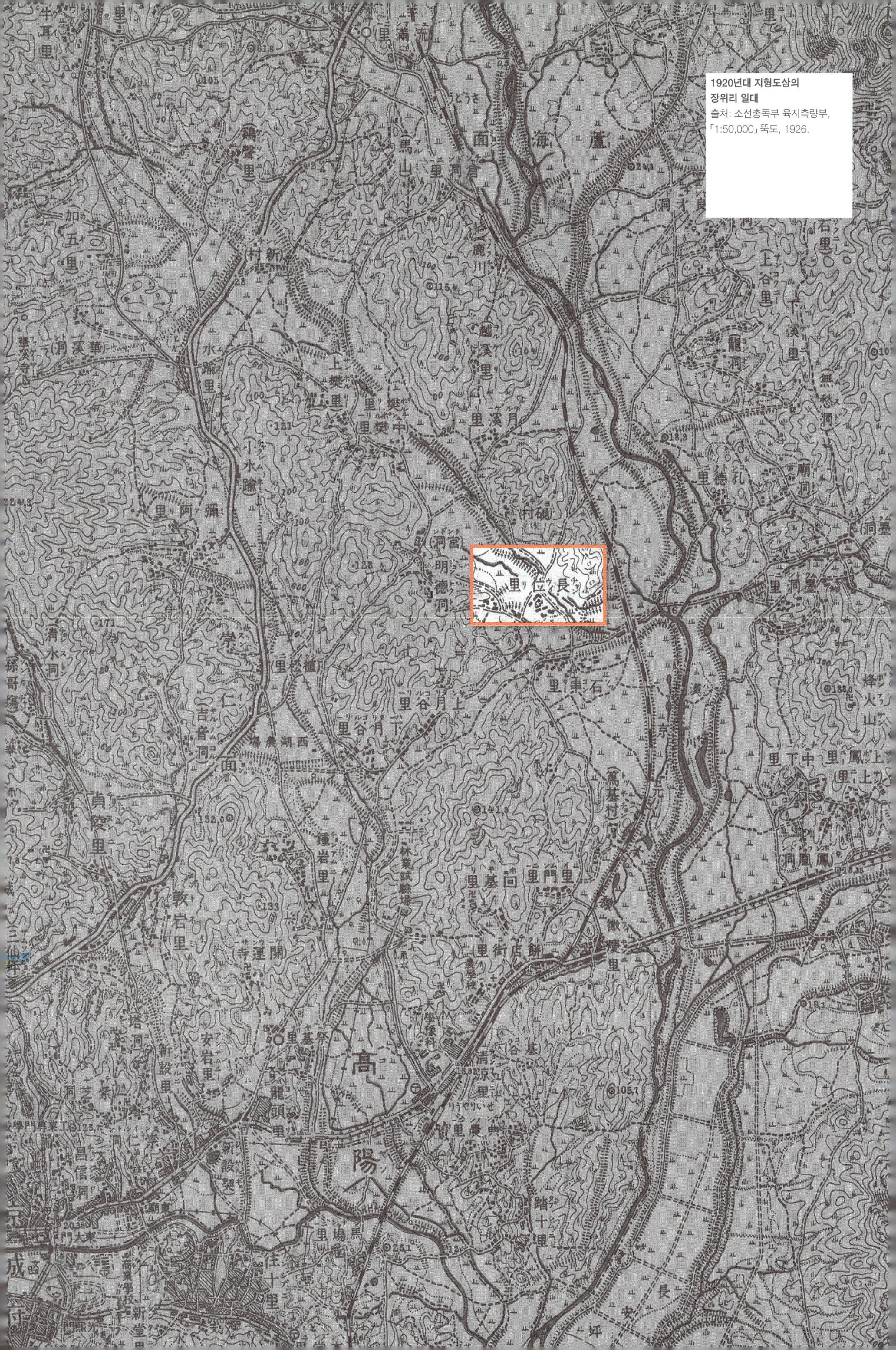

1920년대 지형도상의 장위리 일대
출처: 조선총독부 육지측량부, 「1:50,000」 뚝도, 1926.

⑤

# 경춘선 부설

일제강점기 초반까지도 장위동은 여전히 서울 외곽의 촌락으로 남아 있었다. 1914년 행정구역 개편으로 장위동은 경기도 고양면 숭인면에 속하게 되었으며, 장위동과 인접한 월계동에는 1911년 서울과 원산을 잇는 경원선이 지나는 연촌역(전 성북역, 현 광운대역)이 설치되었으나 장위동까지 근대적 도시 변화가 미치지는 않았다. 1936년 경성부 부역 확장 당시 청량리를 비롯한 고양군 숭인면의 일부가 경성에 편입되었으나 장위동은 여전히 경성의 외부인 고양군에 속하였다. 그러나 1936년 경춘선 부설 논의와 함께 장위동에도 변화의 조짐이 나타났다.

경춘선은 경성부 성동역과 강원도 춘천역을 오가는 93.5㎞, 궤간 1.435m의 사설철도로 1937년 5월 공사를 시작해 1939년 7월 개통되었다. 경춘선은 개통 이후 객주화종客主貨從의 영업구조를 통해 높은 수익을 올려 영업 시작 이후 5년 만인 1944년 경영의 자립성을 확보하였다.[41] 경춘선의 운영 주체는 국책과 영리가 결합하여 창설된 경춘철도주식회사였다. 경춘철도주식회사는 조선식산은행을 비롯해 조선인 자본가와 춘천지역민 등이 공동 출자하여 설립한 회사로, 조선인 주주가 철도회사에 참여한 경우가 거의 없었음을 감안하면 경춘선은 조선인 주민과 자본에 의해 만들어진 '순수 조선산 사설철도'라 할 수 있다.

41. 이하 경춘선에 대한 내용은 김찬수, 「일제의 사설철도 정책과 경춘선」, 『조선총독부의 교통정책과 도로건설』, 국학자료원, 2011, 151~179쪽; 정안기, 「1930년대 조선형특수회사, 「京春鐵道(株)」의 연구」, 『서울학연구』64, 2016. ; 정재정, 『철도와 근대 서울』, 국학자료원, 2018, 222~249쪽 등을 참고 하였다.

경춘철도주식회사는 설립 당시 경인공업지대와 삼척공업지대를 연결하는 중부횡단선 부설을 계획하였으며, 철도와 더불어 부대사업(자동차 운수업, 주택건축업, 임업, 유원지, 호텔 등의 서비스업)을 함께 경영할 예정이었다. 즉 경성부의 도시개발과 교외 확장, 강원도의 산업육성과 자원개발을 담당하고자 하였다.

경춘철도주식회사의 이러한 계획은 1920년대 상황과도 연관된다. 1917년 7월 남만주철도주식회사에 위탁 경영되었던 한국의 부설철도는 1925년 4월 조선총독부 직영으로 환원되었다. 이를 계기로 한국 각지에서는 철도건설을 요구하는 진정과 청원이 빗발쳤고, 이에 호응하여 제국철도협회와 조선철도협회는 1925년 말 한국의 철도망 확장을 위한 예비조사를 시행하는 한편 1926년 7월 도쿄에서 시부자와 에이이치渋沢栄一를 명예회장으로 한 조선철도촉진기성회가 창립되었다. 조선철도촉진기성회는 행정관청, 상업회의소, 경제단체를 대상으로 철도 부설 요망선을 조사하였는데, 강원도는 이때 경거선(경성-춘천-거진) 부설안을 제출하였다. 경거선은 서울~경기도 양주·가평~강원도 춘천·인제·고성 등을 관통해 동해안 거진(고성군 거진읍)에 이르는 중부횡단철도로, 경거선이 놓인다면 인제의 목재나 태백산맥의 광물 등 연선 주변의 무한한 물자를 획득할 수 있었다. 경거선 노선의 일부가 경춘선으로 실현되었다는 점을 고려한다면 경춘선은 한반도 동서 연결의 시발점이라고 볼 수 있을 것이다.

경춘선의 부설 및 개통은 1930년대 후반에 이루어졌지만, 부설의 움직임은 1920년대부터 시작되었다. 경춘선 부설운동은 세 번에 걸쳐 일어났다. 첫번째는 1920년대 전반으로, 이는 1910년대부터 조선총독부가 사설철도 부설을 장려한 것과 관련이 있다. 조선총독부는 국유 간선철도를 보완하는 배양선培養線으로서 사설철도 부설을 장려하고자 하였다. 이에 1912년 6월 조선경편철도령을 제정하였고 1914년부터 사철 건설비에 연 6%의 보조금을 교부하였다(1919년 8%로 인상). 1920년 6월에는 조선경편철도령을 폐지하고 조선사설철도령을 공포하였다. 1921년 4월에는 조선사철보조법을 제정하였으며 1932년 해당 법 시행규칙을 개정해 10년의 보조 기간을 15년으로 연장하고 연간 보조금 한도를 300만 원으로 규정하였다(1925년 4월 450만 원으로 인상). 조선총독부의 사설철도 장려에 의해 1911년 국철 영업노선 1,235.3㎞ 대비 0.7%(79.3㎞)에 불과하였던 사철의 노선이 1925년 국철 2,016.8㎞ 대비 36.8%(743.1㎞)로 급증하였다.

이 시기 경춘선 부설을 주도한 것은 도쿄 상공회의소 부회장 야마시나 레이조山科禮藏와 그를 중심으로 한 경춘전철기성동맹회였다. 야마시나는 1920년 10월 18일 경춘철도 부설 인가를 취득하였다. 1920년 11월에는 경춘전기철도주식회사 설립 발기인 총회를 열어 협궤 1.09m, 연장 79.8㎞의 전기철도 부설과 여객·화물 운송 및 부대 사업의 계획을 결정하였다. 공칭자본금은 600만 원으로 하고 1,000만 원까지 증자를 염두에 두었다. 경춘전기철도주식회사가 부설하고자 한 노선은 청량리를 출발해 춘천까지 운행하는 것이었고, 중간 정차역으로 인창·금곡·마석·청평·가평·강촌 등이 있었다.

하지만 조선총독부의 보조금 교부 허가가 나지 않으면서 1921년 말까지도 경춘전기철도주식회사 설립 및 철도 부설이 불투명해졌다. 1921년 12월 14일 주요 발기인인 아오야마 시즈오青山靜夫와 호소노 아쓰시細野淵, 강원도 내무부장, 경춘전기철도 기성회 대표가 조선총독부를 방문해 보조금 교부를 요청하기도 하였지만 결국 허가를 받지 못하였다.

경춘철도 부설운동이 다시 점화된 것은 1926년 1월 강원도청 이전 문제가 제기되면서부터였다. 1925년 12월 강원도 평의회에서 강원도청을 철도 주변에 있는 철원으로 이전하자는 의견서가 채결되었다. 강원도청 이전 운동 및 저지 운동에 대해 박영철 강원도지사는 경성-오리진(양양)선과 금화-충주선의 급설을 역설하였는데, 두 노선이 부설되면 춘천은 자연스럽게 두 노선의 중심에 놓이게 되므로 도청 소재지로서 조금도 불편함이 없을 것이라는 정도로 언급하였다.

이에 춘천번영회는 경춘철도 부설이 해결책이라고 보고 다시 한번 부설운동을 전개하였다. 춘천번영회는 1926년 1월 13일 강원도청 이전 방지 진정위원을 조선총독부에 파견하여 경춘선 시급 건설을 진정하였고, 1월 15일에는 철도국장 오무라 다쿠이치大村卓一를 만나 경춘선 부설과 경성-양양 철도 부설을 요청하였다. 그러나 1927년 3월 제52회 제국의회 중의원 예산총회에서 오오무라 등이 제시한 총사업비 3억 2000만 원의 조선철도 12년계획이 확정되었는데, 조선철도 12년 계획에

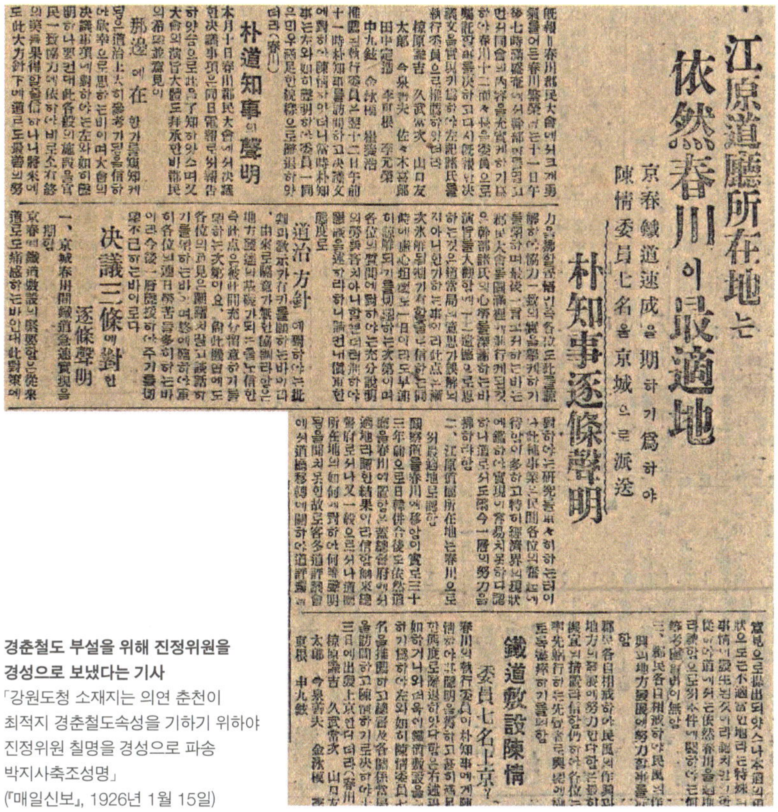
江原道廳所在地는 依然春川이最適地
京春鐵道速成을期하기爲하야 陳情委員七名을京城으로派送
朴知事逐條聲明

**경춘철도 부설을 위해 진정위원을 경성으로 보냈다는 기사**
「강원도청 소재지는 의연 춘천이 최적지 경춘철도속성을 기하기 위하야 진정위원 칠명을 경성으로 파송 박지사축조성명」
(『매일신보』, 1926년 1월 15일)

서는 동해선(원산~양양~강릉~울산~포항~부산, 549㎞)이 채택되면서 경춘철도 부설계획은 또다시 무산되었다.

1933년 말 강원도청의 철원군 이전 주장이 다시 제기되었다. 도청 이전의 이유 또한 철도 때문이었는데, 철도를 끼고 있고 금강산 입구에 자리한 철원에 도청이 소재해야 한다는 것이었다. 이에 1935년 2월 강원도지사로 취임한 손영목은 당시 조선경동철도朝鮮京東鐵道의 아라키荒木 사장에게 철도 부설 문제를 문의하였다. 아라키 사장은 부설비 약 250만 원 중 150만 원을 지방민이 출자하고 나머지 100만 원은 지방채를 발행하여 조달한다면 경춘선 부설이 가능할 것이라 회답하였다. 즉 아라키 사장의 주장은 춘천지역민과 강원도가 공동출자하는 '도설철도부설안道設鐵道敷設案'이었다.

이를 계기로 춘천번영회는 다시 한번 경춘철도기성회 결성을 추진하는 한편 1935년 10월 진정단을 서울로 파견하여 국철이 어려우면 지방민의 부담으로 사설철도 부설이라도 희망한다는 취지의 진정서를 조선총독부에 제출하였다. 진정단은 농촌진흥운동과 조선철도12년계획을 끌어와 경춘선 부설의 필요성과 당위성을 강조하였다.

조선총독부는 철도국 예산이 3,000만 원에서 2,500만 원으로 축소된 데다가 사철 매수를 진행하는 중이라 경춘선의 국철 부설은 불가능하다는 입장이었지만, 지역민이 주도하는 사설 철도 부설에는 긍정적이었다. 이에 조선총독부 철도국은 1935년 11월과 12월 경춘선 부설 예정지의 경제적 가치를 조사하였다. 이에 따르면 경춘철도 연선의 주요 운송점이 취급하는 화물의 총 톤수는 255만 2,223톤(육상운송 114만 8077톤, 주편舟便운송 140만 4156 톤), 각 구간 여객 총 인원은 600만 4561명이다. 이를 철도가 흡수한다고 가정해 보면 화물운송은 육상 109만 663톤(10만 9066원), 주편 84만 2,493톤(8만 4249원)이고 여객운송은 420만 3,230명(21만 161원)으로 합계 40만 3,476원이다. 여기에 철도 개통 이후 화물에서 50%, 여객에서 30%의 증가를 기대할 수 있다는 점을 고려한다면 화물운송 28만 9,972원, 여객운송 27만 3,209원, 합계 56만 3,182원이 된다. 한편 강원도의 인구는 1926년 130만 7,145명에서 1936년 152만 9,071명으로 증가하였다(전국의 16.9%). 춘천군을 비롯한 경춘선 역세권의 경우 1926년 29만 3,865명(강원도의 22.3%)에서 1936년 33만 4,300명(21.7%)으로 증가하였다. 강원도의 공산액은 1926년 1259만 6,308원(전국의 4.2%)이었는데, 1936년 2,457만 8,564원(3.3%)으로 증가하였다. 즉 강원도를 비롯한 경춘선 역세권의 인구 동태와 소득 수준을 고려할 때 화물 60%, 여객 50% 이상 증가하는 것은 결코 과대평가가 아니라는 것이 조선총독부 철도국의 견해였다.

42.
7월 22일 기사에서는 중색으로 되어 있으나 상색(上色)의 오기로 보인다. (「제기정기점 춘천종점 24개소 역 설치」, 『매일신보』, 1939년, 7월 29일.)

강원도청 또한 경춘선 부설을 위한 별도의 경제조사를 시행하였다. 구체적인 내용을 보면 첫째, 금광자원의 개발이다. 경춘선 역세권 내(춘천, 인제, 양구, 홍천, 화천)에 산재하는 금광은 78광구(가동 광구 48개)였고, 1936년도 생산액은 금 23만 6,838원, 금은 139만 562원, 사금 11만 5,362원 등 합계 174만 2,767원이었다. 경춘선의 부설은 무진장하게 사장死藏된 사금 등 지하자원의 개발에 크게 공헌할 수 있는 상황이었다.

둘째, 목탄의 증산이다. 조선의 목탄 생산량은 대략 1,500만 관貫, 목탄 수요량은 1,200만 관이었다. 이 가운데 일본에 이출하는 양은 300만~400만 관이었다. 경춘선 역세권의 광공업화가 진행되면 목탄 수요량은 1936년 생산액의 약 4배에 달할 것으로 예상하였다.

셋째, 갱목坑木의 개발이다. 조선의 지하자원 개발에 다량의 갱목이 필요하였는데, 경춘선 역세권 내에는 갱목을 공급할 수 있는 목재가 풍부해 축적량이 232만 7225㎥(국유림 26만 3600㎥, 민유림 206만 3620㎥)에 달하였다. 경춘선이 부설되면 운임 인하와 운송 위험률이 감소해 대량의 갱목을 공급할 수 있었다.

넷째, 경춘선이 부설되면 양구군의 고령토, 춘천군의 갈철광褐鐵鑛, 화천군의 안티몬(antimony), 경기도 가평군의 마그네사이트(magnesite)를 비롯하여 역세권 내의 펄프와 침목 자재의 개발도 예상할 수 있다.

손영목 지사는 1936년 1월 이상의 내용을 담은 경제조사보고서를 조선총독부에 제출하였다. 같은 해 2월 조선총독부, 경기도청, 경춘철도기성회, 강원도청, 조선총독부철도국이 공동으로 경춘선 역세권의 물가조사를 실시하였다. 그 결과는 앞서 강원도가 실시한 경제조사와 큰 차이가 없었다.

한편 경춘철도기성회는 1936년 1월 본격적으로 주주를 모집하였다. 춘천읍 내에서 5만 주를 모집하고 경성부 방면에서도 투자하는 등의 실적을 거두었지만, 춘천군과 경성부의 주식을 다 합해도 500만 원에 불과한 상황이었다. 이 문제는 조선식산은행이 주주로 등장하면서 해소되었다. 이에 1936년 7월 20일 경춘철도주식회사 창립총회를 개최하였고, 조선총독부 내무국장 출신 우시지마 쇼조牛島省三가 사장으로 취임하였다. 경춘철도주식회사의 발행주식 20만 주 가운데 김연수와 지규문을 비롯한 조선인 주주 91명이 100주 이상 청약하였다(3만 4560주, 17.5%). 다수의 조선인이 신설 회사에 대주주로 참가한 것은 보기 드문 현상이었다. 김연수와 박진양은 각각 취체와 감사를 맡기도 하였다.

조선식산은행이 경춘철도주식회사의 주주로 참여한 것은 일본고주파중공업㈜과 관련이 있었다. 1936년 1월 설립된 일본고주파중공업은 만철 중앙연구소가 1934년 개발한 제철방법(고주파전격법)을 사업화하기 위해 설립된 특수회사로, 1937년 함남 성진공장을 건설하고 제2기 확장 공사를 위해 풍부하고 저렴한 전력을 확보해야 하였다. 이에 일본고주파공중업은 경기도 인천이나 강원도 삼척에 공장을 건설하고 북한강 수력을 통해 전력을 확보하고자 하였는데, 북한강 수력을 개발하기 위해서는 공사용 자재를 운송해야 하였고 경춘선은 자재 운송에 안성맞춤이었다.

경춘선의 본격적인 부설은 1936년부터 시작되었다. 1936년 6월 실측작업을 시작하여 10월 말 완료하였고, 7월에는 철도 부설 면허인가를 받았다. 1937년 1월에는 기존에 경성 발착역을 청량리역으로 한다는 계획을 동대문과 청량리 사이 용두정(성동역)에 새롭게 역사를 짓는 것으로 변경하였다. 조선총독부 철도국은 건설비와 보조금이 적게 드는 국철 이용을 권유하였지만, 조선식산은행의 아루가有賀 사장은 향후의 발전을 위해서는 경춘선이 독자적 노선과 시발역을 가져야 한다고 주장하였다. 이에 서울의 발착역이 용두정으로 변경되었고, 1937년 6월 15일 부설 면허를 청량리~춘천에서 제기동~춘천으로 변경하였다(95.6㎞). 서울의 발착역을 용두정으로 함으로써 경춘선은 서울 안에서 승하차가 가능한 유일한 사철이 되었다.

실질적인 철도 부설 공사는 1937년 5월에야 시작되었다. 착공이 늦어진 이유는 1936년 후반부터 철강 기근으로 공사비가 증액되었고 건설 노동자 모집 또한 여의치 않았기 때문이다. 이는 아루가 사장과 조선총독부의 지원으로 간신히 해결할 수 있었다. 이러한 상황 때문에 공사는 주야간 돌관공사로 진행되었다. 공기工期를 최대한 단축하는 것이 건설비를 줄이는 방법이었기 때문이다. 하지만 제10공구 터널 공사에 문제가 생기면서 계획이 변경되는 등 완공 예정일이 1939년 4~5월에서 7~8월경으로 바뀌었고, 결국 7월 22일 개통식을 거행하였다. 개통 당시 철도역(보통정거장)은 성동·연촌·퇴계원·금곡리·마석·대성리·청평·가평·백양리·신남·성산·춘천 등 12개소를 설치하였고, 중간에 정류소 10곳과 간이역 2곳 등 모두 24곳의 정차역을 두었다.

경춘철도는 하루 4번 왕복하는 열차를 운행하였으며, 개통 직후 청평과 화천 발전소 토목공사 등으로 객화 운송이 급증하자 이에 대처하기 위해 1940년 6월부터 화차 2량과 기동 차량 2량을 증설 운행하였다. 1942년 8월부터는 급행열차를 운행하기도 하였다.

> 城東(보통)~高商前(정류소)~月谷(정류소)~硯村(보통)~墨洞(정류소)~泰陵(정류소)~葛梅(정류소)~退溪院(보통)~思陵(간이역)~金谷里(보통)~坪內(정류소)~磨石(보역)~大成(보통)~淸平(보통)~上泉(간이역)~上色(정류소)[42]~加平(보통)[43]~西川(정류소)~白楊里(보통)~江村(정류소)~衣岩(정류소)~新南(보통)~城山(보통)~春川(보통)[44]
>
> 「祭基町起點春川終點 廿四個所驛設置」, 『매일신보』 1939년 7월 22일

**경춘선의 역사 현황(개통 당시)**

| 번호 | 역명 | 개통연도 | 폐선연도 | 비고 |
|---|---|---|---|---|
| 1 | 성동(城東) | 1939년 | 1971년 | 성동~성북 구간 폐지로 폐역 |
| 2 | 고상전(高商前) | 1939년 | | 폐역시기 정확하지 않음 |
| 3 | 월곡(月谷) | 1939년 | 1970년 | 성동~성북 구간 폐지로 폐역 |
| 4 | 연촌(硯村) | 1939년 | | 1963년 성북역으로 개칭. 2013년 광운대역으로 개칭 |
| 5 | 묵동(墨洞) | 1939년 | 2010년 | 1944년 신공덕역으로 개칭. 경춘선 복선전 철화로 폐역 |
| 6 | 태릉(泰陵) | 1939년 | 2010년 | 1958년 화랑대역으로 개칭. 경춘선 복선전 철화로 폐역 |
| 7 | 갈매(葛梅) | 1939년<br>2010년 | 1974년 | 1974년 폐역되었다가 경춘선 복선전철화로 전철역이 됨 |
| 8 | 퇴계원(退溪院) | 1939년 | | |
| 9 | 사릉(思陵) | 1939년 | | 2010년 경춘선 복선전철화로 전철역이 됨 |
| 10 | 금곡리(金谷里) | 1939년 | | 1993년 금곡역으로 개칭. 2010년 경춘선 복선전철화로 전철역이 됨 |
| 11 | 평내(坪內) | 1939년 | | 2006년 평내호평역으로 개칭 및 역사 이전 |
| 12 | 마석(磨石) | 1939년 | | 2008년 역사 이전. 2010년 경춘선 복선전 철화로 전철역이 됨 |
| 13 | 대성(大成) | 1939년 | | 2010년 역사 이전, 경춘선 복선전철화로 전철역이 됨 |
| 14 | 청평(淸平) | 1939년 | | 2009년 역사 이전, 2010년 경춘선 복선전 철화로 전철역이 됨 |
| 15 | 상천(上泉) | 1939년 | | 2010년 경춘선 복선전철화로 전철역이 됨 |
| 16 | 상색(上色) | 1939년<br>1966년 | 1961년<br>1974년 | 1966년 임시승강장으로 재개업 후 1974 년 폐역 |
| 17 | 기평(加平) | 1939년 | | 2010년 경춘선 복선전철화로 전철역이 됨 |
| 18 | 서천(西川) | 1939년 | | 1955년 경강역으로 개칭. 2010년 경춘선 복선전철화로 전철역이 되었고, 굴봉산역으로 개칭 |
| 19 | 백양리(白楊里) | 1939년 | | 2010년 경춘선 복선전철화로 전철역이 됨 |
| 20 | 강촌(江村) | 1939년 | | 2010년 경춘선 복선전철화로 전철역이 되고 역사 이전 |
| 21 | 의암(衣岩) | 1939년 | 1974년 | |
| 22 | 신남(新南) | 1939년 | | 2004년 김유정역으로 개칭. 2010년 경춘선 복선전철화로 전철역이 됨 |
| 23 | 성산(城山) | 1939년 | | 1940년 남춘천역으로 개칭. 2010년 경춘선복선전철화로 전철역이 되고 역사 이전 |
| 24 | 춘천(春川) | 1939년 | | 2010년 경춘선 복선전철화로 전철역이 됨 |

43. 기사에서는 정류소로 되어 있으나 오기로 보인다. 가평이 정류소이면 보통정거장이 12개가 되지 않으며, 『매일신보』 1939년 7월 22일자 4면 상단 그림을 보면 가평은 다른 보통정거장과 같은 마크로 표시된 것으로 보아 보통정거장으로 보는 것이 맞다. (「祭基町起點春川終點 四個所驛設置」, 『매일신보』, 1939년 7월 22일.)

44. 김찬수, 「일제의 사설철도 정책과 경춘선」, 『조선총독부의 교통정책과 도로건설』, 국학자료원, 2011, 167쪽.; 「祭基町起點春川終點 四個所驛設置」, 『매일신보』, 1939년 7월 22일.

경춘철도주식회사의 수익구성을 보면, 1939~1943년까지 철도영업으로 약 953만 원(객차 580 만 원, 화차 373만 원)을 벌었다. 이는 경춘철도주식회사의 겸업을 포함한 전체 수입 1,001만 원의 95.2%였다. 객화 수입의 구성은 여객 61%에 대해 화물이 49%의 비중이었다. 이러한 수입 구성은 경춘선 연선의 산업개발과 주택지화의 진전으로 여객의 왕래가 빈번하였기 때문이다. 경춘철도주식회사의 5년간 평균수입은 60.7원으로, 당시 13개 사철 중에서 북선척식철도주식회사의 135.7 원에 이어 2위였다. 경춘철도주식회사의 수익률이 호전되면서 사철보조금도 1940년 건설비 대비 9.9%에서 1943년 3.5%로 감소하였다.

開門直前의江原處女地走破記(上)

羊腸幽谷의神秘境

鐵馬의輪蹄밋헤春源을開放

六月부터京春線開通

**경춘철도 개통 직전 노선을 둘러보는 기사**
(「개문작전의 강원 처녀지 주파기 [上]」, 『매일신보』, 1939년 4월 19일.)

**경춘철도 개통식 당일 성동역과 춘천역**
(「강원심장을 관통하는 경춘철도의 개통식」, 『동아일보』, 1939년 7월 23일.)

開通直前의 京春鐵道踏査記 (下)

東으로東草, 西로仁川

將來는中朝鮮貫通

沿線에는名勝古蹟이多數!

**경춘철도 개통 직전 노선을 둘러보는 기사**
(「개통직전의 경춘철도 조사기[下]」, 『매일신보』, 1939년 4월 21일.)

**경춘선 개통 당일 신문 기사** (「축 경춘철도 개통」, 『매일신보』, 1939년 7월 22일, 4~5면.)

祝 京春鐵道開通

二年間工費만千餘萬圓

京春鐵道開通式擧行

祝京春鐵道開通

# ⑥ 경춘철도주식회사와 주택건설

경춘철도주식회사는 철도 외에도 다양한 부대사업을 경영하였다. 경춘선 운영 전인 1936년 10월 자동차운송업 진출을 결정하여 화물 및 여객 운송업을 추진하였다. 먼저 경기·강원 지역의 최대 화물운송회사인 경강육운을 합병하였고, 1939년 3월에는 강원도 남부지역 화물운송의 경쟁자였던 강원화물의 자동차부를 매수하면서 강원도 자동차 화물운송의 90%를 장악하였다. 그러나 1938년 7월 이후 휘발유 소비규정과 차량용품 입수 곤란으로 영업은 위축과 재편을 거듭하였다.

여객운송의 경우 1936년 11월 말 내선자동차와 춘천자동차의 영업권과 자산을 매수하여 여객자동차부를 신설하고 영업을 개시하였다. 1937년 4월 경포자동차, 1938년 2월 오성자동차, 11월 이천자동차·철원자동차·철원금강택시, 1939년 6월 선일자동차, 8월 준양자동차·연천자동차의 영업권을 각각 매수하였다. 1940년 2월에는 삼신자동차의 경성지역과 경성~강화 간 승합자동차 노선과 영업권을 매수하였다.

또한 경춘철도주식회사는 1937년 4월 철도용 침목·토목건축용 자재·신탄 자급화를 목적으로 임업 사업에 착수하였다. 1937년 상반기에는 경기도로부터 도유림 2만 8193척을 불하받아 벌목과 조재造材하였고, 하반기에는 경기도 도유림과 국유림 3만 5,313척을 불하받아 철도용 침목 등의 목재를 생산하고 목탄 8,790표俵를 생산하여 판매하였다.

그 밖에 경춘철도주식회사는 경춘선 연선에 유원지 개발을 구상하였다. 이에 양주군 별내면 퇴계원리 4만 평에 육상경기장·배구장·야구장·정구장·아동유희장·풀장을 짓고 과수원·양계장을 조성하였다. 1939년 9월 경춘선 개통과 맞추어 퇴계원 유원지도 개장하였다. 그리고 1939년 말부터 춘천읍 봉의산 중턱에 대규모 전용호텔 신축을 추진하여 1942년 2월 춘천 호텔의 상량식을 거행하고 춘천 소재의 요정에 경영을 위탁하였다.

이상의 경춘철도주식회사 부대사업은 1937년 전반기 7,368원의 손실을 제외하면 대부분 큰 이익을 냈으며, 경춘선 개통 직후에는 부대사업의 수익이 철도수입보다 압도적으로 많았다. 1940년 3월 경춘철도㈜의 수입 구성을 보면 철도 10만 2,864원, 자동차 38만 6,347원, 토지 516원, 임산 2,146원 등 합계 49만 1,873원이었다.

경춘철도주식회사는 토지·주택 사업에도 진출하였다. 1930년대 후반 서울의 인구가 급증하면서 서울의 토지가격이 급등하여 교외주택지 조성이 긴급 과제로 부상하였다. 경춘철도주식회사는 이에 1937년 2월 금곡까지 철도를 부설하고 금곡 부근에 약 500호의 이상촌을 건설하고자 금곡 부근 토지 6만여 평을 매입하였다. 향후 주택지 조성이 끝나면 경성~금곡 사이에 매일 30여 회의 자동차를 왕복하게 할 계획이었다.[45] 또한 청량정에 16만 평의 토지를 매매해 주택을 건설하고자 계획하였다. 이 계획은 1기 계획으로 조선가옥 300 호를 건설하는 것이었으며, 이 중 우선 30호를 지을 예정이었다. 2기 계획은 내지인 주택 300호를 건설하는 것이었다. 이 주택들은 장래 철도의 배양물로서 계획된 것이었다.[46] 1938년에는 전농동 주택경영지 일부에 조선식 가옥 13호를 건설해 매매를 완료하였고, 경기도 고양군 숭인면 장위리에 주택경영지 6만 평을 매입하여 정지공사를 실시하였다. 1939년 상반기에는 전농정 1만 5,000평에 주택 37호를 건설하였고, 같은 해 후반기에는 전농정에 조선식 가옥 71호 건설과 경기도 고양군 숭인면 월곡리에 6만 평 규모의 월곡장 건설을 추진하였다. 1940년에는 전농정에 우선적으로 일본식 가옥 6호를 완성하여 분양할 예정으로, 분양 성적을 본 후 광범위한 분양주택을 건축하고자 하였다.

45. 「京春鐵道會社서 理想村建設코저 金谷附近에 土地買收」, 『매일신보』, 1937년 2월 26일.

46. 「東門外淸凉里町에 大住宅村出現」, 『매일신보』, 1937년 6월 9일.

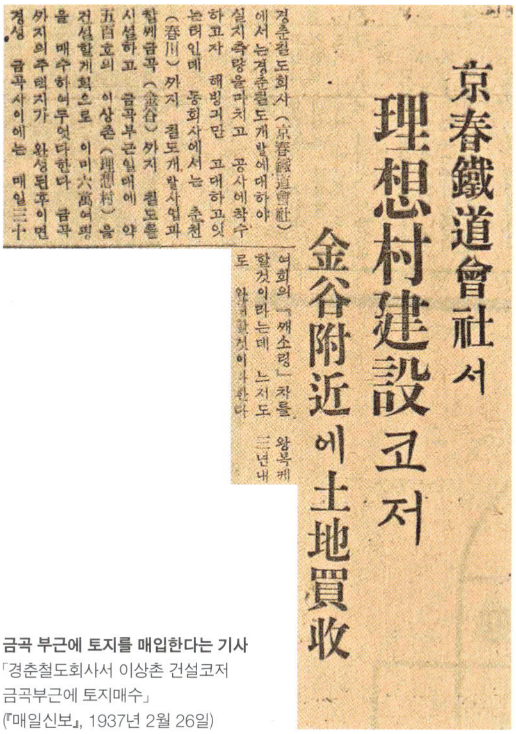

京春鐵道會社서
理想村建設코저
金谷附近에土地買收

경춘철도회사(京春鐵道會社)에서는경춘철도개발에대하야 실지측량을마치고 공사에착수하고자 해빙기만 고대하고잇는터인데 동회사에서는 춘천(春川)까지 철도개발사업과 함께금곡(金谷)까지 철도를 시설하고 금곡부근일대에 약 五百호의 이상촌(理想村)을 건설할게획으로 이미六萬여평을 매수하여두엇다한다 금곡까지의주택지가 완성된후이면 경성 금곡사이에는 매일三十여회의「깨소링」차를 왕복케할것이라는데 느저도 三년내로 완성할것이라한다

**금곡 부근에 토지를 매입한다는 기사**
「경춘철도회사서 이상촌 건설코저 금곡부근에 토지매수」
(『매일신보』, 1937년 2월 26일)

한편 경춘철도주식회사의 주택개발은 1920년대 이후 경성 동부지역의 상황과 연관지어 살펴볼 필요가 있다. 1920년대 이후 경성 동부지역은 경성의 인구 증가에 따른 주택 부족 문제를 해결하기 위한 대상지로서 주목을 받았다. 주택난과 관련하여 1920~1930년대 경성의 상황을 대략적으로 살펴보면, 1920년 회사령 폐지 이후 상공업이 발전하고 토지조사사업이나 산미증식계획 등으로 농민의 이촌향도 현상이 심화되면서 경성으로 인구가 모여들었다. 그런데 인구 증가율에 비해 주택 보급률이 따라가지 못하면서 주택난이 심각한 상황이었다. 주택난 관련 기사를 통해 당시 상황을 살펴본다.

> 경성부 내의 주택이 부족하다는 문제는 이미 몇 해 전부터 부르짖는 터이나 요사이에 이르러서는 더욱이 심하여 집값은 거의 한정을 모르고 올라가며 따라서 집세금도 날마다 올라가는 모양이다. 경성부에서는 금년 예산에 일본사람 편의 주택으로 사십 호의 가옥과 조선사람 편으로는 공동가옥으로 줄행랑 모양으로 봉래정과 훈련원에 약 백호를 건축하여 주택에 곤란한 사람들에게 빌리게 하여 얼마간이라도 주택난을 구세하려는 계획이나 이러한 소규모의 구제로는 도저히 집에 몰리는 시민을 원만히 구제할 수는 없으나 여하간 경성부에서는 계속하여 부영가옥을 건축할 계획으로 이자가 헐한 돈을 부채로 얻어서 부영가옥을 건축하려 한다는데 아직 그 계획이 완전히 결정이 되지 아니하였으나 내용으로 총독부에서 십만 원가량의 이자 헐한 돈을 얻어 오십 호가량의 주택을 건축할 예정으로 연구를 하는 중이며 금년 사월까지의 경성시내의 가옥을 조사한즉 일본인 편의 주택이 일만이천삼백칠십팔 호요 조선인 가옥이 이만육천팔백삼십 호인데 그중에는 한 가옥에 몇 가구씩이 들어 있는 집도 적지 아니하여 시내의 총히 한 가정을 가지고 살림을 하는 수효가 조선사람 편에 삼만칠천구백이십칠 가구요 일본사람 편이 일만육천사백십사 가구인데 시내 총 가옥 수에 비교하면 일만사천삼십삼 호가 부족하다더라.
>
> 「住宅難의活 據」, 『동아일보』, 1921년 9월 10일, 3면.

위 기사에 따르면 1921년 4월까지 경성 시내의 가옥 조사 결과 조선인이 3만 7,927가구에 일본인이 1만 6,414가구이며, 주택은 조선인 가옥이 2만 6,830호이고 일본인 가옥이 1만 2,378호이다. 가옥 수와 인구를 따져보면 조선인 1만 1,097가구와 일본인 4,036가구가 주택이 없는 상황으로, 주택 부족률이 조선인과 일본인 모두 20%가 넘는다. 주택 부족 현상은 경성에 거주하는 관공서, 회사, 은행 등에 근무하는 월급 생활자에게도 예외는 아니었다. 1921년 현재 월급 생활자로서 주택을 가지지 못한 사람이 6,390호인데 그중 관사나 사택에서 사는 사람이 725명, 여관 또는 다른 집에서 동거하는 사람이 539명, 기타 주택이 없는 자가 5,135명이었다.[47] 자기 집에서 거주하지 못하는 사람은 생활이 안정되지 못해 이를 구제할 방책이 촉구되기도 하였다.[48]

주택이 없는 사람 중에서는 대가에서 거주하는 사람도 있었는데, 주택난을 이용해 일부 대가업자들이 집세를 가지고 폭리를 취하기도 하였다. 이는 집세에 대한 기준이 없었기 때문으로, 일례로 상급 조선가옥의 경우 집세가 1921년에서 1922년 1년 사이에 3원 46전에서 4원 97전으로

47. 「六千名의洋服細民」, 『동아일보』, 1921년 6월 12일 3면.

48. 「휴지통」, 『동아일보』, 1921년 9월 20일3면.

약 43%나 인상되었다. 이후 조선가옥은 상급 4원 50전, 중급 3원 16전, 하급 2원 40전으로 표준가격이 정해졌지만 이를 강제할 수 있는 법적 제도는 없었다. 1927년에는 경성부가 특별영업세 중 부동산대부업에 관한 세금을 신설하자 대가업자 중에는 세금을 핑계로 집세를 올리거나 높은 집세가 아니면 아예 집을 빌려주지 않기도 하였다.[49]

1920년대 중반이 되면 주택 건축이 늘어나면서 주택난이 조금씩 해소되었다. 1921년 20%가 넘었던 주택 부족률이 1926년에는 5.8%로 급감하였다. 1930년대의 상황을 살펴보면, 1930년대 초 주택 부족률은 1932년 25.9%를 제외하면 1931년 10.6%, 1933년 11.2%, 1934년 15.8% 등 대체로 10% 내외였다. 같은 시기 경성의 주택 신축 수를 살펴보면 1930년 1,484호, 1932년 3,229호, 1933년 3,438호, 1934년 4,166호 등 1930~1934년 5년 동안 1만 호가 넘는 주택이 건설되었다. 1918~1922년 5년 동안 6,000호가 건설되었음을 감안하면 많은 수의 주택이 건설되었음을 알 수 있다.[50]

하지만 전시체제기로 들어가면서 주택 부족률은 1938년 43.1%, 1939년 44.4% 등으로 다시 증가하였다. 신축 가옥 수도 1936년 6,351호에서 1938년 3,676호, 1939년 3,884호로 급감하였다. 주택 부족률이 증가한 이유는 우선, 조선총독부의 물자통제로 주택 건축이 어려웠고, 시가지계획에 따른 토지구획정리사업으로 많은 수의 가옥이 철거되었기 때문이었다.[51]

이러한 주택난을 해결하기 위해 가장 많이 시도된 방법은 주택을 건설하는 것이었다. 주택 건설은 다양한 방면에서 진행되었다. 먼저 경성부의 경우 부영주택 건설을 추진하였다. 1921년 조선인을 대상으로 주택 100호 일본인을 대상으로 주택 40호 건설을 계획하였으며, 조선인 주택은 조선식과 일본식을 절충한 약 3평 기와집으로, 일본인 주택은 중류층 이상의 일본인을 대상으로 하였기에 호당 13평 규모의 주택으로 설계되었다. 조선인 주택은 봉래정에 30호와 동대문 부근에 120호를 조성하기로 하였으며, 일본인 주택은 한강통에 36호와 삼판통에 4호를 조성하였다.

하지만 부영주택 건설 정책은 큰 효과를 거두지 못하였다. 일본인 부영주택은 중류층의 이상의 일본인을 대상으로 건설되었기에 월세 수익도 양호한 모범주택이었지만, 조선인 부영주택은 훈련원 인근의 빈민굴과 더불어 경성의 대표적인 빈민가로 전락하였다. 조선인 부영주택은 영세한 조선인에게 주택을 공급하자는 목적에서 건설되었으나 말 그대로 집세를 납부할 수 없는 조선인이 많았기에 운영이 어려워질 수밖에 없었다. 결국 동대문 부근의 부영주택은 학교부지로 제공하기 위해 전부 헐어버렸고 봉래정 주택은 3호를 제외하고 경성부 소사, 고인雇人에게 대부하여 사택처럼 운영하는 등 경성부가 부영주택의 운영을 포기하기에 이르렀다.

경성부는 이후에도 1932년 연병정 36호와 경성부 밖 신당리 80호의 부영주택을 건설하였고 1934년 광희정 부유지에 60호의 부영주택을 건설하였지만, 영세민에게 주택을 공급하겠다는 당초 목적과 달리 집세 체납이 많아지면서 경성부청 고용인에게 주택을 공급하는 방향으로 정책을 변경하였다. 1939년에는 한남정 부유지에 부영주택을 또 건설하고자 하였지만 총독부의 기채 불인가 등으로 계획이 실현되지 못하였다.[52]

주택 건설과는 거리가 있지만, 토막민 문제도 경성 동부지역과 관련되어 있다. 토막민은 말 그대로 '토막土幕'에 거주하는 사람을 가리키는 말로, 구체적으로는 농촌을 떠나 이촌향도한 사람들이나 도심부에 거주하다 경제적 어려움으로 외각으로 밀려난 사람들이 국유지나 사유지에 불법적으로 토막 또는 불량주택을 지어 거주하는 사람들을 통칭한다. 토막민의 존재는 1930년대까지 사실상 묵인되고 있었지만 1936년 경성 행정구역 확장과 시가지계획을 앞두고 더 이상 묵인할 수만은 없는 상황이 되었다.

이에 경성부는 두 차례에 걸쳐 토막민을 특정 지역으로 이주시키고자 하였다. 첫 번째 사업은 1933년 2월 고양군 연희면 아현리 면유지 1만 8,798평을 매수해 가구당 12~15평의 토지를 대여하고 5개년 계획으로 약 1,500호의 토막민을 수용하는 것이었다. 토막민의 감독과 교화는 사회사업단체 재단법인 화광교원에 위탁하였다. 사업 첫해인 1933년에는 현저동 31호 150명과 죽첨정3정목 21호 102명이 아현리로 수용되었고, 다음 해인 1934년에도 400호의 토막민이 아현리로 수용되었다.

두 번째 사업은 1935년 정릉리 국유림 2

49. 김현주, 「戰時期 도시주택난과 일제의 주택정책 - 조선주택영단과 조선대가조합을 중심으로」, 서울시립대학교 국사학과 석사학위논문, 2019, 10~12쪽.

50. 유승희, 「1920~1930년대 경성부 주택문제의 전개와 대책」, 『아태연구』19-2, 2012, 137~140쪽.

51. 김현주, 「戰時期 도시주택난과 일제의 주택정책 - 조선주택영단과 조선대가조합을 중심으로」, 서울시립대학교 국사학과 석사학위논문, 2019, 14쪽 ; 유승희, 「1920~1930년대 경성부 주택문제의 전개 와 대책」, 『아태연구』19-2, 2012, 141~142쪽.

52. 유승희, 「식민지기 경성부 동부 교외지역의 실태와 도시개발 - 고양군 숭인면에서 편입된 중심으로 -」, 『역사와경계』86, 2013, 150~153쪽.

만 4,790평을 화광교원에 대여해 동부 방면의 토막민 1,000여 호를 수용케 하고, 홍제외리 국유림 2만 3,790평을 향상회관에 대여해 용산경찰서와 소대문 경찰서 관내 토막민 약 1,000호를 수용케 하였다.

토막민을 이주시켜 집단으로 거주하게 하는 정책은 결과적으로 효과가 크지 않았다. 경성부에서 해당 계획을 진행하는 과정에서 예산문제로 인해 집단부락의 도로·수도·하수구 설비만 하고 나머지 시설과 가옥은 토막민에게 지불토록 하였는데, 경제력이 없는 토막민에게 이는 큰 부담이었다. 또한 토막민은 주로 일용직 노동자였기 때문에 노동시장이 인근에 있고 일거리가 있는 도심부로 교통 접근이 용이한 지역에서 거주하려고 하였기 때문에 홍제리나 정릉리 이주를 원치 않거나 이주하여도 예전 거주지로 빠져나오는 사람이 많았다.

이후 경성부는 도시계획사업의 측면에서 토막민 정책을 수립하는 쪽으로 방향을 선회하였다. 이에 지구마다 세민지구를 설치하고 이곳으로 이전시키고자 하였다. 즉 토막민을 부외로 내보내는 것이 아니라 토막민이 살고 있는 곳에 특정 지구를 조성하는 정책으로 변경된 것이다. 다만 구획정리 지연 및 재정문제로 세민지구 설정은 계획에 그쳤고, 이후 휘경정과 전농정의 중랑천 연안 약 20만 평에 부영 세민주택을 건축해 일정 기간 월 5~10원을 지불하면 추후 자가가 되는 방법으로 주택을 제공하는 계획을 세우기도 하였다. 그러나 이 계획 또한 총독부가 경성부의 사업 보조금 신청을 거부하면서 실현되지 못하였다.[53]

민간 차원에서도 주택건설이 진행되었다. 동북부 지역의 경우 1920년대 중반 숭일동·혜화동 주변으로 주택이 건설되었고, 1930년대 중반 성북정·혜화정·명륜정 일대에 주택이 신축되었다. 주택신축이 진행되면서 자연스럽게 지가도 상승하여 숭일동은 1914년 1평에 60전에서 6원 이상으로 올랐으며, 숭이동은 1원 20전에서 15원 이상으로 13배 올랐다. 신설정·총량리정·돈암정·안암정 또한 땅값이 싸서 주택의 신축이 활발히 이루어졌는데, 1939년 8월경에는 충신정·용두정·성북정·돈암정·제기정·정릉리 일대에는 관할 동대문서 건축계에 매일 신축원이 40여 건씩 제출되고 매월 1000여 채의 집이 건설되는 상황이었다.[54]

또 하나의 유형은 '문화주택'의 건설이다. 문화주택이라는 단어는 일본에서 유행하던 것이 조선으로 들어온 것이다. 1922년 도쿄 우에노 공원에서 열린 평화기념도쿄박람회 문화촌 주택 전시에서 시작된 것으로, 당시 일본에서 비판받던 기존 주택의 대안으로 소개되었다. 조선에는 1922년 문화주택도안전람회, 1929년 조선박람회 문화주택 전시 등을 통해 문화주택이 소개되었다.[55]

문화주택은 도시 외곽에 주로 건설되었기에 '교외주택'으로도 불렸다. 교외주택은 고급 주택지를 의미하기도 하였는데, 이 개념은 영국 도시계획가이자 사회운동가 에버니저 하워드가 주장한 '전원도시'에서 비롯된 개념이다. 전원도시는 개발의 폐해가 만연한 대도시와 대비되는 이상적인 소도시를 말하는 것으로, 1907년 일본에 하워드의 저서가 소개되면서 '화원도시'라는 용어로 번역되었다. 일본에서는 전원도시를 농촌과 도시의 장점을 결합한 '건강한 중산층 주택지'의 개념으로 수용하였다. 일본의 영향을 받아 조선에서도 교외 주택지는 녹음이 우거지고 통풍이 잘되는 쾌적한 도시 외곽 주택지를 뜻하였으며, 이 개념의 영향을 받아 건설된 주택이 문화주택이다.[56]

물론 일본의 교외주택과 조선의 그것이 동일한 양상으로 지어지지는 않았다. 일본의 교외주택처럼 위생적이고 도로 같은 기반시설이 잘 갖춰져 있어 쾌적한 삶을 누릴 수 있는 곳에 지어진 교외주택도 있었지만(이런 교외주택은 'OO園' 'OO莊' 'OO臺' 등의 이름으로 분양되었다), 남산처럼 경성 도심부로의 접근성은 좋지만 산자락에 건설되는 경우도 있었다. 또한 일본의 교외주택과 달리 대중교통과의 연결성이 좋지 않아 자동차를 소유할 정도의 부류만이 교외주택에 입주할 수 있었다.[57]

최초의 문화주택은 1925년 신당리에 경성문화촌이라는 이름으로 만들어졌다. 이후 문화주택 개발은 1930년을 전후로 활발히 진행되어 경성 동부지역의 경우 동소화원(東昭和園, 신당리, 1930년 이전), 무학정(舞鶴町, 신당리, 1929~1932), 앵구(桜ヶ丘, 1932~1938), 송구(松ケ丘, 1934), 청계대(淸溪臺, 상왕십리, 1930~1932) 등이 개발되었다.

53. 염복규, 『서울의 기원 경성의 탄생』, 이데아, 2016, 303~327쪽 ; 유승희, 「1920~1930년대 경성부 주택문제의 전개와 대책」, 『아태연구』19-2, 2012, 154~157쪽.

54. 「東部京城住宅地에 水道 電燈이 不進」, 『동아일보』, 1939년 8월 27일. 2면.

55. 이경아, 「경성 동부 문화 주택지 개발의 성격과 의미」, 『서울학연구』37, 2009, 53~55쪽.

56. 염복규, 『서울의 기원 경성의 탄생』, 이데아, 2016, 247~251쪽.

57. 이경아, 「경성 동부 문화 주택지 개발의 성격과 의미」, 『서울학연구』37, 2009, 64~66쪽.

**경성 동부지역 문화주택 개발 현황**

| 소재지 | 개발연도 | 주택명 | 개발자 | 면적(평) | 분양가(원) |
|---|---|---|---|---|---|
| 신당리 | 1925년 | 京城文化村 | 경성문화촌 건설사무소 | 30,000 | 5~10 |
| | 1930년 이전 | 東昭和園 | 西尾토지경영(西尾三 ) | 2,100 | |
| | 1932년 | 櫻ヶ丘(1차) | 조선도시경영주식회사 | 29,529 | 17~24 |
| | 1934년 | 櫻ヶ丘(2차) | | 9,954 | 38 |
| | 1938년 | 櫻ヶ丘(3차) | | 40,000 | |
| 櫻ヶ丘 인근 | 1934년 | 松ヶ丘 | 小高榮三郎 | 20,000 | |
| | 1938년 이전 | 松雲臺住宅地 | 松雲臺주택지사무소 | | |
| | 1938년 | 櫻ヶ丘 林間住宅地 | 조선도시경영주식회사 | 4,689 | 22~30 |
| 신당리 북쪽 | 1938년 | 龍谷住宅地 | | 14,810 | 38 |
| 상왕십리 | 1929년 | 淸溪臺(1차) | 경성토지신탁(犬島新作) | 4,300 | 13~17 |
| | 1932년 | 淸溪臺(2차) | | 3,700 | |
| 무학정 | 1930년 | 舞鶴町(1차) | 舞鶴토지경영(島德藏) | 5,600 | 16~28 |
| | 1931년 | 舞鶴町(2차) | | 5,100 | |
| | 1932년 | 舞鶴町(3차) | | 8,900 | |
| 신길정 | 1938년 | 愛の原住宅地 | 大西토지척식주식회사 | 10,000 | |

출처 : 이경아, 「경성 동부 문화 주택지 개발의 성격과 의미」, 『서울학연구』37, 2009, 68쪽 재인용.

이상과 같이 경성시가지계획과 문화주택 조성, 주택난 해결을 위한 주택 건설 등에 의해 경성 동부지역과 동대문 밖 교외지역이 주목받기 시작하였다. 이에 경성부 시내와 비교해 발전 정도가 낮고 한적한 곳이라는 이미지를 가지고 있던 경성 동부 및 동부 교외지역의 이미지 또한 변화하였다. 동소문 안 일대의 경우 1920년대 후반 문화촌으로 분류되어 회사원을 비롯한 월급쟁이들이 한적한 곳을 찾아 주택을 짓고 간편하고 깨끗한 살림을 하는 곳으로 인식되었다. 반면 광희문 밖 신당리는 빈민촌으로 인식되었다.

서울의 빈민촌을 차자 내라니 서울 사람 안이 조선 사람이 특수한 계급을 제해 놋코서 누가 빈민 안인 사람이 잇겟는가만은 이러케 가난한 서울 사람 중에도 할수 업는 사람은 모조리 문밧그로 몰녀 나가는 것이다. 그러나 문밧게 사는 사람이 전부가 빈민이라는 것은 안이지만은 그중에도 서울의 빈민촌으로 대표가 될 만한 곳은 수구문光熙門밧 新堂里를 손곱아도 과히 험의 적은 말은 안일 것이다.

이 신당리는 往十里로 가는 큰길 연변의 불과 얼마 못되는 草屋을 除한 전 호수 2,700여 호의 반수 이상이 사람이 거처하는가 십흔 土幕들이다. 이러한 신당리에도 300石 이상으로 千石의 추수를 밧는 부자도 잇스나 그 외에는 공장의 직공과 회사의 고용인들이고 대개는 그날 그날에 몃십전식의 품삭을 바더 평균 다섯 사람이나 되는 식구를 길너 간다. 그러나 일뎡한 직업이 업시 日雇用을 하는 사람들에게 날마다 돈 버리가 잇스란 법 업서 그날의 먹을 것을 엇지 못하고 어른 아이가 주린 배를 부등켜 안고 잇는 식구들이 또한 만타.
이 신당리는 처음에는 인가라고는 얼마 업고 산 등성이는 공동묘지엿든 것이 최근에 와서 점점 공동묘지는 업서지게 되자 갈곳 업는 사람들이 모혀 드러 서양 철조각으로 집웅을 잇고 거적 조각으로 벽을 삼아 비와 바람을 막고 사람의 살님이 안인 사람의 살님을 하고 잇다. 신당리의 빈민을 난호면 빈민과 궁민窮民이며 土幕사리를 하는 사람들이 궁민들이다. 이 궁민들의 사는 모양을 들여다보면 과연 눈으로 볼 수가 업다. 물논 이들은 건축 허가업시 밤 동안에 집 한채를 지어 놋코 세금이란 무슨 세금이고 아모 상관이 업고 책임이 업다. 물논 내일 수가 업는 것이다. 바람이 불면 한 손 으론 기동을 붓들고 한손으론 집웅을 누르고 섯다. 새벽이면 세상에서는 뎨일 먼저 니러나서 잇스면 먹고 업스면 굶어서 정한 곳 업시 일터를 차저 간다. 그날 하로를 온종일 이리저리 차저 단이다가 벌지 못한 날은 별 수 업시 굶는 것이 그들의 일상이다. 요행히 몃십 전 생긴 날은 조粟 한 봉지에 비지 한 덩이를 사 들고 土幕을 차저 간다. 철모르는 아이와 불상한 안해는 조쌀 한 봉지 사들고 드러오는 남편과 아버지의 그림자를 바라보고 애조리며 기다리고 잇다.
이들은 대개가 시골서 농사를 짓다가 농터가 떠러지고 흉년이 들고 해서 먹을 것은 업고 서울이 조타는 말을 듯고 홋몸으로 혹은 처자를 거느리고 버리 조코 돈 흔하고 살기 편한 서울을 차저 미들 사람 업는 백사지 땅에 드러섯다. 그러나 그들에세 업을 주고 먹을 것을 주는 서울은 안이엿다. 그들은 갈 곳이 업고 잠 잘 곳이 업서 이곳에 다 토막을 짓고 참아 눈으로 보기 어려운 살님을 하고 잇다. 그 남아지 길가 근처에 잇는 초가들은 역시 빈민들이랄 수밧게 업스며 그들은 대개가 공장 직공이나 日雇 노동자가 만타. 그중에는 支那人이 30戶가령 살고 잇는데 어데를 가든지 勤儉한 그 들은 역시 몃 사람 石工을 제한 외에는 전부가 그 근처의 땅을 어더서 농사를 짓고 잇다. 또 100여戶나 되는 日本人은 거의 다 일뎡한 월수입이 잇서 그들의 생활은 貧村에 잇스면서도 조선 사람의 생활 내용에 비하면 토대가 잡히고 구차하나마 여유가 잇다. 그 근방의 토지는 대개가 東拓의 소유가 되고 조선 사람의 소유로는 시가 時價로 불과 4,5만圓이라 한다. 이러하니 이제 다시 한숨 쉴배 안이련만 한심치 안은가.

「大京城의 特殊村」, 『별건곤』 제23호, 1929년 9월 27일.(국사편찬위원회 한국사데이터베이스. 2020.10.25. 열람)

위 기사에 따르면 광희문(수구문) 밖 신당리에는 1000호가 넘는 사람이 토막에 거주하고 있으며, 부자도 있지만 그 외에는 직공·고용인이 대부분으로 일용직 종사자들이었다. 신당리는 당초 공동묘지가 많았으나 공동묘지가 사라지면서 갈 곳 없는 사람들이 모여들어 살림을 사는 곳으로, 시골에서 농사를 짓다 형편이 나빠져 돈을 벌기 위해 서울에 올라왔으나 생활이 여의치 않아 일용직에 종사하면서 어렵게 살아가는 사람들이 많았다.

이러한 상황에서 경성 동부 교외지역이 주목받기 시작하였다. 일례로 경성 동부 교외지역의 인구를 살펴보면, 1915년 신설리 1,106명, 용두리 440명, 안암리 413명, 제기리 520명, 청량리 540명, 전농리 611명, 답십리 522명, 종암리 383명, 돈암리 1,664명, 성북리 810명, 정릉리 1,038명에서 1925년 신설리 2,697명, 용두리 1,640명, 안암리 1,187명, 제기리 746명, 청량리 1,328명, 전농리 1,247명, 답십리 531명, 종암리 581명, 돈암리 1,859명, 성북리 1,186 명, 정릉리 1,242명으로 신설리·용두리·안암리·청량리·전농리 등지의 인구가 급격하게 증가하였다. 1930년에는 신설리 3,897명, 용두리 2,791명, 제기리 2,177명, 청량리 1,701명, 전 농리 1,570명, 답십리 594명, 종암리 654명, 돈암리 2,661명, 성북리 2,252명, 정릉리 1,573 명으로 신설리·용두리·안암리·제기리·돈암리·성북리 등의 경우 1925년 인구보다 더욱 증가하였다. 반면 답십리·종암리·돈암리·정릉리 등은 인구 변화가 크지 않았다. 이는 답십리나 종암리 등에는 농업에 종사하는 인구가 대다수를 차지하고 있었고 인구가 급증한 지역은 상업·공업에 종사하는 인구가 증가한 상황 등과 무관하지 않을 것이다.[58]

그러나 경성부역 확장과 문화주택 건설 등으로 경성 동부 교외지역의 인기가 높아졌음에도 교통·상하수도·도로 등 거주에 적합한 기반시설은 제대로 갖추지 못한 상황이었다.

> 주택난에 고통을 받고 있는 시민이 왜? 교외지로 전주轉住치 않느냐고 물어보자. 그들은 이렇게 대답할 것이다. 교외지역이 광활하고 공기가 신선하여 먼지와 연기를 먹으면서 시내에서 사는 것보다 얼마나 위생에 좋고 또 경제적으로도 이상적이 아니겠느냐. 그러나 교외에 나가려 하나 교외의 시설이 무엇이 있느냐. 수도, 전차, 도로, 전등 등의 무슨 시설이 있느냐. 교외에 나간다 하여도 곧 농사를 지으려고 나가는 것이 아니고 역시 도회인으로서 생활의 경제와 위생의 이득을 취하여 교외를 택하려는 것인데 도시의 연장지로 하등 시설이 없는 교외에 어떻게 나갈 수 있겠느냐 할 것이다. 사실 교외로 전주하려고 하여도 하등 시설이 없어 불편하여 나갈 수 없다.
>
> 「諸般施設不備로 郊外延長도 不能」, 『중외일보』 1929년 11월 11일, 2면.

위 기사를 보면, 교외로 이주하고 싶어 하는 사람은 교외지역에서 농사를 지으려는 것이 아니라 도회인으로서의 생활을 하면서 집값이 저렴하여 경제적인 이득이 있고 밀집도가 낮아 위생적인 이득을 취하려는 목적을 가진 사람들이었다. 하지만 도로와 수도를 비롯한 기반시설이 없어 불편하기 때문에 망설이고 있는 상황임을 알 수 있다.

1936년 4월 경성부역 확장으로 경성 동부 교외지역이 경성부로 편입된 후에도 상황은 나아지지 않았다. 1936년 11월 말~12월 초 매일신보에 연재된 「東部京城發展企圖座談會」를 통해 당시 상황을 살펴보면, 이 좌담회는 돈암정·성동정·청량리·왕십리·마장정·용두정·제기정 등지의 생활환경을 개선하기 위한 구체적인 제안과 대책 등을 논의하기 위해 열렸다. 좌담회에는 각 정회의 총대나 부총대, 동대문경찰서장, 부회의원, 사업후원회장, 인보관 관장, 학원장, 정미업자 등의 주로 지역 행정과 사업방면의 유력자 등이 참석하였다. 좌담회에서 시급하게 해결해야 할 문제라고 본 사안들은 교통문제, 구획정리문제, 정회기구개혁문제, 토막촌·토막민문제, 공설시장 설치문제 등이었다. 이 밖에도 문화시설(서점 등), 공장 유치, 위생문제(오수 처리, 하수도 등), 정미공급·신목구입난, 동경성역 주변의 호텔·식당 등의 편의시설, 사무소 설치, 체육관 설립, 탁아소 등의 사회사업시설 등의 문제를 해결해야 한다고 하였다.

이상으로 1920년대 이후 경성 동부지역의 상황을 살펴보았다. 경성 동부지역은 사대문 밖 동쪽 일대로 한적한 농촌지역이지만 공기가 맑고 인구가 적어 향후 발전 가능성이 있는 곳으로 주목받았다. 1936년 경성부역 확장으로 실제로 경성부에 편입되었지만 도로나 교통시설, 위생문제 등 기반시설이 미비하여 부역확장의 혜택을 크게 누리지 못하고 있었다. 이에 전술한 좌담회 기사처럼 경성 동부지역 유지와 거주민의 개선 요구가 제기되었다.[59]

이러한 상황에서 1938년 경성제국대학 이공학부가 만들어지고 부지가 양주군 노해면 공덕리 및 하계리로 결정된 것은 경성 동부지역 발전에 중요한 요인으로 작용하였을 것으로 판단된다. 경성제대 이공학부가 들어설 공덕리나 하계리는 경성 중심지에서 보면 경성제대 예과가 있던 청량리보다도 먼 곳이었다. 따라서 기존에 사대문 안에서 학교에 다니던 학생들이 이공 학부에 통학하기 위한 교통수단이 필요하였을 것이다.[60]

58. 유승희, 「식민지기 경성부 동부 교외지역의 실태와 도시개발 - 고양군 숭인면에서 편입된 중심으로 -」, 『역사와경계』 86, 2013, 100~107쪽.

59. 좌담회가 지역 유지들의 요구를 담은 기사였다면, 1936년 4~5월 조선일보에서 연재된 「우리洞里의 緊急動議」는 해당 지역 거주민의 요구를 담은 기사이다.

60. 정안기에 따르면, 경춘선의 시발역을 처음에는 청량리역으로 하고자 하였으나, 철도 연선에 경성제국대학 이공학부 등이 예정되어 있어 상당한 수익을 기대할 수 있다는 점에서 독자적인 역(성동역)을 시발역으로 삼았다. 해당 지역 주민들 또한 경성제국대학 이공학부 때문에 신공덕역이 부설되었다고 보았다. 서울특별시사편찬위원회, 『동명연혁고』 도봉구편, 1984, 137쪽 ; 정안기, 「1930년대 조선형 특수회사, 「京春鐵道(株)」의 연구」, 『서울학연구』 64, 2016, 185쪽.

# ⑦ 경춘철도주식회사의 장위동 주택지 개발

주택 공급의 필요성에 당면하여 경성 동부지역을 주거지로 개발을 모색하는 와중에 경춘선 부설은 이러한 전환에 더욱 힘을 싣는 역할을 하였다. 당시 경춘선 철도 부설에 따른 개발에 대한 기대감을 다음의 두 기사에서 살펴볼 수 있다.

> 중앙선과 경춘선의 신설은 물화와 여객의 동할 것이 모다 새로운 개척이어서 경성의 상공업계에서는 일대 충동을 주고 있다. 그런데 그것은 아직도 좀 더 시일을 경과한 후에 기대할 것이라 하겠지만 당장 주목을 끄는 것은 전기 두 철도가 경성으로 들어온다면 어느 쪽으로 들어와서 어느 정거장과 연락될 것이냐 하는 것이다. 이것은 근래 경성을 중심으로 한 토지경기에 새로운 자료를 제공한 큰 조선의 하나로 토지투기업자들은 일층 긴장하여 있다. 그런데 새로 두 철도선이 들어온다면 어느 편으로 보든지 현재에 이미 포화상태에 있는 경성역이나 용산역에는 글어대일 수도 없으려니와 대경성의 도시건설상으로도 경성역과 용산역에 끌어대인다는 것은 이롭지 못하다는 것은 누구나 상식으로라도 판단할 수 있다. 그리하면 지리적 관계로 보아도 청량리 왕십리 방면으로 끌어대일리라는 관측이 타당한 듯하여 근일동부 일대에는 의외로 토지경기가 폭재폭발하고 있는 상태이다.
>
> 「半島의 處女地를 貫通할 "中央" "京春"線 그 背部를 밀고들어올 "怪物"은 무엇? 」, 『조선일보』 1936년 5월 30일에서 발췌.

半島의處女地를貫通할"中央""京春"線 그背部를밀고들어올"怪物"은무엇?

農民의新經濟生活과 風習變革의大旋風

都邑의都市化의過程, 資本의威力浸透等

||강나간田畓은主人박귄다||

兩鐵道의起點은 東部方面이有力

이통에京城만살젼다

**중앙선과 경춘선의 신설을 다룬 기사**
(「半島의 處女地를 貫通할 "中央" "京春"線 그 背部를 밀고 들어올 "怪物"은 무엇?」, 『조선일보』, 1936년 5월 30일.)

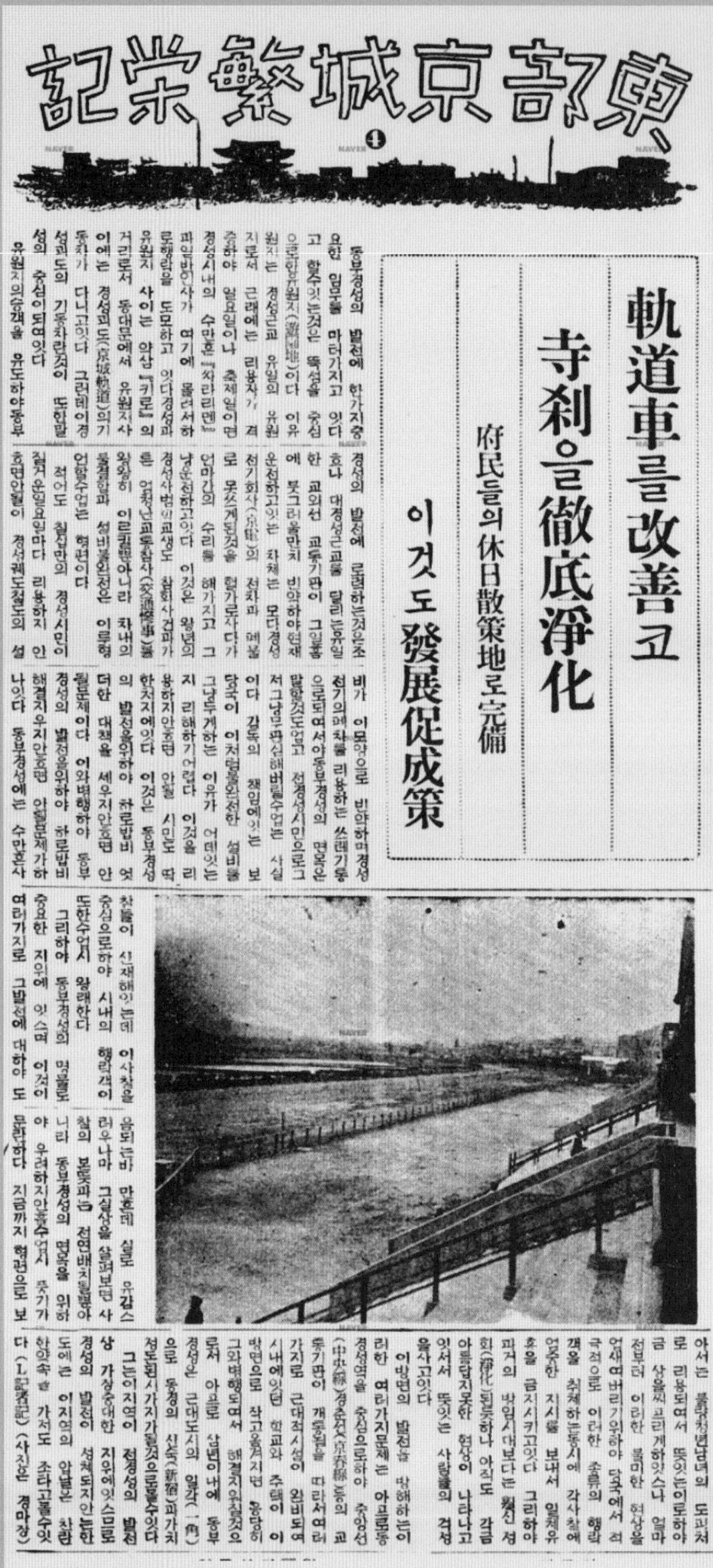

東部京城繁榮記 ④

軌道車를改善코

寺刹을徹底淨化

府民들의休日散策地로完備

이것도發展促成策

동부경성의 발전에 한가지중요한 임무를 마러가지고 잇다고 할수잇는것은 뚝섬을 중심으로한유원지(遊園地)이다 이유원지는 경성근교 유일의 유원지로서 근래에는 리용자가 격증하야 일요일이나 축제일이면 경성시내의 수만흔『싸라리맨』파일반인사가 여기에 몰려서하로행락을 도모하고 잇다경성과 유원지 사이는 약삼『키로』의 거리로서 동대문에서 유원지사이에는 경성궤도(京城軌道)의기동차가 다니고잇다 그런데이경성궤도의 기동차란것이 또한말성의 중심이되여잇다

유원지의승객을 유도하야동부경성의 발전에 로력하는것은조흐나 대경성근교를 달리는유일한 교외선 교통기관이 그일홈에 붓그러올만치 빈약하야현재운전하고잇는 차체는 모다경성전기회사(京電)의 전차와 폐물로 못쓰게된것을 헐가로사다가 얼마간의 수리를 해가지고 그냥운전하고잇다 이것은 왕년의 경성사범의교생도 참회사건과가튼 엄청난교통참사(交通慘事)를 와왕히 이른켯뿐아니라 차내의 불결함과 설비불완전은 이루형언할수업는 형편이다

적어도 칠십만의 경성시민이 질거운일요일마다 리용하지 안흐면안될이 경성궤도철도의 설비가 이모양으로 빈약하며경성전기의폐차를 리용하는 쓰레기통으로되여서야동부경성의 면목은 말할것도업고 전경성시민으로그저그냥무관심해버릴수업는 사실이다 감독의 책임에잇는 보당국이 이처럼불완전한 설비를 그냥두게하는 이유가 어데잇는지 리해하기어렵다 이것을 리용하지안흐면 안될 시민도 딱한처지에잇다 이것은 동부경성의 발전을위하야 하로밥비 엇더한 대책을 세우지안흐면 안될문제이다 이와병행하야 동부경성의 발전을위하야 하로밥비 해결치우지안흐면 안될문제가하나잇다 동부경성에는 수만흔사찰들이 산재해잇는데 이사찰을 중심으로하야 시내의 행락객이 또한수업시 왕래한다

그리하야 동부경성의 명물로 중요한 지위에 잇스며 이것이 여러가지로 그발전에 대하야 도음되는바 만흔데 실로 유감스러우나마 그실상을 살펴보면 사찰의 본뜻과는 전연배치될뿐아니라 동부경성의 면목을 위하야 우려하지안홀수업시 풍기가 문란하다 지금까지 혁편으로 보아서는 불량청년남녀의 도피처로 리용되여서 뜻잇는이로하야금 상을씨프리게하얏스나 얼마전부터 이러한 불미한 현상을 업새여버리기위하야 당국에서 적극적으로 이러한 종류의 행락객을 취체하는동시에 각사찰에 엄중한 지시를 보내서 일체유흥을 금지시키고잇다 그리하야 과거의 방임시대보다는 훨신 정화(淨化)된듯하나 아직도 각금 아름답지못한 현상이 나타나고 잇서서 뜻잇는 사람들의 걱정을사고잇다

이방면의 발전을 방해하는이러한 여러가지문제는 아므로동경성역을 중심으로하야 중앙선(中央線)경춘선(京春線)등의 교통기관이 개통됨을 따라서여러가지로 근대적시설이 완비되여 시내에잇던 학교와 주택이 이방면으로 작고옴겨지면 응당히 그와병행되여서 해결지워질것으로서 아므로 삼년이나에 동부경성은 근대도시의 일각(一角)으로 동경의 신숙(新宿)과가치 정돈된시가지가될것으로볼수잇다

그는이지역이 전경성의 발전상 가장중대한 지위에잇스므로 경성의 발전이 성쳐되지안는한도에는 이지역의 압날은 차람한약속을 가저도 조타고볼수잇다 (L記者記) (사진은 경마장)

동부 경성 발전기
(『조선일보』, 1938년 5월 6일.)

이 방면의 발전을 방해하는 이러한 여러가지 문제는 앞으로 동경성역을 중심으로 하여 중앙선 경춘선 등의 교통기관이 개통됨에 따라 여러 가지로 근대적 시설이 완비되어 시내에 있던 학교와 주택이 이 방면으로 자꾸 옮겨지면 응당히 그와 동시에 해결될 것으로서 앞으로 30년 이내에 동부 경성은 근대 도시의 일각으로 도쿄의 신주쿠와 같이 정돈된 시가지가 될 것으로 볼 수 있다.

「동부경성발전기 4」, 『조선일보』 1938년 5월 6일.

京春鐵道開通時
社營住宅도完成
祭基、回基、長位里等
東部京城面目一新期待

경춘철도주식회사의 주택지경영 관련 기사
「경춘철도 개통시 사영주택지 완성」, 「조선일보」 1938년 4월 5일.)

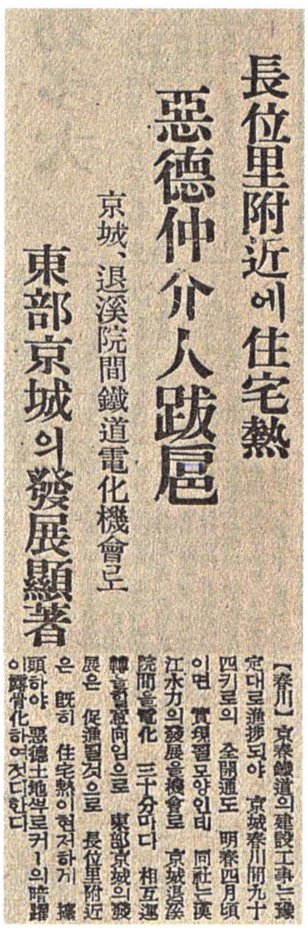
長位里附近에住宅熱
惡德仲介人跋扈
京城、退溪院間鐵道電化機會로
東部京城의發展顯著

경춘선 부설에 따른 장위리 부근의 주택열
「장위리부근에 주택열 악덕 중개인 발호」
(『매일신보』, 1938년 12월 13일)

경춘선의 부설과 함께 장위동에서도 주택지 개발이 시작되었다. 1939년 개통된 경춘선이 월곡역~연촌역을 잇는 구간의 선로가 장위동의 남측을 지나게 되었으며, 연촌역에서 경춘선과 경원선이 교차하며 연촌역은 경원선과 경춘선이 교차하는 교외 주요역으로 성장하게 되었다. 경춘선의 부설과 함께 경춘철도회사에서는 장위동에 주택지 경영을 위한 택지를 매입하고 개발하였다.

1938년 경춘철도회사는 장위리 68번지, 246번지, 252번지, 산3번지 일대의 주택경영지 6만 평을 매입하여 정지공사를 시작하였다. 조선일보 1938년 4월 5일 기사 <京春鐵道開通時(경춘철도개통시) 社營住宅(사영주택)도 完成(완성)>에 따르면, 장위리의 사영私營주택은 경성 교회의 유일한 주택촌으로서 이상적 시설을 하여 경성 시내에 통근하는 사람들의 마을을 만들고자 한 것이었다. 기사에서는 장위동 경춘철도 주택지를 경성과 연접되는 이상적 도시 시민의 문화촌 하나라 언급하며 기대감을 내세우고 있다. 다만 당초 계획은 1939년 경춘선 개통과 함께 주택도 완성하고자 한 것이었으나 이후 지도와 항공사진 등을 통해 볼 때 택지개발만 완성되었을 뿐 실제로 지어진 주택은 거의 없었던 것으로 보인다.

1930년대 후반 이후 작성된 지적도를 통해 장위동 68번지 일대에 토지구획정리가 되어 있음을 확인할 수 있다. 토지대장 등의 정보를 통해 확인해 볼 때, 경춘철도주식회사가 1938년 정지사업을 진행한 장위리 68번지 일대는 1941년 3월 3일 약 100평 규모의 필지로 일괄 분할되었고 68-69, 135, 141번지와 같이 일부 필지는 개인(일본인)에게 불하되었다. 그러나 이 필지들의 경우에도 실제로 주택을 건축하였는지는 명확하게 확인되지 않는다.

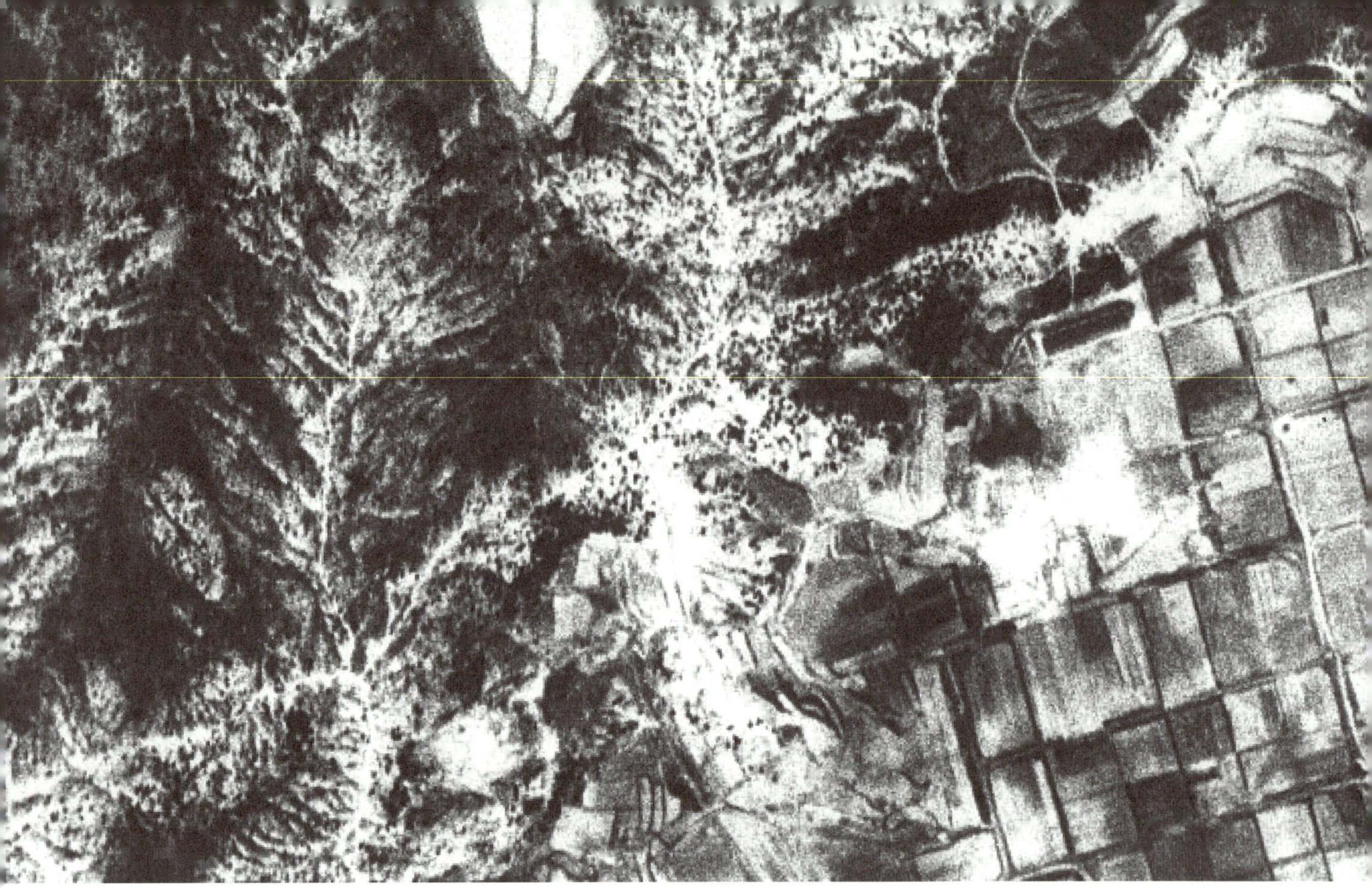

1930년대 후반 이후 작성된 지적도에서 본 경춘철도주식회사 개발택지 (68번지 일대)

1954년 항공사진에서 본
경춘철도주식회사 개발택지
(68번지 일대)

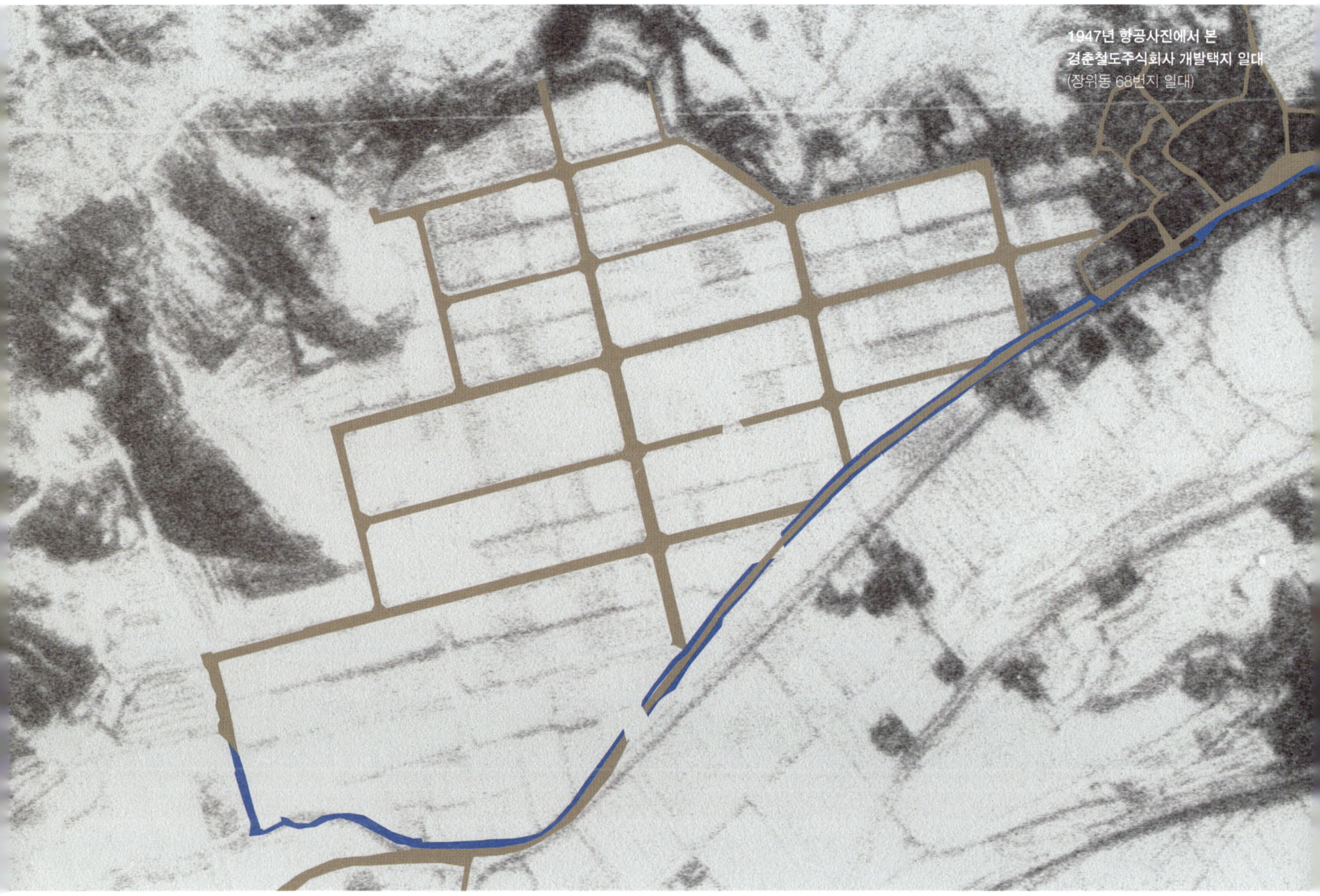

1947년 항공사진에서 본
경춘철도주식회사 개발택지 일대
(장위동 68번지 일대)

1954년
장위동 일대 현황

# #1

# 최무영 토박이

| | |
|---|---|
| 1932년 | 고양군 숭인면 장위리 33번지에서 5남매 중 차남으로 출생 |
| 1938년 | 고양군 숭인면 수유리 소재 소학교 입학 |
| 1948년 | 중구 을지로 소재 한양공업중학교 입학 |
| 1950년 | 한양공업중학교 2학년 수료 후 6·25전쟁 발발, 전쟁 중 훈육소에서 졸업 |
| 1951년 | 평택으로 피난 중에 배우자를 만나 혼인 |
| 1982년 | 장위가스 설립 |
| 2019년 | 장위뉴타운 4구역 재개발로 인해 석관동 이사 |

최무영은

1932년 고양군 숭인면 장위리 33번지에서 5남매 중 차남으로 태어났다.

장위리 33번지는 '아랫말'이라 불리는 마을이었다. 그는 장위동에서 나고 자라며

농사를 짓고 가스 사업을 하는 등 평생을 보냈지만,

재개발로 인해 2019년 석관동 아파트로 이사해 노년을 보내고 있다.

조사팀은 장위동의 가장 어른을 만나 개발 이전 장위동의 자연마을과 이후 변화를 기록하고 싶었다. 최무영은 1998년 서울역사박물관에서 개최한 『서울의 옛 모습』 전시를 통해 박물관과 인연을 맺은 적이 있어 우리는 그가 장위동과 관련된 사료를 소장하고 있다는 사실도 이미 파악하고 있었다. 이 때문에 그를 구술자로 염두에 두고 연락할 방법을 찾고 있었다.

그러던 중 장위동 '태성식당' 안주인이 최무영의 가족인 사실을 확인하고, 그를 통해 최무영의 아들 최병락을 소개받았다. 최병락은 현재 아버지를 이어 장위가스를 운영하고 있었으며, 조사팀이 최무영을 만날 수 있도록 도움을 주었다. 조사 당시 89세이던 최무영은 노환으로 대개 자택에 기거하였다. 자택에서 만난 그는 청력이 좋지 못했지만, 또렷한 기억력으로 그가 겪은 일뿐만 아니라 선대로부터 전해 들은 장위동의 오래된 이야기까지 들려주었다. 조사팀은 구술자가 고령인 점을 고려해 1~2시간씩 여러 차례 방문하여 조사를 진행하였다.

현재는 광운대역으로 칭하고 있는 일제강점기 연촌역은 경춘선과 경원선이 지나가는 역이었다. 일제강점기에 태어난 그는 경원선을 통해 원산에서 연촌역으로 동해의 싱싱한 해산물이 들어오던 모습을 생생하게 기억하고 있었다. 특히 월계의 월 자가 원래는 달 월月이 아니라 넘을 월越이었다는 이야기, 남녕위재사에서 은둔했던 윤용구의 이야기 등은 그 시대를 살았던 사람만이 들려줄 수 있는 이야기였다. 아울러 동방주택단지에 얽힌 비하인드 스토리, 광운대학교에 대한 이야기, 현재 운영하고 있는 가스충전소를 개업하게 된 이야기 등은 장위동이 발전해 가는 모습을 알 수 있게 하는 증언이자 한 개인이 도시 개발이라는 큰 흐름 속에서 어떻게 영향을 받고 대처하는지를 확인시켜 주는 생생한 증거이기도 하였다.

최무영의 어린 시절 추억 속의 장위동은 풍경이 아름답고 한 마을이 한 가족 같은 '정을 가지고 있는 동네'였다. 그가 어린 시절의 이야기를 할 때 느껴지는 그리움은 조사팀에도 고스란히 전해져서 그 시절을 경험하지 않은 우리도 그 그리운 모습을 어렴풋이나마 상상할 수 있게 해 주었다.

"우리가 내 5대조 할아버지 때부터
장위동 33번지에서 살았어요."

# 1

## 장위동 아랫말 토박이

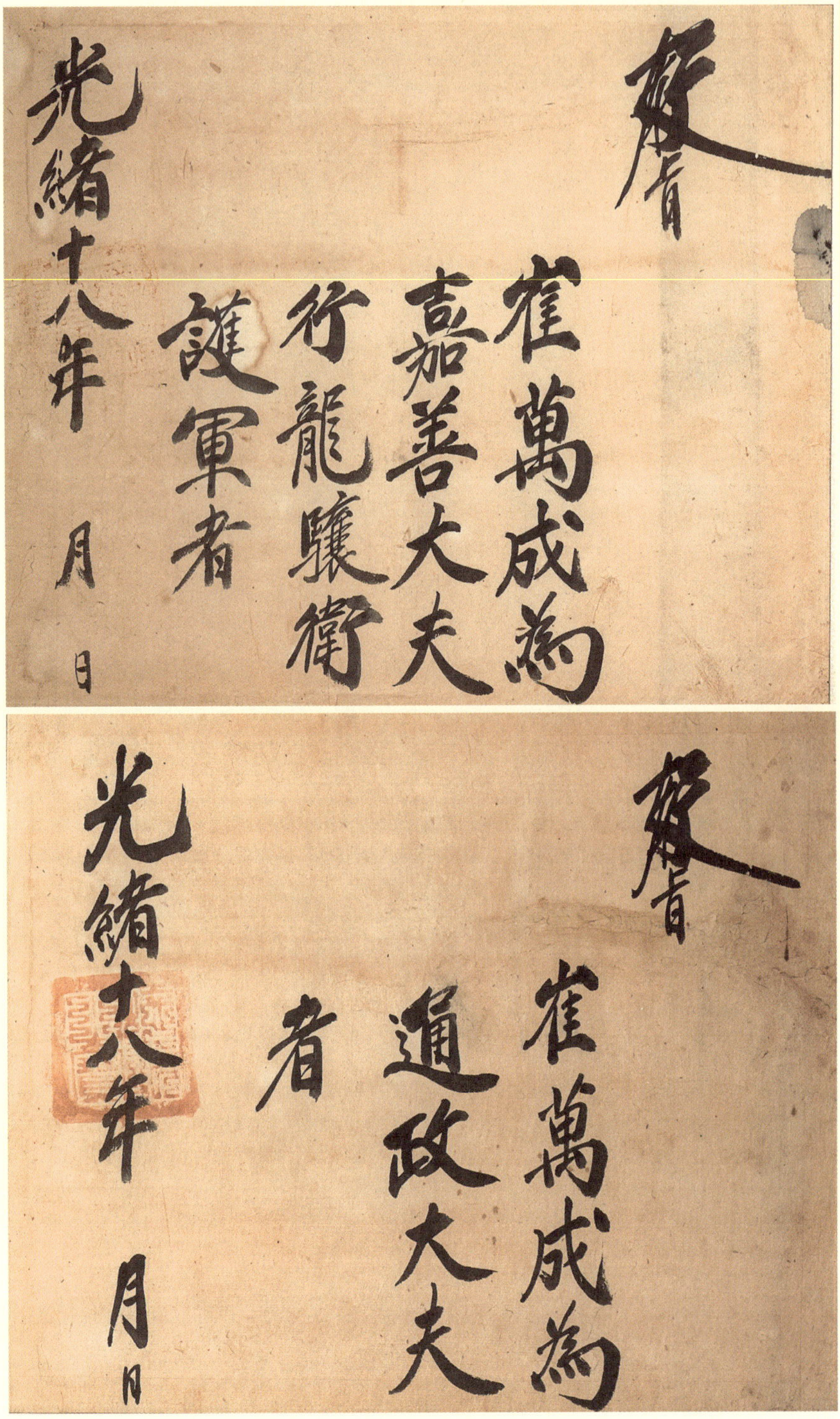

敎旨
崔萬成爲嘉善大夫行龍驤衛護軍者
光緒十八年 月 日

敎旨
崔萬成爲通政大夫者
光緒十八年 月 日

**최무영의 5대조인 최만성의 과거시험 합격장**
출처: 최무영 제공

**"6대조 할머니가 노원에서 장위동으로 4형제를 데리고 오셨어요."**

저는 전주 최씨인데요. 장위리가 원 고향이 아니고 노원에 있었어요. 6대조 할머니께서 노원에서는 너무 어려워서 살 수가 없으니까 자기 언니가 살고 있던 장위동으로 4형제를 데리고 온 거예요. 건너오신 게 고종 때예요. 4형제 가운데 '만' 자와 '성' 자를 쓰시는 할아버지가 막내예요. 나한테 5대조 할아버님이시죠. 그때는 토지들이 벌판으로 돼 있으니까 자기가 개간을 해서 농사를 지으면 내 거예요. 그래서 이 할아버지가 낮에는 농사지으시고 밤에는 등잔불 켜 놓고서 공부하시고, 과거시험을 쳐 합격을 하셨어요. 그러니까 우리가 형제들 중에서 제일 (형편이) 나았었죠.

내가 태어나기를 장위동 33번지에서 태어났어요. 마을로 얘기하면 여기는 아랫말이죠. 33번지 집은 5대조 할아버지가 지으신 거예요. 그때는 초가집이었는데, 그래도 집이 컸어요. 그러다 내가 어릴 때 우리 아버지가 기와를 올렸어요. 그 집 툇마루에 쌀 다섯 가마가 들어가는 뒤주가 있었어요. 엄청 컸어요. 일제강점기 때 우리 아버지가 종로 어디서 사 오신 거예요. 그리고 우리 집 거실에서 테이블로 쓰고 있는 것은 은행나무인데, 이게 수백 년 된 거예요. 지금보다 더 컸던 건데, 원래는 떡을 칠 때 쓰는 안반이었어요. 근데 이게 우리 집에만 있으니까 동네에서들 떡을 치려면 우리 집에 와서 빌려 갔어요. 빌려다 (떡) 치고서 또 가져오고, (안반이) 섣달그믐께 바깥에 나가면 설이 지나야 (집에 다시) 들어왔어요.

"동네에서 가을에 추석이 되면 소근내에 징검다리 식으로나무다리를 놓아요."

아랫말에는 방죽에 아름드리 느티나무가 한 다섯 그루 있는데, 그곳이 여름이면 항상 응달이에요. 방죽 위가 바람도 시원하고 그러니까 동네 사람들이 거기로 나오는 거예요. 거기 와서 새끼도 꼬고, 서로 농담들도 하고, 거기서 만나서 얘기들을 많이 했어요. 여름이면 우이천에서 맨날 목욕도 하고. 가서 고기도 잡아먹었어요.

옛날에 자체적으로 마을에서 아랫말이면 아랫말, 웃말이면 웃말, (마을마다) 8월 추석하고 3월 한식 때 1년에 두 번 지게를 걸고 나와서 개천에서 흙 파다가 그걸 뿌리고 도로를 만들고 그랬어요. 조선시대 때부터 했으니까 오래된 행사예요. 그리고 동네에서 가을에 추석이 되면 소근내(우이천)에 징검다리 식으로 나무다리를 놓아요. 겨울에 추우면 물을 건너다니기 그러니까 다리를 놓는 거예요. 동네 사람들 다 나와서 다리 놓고 길 닦고, 6·25 이후에도 했죠. 그러다가 발전이 되고, 집이 자꾸 개량되고 하니까, 이제는 자동으로 그런 풍습이 없어졌어요.

## 2

### 장위동의 옛 모습

"큰 산소가 한 서너 개 있었다고 그래서 묘고개예요."

묘고개(동방고개)라고, 그게 지금은 전부 깎아서 차가 다니는 도로가 됐지만, 그전엔 미아리까지 사람이 걸어 다니는 길밖에 없었어요. (아랫말에서) 수유국민학교까지 40~50분 걸리는데, 그 고개를 넘어서 수유국민학교를 갔어요. 묘고개가 어디냐 하면 동방생명주택, 그게 남녕궁(남녕위재사) 땅이었어요. 남녕궁에서 넘어가려면 산이거든요. 쭉 가면 동방고개라고 그러죠. 그게 묘고개예요. 묘가 있었거든요. 윤용구 씨가 이리 살러 왔는데, 산소들을 쓰고 그랬죠. 산소들이 컸어요. 큰 산소가 서너 개 있었어요. 그래서 묘고개예요. 또 월곡동 있잖아요. 월곡동 동사무소 있는 곳 거기 마근대미(마른대미고개[01])에서 돌아서 학교를 가기도 했어요. 거기는 길이 넓었어요. 걸어가는 건 마찬가지니까, 가까운 데로 해서 묘고개를 넘어서 학교를 많이 다녔죠.

"이중계는 누가 돌아가시거나 혼사가 있을 때 마을사람들이 서로 협조해 주는 거예요."

이중계里中契라는 게 있는데, 계를 중심으로 해 가지고 마을에서 무슨 흉사, 즉 누가 돌아가거나 아니면 혼사가 있을 적에 서로 협조해 주는 거예요. 이중계니까 돈을 내 가지고(운영을 해요). 이중계는 완전히 없어진 게 몇 년 안 돼요. 옛날에는 누가 돌아가(시)면 (마을에서 집집마다) 쌀을 한 됫박씩 내놓고, 그 집에 술도 해 가고, 떡도 해 가고, 그 집에 가서 동네 사람들이 다 협조해 가지고 장사를 모셨어요. 혼사 때도 국수 같은 거로 (손님 대접을) 했고요. 그렇게 해서 서로 협조한 게 이중계예요.

01. 성북구 상월곡동에서 장위동으로 넘어가던 고개로, 이 고개를 넘으면 평지가 시작되므로 고개가 바로 끝난다는 뜻으로 '바로대미고개'라고 하였는데, 발음상 언제부터인지 '마른대미고개'라고 불리게 되었다. 이 고개 마루턱에는 서낭당 나무라고도 불리는 신목인 소나무가 있었다고 한다. 그러나 고개가 깎이고 주택이 들어섰다.(서울역사편찬원, 『서울지명사전』, 2009.)

최무영 구술조사 모습

상엿집은 지금 3동 동사무소[02] 있죠? 그 근처였어요. 그 상엿집도 얘기를 하면, 다른 데 상여보다 장위동 상여가 좋았어요. 왜 그렇게 장위동 상여가 좋으냐 하면, 덕온공주가 시집가던 옛날에는 말이지 시집을 갈 적에 상여까지 만들어 가지고 갔대요. 관까지 다 만들어 옻칠해서 그러고 가져왔대요. 돌아가(시)면 그걸로 본인 장사 모시라고요. 그래서 장위동에는 상주도가라고 해서 따로 (상여)집이 있었어요. 윤용구 씨가 돌아가(시)고 그 양반 장사 모실 적에 그 상여로 모시고 나서 그걸 동네에다 기증했어요. 그래서 이 동네 상여가 크고 좋은 거예요. 궁에서 만든 거니까. 그거를 동네에서 관리했어요.

동네에서 흉사나 혼사를 치르면 사람들이 많이 모이는데, 숟가락이나 대접 같은 게 없잖아요. 그거를 동네에서 공동으로 사용하는 게 옛날에는 있었어요. 놋그릇 대접을 만들고 주발을 만들고 해서 가지고 있었는데, 밑바닥을 보면 '장위리'라고 써놨지요. 숟가락은 크게 해 가지고 끄트머리에 구멍을 뚫어서 철사로다가 꿰어 놓았어요. 흉사든 경사든 일이 생기면 이중소임한테 얘기해 가지고 그걸 갖다가 장사지내고, 다 하면 그대로 반납하는 거예요. 그 물품들은 상주도가에서 보관했어요. 말하자면 마을 창고지요.

**"우리 어렸을 때 뭐라고들 그랬냐면 '양주 밥 먹고 고양 굿을 한다'고 했어요."**

월계동이 지금은 달 월月 자를 쓰는데요. 이전에는 넘을 월越 자를 썼어요. 월계리라는 게 무슨 뜻이냐 하면 장위동에서 우이천이 이렇게 내려오지 않습니까. 우이천 서쪽은 장위리이고 동쪽은 월계리인데, 그쪽에 집이 없었거든요. 그래서 넘을 월越 자, 즉 개천을 넘는다는 뜻이에요. 우리 어렸을 적만 하더라도 거기(월계동 쪽에는) 마을이 없었어요. 그런데 장위동 사람들이 살기는 고양에 살면서 농사는 전부 월계리에 가서 지었단 말이에요. 그래서 여기 사람들 보고 옛날부터 뭐라고 하냐면 '양주 밥 먹고 고양 굿을 한다'고 했어요. 밥은 양주 걸 먹고 행세는 고양 사람 행세를 한다고 해서 그런 말이 생겼지요.

그리고 여기에는 경원선이 있었죠. 경춘선도 있었고요. 경춘선은 성동역에서부터 춘천까지 가는 거고, 그보다 먼저 생긴 게 경원선인데, 서울역에서 원산 가는 거예요. 이 두 개가 지나가는 역이 연촌역이에요. 벼루 연硯 자, 마을 촌村 자 쓰는 연촌역요. 연촌역은 우이천 건너편에 있어서 양주군 월계리에 속했어요. 역이 생기면서 마루보시(丸星)[03] 라고 화물을 취급하는 회사가 생겼어요. 그때 원산에서 북어 같은 해물들이 기차로 서울로 내려온단 말이에요. 기차가 연촌역에 와서 여기다 내려놓고 청량리와 왕십리로 들어가는 거예요. 이게 경원선이지요. 그리고 마루보시의 뜻이 뭐냐면 빨간 색깔에 챙이 없는 동그란 모자를 쓴 사람들을 마루보시라고 그랬어요. 이 사람들이 (원산에서 오는) 화물을 취급했어요.

일제강점기 때 우리 할아버지가 금강산 가신다고 나를 데리고 할머니하고 셋이서 경원선 기차를 타고 이북에 있는 평강에 갔어요. 평강에 우리 친척이 살고 있었거든요. 거기서 2~3일 쉬었다가 그 집 식구들과 금강산을 가기로 한 거예요. 그랬는데 여름이라 장마가 져서 거기를 못 가고 도로 그 집에 머물다가 돌아오는 바람에 금강산은 못 가봤어요. 할아버지가 그때 데리고 가면 따라가 구경을 하는 건데 말이에요.

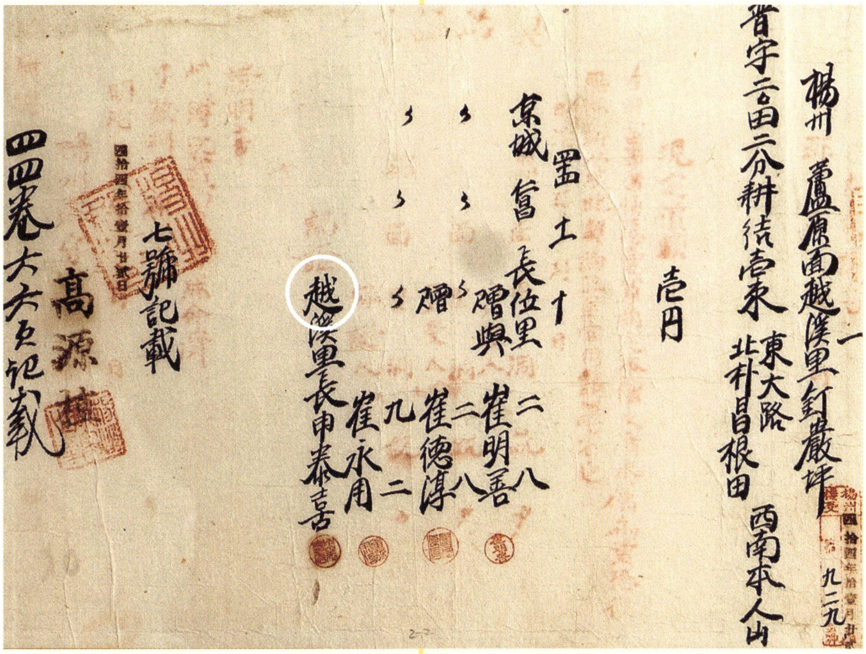

**명치(明治) 44년(1911) 토지문서**
월계리가 넘을 월(越)로 되어 있는 것을 볼 수 있다.
출처: 최무영 제공

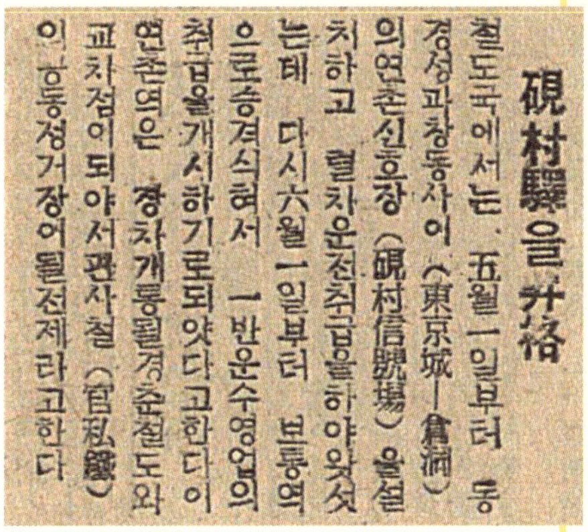

硯村驛을 升格

철도국에서는 五월一일부터 동경성과창동사이(東京城—倉洞)의연촌신호장(硯村信號場)을설치하고 렬차운전취급을하야왓섯는데 다시六월一일부터 보통역으로승격식혀서 一반운수영업의취급을개시하기로되얏다고한다이 연촌역은 장차개통될경춘철도와교차점이되야서관사철(官私鐵)의 흥동정거장이될전제라고한다

**연촌역 승격 기사**
연촌역이 1939년 6월 1일부터 보통역으로 승격되고 경원선과 장차 개통될 경춘선의 교차점이 될 것이라는 내용이다.
(「연촌역을 승격」, 『매일신보』, 1939년 5월 12일.)

02. 장위3동 주민센터는 성북구 한천로 657(장위동 117-5)에 위치하고 있다.
03. 마루보시(丸星)는 1930년 5월 16일에 영업을 시작한 조선운송주식회사의 다른 이름이다. 조선운송주식회사는 철도역으로 화물을 중개하여 철도화차로 화물을 싣는 하역작업 및 역주변의 집배작업을 담당하는 소운송업 사업을 하였다(임동민, 「운수산업정책과 기업경영의 변화-1958~1970년을 중심으로」, 『대한경영학회 학술발표대회 발표논문집』, 대한경영학회, 2015, 345~347쪽). CJ대한통운의 전신이다.

# 3

## 장위동 관련 고문서

**각종 자료들을 싸서**
**보관했던 보자기**
손으로 기워서 천연물감으로
염색을 하였다.
출처: 최무영 제공

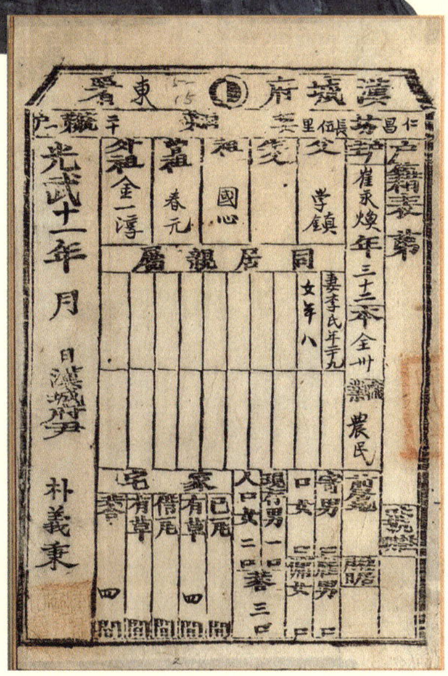
漢城府 東署 仁昌坊 長位里
戶籍表
光武十一年 月 日

**광무 11년(1907) 호적표**
출처: 최무영 제공

**"장위동이 원래 한성부 시절에는 한성부 동서 인창방 장위리예요."**

통문이나 옛날 문서들이 우리 집에 많이 있어요. 항아리에다가 보자기로 싸서 광(창고) 구석에다 놓았더라고요. 그래서 보자기를 내버리지 않고 여기에 내가 그 문서들과 함께 한데 모아서 보관하고 있어요. 전부 손으로 만든 (삼)베 보자기인데, 쥐가 뜯어 먹기도 했지만, 쪼가리를 다 모아 천연 염색을 해서 내가 이걸 내버리지 않고 보관을 했죠.

고종 때 '호적표'라는 게 생겼어요. 장위동이 원래 한성부 시절에는 한성부 동서 인창방 장위리漢城府 東署 仁昌坊 長位里예요. 호적표에 그렇게 나와 있거든요. 지금 사람들은 여기를 고양군으로만 알고 있는데, 고양군은 경술국치 이후에 된 거고, 이 호적표는 광무光武 11년(1907) 호적표로 옛날 집문서라고 할 수 있어요.

**"이게 장위리존안이라는 건데, 지금으로 말하면 장위리의 규칙이에요."**

이게 장위리존안長位里存案이라는 건데, 지금으로 말하면 규정이에요. 장위리의 규칙이죠. 광무 9년(1905)에 만들어진 거예요. 그때 만들어진 장위리존안이 6·25가 났던 해까지 (마을에서) 지켜졌어요. 오래도록 지켜진 거죠. 여기에 있는 글씨는 윤용구의 글씨예요. 그 어른이 있을 적에 이걸 만드신 거예요. 윤용구가 상존위上尊位로 제일 높은 사람이었어요. 그리고 재무원財務員 최명선, 이분이 나한테 4대조 할아버지예요. 장위동에서는 옛날에 이장이 상권을 다 쥐고 있었어요. 사형도 시켰단 말이죠, 장위동은 이장이

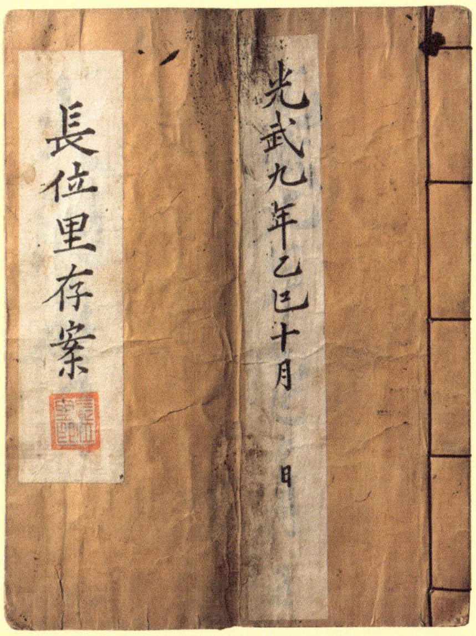


장위리존안
출처: 최무영 제공

광무 9년 을사 10월 ○일

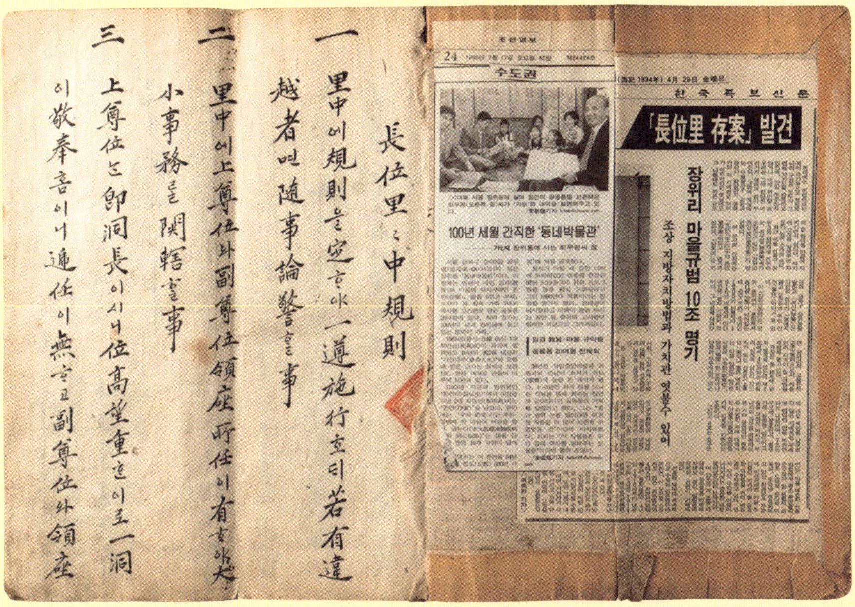


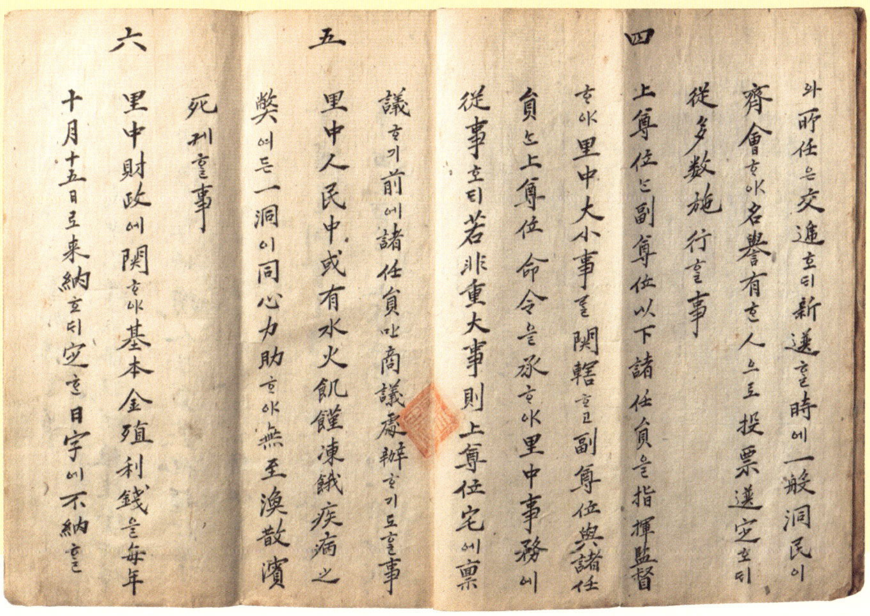


장위리 리중(里中) 규칙

1 리중(里中)에 규칙을 정하야 일준(一遵) 시행하되 만약 위반하는 자가 있으면 매사( 事) 논경(論警)할 것'

2 리중(里中)에 상존위(上尊位)와 부존위(副尊位), 영좌(領座), 소임(所任)이 있어 대소 사무를 관할할 것

3 상존위는 즉 동장이시니 지위가 높고 명망이 중한 이로 일동(一洞)이 경봉(敬奉)함이니 체임(遞任)이 없고 부존위와 영좌와 소임은 교체하되 신선(新選)할 때에 일반 동민이 제회(齊會)하여 명예가 있는 사람으로 투표 선정하되 다수를 따라 시행할 것

4 상존위는 부존위 이하 諸임원을 지휘 감독하여 리중 대소사를 관할하고 부존위와 제임원은 상존위 명령을 받아 리중 사무에 종사하되 만약 중대사가 아니면 상존위 댁에 품의(稟議)하기 전에 제임원만 상의처변(商議處辨)하기도 할 것

5 리중 인민 중 혹 수화(水火), 기근, 동아(凍餓), 질병의 폐(弊)가 있거든 일동(一洞)이 동심(同心) 협조하여 환산빈사(渙散濱死)에 이르지 않게 할 것

6 리중 재정(財政)에 관하여 기본금 식리전(殖利錢)04을 매년 10월 15일로 약속(來約)하되 정한 일자에 불납할

경우에는 一에 二를 가봉(加捧)할 것

7 리중 인민 중 불효부제(不孝不悌)05, 술주정(酗酒)과 노름(雜技), 부녀 음간(奸), 과부 유협(誘脅), 자제 유인(誘人), 기타 구타 등 제반 불법행위가 있는 자는 제위원이 회석(會席)하고 동회(洞會)를 청하여 수의징계(受議懲戒)하되 사유를 상존위 댁에 아뢰고, 만일 패륜멸상과 생명재산에 중범자(重犯者)는 즉각 훼가축출(毁家逐出)할 것

8 효우(孝友) 돈목(敦睦)에 특이한 덕행이 있는 사람에게는 별반(別般) 표창을 가(加)하여 긍장표준(矜奬表準)으로 삼을 것

9 매년 추성(秋成) 후 관결(官結) 수납 시에 정한 일자를

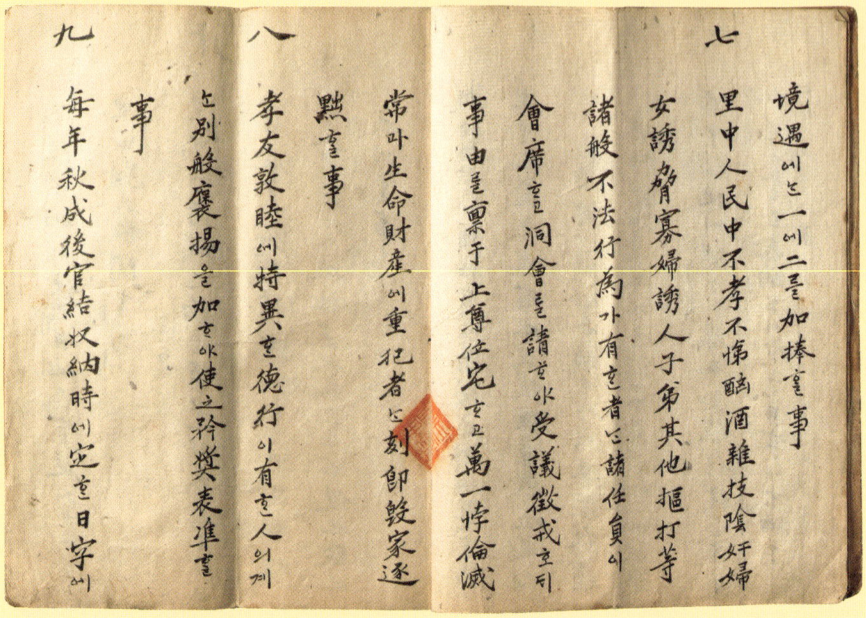

境遇에는 一에 二를 加捧홀 事

七

里中人民中不孝不悌酗酒雜技陰奸婦女誘脅寡婦誘人子弟其他摳打等諸般不法行爲가 有호 者는 諸任員이 會席호고 洞會를 請호야 受議懲戒호되 事由를 稟于 上尊位宅호고 萬一悖倫滅常과 生命財産에 重犯者는 刻卽毁家逐黜홀 事

八

孝友敦睦에 特異호 德行이 有호 人의게는 別般襃揚을 加호야 使之矜奬表準홀 事

九

每年秋成後官結收納時에 定호 日字에

넘겨 불납하면 스스로 관청에 납부케 하고 리중에서 관여하지 않을 것

10 리중에 오예물(汚穢之物)을 적치(積置)하지 못하게 하여 거처를 필수 청결케 하고 도로 교량을 수축(修築)하여 왕래하는 사람으로 하여금 불편의 목소리가 없게 할 것

상존위 윤용구

부존위 박창근

영좌 이창묵

통감 우창익

우정식

소임 최용준

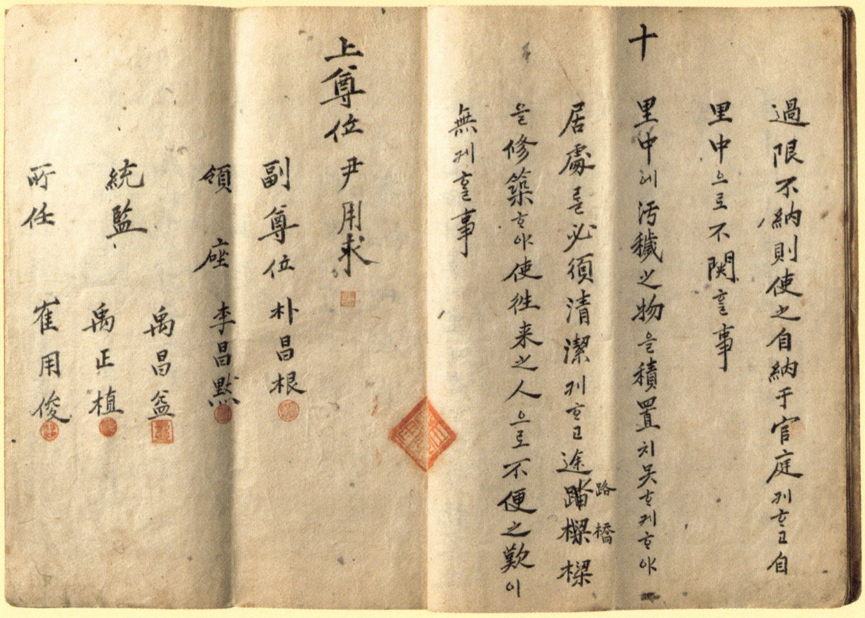

過限不納則使之自納于官庭케호고 自里中으로 不關홀 事

十

里中에 汚穢之物을 積置치 못호게 호야 居處를 必須淸潔케 호고 道路橋梁을 修築호야 使往來之人으로 不便之歎이 無케 홀 事

上尊位 尹用求

副尊位 朴昌根

領座 李昌默

禹昌益

統監 禹正植

所任 崔用俊

서기 류재정

右는 광무 9년 을사 10월 15일 書

광무 10년 병오 10월 일

통감 윤규원

오경은

소임 최용준

서기 류재정

융희 원년 정미 10월 일

존위 홍경문

영좌 한기홍

통감 윤규원

최종환

재무원 윤창규

소임 최용준

지원식

서기 류재정

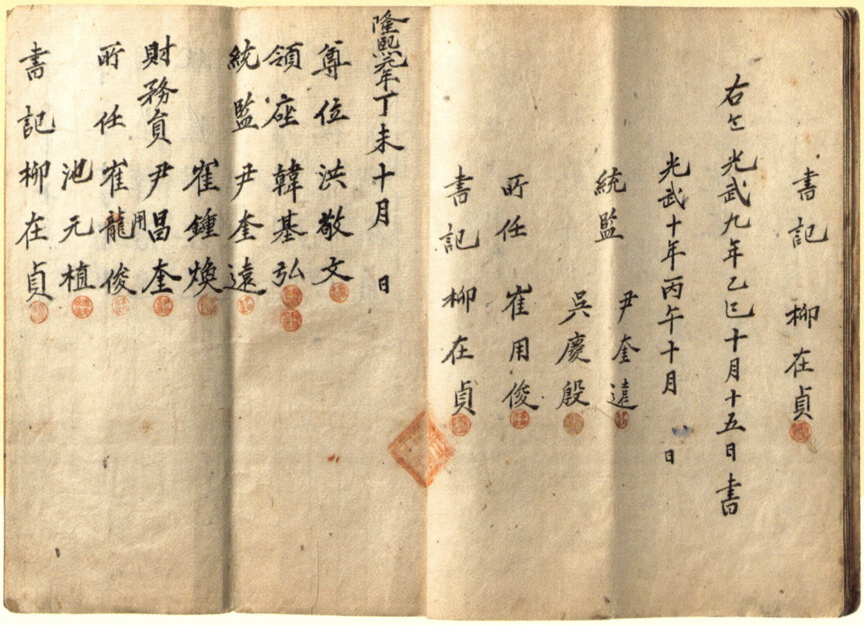

書記 柳在貞

右는 光武九年乙巳十月十五日書

光武十年丙午十月 日

統監 尹奎遠

吳慶殷

所任 崔用俊

書記 柳在貞

隆熙元年丁未十月 日

尊位 洪敬文

領座 韓基弘

統監 尹奎遠

崔鍾煥

財務員 尹昌奎

所任 崔龍俊

池元植

書記 柳在貞

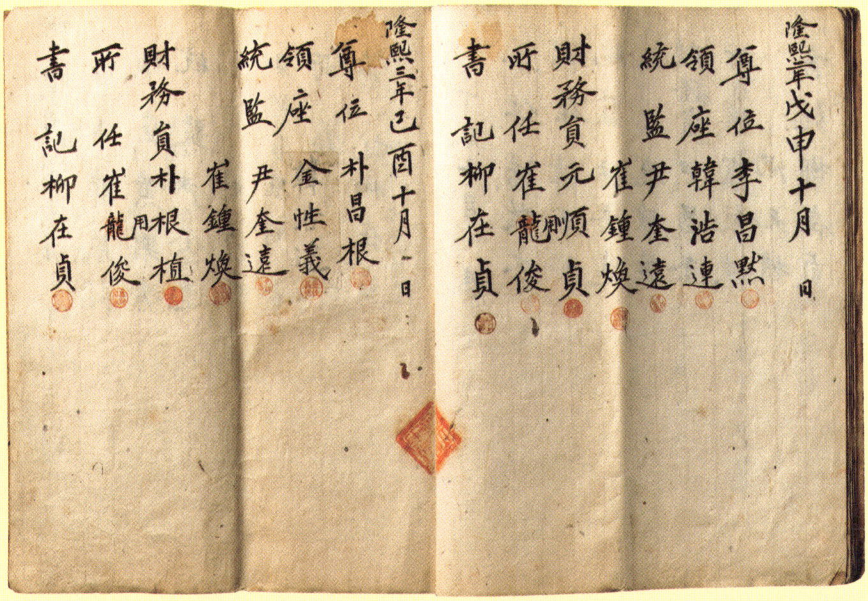


융희 2년 무신 10월 일
존위 이창묵
영좌 한호련
통감 윤규원
최종환
재무원 원순정
소임 최용준
서기 류재정
융희 3년 기유 10월 일
존위 박창근
영좌 김성의
통감 윤규원
최종환
재무원 박근식
소임 최용준
서기 류재정

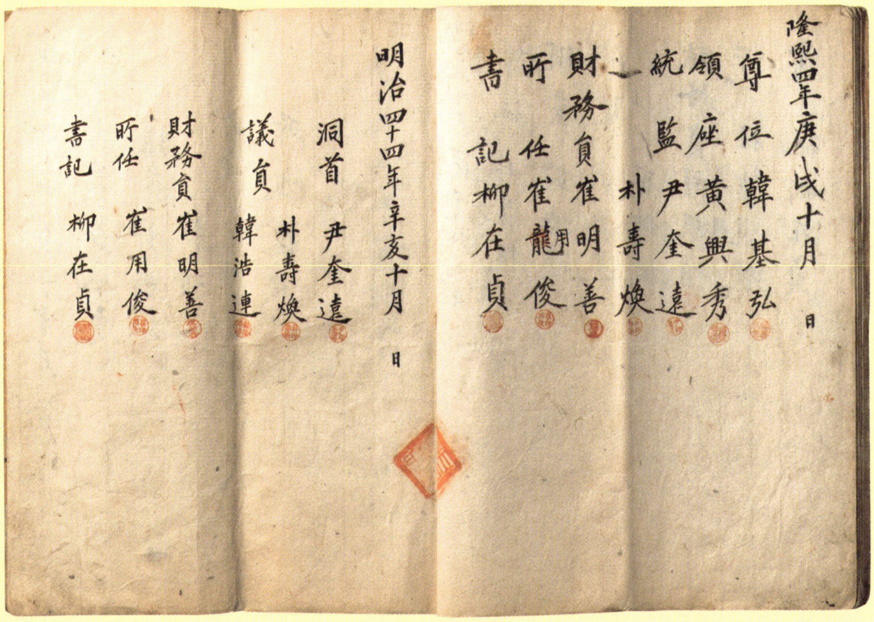


융희 4년 경술 10월 일
존위 한기홍
영좌 황흥수
통감 윤규원
박수환
재무원 최명선
소임 최용준
서기 류재정
명치 44년 신해 10월 일
동수(洞首) 윤규원
의원 박수환
한호련
재무원 최명선
소임 최용준
서기 류재정

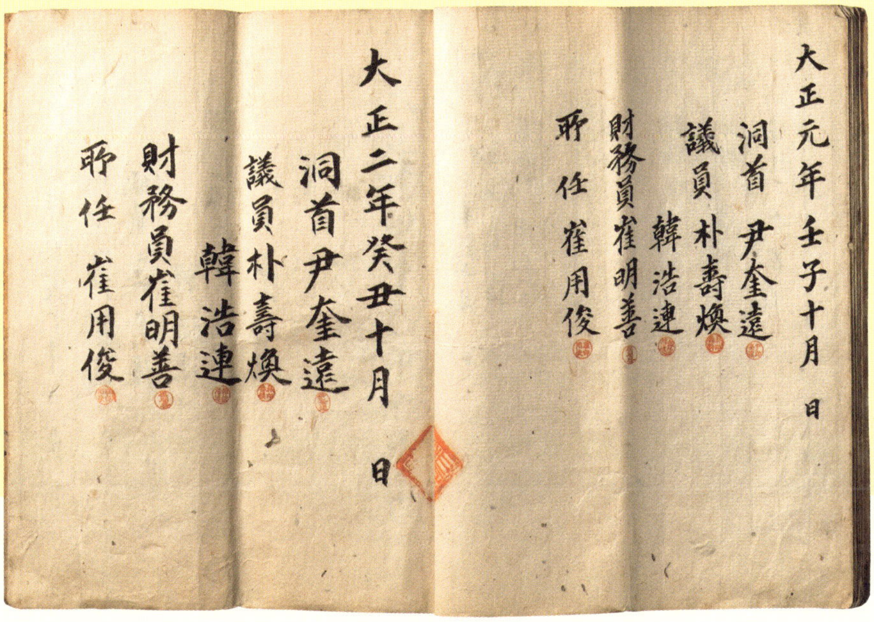


대정 원년 임자 10월 일
동수 윤규원
의원 박수환
한호련
재무원 최명선
소임 최용준
대정 2년 계축 10월 일
동수 윤규원
의원 박수환
한호련
재무원 최명선
소임 최용준

대정 3년 갑인 10월 일
이장 윤규원
의원 박수환
한호련
재무원 최명선
소임 최용준
대정 4년 을묘 10월 일
이장 최명선
의원 박수환
한호련
재무원 박건식
소임 최용준
서기 윤석기

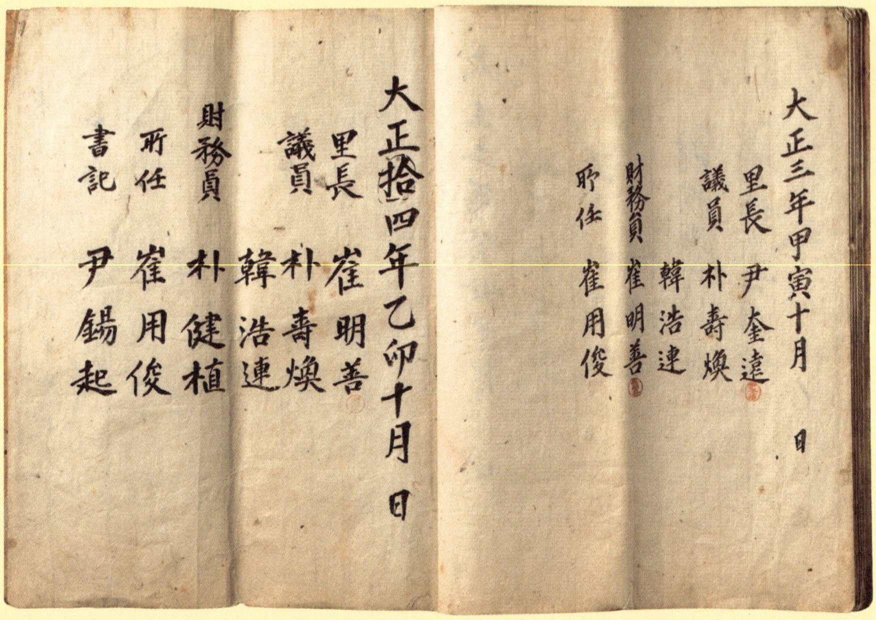


대정 5년 병진 10월 일
이장 최명선
의원 박근식
한기순
재무원 최용규
소임 최용준
서기 윤석기

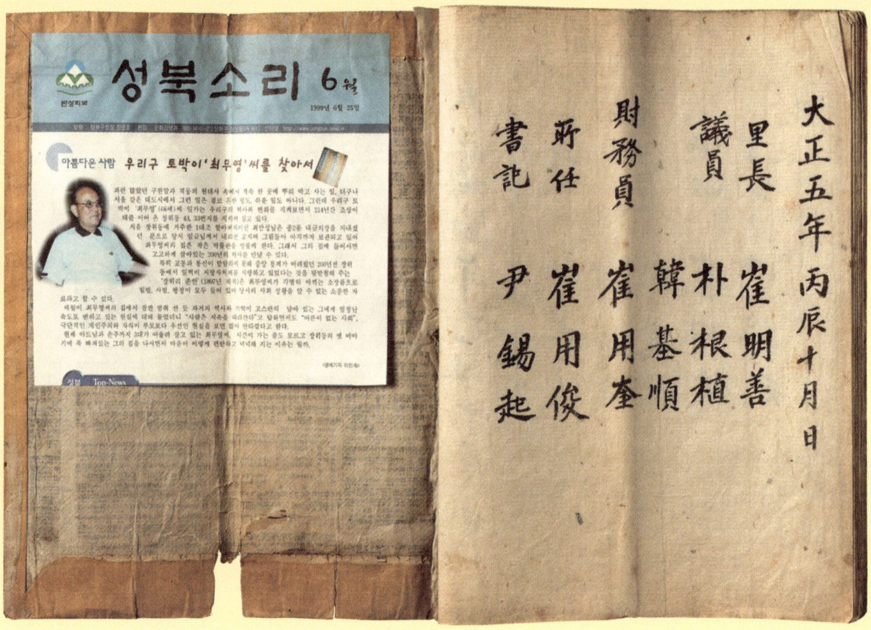


땅문서도 내줬어요. 이장이 사인하고, 소유권을 인정한 거죠. 리존안은 이장들에게 대대로 물려 내려온 거예요. 우리 할아버지들, 그러니까 최명선 씨도 이장을 하셨지만 그 아들도 이장을 하셨고, 또 우리 아버지도 이장을 하셨죠. 그래서 6·25전쟁이 날 때에도 이게 우리 집에 있었던 거예요. 그리고 우리가 이걸 아직 보존하고 있는 거죠.

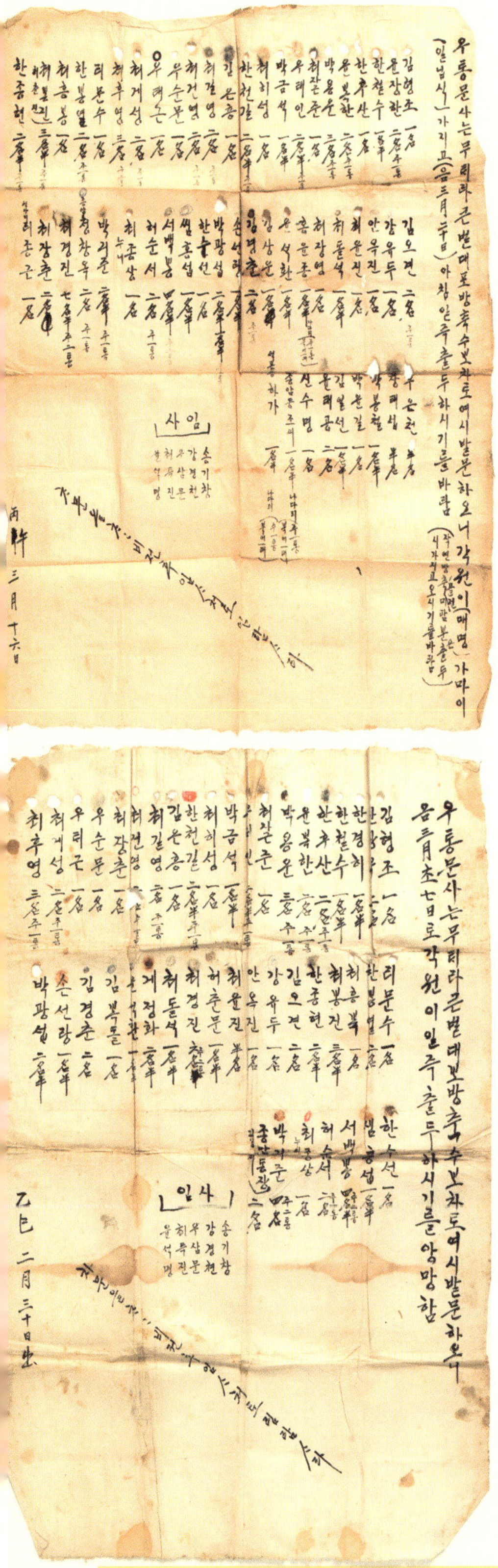

**"지금은 전화가 있지만, 옛날에는 통문으로 동네 소식을 전했어요."**

통문이란 것이 있었어요. 동네에서 방죽이라고 해서 제방 같은 것을 쌓고 뭘 하려면 동네 주민들을 끌어와서 해야 해요. 이런 행사를 하려면 오라고 해야 한단 말이에요. 그럼 이 사람이 먼저 보고 그다음에 옆집으로 넘겨요. 옆집으로 넘길 때 자기 이름 위에 구멍을 뚫어요. 담뱃불로도 뚫고, (통문을) 봤다고 표시를 하는 거예요. 이런 식으로 쭉 옆집으로 넘기면서 돌리는 거죠. 지금은 전화가 있고 해서 소식을 전부 전하지만 옛날에는 통문으로 동네에 소식을 알렸어요.

**"윤용구, 이 양반이 원래 글쓰기를 좋아했대요."**

장위리에 누가 사셨느냐 하면 남녕궁이라고, 윤용구 씨가 살았어요. 해평 윤尹씨로 쓸 용用 자에 구할 구求 자를 쓰셨죠. 덕온공주(1822~1844, 순조의 셋째 딸)의 아들이거든요. 아버지인 윤의선이 순조의 부마예요. 장위리 저쪽 위에 가면 집이 하나 지금 조그맣게 보존돼 있을 거예요. 남녕궁(남녕위재사)하고, 저 위에 창녕궁(창녕위재사)하고 역사적인 기념물로 돼 있죠. 창녕궁은 어디냐 하면 저 위에 북서울(꿈의숲) 그 안에 있죠. 거기가 복온공주이고, 이 아래가 덕온공주예요. 그리고 우리 집에 윤용구 씨 친필이 있어요. 이 양반이 원래 글쓰기를 좋아했대요. 그래서 누가 자기 집에만 찾아오면, 그저 애들이 와서 세배만 해도 글을 써주곤 했다고 해요. 그래서 현존하는 글씨가 많은데, 참 명필이에요.

**통문**
출처: 최무영 제공

**윤용구의 글씨**
출처: 최무영 제공

# 4

## 도시개발과 장위동

**"윤용구 씨 댁 땅을 동방생명에다가 16만 5000평을 팔아서 동방주택단지를 개발한 거예요."**

윤용구 씨 아들이 아들을 하나 낳았어요. 근데 그 사람하고 홍진기(1917~1986, 법조인·관료·언론인)하고 동서지간이에요. 강일매(동방생명 전신 동화백화점 사장) 시절에 홍진기를 통해서 윤용구 씨 댁 땅을 동방생명에다가 16만 5000평을 다 판 거예요. 자기네 집만 남겨놓고…. 그리고 이후에 강일매가 죽게 되니까 삼성에다 (동방생명을) 판 거고요. 그렇게 동방생명이 삼성생명으로 바뀜으로써 그때 윤용구 씨 땅이 전부 넘어갔어요. 그 당시 생명(보험) 회사에서는 (토지를) 갖지 못하게 돼 있었거든요. 근데 강일매 씨가 처음 (생명보험사를) 설립할 적에 정관에다가 땅을 가질 수 있다고 집어넣은 거예요.

동방주택은 산을 깎아서 택지화한 거니까 나대지[06]이잖아요. 나대지로 전부 신문에 공고를 한 거죠. 그래서 집장사를 하는 사람들이 들어와서 (택지를) 사서 집 짓고 그런 거죠. 정릉 것도 그렇고요. 정릉(동방주택)이 먼저 되고 여기가 좀 더 나중에 (개발이) 됐어요.

그때는 동방주택단지에 부자들만 왔었어요. 그러니까 전부 집들을 크게 지었죠. 거긴 (본래) 장위동하고 좀 떨어져 있잖아요. 동 이름만 같은 장위동이지, (원)주민들 사는 데는 아래에 있고 동방주택은 산 위에 있는 데다 그 사람들이 원주민들하고 상대도 안 했어요. 그렇게 해서 장위동이 이제 개발이 된 거예요.

**"내가 가스집을 하려니까 택시회사들에 임대를 해 준 거예요."**

장위동이 개발되니까 농토에 뭐 할 것이 없단 말이에요. 그래서 그때 함석[07], 골함석[08]이 싸서 그것을 사다가 우리 땅에다 담장을 세웠어요. 그랬는데 장수로(한천로)가 지나가는 바람에 열 십+ 자로 (땅이) 갈려 버렸어요. 이쪽에는 장수로가 나고 저쪽으로는 화랑로가 생겨서 땅이 차도가 되고 그랬어요. 그래서 내가 뭐를 할까 생각하는데, 누가 가스집(가스충전소) 허가를 낼 수 있으면 그거 한번 해 보라는 거예요. 내가 친구들도 많고 하니까, 한번 해 보라고요. 그때는 그거(가스충전소) 허가 얻기가 그렇게 힘들었어요. 그랬는데 구자춘 시장 시절에

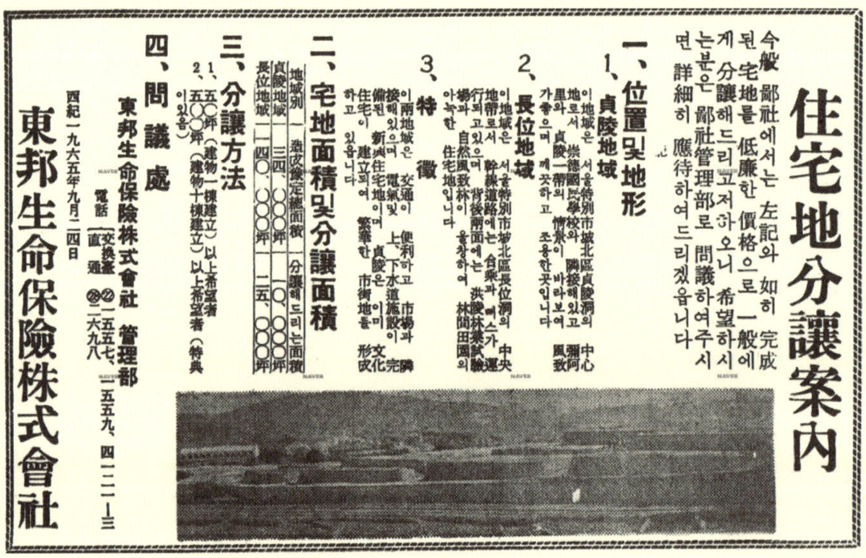


**동방생명보험회사의 주택지 분양 광고**
동방생명보험회사는 정릉지구와 장위지구의 택지를 분양하였다.
(「주택지분양안내」, 『동아일보』, 1965년 9월 24일.)

06. 지상에 건축물이 없는 대지.
07. 표면에 아연을 도금한 얇은 철판.
08. 물결 모양으로 골이 지게 성형한 함석.

1979년 완공된 장수로(현 한천로)

장위가스의 모습

장위가스 뒤쪽에 위치한 대륙여객자동차㈜

최무영 부부

가스충전소 허가를 내서 호남(가스)에서 건물 짓는 돈 빌려다가 가스집을 지었어요.

우리는 주로 택시를 상대로 영업을 했죠. 그때는 매연 때문에 정부에서 택시를 전부 LPG로 바꿨어요. 그리고 그때는 LPG 충전소가 별로 없었어요. 그래서 장위가스가 엄청 잘 됐어요. 정말 좋았어요. 그렇게 처음 호남(가스)으로 했나가 호남 빚 나 갚고, SK로 바꿔서 지금까지도 SK예요.

장위가스 일대가 다 내 땅이었어요. 그래서 내가 가스집을 하려니까 택시회사에 임대를 해 준 거예요. 그래서 장위가스 뒤로 4대 택시회사가 있었어요. 영광교통, 대륙교통, 성진운수 등 4개가 있었어요.

"우리 마누라가 지금 사는 아파트는 우리 집이 아니라고 매일같이 장위동 집으로 가재요."

나는 여기서(장위동) 나서 여기서 죽는 사람이에요(웃음). 글쎄 여기 장위동이 그전에는 뭐 네 집, 내 집이 없이 아무 집이나 들어가서 아주머니, 아저씨, 친구 하면 다들 반갑게 대해 주곤 했는데, 지금은 그렇게 들어갈 집이 없어요. 그전에는 그렇게 다 한 마을이 다 한 집과 같이 마찬가지로 살아왔어요. 그런데 지금은 그럴 데가 그럴 집이 없어요. 아파트 살아도 옆집조차 잘 모르는 판이죠.

우리 마누라가 나하고 동갑이거든요. 스무 살에 나한테 시집을 왔는데 지금 치매에 걸렸어요. 치매를 앓은 지가 10년이에요, 10년. 그런데 매일같이 집에 가자고 해요. 저쪽 집, 장위동 집으로 가재요. 이게(석관동 아파트) 우리 집이 아니라는 거예요. 여기 살면서도요. 내가 오늘도 아까 얘기했어요. '집이 여긴데 어딜 가재.' 그러니까 '나를 바보 취급해?' 그러는 거예요.

#2

# 우덕수 토박이

| | |
|---|---|
| 1952년 | 장위동 출생 |
| 1959년 | 장위동 69-53으로 이사 |
| 1965년 | 장위초등학교 14회 졸업 |
| 1968년 | 광운중학교 졸업 |
| 1971년 | 북공업고등학교 졸업 |
| 1984년 | 종암동 주신예식장에서 결혼 |
| 1992년 | '활량리' 식당 개업 |
| 2018년 | 우이동으로 이사 |
| 현재 | 활량리 식당 운영 |

우덕수는 1952년 장위동 활량리 마을에서 태어났다.

그의 가족은 7대조가 파주 적성면에서 장위리로 터전을 옮겨 대대손손 장위동에서 살았다. 우덕수도 장위초등학교와 광운중학교, 북공업고등학교를 졸업하고 70여 년 가까이 장위동에서 가정을 이루고 삶을 이끌어 왔다.

2018년 재개발로 인해 장위동을 떠나 현재는 우이동에 거주하고있다. 하지만 40대에 장위2동에 개업한 '활량리' 식당을 현재까지 운영하며 삶의 본거지는 장위동에 두고 있다.

조사팀은 장위동의 옛 모습을 기억하는 토박이를 찾고 있었다. 그러던 중 장위동 주민 노정열을 인터뷰하며 들른 활량리 식당에서 장위동 토박이로 우덕수를 소개받았다. 그렇게 이루어진 첫 만남에서는 장위동 조사 사업에 대한 소개와 서로의 통성명 정도만 한 채 다음번 방문을 기약하였다.

그리고 몇 주 후 최무영 부자父子의 인터뷰를 마치고 안부를 묻기 위해 활량리 식당에 잠시 들렀다. 별도의 약속을 하지 않았지 마침 식당이 한가한 시간이어서 두 번째 만남에서 본격적인 조사를 시작할 수 있었다. 우덕수는 조사팀이 준비해 간 지도에 위치를 짚어주며 투박하지만 열성적으로 장위동의 옛 모습을 설명해 주었다. 이후에도 조사팀은 식당이 바쁜 점심과 저녁 시간을 피해서 인터뷰를 진행하였다.

장위동에서 일생을 보낸 그는
장위동이 '도시화'되기 전,
농촌과 다름없던 서울 변두리 모습이나 옛 지명과 지리들을
모두 기억하고 있었다. 그는 토박이가 아니면 알 수 없는, 지금은 사라진
장위동 자연마을의 모습과 마을의 민속을 생생하게 들려주었다.
그뿐 아니라 해방 이후 장위동이 개발되면서 건설된
'공병(부흥)주택'과 '동방주택' 등이 들어서는 과정과 여타 다른 시설들로 인해
변화한 장위동의 모습을 시간의 흐름에 따라 설명해 주었다.

"퇴계원이니 광릉에서
사대문 안으로
들어가려면 다 한길을 통해서
들어갔어요"

# 1

## 7대째 장위동 토박이

**"우리 선대가 여기 와서 살기 시작해서 내가 7대예요."**

고려 말에 우리 집이 개성에서 (파주시) 적성면 어유지리라는 데로 도망갔다고 그래요. 그래서 거기서 한참 정착해 살다가 3형제가 여기(장위동)로 오셨다 그러더라고요. 여기 오신 분 중에 한 분은 김포 통진으로 가시고, 두 분은 여기 남으셔서 우리가 지금도 제사를 모시고 있어요. 그렇게 우리 선대가 여기 와서 살기 시작해서 내가 7대예요. 이제 우리 아이가 8대째 살고 있는 거죠. 근데 이제 개발이 되고 그러니까 거의 다 뿔뿔이 헤어졌죠.

우리 아버지는 유복자와 같아요. 할아버지는 원래 훈장을 하셨는데, 아버지가 세 살이던 해에 말 두 마리 있는 걸 가지고 나가셨다가 몇 년 후에 객사했다는 연락이 왔다고 해요. 그래서 우리 아버지가 어려서부터 고생을 많이 하셨어요.

**"나 어렸을 땐 저 삼각산에서 늑대가 여기까지 내려왔었어요."**

내가 태어난 데는 초가집이었어요. 우리 바로 위에는 기와집이고. 초가집에 있을 때 (방이) 둘이었어요. 건넛방과 안방 그리고 부엌이 있고, 바깥에는 외양간 하나가 떨어져 있었죠. 내가 어렸을 때 유난하게 우리 집만 전기가 있었어요. 그 밑의 집엔 전기가 없고, 그 집 전신주 뒤에 가로등이 하나 있었어요. 희한하게 주위에서는 다 램프를 썼는데, 왜 그런지 모르겠지만, 우리 집만 전기를 썼어요. 태어난 집이 있는 곳이 옛날에 동산이에요. 내가 어렸을 땐 저 삼각산에서 늑대가 여기까지 내려왔었어요. 여기 주변은 옛날엔 다 논이었어요. 지금 여기가 다 논바닥이었지요.

그리고 내가 자란 데는 69-53호, 태어난 집에서 여덟 살 때 그리로 내려왔어요. (이사 온) 기와집도 (방이) 둘이었고요. 여기는 집을 ㅁ자로 지었어요. 소가 있으니까 외양간이 있어야 하고, 우마차를 놓을 헛간이 있어야 하니까 ㅁ자로 지은 거죠. 안방하고 건넛방만 있는 안채가 있고, 부엌이 있고, 나머지는 헛간이 있는 집이었어요. 당시는 돈이 부족하니까 기와가 조선 기와가 아니고 요즘 나오는 양기와였어요. 그때만 해도 그런 집이 (동네에) 얼마 없었어요. 그러다가 형이 들어와서 1994년에 다가구로 집을 새로 지어서 세를 줬어요. 내가 주민등록상 그 집 주소로 있던 게 불과 얼마 안 됐어요. 3년 전까지 주소지가 거기였어요. 그런데 지금은 우이동에 있어요. 내가 자란 장위동 집은 아직 안 헐렸어요. 10구역이니까 태어난 집도 지금 남아 있어요.

**"활량리 향우회 총무를 20년 했어요."**

활량리 향우회라는 게 있어요. 내가 총무를 한 20년 했지요. 향우회가 처음 생겼을 때는 장남만 회원이 될 수 있었어요. 초창기 회원이 60명 정도 됐지요. 그러다가 점점 사람들이 죽고 떨어져 나가니까 '이젠 좀 바꾸자' 해서 나도 향우회에 들어갔어요. 활량리 토박이 기준은 휴전 이전에 살던 사람들, 그러니까 1953년 이전 출생자들만 토박이로 인정을 했어요. 그러다가 이제 내가 총무를 보고 나서는 기준을 두 번 완화했어요. 1962년 이전 출생으로 10년 정도 당겼어요. 그래서 지금 회원 수는 22명이에요. 또 이중계라는 게 있었어요. 동네 사람이 돌아가시면 이중계원이 가서 다 도와주는 거예요. 그리고 기금에서 장례 치르라고 얼마 주고 이런 게 있었는데, 활량리가 장위동에서 맨 마지막으로 2019년에 (이중계를) 깼어요. 이중계는 장남 아니면 못 들어가요. 우리나라 최초의 상조회죠.

# 2

## 장위동의 지명과 유래

### “당머루산, 한길, 소근내, 한내천, 군논, 수멍텅….”

광운대역은 지금 부르는 명칭이고 옛날엔 연촌역, 그다음엔 성북역, 그랬다가 지금은 광운대역이 된 거예요. 그 광운대 자리가 옛날 일제 때 운모[01]공장 자리예요. 운모라는 게 뭐냐면 다듬이판을 보면 반짝반짝하는 거 있죠? 그게 운모예요. 그 공장이 거기 있었어요. 그 건물은 6·25 때 부서졌어요. 우리가 어려서 거기 가면 물탱크 근처에 뱀이 왔다 갔다 하고 그랬었어요. 또 우리가 광운대학교를 ‘당머루산’이라고 그래요. 석계역에서 성북역 가면서 돌아간다고 해서 ‘마루’죠. 당머루산이라는 건 옛날에 당이 있었나 봐요. 그다음에 성북역에서 인덕 가는 데 거기는 양감머루라고 그래요. 예수비전 장로교회[02] 근방, 여기가 서낭당이 있었던 자리예요. 서낭당은 우리가 어릴 때 있었어요. 나무가 있는데, 돌이 쌓여 있고요. 옛날 무당들이 줄 쳐 놓고 그랬죠.

상월곡역 앞 우남아파트 자리[03]는 극동벽지가 있던 곳이고, 거기서 화랑로 따라 월곡동 쪽으로 좀 더 넘어가면 덤불로 막혀 있는 곳이라고 해서 우리가 ‘마근더미’라고 그래요. 우리 아버지 말씀을 들어보면 내가 태어나기 훨씬 전에 이곳에 산적이 많았다는 거예요. 또 우리 아버지 얘기로는 서낭당에 박수무당이 호랑이 새끼까지 가지고 온 적도 있었대요. 호랑이가 자꾸 우니까 갖다 놨다는 그런 얘기가 있어요. 천장산[04]에 올라가면 호랑이굴이라고 있어요. 천장산은 그 너머가 홍릉이니까 우리가 어렸을 때는 ‘홍릉산’이라고 했지요.

이 길(화랑로 19길)이 장위동에서 제일 큰 길이에요. 이 길을 우리가 어렸을 때는 ‘한길’이라고 불렀어요. 우마차고 뭐고 저 퇴계원이니 광릉에서 (사대)문 안으로 들어가려면 이리로 다 통해서 들어갔어요. 그리고 장위1동 큰 대로변에 국민은행이 있었는데, 지금은 우리은행이 있는 곳[05], 그곳이 장위동 들어오는 길이에요. 그길로 해서 버스가 다녔어요.

1960년대엔 장위1·2·3동이 아니라 장위동이 하나였어요. 장위1동은 옛날에 산이었어요. 장위치안센터에서 동방고개 정상 쪽으로 가는 길을 옛날에 ‘미고개’라

‘한길’이라 불렸던 현 화랑로19길~돌곶이로27길(장위동 66-172 일대)

01. 운모류는 층상규산염 광물의 하나로 화강암의 주요 구성성분이다. 돌비늘이라고도 한다. 운모는 열에 강한 성질이 있어 단열재에 많이 이용된다.
02. 성북구 장월로 28(장위동 252-31)
03. 성북구 화랑로15길 4(상월곡동 55-56)
04. 동대문구 회기동·청량리동·석관동에 걸쳐 있는 해발 140m의 산이다.
05. 성북구 장위로55(장위동 229-33)

'미고개' '여우고개'라 불리던 동방고개

**장위1동 일대와 월계로** 사진 중앙 부분에 보이는 도로가 월계로이다. 월계로 오른쪽으로 갈라진 길은 장위로이며 고개를 넘으면 장위동이 펼쳐진다.
사진의 왼쪽은 강북구 송중동이며 창문여고가 위치해 있다.
출처: 성북마을아카이브

'소근내'라 불렸던 우이천 일대

그랬지요. 여우고개라고도 하고요. 그리고 고개를 넘어가면 도축장이 나왔어요. 마장동 가기 전에 거기 있었죠. 창문여고 옆에 중외제약이 있었는데, 아마 그 자리가 도축장이 있었던 곳 같아요.[06]

중랑천은 옛날에 우리말로 '한내천'이라고 했어요. 중랑천이라는 건 일제강점기 때 만들어진 말이에요. 우이천은 우리가 '소근내'라고 그러는데, 내막이 있어요. 소가 건너간다고 그래서 소근내예요. 옛날에 우이천 건너로 농사를 지으러 가려면 소 끌고 다니고 그랬으니까요. 그런데 번리(동) 애들은 소근내라는 말을 다르게 쓰더라고요. 뭐냐면 옛날에 길이 없어 우마차도 안 다니고 해서 북한산 밑 도봉산으로 소금을 이고 걸어다닐 때 소가 소금을 싣고 가다가 빠져 소금이 다 녹아 내렸다고 해서 소근내라는 거예요. 소근내 안쪽에는 사람이 거의 없었어요. 원래 동네가 밤섬 같은 곳이에요. 한내천이 넘치면 섬으로 내려와요. 그러니까 여기 소방서 뒤로 밤나무가 있고, 모래밭이 있고 그랬어요.

삼익아파트 자리[07]가 '군논' 자리예요. 6·25 때 포탄에 웅덩이가 생기잖아요. 군인들 포탄 때문에 그랬다 해서 군논이라고 하는데, 군논이라는 데가 몇 개가 있었어요. 그리고 옛날에 집에서 아이를 낳으면 탯줄 잘라서 버리잖아요. 군논 여기 샘 나오는 데다가 (태를) 갖다 버렸어요. 군논에 태를 많이 갖다 버린 때문인지 고기들이 많이 생겼어요. 미꾸라지들을 많아 잡으러 다녔지요. 비만 오면 잡아서 먹기도 하고, 팔기도 했어요. 여기 미꾸라지를 잡아 장사하시는 분들이 있었는데, 우리가 그 양반들한테 (미꾸라지를 잡아서) 주면 그 양반들이 사서 팔았어요.

장위사거리 쪽을 '수멍텅'이라고 그래요. 동네 물이 내려가다가 거기서 고여요. 그곳이 노깡(토관) 묻어놓은 데이거든요. 지금 얘기하면 콘크리트로 된 둥그런 하수관 말이에요. 노깡을 여기다 묻어놓고 윗말과 아랫말 다니는 다리를 만들어 놨거든요. 우리가 이거를 수멍텅이라 그래요.

그다음에 지금 저 월계동에 염광중·고등학교 있는 자리, 그쪽에 '똥굴'이 있었어요. 옛날에 웅덩이를 판 뒤 서울에서 똥을 퍼다가 거기다가 매립을 했어요. 그래서 똥굴이에요, 우리 어렸을 때 1960년대만 해도 똥굴이 있었고, 1970년대 초만 해도 똥 웅덩이가 있었어요. 그리고 나중에 벽돌공장이 생기면서 그게 없어졌어요. (장위동에) 건물 지을 때 벽돌공장이 많이 만들어졌어요. 왜냐면 이쪽에 모래가 많이 나왔으니까요. 한내천에서 모래를 많이 펐어요.

우리 어려서는 나무하러 화계사까지 갔다 오곤 했어요. 거기는 나무 관리하는 관리소가 없었거든요. 장위산에는 (관리소가) 있었죠. 우리는 주로 삭장구(삭정이)를 많이 했어요. 또 오리목 같은 걸 낫으로 쳐 놨다가 바로 가져오려면 무거우니까 한 2~3일 지나 나무가 마르면 그걸 지고 왔어요. 우리 형님들은 저 도봉산까지 걸어서 갔다 오고 그랬대요.

개발 전엔 활량리 마을에 장위2동주민센터 앞길(돌곶이로 27길) 따라서 집이 일자로 있었어요. 그리고 길 뒤쪽은 다 산이고, 밭이었어요. 마을이 (길 따라) 길게 있는 거예요. 길 옆으로 집이 계속 있는 게 아니라 드문드문 집이 몇 채씩 있었어요. 옛날 통이 생겼을 때 7통이었어요.

소근내 옆에 나무가 있고 모래밭도 좋고 그랬어요. 옛날 과거시험에 떨어진 사람들이 한량이잖아요. 이 사람들이 여기 와서 놀다가 해가 떨어지기 전에 가야 하는데, '마근더미'라고 산줄기로 길이 막힌 곳에 옛날에는 좀 나쁜 사람이 많았다고 그래요. 남의 돈 뺏고 그러는 사람들요. 돌아가다가 그들에게 잘못 걸리면 큰일 나니까 한량들이 여기서 죽치고 있었대요. 그러다 보니까 마을이 좀 생겼을 거 아니겠어요? 그래서 '한량들이 묵었다'고 해서 활량리라고 했다고, 그런 얘기를 하더라고요.

장삼주유소[08] 뒤쪽이 아랫말이에요. 장위3동주민센터[09] 뒤쪽 볼링장 있는 자리는 '중간말'이라고도 하고 '가운데말'이라고도 하고, 옛날에는 '안말' 그렇게도 썼어요. 새소망장로교회[10]하고 열린문교회[11]가 있는 쪽이 '윗말'이에요. 김진흥가도 다 윗말로 들어가요. 근데 여기는 다 윗말이라 그러면서 또

06. 한국축산가공(대표 송휘림)이 경영하는 미아리 도축장을 말한다. 1960년대에는 미아리 도축장 외에 시립 마장동 도축장, 재단법인 현대방의 응암동 도축장, 서울축산기업조합이 경영하는 신림동 도축장 등 4개소가 운영되었다.(「도화선은 '정책 빈곤'」, 『매일경제신문』, 1969년 3월 10일)
07. 성북구 화랑로37길 42(장위동 60-1)
08. 성북구 한천로 612(장위3동 43-9)
09. 성북구 한천로 657(장위동 117-5)
10. 성북구 장위로45길 22(장위동 88-4)
11. 성북구 장위로45길 21(장위동 76-8)

1968년도 장위동 지적도에 자연지명과 자연마을을 표시하는 우덕수

'궁안'이라고 그래요. 김진흥가면서 남녕위궁(남녕위재사)이라고 하죠. 남녕궁. 그래 가지고 이 주위를 궁안이라고 해요.

지금 장위3동에 래미안[12]과 (꿈의숲)아이파크[13] 아파트 등이 들어서 있는 일대를 '동아뜰'이라고 해요. 예전엔 다 논이었어요. 동아뜰을 지나가면 번동이죠. 원래는 번동으로 들어가다가 장위동으로 편입이 된 건데요. 여기를 '정진말'이라고 그랬어요.

그다음에 창녕위궁(창녕위재사), 북서울꿈의숲 그 안에 산지기 집이 있잖아요. 그걸 여기선 옛날에 '창녕궁'이라고 불렀어요. 그리고 장곡초등학교 있는 장월로 23길 쪽 여기를 '멍덕굴'이라고 그래요. 이 앞에서 창녕궁 가려면 아름다운 전나무가 양옆으로 쫙 있었어요. 그러다가 정비된 게 내가 고등학교 다닐 때쯤일 거예요.

돌곶이는 장위뉴타워[14] 있는 곳이 '윗말'이에요. 석관초등학교 쪽이 '가운데말'이고요. 집이 몇 채 있었어요. 화랑스포츠타운[15] 쪽이 아랫말인데, 여기에도 (집이) 몇 채 있었어요. 자기네 말로는 돌곶이라는 게 돌에 박혔다고 돌곶이라는 거예요. 여기 도축장 가서 산 사람들이 많아 푸줏간(정육점)이 활량리보다 이쪽에 더 많았어요.

12. 래미안장위포레카운티(성북구 장월로 160, 장위동 144-24), 래미안장위퍼스트하이아파트(성북구 한천로 713, 장위동 320)
13. 성북구 돌곶이로40길 46(장위동 189-3)
14. 성북구 화랑로 248(석관동 349-1)
15. 성북구 화랑로 286(석관동 173-1)

# 3

## 장위동 사람들의 생활

"우이천에는 한여름에 더울 때 동네 사람들이 한 번씩 놀러갔어요."

어려서 우리는 들로 냇가로 산으로 갔어요. 먹을 게 없었으니까요. 우이천에 장마가 지면 잉어가 큰 게 올라오고, 메기도 올라와요. 옛날 어른들은 망태기로 잡았어요. 옛날엔 우산대가 대나무였잖아요? 그걸로 통발을 만들어서 물이 내려가는 곳에 거꾸로 대놓고 그다음 날 와서 털기만 하면 돼요. 나무뿌리도 먹었어요. 광운고등학교 옆에 있는 산을 '엄정계산'이라고 그래요. 엄정계산에 올라가 칡 같은 거 캐 먹고 그랬죠. 그런데 거기 가면 밤나무가 있고 밤나무 밑에는 까치독사가 많아서 가지 않는 게 좋았어요.

(중랑천에는) 멱감으러 갔어요. 멱감는 게 가서 물장구치고 노는 게 멱감는 거지, 머리 감고 하는 게 멱감는 건 아니잖아요. 소근내(우이천)도 괜찮은데 가물면 한내천(중랑천)으로 가는 거예요. 우이천에는 한여름 더울 때 동네 사람들이 한 번씩 놀러갔어요. 다 같이 고기도 먹고요. 옛날 할머니들 얘기 들어보면 그날 자기 서방 깨끗하게 보낸다고 모시(옷)에 풀 먹여서 빳빳하게 해 가지고 입혀 보냈대요. 그때는 동네 남자들만 가요. 꼬맹이들은 어른들 쫓아가는 거예요. 그래서 음식도 남자들이 해요. 김치 같은 건 여자들이 해준 거 가져가면 되고요. 옛날에는 장구 치고 피리 불고 꽹과리 치는 사람들도 같이 갔어요. 겨울에는 할 게 뭐 있겠어요. 달음질 아니면 썰매 타는 거지요. 그러다 추우면 짚단 태워서 불을 쬐곤 했죠.

장위동 '중간말'의 재개발 전 모습(2014년, 현 래미안장위퍼스트하이아파트 511동 부근)

**"장위동에 닭장이 많았죠."**

초여름에 개구리 울고 그럴 때는 철사를 나무에 꿰서 삼지창을 만든 다음에 개구리가 뛰면 한 대씩 쳐요. 그러면 (개구리가) 뻗어요. 그렇게 개구리를 잡아서 다리만 먹었어요. 소근내 개천가에 앉아서 철사 끼워 가지고 구워 먹고, 몸뚱어리는 깡통에 넣어 닭장집에 갖다 팔았어요. 닭장이라 부르던 부화장이 동네 여기저기 많았어요. 거기다 (개구리 몸통) 한 통을 주면 10환을 주고 그랬어요. 분유통 같은 것에 한 통 잡는 건 잠깐이면 됐어요. 삼태기라고 철사로 만든 철망이 있는데, 그걸로도 개구리 잡아서 옛날에는 용돈 쓰고 그랬어요. 장위동에 닭장이 많았죠.

또 염광중학교라는 데가 처음에는 한 칸 있는 한옥집에서 시작했어요. 그 자리에서 두 명 세 명 데리고 하다가 숫자가 늘어나니까 현재 월계동으로 갔죠. 염광학교 초대 자리는 옛날에 기와공장이었어요. 그리고 그다음엔 부화장이 생겼어요. 그 자리를 염광이 들어가서 학교를 시작하고, (학생) 숫자가 많이 늘어나니까 어디로 갔냐면, 장석교회 자리(현재 사랑제일교회 자리) 밑에도 닭장 했던 데가 또 하나 있었거든요. 거기로 갔죠. 거기 가서 학교를 하다가 (학생이) 또 늘어나니까 옛날에 벽돌공장이던 지금 장곡초등학교 자리로 간 거예요. 염광중학교가 여기 있다가 지금 있는 자리(월계동) 야산을 사서 갔는데, 거기에서 백토가 참 좋은 게 나와서 그걸 팔아 건물을 짓고도 남았다는 얘기가 있었어요.

**"전 목수라고 대목수가 있었어요."**

옛날에 동네에 대목수가 있었어요. 지금 대개 남아 있는 집들은 그 양반 손에서 만들어졌어요. '전 목수'라고 불렀는데 이름은 잘 모르겠어요. 그 양반 밑에 한 대여섯 사람 있었는데, 그 양반들 데리고 같이 다니면서 집을 지었어요. 고깃집인데, 한옥으로 된 집이 있을 거예요.[16] 그것도 그 양반이 지은 거예요. ㅁ자로 돼 있는 한옥집이에요.

**"옛날 조미령하고 최은희하고 춘향전 할 때 다 김진흥가에서 찍었어요."**

김진흥가라고 있죠? 옛날 조미령하고 최은희하고 춘향전 할 때 다 거기서 찍었어요. 그 집에서 둘 다. 그래서 잔치 같은 장면에 동네 사람들이 조연으로 출연하고 그랬어요. 엑스트라죠. 대개 광목천으로 만든 옷 한 벌씩 받아 입고 출연했는데, 출연료는 그 옷으로 '땡'했다는 이야기도 들었어요.

한전빌딩[17] 앞 도로(돌곶이로)에 윤용구 묘가 있었어요. 그 묘를 팔 때가 내가 초등학교 3학년 때인가 그랬는데, 묘지에서 뭐가 나오나 하고 내가 봤어요. 관을 뜯어서 옥색인가 비단처럼 덮여 있는 것을 잭나이프로 쫙 찢는 소리까지 내가 들었어요.

16. 이 식당의 상호는 발효명가 기와집 갈비이며, 성북구 화랑로25길 18(장위동 66-322)에 위치한다.
17. 성북구 돌곶이로 157(장위동 75-299)

옛 염광학교 자리(현 옛날포차)

전 목수가 지은 기와집(현 기와집 갈비)

김진흥가옥(현 진흥선원)

**1955년 개봉한 조미령 주연의 영화 「춘향전」의 신문 광고**
(「春香傳」, 『동아일보』, 1955년 1월 1일.)

**"이 동네 사람들은 초상이 나면 덕온공주가 쓰던 상여를 썼어요."**

옛날 덕온공주를 모셨을 때 쓰던 상여가 지금 민속촌에 가면 있어요. 48명이 매는 상여라 엄청 커요. 웬만한 사람들은 그것을 못 써요. 덕온공주니까 그걸 맨 거예요. 상엿집을 '상주독(상주도가)'이라고 그랬어요. 이 동네 사람들은 (초상이 나면) 다 그걸 썼어요. 근데 활량리 사람들은 돈 많이 들어간다고 안 썼어요. (상여를) 따로 조그맣게 만들어 가지고 했죠. 돈 많은 사람은 (덕온공주 상여를) 썼어요. 그 상여를 메고 갈 때 보면 만장이라는 게 몇 ㎞씩 가야 해요. 상여가 크니까 소리꾼이라고 상여꾼들이 앞뒤로 타요.

**"활량리 사람들은 설날 전에 소를 잡아서 나눠 먹었어요."**

여기는 밭농사가 적어요. 과일 같은 것은 나오는 게 하나도 없어요. 기껏해야 가지 뭐 이런 거 심어서 먹는 거예요. 참외도 없고, 수박도 없고요. 여기는 심을 데가 별로 없어요. 게다가 거의 논이지 밭이 적어요. 장위4구역 재개발 지역 쪽에 있는 장위2동주민센터[18] 뒤쪽이 미나리꽝이에요. 옛날에 논농사하던 자리인데, 벼를 심어 놓으면 꼭 가을 때쯤 태풍이 한 번 오고, 그러면 (벼가) 다 쓰러져요. 여기가 그런 데예요. 그래서 벼농사를 해서는 먹고살기 힘드니까 사람들이 미나리꽝을 한 거예요. 그런데 장위동엔 미나리꽝도 얼마 없었어요.

이 동네에서 농사 안 짓는 사람들은 대개 도축장에서 (돈 벌어서) 먹고살았어요. 그래서 동네 사람들이 고기 맛을 기가 막히게 알아요. 어려서부터 희한한 고기를 많이 먹어서요. 수구레(쇠가죽에서 벗겨 낸 질긴 고기) 같은 것도 도축장에서 나오니까 먹곤 했죠. 다른 데서는 안 알아줘도 여기서는 다 알아줬어요. 허파 같은 것도 그렇고요. 여기서는 그런 것을 무쳐서 먹곤 그랬어요. 잔치 때도요.

활량리에서는 설날 전에 소를 잡았어요. 도축장 가서 일하던 사람들이 있으니까 밀도살로 잡는 거죠. 동네 사람들만 잡아서 대야로 하나씩 가져가서 나눠 먹었어요. 설에 차례를 지내려면 산적거리도 있어야 하고 국거리도 있어야 하니까 그렇게 나누는 거죠. 그러면 아주 그날이 생일이에요. 여기는 돼지는 잘 안 잡고 소를 잡았어요.

18. 성북구 돌곶이로27길 12(장위동 69-54)

동방주택단지(동방어린이공원 일대)

# 4

## 장위동의 도시화

> "1970년 말까지만 해도
> 동방주택단지에 별이 57개인가 있다고
> 그랬어요."

공병(부흥)주택은 다다미방으로 해서 2층인데, 다 합쳐서 12평이 될까? 그렇게 집을 짓더라고요. 지금도 (장위전통)시장통에 가면 있어요. 군인이 지어서 공병주택이라고들 그랬는데, 돌로 쌓은 집이에요. 그다음에 재건주택이라 얘기하는 주택이 있었어요. 지금도 그 집들이 있어요. 재건주택이 들어왔을 때는 개운산 밑에 중앙산업이라는 데가 있었어요. 거기서 기계로 찍어 내는 벽돌을 만들었거든요. 엄청 단단해요. 큰 망치로 때려도 잘 안 나갈 정도예요. 그런 재료로 건물을 지었으니 얼마나 튼튼했겠어요. 국민주택은 보통 40평이나 50평 됐고 집이 좋죠. 국민주택은 단독주택이에요. 마당도 있죠. 대지 평수가 50평에다가 건평이 뭐 17평 정도니까 마당이 넓죠. (재건·공병·국민주택은) 장위동 사람 대상이 아니고 시내에서 들어오는 사람들 명목으로 지었어요. 1970년대에 막 집 짓고 그럴 때거든요.

동방주택단지는 옛날엔 산이었어요. 길 내느라 산을 깎으니까 물이 갈 데가 없잖아요. 그래서 계곡에 웅덩이를 파 놓은 데가 있었어요. 우리는 어려서 그 웅덩이에 가서 멱도 감고 그랬어요. 동방주택 들어올 때 우리가 일을 많이 했죠. 왜냐면 터를 닦았잖아요. 터를 닦아서 우리가 옛날 넘어 다니던 길이 넓어졌단 말이에요. 우리가 옛날에 미고개나 여우고개라 부르던 동방고개가 오솔길이었거든요. 희한하게 동방주택단지는 집터를 닦는 게 오래 걸렸어요. 지금 기억하기로는 7~8년 정도로 오래 걸렸어요. 장위동 꼬맹이들이 돈 벌려면 거기(동방주택단지 개발 현장)에 갔어요. 가면 망치를 줘요. 그래서 커다란 돌을 깨서 조그맣게 만들어요. 지금 생각해 보면 그게 콘크리트 만들 때 쓰는 돌 같아요. 그걸 하나 해 가면 10환을 줬어요.

동방주택단지는 대지 평수가 150평에서 200평 그랬어요. 옛날 노재현 국방부 장관도 거기 살았고, 영화배우 문희 씨도 살았고, 허장강 씨는 여기 살다가 돌아가셨죠. 1970년 말까지만 해도 별이 57개인가 있다고 그랬어요. 그러다가 강남이 개발되면서 강남으로 가고 여의도로 가고 그런 거죠. 예전에 동방주택에 살던 사람이 지금은 없을 거예요. 거기 있는 집들은 땅덩어리가 컸어요. 보통 200평대였거든요. 그래서 13구역이 해제되면서 그거 쪼개서 팔고 빌라들이 많이 들어섰죠.

**"공병주택 들어오고 재건주택 들어오고 나서 버스가 들어왔어요."**

외부 사람이 많이 들어오면서 시장도 생기고 그랬어요. 그렇다고 해도 기존에 살던 사람들은 농사짓고 먹고사는 건 똑같았어요. 근데 새로 들어온 사람들은 출퇴근을 하더라고요. 그때 버스가 들어온 거예요. 공병주택 들어오고 재건주택 들어오고 나서 버스가 들어왔어요. 버스가 처음엔 2시간에 한 번, 그다음에 30분마다, 뭐 이런 식으로 늘어났어요. 옛날에 초등학교 들어가기 전 합승버스에 9명씩 타고 그럴 때인데, 지금 말하면 깡통 지프차예요. 요금이 20환 할 때 버스 타고 어린 마음에 후암동까지 가봤어요. 그때 어디 앉았냐면 옛날에 버스 앞쪽에 엔진룸이 있었잖아요? 거기 앉았어요. 여름에는 거기 앉으면 뜨겁지만, 날이 찰 때는 거기 앉으면 따뜻하거든요. 원래는 버스 종점이 여기가 아니고 종암동이에요. 옛날에 처음 들어온 게 합승버스였고, 그러다가 조금 사람이 늘어나니까 버스가 들어왔는데, 처음에 들어온 게 한성여객 3번이었어요. 그게 후암동까지 간 거예요. 종점이라고 해도 차가 여러 대 있는 게 아니고 한 대가 있다가 가고, 한 대가 있다가 가고 그랬어요.

**12인승 미니 합승버스**
출처: 『서울교통사』, 서울역사편찬원, 2000, 639쪽.

**1960년대 마이크로버스와 정류장**

# 3

# 주택단지 개발과 신흥부촌 형성



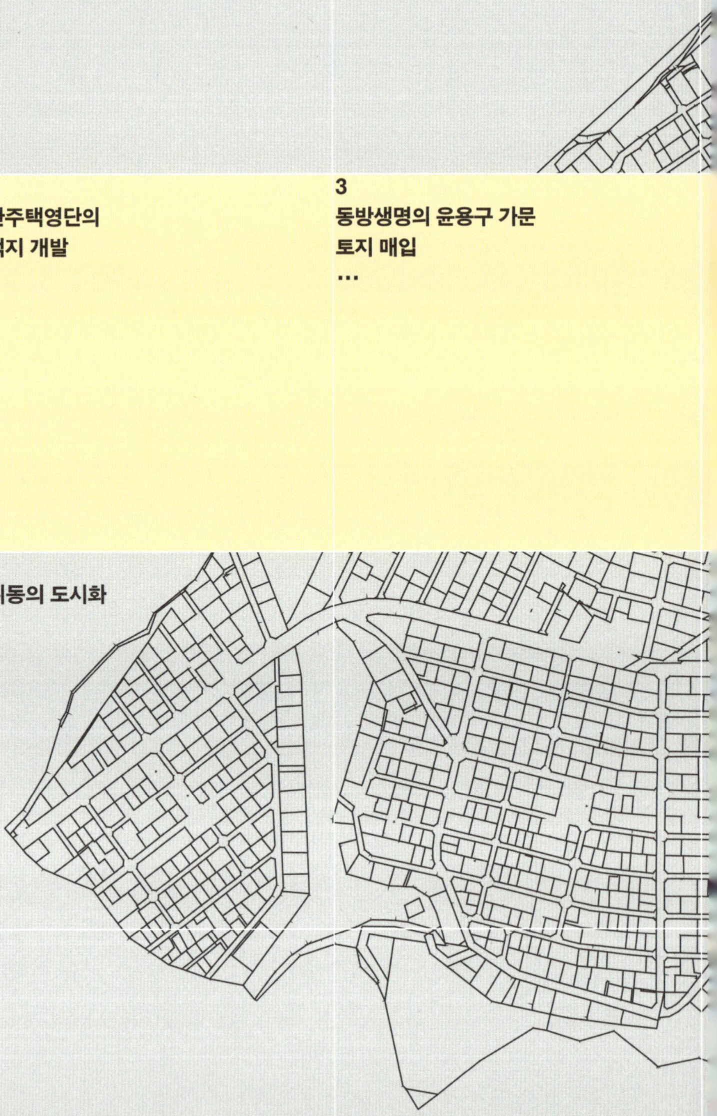

구술
#3
고문희
…

#4
김재연
…

광복 後 1946년 9월 18일 군정법령 제106호에 의해 서울시가 서울특별자유시로 승격되었고, 1949년 8월 13일 대통령령 제159호에 의해 성북구가 분리 신설될 때 장위동은 서울시로 편입되면서 성북구의 관할로 들어갔으며, 같은 해 대통령령 제160호로 성북구에 숭인 출장소를 두어 관할하게 하였다. 1950년 3월 15일에는 서울시 조례 제10호에 의해 장위리에서 장위동으로 명칭이 변경되었으며, 1955년 4월 서울특별시조례 제66호에 따라 법정동이 설치되면서 석관동과 합쳐 장석동長石洞이 되었다.

1970년 5월 18일 서울특별시조례 제613호에 의해 동 관할구역을 조정하면서 법정동과 행정동의 명칭을 통일하였는데, 이때 장위동과 석관동이 분리되고 장위동은 장위1동과 장위2동으로 분동되었다. 1977년 9월 1일 서울특별시조례 제1181호에 의해 장위1동과 장위2동을 분동하여 장위3동을 신설하였다.

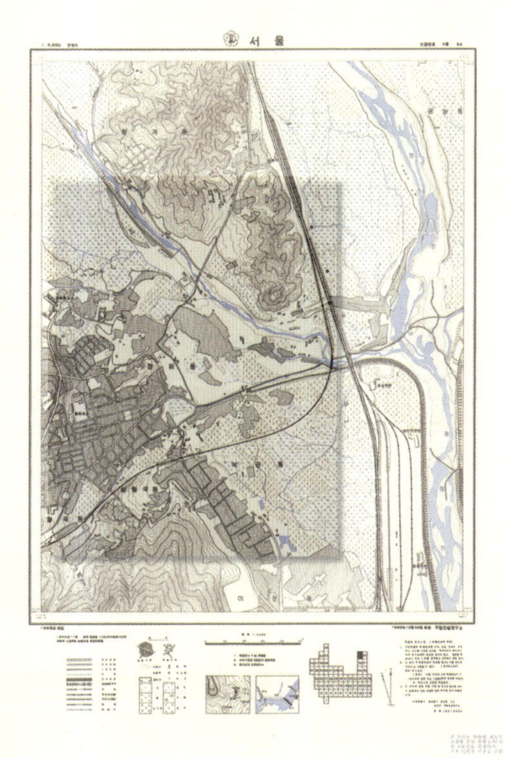


**장위동(1968년)**
출처: 국립건설연구소, 「1:5000 현황도」, 서울 54, 1968.

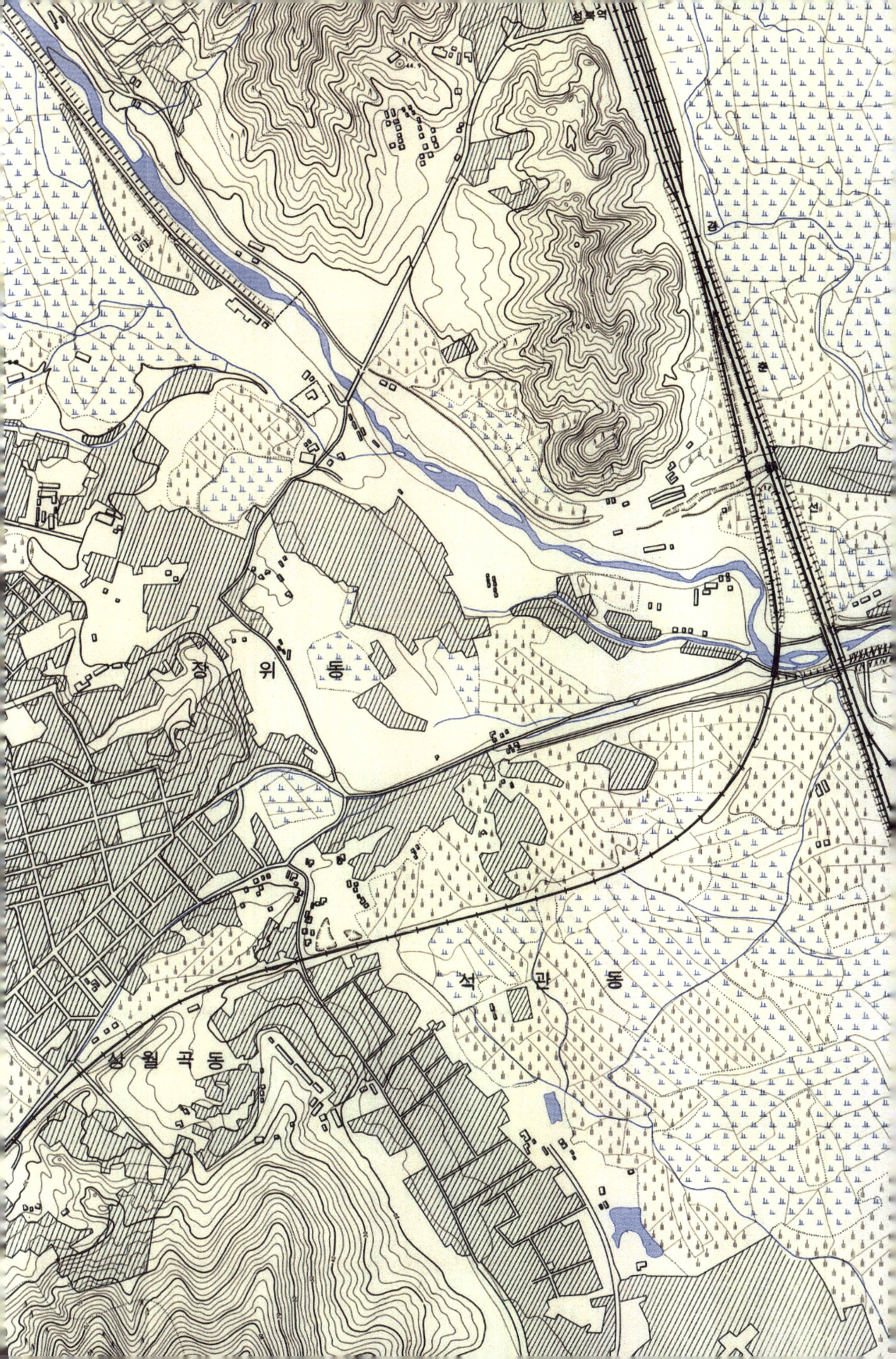
성북역
경춘선
장 위 동
석 관 동
상월곡동

# ① 사설철도의 국유화

私鐵員은國鐵員으로登用
私設의諸施設은接收運營

運輸局趙總務課長談

운수국(運輸局) 총무과장 조기행(趙佶行)씨는十八일 운수가자단파 회견하고 이번에실시한 조철(朝鐵) 경남(京南) 경춘(京春)의 각사철(私鐵)외 흡수에대하야 다음과가치 발표하였다

지난七일에 발포한 사철(私鐵)의흡수는 법령七十五호로서 十七일에효력을 발하야 즉시 실시하게되였는데 사철원들은 국철원으로 등용하였으며 경남철도사무소와 조철 수원(水原)사무소는 림시조치로 경성철도사무소 파출소로 결정하였

그리고 각사철의부대사업(자동차업무만은제외)인 토지건물과 림업(林業) 과수원(果樹園)등 기타는 전부철도국에서 동시에 적산으로인하야 철수하였다

사설철도 국유화 관련 기사
(「사철원은 국철원으로 등용 사설의 제시설은 접수운영」, 『동아일보』, 1946년 5월 19일.)

일제강점기가 끝날 무렵 장위동 일대 땅 중 일부는 경춘철도회사가 택지개발을 목적으로 소유한 자산으로, 광복 이후 한국 철도 관리를 정비하는 과정에서 국유화되었다.

광복 이후 한국 철도는 군정청 교통국의 지휘 아래 일본인 직원이 맡았던 업무를 조선인 직원이 담당할 수 있도록 사무 인계 및 수습이 진행되었다. 1946년 1월 1일 교통국이 인수국으로, 같은 해 3월 29일 운수부로 명칭을 변경하였으며, 운수부에 철도국을 두어 철도를 관리하였다. 1946년 상반기 당시 철도 상황을 보면, 선로 중 표준궤의 경우 총 길이가 2,490.5㎞였고 정부 소유가 2,074㎞, 민간 소유가 416.5㎞였다. 협궤의 경우 총 길이가 212㎞였으며 정부 소유가 86.7㎞, 민간 소유가 125.3㎞였다. 표준궤의 17%, 협궤의 60%를 민간에서 소유하였다.

이에 운수부는 철도 기능을 조정하고 수송을 촉진하며 시설의 불필요한 중복을 피하고 장래 계획을 통합하기 위해 사설철도 및 부대 사업을 국유화하고자 하였다. 이에 주식회사 조선철도·경남철도·경춘철도 등 3개 사설철도를 운수부에 흡수 합병하기로 하였으며, 1946년 5월 1일 서울시 한강통 교통회관에서 코넬슨 운수부장, 에야허트 사철감리관, 사철관계자 다수가 참석하여 사설철도접수식을 거행하였다. 1946년 5월 6일에는 군정청 법령 제75호 '조선철도의 통일' 법령이 공포되어 총 8개 노선 721.8㎞의 사설철도가 국유화되

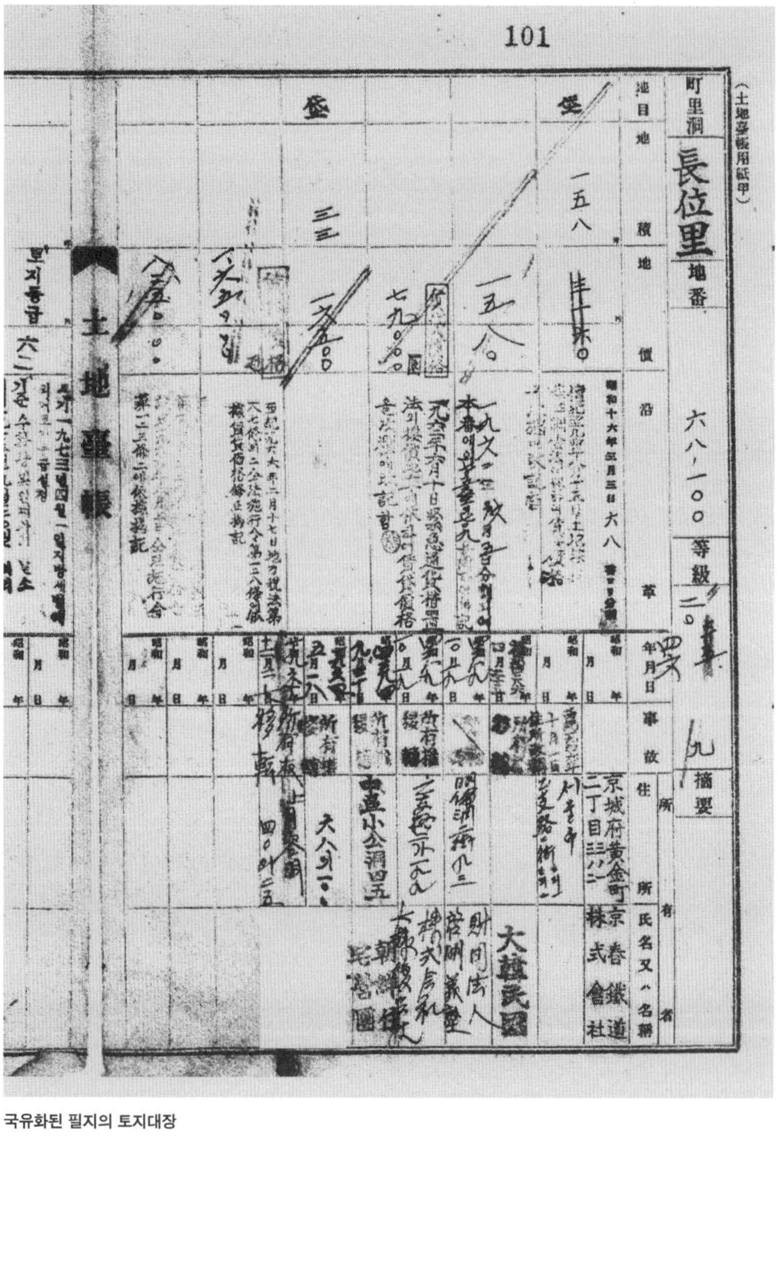


국유화된 필지의 토지대장

었으며, 군정청 법령 제75호 부칙에 따라 10일 이내에 효력이 발생하여 사철인 조선·경남·경춘 철도회사들이 1945년 5월 17일부로 국유철도에 합병되고 사설철도의 직원들은 국유철도로 이적되어 봉급의 3분의 1이 인상되었다. 한편 국유철도로 이적된 사설철도 종업원들은 인사 인계와 이동에 있어서 공평한 인사 배치를 요구한 건의서를 제출하였고, 운수부장은 사철과 관련된 인사들의 청구권을 검토하게 될 조정위원회를 설치하였다.

이로써 공칭자본금 7,480만 원(조선인 투자액 약 9%), 총 길이 488㎞의 경춘철도주식회사·조선철도주식회사·경남철도주식회사는 1946년 5월 17일부로 운수부에 정식 접수되었고, 3사 종업원 2,000여 명이 편입되었다. 더불어 종래 사철에 투자한 조선인 주주는 금후 60일 내에 보상신청을 하여 사정위원회가 조사 평가한 후 이를 보상토록 하였다. 경춘철도주식회사의 경우 1945년 8월 당시 공칭자본금 1,000만 원(납입자본금 500만 원), 자산총액 1,866만 4,000원, 종업원 704명을 보유하였으며, 성동-춘천 간 93.55㎞가 국유화되었다.[01]

1960년대 들어 국가를 상대로 경춘철도를 비롯한 일제강점기 사설철도의 주식 및 대지와 관련한 소송이 본격적으로 제기되었다. 1963년 7월 4일 제일은행·조흥은행·조선은행 등 세 은행은 정부를 상대로 국가가 수용한 사설철도에 대한 보상청구권 확인 소송을 제기하였다. 세 은행은 일제강점기 조선철도·경남철도·경춘철도·신흥철도 등 네 사설철도를 가지고 있었는데, 광복 후 미군정에서 사설철도를 정부로 귀속시키고 이에 대한 보상을 약속하였지만 6·25전쟁 중 보상 관련 서류가 분실되어 아직 보상을 받지 못하였으니 보상청구권을 확인해 달라는 것이었다.[02]

같은 해 9월 26일에는 한국식산은행청산인 대표 박동규가 정부를 상대로 3억 9,829만 7,200원의 소송을 제기하였다. 한국식산은행은 경춘철도주식회사 주식 3만 주를 확보하였는데, 광복 후 미군정 운수부에 의해 경춘철도주식회사가 국유화되었고 대한민국 정부수립 이후 권리를 양도받았음에도 16년간 '군정법령이 폐기되었으므로 관계 당국이 유권해석이 있어야만 보상금을 지급하겠다'는 이유로 미루어 온 것은 위법이므로 보상금을 청구한 것이다.[03]

소송이 제기된 지 4년 만인 1966년 3월 19일 서울민사지법 제13부는 한국식산은행청산위원회가 제기한 소송에 대해 원고승소 판결을 내렸다. 재판부는 "사유재산을 정부가 수용했을 경우 마땅히 법에 의해 수용재산을 사정한 뒤 보상금을 지급해야 함에도 사정마저 하지 않고 20년이나 보상금을 지급하지 않은 것은 부작위로 인한 불법행위이며 군정법령 75호를 폐지한 법률 992호는 명백한 위헌"이라고 판결 이유를 설명하였으며, 보상금 4억 8,667만 9,773원을 지급하라고 판결하였다.[04] 승소 당시 기사에 따르면 청구 금액이 5억 5,937만 8,980원이었는데, 청구 소송 제기 당시 청구 금액이 3억 9,829만 7,200원이었던 것을 고려하면 소송 과정에서 청구 금액이 늘어난 것으로 보인다.

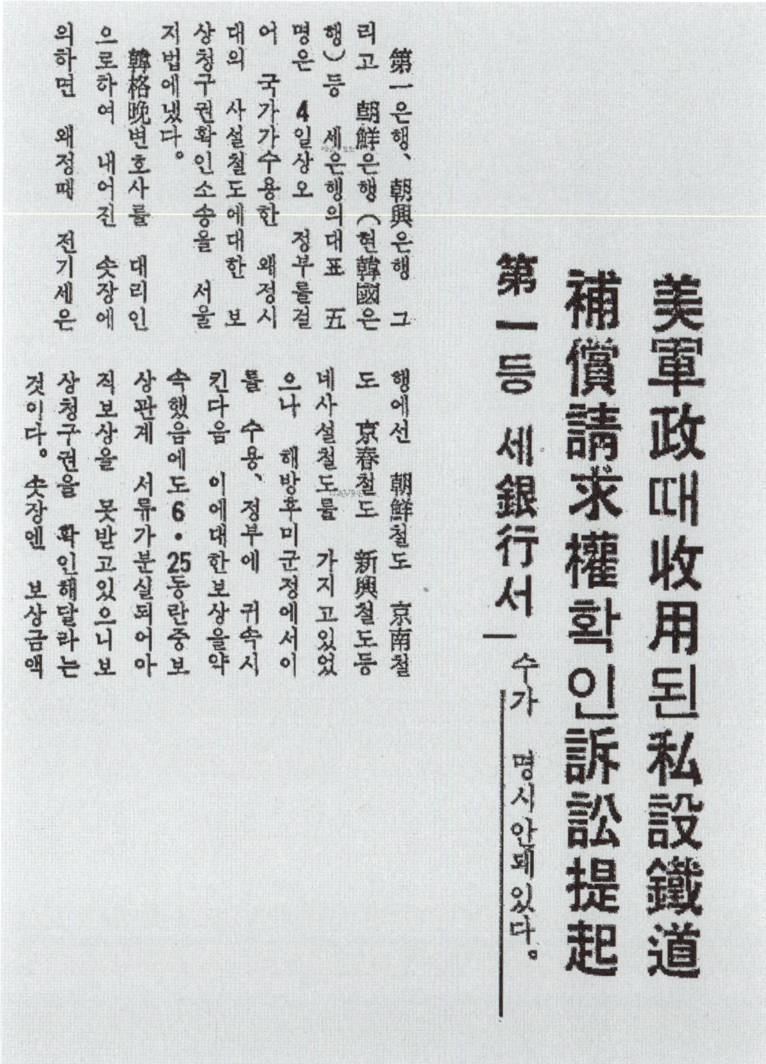

경춘철도 주식회사 토지보상 관련 기사
(「미군정때 수용된 사설철도 보상청구권 확인 소송제기」, 『동아일보』, 1963년 7월 4일)

美軍政때收用된私設鐵道
補償請求權확인訴訟提起
第一등 세銀行서
― 수가 명시안돼있다。

第一은행、朝興은행 그리고 朝鮮은행(현韓國은행)등 세은행의대표 五명은 4일상오 정부를걸어 국가가수용한 왜정시대의 사설철도에대한 보상청구권확인소송을 서울지법에냈다。

韓格晩변호사를 대리인으로하여 내어진 솟장에 의하면 왜정때 전기세은행에선 朝鮮철도 京南철도 京春철도 新興철도등 네사설철도를 가지고있었으나 해방후미군정에서이를 수용、정부에 귀속시킨다음 이에대한보상을약속했음에도6·25동란중보상관계 서류가분실되어아직보상을 못받고있으니보상청구권을 확인해달라는 것이다。솟장엔 보상금액

01.
철도청, 『한국철도100년사』, 1999, 513~514쪽; 국토교통부 한국철도공사 한국철도시설공단 한국철도협회, 『2019 신한국철도사』 총론, 2019년, 178~179쪽.

02.
「美軍·政때收用된私設鐵道補償請求權확인訴訟提起」, 『동아일보』, 1963년 7월 4일.

03.
「사상최고의 보상금 3억9천만원 청구」, 『조선일보』, 1963년 9월 27일.

04.
「政府서敗訴 補償金支拂-京春線國有化件」, 『경향신문』, 1966년 3월 19일.

殖銀淸算委서 政府相對로 訴訟

國有化된 京春鐵道 3萬株代價

史上最高의 補償金

# 3億9千萬원 請求

## 收入印紙代만도 2百萬원

26일하오 한국식산은행청산인대표 박동규(朴東奎)씨는 정부를상대로 보상금청구 사상최고의액수인三억九천八백二十九만七천二백원짜리 소송을 서울민사지방법원에 제기했다. 소장에 의하면 원고회사는 경춘(京春)철도의 三만주를 확보하여왔었는데 지난46년5월 미군정청운수부 감독하에 동재단이 국유재산이되어 수용되었고 정부가 수립됨에따라 이와같은 모든 권리를 양도받았음에도불구하고 16년간이나『군정법령이 폐기 되었으므로 관계당국이 유권해석이있어야만 동보상금을 지급하겠다』는이유로 미루어온것은 위법이라고 지적하고 상기보상금을 청구한것이다. 이는 수입인지대만해도 一백九十九만一천八백원에 달하는 사건이다.

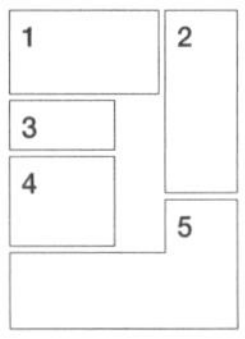


1. **경춘철도주식회사 보상금 청구 소송 기사**
(「사상최고의 보상금 3억 9천만원 청구」, 『조선일보』, 1963년 9월 27일.)
2. **경춘철도주식회사 보상금 청구 소송 승소 기사**
(「정부서 패소 보상금 지불 경춘선 국유화건」, 『경향신문』, 1966년 3월 19일.)
3. **일제강점기 사설철도에 관련 보상 기사**
(「정부 상대로 보상금 소송 최창학씨 손자가」, 『경향신문』, 1966년 9월 17일.)
4. **일제강점기 사설철도 보상 관련 기사**
(「미군정청 수용 철도 50년만에 보상」, 『매일경제』, 1996년 11월 8일.)
5. **일제강점기 사설철도에 대한 보상 기사**
(「일제때의 경춘선 철도·땅들 "부동산매수인에 소유권"」, 『동아일보』, 1968년 11월 6일.)

놉초과및포르말린 함유)▲신성고량주(도수 비달)▲장수소주(도수비달및메타놀초과)▲고량주(도수비달)▲비폐라위스키(메타놀초과)▲동화포도주(도수비달및 메타놀초과)▲만생백알(도수비달)

# 政府서 敗訴 補償金支拂

## ―京春線國有化件

사철(私鐵)이었던 경춘선의 국유화를 둘러싼 4년간의 법정투쟁에서 피고인 정부가 패소 함으로써 4억8천6백여만원의 보상금과손해배상금을 지불케 됐다.

19일 서울민사지법제13부(재판장=金宗善부장판사)는 한국식산은행청산위원회(대표=朴東奎)가 정부를 상대로 낸 경춘선의 국유화를 둘러싼 손해배상및 보상금 청구소송에대해 원고승소판결을 내림과동시 정부가 4억8천6백67만9천7백73원의 보상금을 지급토록선고했다.

원고인 한국식산은행은지난36년8월 경춘철도주식20만주중15%를 갖고있었는데 해방된후인 46년5월 정부가 군정법률75호(조선철도통인)를적용, 보상금을 지급하지도않고이사철(私鐵)을 국유화한것은부당하다고지적, 지난63년 정부를상대로 5억5천9백37만8천9백80원의 보상금을지급 하라고소송을 재기했던것이다.

# 政府상대로 보상금소송

## 崔昌學씨孫子

광산왕으로 알려졌던 崔昌學씨의 손자 崔東晋씨(서울제기동155의21)가 국가를상대로 전京春철도 주식대금 4천8백62만원의 보상금 청구소송을 17일상오서울민사지법에 냈다.

崔씨는 소장에서 할아버지가 전京春철도주식회사의 총주식20만주중 2천8백60주를 가지고있었는데 해방직후 군정법령75호(조선철도의통일)에의해 이철도의전재산이 국유화된뒤 이에대한 보상금을청구했는데도 아무런보상을 하지않고있다고 주장했다.

# 美군정청 수용 철도 50년만에 보상

文在完기자

지난 46년 美군정 당시 수용했던 수인선 경춘선 등 7개 私設鐵道 주식 소유자들에 대한 보상이 50년만에 이뤄진다.

정부는 보상자금으로 내년 예산에 2억1천8백만원을 배정한데 이어 근거법인 「사설철도주식회사 주식소유자에 대한 보상에 관한 법률안」을 마련, 이번주 차관회의에 상정할 예정이다.

그러나 私鐵 주식소유자가 원하는 보상액은 정부가 책정한 금액의 3만배가 넘어 보상과정에서 진통이 예상된다.

50년전 수용된 사설철도에 대한 보상이 이제야 이뤄지게 된 것은 해방 이후 격동의 우리 역사와 흐름을 같이 한다.

美 군정청은 모든 철도를 공공목적에 사용하기 위해 46년5월 조선철도(주) 경남철도(주) 경춘철도(주)의 주식을 수용하고 손실보상 청구 신청을 받았다.

당시 조선철도는 충북선(조치원~충주) 수려선(수원~여주) 수인선(수원~인천) 황해선(해주~옹진) 등 4개 노선을, 경남철도는 안성선(천안~안성) 장항선(천안~장항) 등 2개 노선을, 경춘철도는 경춘선(성동~춘천)을 운영하고 있었다.

2면에 계속➡

# 日帝때의 京春線鐵道 땅등

# "不動産收買人에 所有權"

## "歸屬前 거래有效"

大法院 새 判示

법원은 일제때의 조선철도, 경남철도 경춘철도등의 부동산이국가에귀속되기전에 제3자가 취득했더라도 미처 등기이전을못한경우엔 그 부동산은 국가소유라는 종전의판례를깨고 국가는 부동산을샀던 사람에게 등기이전을 해주어야한다는 새로운 판례를냈다。

서울版

서울동대문區전농洞五八八의一七五金性培씨등 七명이 국가를 상대로 낸 소유권이전등기청구소송상고심공판에서『경춘철도주식회사의 소유였던 부동산이 一九四六년五월 군정법령제七五호에의하여 국가에 귀속수용됐으나 그법령이 발효되기전에 회사로부터 부동산을사들인뒤 미처 이전등기절차를 취하지않아 아직등기부상동회사명의로 돼있는부동산은 국가의 소유에귀속된것이 아니고 부동산매수인에게 소유권이있다』고 원고패소판결을내린 서울고법판결을 깨고 환송했다。

金性培씨등 전농洞주민 十七명은 일제때 경춘철도소유였던 전농洞일대대지五百九十평을 사들였으나 미처등기이전을하기전에 군정법령으로 대지가 모두국가소유로 돌아가자 소송을 냈던것이다。

한국식산은행청산위원회 외에도 몇몇 사람들이 경춘철도주식회사와 관련된 소송을 제기하였다. 1966년 9월에는 일제강점기에 광산왕으로 알려졌던 최창학 씨의 손자 최동진 씨가 경춘철도주식회사 주식대금 4,862만 원의 보상금 청구 소송을 제기하였다. 최창학 씨가 경춘철도주식회사 주식 2,860주를 가지고 있었는데 광복 직후 경춘철도주식회사가 국유화되면서 보상금을 청구하였으나 아무런 보상이 없다는 것이 소송을 제기한 이유였다.[05]

1968년에는 동대문구 전농동 주민 17명이 국가를 상대로 소유권이전 등기청구 소송을 제기하였다. 소송의 이유는 김성배 씨 등 전농동 주민 17명이 일제강점기 시기 경춘철도주식회사가 소유한 전농동 일대 대지 590평을 사들였으나 등기이전 전에 군정법령으로 대지가 모두 국가 소유로 귀속되었기 때문이었다. 고등법원까지는 원고패소 판결이 내려졌지만 대법원은 부동산 매수인에게 소유권이 있다고 판결하였다.[06] 하지만 보상금은 지급되지 않은 것 같다. 1981년 1월 15일부터 조선은행(한국은행의 전신)과 식산은행(산업은행 전신)의 민간소유주식을 정부가 매입하였지만 경춘철도 주식회사의 주식에 대한 보상은 진행되지 않았다.[07]

경춘철도와 직접적인 관련은 없지만 경춘철도 소송과 유사한 사례가 있다. 대한금융조합은 조선철도주식회사 주식 6만 7,166주를 소유하고 있었는데, 농협이 대한금융조합을 인수하였고 1961년경에는 이 주식이 김 모 씨의 소유가 되었다. 김 씨는 1961년「조선철도 폐지법률」에 의해 주식 보상이 중단되자 국가를 상대로 보상청구권 확인소송을 제기해 대법원에서 승소판결을 받았지만 국가는 근거법령이 없다는 이유로 보상금을 지급하지 않았다. 김 씨는 1977년 소중영 변호사에게 주식을 양도하였고, 소 변호사는 입법부작위에 대한 헌법소원 소송을 제기하였다. 헌법재판소는 이를 인정하였고, 정부는 1996년 사설철도 주식 소유자들에 대한 보상자금과 법률안을 준비하게 되었다.[08] 이에 건설교통부가 2001년「사설철도주식회사 주식소유자에 대한 보상에 관한 법률 시행령 및 시행규칙 제정(안)」을 입법 예고하고 철도청에 보상심의위원회를 설치 운영하겠다고 밝혔다. 또한 1961년 등록 주식수를 바탕으로 보상 대상주식 수는 51만 9,769주, 대상자는 82명으로 파악하고 보상액으로 주당 442원씩 하여 약 2억 3,000만 원을 잠정적으로 책정하였다.[09] 하지만 소 변호사가 이에 불복하면서 다시 소송을 제기하였고 2001년 패소하자 항소하였다.[10] 항소심에서는 서울고등법원이 원심을 깨고 국가가 3,600만 원을 배상하라고 원고 일부 승소 판결을 내렸다.[11] 소 변호사는 또한 불복하여 상고하였고, 헌법재판소는 국가가 보상금 3,638만 원과 헌법재판소의 위헌결정일부터의 지연이자를 지급하라며 일부 승소 판결을 확정하였다.[12]

이 판결 이후 2006년 건설교통부는 조선·경남·경춘 등 3개 사설철도의 주식에 대한 보상이 종료되었다고 판단하여「사설철도주식회사 주식소유자에 대한 보상에 관한 법률」폐지 법률안을 입법 예고한 후 정기국회에 제출하겠다는 계획을 밝혔다.[13]

참고로 경춘철도주식회사가 국유화된 후 식산은행에서 경춘철도주식회사 재산을 정리한 목록을 살펴보면, 재산은 크게 건축 재산과 토지 재산으로 구성되었다. 해당 재산 중 장위동에 소유하고 있던 토지목록을 정리하면 다음의 표와 같다. 이 표에서도 알 수 있듯이 경춘철도주식회사는 크게 68, 246, 252, 269번지와 산3번지 등을 소유하고 있었던 것으로 확인된다. 이 중 68번지에는 1958년 재건주택과 부흥주택이 건설되었고 246, 252, 269번지 일대에는 1964년 국민주택이 건설되었다. 경춘철도주식회사가 1938년 장위동 토지를 매입할 당시 조성하고자 하였던 주택지구는 20년이 지난 이후 대한(조선)주택영단에 의해 조성된 셈이다.

05. 「政府상대로 보상금소송 崔昌學씨孫子가」,『경향신문』, 1966년 9월 17일.

06. 「日帝때의京春線鐵道땅등 "不動 收買人에所有權"」,『동아일보』, 1968년 11월 6일.

07. 「一般민간株 15일부터 政府서 買入 36년만의 相續보상 舊朝銀·殖銀株」,『경향신문』, 1981년 1월 15일.

08. 「"私鐵보상금 청구서 48년만에 살아났다" 憲裁,「입법不作爲」에 위헌결정」,『경향신문』, 1994년 12월 31일. ;「美군정청 수용 철도 50년만에 보상」,『매일경제』, 1996년 11월 8일.

09. 「55년만에 빛을 본 주식」,『매일경제』, 2001년 4월 30일.

10. 「일제때 '私鐵 채권' 40년 訟事… 3개 사철 6만주 보상·소유권문제 오늘 판결」,『서울신문』, 2003년 3월 28일.(BIG KINDS에서 인용. 2016.07.04. 검색).

11. 「강제 수용 조선 철도 주식 보상」, YTN 뉴스기사, 2003년 8월 31일.

12. 「조선철도(주) 재산 수용 후 미보상 국가는 3600만원 보상해야」,『법률신문』, 2005년 6월 13일.

13. 「일제시대 사설철도 주식 보상법 폐지」,『내일신문』, 2006년 8월 25일.

식산은행이 정리한
경춘철도주식회사
재산현황(1964년) 중
장위동 지번

| No | 지번 | 지목 | 지적 |
|---|---|---|---|
| 1 | 68-1 | 대 | 279 |
| 2 | 68-10 | 대 | 222 |
| 3 | 68-3 | 대 | 264 |
| 4 | 68-5 | 대 | 223 |
| 5 | 68-6 | 대 | 85 |
| 6 | 68-7 | 대 | 57 |
| 7 | 68-8 | 대 | 213 |
| 8 | 68-9 | 대 | 183 |
| 9 | 68-11 | 대 | 153 |
| 10 | 68-12 | 대 | 183 |
| 11 | 68-14 | 대 | 57 |
| 12 | 68-19 | 대 | 426 |
| 13 | 68-20 | 대 | 4 |
| 14 | 68-23 | 대 | 171 |
| 15 | 68-25 | 대 | 165 |
| 16 | 68-26 | 대 | 180 |
| 17 | 68-27 | 대 | 37 |
| 18 | 68-30 | 대 | 198 |
| 19 | 68-31 | 대 | 201 |
| 20 | 68-40 | 전 | 165 |
| 21 | 68-41 | 대 | 159 |
| 22 | 68-47 | 대 | 180 |
| 23 | 68-50 | 대 | 7 |
| 24 | 68-51 | 대 | 183 |
| 25 | 68-52 | 대 | 177 |
| 26 | 68-53 | 대 | 303 |
| 27 | 68-54 | 대 | 140 |
| 28 | 68-55 | 대 | 103.9 |
| 29 | 68-59 | 대 | 43 |
| 30 | 68-60 | 대 | 27 |
| 31 | 68-61 | 대 | 47 |
| 32 | 68-62 | 대 | 1 |
| 33 | 68-63 | 대 | 41 |
| 34 | 68-64 | 대 | 30 |
| 35 | 68-65 | 대 | 34 |
| 36 | 68-66 | 대 | 24 |
| 37 | 68-67 | 대 | 26 |
| 38 | 68-71 | 대 | 159 |
| 39 | 68-72 | 대 | 156 |
| 40 | 68-73 | 대 | 78 |
| 41 | 68-74 | 대 | 156 |
| 42 | 68-76 | 대 | 14 |
| 43 | 68-77 | 대 | 159 |
| 44 | 68-78 | 대 | 141 |
| 45 | 68-79 | 대 | 158 |
| 46 | 68-87 | 대 | 12 |
| 47 | 68-89 | 대 | 41 |
| 48 | 68-90 | 대 | 6 |
| 49 | 68-91 | 대 | 47 |
| 50 | 68-92 | 대 | 46 |
| 51 | 68-93 | 대 | 46 |
| 52 | 68-96 | 대 | 45 |
| 53 | 68-97 | 대 | 37 |
| 54 | 68-98 | 대 | 38 |
| 55 | 68-99 | 대 | 38 |

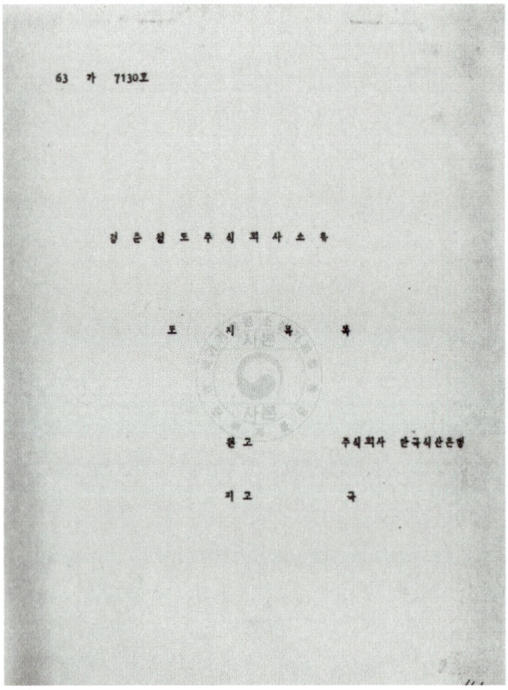

63 가 7130호

경춘철도주식회사소유

토지목록

원고 주식회사 한국식산은행

피고 국

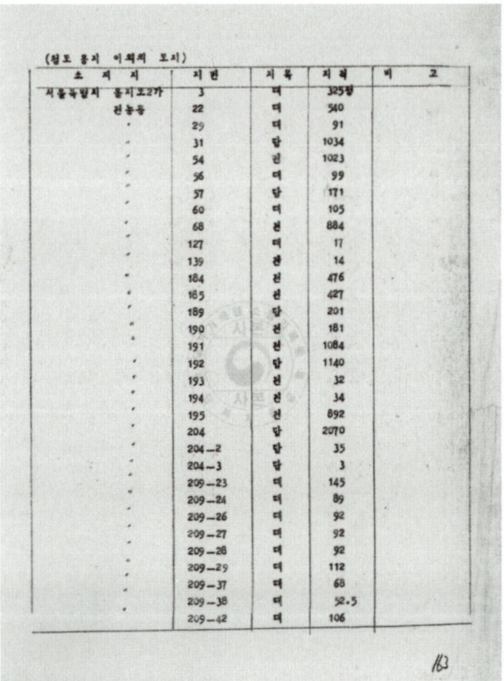

(철도 용지 이외의 토지)

| 소재지 | 지번 | 지목 | 지적 | 비고 |
|---|---|---|---|---|
| 서울특별시 을지로2가 | 3 | 대 | 325평 | |
| 전농동 | 22 | 대 | 540 | |
| 〃 | 29 | 대 | 91 | |
| 〃 | 31 | 답 | 1034 | |
| 〃 | 54 | 전 | 1023 | |
| 〃 | 56 | 대 | 99 | |
| 〃 | 57 | 답 | 171 | |
| 〃 | 60 | 대 | 105 | |
| 〃 | 68 | 전 | 884 | |
| 〃 | 127 | 대 | 17 | |
| 〃 | 139 | 전 | 14 | |
| 〃 | 184 | 전 | 476 | |
| 〃 | 185 | 전 | 427 | |
| 〃 | 189 | 답 | 201 | |
| 〃 | 190 | 전 | 181 | |
| 〃 | 191 | 전 | 1084 | |
| 〃 | 192 | 답 | 1140 | |
| 〃 | 193 | 전 | 32 | |
| 〃 | 194 | 전 | 34 | |
| 〃 | 195 | 전 | 892 | |
| 〃 | 204 | 답 | 2070 | |
| 〃 | 204-2 | 답 | 35 | |
| 〃 | 204-3 | 답 | 3 | |
| 〃 | 209-23 | 대 | 145 | |
| 〃 | 209-24 | 대 | 89 | |
| 〃 | 209-26 | 대 | 92 | |
| 〃 | 209-27 | 대 | 92 | |
| 〃 | 209-28 | 대 | 92 | |
| 〃 | 209-29 | 대 | 112 | |
| 〃 | 209-37 | 대 | 68 | |
| 〃 | 209-38 | 대 | 52.5 | |
| 〃 | 209-42 | 대 | 106 | |

163

**경춘철도주식회사소유 토지목록**

출처: 『경춘철도 관계서류(소송관계), 한국식산은행청산사무국』, 1964.

| No | 지번 | 지목 | 지적 |
|---|---|---|---|
| 56 | 68-100 | 대 | 33 |
| 57 | 68-101 | 대 | 26 |
| 58 | 68-102 | 대 | 44 |
| 59 | 68-105 | 대 | 125 |
| 60 | 68-106 | 대 | 121 |
| 61 | 68-107 | 대 | 66 |
| 62 | 68-108 | 대 | 12 |
| 63 | 68-109 | 대 | 57 |
| 64 | 68-110 | 대 | 108 |
| 65 | 68-115 | 대 | 35 |
| 66 | 68-116 | 대 | 37 |
| 67 | 68-117 | 대 | 38 |
| 68 | 68-118 | 대 | 33 |
| 69 | 68-122 | 대 | 46 |
| 70 | 68-123 | 대 | 10 |
| 71 | 68-125 | 대 | 1 |
| 72 | 68-126 | 대 | 20 |
| 73 | 68-127 | 대 | 39 |
| 74 | 68-128 | 대 | 127 |
| 75 | 68-133 | 대 | 3 |
| 76 | 68-136 | 대 | 2 |
| 77 | 68-138 | 대 | 37 |
| 78 | 68-139 | 대 | 19 |
| 79 | 68-140 | 대 | 27 |
| 80 | 68-142 | 대 | 4 |
| 81 | 68-143 | 대 | 1 |
| 82 | 68-144 | 대 | 0.3 |
| 83 | 68-145 | 대 | 1 |
| 84 | 68-146 | 대 | 88 |
| 85 | 68-147 | 대 | 35 |
| 86 | 68-148 | 대 | 11 |
| 87 | 68-149 | 대 | 28 |
| 88 | 68-150 | 대 | 60 |
| 89 | 68-151 | 대 | 3 |
| 90 | 68-152 | 대 | 273 |
| 91 | 68-153 | 대 | 90 |
| 92 | 68-154 | 대 | 29 |
| 93 | 68-155 | 대 | 60 |
| 94 | 68-156 | 대 | 24 |
| 95 | 68-157 | 대 | 94 |
| 96 | 68-158 | 대 | 1 |
| 97 | 68-159 | 대 | 0.5 |
| 98 | 68-160 | 대 | 61 |
| 99 | 68-161 | 대 | 95 |
| 100 | 68-162 | 대 | 14 |
| 101 | 68-163 | 대 | 34 |
| 102 | 68-164 | 대 | 2 |
| 103 | 68-165 | 도로 | 5 |
| 104 | 68-166 | 대 | 10 |
| 105 | 68-167 | 대 | 0.6 |
| 106 | 68-168 | 대 | 29 |
| 107 | 68-169 | 대 | 54 |
| 108 | 68-170 | 대 | 2 |
| 109 | 68-171 | 대 | 41 |
| 110 | 68-172 | 대 | 25 |

| No | 지번 | 지목 | 지적 |
|---|---|---|---|
| 111 | 68-173 | 대 | 6 |
| 112 | 68-174 | 대 | 183 |
| 113 | 68-175 | 구거 | 39 |
| 114 | 68-176 | 도로 | 15 |
| 115 | 68-177 | 도로 | 1,240 |
| 116 | 68-179 | 대 | 36 |
| 117 | 68-181 | 대 | 9 |
| 118 | 68-182 | 대 | 2 |
| 119 | 246-2 | 도로 | 19 |
| 120 | 246-3 | 대 | 30 |
| 121 | 246-4 | 도로 | 2 |
| 122 | 246-6 | 도로 | 2 |
| 123 | 246-7 | 대 | 74 |
| 124 | 246-8 | 대 | 112 |
| 125 | 246-9 | 도로 | 87 |
| 126 | 246-11 | 도로 | 6 |
| 127 | 246-12 | 대 | 9 |
| 128 | 246-13 | 대 | 14 |
| 129 | 246-14 | 대 | 14 |
| 130 | 246-15 | 대 | 207 |
| 131 | 246-17 | 도로 | 71 |
| 132 | 246-22 | 대 | 42 |
| 133 | 246-23 | 대 | 42 |
| 134 | 246-24 | 대 | 1 |
| 135 | 246-25 | 도로 | 134 |
| 136 | 246-26 | 대 | 2 |
| 137 | 246-27 | 대 | 1 |
| 138 | 246-28 | 대 | 2 |
| 139 | 252 | 대 | 28 |
| 140 | 252-2 | 대 | 115 |
| 141 | 252-3 | 도로 | 26 |
| 142 | 252-5 | 대 | 75 |
| 143 | 262-1 | 전 | 76 |
| 144 | 269 | 대 | 153 |
| 145 | 산3-10 | 임야 | 30 |
| 146 | 산3-14 | 임야 | 7 |
| 147 | 산3-15 | 임야 | 150 |
| 148 | 산3-16 | 임야 | 300 |
| 149 | 산3-17 | 임야 | 360 |
| 150 | 산3-18 | 임야 | 300 |
| 151 | 산3-20 | 임야 | 30 |
| 152 | 산3-21 | 임야 | 1,140 |
| 153 | 산3-23 | 임야 | 53 |
| 154 | 산3-25 | 임야 | 6 |
| 155 | 산3-50 | 임야 | 60 |
| 156 | 산3-52 | 임야 | 60 |
| 157 | 산3-53 | 임야 | 6 |
| 158 | 산3-54 | 임야 | 10 |
| 159 | 산3-56 | 임야 | 90 |
| 160 | 산3-57 | 임야 | 60 |
| 161 | 산3-58 | 임야 | 60 |
| 162 | 산3-59 | 임야 | 60 |
|  |  |  | 14,266.3 |

ㄹ

# 대한주택영단의 주택지 개발

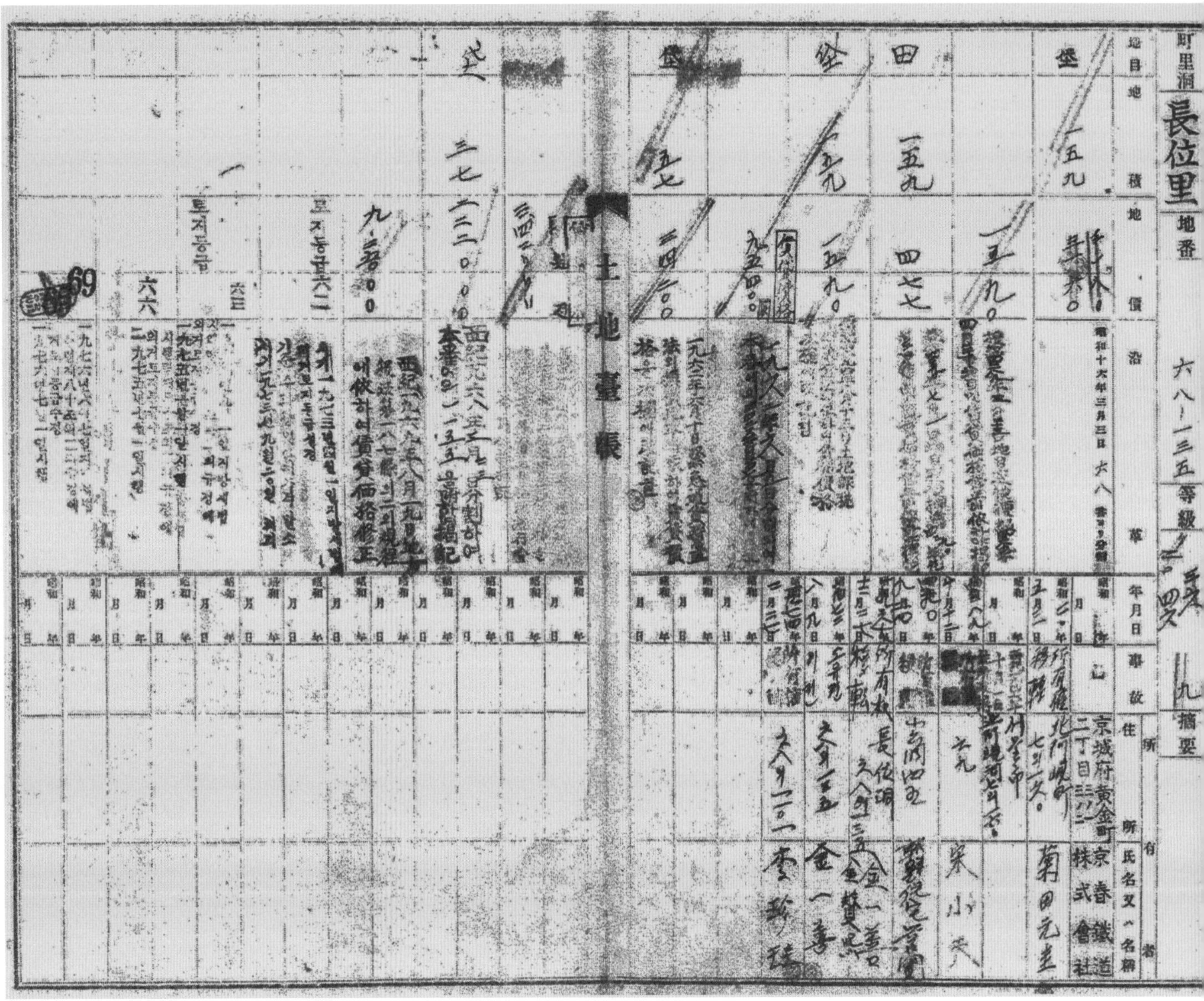


장위동 68-135번지 구 토지대장

광복 이후 경춘철도회사 소유 토지는 운수부로 이관되었고, 경춘철도회사가 개발한 택지 중 하나인 장위동 68-8번지에는 1946년 숭인공립초등학교 장위분교장이 설치되었다가 1949년 서울장위초등학교로 승격하였다. 일괄 이관된 경춘철도회사 소유 토지 중 상당수는 앞에서 본 「경춘철도주식회사소유 토지목록」[14]에 정리되어 있는데, 1964년 당시 68, 246, 252, 262, 269번지와 산3번지 일대였다. 68번지의 경우 부번이 182번까지, 246번지는 28번, 252번지는 5번, 산3번지는 59번까지 부여되어 대규모 부지들이 다수의 소규모 필지로 분할되어 총 162개의 필지를 소유하고 있었다. 그러나 68-69, 135, 141번지의 경우 1941년 이후 개인에 소유권이 이전된 상황이었기에 1964년의 목록에는 나타나지 않는다. 68-135번지의 경우 일제강점기 후반 개인(일본인)이 매입하였으나 광복 이후인 1956년 한국인에게 불하되었다가 1957년 조선주택영단에 소유권이 이전된 반면 68-69, 141번지는 광복 이전 개인(일본인)이 매입한 후 광복 이후에도 계속하여 개인에게 소유권이 이전되었다. 68-135번지의 경우 1962년 필지 분할이 이루어지기는 하였으나 부흥주택 부지 서쪽에 위치한 69-141번지는 경춘철도주식회사의 택지 개발 당시 조성된 필지 규모(약 100평) 그대로 남아 있다. 즉 경춘철도회사가 개인에게 매각한 택지의 경우 광복 이후에도 필지의 성격이 비교적 유지된 것을 알 수 있다.

14.
「경춘철도주식회사소유 토지목록」, (경춘철도 관계서류(소송관계), 한국식산은행청산사무국), 1964. 출처: 국가기록원, 관리번호: DA0422937

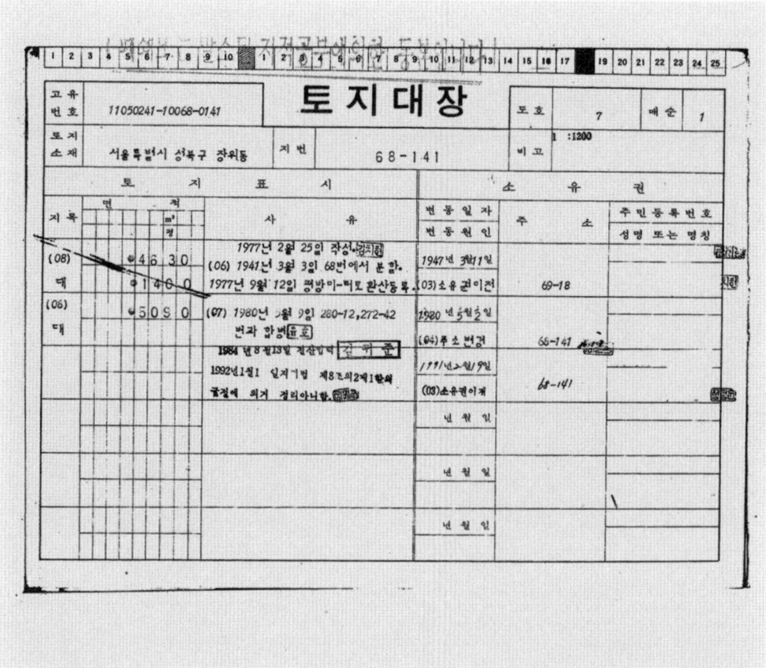


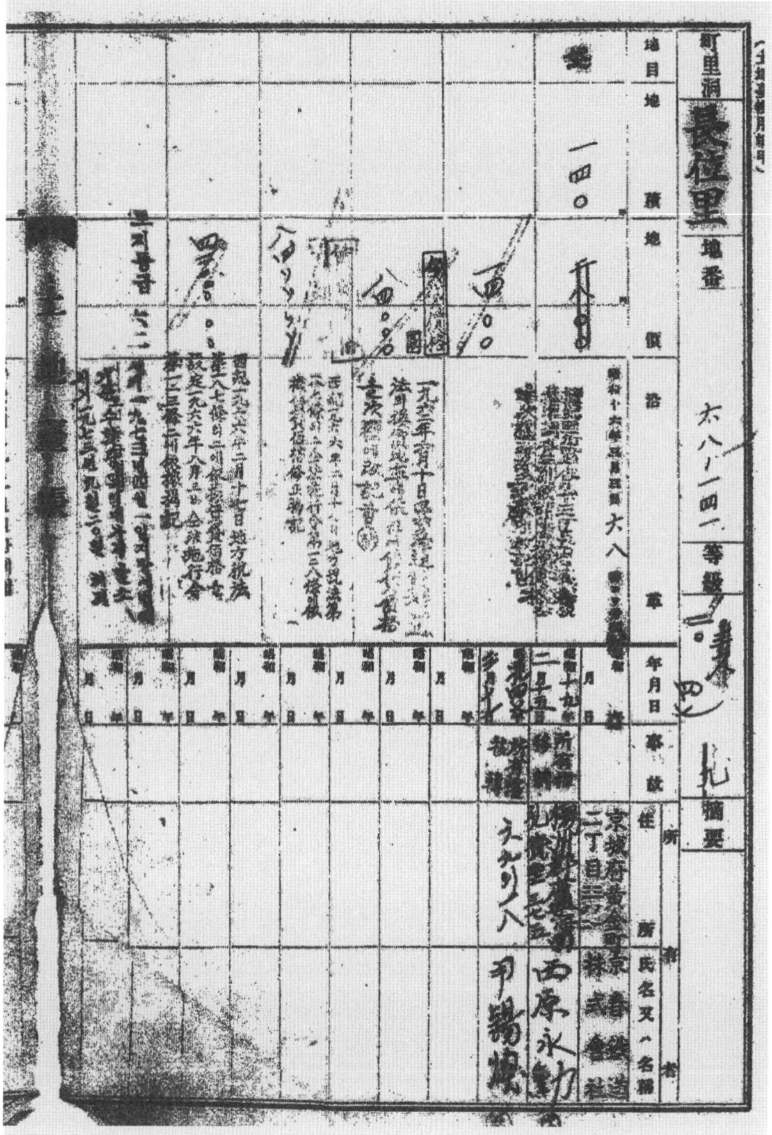


장위동 68-141번지 구 토지대장

계명의숙 관련기사
(「學校垈地도 詐欺」, 『경향신문』, 1957년 8월 3일.)

# 學校垈地도詐欺

## 檢察、李宗鉉氏의재犯罪搜査

二일 서울지검에서 알려진바에 의하면 방금사기사건으로 경기도경에 구속된 전농림장관이(李宗鉉)씨는 단七백만환의교리채를이용하여 一억二천만환에 달하는 六만여평의대지를 불법으로자기소유로 등기이전하고그해축인남산중·고등학교의 재단「계명의숙」을 파산직전에 몰아넣은사실이드러 났다고한다

이사건은그해자측인「계명의숙=대표」(이강씨)의 고소에의해지검강(姜瑞龍)부장검사가 수사한결과 이씨의죄상이 명백히 되어 이씨를 구속하려던 직전 또다른 사건으로 인천에서 먼저구속하게 되었다는것으로 동사건의 내용은 다음과같다

본래「남산중·고등학교=敎岩洞所在」는 전기「이강」씨를 비롯한 왜정당시의 독립투사들이 경영하고있는것으로 동교에서는 학교대지로써 청량리(淸凉里)밖에있는 교통부소유대지 一大만여평을 선정하고 교통부에 불하를 신청하였다한다

그런데 동대지는 전기 학교측외에도 수많은권력층에서 경쟁적으로 불하받으려고 하였던것이나 교통부당국에서는 전기「남산중·고교」의 재단「계명의숙」이 애국자교는 그의후손들이 가난한재단으로 영위해가는 육영사업임을 참작하여 八八년八월전기학교측에 七천만환의 감정가격으로 불하하게 되었다는것이다

그런데 학교측에는 당장불입할돈 七백만환이 없어 이(李宗鉉)씨로부터 一할五부 이자의고리채(高利債)를 차용하였던바 이씨는 학교측으로부터 위임장을 받은것을 기화로 학교측대표자의 인감을 위조하여전기대지大만여평을 고스란히 자기명의로 등기이전함으로써 자기소유로 만들었다는것이다

그런데 이렇게 해서재난을입게된 전기「남산중·고교」에서는방금파산지경에 이르고있다 한다

# 問題化된六萬坪의垈地

## 興韓紡績李社長에返還을要求

### 啓明義塾서各要路에陳情

흥한(興韓)방직회사 사장 이(李宗鉉)씨가 교육재단을 상대로 고리(高利)대금업 행위를 하고있다는 진정서가 각계에 날아들어 오고있는데 이에 치안국에서도 동진정서에 의하여 현재조사를 진행중에 있다

동진정서에 의하면 재단법인「계명의숙」이 四二八八년十一월二十九일자로 원금(元金)六백六十二여만환의 채무변상을 남산고등학교 교사대지(싯가약一억환)를담보로전기 이(李)씨에게 제공한바 동담보물을 동재단의승인도없이헌배자(顯賢者)에게소유권을 이전한후 월리(月利)一할五부 복리 기타 합계六천만환의 반제를 강요하나 현재는 동대지를 사시소유로 행세하고있다는것이다

그런데 동 재단에서는 전기 원리금(元利金)十四개월분 약二천만환기타 예금등 합계三천만환을 반제하고 동토지를반환하여 줄것을 요구한바 거절당하였다는것이다

# 債務와相殺됐다

## 調査中인治安局側談

한편 동진정사건에 대하여 그간치안국 수사과에서는 진정인 이(李剛=啓明義塾代表理事)씨 … 十七일 당국자말에 의하면「동사건의 조사결과 지금까지 나타난바에 의하면 [illegible]민사사건 [illegible]

(왼쪽)
**계명의숙과 흥한방적 사장 이종현과의 소송 관련 기사**
(「問題化(문제화)된 六萬坪(육만평)의 垈地(대지) 興韓紡績 李社長(흥한방적 이사장)에 返還(반환)을 要求(요구)」, 『경향신문』 1956년 12월 28일.)

(오른쪽)
**계명의숙 관련 이종현 승소 기사**
(「李宗鉉氏(이종현씨) 勝訴(승소) 桂明義塾垈地(계명의숙대지) 事件(사건)」, 『경향신문』 1958년 4월 24일.)

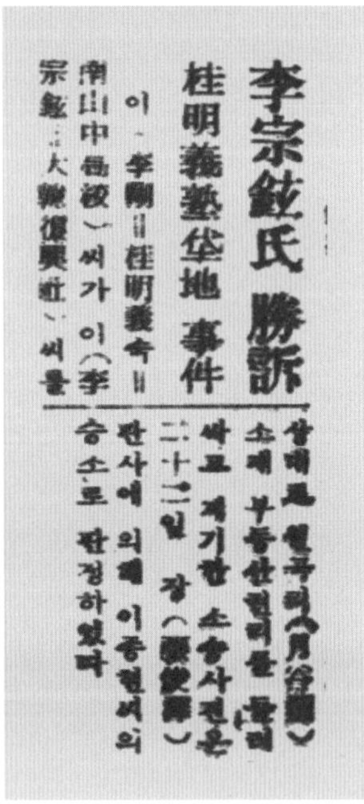

# 李宗鉉氏勝訴

## 桂明義塾垈地事件

이(李剛=桂明義숙=南山中高校)씨가 이(李宗鉉=大韓復興社)씨를 상대로 월곡리(月谷里) 소재 부동산권리를 둘러싸고 제기한 소송사건은 二十二일 장(張[illegible])판사에 의해 이종현씨의 승소로 판정하였다

한편 경춘철도주식회사 소유였다가 교통부로 이관되었던 필지들의 경우 1956년 불하과정에서 토지의 소유권을 두고 법적 분쟁이 생기기도 하였다. 1956~1958년 신문기사와 장위동 68-63, 64, 65, 99, 100, 161, 162번지의 토지대장을 통해 당시의 상황을 파악해 볼 수 있는데, 그 내용은 다음과 같다.

1956년 남파 오문환이 설립한 남산중·고등학교 재단인 계명의숙은 옛 경춘철도회사 소유 부지(광복 이후에는 교통부 소유 부지) 약 6만 평을 불하받았으나 옛 농림부장관이자 홍한방적 사장인 이종현과의 채무관계로 인해 바로 소유권을 빼앗겼다. 이 토지들은 이종현이 대표로 있는 대한부흥사의 소유가 되었고, 이후 법적 분쟁이 일어났으나 1958년 4월 결국 이종현이 승소하였다. 그러나 이 필지들은 대한부흥사의 소유가 된 지 얼마 되지 않아 부흥주택과 재건주택으로 개발되었고 1961~1963년 사이 조선(대한)주택영단으로 소유권이 이전되었다. 주택 개발이 완료된 이후에는 택지가 주택에 맞게 분할되어 민간으로 소유권이 이전되었다. 이 과정에서 재건주택의 필지는 기존의 필지에서 대부분 4분할되었고 부흥주택은 대부분 8분할되어 각각 25평과 12평 정도의 규모가 되었다.

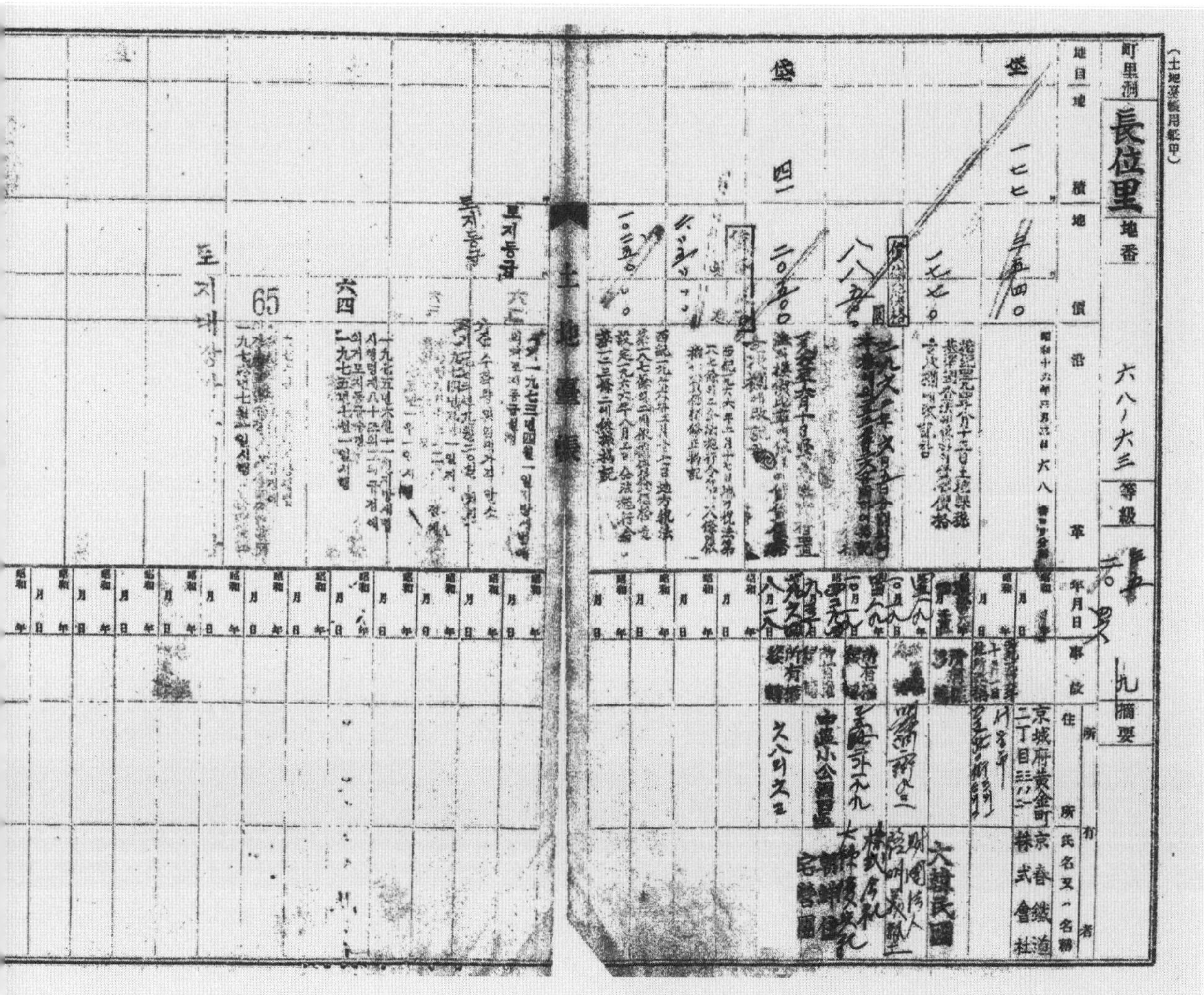

장위동 68-63번지
구 토지대장

1960년대 초
지적도에 표시한
재건·부흥·국민주택의
분포

**장위동 내 대한주택영단(대한주택공사)이 건설한 주택지의 모습**
출처: 대한주택공사, 『주택단지총람 '54-'70』, 1979.

일제강점 말기 심각한 주택난을 타파하기 위해 조선총독부에서는 '조선주택영단'이라는 특수 법인을 설치하여 주택난을 해결하고자 하였다. 1940년 6월 14일 조선주택영단령과 시행규칙을 동시에 공포하며 설립된 조선주택영단은 초기에는 서민층을 위한 건평 20평 미만의 소형주택을 공급하는 것을 목적으로 하였으나 1944년 노무자주택 건설로 그 방향이 전환되었다.[15] 광복 이후 조선주택영단은 1948년 대한주택영단으로 이름을 바꾸었으나 여전히 일제강점기에 제정된 주택영단령에 따라 운영되며 주택 공급과 불량주택 개량을 목적으로 하였다. 특히 6·25전쟁 이후 극심한 주택난을 해결하기 위해 후생주택, 부흥주택, 재건주택, 국민주택 등 다양한 이름의 소규모 주택을 대량 건설하였다.

대한주택영단은 일제강점기 조선주택영단의 사업지뿐 아니라 광복 이후 대한민국 정부에 귀속된 토지들에 집중적으로 소규모 주택을 건설하였는데, 장위동의 경춘철도회사 소유 부지 역시 그중 하나였다. 경춘철도회사 소유 부지와 인접 부지에는 1958년에서 1964년 사이 부흥주택과 재건주택 그리고 국민주택이 들어섰다. 6년이라는 기간 동안 대한주택공사의 3가지 유형의 주택 사업이 인접하여 연달아 조성되었다는 점에서 장위동의 이 주택지들을 주목할 만하다. 부흥주택과 재건주택은 1958년에 지어졌으며, 국민주택은 1962년에서 1964년 사이 2개 지역에 걸쳐 지어졌다. 1962년 대한주택공사법이 제정되면서 대한주택영단이 대한주택공사로 바뀌었기 때문에 장위동의 부흥주택과 재건주택은 대한주택영단 시절, 국민주택은 대한주택공사 시절에 건설되었다.

15. 박용환, 『한국근대주거론』, 2010, 195~196쪽.

## 3.2.1
## 재건주택과 부흥주택

1958년 과거 경춘철도주식회사 소유 부지였던 68번지 일대에 부흥주택 171세대, 재건주택 200세대 등 총 371세대의 주택이 건설되었다. 부흥주택은 산업부흥국채를 재원으로 하고 재건주택은 직접적인 원조 대신 입주자가 공사비의 20%를 먼저 부담한 후 장기간에 걸쳐 상환하는 방식이어서 재원 조달 및 운영에 차이가 있었다. 하지만 둘 다 정부가 일반국민을 위해 재원을 투입하여 공급한 주택이었다.

전체 건축면적은 4,617.5평으로 재건주택은 2호 연립, 부흥주택은 4호 연립 복층 형식으로 지어졌다. 앞에서 살펴보았듯이 재건주택과 부흥주택은 건축 이후 1960년대 초에 필지가 각 호별로 분할되어 각 개인의 소유가 되었다. 현재 재건주택은 10여 호 남아 있으나 2호 연립의 온전한 형태를 갖춘 재건주택은 남아 있지 않다. 이에 비해 부흥주택은 처음 지어진 43동 중 36동이 비교적 온전한 형태로 남아 있으며, 전체가 멸실된 건 1동뿐이다. 재건주택을 관통하는 남북도로에는 장위골목시장이 들어섰고 시장에 면한 주택은 상가로 바뀌었다.

대한주택공사 총람에 따르면 재건주택은 9평, 부흥주택은 17평으로 되어 있으며, 부흥주택은 2층으로 표시되어 있다. 대한주택공사 총람에 당시 유사한 9평 주택들의 평면들이 제시되어 있지만 장위동의 재건주택과 부흥주택은 나타나지 않아 아쉬운 점이 있다. 현재 남아 있는 주택들도 대대적으로 개조된 상태이며, 특히 재건주택들의 경우에는 장위시장이 개설된 이후 가로와 주택

기존 가로와 건축구조물이 보존된 부흥주택

**재건주택 및 부흥주택 배치 및 현황**

출처: 대한주택공사, 『주택단지총람 '54-'70』, 1979 ; GIS

1. 재건주택 배치 및 현황

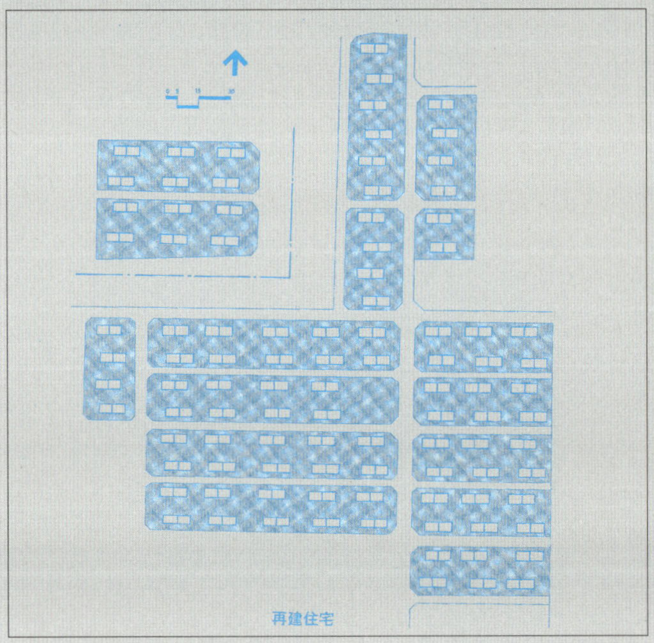

2. 부흥주택 배치 및 현황

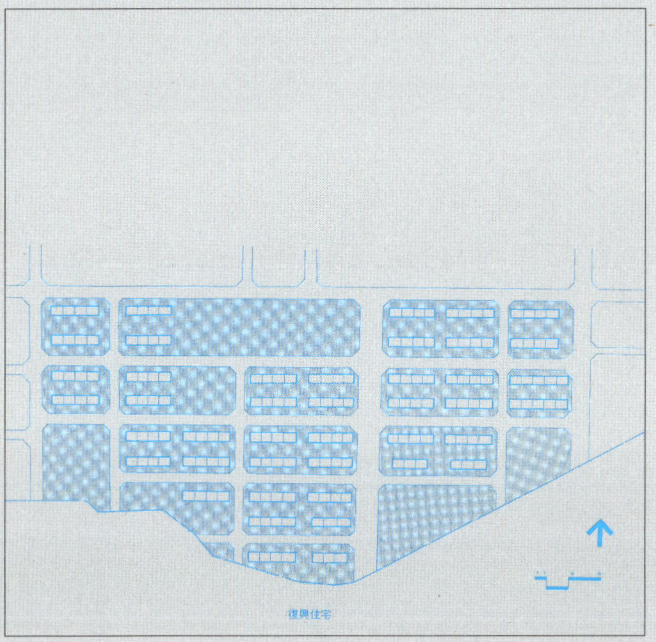


사이의 관계가 완전히 바뀌어 버려서 원형을 알기가 쉽지 않다. 다만 당시 대한주택공사에 지은 유사한 주택들과의 비교를 통해 추정해 볼 수 있다. 부흥주택의 경우는 청량리 부흥주택과 유사한데, 청량리 부흥주택의 경우 역시 2층 구조물로 된 연립 형태이다.

평면의 경우 대한주택공사 총람에서 제시한 같은 시기의 9평 주택들의 평면을 통해서 어느 정도 건설 당시 장위동 부흥주택과 재건주택에서의 특징들을 추정해 볼 수 있다. 9평이라는 소규모에서도 주택당 개별 화장실들이 설치되어 있었으며, 유형에 따라 내부에서 직접 화장실로 진입하기도 하였지만 어떤 안은 외부에서 진입하도록 되어 있기도 하였다. 또한 개인 침실 영역과 부엌 및 거실 영역을 구분하고 있었지만, 일부 평면에서는 부엌이 거실과 연결되어 있는 것이 아니라 방을 통해 연결되어 있으면서 동시에 외부에서 직접 진입하도록 되어 있어서 전통 주거에서 부엌의 공간적 위상과 서구식 주거 평면에서 부엌의 위상이 섞여 있었음을 추측할 수 있다.

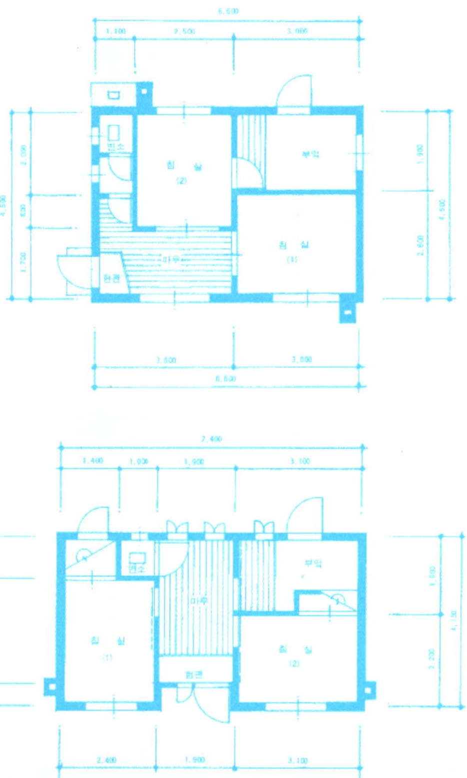

1956년과 1957년 대한주택영단의 9평 평면 사례

**청량리 부흥주택과 장위동 재건주택의 모습**

1, 2. 청량리 부흥주택
출처: 국가기록원
3. 2020년 현재 남아 있는 장위동 재건주택

1 3
2

58

### 3.2.2
### 국민주택

1959년 대한주택영단은 불광동을 시작으로 우이동(1961년), 갈현동(1961년), 화곡동(1966년) 등에 국민주택을 공급하였다. 최초의 국민주택 단지인 불광동에는 102세대의 주택이 지어졌으며, 이 주택들은 "과거 수년간 각종 재료와 각양각색의 주택 형태를 금번 새롭게 개량한 주택촌" 이었다. "가능한 한 주방을 넓게 하고 각 실마다 2면을 외기에 접하게 하였으며 마루(거실)를 중심으로 하는 한·양 절충식 형태"를 갖추었으며, 18평에서는 "침식을 분리하는 식사실"을 마련하는 등 여러 시도를 도모한 주택이었다.[16]

16. 대한주택공사, 「주택」 1호, 1959.7., 47쪽.

불광동 국민주택이 등장한 지 3년 뒤 장위동에서도 1962년에서 1964년 사이 2곳에 국민주택 단지가 건립되었다. 1962년에 지어진 첫 번째 단지는 현재 행정구역상 장위동이 아닌 상월곡동(상월곡동 7번지 일대)과 장위동 66번지에 걸쳐 조성되었는데, 총 108세대 규모로 전체 건축면적은 1,205평이었다. 1963~1964년에 지어진 두 번째 단지는 장위2동 246번지 일대 1,615평에 조성되었으며, 110세대 규모로 1962년에 조성된 단지와 규모면에서 비슷하였다. 다만 불광동 국민주택 조성 당시에는 놀이터 등 단지 내 필요 시설이 약간이나마 논의가 되었던 데 비해 장위동 국민주택에서는 그러한 부대 시설들에 대한 계획은 없었던 것으로 보인다.

개별 주택 규모를 보면 당시 대한주택영단(이후 대한주택공사)에서 건설한 재건주택이나 부흥주택 대부분이 9평 규모였다면 국민주택은 규모에 있어서 9평에서부터 17평에 이르기까지 그 면적이 다양하였다. 1962년 상월곡동 7번지와 장위동 66번지에 건축한 국민주택은 8평형이 62세대, 10평형이 3세대, 15평형이 43세대였으며, 1963~1964년 장위동 246번지에 건축한 국민주택은 11평(5세대), 12평(16세대), 15평(유형 1, 16세대), 15평(유형 2, 27세대), 15평(유형 3, 31세대), 17평(15세대) 등으로 평면 유형이 다양화되었으며, 단위세대의 면적 역시 넓어졌다.

필지 규모에 있어서도 국민주택은 재건주택이나 부흥주택과 차이를 보였다. 특히 부흥주택은 대부분 25㎡ 이하이고 재건주택 역시 30㎡ 내외인데, 국민주택의 필지 규모는 50㎡ 전후로 상대적으로 큰 편이었다. 필지 규모로 미루어 볼 때 국민주택이 그 이전 부흥주택이나 재건주택에 비해 어느 정도 중산층을 대상으로 삼았다고 추정해 볼 수 있다.

장위동 부흥주택과 재건주택이 연립 형태였다면, 국민주택은 모두 독립된 단독주택이었다. 대한주택공사 총람에 장위동에 지어진 국민주택의 평면 유형이 수록되어 있는데, 당시 다른 지역에 조성된 국민주택과 평면 등에 있어서 큰 차이가 있는 것은 아니다. 화장실은 모두 집 안에 두었고, 침실은 부엌 및 거실과 분리되어 침식 분리가 이루어졌으며, 가족 개인공간과 공동공간이 뚜렷하게 구별되는 평면이었다. 또 주 현관 외에도 부엌에 부출입구를 두어 외부 공간으로 직접 연결되게 하였는데, 이는 전면 진입 마당과 부엌과 연결되는 서비스 마당이 구별되게 한다. 이러한 외부 공간의 구분은 서구식 단독주택 평면에서 자주 나타난다. 국민주택은 주택의 양적 공급뿐만 아니라 침식 분리나 개인 및 공동 공간 구분과 같은 서구식 생활에 기반한 주택 형태의 보급도 의도하였음을 보여준다.

국민주택은 대부분 1980년대 이후 재건축되어 거의 남아 있지 않다. 그러나 장위동 66-107번지와 상월곡동 7-188번지에 승인일자가 1962년 11월 20일인 국민주택 2동이 남아 있어 1962년 당시 건축된 국민주택의 모습을 살펴볼 수 있다. 장위동 66-107번지 주택은 15평형(52.53㎡)이고 상월곡동 7-188번지 주택은 8평형(27.27㎡)이다.

**장위동 국민주택(1978년)**
출처: 대한주택공사 총람

1962년과 1964년 국민주택 배치 다이어그램
출처: 대한주택공사 총람

**1963~1964년 장위동 국민주택 평면**
출처: 국가기록원

91 (63-11)

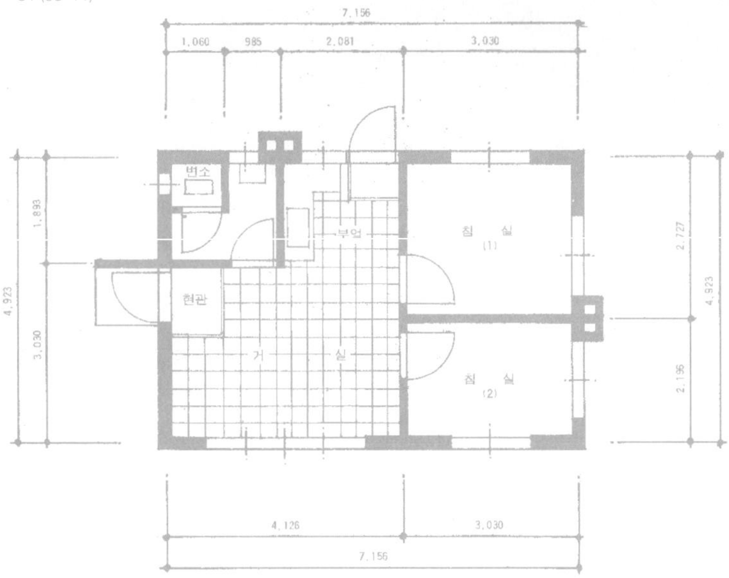


97 (63-17)

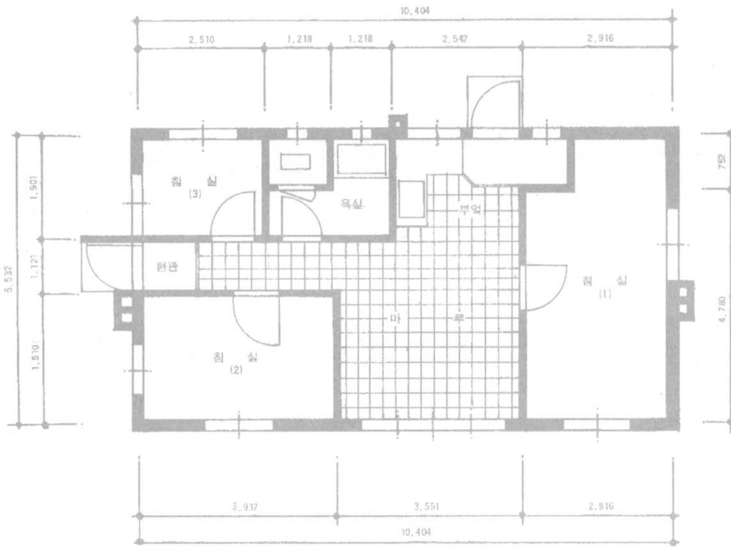

장위동 국민주택

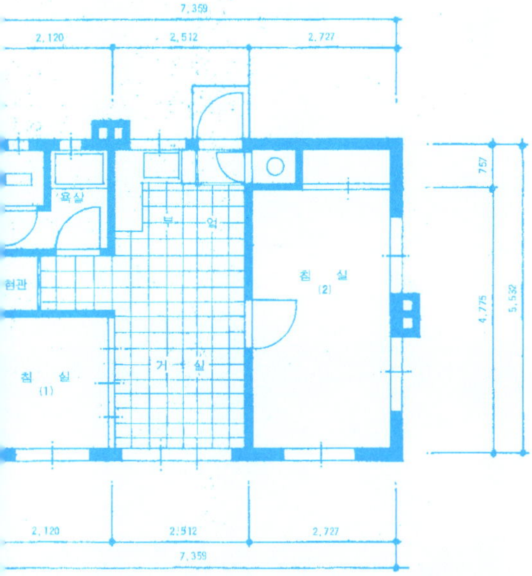


93 (63-15)

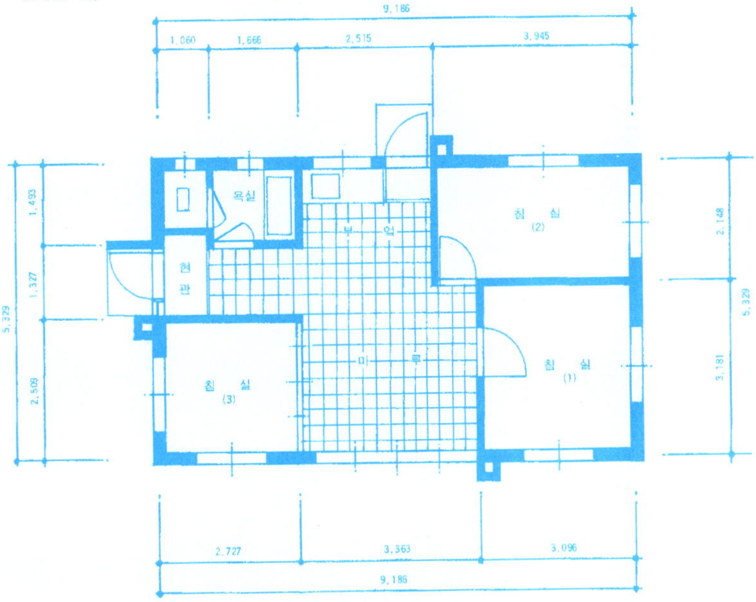


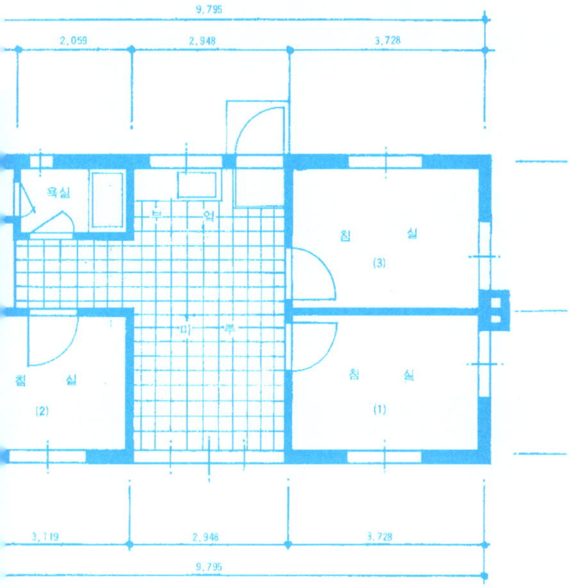


110 (64-15)

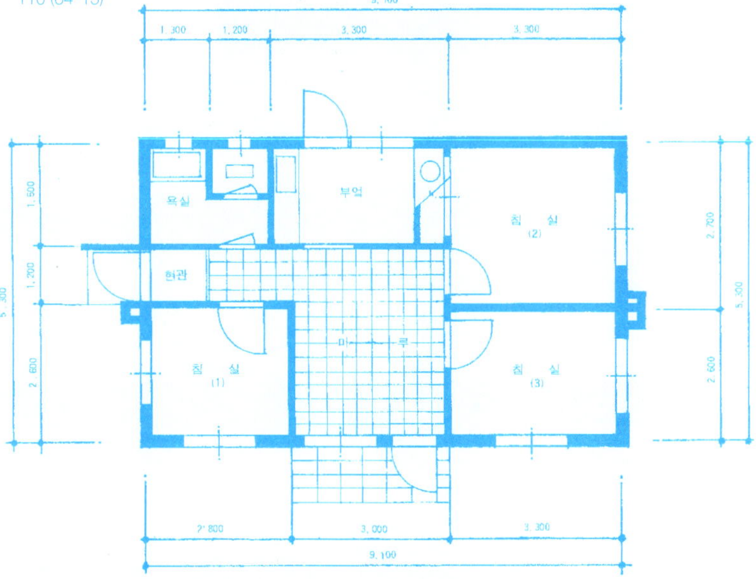

**장위동 국민주택**
출처: 국가아카이브/
대한주택공사, 『주택』 13호,
1964.12.

**현재 남아 있는 국민주택 현황**

1. 장위동 66-107번지 국민주택
2. 상월곡동 7-188 번지 국민주택

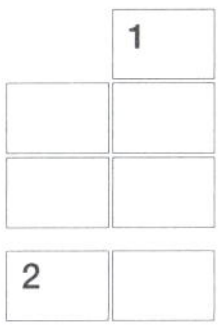

③

# 동방생명의 윤용구 가문 토지 매입

현재 장위1동에는 동방고개로 부르는 경사지가 있다. 그리고 이 동방고개에 위치한 주택들을 동방주택으로 부른다. 동방주택이나 동방고개라는 명칭은 이 지역에 1962년에서 1967년 사이 대대적으로 택지조성사업을 실시한 동방생명보험회사(이하 동방생명)에서 온 것으로 짐작된다.[17]

이 동방주택이 세워진 일대는 앞 장에서 언급한 윤용구 일가가 소유한 토지였다. 동방생명은 1960년 9월 6일 장위동 산 3-1 일대 토지를 윤용구의 후손인 윤명섭에게 매입하였다. 동방생명이 윤용구 일가로부터 매입한 토지는 10만 7,940평에 이르는데, 이 토지를 매입하는 과정은 순탄하지 않았다. 후술하겠지만 1960년 매입 과정에 대한 서울시경의 조사가 진행되었다. 조사 이유는 윤용구가 조선시대 왕실 가문의 일원이었고 그가 소유하고 있던 대지를 일제강점기 구황실을 관리하던 이왕직의 보증으로 조선식산은행에서 신탁하고 있었는데 윤용구의 손자 윤명섭이 가문의 토지를 동방생명에 매각하였으니 부정으로 불하된 것이 아니냐는 것이었다.

이 조사가 왜 진행되었는지를 이해하기 위해서는 시간을 잠시 일제강점기로 돌릴 필요가 있다. 발단은 1921년 윤용구의 아들 윤건영·윤헌영 형제가 인장위조 금전사취 사건에 휘말리면서부터이다. 당시 두 형제는 부랑하며 가문의 재산을 유지하지 못해 창덕궁에서 윤용구의 재산을 정리하는 처지에 있었다. 20여 명의 잡배들이 종로경찰서 고등계에 근무하던 형사 홍순삼을 매수하여 윤건영·윤헌영 형제의 인장과 서류를 위조해 토지가옥을 전당 잡아 40만 원을 차용하여 사용하였고, 종로경찰서 사법계에서 1921년 6월 5일 윤건영·윤헌영과 그 일당을 검거하였다.[18] 1922년 9월 9일 예심이 종결되어 윤건영 외 6명은 증거 불충분으로 풀려나고 윤헌영 외 2명만 경성지방법원 공판에 부쳐졌다.[19]

한편 윤용구의 두 아들로 인해 윤용구 집안이 파산상태에 이르게 되자 이왕직 장관은 윤용구의 연대보증인이 되어 윤용구 소유 부동산을 담보로 조선식산은행으로부터 돈을 차용하여 부채를 정리한 뒤 이왕직에서 윤용구의 차용금을 대위변제하게 되었다.

그런데 채무가 더욱 많아지면서 1926년 3월 8일 윤용구 집안의 재산과 이왕직이 조선식산은행에 대위 변제한 금액 및 남아 있는 채무에 대한 연대보증인으로서의 구상권 확보를 위해 윤용구 명의의 모든 부동산을 이왕직에 매매하는 형식을 취하여 윤용구가 이왕직에 은행 채무와 대위 변제금을 갚으면 윤용구에게 소유권 등기를 하여 준다는 계약을 체결하였다. 이후 동년 동월 15일 윤용구 소유 모든 부동산에 관해 이왕직 명의로 소유권이전 등기를 하였다.

이후 광복이 되고 1960년 11월 21일 서울시경이 동방생명의 '이왕직대지부정불하' 혐의에 대해 수사를 진행하였다. 그 결과 동방생명에서 장위동 산3-1번지 이왕직 대지 1만 7,904평을 9,600여만 환에 매입하였고 정식 법 절차에 의하여 토지 소유자 윤명섭 씨로부터 매입한 사실이 판명되었다.[20]

이와 관련해 살펴볼 만한 대법원 판결이 있다. 1978년 법무부 장관이 윤용구 가문의 재산을 매입한 사람들을 상대로 제기한 소송에 대한 판결이다. 소송의 쟁점은 구왕실재산이었다가 국유재산이 된 담보채권의 소멸과 소유권 귀속에 대한 부분이었다. 결론적으로 1심에서 원고가 패소하였고 상고는 기각되었다. 판결문 내용을 상세히 서술할 수는 없지만, 상고 판결문에서 주목해야 할 부분은 광복 이후 윤용구 재산의 행방이 어떻게 되었는지에 대한 것이다. 해당 내용을 요약하면 다음과 같다.

광복 이후 구왕실재산은 구황실재산처분

17. 동방생명보험회사는 삼성생명보험주식회사의 전신으로, 1957에 설립되었으며 장위 택지개발사업이 진행되던 중인 1963년 삼성그룹으로 편입되었다. 현재와 같이 삼성생명보험으로 명칭이 바뀐 것은 1980년대에 이르러서였다.

18. 「名門家兄弟被捉, 수십만원식 헛트려 바리는 윤건영 형제가 잡혔다」, 『매일신보』, 1921년 6월 9일.

19. 「尹獻榮의 詐欺」, 『매일신보』, 1922년 9월 12일.

20. 「正式買入된것 東邦生命垈地사건」, 『동아일보』, 1960년 11월 22일.

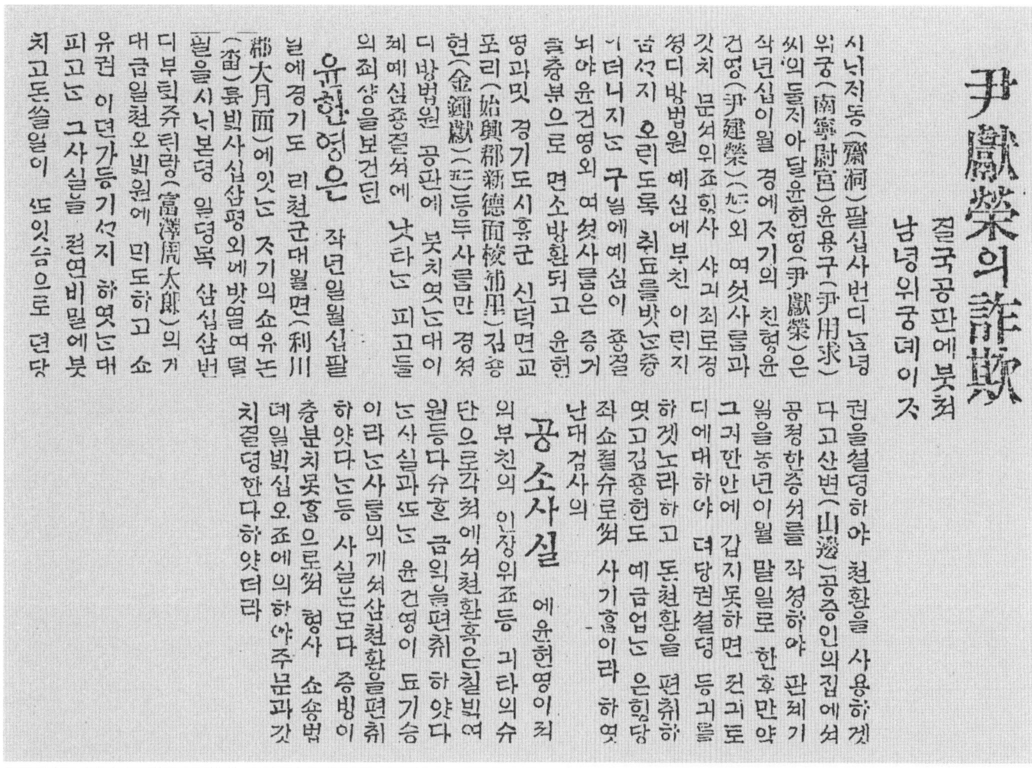

尹獻榮의 詐欺
결국공판에 붓쳐
남녕위궁뎨이자

시닉지동(齋洞)팔십사번디남녕위궁(南寧尉宮)윤용구(尹用求)씨의둘지아달윤헌영(尹獻榮)은 작년십이월 경에 자기의 친형윤건영(尹建榮)외 여섯사름과 갓치 문서위조힝사 사긔죄로경셩디방법원 예심에부친 이린지 삼년지 오린도록 취됴를밧는중이더니지난 구일에예심이 종결되야윤건영외 여섯사름은 증거불충분으로 면소방환되고 윤헌영과밋 경기도시흥군 신덕면교포리(始興郡新德面校浦里)김용헌(金鎔獻)등두사름만 경셩디방법원 공판에 붓치엿는대이제예심종결셔에 낫타는 피고들의죄상을보건뒨

윤헌영은 작년일월십팔일에경기도 리천군대월면(利川郡大月面)에잇는 자기의쇼유논(畓)륙빅사십삼평외에밧열여덟필을시닉본뎡 일뎡목 삼십삼번디부텍쥬틱랑(富澤周太郞)의게 대금일천오빅원에 미도하고 쇼유권 이뎐가등기서지 하엿는대 피고는 그사실을 젼연비밀에붓치고돈쓸일이 또잇슴으로 뎐당권을셜뎡하야 천환을 사용하겟다고산변(山邊)공증인의집에셔 공졍한증셔를 작셩하야 판제기일을농년이월 말일로 한후만약 그긔한안에 갑지못하면 젼긔토디에대하야 뎌당권셜뎡 등긔를 하겟노라하고 돈천환을 편취하엿고김용헌도 예금업는 은힝당좌쇼졀슈로써 사기흠이라 하엿난대검사의

공소사실 에윤헌영이친의부친의 인장위조등 긔타의슈단으로각쳐에셔천환혹은칠빅여원등다슈훈 금익을편취 하얏다는사실과또는 윤건영이 됴기승이라는사름의게셔삼천환을편취하얏다는등 사실은모다 증빙이충분치못홈으로써 형사 쇼송법뎨일빅십오죠에의하야주문과갓치결뎡한다하얏더라

**윤용구의 두 아들이 범죄에 연루된 뒤 윤헌영이 공판에 부쳐졌다는 기사**
(「윤헌영의 사기, 결국 공판에 부쳐 남녕위궁 제2자」, 『매일신보』, 1922년 9월 12일.)

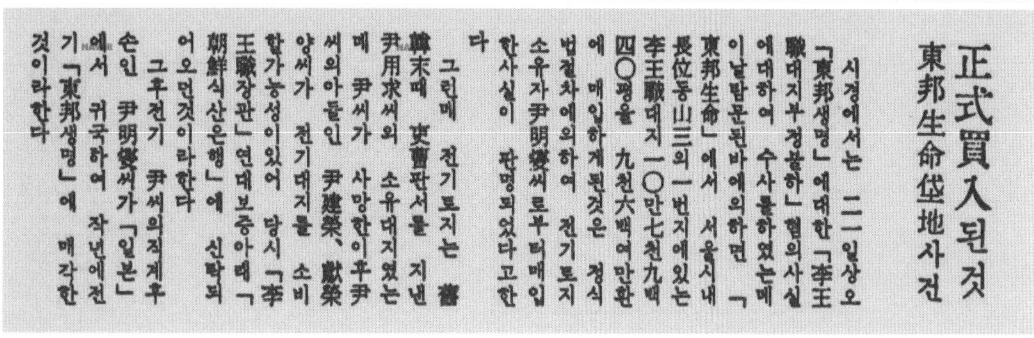

正式買入된것
東邦生命垈地사건

시경에서는 二一일상오「東邦생명」에대한「李王職대지부정불하」혐의사실에대하여 수사를하였는데 이날밝혀진바에의하면 「東邦生命」에서 서울시내長位동山三의一번지에있는 李王職대지 一○만七천九백四○평을 九천六백여만환에 매입하게된것은 정식법절차에의하여 전기토지소유자尹明燮씨로부터매입한사실이 판명되었다고한다

그런데 전기토지는 舊韓末때 吏曹판서를 지낸 尹用求씨의 소유대지였는데 尹씨가 사망한이후尹씨의아들인 尹建榮、獻榮양씨가 전기대지를 소비할가능성이있어 당시「李王職장관」연대보증아래「朝鮮식산은행」에 신탁되어오던것이라한다

그후전기 尹씨의직계후손인 尹明燮씨가「일본」에서 귀국하여 작년에전기「東邦생명」에 매각한것이라한다

**동방생명의 장위동 이왕직대지부정불하사건에 대한 기사**
(정식매인 된 것 동방생명대지 사건, 『동아일보』 1960년 11월 22일.)

법에 의해 국유재산이 되었고, 이왕직은 구황실재산사무총국 등으로 명칭이 변경되었다. 이 과정에서 이왕직은 결산변제잔액채권 12만 5,665원 92전을 회수하지 못한 채로 윤용구의 재산에 관한 권리를 윤용구의 집안에 넘겨주게 되었다. 당시 윤용구는 사망하였기에 윤용구의 자녀 윤백영·윤건영·윤헌영 등이 대신 재산을 받게 된다. 이후 1957년 9월 10일 윤백영이 변제잔액금 1,260원(당시 화폐로 계산)을 변제하면서 이왕직에 대한 윤용구 가문의 채무가 모두 변제되었다. 따라서 구왕실재산이 광복 이후 국유화되고 그 재산에 따른 의무도 국가가 승계하지만, 채권담보의 목적에서 이왕직으로 소유권이 이전되었다면 채권을 모두 변제한 이상 담보제공자에게 소유권을 반환하는 것이 당연하다는 것이다.[21]

즉 구왕실재산이 광복 이후 국유재산이 되었으니 이왕직에서 가지고 있던 윤용구 재산의 채권담보도 국유재산인 것은 타당하다. 하지만 윤백영이 담보에 대해 모두 변제하였다면 국가에서는 윤용구의 재산에 대해 권리를 주장할 수 없으므로 윤용구의 자녀들이 윤용구 재산을 매도한 것에 대해 어떠한 권리도 가지고 있지 않다는 것이다.

위 판결에 따르면 윤용구의 장녀 윤백영이 1957년 이미 윤용구의 재산에 대한 변제를 마쳤다는 것을 확인할 수 있다. 그런데도 서울시경이 1960년 동방생명이 윤명섭으로부터 윤용구의 토지를 매입한 것에 관해 조사한 이유가 무엇인지는 알 수 없다. 어쨌든 1960년의 조사를 통해 동방생명이 윤용구의 토지를 매입한 것이 적법한 것으로 확인되었고, 동방생명은 이후 본격적으로 주택단지 조성에 착수하게 되었다.

21. 「대법원 1978.10.10., 선고, 78다1168 판결」 (국가법령정보센터, 2020.9.28. 열람)

④

# 동방생명 택지조성사업

1962년 동방생명은 윤용구의 토지를 매입하여 이곳에 대대적인 택지조성사업을 시작하였다. 흔히 동방주택으로 부르는 주택들은 이때 조성된 택지에 세워진 주택들로 이 택지를 분양받은 개별 토지 소유주들에 의해 지어졌다. 당시 생명보험회사가 이러한 택지조성사업을 진행한 것이 특이한 일은 아니었다. 동방생명은 장위동뿐만 아니라 정릉동·신당동·용두동·신림동 등 서울 곳곳에 토지를 매입하였으며, 동방생명뿐만 아니라 다른 생명보험회사들 역시 택지개발에 뛰어들었다. 1970년 기준으로 대한교육생명은 성북동, 대한생명은 휘경동, 흥국생명은 상도동과 돈암동, 고려생명은 신길동 등 서울의 동북과 서남 외곽지역에 토지를 매입한 것으로 확인된다.

> 동방생명은 시내 성북구 장위동과 정릉 등지의 임야 19만 6천평의 택지조성을 80% 완공, 분양단계에 있고 65년부터 매입한 영등포구 신림동 소재 5만 2천평의 임야도 곧 조성에 들어갈 예정. 대한교육은 64년부터 매입한 성북동 10만 평의 조성을 연내로 끝내 외인주택용으로 분양할 계획. 대한생명도 동대문구 휘경동 성북구 월계동의 4만여 평을 연말까지 택지로 완공, 분양할 계획. 흥국생명은 현재 울산의 10만평에 달하는 공업용지를 석유공사에 양도하기 위해 가격절충 중에 있으며, 영등포구 상도동과 성북구 돈암동 일대의 7천여 평도 연말까지 조성, 분양할 계획. 한편 전체운용자산의 79.6%가 부동산인 고여생명은 성북동, 신길동, 인천 등 20만 평의 80%에 대한 택지조성을 완료, 72년까지는 완전히 분양할 계획이라고 한다.[22]

1960년대 후반에서 1970년대 초 사이 국내 6개 생명보험회사들의 보유 자산 중에서 부동산이 차지한 비율은 상당히 높았다. 1967년에는 생명보험회사들이 운용 가능한 전체 자산 중에서 부동산이 차지한 비율이 37.5%였으며, 1970년에는 이 비율이 무려 41.1%에 달하였다. 원래 1962년 제정된 보험업법에 따르면 이 비율은 30%를 넘을 수 없었다. 하지만 택지개발을 목적으로 부동산을 보유할 경우 예외 규정을 두었다.[23] 당시 주택난으로 인하여 정부는 택지를 조성하고 2년 내에 서민주택으로 처분하는 것을 조건으로 생명보험회사들의 비업무용(사업용) 부동산 보유를 인정하였다. 이 예외 조항 덕분에 생명보험회사들은 적극적으로 부동산 투자를 할 수 있었다. 하지만 생명보험회사들의 부동산 투자가 점차 과열되었으며, 일부는 처분이 빠르게 이루어지지 않으면서 운영에 문제가 생기는 등 부작용이 나타나기 시작하였다.[24] 이러한 부작용과 함께 1970년대 주택공급이 점차 아파트 중심으로 이행되면서 이러한 방식의 택지조성사업은 줄어들게 된다.

장위동의 동방주택은 이러한 배경 속에서 등장한 주택으로, 1950년대와 1960년대 대대적인 주택난에 대응하여 정부의 지원하에 민간에서 참여한 주택공급사업의 한 모습이었다. 동방생명 역시 자신들의 택지조성사업을 "자산의 효율적 운용"과 "주택난에 대응한 정부의 주택사업 협조 및 서울시 도시개발계획 부응"이라는 두가지 측면으로 설명하고 있다.[25] 그리고 장위동 동방주택은 당시 생명보험회사들이 진행한 택지조성사업 중 비교적 성공적으로 분양이 진행된 사업이었다. 개발 규모도 10만 평이 넘어 매우 큰 편이었다. 1974년 기준 대부분 매각되고 남아 있는 분량이 4,641평 남짓으로 이 역시 매각이 활발하게 진행 중이었다.[26] 생명보험회사들이 비교적 짧은 기간에 활발하게 추진한 성공적 택지조성사업 사례로 평가할 수 있다.

생명보험회사들이 주로 사들인 곳은 서

22. 생보업계 투자방향 전환모색, 「매일경제신문」, 1970년 5월 4일, 4면.

23. 보험법시행령도 무색, 「매일경제신문」 1967년 8월 15일, 7면.

24. 생보회사 부동산 보유현황 서민주택 건립 위해 인가받은 사업용 택지, 「매일경제신문」, 1974년 5월 20일, 7면.

25. 동방생명10년사편찬위원회, 「동방생명10년사」, 1967, 148쪽.

26. 생보회사 부동산 보유현황 서민주택 건립 위해 인가받은 사업용 택지, 「매일경제신문」, 1974년 5월 20일, 7면.

27. 다만 신당동은 지형 문제로 인하여 1967년까지 개발을 시작하지 못했으며 신림동 역시 1976년에 이르러서야 개발이 되었다. 동방생명10년사편찬위원회, 「동방생명10년사」, 1967.

**정릉지구 계획평면도 및 가로망도**
출처: 「일단의주택지경영사업(정능지구) 준공검사원처리」, 1967.9.14. 서울기록원 소장

울의 성북지역이나 상도동·신림동 등 외곽지역이었다. 이 지역들은 택지조성사업을 통해 점차 주거지로 개발되었다. 동방생명이 주로 개발을 추진한 지역은 장위동·정릉동·용두동·신당동 등이었다. 동방생명이 가장 먼저 매입한 지역은 용두동으로, 1959년 2월 용두동 638-1번지 일대에 4,183평을 매입한 후 한식 굴도리 주택 70여 동을 건립하여 판매하였다. 다음으로 1959년 4월에 정릉동 산 16-3번지에 3만 5,360평의 대지를 매입하였고, 1960년에 윤용구 일가의 땅이었던 장위동 산 3-1번지 일대를 포함하여 16만 2,170평의 대지를 매입하였다. 정릉동과 장위동은 1962년에서 1967년 사이 택지개발 공사를 진행하여 정릉동 2만 6,000여 평과 장위동 14만 8,658평에 달하는 면적의 택지를 조성하고 분양하였다. 이후 1963년에는 신당동 산 34-87번지 일대 9,780평을 매입하였고, 1965년에는 신림동에도 5만 2,000평의 토지를 매입하였다.[27] 이러한 일련의 택지개발사업에 대해 동방생명은『동방생명10년사』에서 "배후 녹지가 있는 문화촌"으로 언급하기도 하였는데, 문화촌이라는 용어를 구체적으로 설명하지는 않았지만 교외지역에 새로 공급한 주거지역 정도로 이해할 수 있다.

장위동 동방주택은 앞서 언급하였듯이 동방생명이 진행한 규모가 가장 큰 택지조성사업으로, 1962년 8월에 착공하여 5년에 걸쳐 5단계로 진행되었다. 개발은 동측 기존 도시 조직과 맞닿아 있는 부분부터 시작해서 점차 경사지 상부로 진행되었으며, 1967년 준공 평면도에는 경사지의 가장 높은 부분이 개발 지역에서 제외된 것으로 나타나지만 이 부분 역시 1974년 항공사진에서는 개발이 이루어진 것을 확인할 수 있다.

**조성 중인 정릉 동방주택단지**
출처: 『동방생명10년사』, 1967, 149쪽.

10만 평이 넘는 규모의 택지는 전체적으로 균질한 격자형의 도로망과 필지들로 이루어졌다. 대규모 택지이지만 현재 동방어린이공원에 해당하는 작은 근린공원을 제외하고는 단지를 위한 편의시설은 설치되지 않았다. 어린이공원 역시 1974년 이후에야 조성되었고 그 사이에는 방치되어 있었다. 즉 이 택지조성사업은 근린시설이나 생활편의시설과 같은 개념이 없는 채 주택의 공급에만 주력하였다고 볼 수 있다.

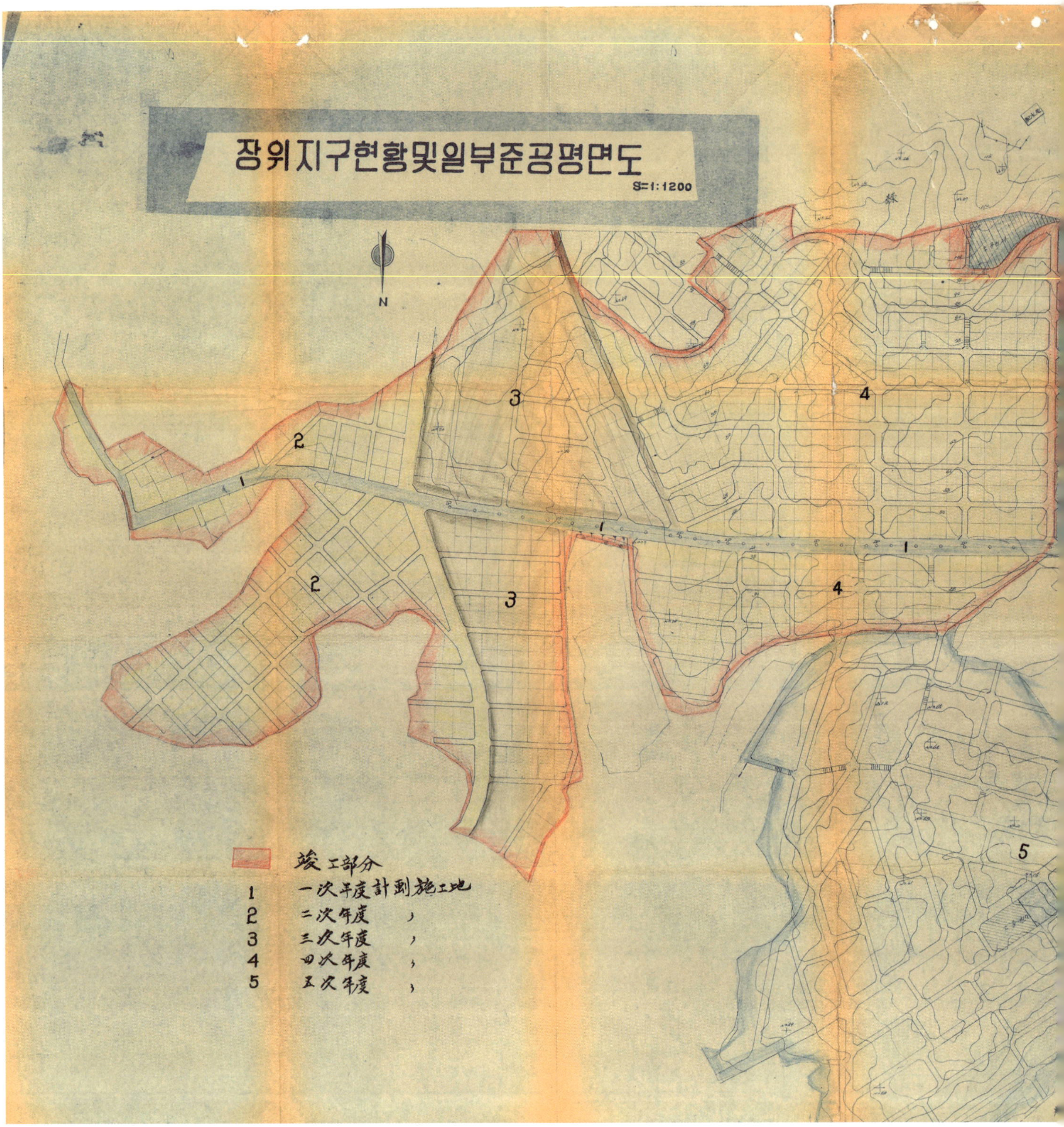


**장위동 동방주택 지구 현황 및 일부 준공 평면도**

출처: 「일단의주택지경영사업준공검사원처리」, 1967.2.14, 서울기록원 소장

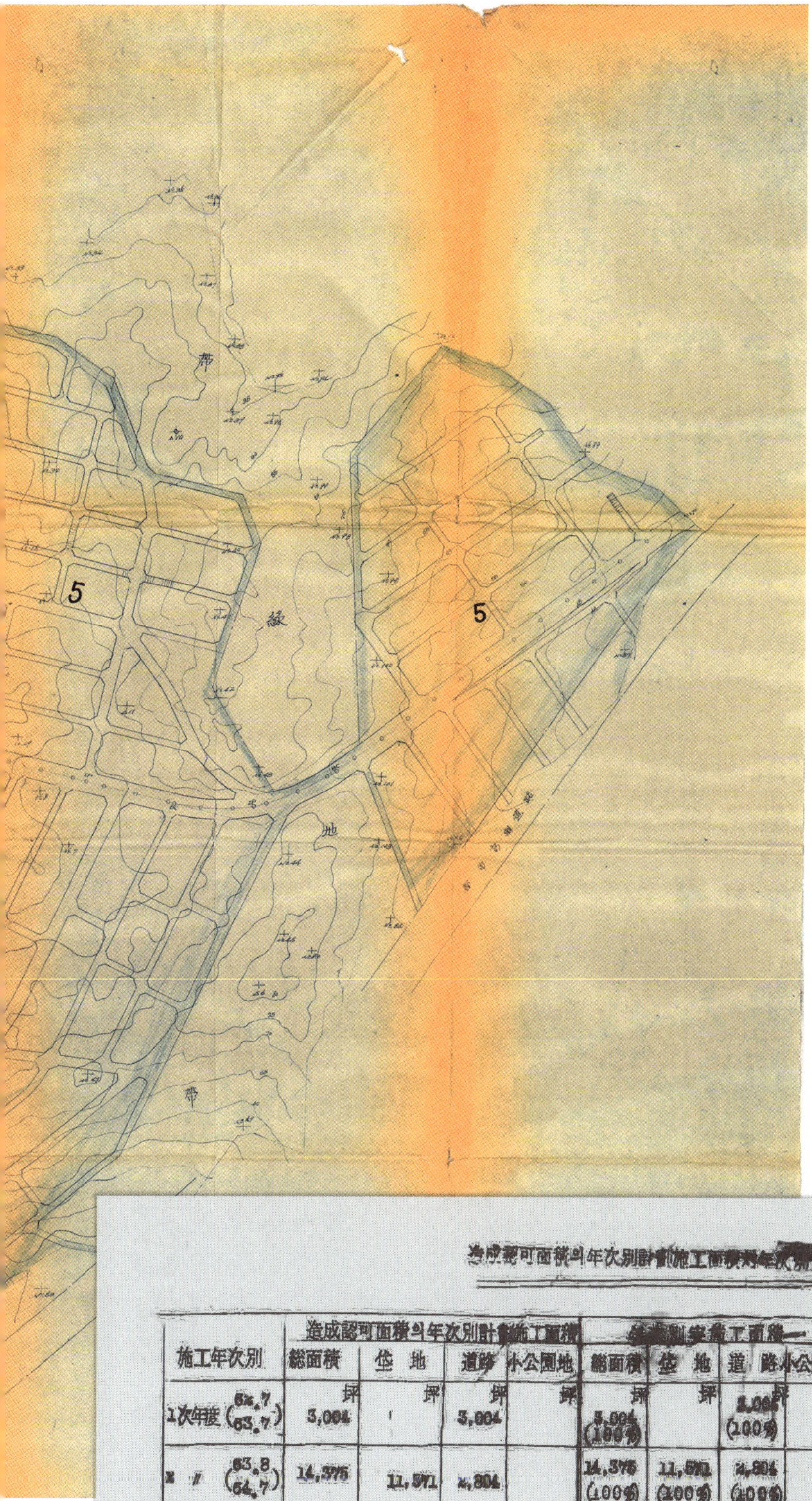

**조성 중인 장위동 동방주택단지**

출처: 동방생명10년사편찬위원회, 『동방생명10년사』, 1967, 150쪽.

**조성된 장위동 동방주택단지**

출처: 동방생명삼십년사편찬위원회, 『東邦生命三十年史』, 1987, 127쪽.

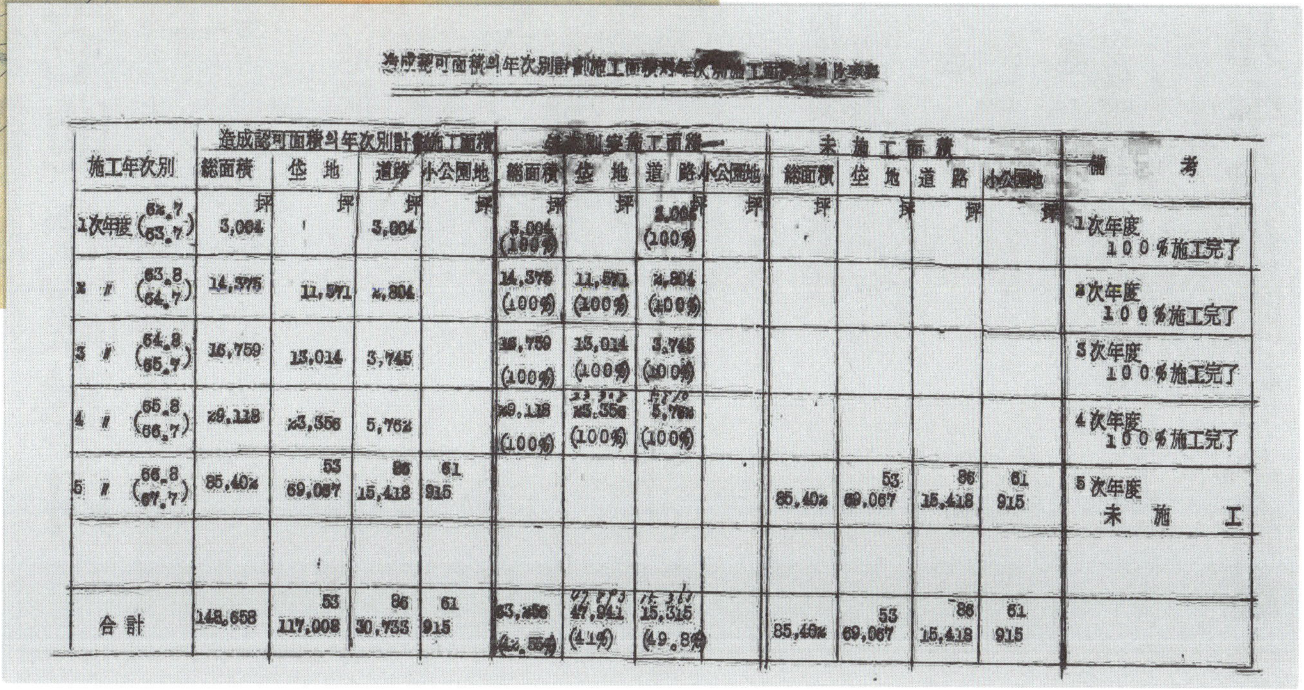

造成認可面積의 年次別計劃施工面積對年次別施工面積 [illegible]

| 施工年次別 | 造成認可面積의 年次別計劃施工面積 總面積 | 垈地 | 道路 | 小公園地 | [illegible]施工面積 總面積 | 垈地 | 道路 | 小公園地 | 未施工面積 總面積 | 垈地 | 道路 | 小公園地 | 備考 |
|---|---|---|---|---|---|---|---|---|---|---|---|---|---|
| | 坪 | 坪 | 坪 | 坪 | 坪 | 坪 | 坪 | 坪 | 坪 | 坪 | 坪 | 坪 | |
| 1次年度 (62.7 / 63.7) | 3,004 | | 3,004 | | 3,004 (100%) | | 3,004 (100%) | | | | | | 1次年度 100%施工完了 |
| 2 〃 (63.8 / 64.7) | 14,375 | 11,571 | 2,804 | | 14,375 (100%) | 11,571 (100%) | 2,804 (100%) | | | | | | 2次年度 100%施工完了 |
| 3 〃 (64.8 / 65.7) | 16,759 | 13,014 | 3,745 | | 16,759 (100%) | 13,014 (100%) | 3,745 (100%) | | | | | | 3次年度 100%施工完了 |
| 4 〃 (65.8 / 66.7) | 29,118 | 23,356 | 5,762 | | 29,118 (100%) | 23,356 (100%) | 5,762 (100%) | | | | | | 4次年度 100%施工完了 |
| 5 〃 (66.8 / 67.7) | 85,402 | 53<br>69,067 | 86<br>15,418 | 61<br>915 | | | | | 85,402 | 53<br>69,067 | 86<br>15,418 | 61<br>915 | 5次年度 未施工 |
| | | | | | | | | | | | | | |
| 合計 | 148,658 | 53<br>117,008 | 86<br>30,733 | 61<br>915 | 63,256 (42.55%) | 47,941 (41%) | 15,315 (49.8%) | | 85,402 | 53<br>69,067 | 86<br>15,418 | 61<br>915 | |

**조성허가면적의 연차계획시공면적과 실시공면적**

출처: 「일단의주택지경영사업준공검사원처리」, 1967.2.14. 서울기록원 소장

이렇게 조성된 필지는 분양공고를 통해 분양되었다. 동방주택단지라고 부르지만 앞서 부흥주택이나 재건주택, 국민주택과 달리 주택을 지어 공급한 것이 아니라 개인이나 주택건설업자들에게 필지를 매각한 후 필지를 구매한 사람들이 각각 주택을 짓는 방식이었다. 『동방주택 10년사』에서는 조성공사가 진행 중이던 1966년 기준 5만 평의 택지조성이 완료되었으며 이 중 분양공고를 통해 1만여 평이 매도되었고 200여 동의 주택이 건립되었다고 언급하고 있다.[28] 이후 분양공고나 신문기사로 미루어 볼 때 1974년까지도 택지 매각이 이루어진 것으로 보인다.[29]

1965년과 1966년 동아일보에 실린 분양공고를 보면 50평 단위(1개 필지)와 500평 단위(10필지)로 분양한 것으로 보이며, 평균 필지 크기는 50평 정도였다. 50평이라는 규모는 앞서 대한주택영단(대한주택공사)이 공급한 주택들과 비교할 때 재건주택이나 부흥주택보다 크고 국민주택과 비슷한 규모였다. 하지만 실제 조성된 필지 규모는 25평 내외에서부터 150평이 넘는 규모까지 그 편차가 매우 컸다. 동방주택 단지를 가로지르는 장위로 근처에는 국민주택과 유사한 50평 내외 크기의 필지들이 집중적으로 나타나지만, 고개를 올라가면서 점차 대형 필지들이 나타난다. 반면 장위로의 남쪽으로 월곡산 오동공원 쪽의 경사지에는 30평 내의 소규모 필지들이 나타나는 것을 볼 수 있다. 일반적으로 장위동의 동방주택은 호화로운 고급 주택지로 부촌의 이미지가 있는데, 이는 대부분 동방고개 위쪽의 대규모 필지에 건설된 주택들로 형성된 이미지일 뿐 실제로는 다양한 계층이 거주하는 주거단지였을 것으로 추측된다.

28. 동방생명10년사편찬위원회, 『동방생명10년사』, 1967, 150쪽.

29. 광고문구는 다음과 같다. "서울시 성북구 장위동 소재 1백5필지와 성북구 정릉 소재 50필지. 분양가격은 평당 1만 6천원에서 4만원까지. 매도방법은 6개월 분할상환". 「매일경제신문」, 1974년 4월 20일.

住宅地分讓案內

今般 鄙社에서는 左記와 如히 完成된 宅地를 低廉한 價格으로 一般에게 分讓해드리고저하오니 希望하시는분은 鄙社管理部로 問議하여주시면 詳細히 應待하여드리겠읍니다

一、位置및地形

1、貞陵地域

이地域은 서울特別市城北區貞陵洞의 中心地로서 崇德國民學校와 隣接해있고 彌阿里와 貞陵一帶의 情景이 바라보여 風致가좋으며 깨끗하고 조용한 곳입니다

2、長位地域

이地域은 서울特別市城北區長位洞의 中央地帶로서 幹線道路에는 合乘과 뻐스가 運行되고있으며 背後兩面에는 洪陵林業試驗場과 自然風致林이 울창하여 林間田園의 아늑한 住宅地입니다

3、特徵

이 兩地域은 交通이 便利하고 市場과 隣接해있으며 電氣및 上、下水道施設이 完備된 新興住宅地이며 貞陵은 이미 文化住宅이 建立되여 繁華한 市街地를 形成하고 있읍니다

二、宅地面積및分讓面積

| 地域別 | 造成豫定總面積 | 分讓해드리는面積 |
| --- | --- | --- |
| 貞陵地域 | 三四、〇〇〇坪 | 一〇、〇〇〇坪 |
| 長位地域 | 一四〇、〇〇〇坪 | 二五、〇〇〇坪 |

三、分讓方法

1、五〇坪（建物一棟建立）以上希望者

2、五〇〇坪（建物十棟建立）以上希望者（特典이있음）

四、問議處

東邦生命保險株式會社 管理部

電話 〔交換臺 ㉒一五五七、一五五九、四一二一—三 / 直 通 ㉘二六九八〕

西紀一九六五年九月二四日

東邦生命保險株式會社

**정릉 및 장위 택지분양 공고**
(「주택지 분양 안내」, 『동아일보』, 1965년 9월 24일.)

**1973년 항공사진에 나타난 동방주택단지의 필지들** 항공사진과 함께 제시된 이미지는 2020년 기준 필지들을 면적에 따라 색으로 구분한 것으로 색에 따른 면적 구분은 다음과 같다. 항공사진과 다른 부분은 1973년 이후 합필이 일어난 지역으로 추정된다.

1. 동방주택단지 고지대 대규모 필지 밀집 지역(1973년 항공사진)

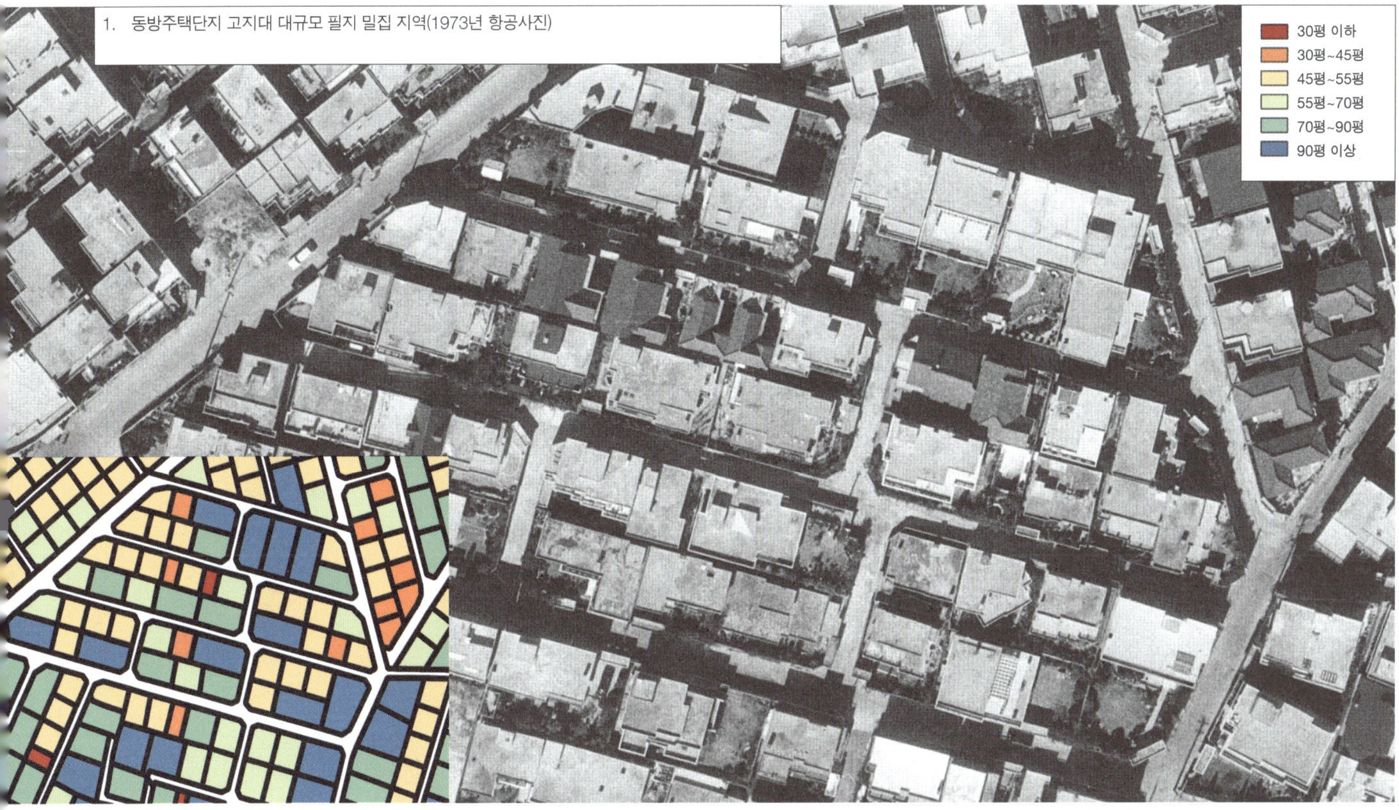


2. 동방주택단지 소규모 필지 밀집 지역(1973년 항공사진)

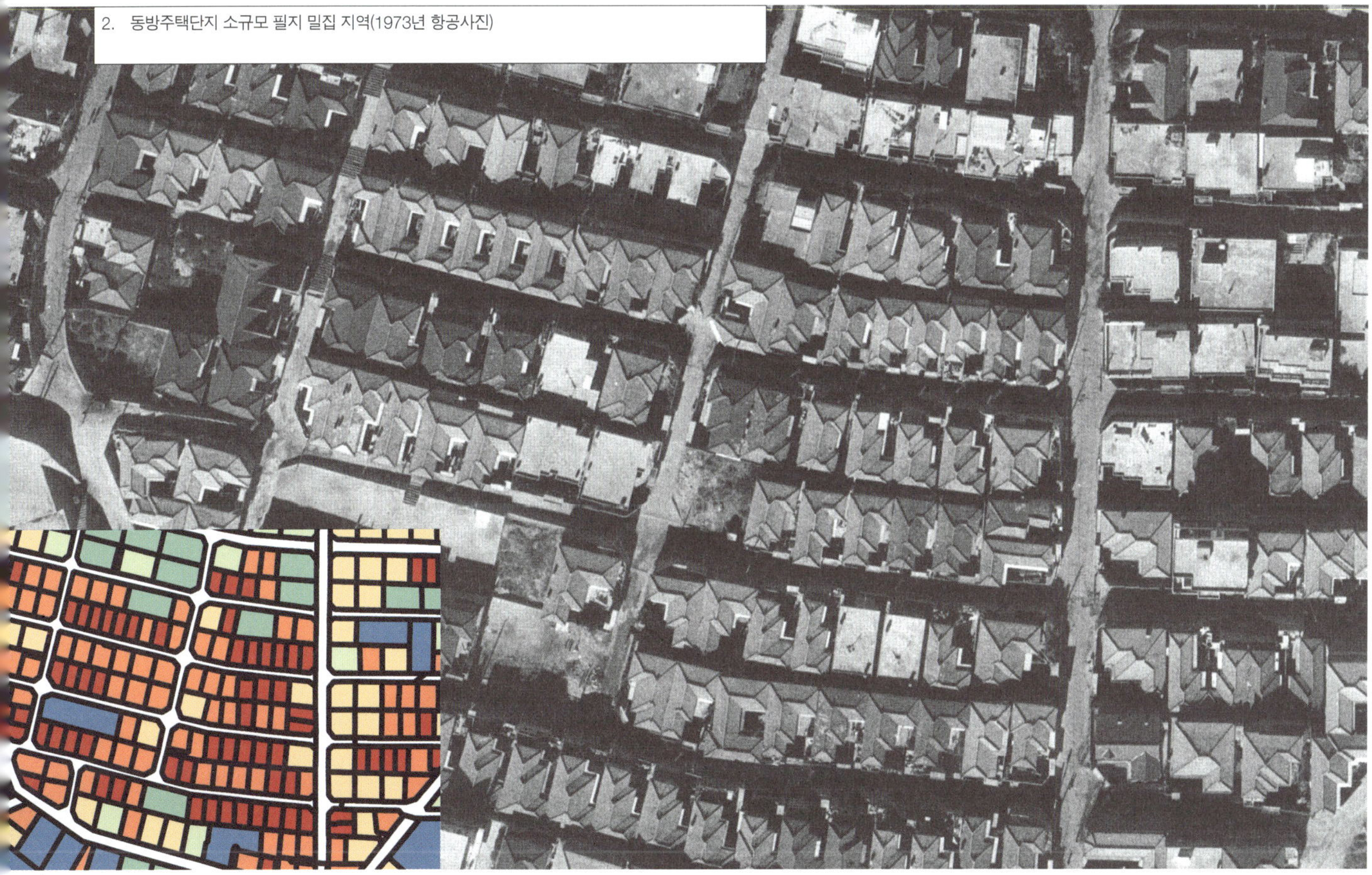

김중업 건축문화의 집 외관

### 김중업 건축문화의 집(장위동 230-49)

현재 김중업 건축문화의 집으로 사용되는 건축물은 장위동 230-49번지 주택으로 동방생명이 조성한 필지들 중 고지대에 위치한 비교적 큰 규모의 필지에 있다. 최초 준공 시기는 1970년 12월로 지상 2층, 지하 2층, 연면적 283㎡의 주택이다. 1985년 8월에서 1986년 11월 사이 김중업이 리모델링하였으며, 보존 상태가 좋아 2016년 성북구청에서 매입하여 현재 김중업 건축문화의 집으로 활용하고 있다.

김중업 건축문화의 집 내부

# ⑤ 장위동의 도시화

동방생명의 택지조성이 이루어진 후 이러한 개발의 흐름은 장위동 전체로 확산되기 시작하였다. 대한주택영단과 동방주택의 주택지만이 아니라 주변 지역에도 다양한 규모의 주택들이 다수 건설되었으며, 이와 함께 인구 역시 증가하였다. 1965년 기사에서 "공식 인구는 1만 5천8백35명(2천 9백 가구)이나 등적부를 거치지 않고 있는 사람 수까지 합치면 1만 7천 명은 넘을 것"이며 "매달 10여 가구씩 늘어나고 이사철에는 평소의 5배가 넘는" 수가 증가하였다고 한다.[30] 개발 지역의 확대와 인구의 증가로 인해 장위동의 행정구역도 변화하여 1963년 장석동에서 장위동이 분리되었으며, 1975년에는 장위1동과 장위2동이, 1977년에는 장위3동이 분리되었다. 개발이 진행되면서 지가 또한 빠르게 상승하였다. 1960년대 후반에서 1970년대 중반에 이르는 시기 일련의 개발사업과 함께 장위동은 중산층을 위한 주거지역으로 빠르게 변모하고 있었다. 동시에 다음 기사와 같이 급속한 개발로 인해 일부 지역에서는 과거 농촌지역의 모습이 남아 있기도 하였다.

> 이 지역을 본격적인 주거지로 개발케 한 촉매 역할을 한 지역은 일반적으로 신장위동이라고 부르는 현재의 장위1동이다. 그 뒤 점차 석관 1·2동, 장위2동(구장위동) 지역으로 개발은 확산되어 갔고 지난해 12월 태릉과 통하는 월릉교가 개통되면서 개발은 절정에 달해 있다. 이러

◇샐러리맨층과 농민이 혼주하고있는 장위・석관지구。

## 70년 東邦生命서 첫宅地조성

서울의 뉴타운 (23)

長位・석관지구

### 불과 6년간 2만2천家口
### 月陵橋개통으로 開發피크

東大門에서 高麗大學校앞을 지나 버스로 15분정도 가면 태릉으로 통하는 폭35m의 도로가 시원스럽게 가로질러있고 이로도를 중심으로 총면적 2・93㎢의 중산층타운이 형성돼 있다。 이곳이 지금의 長位1、2동과 석관1、2동을 포함하는 석관・長位지구다。

한때 서울都心에 肉類를 공급하던 도살장으로 유명했던 이 지역이 住居地로 변하게된 것은 불과 6년전인 70년경이었다。 지금의 長位1동에 개인소유로 돼있던 林野및 田畓1만3천여평을 三星그룹산하東邦生命이67년경에 매입、이중 3천여평을 70년경에 택지로조성、분할시키면서 이지역 개발은 시작되었던것。

이지역을 본격적인 住居地로 개발케한 촉매역할을한 지역은 일반적으로 新長位동이라고 부르는 현재의 長位1동이다。 그뒤 점차 석관1、2동、장위2동(구장위동) 지역으로 개발은 확산되어갔고 지난해12월 태릉과 통하는 月陵橋가 개통되면서 개발은 절정에 달해있다。 이러한 개발진척에따라67년이전한때평당 5~6백원씩하던 땅값들이 70년에 들어서면서 1만원선으로、지금은 주택지의경우 평당2~10만원、상가지는 12~20만원까지 달했다。 불과 6년사이에 주민수가 16만여명에 달하고 가구수만도 2만

### 일부엔 초가집등 農村風景도

2천여가구가넘는 중산층타운이 이룩됐다。 이일대의 주택들의경우는 80%이상이 3~4년이내에전축된 신옥들이고 이중50%가 대지40평、전평20평형인 싯가6~7백만원짜리들로 돼있으나 일부싯가 1천만원이상의 고급주택들도 자리를 잡고있다。

한편 이들 고급주택들과는 대조적으로 長位2동지역에는 아직 초가집이 약간 남아있어 田園풍경을 보여주기도 한다。

이 지역의 주민들 대부분이 중산층정도의 샐러리맨들로 구성되어있으나 일부 과거 農民들도 주거하고 있다。

현재 이지역 발전여건으로는 시장5개、國民學校5개、中高校3개、大學1개、버스노선6개동 생활 여건이 고루갖추어져 있다。

**1970년대 장위동의 모습**
(「서울의 뉴타운 (23) 장위·석관지구」, 『매일경제신문』, 1976년 7월 30일.)

한 개발진척에 따라 67년 이전 한때 평당 5백~6백원씩 하던 땅값들이 70년에 들어서면서 1만 원선으로, 지금은 주택지의 경우 평당 2만~10만 원, 상가지는 12~20만 원까지 달했다. 불과 6년여 사이에 주민수가 16만 명에 달하고 가구수만도 2만 2천 가구가 넘는 중산층타운이 이룩됐다. 이 일대 주택들의 경우는 80% 이상이 3~4년 이내에 건축된 신옥들이고 이중 50%가 대지 40평, 건평 20평형인 시가 6백만~7백만 원짜리들로 돼 있으나 일부 시가 1천만 원 이상의 고급주택들도 자리를 잡고 있다. 한편 이들 고급주택들과는 대조적으로 장위2동 지역에는 아직 초가집이 약간 남아 있어 전원풍경을 보여주기도 한다. 이 지역의 주민들 대부분이 중산층 정도의 샐러리맨들로 구성되어 있으나 일부 과거 농민들도 주거하고 있다.[31]

택지개발사업으로 인해 주거지로 변모하면서 장위동에는 주거지를 뒷받침하는 학교나 시장과 같은 다양한 생활기반시설이 함께 들어서기 시작하였다. 다음 기사에서 언급한 것처럼 1965년에는 장위시장이 열렸고, 1968년에는 장위성당이 들어섰다. 또한 인구가 증가함에 따라 함께 늘어난 학령인구에 대응하기 위해 남대문중(1969년 이전), 월곡초(1972년), 장곡초(1978년), 장위중(1984년), 월곡중(1986년) 등이 차례로 개교하였다.

지난봄 문을 연 장위시장은 점포가 50여 개, 노점도 2백여 개나 있어 마을 안에서 장을 보는 데는 별로 아쉬울 게 없다고 한다. 장위유치원과 장위국민학교가 있고, 사립인 염광중고교가 있어 아이들의 교육에도 큰 지장은 없다.[32]

### 3.5.1 도로

장위동 일대가 교외 주거지로 정착되어 가면서 주민들 사이에 교통문제가 큰 불만으로 등장하였다. 1965년 조선일보 기사에서도 시장이나 학교 등 기반시설이 갖추어져 생활에 큰 불편이 없지만 교통문제만은 심각하다고 지적하였다.

서울 종암동, 상대를 지나 장위로 가는 길로 들어서면, 가끔 거품을 뿜고 쓰러져 있는 소를 볼 수 있다. 그 길은 월곡에 있는 도살장으로 가는 길-육축엔 죽음의 길이다. 그런데 이 길은 육축에게 죽음의 길일 뿐 아니라, 날씨가 변덕을 부리면, 문명의 이기인 각종 차량도 바로 그 길에서 축천을 바라보고 숨져야 한다는 것이 신기하다.

날로 발전을 거듭하는 서울시가 동서남북으로 시세를 확장해서, 장위하면 외곽이 아니라 내곽에 속한다고도 할 수 있는데, 그 동네가 되어가는 폼은 시세확장의 그늘진 면을 보여주는 한 예이다. 길이 나고 집이 들어서고 하는 모양에서 이렇다 할 계획의 흔적을 찾을 수 없다. 공항을 향해서 한강 남쪽으로, 또는 우이동 계곡을 지향하고 줄기차게 뻗는다는 도시계획의 손길이 장위라는 동네만은 슬그머니 외면하고 만 것일까.

도시계획의 「블라인드·스포트」가 서울장안에 비단 장위동뿐만이 아니라는 짐작이 간다. 그것은 주로 공로의 상태로 미루어 알 수 있고 장위로 가는 길과 같은, 길 아닌 길이 딴 곳에도 있음이 분명하다. 어제 아침만 해도, 중랑교에서 상계동으로 가는 길이 20미터 가량이나 헐고 패여서, 응급치료를 했는데도 버스회사 쪽에서 차를 굴릴 수 없다고 손을 들었다는 말이 있었다.

중랑교 길이 탈이 난 것은 필경 급성 이변이겠고 따라서 고치기도 쉽다. 그러나 장위로 가는 길의 비극은 만성 이변이라는 것. 곳에 따라 비만 오면 깜박거리는 전깃불과 같이, 날씨에 무슨 변동만 생기면 '버스'나 합승 한두 대씩이 노상에서 횡사하기 일쑤이고, 그보다 작은 송사리 차들은 아예 들어서기를 거부하는 장위로 가는 길은 멀고, 험하고, 슬픈 길이다.

도시계획엔 애로와 이론과 철학이 있어서 성급한 시민들이 생각하듯 손쉬운 것은 아닐 게다. 그러나 문외한의 상식으로선, 주택보다는 길을 닦는 일이 앞서야 할 것 같다. 발전을 위한 계획은, 훤하게 트인, 단단한 신작로를 연해서 문명의 꽃을 피워 나가야 하기 때문이다.[33]

종암동을 지나 미아리로 가다 '다리앞'이라는

30. 「장위동 위생적인 중산촌」, 『조선일보』, 1965년 10월 3일, 8면.

31. 「서울의 뉴타운 장위석관지구」, 『매일경제신문』, 1976년 7월 30일, 7면.

32. 「장위동 위생적인 중산촌」, 『조선일보』, 1965년 10월 3일, 8면.

33. 「장위로 가는 길」, 『중앙일보』, 1966년 3월 8일.

> 버스와 합승의 정거장이 있다. 여기서 항상 서성거리는 사람들이 있다. 분명히 차를 기다리는 사람들인데 차를 못 타고 있는 것이다. 20분이 지나 합승이 하나 온다. 아우성이 벌어진다. 장위동으로 가는 길-이런 제목으로는 소설이라도 하나 나옴직하다. 들어가는 길과 나오는 길이 다르고 불과 1키로 미만의 거리를 10여 분이 걸리고 도로의 기복은 마치 파도와도 같고 그 폭은 일방통행이 아니고서는 불가능할 정도의 골목. 눈이나 비가 오면 사태는 설상가상이다. 국민주택까지 지어놓고 인구 2만 이상이 사는 장위동은 정말 서울특별시인가. 빨리 길을 고쳐주시오.(서울 장위동 246의 156 金)[34]

1980년대 초반에 이르러서 장위동에는 현재와 같은 주요 도로망이 구축되었다. 현재 장위동의 주요 간선도로는 장위로, 장월로, 돌곶이길(장석로), 한천로 등이다. 이 중 장위로와 장월로의 일부 구간은 조선시대부터 있던 길이었으나, 장위동을 대각선 방향으로 관통하는 도로가 개통된 것은 1970~1980년대의 일이고 장위동을 남북 방향으로 관통하는 도로가 개통된 것은 1979년의 일이다. 도로 개통 순서는 다음과 같다.

| | |
|---|---|
| 1969년 | 미아리고개 – 장위로 포장공사 |
| 1971년 | 경춘선(성동-성북) 폐선 |
| 1976년 | 화랑로(6차선 도로) 개통 |
| 1979년 | 장위로 개통 |
| 1979년 | 장석로(현재의 돌곶이길) 개통 |
| 1979년 | 장수로(현재의 한천로) 개통 |
| 1978~1980년 | 월계로(미아삼거리-성북역-동일로) 개통 |
| 1979~1983년 | 장월로 개통 |
| 1984년 | 화랑고가차도(장위동-월계동) 개통 |

34. 「長位洞으로 가는길 擴張·補修하라」, 『경향일보』, 1966년 5월 16일, 3면.

1970년대 말 장위동의 주요 도로와 주요 주택지
(1970년대 지적도 위에 표시)
동방주택
(1차, 1962~1966)
재건주택
(1958)
국민주택
(1962)
부흥주택
(1958)
국민주택
(1964)

이처럼 장위동에는 도시기반시설이라 할 수 있는 간선도로망을 먼저 구축하고 난 후 주택지를 건설한 것이 아니라 주택지를 먼저 건설한 후 간선도로망을 만들었다. 즉 체계적인 도시계획에 의해서가 아니라 주택난 해결이라는 목적 아래 대규모 토지로 남은 경춘철도회사 소유 부지를 활용하여 6·25 전쟁 후 몰려든 도시인구 주거를 위한 소규모 주택을 먼저 건설하고 이후 도시생활에 필요한 도시기반시설, 특히 도로를 건설한 것을 볼 수 있다.

**장위동의 도로구축과정을 볼 수 있는 지도들**
출처: 국토지리정보원, 1:25,000, 성동, 1973, 1979, 1984, 1987 발행

**미아삼거리-장위 간 도로 (현 월계로 일부 구간) 포장(1969년)**

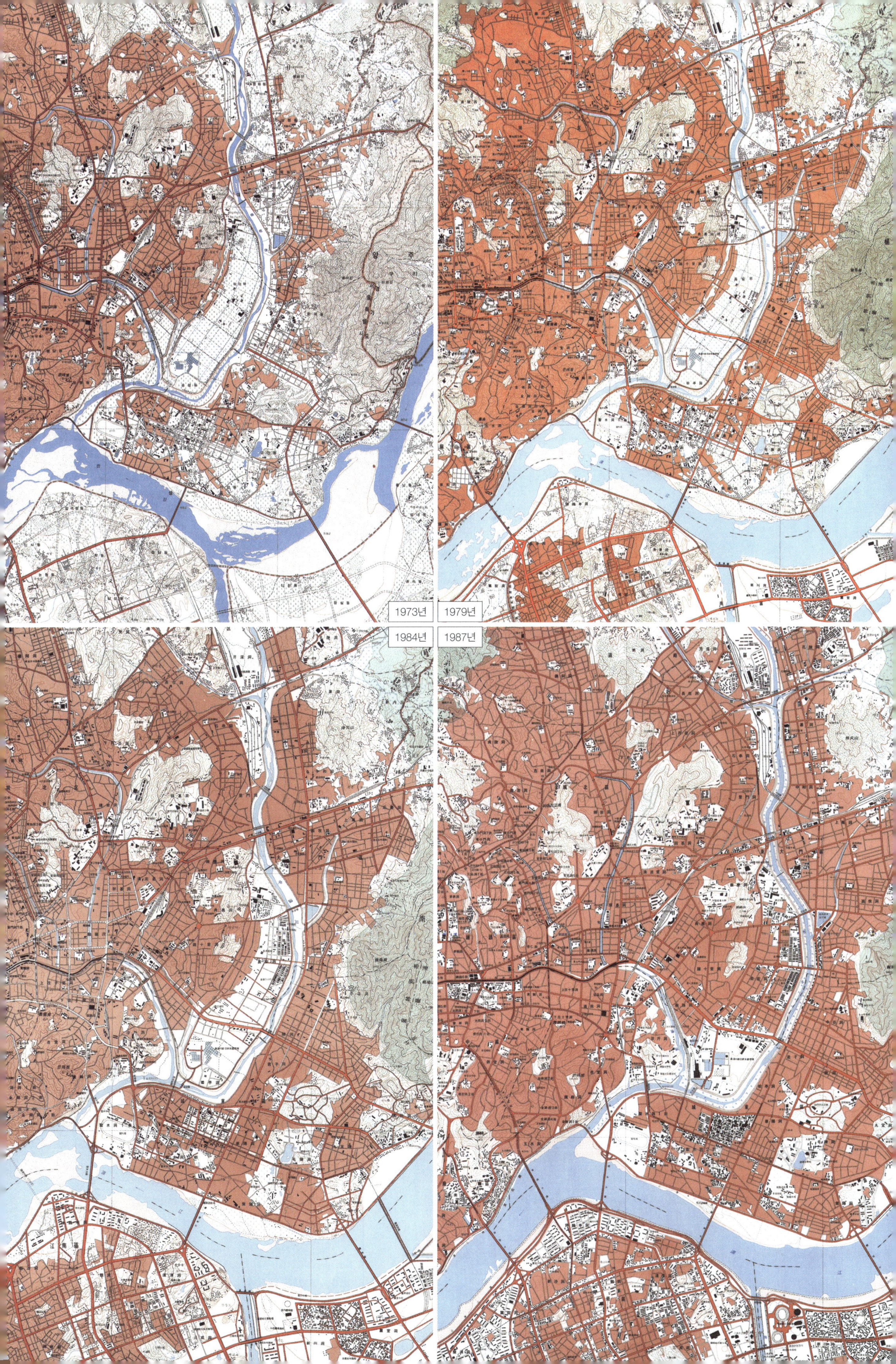
1973년
1979년
1984년
1987년

1974년

1974년 도로포장공사를 한 장월로의 사진 속 풍경에서는 의원과 부동산, 여관과 목욕탕, 자전차점 등 다양한 업종의 상점들이 분포한 것과 거리에 나와 있는 다수의 사람들을 발견할 수 있다. 1974년 사진 속에 보이는 간판 중 인애의원(서울특별시 성북구 장위3동 173-134), 신도여관(서울특별시 성북구 장위동 144-131) 등은 장위3동 재개발 직전까지 남아 있었던 것으로 보인다. 2014년 사진에서도 여전히 확인할 수 있으며 길 끝의 대형 건물은 광운중학교(광운공업고등학교) 건물로 확인된다.

1 2 3

**장월로(1974, 2014, 2020)**

1. 1974년 장월로(장위동 3가 부근) 도로포장 모습
2. 장월로(장위동 3가 부근)의 2014년 모습
3. 장월로(장위동 3가 부근)의 현재 모습

2014년

2000년

1974

2014

신도여관(1974, 2014)

1974

2014

인애의원(1974, 2014)

### 3.5.2
### 대중교통

1949년 서울시로 편입된 장위동은 서울시의 끝자락에 위치하였다. 6·25전쟁이 끝나고 농촌이었던 장위동으로 가는 대중교통은 존재하지 않았지만, 1959년이면 서울시 전체 24개 버스노선 중 하나인 종암동-종로-장석동 노선이 있었다. 1일 운행 버스는 서울시 전체 584대 중 1대였다. 1대의 버스가 종암동을 출발해 장석동으로 돌아오는 노선을 20회 운행하였고, 1일 총 수송인원은 1,400명이었다.[35]

1963년 서울시역이 확장되면서 장위동은 더 이상 서울의 끝이 아니었고 버스노선도 많아지게 되었다. 1963년 서울시는 버스 89대를 증차하여 31개 노선 890여 대를 운행하고자 하였고, 버스보다 작은 승합차에 노선 운행을 하는 합승은 41개 노선 1,100여 대였다. 실제로 1964년 버스노선이 개편되면서 장위동은 7번 버스노선이 통과하였다.[36] 이 노선은 장위동에서 후암동까지, 장위동-신설동-청계천-을지로입구-서울역-도화동을 58대의 버스가 운행하였다. 또한 종암동에서 공덕동으로 가는 5번 노선은 부분적으로 장위동에서 출발하기도 하였다. 1966년 5월 1일 버스노선 개편에서는 1대의 '마이크로버스'가 장위동과 연촌동을 오가는 시내합승 노선이 계획되었다.[37]

1965년 버스의 대중교통수송분담률은 54.0%였고, 이 중 전차가 19.4%를 차지하였다. 당시 서울의 교통문제는 나날이 심각해져 1967년 서울시는 '교통난해소 5개년 계획'을 수립하였다.[38] 이후에 최악의 교통정책으로 꼽히는 1968년 전차 철거가 있었고, 1974년 버스의 수송분담률은 73%로 높아졌다. 1971년부터 1974년까지 건설된 서울역-청량리의 지하철 1호선은 서울 도심과 근교의 대중교통체계를 바꾸어 놓을 것으로 기대되었지만 실제로는 버스 수송만 폭증하는 결과를 낳았다. 1970년 4월 1일 버스노선의 대대적인 개편이 있었고, 장위동은 31번, 32번, 33번 노선의 출발점이 되었다. 장위동뿐만 아니라 장위동에서 도보로 접근 가능한 버스노선의 수도 크게 증가하였다. 1971년 5월 마포 신시가지 건설로 33번 노선은 후암동에서 마포까지 연장되었고, 지하철 공사로 인해 38번은 서대문과 서울역을 거쳐갔다.

35. 서울특별시 시사편찬위원회, 『서울교통사』, 2000, 639쪽.

36. 「서울시내, 버스 합승노선 조정」, 『동아일보』, 1964년 12월 5일.

37. 「버스 합승급행버스 전노선 재조정」, 『조선일보』, 1966년 4월 29일.

38. 서울특별시 시사편찬위원회, 『서울교통사』, 2000, 527쪽.

39. 「광교교통 체증은 여전, 도심버스 노선 조정이후」, 『경향신문』, 1971년 7월 28일.

40. 「버스노선 자주바꿔 시민만 골탕」, 『경향신문』, 1971년 11월 2일.

41. 서울특별시 시사편찬위원회, 『서울교통사』, 2000, 536쪽.

1970년대 서울시는 지하철과 버스환승체계라는 새로운 정책을 시행하며 거의 모든 버스가 종로와 을지로를 지나가던 당시의 상황을 극복하고자 하였다. 그러나 현실은 혼란의 연속이었다. 1971년 4월에 개편하였지만 1971년 7월 27일 지금까지의 노선변경보다 "훨씬 획기적인 노선 조정"이라 할 만큼 도심을 지나가는 노선을 변경하였고[39], 1971년 10월 20일에도 42개의 버스노선을 바꾸었다. 이때 장위동-서부이촌동의 35번, 석관동-원효로의 36번 노선이 변경되었다. 1971년 10월에만 서울시는 버스노선을 6번 변경하였고, 70여 개 노선 1,600여 대의 운행노선을 바꾸었다.[40]

지하철 건설이 끝나 새로운 교통체계를 꿈꾸던 서울시는 1974년 6월 22일 교통소통 대책을 발표하며 도심을 통과하지 않는 '변두리 노선'을 발전시키고 부도심으로 가는 직행노선을 개발하겠다고 밝혔다. 이 중 2번째인 (나)번 동부우회선은 미아리-돈암동-신설동-왕십리-화양동-중곡동으로 이어졌다. 당시 후암동-마포-용산으로 이어지던 버스노선이 있던 장위동에서 왕십리와 중곡동으로 가는 노선은 서울시의 주요 간선도로 개발 정책에 따른 새로운 노선이었다.

1976년 7월 15일 잠수교가 개통되고 인근 지역을 오가던 버스 노선들은 강남을 오가게 된다. 1979년에는 천호대교-장안평-중랑교-이문동-석관동-장위동-수유리를 통과하는 길이 10.24㎞의 장수로가 개통되어 송파지역까지 버스노선이 확장되었다. 1979년 7월 28일 서울시의 교통량, 교통인구 조사 발표에서 792만 명이 이용하는 시내버스는 6,389대가 있었고 가동률 95%에 혼잡도는 175%였다. 72만 명이 이용하는 지하철은 혼잡도가 207%에 달하였다.[41] 1980년 10월 지하철 2호선 신설-잠실운동장 11개역이 부분 개통되기 직전 서울의 교통 상황이었다. 새로운 대규모 시가지가 개발되어 사람들이 모여들고 매년 신규 도로 개설과 지하철 공사에 다리 건설까지 진행하며 상전벽해가 되어 가던 1970년대 서울에서 안정된 버스노선을 찾기란 불가능한 일이었다.

1971년 20번(쌍문동-서울역) 버스 개통

1971년 4월 1일 개편된 장위동 출발 버스노선

| 노선번호 | 이전번호 | 운영회사 | 기점-종점 |
|---|---|---|---|
| 31번 | 10번 좌석 | 세운교통 | 장위동-북아현동 |
| 32번 | 12번 좌석 | 삼화상운 | 장위동-후암동 |
| 33번 | 11번 입석 | 한성여객 | 장위동-후암동 |
| 38번 | 23번 입석 | 국성여객, 삼성여객 | 석관동-원효로 |

출처: 「버스 노선 번호 재조정」, 『조선일보』, 1970년 3월 29일; 「시내버스 새 노선 번호」, 『동아일보』, 1970년 3월 30일.

### 3.5.3
### 시장

장위동을 포함한 1949년 서울시역 확장지역은 1963년 또 한번 시역 대확장 이전까지 개발이 정체되어 있었다.[42] 한 예로 1958년 7월 서울에서 폭우로 인한 피해가 발생하여 가옥 74세대가 유실되고 축대가 붕괴되었으며 교량이 파괴되었다. 1300평의 전답 매몰 피해도 있었는데, 이 전답 유실 피해가 모두 장위동 125번지에서 일어났다. 1960년 성북구 구세일람(1959년기준)에 나타난 장위동은 서울시로 편입된 지 10년이 지났지만 여전히 농촌지역의 특성을 띠고 있음을 보여준다. 장위동과 석관동을 관할하는 장석동 지역에는 1950년대 어떤 교량이나 상하수도, 도로 건설도 진행되지 않았다. 당시 장석동 인구는 성북구 전체 인구의 3.3%에 해당하는 7,943명에 불과하였으나 농업 인구는 성북구의 42.7%인 906명에 달하였다. 즉 성북구에서 농사를 짓는 사람의 약 43%가 장위동과 석관동에 거주한 것이다. 밭농사 가구도 120가구로 성북구의 48.8%에 달하였고, 쌀 생산량도 성북구의 45.1%인 3,348석이었다. 당시 도시의 교외지역에서 키우던 닭 사육 수는 약 1만 1,200마리로 성북구의 9.5%에 그쳤지만, 닭 전염병인 뉴캐슬 발생건수는 720건으로 성북구의 55.6%를 차지하였다. 당시 장위동과 석관동은 돈암동 등 이미 도시화된 성북구 지역의 외곽에 위치한 '도시시설이 부족한 농촌' 지역이었다.[43]

장위동 인근에 크고 작은 시장이 활성화된 것은 1960년대 이후로 파악된다. 1950년대 후반부터 1960년대에 재건주택, 국민주택, 동방주택 등 대규모 택지 개발이 시행되면서 많은 인구가 유입된 것이다. 1961년 서울시는 성북구 삼선제3동·삼양동·종암동·정릉동·미아동·장위동 등 신흥주택지구 44개소에 시장을 새로 허가하였으며, 장위동의 대표적인 전통시장인 '장위시장'이 이때 생겨났다. 1972년 기준으로 작성된 토지이용현황도에서는 장위시장과 석관동의 새석관시장, 월곡동의 밤나무골시장이 확인된다. 이 밖에 장위동에는 장석시장, 장계시장, 장곡시장 등 규모가 작은 시장들이 곳곳에 분포하였다.

인터뷰이의 구술과 신문기사에 따르면 1960년대까지는 장위동에 소 도살장(도축시장)이 있었던 것으로 보인다. 한 신문기사에서는 "쇠고기값이 선거붐을 타고 6백g 1근당 2백50원대로 뛰어오르자 서울에는 검역을 외면한 밀도살정육이 대목을 보고 있다."며 '밀도살 쇠고기'를 판매하는 '비밀 도살장'이 위치한 곳으로 마장동·상왕십리·장위동·뚝섬 등지를 꼽았다.[44] 특히 돌곶이역 부근은 조선시대에 '활량리(한량리)'라는 자연촌락으로 주점이 많았는데, 이곳에서 한우전문점 '활량리'를 운영하는 우덕수 사장은 설 전에 소를 잡아 마을 사람들에게 나누는 행사가 있었다고 전하였다.

42. 「서울서만 이재민 9백여명」, 『동아일보』, 1958년 7월 3일.

43. 서울시 성북구, 『성북구 구세일람』, 1960.

44. 「공공연히 밀도살」, 『조선일보』, 1967년 6월 13일.

> 여기서 소를 잡아 가지고 종로에 가서 파는 거여. 그래 여기 달성여관 옆에 집 하나 헐어 가지고 짓는데 마루 밑에 아주 소뼈가, 쇠뿔이 거의 한 열 리어카 나왔어.
>
> 노정열, 2020.7.13.

> 밀도살을 했죠. 동네 사람들이. 저기 다니면서 아니까. 밀도살을 해서. 다 알지. 다 도사들이니까. 그니까 밀도살을 하면 돈이 남잖아. 이게(도축장) 그 전부터 있었던 거 같아. 6·25 나고 나서 생겼는지 그건 모르겠고. 거기 있다가 좌우지간에 마장동 생기니까 거기로 간 거거든. 여기가 머니까 그쪽으로 간 거야.
> 활량리 같은 경우에는 소를 잡았어. 구정 전에. 동네 그 들어온 사람만 잡아서 고기 노나 가지고. 그 당시 때만 해도 고기가 어디가 좋은 건지도 모르고 소고기면 그냥 다 좋은 거야. 등심 뭐 이거 없어. 지금이야 부위가 세세하게 돼 있지만. 기름덩어리도 서로 가져가려는 사람 많으니까 뭐. 그 당시 때는. 그렇게 가져가면 이런 다라이(대야)로 하나씩 가져갔거든. 그럼 아주 그냥 생일이 그때가 생일이지.
>
> 우덕수(활량리 식당 사장), 2020.7.24.

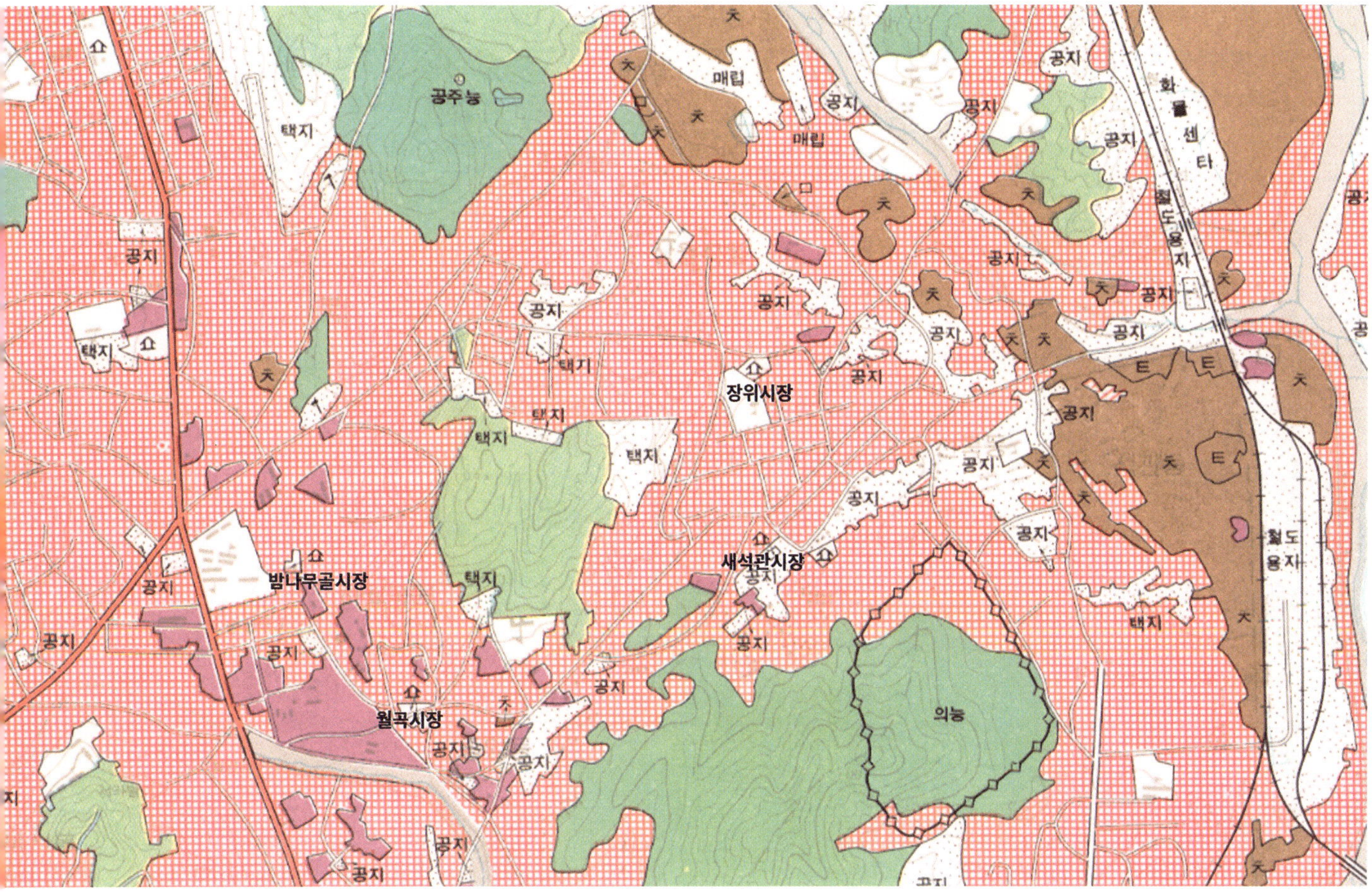


1972년 장위동 토지이용현황도

장위동에서 열렸던 주요한 임시 시장으로는 김장시장이 있었다. 김장시장은 1967년부터 겨울철마다 꾸준히 열렸다. 언제까지 이 시장이 열렸는지는 명확하지 않으나 신문에 등장하는 연도는 1979년까지이다. 장소는 매년 변경되었는데, 1967년부터 1970년까지는 장위초등학교(장위동 68-10번지)와 56번지, 1972년부터 1976년까지는 새장위시장(장위동 238-401번지), 1977년에는 장곡초 사거리(장위동 237-228번지), 1978년에는 장위2동 마을금고, 1979년에는 장석시장(장위동 60-2, 4번지)에서 열렸다.

서울의 김장시장 (下)

城東14·城北23곳 東大門區엔 12곳

두곳追加, 來週부터 열어

서울의 김장시장
(「서울의 김장시장(하)」, 『경향신문』, 1969년 11월 7일)

장위지구대부터 장위로까지 이어지는 장위2동 '장위시장'(장위로 38길)은 명실상부 장위동의 대표 시장이다. 1965년의 한 기사에서는 '변두리도시'로 발전하는 장위동을 소개하며 "지난봄 문을 연 장위시장은 점포가 50여 개, 노점도 2백여 개나 있어 마을 안에서 장을 보는 데는 별로 아쉬울 게 없다고 한다."는 소식을 전한다.[45]

돌곶이역 주변에서 식당을 운영하는 우덕수 사장은 장위시장이 생기기 전인 1960년대 이전에는 장위동에 시장이 없었으며, 물건을 사거나 팔기 위해서는 청량리시장을 이용하였다고 한다.

> 그게(장위시장) 육십 몇 년도에 생겨났나? (그 전에는) 없었지. 장이야 뭐. 어른들 보면 청량리 가거나 그렇지. 옛날엔 다 그랬지 뭐. 여기서 뭐 파 같은 거 팔러가는 사람들도 전부 청량리로 가고.
>
> 우덕수(활량리 식당 사장), 2020.7.24.

> 여기 시장은 장위시장이 제일 먼저 생겼어요. 주위에서. 장위시장이 생길 때 축하공연도 막 하고 그랬어. 줄타기 하는 것도 막하고 그랬어. 그러다가 석관시장이 생겼고. 그다음에 신장위시장이라고 또 있어요. 그다음에 새석관시장이라고 우체국 앞에. 그렇게 있는 걸로 아는데 순서가. 장석시장은. 장석시장이 새석관시장보다 먼저. 장위시장 생기고 그게 생겼으니까.
>
> 우덕수(활량리 식당 사장), 2020.10.13.

1960년대 장위시장은 '장위시장주식회사'에서 관리한 것으로 보인다. 당시 서울의 상인들은 임대료와 관리비를 둘러싸고 건물주·점포주·관리자 등과 자주 대립하였는데[46], 1968년 장위시장의 200여 점포주들 또한 장위시장주식회사(대표 임경택)와 시장 임대보증금 인상 문제로 철시를 한 바 있다. 한 기사에 의하면 1967년 6월 점포주들은 점포 1개당 계약보증금 7만 원과 월 임대료 2,400원씩 내기로 약정이 되어 있었는데 회사 측이 1968년 3월 22만 원의 계약보증금을 요구하며 보름 안으로 계약갱신을 통보하였다는 것이다.[47] 이후 이 문제가 어떻게 종료되었는지에 대한 문건은 찾을 수 없다.

45. 「새서울 지상복덕방9 - 장위동」, 『조선일보』, 1965년 10월 3일.

46. 서울특별시시사편찬위원회, 『서울의 시장』, 324쪽.

47. 「이백여 점포 철시」, 『동아일보』, 1968년 4월 16일.; 「임대료 분규 격증」, 『매일경제신문』, 1968년 4월 22일.

인터뷰이들에 의하면 장위로 38길에 위치한 장위시장은 길의 북단부터 형성되었던 것으로 보인다. 이 길의 대부분은 1958년에 경춘철도주식회사가 건설한 재건주택 부지에 속한다. 1968년부터 장위동에 정착한 '카페 마노아'의 이정자 사장은 재건주택 부지 최북단에 면한 '코코마트' 부지에 건물을 세워 시장으로 분양한 것을 장위시장의 출발로 기억한다. 시간이 지나면서 그 아래 골목까지 시장이 확대되었다는 것이다. 1996년부터 장위시장에서 '의성마늘'을 운영해 온 고문희 사장은 장위시장 골목의 건물이 과거에 철도관사여서 철도청 직원들이 많이 살았고, 입지상 주민들이 그 사잇길로 많이 오가면서 자연스럽게 시장이 들어서게 되었다고 말한다.

> 그때 장위시장에 처음 건물 하나 들어오는 거. 이 본체 옛날 코코마트 있던 자리. 골목도 나중에 이게 형성이 된 거고 그때 당시에는 그냥 하나에 네모 건물 이렇게 전체를 올렸었어. 그래서 평지에다가 칸을 이렇게 이렇게 해 가지고 그거를 전부 분양을 해서 그렇게 해서 처음에 이제 이루어졌던 거예요. 예전 코코마트 슈퍼 있던 자리. 그게 원래는 그냥 처음에 건물을 올리면서 그냥 평지로다가 이렇게 평평하게 해 가지고 그냥 칸 하나씩 잘랐어. 잘라 가지고 그거 하나씩 줘 가지고 거기서 이제 형성이 되면서 조금 조금 붙어 나간 게 그렇게 된 거야. 건물을 올린 거니까 주인이. 그렇게 해서 시작이 된 거고 그 밑에까지는 이제 시간이 가면서 이렇게 하나하나 붙어난 거고 주택들이. 주택이었었는데 그게 이제 여기가 시장이 형성이 되다 보니까 이제 하나씩 하나씩 점점 점점 뻗어 나간 거예요.
>
> 이청자, 2020.11.19.

> 처음에 철도 관사를 그렇게 해서. 땅도 이제 마당으로 되어 있는 거를 이제 그 길이 중간에 가

운데 길이 있잖아. 가운데 길이 있으니까 옛날에 그 저 봉제공장이 이 지역에 좀 많았던 모양이더라고. 봉제공장이. 그러니까 이제 그 봉제공들이 많이 왔다 갔다 했더라고. 저 동방고개 그러니까 이 길이 가운데를 길이 있으니까 사람들이 응캉 오르내리고 많이 하는 거야. 그니까 한두 사람씩 거기 나와서 장사를 하는 거야 한두 사람씩. 그러니까 그게 자꾸 이제 퍼지게 장사가 잘 되는 거야. 사람들이 응캉 도로에 많이 다니니까. 왜 저 위에 대로변이 있고 국민은행 쪽 대로변이 있고. 이쪽에 지금 파출소 앞에 대로변이 있고. 사람들이 옛날에 버스 여기서 내리면 집으로 갈 적에는 전부 그리로 올라가는 거야. 그러니까 사람이 너무 많이 올라가다 보니까 옛날에는 이제 전부 다 저녁에 마치고 가면서 이제 장도 반찬거리라도 하나 사 가지고 올라가고 그러다 보니까 거기 자연적으로 시장이 형성이 되는 거야. 그러다 보니까 사람들이 이제가 가게를 하나씩 만드는 거야. 자기 집 마당에 다 그런 식으로. 뒤에 집은 놔두고. 점포를 하나씩 만드는 거야. 만들다 보니까 이제 세를 주고 세를 주고 하다 보니까 이제 자꾸 길이 형성이 돼 가지고 그 도로 자체가 전부 우리 집 모양으로 거의 다 그런 식으로 돼 있어. 열어 보면은.

고문희(장위시장 의성마늘 사장), 2020.10.19.

2005년부터 장위전통시장 상인회장을 맡아 온 길희봉 사장은 1970년대 장위동에 들어와 1985년 2월에 커튼 가게(대양커텐)를 열었다. 그가 장위동에 들어온 당시에는 장위초등학교와 면한 '위쪽' 골목에만 시장이 형성되어 있었다고 한다. 그러다 점차 아래쪽 장위지구대까지 확장되었다는 것이다.

70년대 내가 왔을 때는 사실 이 밑에 시장은 없었었고. 위에만 시장이 형성되어 있었어요. 그 장위시장하고 그 골목하고. 저 옆에 새한상가라 또 있었고. 코코마트 올라가는 자리 있죠. 거기가 옛날 구시장이었어요.

이 인터뷰는 성북마을아카이브에서 제작한 영상인 '장위전통시장 상인회장 길희봉 8 : 장위전통시장과 그 주변의 옛 풍경'에서 발췌한 것임(영상 링크: https://archive.sb.go.kr/isbcc/home/u/item/view/4877.do, 면담자: 성북문화원 마을아카이브팀장 이승호, 구술일자: 2019.4.5., 구술장소: 장위전통시장 상인회 사무실)

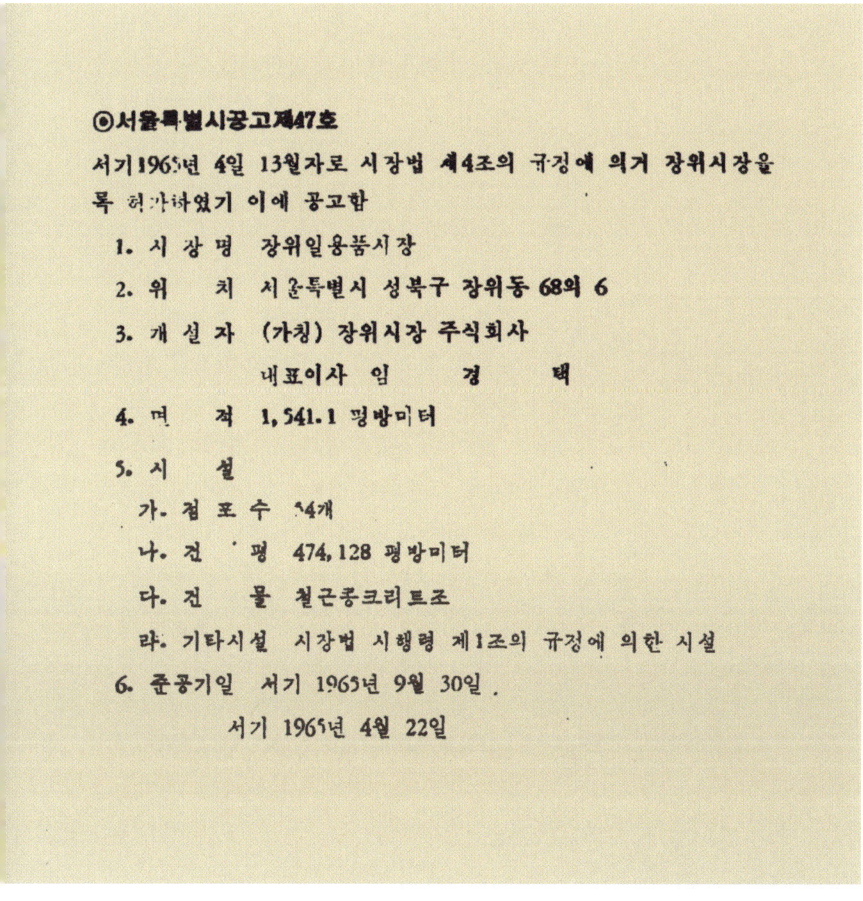

◉서울특별시공고제47호

서기1965년 4일 13월자로 시장법 제4조의 규정에 의거 장위시장을 록 허가하였기 이에 공고함

1. 시 장 명 장위일용품시장
2. 위 치 서울특별시 성북구 장위동 68의 6
3. 개 설 자 (가칭) 장위시장 주식회사
   대표이사 임 경 택
4. 면 적 1,541.1 평방미터
5. 시 설
   가. 점 포 수 54개
   나. 건 평 474,128 평방미터
   다. 건 물 철근콩크리트조
   라. 기타시설 시장법 시행령 제1조의 규정에 의한 시설
6. 준공기일 서기 1965년 9월 30일.

서기 1965년 4월 22일

**장위시장 개설허가 공고**
출처: 서울특별시공고 제47호, 1965.4.22.

### 3.5.4
### 행정시설 - 동사무소

장위리는 1949년 8월 13일 대통령령 제159호에 의거하여 성북구가 신설되면서 성북구로 편입되었으며, 50년 서울특별시 조례 제10호에 의해 장위동으로 개칭되었다.[48] 1949년 7월 지방자치법에 의해 동회 폐지 및 동사무소 설립이 공포되었으나 당시 만들어진 동사무 소의 정확한 명칭은 알 수 없다. 1953년까지 장위동을 담당하던 기관은 장위동회(長位洞會)라고 불린 것으로 보인다. 당시 장위동회는 장위동과 석관동 일대를 관할하였다.

이후 1955년 4월 18일 서울특별시 조례 제66호 동 설치 조례에 의해 행정동제가 실시되었다. 기존의 주민자치단체였던 동회제도가 폐지되고 동장 관할구역으로서의 행정구역제도가 실시된 것이다. 행정구역제도는 행정동과 법정동으로 이원화된다. 당시 행정동은 장석동, 법정동은 장위동 및 석관동으로 지정되었다.[49] 이때 기존의 장위동회는 장석동사무소(長石洞 事務所)라고 개칭되어 행정을 담당하게 되었다.[50]

1970년 5월 18일에는 서울특별시 조례 제613호에 의해 동의 관할구역이 조정되고 법정동과 행정동의 명칭이 일치된다. 이는 인구 1만 명에서 1만 5,000명 수준으로 동의 관할구역을 조정하여 행정의 균형과 능률을 제고하기 위함이었다.[51] 장위 제1동과 장위 제2동이 행정동으로 새롭게 등장하였으며, 분동과 더불어 장위 제2동 동사무소 또한 신설되었다.

48. 성북구청 우리 동 유래 홈페이지, 장위1동. https://www.sb.go.kr/dongoffice/PageLink.do

49. 성북구, 『성북구지』, 1993, 270쪽.

50. 성북구, 『성북구지』, 1993, 813~814쪽.

51. 성북구, 『성북구지』, 1993, 275쪽.

52. 서울종암경찰서 홈페이지, 연혁. https://www.smpa.go.kr/user/nd31000.do

53. 성북마을아카이브 홈페이지, 서울성북소방서. https://archive.sb.go.kr/isbcc/home/u/story/view/1629.do

**1977년 9월 1일 장위1·2동 분동으로 장위3동 신설**

| 동명 | 인구 | 분동 후 동명 | 관할구역 | 경계획정 인구 | |
|---|---|---|---|---|---|
| 장위1동 | 31,976 | 장위1동 | 장위동108번지1호 도봉구와의 경계를 기점으로 197의 12호를 경유하여 199의 40호에 이르는 소로와 199의 40호에서 238의 199호를 경유하여 68번지 앞에 이르는 도로와 산3의 4 북측 지적선과 연결되는 서북지역 | 21,459 | 15m 도로 |
| 장위2동 | 33,776 | 장위2동 | 장위동 237의 286호를 기점으로 복개도로를 따라 동진하다가 76의 68호에서 소로를 따라 남하하면서 91의 1호와 93의 12호를 경유하여 55번지에 이르는 서남측 지역으로서 장위제1동장 관할구역 경계선에 이르는 지역 | 21,929 | |
| | | 장위3동 | 장위동 중 제1·2동장 관할구역을 제외한 면적 | 22,364 | |

출처: 서울시 조례 제1181호, 「서울특별시동사무소설치조례」, 1977. 8. 9.

1977년 9월 1일 서울특별시 조례 제1181호에 의해 장위 제1·2동을 분동하여 장위 제3동을 신설하였다. 이는 장위동의 인구가 3만 명 이상이 됨에 따른 조정이었다. 15m 도로를 경계로 분동하였으며, 행정구역 조정에 따라 신설된 제3동의 청사 위치는 성북구 장위동 123-2번지이다(서울시 고시 제316호).

이후 동사무소 관할 지역이 일부 조정되었다. 1978년에는 서울시 조례 제1287호에 의해 동이 통합되거나 분리되었다. 분동 대상은 인구 3만 5,000명 이상이거나 인구 증가가 예상되는 동이었다. 이때 상월곡동의 일부가 장위동에 편입되었다.

### 3.5.5
### 행정시설 - 경찰서 및 소방서

장위동은 현재 서울종암경찰서(이하 종암경찰서) 관할구역에 있다. 종암경찰서는 1979년 대통령령 제9645호에 따라 성북경찰서와 북부경찰서가 분할된 이후 1979년 12월 29일에 개서하였다.[52] 종암경찰서 개서 이전에는 성북경찰서와 북부경찰서 관할하에 있었다. 1945년 성북경찰서가 개서한 이래로 장위동 관련 모든 경찰조직이 성북경찰서 관할하에 놓이다 1969년 북부경찰서가 개서(서울특별시 규칙 제810호)함에 따라 장위파출소는 북부경찰서 관할로 변경되었다. 당시 북부경찰서 관할로 변경된 파출소는 수유·삼양·호해·장위·공능·상계·도봉·우이·북양·장계 파출소이다. 여전히 장위동 자체는 성북경찰서의 관할하에 있었다. 1979년 종암경찰서가 개서하면서 장위동 관련 경찰조직이 종암경찰서 관할로 이전되었다. 종암경찰서의 위치는 현재와 같은 종암동 3-1260번지였던 것으로 추정된다.

1974년 서울특별시 소방서 설치조례(서울특별시 조례 제888호)에 의해 서울북부소방서의 설치가 결정되었다. 실제 북부소방서가 개설된 것은 1975년 2월 28일이다. 당시 서울북부소방서는 종암동·미아동·돈암동·창동 등 성북구와 도봉구 일대를 관할하였다.[53] 하위 조직으로는 종암소방파출소가 장위1·2동을 담당하였다(서울특별시 규칙 제1400호). 종암소방파출소의 위치는 성북구 종암동 3-72번지였다.

**항공사진으로 본 장위동(1980년)**

동방어린이공원 또한 1979년 조성되어 현재까지 장위동의 대표적인 놀이 공간 및 쉼터로 자리하고 있다. 동방어린이공원은 아파트 단지 내부의 놀이터를 제외하고 장위동에서 거의 유일한 놀이터이다. 광복 직후인 1946년 12월 11일 장위초등학교가 개교하였다. 이후 1960~1970년대 광운초등학교, 월곡초등학교, 장곡초등학교가 개교한다.

# ⑥

# 인구유입과 종교시설의 등장

1940년대까지 경기도 고양군 숭인면에 속하였던 이 지역은 1949년 서울 시계의 확장과 더불어 서울로 편입되었다. 하지만 그럼에도 1950년대 말까지 이 지역은 전형적인 농촌 마을의 성격을 유지하고 있었다. 그리고 개인과 가정이 자유롭게 종교를 선택하는 방식이 아니라 집안과 마을이 종교를 정해서 집단적으로 종교생활을 영위하는 방식의 전통적 종교생활이 우위를 차지하였다. 이 지역에 최초로 세워진 서구계 종교기관인 장석교회의 역사서는 이 지역에 살던 사람들이 주로 무속신앙을 자신들의 종교로 가지고 있었다고 증언한다. 특히 동물을 도살하며 생계를 유지한 사람들의 경우 무속신앙과 긴밀하게 연계되어 있었다는 증언이 있다.[54]

이랬던 장위동 지역에 서구 종교가 유입되고 또 개인과 가족이 자신들의 종교를 자유롭게 선택하는 방향으로 변화하게 된 것은 1950년대 들어 지가가 싼 이 지역을 찾아 사람들이 입주를 시작하면서부터였다. 1942년 천주교 혜화동성당이 미아리에 공소를 세웠고, 3년 뒤인 1945년에는 미아동성당으로 분할하였다. 장위동을 관할하고 있던 미아동성당은 광복과 6·25전쟁을 지나면서 구호사업에 집중한 결과 빠르게 교세가 확장된 것으로 전해지며,[55] 이때 장위동의 종교 지형에도 변화가 찾아왔을 것으로 예측된다.

장석교회는 장위동에 설립한 최초의 서구종교기관이었다. 교회가 처음부터 장위동에 있었던 것은 아니었다. 1954년 당시 석관동의 공회당 건물을 빌려 '대한예수교장로회 석관교회'라는 이름으로 문을 열었다가 4년 뒤인 1958년에 장위동 산 3-3번지에 대지를 구입하고 교회명을 '대한예수교장로회 장석교회'로 바꾸면서 장위동에 터를 잡게 된다. 장석교회는 1952년에 시작된 대한예수교장로회 교단의 무교회지역 교회세우기 운동에 기초하여 영락교회 여선교회의 후원으로 만들어진 교회이다. 식민지기에 보기 드물게 평양에서 대형교회를 만든 한경직 목사가 월남민들과 함께 만든 영락교회는 남한에서도 월남 개신교인들의 구심적 역할을 하며 빠르게 확장하면서 자금력을 갖추었다. 이들이 교회를 만드는 데 필요한 기초 자금을 제공하고 김평 전도사를 파견하여 교회를 만든 것이다.

장위동에 서구종교기관이 자리를 잡게 되는 과정은 원래부터 그곳에 거주하던 이들이 개종을 함으로써 이뤄진 것이 아니라 이 지역에 새로이 정착하게 된 외부 유입 인구에 의해서였다. 서구종교기관에 몸담게 된 사람들은 마을에서 농사를 짓는 이들보다는 지역 혹은 바깥에서 상업이나 공업, 사무직 등에 종사하면서 장위동에 거주지를 마련한 이들이 많았다. 1950년대 장위동의 상황에 대하여는 다음과 같은 설명이 전해진다.

> 당시 이 지역 주민의 대부분은 본토인이었으나 6·25전쟁 직후의 혼란기 속에서 생활형편이 어려운 사람들이 땅값과 집값이 싼 이 지역을 찾

54. 『장석교회 60년사』, 2017, 58쪽.

55. 『장위제일교회 30년사』, 1996, 29쪽.

**1966년 장위동과 장석교회**
출처: 『장석교회 60년사』, 2017, 94쪽.

> 아 이주해 옴으로써 차츰 주민이 늘어나게 되었다. 이 지역에는 밭과 논이 어울려 있어 본토인들의 대부분은 농사를 지었다. 그러나 일부 밀도살을 생업으로 삼았던 이들도 있었으며, 이들은 경제적으로 비교적 여유 있는 생활을 하였다. 반면에 새로 들어선 주택으로 이주해 온 신주민들은 생활 근거지를 시내에 두고 있었으며 직업 또한 각양각색이었다. 그들의 생활의식 수준은 본토인들보다 높았으나 경제적인 여유는 없었다. 이렇게 본 주민과 이주해 온 주민들 사이에는 생활환경이나 의식의 차이가 있었기 때문에 그들은 서로 어울려 지내는 일이 거의 없었다.[56]

초기 신도들은 주로 외부에서 유입된 인구 또는 아동, 청소년이었다. 장석교회의 경우 1954년 10월 23일 20명가량이 모여 첫 집회를 가질 당시 참석자 대부분이 동네 중·고등학생과 청소년들이었고 초등학교 어린아이들과 성인 두어 명이 함께 있었다고 한다.[57] 약 1년 후에는 장년 5명, 학생과 청년 15명, 초등학생 30명 정도로 늘었다.[58]

오른쪽 표는 1960년 당시 장석교회의 주요 봉사자 명단이다. 여기에는 신도들의 연령·직업·출신지가 기록되어 있는데, 이는 장석교회가 이주민 그리고 도시적 경제 영역에서 직업 생활을 영위하는 이들로 구성되어 있음을 보여준다. 특이점은 집사라 불리는 교회 중진 명단의 경우 이북에서 월남한 이들이 다수 보고되고(27명 중 19명이 이북 출신) 20대가 중심이 된 주일학교 교사 명단에는 월남자 출신 이주민과 남한지역에서 상경한 이주민이 섞여 있다는 사실이다. 어느 쪽이든 이주민이 주류를 이루고 있다는 점이 매우 뚜렷하게 나타난다.

교회 설립 초창기에는 지역 주민들과 교회 사이의 갈등이 보고되기도 한다. 장석교회는 잠시 석관동 공회당을 빌려 쓰다가 1957년부터 대형 천막을 치고 집회를 가졌는데, 이때 마을 청년들이 와서 천막을 찢거나 돌을 던지는 등 지역 주민들로부터 곱지 않은 시선을 받았다고 한다.[59]

초등학생이나 중·고등학생 신도의 경우 어른들과 달리 원래부터 살던 아이들도 있었지만, 이들이라고 해서 이주민과 선주민의 구분으로부터 자유롭지 않았다.

> 장석의 역사가 1954년부터 시작되기는 했지만 명실공히 교육이 시작된 것은 현 위치(장위동)로 교회가 이전한 이후 1958년부터이다. 당시 비록 천막교회였으나 학생회는 제법 활기를 띠고 활동했다고 볼 수 있다. 그때의 주요 관심은 이주해 온 신 주택지의 학생들을 중심으로 하여 구 주택지의 학생들을 영입하는 문제였다. 따라서 충돌도 심했고 진통도 심했다.[60]

충돌과 진통의 의미를 정확히 파악하기는 쉽지는 않다. 다만 '이주해 온 신 주택지'와 '구 주택지'를 구분하는 것으로 미루어 보아 선주민 자녀 학생들과 이주민 자녀 학생들 사이에 갈등이 있었던 것으로 추측된다.

(2) 봉사자 임명

① 권사(1명) - 김OO (66세, 평남)
② 서리집사(남9, 여18, 합 27명)
남 - 김OO (68세, 의사, 평북)
차OO (47세, 공무원, 평남)
김OO (37세, 교사)
박OO (37세, 상업, 황해)
장OO (33세, 평북)
김OO (30세, 공무원, 황해)
박OO (30세, 상업, 경북)
김OO (27세, 상업, 황해)
정OO (24세, 군인, 서울)
여 - 이OO (64세, 공무원, 함북)
노OO (58세, 공무원, 충남)
김OO (58세, 공무원, 평북)
홍OO (55세, 상업, 평남)
장OO (54세, 공무원, 황해)
김OO (53세, 상업, 평북)
김OO (53세, 공무원, 평북)
김OO (51세, 상업, 평북)
이OO (50세, 공무원, 평북)
성OO (48세, 평남)
정OO (48세, 평남)
이OO (48세, 상업, 황해)
윤OO (43세, 상업, 경기)
고OO (39세, 공무원, 강원)
김OO (34세, 공무원, 경남)
신OO (32세, 평북)
박OO (30세, 축산, 경남)
이OO (27세, 군인, 함남)
*여자 제직의 경우, 대개 세대주의 직업을 따름

③ 주일학교 반사(남12, 여10, 합 22명)
부장: 김OO (30세, 황해)
부감: 김OO (27세, 황해)
총무: 정OO (21세, 서울)
서기: 장OO (30세, 평북)
회계: 이OO (22세, 경북)
반사: 남 - 이OO (27세, 충북)
엄OO (24세, 강원)
정OO (24세, 서울)
정OO (22세, 경기)
이OO (22세, 서울)
김OO (22세, 황해)
강OO (21세, 전남)
여 - 조OO (19세, 강원)
김OO (26세, 황해)
신OO (23세, 경북)
문OO (23세, 경기)
홍OO (23세, 경기)
이OO (21세, 황해)
신OO (20세, 경기)
신OO (20세, 경북)
정OO (19세, 평북)
이OO (19세, 경북)

**장석교회 1960년 권사, 집사 및 주일학교 교사명단**
출처: 『장석교회 30년사』, 1987, 63~64쪽.

56. 『장석교회 30년사』, 1987, 42쪽.
57. 『장석교회 30년사』, 1987, 45쪽.
58. 『장석교회 30년사』, 1987, 47쪽.
59. 『장석교회 30년사』, 1987, 51~61쪽.
60. 『장석교회 30년사』, 1987, 75쪽.

1. **장석교회(1956, 1966, 1974)**
   출처: 「장석교회 60년사」, 2017.
2. **원불교 송천교당**
   출처: 더불어 행복한 송천교당 50년사

장위동 지역에 이주민들이 본격적으로 자리를 잡은 것은 1960년대라고 볼 수 있다. 1958년의 재건주택과 부흥주택 건설 사업, 1962년부터 1964년까지 진행된 국민주택 건설사업 그리고 1962년부터 1967년까지 진행된 동방주택단지 건설사업 등을 통해 많은 외부 인구들이 장위동에 자리를 잡고 생활을 시작하였다. 이는 장위동의 종교지형에 큰 변화를 일으켰다.

장위동에서 종교기관은 주로 1960년대와 1970년대에 집중적으로 설립되었다. 하지만 1970년대에 설립된 종교기관들이 주로 1960년대에 설립된 종교기관들에서 분화되어 나간 것임을 감안하면 1960년대를 이 지역 종교기관의 설립기로 볼 수 있고, 따라서 도시의 개발과 종교기관의 설립이 동시에 이루어진 것으로 이해할 수 있다. 이 시기에 만들어진 종교기관들의 설립 경위를 살펴보면 다음과 같다.

### ① 장위감리교회

장석교회에 이어 이 지역에 만들어진 두 번째 종교기관은 장위감리교회다. 1964년에 만들어진 이 교회는 감리교 전도사 김원화에 의해 1966년 세워졌다. 여전도사인 그는 1959년 장위시장 근처에 살면서 사람들을 모아 집회를 가진 적이 있는데, 부산으로 잠시 이주한 뒤 돌아와 교단에 보고하고 1964년에 가정집에서 집회를 가지면서 정식으로 교회를 만든 것이다. 당시 장위동에는 대한예수교장로회 소속인 장석교회밖에 없었기 때문에 장위감리교회는 다른 지역에서 감리교 소속으로 종교생활을 하던 이들을 교회로 나오도록 하고 또 지역주민들에게 포교활동을 하여 교세를 확장해 갔다. 교회를 만들고 20여 일 후 교단 본부는 김원화 전도사에게 다른 지역에서 활동할 것을 요구하고, 대신 오창근 목사를 부임케 하였다. 그리고 6개월 후 미국 선교사 채프리가 대지 183평을 구입하면서 현재의 위치에서 교회활동을 이어가고 있다.[61]

### ② 장위제일교회

장위제일교회는 황해도 겸이포 출신으로 평양에서 신학공부를 하다 월남한 윤병관 전도사에 의해 1966년 만들어졌다. 남한에서 신학공부를 마친 후 1년간 강원도 원주에서 목회를 하다 실패를 경험한 그는 사업가로 변신해 있었는데, 종교적인 열정으로 인해 다시 교회를 만들어야겠다고 생각하고 서울 여러 곳을 답사한 후 장위동 79-12번지를 매입하고 교회를 세웠다. 그리고 윤병관 전도사의 친인척을 주축으로 하고 포교를 통해 발걸음을 하게 된 지역 주민들을 더하면서 교세를 확장해 갔다. 이 교회는 증축과 개축을 거듭하였지만 지금까지 같은 자리에 있다.[62]

61. 「장위감리교회 50년사」, 2014, 29~35쪽.

62. 「장위제일교회 30년사」, 1996, 33~49쪽.

### ③ 장성교회(현 예수비전교회)

장성교회의 설립은 장석교회의 설립 과정과 유사하다. 평안북도 의주 출신의 김창인 전도사가 평안도 출신 월남자들이 다수 거주하는 충무로 지역에 만든 충현교회 여전도회가 장성교회의 설립을 주도하였기 때문이다. 충현교회 여전도회는 국민주택이었던 장위동 251-31번지의 가옥을 사들여 1966년에 교회를 설립하면서 장위동 언덕이란 의미로 장성長城교회로 이름을 짓고 강석원 목사를 전담 목사로 파견하였다. 현재까지 같은 위치에 있으며, 2006년 교회명을 예수비전교회로 바꾸었다.

### ④ 장위동성당

1960년대 장위동 개발이 본격화되면서 가톨릭 교인들도 이곳에 이주하여 정착하기 시작하였다. 이들은 미아동성당에 적을 두고 있었는데, 장위동 지역 교인이 많아지면서(장위동성당 설립 당시 220명) 장위동에 본당을 만들어야 한다는 분위기가 형성되었다. 그러한 가운데 1968년 골롬반회 소속의 지벨라도 신부가 이 지역을 방문하고 지역의 가톨릭 교도들과 접촉한 뒤 한 교도의 집에서 미사를 시작하였다. 이후 서울대교구로부터 인가를 받아 장위동성당을 설립하고 장위동 233번지에 자리를 잡은 후 현재까지 같은 위치에서 종교활동을 지속하고 있다.

### ⑤ 원불교 송천교당

원불교 송천교당은 1967년 강북구 미아동, 행정동으로는 송천동이라 불리는 지역의 한 교도 집에서 종로교당으로부터 신도를 파견받아 집회를 가지면서 출발하게 되었다. 하지만 교도의 사업 실패로 집이 팔리며 미아삼거리로 잠시 이전하였다가 2년 뒤인 1969년 현재의 위치인 장위동으로 이전하게 되었다. 장위동으로 이전하게 된 배경에는 동방주택의 시행자였던 동방생명의 중견 사원이 교도였기 때문이다. 그의 주선으로 대지를 마련하여 건물을 지으면서 '송천교당'이라는 이름을 유지하면서도 장위동에서 수십 년째 역사를 이어오고 있다.[63]

### ⑥ 성광교회

기독교대한성결교회 소속인 성광교회는 1969년 성결교신학교(현 서울신학대학교)의 모금과 교단 소속 다른 교회들의 후원으로 장위동 68-229번지(장위초등학교 옆 골목)에 전셋집을 얻어 시작하였다. 교단은 교회 설립과 동시에 권동현 목사를 파견하여 교회를 전담하게 하였다. 이후 교세가 성장하자 전셋집 옆 연립주택(장위동 68-722번지)을 매입하여 현재까지 같은 자리에서 교회를 유지하고 있다.

**야외에서 열린 장위동성당 초기 미사**
출처: 「장위동성당 40년사」, 2020, 299쪽.

**장위동 종교기관의 설립과 변화**

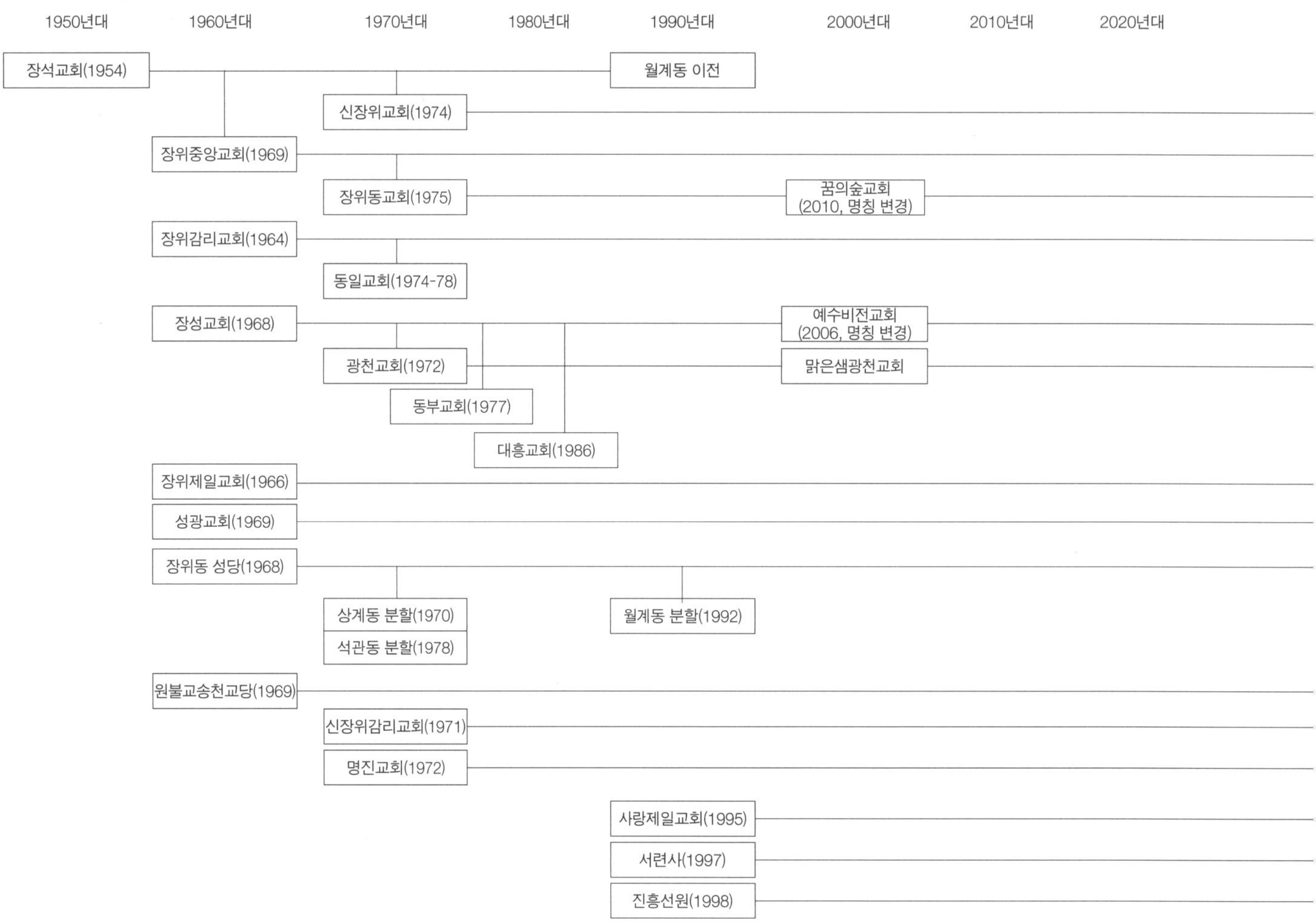

1960년대가 장위동 종교기관의 '설립기'였다면 1970년대는 종교기관의 '분리기'였다. 여러가지 이유로 종교기관들이 분화되고 종교기관의 수가 늘어난 것이다. 이때 분화된 교회들로는 1969년 장석교회에서 갈라져 나온 장위중앙교회, 1972년 장석교회에서 갈라져 나온 신장위교회, 1972년 장성교회에서 갈라져 나온 광천교회, 1975년 장위중앙교회에서 갈라져 나온 장위동교회(현 꿈의숲교회) 등이 있다. 이들의 분리 경위를 간단히 소개하자면 다음과 같다.

장위중앙교회는 장석교회 신도 14가정이 이동하여 장위동 233번지에 새로이 만든 교회다. 이들 가정은 장석교회를 전담하는 목사의 설교가 따분하고 부목사가 오히려 설교를 잘한다고 판단하였다.[64] 그래서 교회를 사임한 지 얼마 안 된 부목사를 담임목사로 추대하여 교회를 새로 만들었다.[65]

이렇게 설립된 장위중앙교회는 1974년 분규를 경험한다. 교세가 확장됨에 따라 장로를 선출하는 과정에서 교인들이 분열되기 시작하였고, 이는 곧 일부 교인들과 담임목사 사이의 갈등으로 비화되었다. 양측은 교단 본부와 경찰에 서로를 고발할 정도로 대립하였으며, 그 결과 이듬해 5월 담임목사가 사임하기로 합의하였다.[66] 사임한 담임목사는 자신을 따르는 교인 100여 명과 함께 장위동 상가건물 2층에서 집회를 시작하면서 새로운 교회를 설립하고 장위동교회로 명명하였다. 교회는 12년 뒤 장위동 206-3번지로 옮겨 현재까지 이어져 오고 있으며[67], 2009년에는 교회 이름을 '꿈의숲교회'로 바꾸었다.

장위감리교회도 분규 사건이 있었다. 1974년 당시 15~16명의 핵심 신도들이 담임목사가 교회 업무를 등한시한다는 이유로 석관동 332-23번지에 교회를 만들어 나간 일이 있었다. 새롭게 분리해 나간 교회의 교인들은 교세가 확장되지 않자 5년 뒤에 교회를 폐쇄하고 장위감리교회와 재합병하였다.[68]

장성교회는 1970년대와 1980년대에 걸쳐 3차례 분규를 겪었는데, 그때마다 새로운 교회가 분리되어 장위동과 인근 지역에 설립되었다. 1971년 장성교회에서는 일부 교인들과 목사 사이에 갈등이 발생하였고, 1972년 100여 명의 교인들은 교단의 중재에 따라 교회 설립자금을 지원받아 분리를 결정하였다. 이들이 장위동에 인접한 석관동 341-28번지에 설립한 교회가 광천교회(현 맑은샘광천교회)이다.[69] 1977년 장성교회의 담임목사와 일부 교인들 사이에 다시 분규가 일어났고, 이후 사임한 담임목사와 일부 신도들은 석관동 238-10번지에 동부교회를 설립하여 분리해 나갔다.[70] 1980년대 중반 다시 한번 담임목사와 일부 교인들 사이의 갈등으로 1986년 사임한 담임목사와 150여 명의 교인들이 장위동 238-93번지에 대흥교회를 설립하였다.[71]

가톨릭교회인 장위동성당은 교세 증가와 인근 지역 시가지 개발로 성당의 분리를 경험하였다. 1971년에 상계동성당이 장위동성당에서 분할되어 나갔고, 1978년에는 석관동성당이 분할되어 나갔다. [72]

## 초기 장위동의 종교 특성 - 종로형 모델

위와 같이 진행된 교회의 설립과 분리는 장위동 종교의 지역적 성격을 매우 잘 드러낸다. 장위동은 부유층과 서민층이 공존하는 지역적 특성으로 인해 1980년대까지 지역적 특성이 반영된 종교 아비투스를 보여주는데, 이를 '종로형' 아비투스라 할 수 있다.[73]

한국 최대의 도시 서울에서 거주하는 이들의 사회경제적 특성이 지리 공간과 긴밀하게 결부되어 있다는 사실은 널리 알려져 있다. '강남'과 '강북'이라는 단어는 단순히 지리적으로 한강 이남과 이북을 가리키는 것이 아니라 사회경제적 계층과 결부된 지역의 특성 혹은 장소성을 드러내는 말로 자리매김하고 있다.

지역과 결부된 주민들의 사회경제적 특징은 종교행위와도 관련을 지닌다. 프랑스의 사회학자 피에르 부르디외는 '아비투스(habitus)'라는 개념을 통해 소비와 취미 등의 영역에서 계층에 따라 성향과 기호가 무의식적으로 형성됨을 보여준 바 있는데, 종교행위에 있어서도 사회경제적 특성과 결부된 종교생활의 성향이 존재함을 가정할 수 있다. 이를 확장하면 지리적 공간과 주민들의 사회경

63. 『원불교송천교당 50년사』, 116~119쪽.

64. 『장석교회 60년사』, 2017,199쪽.

65. 『장위중앙교회 50년사』, 63~64쪽.

66. 『장위중앙교회 50년사』, 2019, 103~105쪽.

67. 『장위동교회 30년사』, 2005, 144~150쪽.

68. 『장위감리교회 50년사』, 2014, 72~79쪽.

69. 『광천교회 30년사』, 231~232쪽.

70. 『장성교회 25년사』, 1991, 82~83쪽.

71. 『장성교회 25년사』, 1991, 100쪽.

72. 『장위동성당 40년사』, 2008, 412~414쪽.

73. '아비투스'는 프랑스 사회학자 피에르 부르디외가 제시한 개념으로, 사회적 관행이 지속되면서 사람들의 육체와 행동에 체화된 습속을 가리킨다. 아비투스에는 사회구조적 특성과 요소들이 스며든다는 것이 핵심적인 특징이다.

제적 특성이 결부된 서울에는 지역마다 종교 아비투스가 존재한다는 가정을 해 볼 수 있다.

한국 사회에 비교적 잘 알려진 서울의 개신교계 대형 종교기관들은 서울의 종교 아비투스와 관련이 있다. 잘 알려진 서울의 대형 종교기관들을 아비투스와 관련지어 분류하면 크게 두 가지로 나뉜다. 첫 번째 유형은 '강남형' 종교 아비투스를 지닌 종교기관이다. 이들 종교기관은 신도들의 교양과 학습을 중시하는 특징을 지닌다. 이 외에도 교회의 탈지역적 성격, 성직자의 지적 카리스마, 체계적인 교리 학습 및 선교 프로그램, 세련된 음향시설과 영상을 활용한 종교의례 등을 특징으로 한다. 강남의 소망교회·광림교회·사랑의교회·온누리교회, 송파의 임마누엘교회·주님의교회, 분당의 할렐루야교회·지구촌교회 등은 이름에서 지역색을 드러내지 않는다. 이들 교회의 성직자들은 지적 카리스마에 기초하여 교세를 성장시키면서 수십 년을 한 교회에서 보내고 퇴임 후에도 영향력을 행사한다.

두 번째 유형은 '구로형' 종교 아비투스 기관이다. 여기에 해당하는 종교기관들은 기복과 치병 등을 중시한다. 성직자는 치병과 예언, 방언 등을 통해 샤머니즘적 종교 카리스마를 보여주고, 종교의례 역시 예언과 방언 등 샤머니즘 요소를 강조한다. 구로지역에 위치한 성락교회, 만민중앙교회, 연세중앙교회 등이 대표적이다. 여의도순복음교회 역시 넓게 봐서는 이 유형에 속한다.

장위동의 종교기관들은 이 둘과는 달리 잘 알려져 있지 않은 유형의 종교 아비투스에 해당한다. '종로형' 종교 아비투스가 그것이다. 이 유형의 종교기관들이 지닌 특징으로는 다음과 같은 것들이 있다. 종로형 종교기관들은 지역성을 강하게 드러낸다. 19세기 말부터 이른바 '사대문 안'에 자리를 잡은 이들 종교기관은 모두 지역명을 교회 이름으로 썼다. 서울의 종로에 위치한 정동교회, 상동교회, 새문안교회, 승동교회, 연동교회, 안동교회, 초동교회, 자교교회, 종교교회, 수표교교회 등은 모두 지역명 혹은 주변 지형물을 교회이름으로 쓰고 있다.

종로형 종교 아비투스에 해당하는 종교기관들은 성직자와 평신도와의 관계 및 성직자의 카리스마 여부에 있어서도 다른 유형의 종교 아비투스 기관들과 차이를 보인다. 종로형 종교 아비투스에 해당하는 종교기관들은 평신도, 특히 평신도의 리더인 장로들의 영향력이 큰 편이다. 20세기 초반에 생긴 교회들의 경우 신분제적 권위가 교회 내에 그대로 이전되어 지역의 권문세가가 교회 내에서도 권문세가로 역할을 하는 경우가 적지 않다. 또한 지역 내에 다양한 계층이 거주하기에 평신도들 사이의 사회경제적 격차가 종교기관 내 평신도 리더십과 결부되는 경향을 보인다. 이로 인해 평신도의 리더가 종교기관 내에서 큰 영향력을 가지게 되는 것이다. 이에 따라 이들 종교기관의 성직자들은 상대적으로 신도들에 대하여 종교적 혹은 지적 카리스마를 발휘하는 경우가 드물며, 성직자와 평신도들 사이에 갈등이 빈번하여 평신도들이 성직자를 교체하는 일도 간혹 발생한다.

장위동의 종교기관들 역시 이러한 종로형 종교 아비투스를 전형적으로 드러낸다. 장석교회, 장위감리교회, 장위제일교회, 장성교회, 장위중앙교회, 장위동교회, 신장위교회 등 장위동의 교회들은 기본적으로 지역명을 종교기관명에 활용하는 모습을 보인다. 1970년대와 1980년대에 기존 교회로부터 분리해 나간 광천교회나 동부교회도 장위동과 석관동 경계에 자리를 잡으면서 장위동이라는 지역과 종교기관이 결합되어 있는 모습을 보여준다.

장위동에는 다양한 계층의 사람들이 섞여 살고 있다. 일반적으로는 '가난한 동네'로 알려져 있다.

> 장위동은 서울 시내 중심가에서 멀리 떨어진 곳이어서 땅값이 비교적 싸고, 전세나 월세도 헐하였다. 그래서 처음 집을 마련하는 사람들이나 세를 살려는 사람들이 많이 모여들었다. 장위시장과 장위초등학교 근처에 집들이 많이 들어섰고, 그 외 지역에는 빈 땅과 논밭도 많이 있었다.[74]

하지만 동방주택 등 부유층 거주지 역시 존재한다는 것도 잘 알려진 사실이다.

이러한 지역적 특징은 종교기관의 재정이나 활동에 중요한 역할을 담당하면서 신도들 사이에 영향력을 발휘하는 평신도 집단이 만들어지기 용이한 환경을 제공한다. 반대로 성직자들이

74. 「장위감리교회 50년사」, 2014, 28쪽.

75. 「장석교회 60년사」, 2017, 199쪽.

76. 「장위제일교회 30년사」, 1996, 130~134쪽.

신도들 사이에서 종교적 카리스마를 지닌 인물로 비춰지기가 다소 어려운 여건을 제공한다. 장석교회는 자신의 교회에서 장위중앙교회가 분리되어 나가는 과정을 설명하면서 당시 교회의 분회를 다음과 같이 전한다.

> 사실 장 목사가 말씀을 전할 때 꾸벅꾸벅 조는 사람들이 태반이었다. 무슨 얘기를 하는지 모르겠다는 이들도 많았다. 혹자는 그가 신학 공부를 제대로 못해서 그런 것이라고 원인을 찾기도 했다.[75]

성직자를 평가하는 이러한 분위기는 성직자가 종교적 카리스마와는 거리를 두었다는 사실을 보여준다. 장위제일교회의 경우에도 1970년대 중반 설립자의 사임 후 새로이 부임한 성직자와 신도들 사이에 알력이 적지 않게 존재하였다.[76]

이로 인해 장위동 종교기관 성직자(담임목사)들은 임기가 비교적 짧다. 장석교회는 1958년에 부임한 1대 목사가 11년, 1969년에 부임한 2대 목사가 15년, 1984년에 부임한 3대 목사가 27년, 4대 목사가 7년을 재임하였다. 장위감리교회는 1대 전도사가 20일, 2대 목사가 1년, 3대 목사가 9년, 4대 목사가 14년, 5대 목사가 14년, 6대 목사가 12년의 임기를 보냈다. 장위중앙교회는 1대 목사 5년, 2대 목사 10년, 3대 목사 12년, 4대 목사 7년이고 장위제일교회는 1대 목사 10년, 2대 목사 18년, 3대 목사 19년이며 장성교회는 1대 목사 11년, 2대 목사 8년, 3대 목사 2년, 4대 목사 20년이다. 한 성직자가 카리스마를 바탕으로 30년 이상 한 교회에서 활동하고 퇴임 이후에도 큰 영향력을 발휘하는 강남형이나 구로형 종교 아비투스에 해당하는 교회들과 큰 차이를 보이는 것이다.

이와 같이 장위동의 종교기관들은 성직자가 종교적 카리스마를 지닌 인물로 여겨지는 일도 잘 없고, 여러 차례 분리를 경험하였다. 그럼에도 불구하고 계속해서 교세는 성장하였다. 이는 지속된 이주민의 유입과 아동, 청소년, 청년의 유입 때문이다. 이주민의 유입에 대해서는 이미 언급하였으므로 아동, 청소년, 청년의 유입에 대해 살펴보면 다음과 같다. 장석교회나 장위제일교회 역시 교회 설립 직후 자리를 채운 것은 지역의 아이들이었

**장위제일교회 설립 직후**
『장위제일교회 30년사』, 1996, 39쪽.

1
2
3

**장석교회 레크리에이션 행사**
개신교회가 제공하는 레크리에이션이 당시 사회에서는 선진적인 것이었음을 알 수 있다.
출처: 『장석교회 60년사』, 2017, 101쪽.

1, 2. 겨울성경학교에서 썰매와 스케이트를 타는 어린이들, 1967년 1월 23일.
3. 초창기 주일학교

다. 장위제일교회의 경우 1966년 7월 3일에 첫 집회를 열었는데, 이때 참석자는 성년 8명에 미성년 40명이었다. 주중 평일에 '여름성경학교'라는 이름으로 개최된 집회에 참석한 동네 아이들이었다.

1970년대 들어 기존의 교회에서 분리해서 나간 교회들의 경우에도 교세의 확장에 있어 아동, 청소년, 청년 층이 중요한 역할을 하였다. 광천교회는 교회 설립 이후 약 10년 동안 당시 20대 이하 젊은 인구의 유입이 교세의 확장을 견인하였다고 전한다. 이 교회는 1970년대 중반을 "대학부의 활동이 눈부시게 두드러지던 시기"로 묘사한다.[77]

아동, 청소년, 청년 층이 많았던 데에는 여러가지 요인이 존재할 것이다. 그중 한 요인으로 종교기관들이 이들에게 새로운 레크리에이션과 문화를 접하는 수단으로 기능하였다는 점을 들 수 있을 것이다. 장석교회는 교회가 아동과 청소년을 모을 수 있었던 이유에 대해 다음과 같이 설명한다.

> 인터넷은커녕 텔레비전도 구경하기 힘든 때였다. 10대들이 누릴 만한 문화시설도 전무하다시피 하였다. 청소년들은 이제껏 경험해 보지 못한 새로운 분위기를 교회 안에서 맛볼 수 있었다. 교회에 오는 것이 그들에게는 큰 즐거움이었다. 교회는 호기심이 많고 의욕이 왕성한 청소년들을 한데 모으는 구심점이 되었다.[78]

하지만 레크리에이션보다 중요한 것은 청년들이 자신의 생각을 표출할 수 있는 문화적 통로를 종교기관들이 제공하였다는 점이다. 예를 들어 장석교회는 1959년에 특별집회 명목으로 국립중앙의료원 이종진 박사, 광운대 학장 조응천 박사, 보건사회부 문선호 생활과장, 정준 국회의원을 차례로 초청하여 강연을 들었다.[79] 그리고 이듬해인 1960년부터 1990년까지 30년간 학생들 스스로가 기획하고 작성하고 등사하고 배포하는 문예지『등대』를 발간하였다. 1961년부터는 '문예의 밤' 행사를 기획하여 독창, 이중창, 사중창, 시 낭송, 수필과 산문 낭독 등의 공연을 열었다. 인근 장위제일교회 신도는 당시 장석교회를 이렇게 표현한다.

> 장석교회가 커지면서 이쪽 동네가 많이 커졌죠. 그때 사실 젊은이들이 젊음을 발산할 수 있는 곳이 교회밖에 없었어요. 그때는 교회가 청소년 문화를 선도하고 이끌어 나가고 그랬죠.[80]

(6)

본당의 이모저모

주보 제478호 압수와 부분삭제

지난주일 정의구현 전국사제단에서 발표한 "민주·민족·민생의 민중복음을 선포한다."는 성명서가 실렸다는 이유로 경찰은 기동대와 사복형사들을 성당주위에 배치, 미사에 참례하고 귀가하는 신자들을 잡고 강제로 백을 뺏어 뒤지고 주보를 압수해 가는 만행을 저질렀다. 사제들의 양심의 소리를 주보에 기재한 것이 이처럼 살벌한 공포분위기와 폭력의 위협속에서 종교의 고유한 사명이 제한내지 억압되는 현실에 통탄을 금치 못한다. 신앙은 역사를 통해 박해의 원인이 바로 현실의 법에 충돌이 있어도 양심을 따라 행동해야 하는 하느님의 뜻을 따랐기 때문이었다. 다시는 이러한 처사가 이땅에서 일어나지 못하도록 한가지로 하느님께 기도 드리며 아울러 이러한 양심의 소리로 인해 고통받는 형제들을 위해 더욱더 열심히 기도 드리자.

장위동성당 주보와 민주화운동

이와 관련하여 가장 눈에 띄는 활동을 한 것은 장위동성당이었다. 1975년 대학생 신도 수가 증가하면서 장위동성당은 대학생회를 만들고 교양 강좌와 세계교회사 강의 등 학습프로그램을 제공하였다. 그리고 1976년 3·1절에 명동성당에서 일어난 3·1 구국선언 사건에 본당 주임신부인 양홍 신부를 포함한 신도들이 연루되어 구금되고 조사를 받게 되자 신도들은 조를 편성하여 저녁마다 본당에 모여 기도회를 개최하였다. 청년들은 구속자 석방을 위한 시위를 계획하기도 하였으며, 주보마다 공판 참관기록을 작성하여 언론에 드러나지 않는 사건의 실상을 알리기도 하였다.[81] 이후에도 성당의 주보는 민주화운동을 전하는 통로가 되었다. 그러자 1978년 문화공보부는 장위동성당 주보를 불법 간행물로 지정하였다.[82] 1979년에는 '오원춘 사건'을 주보에 게재하여 공개하자 당국의 요원들이 귀가하는 신도들의 가방에서 주보를 압수하는 일까지 벌어졌다.[83]

원불교 송천교당 역시 1970년대 들어 청년들의 활동이 두드러졌다. 청년 모임이 조직되고 문예지『솔샘』이 만들어졌으며 '문학의 밤'

77. 『광천교회 30년사』, 18쪽.
78. 『장석교회 60년사』, 2017, 60쪽.
79. 『장석교회 33년사』, 75쪽.
80. 장위제일교회 신도 인터뷰.
81. 『장위동성당40년사』, 2008, 130쪽.
82. 위의 책, 134쪽.
83. 위의 책, 135쪽.

행사도 열리면서 청년들이 매우 활발하게 활동하였다.[84]

장위동의 개신교회들은 청년부의 의사결정에 자치권을 부여함으로써 이들이 자신들의 문화를 만들어 내고 활동을 이어갈 수 있도록 하였다. 예를 들어 장위감리교회의 경우 정기 이사회 역할을 하는 연말 당회의 회의록에 "당회 전 청년회장을 선출하지 못한 경우 추후에 청년회에서 선출한 회장을 인준한다."고 쓰여 있다. 청년회장의 인선에 교회의 중진들이 관여하지 않았음을 밝히고 청년회가 자치조직으로 활동하였음을 드러내는 대목이다.[85] 또 광천교회는 1980년대 근로청소년을 중심으로 청년부 조직이 만들어진 후 이를 교육부서로 보고 지도하려는 교사들과 자치조직의 성격을 유지하려는 청년들 사이의 갈등이 존재하였음을 증언하고 있다.[86]

84.
『원불교 송천교당 50년사』, 121쪽.

85.
『장위감리교회 50년사』, 2014, 50쪽.

86.
『광천교회 30년사』, 249~250쪽.

#3

# 고문희

재건·부흥주택

| | |
|---|---|
| 1946년 | 부산광역시 출생 |
| 1965년 | 영남상업고등학교 졸업 |
| 1976년 | 포항으로 이사 |
| 1996년 | 장위동 68-226번지 재건주택으로 이사<br>의성마늘유통 개업 |
| 2019년 | 부흥주택으로 이사 |
| 2020년 | 장위전통시장 내 의성마늘유통 운영 |

고문희는 1946년에 부산에서 태어났다.
부산에서 포항으로 이주하여 생업을 이어나가던 그는 장위동에 연고가 있는 누님의 소개로 서울로 올라와 가족과 함께 장위동에 정착하였다. 그가 장위동에서 정착한 곳은 장위시장에 위치한 재건주택이었다.
장위시장을 중앙에 두고 남북 방향으로 좌우로 늘어서 있는 재건주택은 전면부에 점포를 두고, 후면에 주택이 위치한 구조를 하고 있다. 마늘 장사를 한 고문희 역시 집 앞에는 가게를 두고 바로 이어지는 뒤쪽의 가정집에서 생활하였다.
그가 개업한 '의성마늘유통'은 의성마늘만 전문적으로 파는 곳으로 한자리에서 20년이 넘도록 고객과 신뢰를 쌓아왔다. 그러던 중 장위10구역 재개발로 인해 장위시장 서쪽에 면하고 있는 부흥주택을 구입하여 이사하였다. 그는 현재 2층 구조인 부흥주택 1층을 개조하여 가게로, 나머지는 가정집으로 사용하고 있다.

조사팀은 장위10구역 재개발 대상지에 포함된 장위시장 재건주택을 사진으로 기록하고 실측조사하였다. 하지만 이미 퇴거가 끝나고 철거를 앞둔 상태에서 건축물만으로 '생활'을 읽어낼 수 없었다. 이 때문에 실제로 재건주택에 거주하던 사람들을 찾게 되었고, 장위시장의 사정을 제일 잘 알고 있는 장위전통시장 상인회를 방문해 길희봉 회장을 면담하였다.

그 과정에서 현재 장위시장에서 점포를 운영하고, 과거에 재건주택에 오랫동안 거주하며 장사를 한 고문희를 소개받았다. 곧장 그를 찾아 장위동 조사 사업에 대해 설명하고 인터뷰를 요청하였다. 그렇게 해서 조사팀은 꼭 듣고 싶던 장위동 재건주택과 부흥주택에 관한 이야기를 그를 통해 들을 수 있었다.

장위시장은 재건주택과 떼려야 뗄 수 없는 관계이다.
재건주택 사이로 난 길을 통해 사람들이 통행하면서
재건주택에 거주하던 사람들이 마당에 하나둘 물건을 내다팔게 된 것이
점점 커져 장위시장을 형성하였기 때문이다.
고문희는 비록 시장의 초창기부터 있었던 사람은 아니지만
재건주택과 장위시장의 관계를 잘 보여주는 사례라고 할 수 있다.

“ 시장 통로에 있는
가게 뒤의 집들은 전부 다
재건주택이에요. ”

# 1

## 포항에서 장위시장으로

조사 모습

**"장위시장에 누님이 연고가 있어서 오게 됐어요."**

출생은 내가 1946년 해방 다음 해에 부산에서 했어요. 형제는 3녀1남이에요. 그 시절에는 피난민들이 많이 오고 너무 어려운 시절이니까 가난했어요. 부산은 특히나 더했어요. 내가 서울에 오기는 나이 좀 들어서 왔어요. 원래는 포항에서 오래 생활했는데, 직장 생활은 아니고 자영업을 했어요. 좀 연유가 있어서 1996년에 여기(장위동 장위시장)로 들어왔지요. 직장 생활 하는 사람도 아니고 조그만 자영업을 하는 사람은 갈 데가 있나요. 시장밖에 없죠. 근데 여기에 내 누님이 연고가 있어서 이쪽으로 오게 됐어요. 그래서 여기 와서 의성마늘 가게를 했죠.

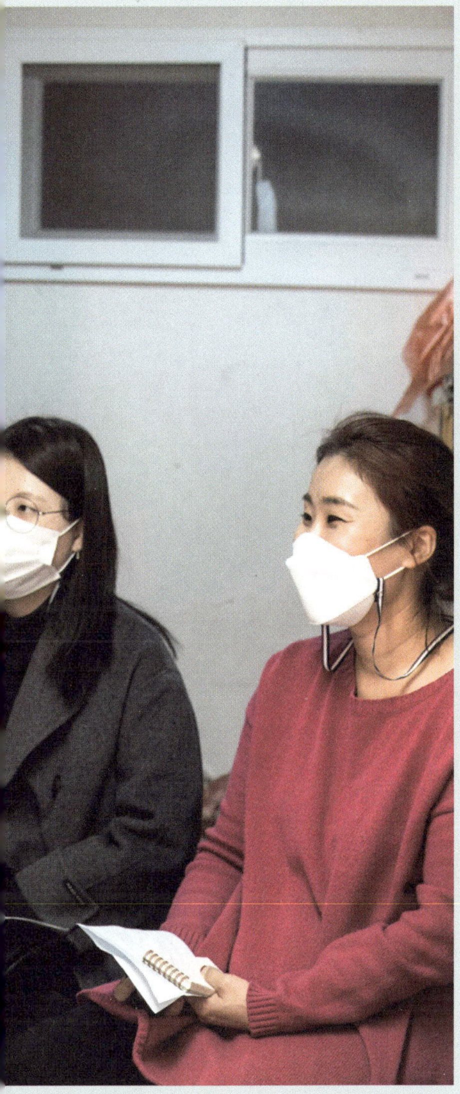

# 2

**장위동**
**68-226, 재건주택**

**“그 집은 주택에 점포가 딸려 있었어요.”**

우리 누님이 ‘(장위)시장통 쪽에 가게가 난 게 하나 있다. 그러니까 네가 서울에 오고 싶으면 와서 한번 (가게를) 해 봐라’고 그래서 내가 세를 얻어 들어왔어요. 그 집은 주택에 점포가 딸려 있었거든요. 한 필지로 돼 있으니까, 거기서 장사를 하고 그 뒤의 주택에서는 살림을 하면 됐지요. 가게는 누님이 따로 세를 줬어요. 우리 누님이 주인이니까 내가 여기에 세를 살면서 한 필지를 전부 책임진 거예요.

이 집은 (엄마손두부와 의성마늘유통 사이에 난) 골목이 말하자면 정문이에요. 그런데 내가 (가게) 뒤를 뚫었어요. (안채에) 들어가기가 편하라고요. 근데 다른 가게들은 그렇게 못하고 따로 출입구가 있어서 거기로 왔다 갔다 하고 공동화장실도 뒤에서 쓰고 그랬죠. 변소 옆에 있는 수도도 쓰고요. 마당에서 그렇게 쓰게끔 만들어져 있었어요.

**“장사하는 사람들이 하나씩 쓰게끔 마당에 창고를 만들었어요.”**

옛날엔 마당에 연탄창고가 있었어요. 그러니까 마당에 쥐들도 돌아다니고 엄청 지저분한 거예요. 그래서 ‘야, 이거 쥐도 돌아다니고 안 되겠다. 지금은 연탄 때는 사람도 없고 하니까 이거 다 헐어 버리고 장사하는 사람들이 물건도 좀 보관할 수 있게끔 해 주자’ 하는 마음에 없애고 1998년에 내가 마당에 창고를 만들었어요. 칸칸이 만들어서 점포마다 하나씩 쓰게끔 만들어 줬죠. 지붕은 플라스틱 재질로 했어요. 또 마당에 주황색으로 된 텐트는요. 피자가게에 냉동식품이 많고 기계가 많이 들어오잖아요. 그래서 마당이 넓으니까 (가게) 뒤에다 텐트를 해서 냉장고를 뒀어요.

가게 위 지붕 옥상에서는 내가 개를 한 마리를 키웠어요. 그래서 개장 같은 게 있었죠. 그리고 고추가게 하는 양반이 뭐 콩이라든가 깨 같은 것을 갖다가 옥상에다 천막 같은 것을 깔아놓고 건조시키고 그랬어요.

**68-226번지의 상점들**
의성마늘유통 안쪽으로 안채 마당과 통하는 문이 난 것을 볼 수 있다

장위동 68-226 재건주택 전경

장위동 68-226 재건주택 후면

기와는 옛날 그대로예요. 정식 기와가 아니라 시멘트 기와죠. (비가) 조금 새는 거는 내가 밑에서 고쳤어요. 어떤 때는 인부 들여서 (집을) 고칠 때도 있었지만, 자그마한 거는 주로 내가 했어요. 기와를 들어내면 속에는 나무예요. 나무 널빤지가 있어요.

그리고 연탄 때던 것을 기름보일러로 바꿨어요. 연탄 굴뚝은 뜯지도 못하고 그대로 막아 버렸어요. 집 옆에 있는 조그만 집이 보일러가 있던 장소예요. 옛날에 연탄 광(창고)이었어요. 연탄은 가게에서 땠어요. 왜 땠냐면, 기름값이 많이 들어가니까 (가게에) 연탄난로를 내가 놓아 뒀어요. 그래서 9월쯤 미리 연탄공장에 전화를 해서 저장을 해 놓아요. 보일러 옆에다 재워 놓고 가게에서 내가 쓰고 그랬어요. 이 동네는 거의 그런 스타일로 살았어요. 시장 통로에 있는 가게 뒤의 집들은 전부 다 (도시)가스가 안 들어와서 전부 기름보일러였어요.

마당에 마련한 점포용 창고(위)

지붕의 기와(아래)

**"정비구역으로 묶여 있어서 집수리를 못 했어요."**

내가 1996년에 와서 집을 보고 너무 오래돼 다시 고치려니까 이게 정비구역으로 묶여 있어서 수리를 못 한대요. 결국 대대적으로 고치지는 못하고, 내부만 좀 수리를 하고 살았어요. 주방이 현관문 뒤에 바로 있는 것은 내가 이사를 와서 옮긴 거예요. 원래는 주방이 구석진 방에 있었어요. 그런데 우리는 어머니랑 같이 살았는데, 우리 어머님 방이 없는 거예요. 그래서 부엌을 밖으로 옮기고 (부엌이 있던 자리에) 어머니 방을 만들었죠. 그러니까 현관문을 열고 집에 들어가면 바로 부엌이 나오고 그다음에 거실 겸 방이 나와요. 거실도 내가 잘라서 애들 쓰는 방을 만들었어요. 어머니 방 옆이 화장실이고요.

장사하면서 집에 들어가면 화초 같은 것을 키우는 취미가 있었어요. 그래서 화초를 좀 많이 키웠어요. 마당이 있으니까 좋더라고요. 애들이라든가 손자들이 한 번씩 놀러 오면 마당에서 화초도 보고, 내가 데리고 왔다 갔다 하기도 좋고요.

재건주택 내부를 설명하는 모습

장위동 68-226번지
재건주택 이용

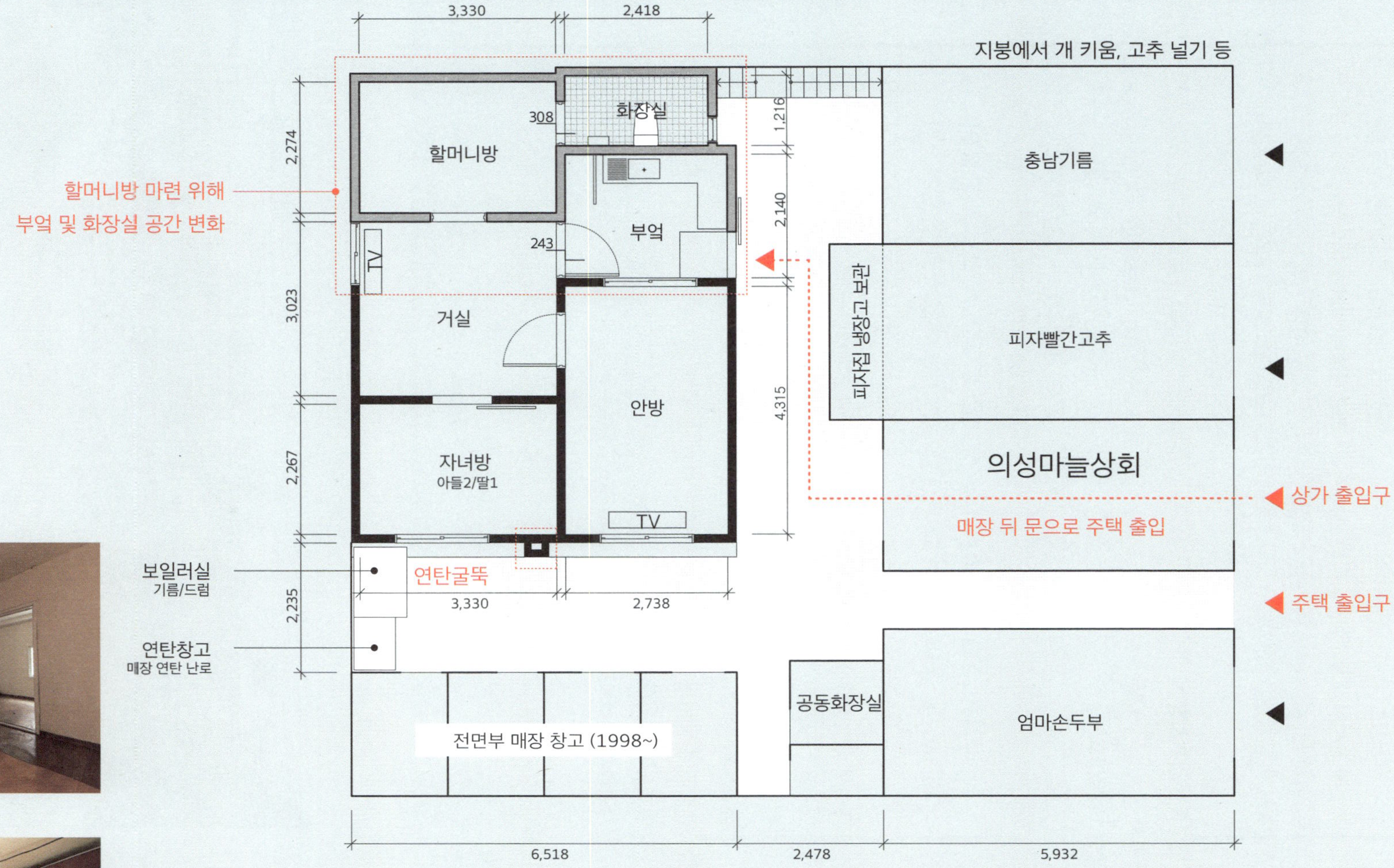

장위동 68-226 거실

장위동 68-226 부엌

장위동 68-226에 증축된 건물에는 네 곳의 점포가 들어서 있었는데, 그중 의성마늘상회를 운영하는 고문희가 1996년부터 후면에 위치한 재건주택에 거주하였다. 주택 출입은 점포들 사이로 난 통로나 후면 마당에 면한 문을 통해 가능하였다. 마당 한편에는 창고와 화장실을 증축하여 점포들에서 사용하였고, 보일러실과 연탄 창고도 같이 조성하였다. 또한 마당의 한쪽 끝에 위치한 외부 계단을 통해 점포들의 옥상으로 올라갈 수 있었는데, 지붕 공간을 활용하여 개를 키우고 고추를 널기도 하였다. 입주 당시 조모 방을 마련하기 위해 재건주택 뒤편에 방과 부엌 그리고 별도의 화장실을 증축하였다. 장위10구역이 정비구역으로 지정되면서 이후 주택에 최소한의 수리공사만을 진행해 온 결과 몇몇 부분을 제외하고는 재건주택의 원형과 증축부의 경계가 명확하게 확인된다.

# 3

## 장위시장의 형성과 변화

**"정비구역으로 묶여 있어서 집수리를 못 했어요."**

옛날에 사람들이 버스 타고 파출소(장위2치안센터) 앞 대로변(화랑로19길)에 내려서 집으로 갈 적에는 전부 위로 올라가는 거예요. 그렇게 사람들이 저녁에 일 마치고 가면서 장도 봐야 하니까 자연적으로 시장이 형성된 거예요. 즉 사람들이 자기 집 마당에다가 점포를 하나씩 만든 거예요. 뒤의 집은 놓아두고요. 앞에 점포를 만들어 세를 주기도 하고, 길이 형성되면서 그 도로 자체가 전부 우리 집(재건주택) 모양으로 거의 다 그런 식으로 됐어요.

(재건주택에) 주인이 사는 사람도 있고 가게만 따로 세를 준 사람도 있고 그건 다양해요. (집에) 주인이 안 살면 세를 주는데, 또 너무 오래돼 뒤에 빈집들도 많이 있었어요. 내가 처음 장위동에 왔을 땐 빈집이 그렇게 많지 않았어요. 하지만 정비구역으로 묶이고 난 다음부터는 그것을 고치지도 못하지, 비도 새지, 그러니까 자꾸 (사람들이) 딴 데로 이사를 가고, 그런 상태가 된 거예요.

**"옛날에는 장위시장이 성북구에서 랭킹 1위였어요"**

원래 장위시장은 코코마트 쪽에 조그마하게 있었어요. 옛날에는 그게 시장이었어요. 장위전통시장은 나중에 형성된 거예요. 상인회에서 서울시에 얘기해 등록한 거예요. 시장 등록을 할 때만 해도 점포가 150개나 있어서 장위전통시장으로 등록해 달라고 신청해 정식 등록이 됐어요. 처음에는 골목시장으로 있다가 나중에 정식으로 장위전통시장으로 등록한 거죠. 그리고 원래 그 위에 있던 조그마한 시장은 따로 서울시에서 허가를 받았어요.

옛날에는 장위시장이 거의 성북구에서 랭킹 1위였어요. 동덕여대 있는 월곡동 사람들, 동방고개 위, (북서울)꿈의숲에서 이쪽으로 오는 사람들, 저 밑에 돌곶이 등등 전부 다 이쪽으로 장을 보러 왔어요. 다른 데 시장이 없으니까요. 그때만 해도 (장위시장이) 잘 됐어요. 사람들이 출퇴근하고 왔다 갔다 하면서 들르니까요. 그런데 지금은 (재개발 때문에) 다 뿔뿔이 헤어지고 다 없어지고 했죠. 그건 뭐 어떻게 할 수가 없어요. 지금 동방고개에 있는 사람들이 조금씩 오기는 오지만 거의 뭐 밑바닥으로 가라앉았다고 봐야죠.

**위에서 바라본 장위시장**
장위시장의 초록색 지붕이 길게 이어져 있고, 그 양옆에 재건주택들이 늘어서 있는 모습이다.

코코마트

장위전통시장 입구

장위전통시장 내부

## 4

## 장위10구역 재개발과 부흥주택으로 이사

**"1층은 매장으로 고쳤죠. 2층은 주택으로 돼 있어요."**

이 집에 2019년에 이사 왔어요. 이것도 엄청 오래된 집이에요. '돌집'이에요. 원래는 주택으로 된 걸 내가 장사를 하기 위해서 1층을 매장으로 고쳤어요. 2층은 주택으로 돼 있어요. 2층도 수리를 하고 리모델링을 다시 했어요.

수리 전에는 이게 전부 콘크리트 집인 줄 알았는데, 콘크리트 집은 아니에요. 내부는 목조고 외부는 돌에다 흙을 쌓아서 시멘트를 넣어 만든 거더라고요. 지붕 아래 기와도 그대로 있었어요. 지금도 장위동에 기와 그대로 있는 집이 있어요. 그런데 내가 이번에 수리할 때 기와를 다 걷어내고 지붕을 다시 하면서 전체를 리모델링했어요. 조적이라 중간에 블록으로 쌓은 그런 부분은 내가 들어낼 거 들어내고, 화장실 같은 건 다시 또 고쳤어요.

수리를 할 적에 와서 보니까 주택마다 밑에 지하가 방공호식으로 있더라고요. 난 그걸 처음에는 몰랐어요, 수리하면서 알게 됐어요. 지하가 그대로 땅 밑에 있어요. 그런데 우리는 지금 방공호가 필요 없잖아요. 그래서 여기 있는 사람들은 거의 다 지하를 막았어요.

**장위전통시장 인근의 부흥주택**
부흥주택을 주민들은 공병주택, 돌집이라고도 부른다.

옛날에는 아마도 2층이 다다미로 돼 있었던 것 같아요. 그런데 요새는 전부 보일러를 깔아야 하니까, 그 나무 위에다 다시 시설을 해서 보일러 열선을 깔고 뭐 이런 식으로 해서 시멘트로 덮은 것 같아요. 그러니 바닥 전체를 뜯으면 물론 나무겠죠. 다다미 한 흔적이 있지만, 지금은 옛날 것을 다 없애 버리는 추세라 남아 있는 게 없을 거예요.

## 5

### 의성마늘유통

부흥주택 1층에 위치한 의성마늘유통

**"근 20년 동안 신용을 얻어 우리 집을 못 잊어서 오는 사람이 아주 많아요."**

내가 여기서 28년 동안 장사를 했어요. 그러니까 사람들이 다 알아요. (처음에) 이 시장에 와서 장사할 품목을 정해야 하는데 마땅한 게 없는 거예요. 그런데 군대 생활을 같이한 친구가 '우리 아버지가 의성군에서 농사를 지으시는데, 여기에는 마늘 전문업이 없다. 그러니까 마늘 전문업을 하면 어떻겠냐. 그게 잘 상하는 것도 아니고, 또 보관상태도 괜찮고 하니까 내가 아버지한테 얘기 한번 해 볼게'라고 해서 의성마늘을 팔기 시작했어요. 딴 거는 안 하고 마늘만 전문으로 지금까지 왔죠. 나는 의성군 외의 마늘은 절대 취급하지 않아요. 그리고 기계로 (마늘을) 깐다든가 이런 것도 안 하고, 우리 집사람이 수작업으로 마늘을 까서 고생을 많이 했어요. 그렇게 하니까 근 30년 동안 신용을 얻어 우리 집을 못 잊어서 오는 사람이 아주 많아요. 충남 청양이라든가 큰 시장에 가면 마늘 전문점이 있는데, 변두리 시장에서 마늘만 전문적으로 하는 데는 몇 군데 안 돼요. 그러니까 가정주부들이 보통 다른 가게에서 채소를 사더라도 마늘은 빼고 여기 와서 사요. 나는 마늘이 먹는 음식이니까, 식당에 들어가는 것이든 가정에 들어가는 것이든 내가 먹는 거랑 똑같이 해서 항상 줘요. 그게 신용이거든요. 지금까지 신용으로 장사해 왔고, 앞으로도 마찬가지예요.

# #4

# 김재연 동방주택

| | |
|---|---|
| 1954년 | 종로구 혜화동 출생 |
| 1976년 | 장위동 230-173번지로 이사 |
| 1977년 | 이화여자대학교 졸업 |
| 1980년 | 결혼 |
| 1985년 | 강남구 삼성동으로 분가 |
| 2019년 | 향년 95세로 어머니 작고 |
| 2020년 | 장위동 230-173번지로 이사 |

장위동에는 1970년대 민간자본에 의한 택지개발로 고급 주택지가 조성되었다. 개발의 주체가 된 동방생명의 이름을 본떠 '동방주택단지'라 불린 이곳에는 당시 군 장성과 연예인 등이 다수 거주하였다는 점이 특징적이다. 장위동 고지대에 위치한 동방주택단지는 소위 '아랫동네'라 불리는 저지대의 원주민 자연마을과 구분 지어 '윗동네'로 불렸다. 택지개발로 반듯하게 구획된 주택단지는 대형 필지에 대개 2층 양옥이 지어졌는데, 넓은 마당에는 잔디가 깔리고 수영장과 연 등을 갖춰 이국적인 느낌을 자아냈다.

조사팀은 동방주택단지를 여러 차례 현장 답사하였다. 잘 지어진 주택이 여러 채 자리한 이곳은 건축물을 둘러보는 재미가 있었다. 집마다 다른 외장재와 대문 그리고 장식적 요소가 있었는데, 특히 난간이나 건물 외벽에 독수리·거북선 같은 장식을 한 집이 있어 이색적이었다. 주민들도 '거북선이 있는 집'이라는 표현을 쓰며 마을의 지리를 설명하기도 하였다.

이렇듯 동방주택단지 중에서도 특징적이었던 주택에 담긴 이야기가 궁금해 조사팀은 무작정 '거북선 집'을 찾았다. 조사팀이 방문하였을 때 대문 앞에서 가사도우미를 만났다. 하지만 안주인이 출타 중이라는 이야기를 듣고 다음을 기약하며 돌아서려던 참에 마침 외출하였다가 돌아온 김재연을 만나게 되었다. 갑작스러운 만남이라 인사만 나누고 다음번 약속을 잡으려 하였지만 그는 조사팀을 흔쾌히 집으로 안내하였다.

김재연은 1954년 혜화동에서 7남매 중 셋째로 태어났다. 대학교 4학년에 재학 중이던 1976년 동방주택단지로 불리는 장위동 230-173번지로 이사하였다. 그는 이곳에서 몇 년간 생활하다가 결혼을 하고, 직장으로 인해 분가를 하게 되었다. 그렇 오랫동안 장위동을 떠나 강남에서 생활하며 자녀들을 키우고 가정을 꾸려갔다.

그런데 2019년 장위동 집에 계속 살고 계시던 어머니가 돌아가시고, 살고 있던 강남 아파트도 재개발을 시작해 2020년 다시 가족과 함께 장위동으로 돌아와 현재 3대가 같이 생활하고 있다. 장위동 230-173번지 주택은 김재연 가족이 이사하기 전, 이미 두 명의 집주인이 거쳐 간 곳이었다. 첫 주인은 해군 장성이었다. 해군장성이었던 건축주는 외벽에 거북선을 장식해 이순 장군에 대한 존경심을 표시하였다고 한다. 두 번째 주인은 배우 문희였다. 문희는 결혼 전까지 이 집에서 살다가 결혼을 계기로 집을 팔았다. 그렇게 김재연 가족이 이 집의 세 번째 주인이 되었다. 김재연은 1층 응접실에서 인터뷰를 마친 후 조사팀에 집을 안내해 주었다. 그 덕분에 1970년대 후반 처음 입주하였을 당시 집의 모습과 생활 모습, 2020년에 다시 입주하며 어떻게 리모델링을 하고 집을 이용하고 있는지를 확인할 수 있었다. 그는 집에 대해 이야기하는 내내 집을 향한 애정을 아낌없이 드러냈다. 김재연에게 장위동 230-173번지 주택은 과거에도, 현재에도, 앞으로도 '즐거운 나의 집'이 되어 줄 것이다.

“1970년대
서울 시내에 큰 집은 장위동 동방주택하고
성북동밖에 없었어요”

# 1

## 해군 장성과 배우 문희가 살았던 집

**"전원주택 개념으로 장위동 동방주택단지로 이사를 왔어요."**

우리는 원래 서울 사람이에요. 여기로 이사 오기 전에는 혜화동에 살았어요. 서울 시내에 적산가옥들이 많았잖아요. 적산가옥 중에 2층짜리가 있어요. 복도식으로 유리문이 빙 둘러 있는 집요. 어렸을 때부터 거기에 살면서 학교를 다녔어요. 그러다가 아버지의 건강이 조금 안 좋아져서 전원주택 개념으로 여기로 온 거예요.

집이 지금도 보면 넓잖아요. 옛날에는 더 넓었어요. 강남이 생기기 전인데, 우리 아버지가 경기고등학교 앞쪽의 택지를 분양받을까 아니면 이 집을 살까 망설이셨대요. 그런데 우리 집에 딸이 다섯인데, 집이 멀면 맨날 버스정류장으로 마중 나오기가 불편하니까, 버스정류장이 가까운 이 집을 낙점한 거예요. 제가 대학교 4학년 때 이 집으로 이사를 왔어요. 집도 넓고, 그때는 마당도 진짜 예뻤어요. 집이 너무 예뻐서 '왜 여기로 이사 오냐'는 생각은 전혀 없었어요.

거의 다 장성들이 이 동네에 택지를 분양받았어요. 이 (집) 앞이 주차장이잖아요. 이 주차장이 우리가 이사 왔을 때만 해도 무슨 장군의 집이었어요. 그리고 우리 대학교 동창 중에 메이퀸이었던 애가 살았어요. 나중에 동아건설 댁으로 시집갔지요. 그리고 고려대 총장, 무슨 장군, 이런 사람들이 살았어요. 사회적으로 지도층인 사람들이 많았죠. 그때는 서울 시내에 큰 집이라는 게 여기(장위동 동방주택)하고 성북동밖에 없었어요.

동방주택단지 주택

난간을 독수리 문양으로 꾸민 동방주택단지 주택

"이 집을
처음에 지은 사람은 해군 장성이에요."

처음에 이 집을 지은 사람은 해군 장성이에요. 그리고 해군 장군이 배우 문희한테 이 집을 팔았어요. 그런데 문희가 이 집에 오래 살진 않았어요. 결혼하면서 금방 집을 내놨거든요. 큰 집이 필요 없으니까 우리한테 판 거예요.

(외벽의) 거북선 장식은 이 집을 지은 해군 장성이 이순신 장군을 굉장히 존경한 때문이래요. 그래서 (집을) 지을 때 일부러 거북선 조각을 했다고 하더라고요. 우리 아버지가 군에 있는 분들하고 조금 인연이 있어요. 문희 씨가 살던 집을 넘겨받은 것이지만, 사실 첫 번째 주인하고 인연이 있는 것이 여기를 선택한 더 큰 이유래요. 이 동네에 집들이 우리 집처럼 다 컸어요. 우리 집은 그중에서도 큰 집이었고요. 그리고 지금 옛날 집 (모습) 그대로 해놔서 앤티크하죠.

**장위동 230-173번지 외벽 거북선 장식**
이 집의 첫 번째 주인이었던 해군 장성이 이순신 장군을 존경하는 마음을 표현하기 위해 외벽에 거북선을 장식하였다.

# 2

**1970년대**
**장위동**
**230-173번지의 모습**

"친구들이
'너희 집에 가면 풀장 있잖아'
그랬어요."

"1970년대에 대부분 우리 집처럼
건축을 했대요."

"1층에는 탁구대를 놓고, 방 하나는
화실같이 꾸며 놓았어요."

제가 대학교 4학년 때 이사를 와서 계속 엄마가 사셨어요. 우리 가족이 개를 좋아해서 셰퍼드 같은 큰 개를 어려서부터 길렀어요. 나중에는 개가 다섯 마리가 돼서 1층 앞에 개장을 짜 놓았죠. 1층에는 탁구대를 놓고 탁구를 치곤 했어요. 집에 미술 전공자가 셋이에요. 그래서 1층에 방 하나는 화실같이 꾸며 놓았어요. 미술 하는 사람들은 작업실이 필요하잖아요. 2층은 방이 세 개예요. 응접실은 리모델링을 안 해서 처음 이사 왔을 때랑 똑같아요. 손님들이 오시면 응접실에서 이야기하곤 그랬죠. 우리 집 옥상에는 아궁이가 있어요. 특별한 용도가 있는 것은 아니고, 우리 아버지는 거기서 서류 같은 거를 태우셨어요. 지금은 남편이 거기다 무쇠솥을 걸어 놨어요

마당에는 풀장도 있고, 폭포도 있었어요. 그리고 연못이 두 군데 있거든요. 옛날에는 아버지가 연못에 금붕어도 기르고 그러셨어요. 어느 날은 아버지가 잉어 비슷한 거를 넣어 놓으셨는데 고양이가 들어와서 다 먹어 버린 적이 있어요. 지금도 연못은 그대로 있는데, 내가 양수기로 물을 다 빼서 없애 버렸어요. 물이 있으면 아무래도 연못 관리를 해야 하니까요. 우리 아버지가 계실 때는 마당 관리를 잘하셨죠. 내 친구들이 지금도 기억하는 게 뭐냐면 '얘, 너희 집에 가면 풀장 있잖아' 그래요. 오랜만에 만난 친구들은 '얘, 너희 풀장 있는 집. 그 집으로 다시 이사 갔어?'라고 묻기도 해요. 대학교 동창들도 그렇고요.

정원에 철쭉이며 나무들이 많았어요. 지금은 나무가 없는 거예요. 나무가 가장자리를 돌아가면서 얼마나 많았는지 몰라요. 파란 잔디에 꽃들이 있고 그랬어요. 지금도 이게 보통 정원이 아니에요. 내가 우리 정원에 있는 후박나무를 되게 좋아하거든요. 봄에 마당 한가득 향이 가득해요. 바람이 불면 향내가 확 나요. 꽃도 너무 예쁘고요.

벽돌 쌓고, 전면에는 전부 다 돌을 해 놨잖아요. 우리 집을 고치면서 보니까 외벽에 철근 콘크리트가 들어가고, 벽은 조적이더라고요. 돌을 붙이기도 했고요. 다시 들어오면서 전기는 다 바꿨어요. 배선이 쇠파이프 안에 들어 있어서 전기 공사하는 데 무척 어려웠어요. 고치러 온 사람들이 '이런 집은 본 적이 없다'고 얘기하더라고요.

또 외벽 두께가 40㎝예요. 그래서 창호를 바꾸는데, 너무 두꺼워서 틀을 다시 짰어요. 옛날 집치고 굉장히 창이 크잖아요. 그리고 밖에 외장은 하나도 안 건드렸어요. 왜냐면 천연 돌이니까 건드리면 다 깨져 버려서 있는 그대로 뒀어요. 창호 공사를 하러 온 사람들이 '세상에 이렇게 큰 창은 처음 본다'고, '옛날 집이 왜 이러냐'고 그러더라고요.

우리 집은 겨울에 불을 때면 정말 더워요. 지금도 문 닫아 놓고 난방을 2시간 이상 못 해요. 더워서요. 벽이 두껍잖아요. 옛날 집인데 단열이 아주 잘 되게 지은 거예요. 그래서 옛날에 친구들이 겨울에 우리 집에 왔을 때 우리 식구들이 반팔을 입고 다니는 것을 보고 깜짝 놀라곤 했어요. 1970년대에 그렇게 사는 사람은 없었죠. 이 집은 진짜 잘 지은 거 같아요. 그래서 내가 이사 올 때 고치면서 '헐지 않고 고치길 참 잘했다'고 생각했어요.

**동방주택단지**
큰 필지에 마당이 있는 집들로
구성되어 있다.

## 3

### 다시 돌아온 장위동 230-173번지

"내부만 좀 고치고 껍데기는 그냥 그대로인 거예요."

결혼하고 남편이 군대를 갔어요. 그래서 군에서 복무하는 3년 동안 큰딸이랑 세 식구가 친정 2층에 와서 살았어요. 저는 대학교 졸업하고 학교 선생님이었어요. 장위동에서 버스 타고 마포고등학교로 출퇴근했죠. 그런데 마포고등학교가 등촌동으로 이사를 간 거예요. 그래서 그때 학교 따라 이사를 갔어요. 그리고 제가 올해(2020년) 8월에 이 집에 들어왔어요, 결혼해서 삼성동에서 한 40년을 살았어요. 그렇게 40년 동안 장위동 밖으로 나가 있었던 거죠. 그랬는데 삼성동 아파트가 재건축을 해서 어디로 갈까 생각하다가 이 집을 조금 고쳐서 들어가야겠다고 생각해서 돌아왔죠.

이 집은 엄마가 돌아가시고 1년을 비워 놨었어요. 그러다가 2020년 1월부터 8월까지 수리를 한 거예요. 기존 것을 건드리지 않고 그대로 놓아둔 상태에서 일부분만 고치려고 하니 집수리를 하는 데 더 오래 걸리더라고요. 외벽도 칠만 새로 하니까 리모델링 공사를 하는 사람들이 나를 약간 이상한 사람으로 생각하더라고요. '오래된 집이니 싹 뜯어서 새것으로 하면 좋을 텐데' 하고 말이죠.

장위동 230-173번지 전경

근데 나는 새것으로 해 놓으면 균형이 깨진다고 생각해요. 그래서 바깥에는 손을 안 댔어요. 남편도 똑같은 생각이에요. 그래서 우리 집은 대문도 그대로이고 다 예전 살던 그대로예요. 대문은 통나무인데, 사실 갈아내고 하려다가 그냥 두고 오일스테인을 발랐어요. 바깥에 난간이 부식되고 그런 거는 옛날 철만 걷어내고 그냥 세운 거라 그래요. 그러니까 내부만 좀 고치고 껍데기는 그냥 그대로인 거예요.

근데 뭐를 바꿨냐 하면, 원래는 난방이 기름보일러였거든요. 기름통이 엄청 커서 그동안 들어내지 못했는데 바닥 공사를 하면서 가스보일러로 바꿨어요. 또 옥상에는 물탱크가 있었는데 그게 전부 콘크리트로 된 거였어요. 그래서 그것을 헐어서 풀장에 묻어 버렸어요. 1층 앞에 지금 장독이 있는 곳이 예전엔 유리로 된 온실이었어요. 그것도 없애 버렸어요. 그리고 실내에 문이란 문은 다 없애고 오픈 스페이스를 많이 만들었어요. 그런데 우리 딸네가 들어온다고 해서 다시 문을 달았어요. 2층 부엌 쪽에는 방을 다 없애 버렸어요. 안방하고, 손녀가 쓰는 조그만 방만 남겨 놓았지요. 부엌엔 원래 아일랜드(식탁)가 있었어요. 옛날에는 시멘트로 된 바둑판 무늬 타일이었어요. 욕실도 다 그 타일로 되어 있었어요. 그런데 요새는 욕실 바닥에도 열선을 깔잖아요. 그래서 욕실 타일을 다 부수고 바닥도 바꾸고, 아일랜드도 바꿨어요. 그리고 예전에 일하는 아줌마가 쓰던 방을 보조주방 겸 다용도실로 만들어 버렸어요. 3층에는 방이 있고, 욕실이 있어요. 그리고 지금은 주방으로 쓰는 데가 예전엔 내 방이었어요. 그런데 주방으로 만들었어요. 테라스는 그대로이고요.

**"옛날에 집이 정말 잘 가꿔지고 너무 예뻤을 때 모습이 제 머릿속에 있어서 저는 여기가 참 좋아요."**

나는 젊어서부터 55평 아파트에 살았어요. 근데 아파트하고 주택하고는 완전 달라요. 나는 나무도 좋아하고, 새소리 나고 숲속에 있는 듯한 곳이 좋아요. 주택은 그런 기분이 들어요. 그게 너무 좋아요. 옛날에 집이 정말 잘 가꿔지고 너무 예뻤을 때 모습이 제 머릿속에 있어서 저는 여기가 참 좋아요. 다행히 남편도 우리가 다시 이사 오자고 했을 때 너무 좋다고 해주었어요. 여기 와서 자고 일어나면 '여기가 천국이지!' 이렇게 얘기할 정도로 좋아요. 그래서 내가 정말 여기 다시 오기를 잘했다고 생각하고 있어요.

동방주택단지 항공사진

# 4

# 인구증가와 서민주거지화

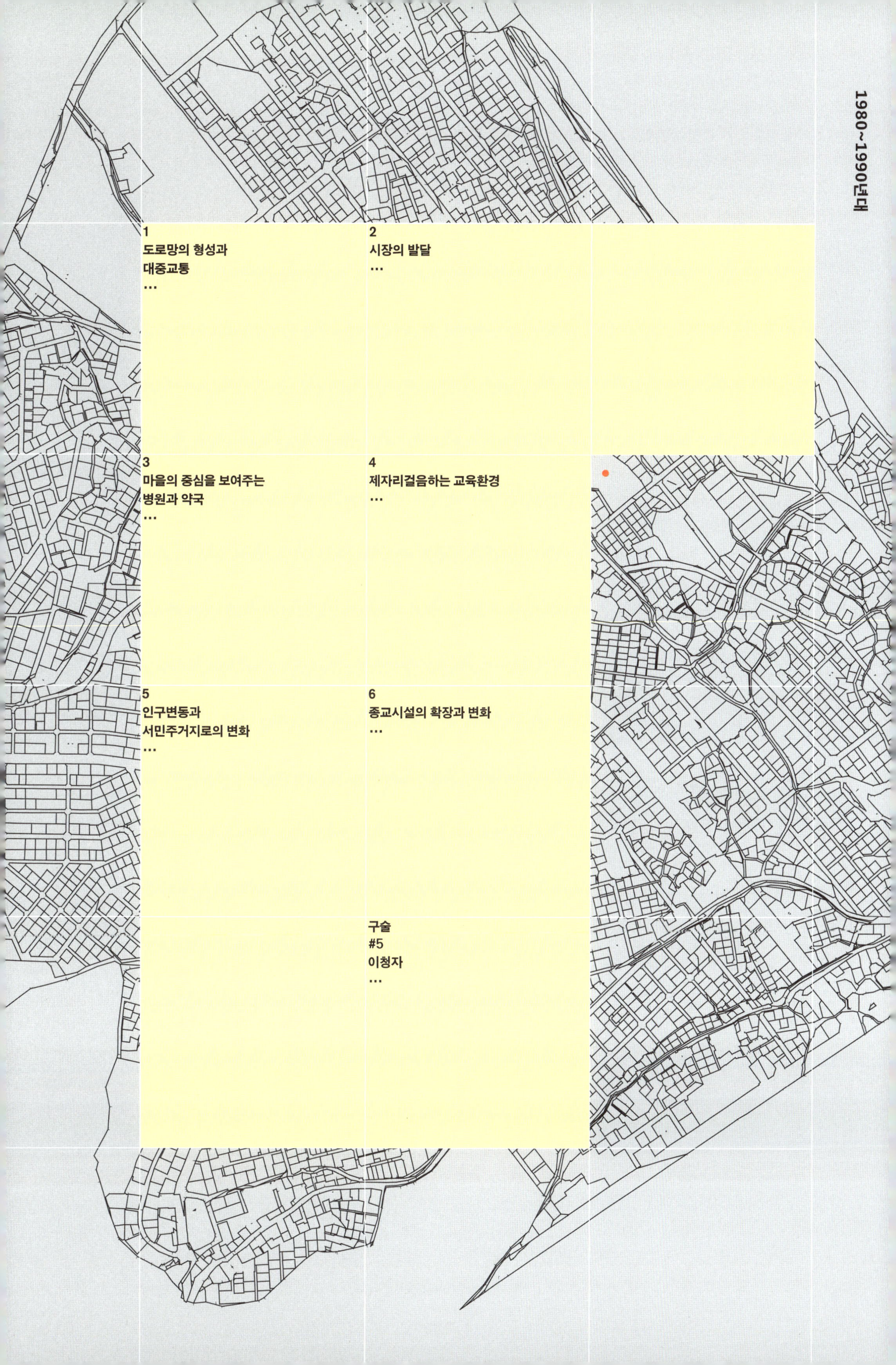

# 1980~1990년대

1
도로망의 형성과
대중교통
…

2
시장의 발달
…

3
마을의 중심을 보여주는
병원과 약국
…

4
제자리걸음하는 교육환경
…

5
인구변동과
서민주거지로의 변화
…

6
종교시설의 확장과 변화
…

구술
#5
이청자
…

1980~1990년대 장위동에는 어떤 변화가 있었을까? 1970년대 동방주택단지의 고급주택이 세워지면서 부잣집 마을을 끼고 있던 장위동은 2000년대 이후 재개발과 재건축이 필요한 도시의 낙후지역으로 인식되면서 뉴타운 광풍의 영향을 받는다. 이러한 장위동의 위상 변화는 장위동 자체가 낙후되었기 때문이 아니라 서울 곳곳에서 벌어진 개발 때문이다. 1980년대의 장위동은 서울의 다른 주거지 못지않게 상하수도·도로·공공시설 등의 도시기반시설이 공급되었고, 복합상가·노변상가·시장 등 각종 상업시설이 확충되었다. 자연녹지가 공원으로 바뀌었으며 위락시설과 스포츠시설도 등장하였다. 이처럼 장위동 내부는 끊임없이 도시로 변해 가고 있었다. 그러나 2000년대 이후 불어닥친 개발 열풍은 장위동의 1980~1990년대를 쇠퇴하는 암울한 시기로 보이게 한다. 이번 장에서 우리는 부촌마을에서 서민동네로 인식이 바뀌어 간 장위동, 크게 변하지 않았던 도시를 그려 보고자 한다.

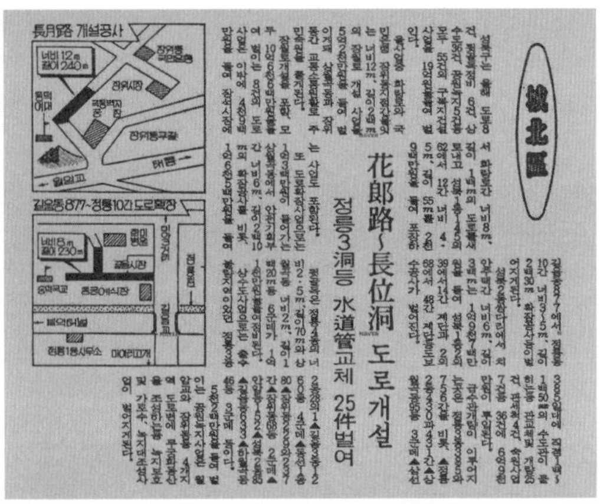

城北區

花郎路~長位洞 도로개설

정릉3洞등 水道管교체 25件벌여

화랑高架車道 개통

길이 480m·너비 15·4m

城北구長位동과 道峰구月溪동을 잇는 길이 480m, 너비15·4m의 화랑고가차도가 26일 개통됐다(사진). 총33억원의 사업비를 들여 지난해10월 착공, 이날 준공을 본 이차도는 앞으로 동북부지역의 원활한 교통소통에 큰도움을 주게된다.

**1980년대 초반 장월로, 화랑고가차도 개통**

위 (「성북구 화랑로~장위동 도로개설」, 『경향신문』 1983년 1월 18일.)

아래 (「화랑고가차도 개통 길이 48m, 너비 15.4m」, 『매일경제신문』, 1984년 12년 26일.)

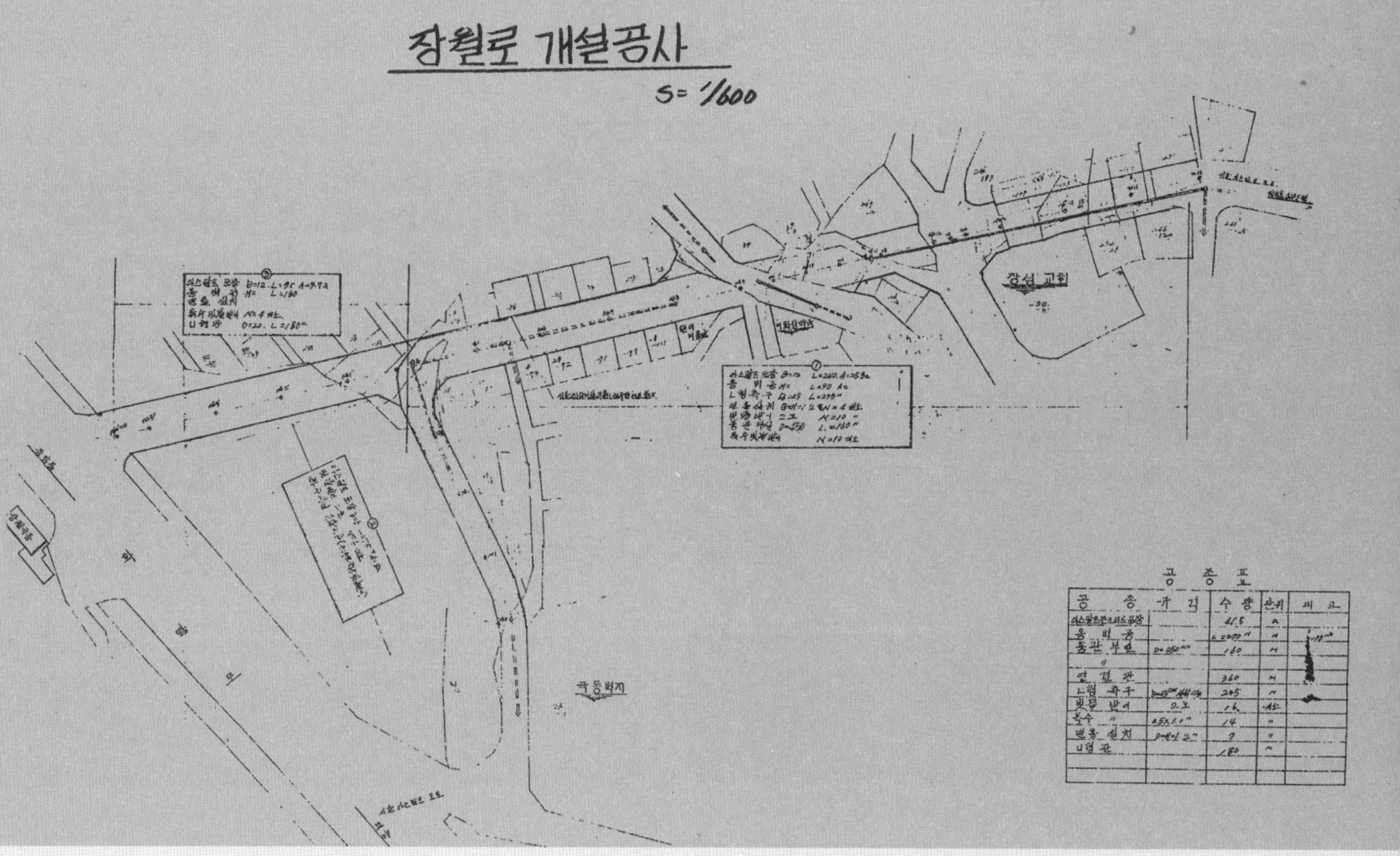


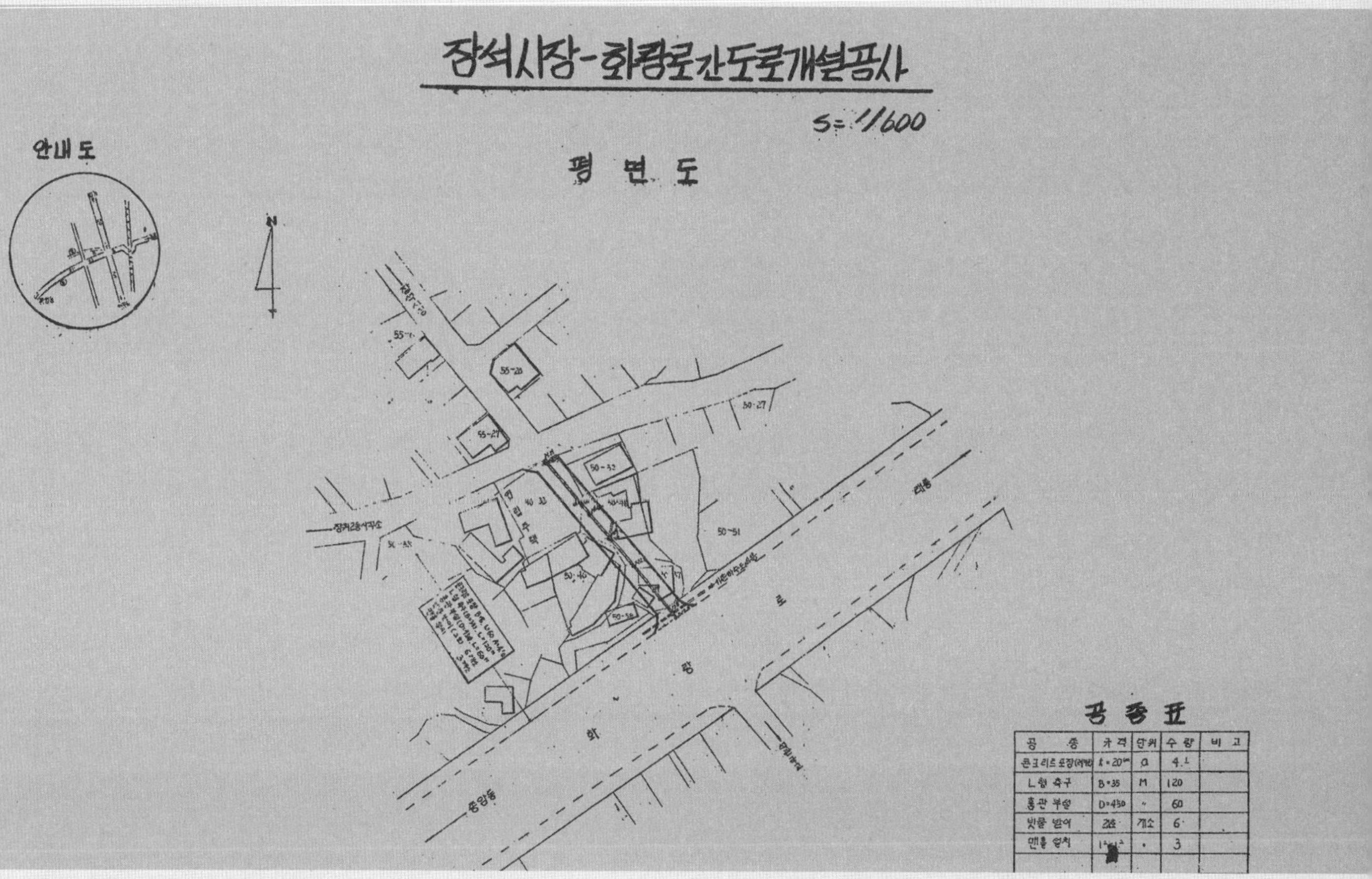


**장월로 도로개설공사 실시계획인가 도면(1983)**

출처: 서울특별시, 「도시계획사업(도로)실시계획인가」, 1983년 4월 12일.

# ①

# 도로망의 형성과 대중교통

도심과 장위동을 잇는 주요 간선도로계획은 신설동에서 월곡동을 지나 공릉으로 가는 길을 건설하는 것이었다. 이 길은 1970년대 서울의 도심에서 뻗어나가는 방사선 도로망 중 하나로 계획되었다. 1980년 서울시의 '간선도로망 단계별 건설계획도'를 살펴보면, 이는 고려대학교 앞에서 월곡동 천을 따라 연결되는 길로 창덕궁에서 이화동-창신동을 지나 신설동 위로 나오는 길과 함께 1단계 건설사업이었다. 1960년대부터 월암교-태릉의 주요 간선도로로 건설된 화랑로를 도심과 연결하고자 하는 이 간선도로계획은 1990년대 후반 고속화도로인 내부순환도로가 건설될 때까지 실현되지 못하였다. 한편 월계로의 연장은 2단계 사업이었고, 현재 노선과는 달리 월계역에서 중랑천을 지나 상계역까지 하천변을 따라 이어지는 도로였다.

1970년대 장위동의 핵심 도로는 동방주택단지를 끝으로 장위고개를 넘어가는 '장위로'였다. 1978년 미아사거리부터 월계2교에 이르는 도로 신설공사가 확정되고[01], 1979년 서울시가 폭 25m에 길이 2.350㎞로 건설한 이 도로에 '월계로'라는 가로명을 붙였다.[02] 월계로는 장위동의 북쪽 끝 중 일부였다. 1980년대 상계대단지가 건설되기 전까지 월계동 앞 장위동의 북쪽은 강을 등진 도시의 끝자락이었다. 앞에서 본 신흥 부자동네 동방주택단지는 월계로가 건설되면서 미아3거리와 연결되는 두 갈래길을 가졌고, 월계로의 고개 이름도 동방고개라 불렀다. 이로써 장위동 주택단지는 경춘철도선을 따라 대한주택공사의 주택건설이 있었던 기존의 길음-종암-월곡-장위의 개발 축인 화랑로, 미아3거리에서 고개 너머 있던 동방주택으로 향하는 월계로, 평행하는 이 두 가로축 사이의 공간이 되었다. 특히 동방주택단지는 화랑로에서 장위시장을 거쳐 언덕배기에 있던 공간구조에서 뒤쪽으로 연결된 도로를 갖추며 공간의 위상이 크게 바뀌었다.

01. 「서울시 79년 도로공사확정」, 『매일경제신문』, 1978년 10월 26일.

02. 「11개 신설간선도로 가로명을 새로 제정」, 『조선일보』, 1979년 2월 1일.

1980년은 서울시 도시간선도로와 함께 장위동 내부도로인 장위로, 장석로(현 돌곶이길), 장수로(현 한천로)의 체계가 형성되는 시기이기도 하다. 1960년대부터 있던 장석로와 장수로가 1979년 확장 개설되고, 같은 해 시작한 공사가 1983년에 완공된다. 이로써 장위동은 남쪽(화랑로), 동쪽(한천로), 북쪽(월계로)의 뚜렷한 경계를 갖게 되었으며 각각의 길은 길음, 이문, 미아와 연결되었다. 장월로는 1960년대 국민주택단지를 관통하며 화랑로와 동방주택단지의 접근성을 높이는 결과를 가져왔다. 장위동은 외딴 주거지가 아니라 도시의 연속된 교통망 속에 위치하는 열린 네트워크로 변하였다.

장위동 내부를 지나는 장월로, 장위로, 장석로(돌곶이길)가 서로 엇갈리며 만나 장위동의 중심 블록을 만든다. 이 블록의 세 꼭짓점 중 하나인 장위로-장월로가 만나는 지점은 국민은행사거리로 장위동의 중심 역할을 수행하였다. 미아3거리에서 출발한 32번, 34번, 34-1번, 35번, 48번 버스가 장위로를 따라 고개를 넘고 국민은행사거리에서 모두 좌회전한 후 장위동 내부 블록의 서쪽면을 따라 돌았다. 1998년 버스노선표를 보면 국민은행사거리에서 장위로를 따라 직진한 버스는 전무하였다.

이는 장위동 내부도로 건설 시기의 편차 때문이다. 장위로에서 국민은행사거리를 지나 돌곶이길을 만나며 관통하는 시기도 1979년이고, 돌곶이길이 북쪽 월계로와 만나는 시기도 1979년이다. 국민은행사거리에서 우회전해서 월곡동으로 넘어가는 장월로가 개통되는 시기는 1983년이다. 즉 1980년까지 장위로를 통해 고개를 넘어오면 국민은행사거리에서 좌회전하여 한천로로 가는 길밖에 없었고, 장위동이 종점이 아닌 이상 버스는 돌아서 나갈 수밖에 없었다. 도로 개설 시간표가 버스의 노선을 결정한바 장위고개를 넘는 버스들은 1998

**1980년 서울시 간선도로망 단계별 건설 계획도**
출처: 서울특별시 도시계획과, 「서울시 도시기본계획(안)」, 1980.

월계로의 건설(1974, 1977, 1980)

년까지도 이런 관성을 유지한 것이다.

1980년대 내내 버스번호와 노선이 바뀌고 '-1' '-2'과 같이 부번을 붙이며 노선이 분기하였다. 과천대공원과 같은 새로운 시설이 등장하고, 없던 도로가 신설되어 도로체계가 바뀌며, 새로운 택지개발로 신흥주거지가 등장하는 등 도시의 물리적 환경 자체가 급변하였기 때문이었다. 여기에 1982년 무역박람회, 1981~1984년 지하철 공사, 1986년 아시안게임과 1988년 올림픽 등 이벤트 때마다 버스노선이 변하였다. 이와 맞물려 운수회사의 신설·합병·개사 등이 빈번하게 발생함에 따라 면허를 획득한 노선 자체를 변경하기 일쑤였고, 노선대로 운행하지 않아 서울시로부터 경고를 받는 일이 일상적인 뉴스로 보도되었다. 서울시는 지하철 공사가 마무리되는 1985년 버스노선을 전면 개편하고자 하였지만, 1990년대 후반 서울 도시 전체가 개발이 끝나갈 무렵에야 노선이 안정화되었다.

도시화 지역의 경계에 있었기 때문에 1980년대 초 장위동의 버스교통은 서울의 다른 신흥 주거지에 비해 형편이 좋지 않았다. 당시 장위동-월계동에서 혜화동으로 가는 버스는 동원운수(현 우신버스) 16번(장위동-호계동)이 유일하였다고 하며, 출퇴근 시간의 혼잡은 피할 수 없었다.[03] 1982년 동원운수는 이 16번 노선을 당시 26번(삼양동-안양), 29번(번동-고속터미널) 등을 운영하던 한성운수에 매각하였다. 1984년 과천대공원 개장으로 16번 버스 20대가 장수로-마장동-성수대교-고속터미널-사당을 지나 과천대공원으로 운행하였으며, 토요일과 공휴일에는 같은 회사 29번 버스 31대가 동일한 경로로 운행하였다. 1981~1984년은 지하철 건설로 인한 도심 혼잡과 개통 후 노선 중복 등의 문제

03. 김일동(보성고교2년), 「독점버스 횡포극심. 개문발차 잦고 10-20분 지각 예사로」, 『경향신문』, 1981년 7월 21일.

04. 「을지로,왕십리통과 시내버스 20일부터 노선바뀐다. 지하철공사… 교통체증 막으로」, 『경향신문』, 1981년 12월 11일.

로 도심의 버스노선이 격변하던 시기이기도 하다. 1982년 을지로와 왕십리를 지나는 시내버스 노선이 바뀌어 석관동-영등포시장을 운행하던 37번과 47-1번의 을지로 통과구간이 종로로 통합되었고, 장위동-여의도-서부이촌동을 지나던 35번, 35-1번 노선이 을지로 대신 청계천을 이용하였다. 번동에서 구로공단으로 가던 26번도 일부가 변두리 지역을 돌며 서비스하였다.[04]

1980~1990년대 장위동에서 버스를 타면 대략 다음과 같은 방향으로 이동할 수 있었다.

05.
「전노선 재조정」,『조선일보』, 1966년 4월 29일, 4면.

06.
「변경된 버스노선」,『조선일보』, 1970년 11월 17일, 6면.

07.
「서울시 대중교통 이렇게 바뀐다」,『동아닷컴디지털스토리』, 2004년 7월 1일.

08.
「전노선 재조정」,『조선일보』, 1966년 4월 29일, 4면.

09.
「변경된 버스노선」,『조선일보』, 1970년 11월 17일, 6면.

10.
「서울시 대중교통 이렇게 바뀐다」,『동아닷컴디지털스토리』, 2004년 7월 1일.

11.
다음카페 버스매니아(버스여행자클럽),「서울시 노선개편안내」, http://cafe.daum.net/busmania/

12.
서울특별시 도시교통실 보행친화기획관 교통정보과(2019년 1월 24일 서울시 버스노선 조회자료)

### 장위동-사대문 안-홍제

1966년에는 56번으로서 홍제(문화촌)에서 사대문 안을 거쳐 망우리까지 잇는 노선이었다가[05] 1970년 161번으로 개편되면서 장위동을 시작으로 사대문 안을 거쳐[06] 서대문구 홍제동으로 이어지는 노선이 되었다. 이후 2004년에 폐선되었다.[07]

### 장위동-서울역

1966년에는 12번으로서 미아동에서 종암동, 사대문 안과 서울역을 거쳐 후암동까지 잇는 노선[08]이었으나 1970년 32번으로 개편되면서 미아동에서 장위동으로 기점이 변경되었다.[09] 이후 2004년 1016번으로 개편되었다가[10] 2005년 다시 103번으로 바뀌었는데[11] 현재는 미아리고개, 신설동, 종로를 경유하여 서울역이 종점이다.[12]

### 노원-마포

1985년 염리동과 장위동 사이의 굴곡 노선을 직선화한 34번으로 개편된 뒤[13] 34-1번과 함께 노원에서 신촌을 잇는 노선으로 연장되었다. 2004년에는 기존 34번과 34-1번이, 단축된 1017번과 연장된 172번으로 각각 재편되었다.[14] 1017번은 월계동에서 동대문 구간을 다니다가 현재는 종점이 상왕십리로 변경된 상태이다. 172번은 하계동에서 혜화동, 충정로, 신촌을 지나 상암동까지 연결된다. 또 2019년 현재 173번이 월계동, 화랑로, 고대앞, 청계천, 만리재를 경유하여 신촌까지 운행 중이다.[15]

### 월계동-도곡동

1998년 38-2번 버스로서 석계역을 기점으로 남쪽을 경유하기에 장위동을 지나지 않았다.[16] 하지만 2004년 개편을 거쳐 147번으로서[17] 오늘날에는 월계동을 기점으로 월계2교, 북서울꿈의숲 동문, 돌곶이역을 경유하게 되었다.[18]

### 수유-답십리

1998년 16-1번에서[19] 2004년 1218번으로 개편된[20] 이래 오늘날까지 유지되는 노선이다.[21]

### 노원-동대문

1998년 상계동에서 동대문까지 잇던 35번[22]이 2004년 1137번으로 개편되며[23] 종점이 동대문에서 미아사거리로 단축되었다.

### 월계-이촌

1998년 월계동에서 석계역과 외대앞을 거쳐 서울역과 용산역을 지나 이촌까지 잇던 38번 노선[24]이 2004년 1222번으로 개편되면서[25] 종점이 고대앞으로 단축되었다. 대신 1016번이 103번으로 바뀌는 사이 기존 103번은 149번을 거쳐[26] 100번이 되었는데[27], 하계동부터 북서울꿈의숲과 미아리고개, 혜화동, 청계천을 지나 서울역, 이촌, 용산구청까지 운행하게 되었다.[28]

### 석관동-영등포

1998년 48번으로서 광운대와 장위동을 거쳐 을지로를 통해 여의도와 영등포까지 이어지던 노선[29]이었는데, 2004년 261번으로 개편[30]된 이후 지금은 여의도를 제외한 영등포는 더 이상 경유하지 않는다.

### 번동-강남역

1998년 716번 버스로서 한천로를 따라가다가 용두동과 왕십리, 압구정을 거쳐 고속터미널로 가는 버스[31]였으나 2004년 145번으로 개편되기 이전에 종점이 강남역으로 바뀌었다.[32]

## 4.1.1 장위동의 버스회사, 사고, 정류소

장위동을 운행하는 마을버스 운영사로는 고려승객과 석계운수가 있고, 장위동을 경유하는 시내버스의 주요 운영사로는 삼화상운·한성여객·한성운수·진아교통이 있다. 1981년에는 혜화동으로 가는 버스가 단 한 대에 불과하였는데 동원운수 소속이었다.[33] 이 버스는 4호선 개통의 영향으로 혜화에서 장안동 방면으로 노선이 변경되었으며, 운영하는 회사도 한성운수로 바뀌게 된다.[34] 이후 성수대교 붕괴사고의 피해차량으로 주목을 받게 되었다.

극동벽지 정류소는 오늘날 월곡중학교[35]로, 거기에 있던 공장 이름을 따 왔다.[36] 1970년대 이곳으로 이전되기 전에는 지서앞 정류소였다.[37] 전국의 공중전화 지점 가운데 '지서앞'이라는 지명이

13. 「서울 시내버스 노선 전면 개편」, 『경향신문』, 1985년 10월 1일, 10면.
14. 「서울시 대중교통 이렇게 바뀐다」, 『동아닷컴디지털스토리』, 2004년 7월 1일.
15. 서울특별시 도시교통실 보행친화기획관 교통정보과(2019년 1월 24일 서울시 버스노선 조회자료)
16. 서울특별시, 『서울시 버스노선 안내책자』, 1998.
17. 「서울시 대중교통 이렇게 바뀐다」, 『동아닷컴디지털스토리』, 2004년 7월 1일.
18. 서울특별시 도시교통실 보행친화기획관 교통정보과(2019년 1월 24일 서울시 버스노선 조회자료)
19. 서울특별시, 『서울시 버스노선 안내책자』, 1998.
20. 「서울시 대중교통 이렇게 바뀐다」, 『동아닷컴디지털스토리』, 2004년 7월 1일.
21. 서울특별시 도시교통실 보행친화기획관 교통정보과(2019년 1월 24일, 서울시 버스노선 조회자료)
22. 서울특별시, 『서울시 버스노선 안내책자』, 1998.
23. 「서울시 대중교통 이렇게 바뀐다」, 『동아닷컴디지털스토리』, 2004년 7월 1일.
24. 서울특별시, 『서울시 버스노선 안내책자』, 1998.
25. 「서울시 대중교통 이렇게 바뀐다」, 『동아닷컴디지털스토리』, 2004년 7월 1일.
26. 다음카페 버스매니아(버스여행자클럽) 「서울시 노선개편안내」 http://cafe.daum.net/busmania/
27. 서울특별시 「도시교통본부 버스관리과 2011년도 정책자료집」, 2011, 249쪽.
28. 서울특별시 도시교통실 보행친화기획관 교통정보과(2019년 1월 24일, 서울시 버스 선 조회자료)
29. 서울특별시, 『서울시 버스노선 안내책자』, 1998.
30. 「서울시 대중교통 이렇게 바뀐다」, 『동아닷컴디지털스토리』, 2004년 7월 1일.
31. 서울특별시, 『서울시 버스노선 안내책자』, 1998.
32. 「서울시 대중교통 이렇게 바뀐다」, 『동아닷컴디지털스토리』, 2004년 7월 1일.
33. 김일동(보성고교2년), 「독점버스 횡포극심. 개문발차 잦고 10-20분 지각 예사로」, 『경향신문』, 1981년 7월 21일.
34. 「20년이 지났지만 바뀐 건 없다. 1994년 성수대교 붕괴참사」, 『한겨레』, 2014년 10월 20일. ; 「포토스토리 '다리가 사라졌어요!' 그리고 20년 뒤…」, 『한겨레』, 2014년 10월 20일.
35. 서울특별시, 『서울시 버스노선 안내책자』, 1998.
36. 「성북구 화랑로~장위동 도로개설」, 『경향신문』, 1983년 1월 18일.
37. 「급행버스 정류장 일제조정」, 『동아일보』, 1972년 3월 30일.

들어간 곳[38]을 확인해 보니 대부분 치안센터나 파출소가 인근에 있는 것을 확인할 수 있었다. 따라서 지서앞은 파출소의 위치와 관련된 것으로 보이며, 2020년까지 장위지구대[39]가 있던 장위2치안센터로 볼 수 있다.

1964년 기준 장위동-신설동-청계천-을지로-서울역-후암동[40] 구간의 7번 노선이 장위동에서 가장 오래된 시내버스 노선 가운데 하나이다. 출퇴근 시간에 일부 버스는 미아사거리의 대지극장에서 회차하는 한편 일부는 종암지서나 길음지서에 빈 차를 배차하기도 하였다.[41] 삼화상운은 1970년대 장위동과 후암동을 잇는 32번 노선을 운행하였다.[42] 1989년에는 주택은행 앞에서 장곡초등학교 학생들이 삼화상운 32번 버스에 치여 사망하는 사고가 발생하였다.[43]

장위동에서 북아현동을 잇는 1968년을 기준으로 10번이었던 좌석버스 노선도 있었는데,[44] 당시 장월교로 임시 운행하였다. 오늘날에는 장월교로 운행하는 시내버스 노선은 없으며, 대신 벼루말교를 경유하는 노선이 대부분이다. 앞서 언급한 장위동-후암동 노선과 마찬가지로 장위동-북아현동 노선 역시 출퇴근 시간에는 종암지서에 빈 차를 배치하기도 하였다.[45] 이후 1971년에는 장위동과 북아현동을 잇던 30번 및 31번 버스가 월계동까지 연장되었다.[46]

오늘날에는 사라진 장위동과 홍제를 잇는 노선으로 1970년 이전부터[47] 급행 56번이 운행되었고 이후 161번으로 바뀐 뒤 1990년대[48]까지 운행되었다. 삼화운수가 운행하였는데, 1980년대 후반 들어서 교통체증이 심해지고 자가용이 보급되면서 승객 수와 운행 횟수가 점차 줄어들었다.[49]

기존에 버스를 통하여 장위동에서 이촌동으로 접근하는 데에는 한계가 있었다. 1998년까지만 해도 석계역과 화랑로를 경유하여 이촌동까지 이르는 38번 노선[50]만이 있었을 뿐이다. 화랑고가차도부터 돌곶이역 사거리까지의 구간만 장위동이었기에 장위동 주민은 이 노선의 혜택을 제한적으로 받을 수밖에 없었다. 게다가 2004년에는 38번이 1222번(진아교통)으로 개편[51] 되면서 종점이 이촌동에서 고대앞으로 단축되었다. 화랑로에서 이촌동까지 버스 접근성이 떨어지게 된 배경에는 화랑로를 따라 용산구를 경유하는 지하철 6호선의 개통이 있었다.

월계로의 개통과 더불어 이 도로를 따라서는 지하철 6호선이 지나지 않았기에 21세기에 들어서 월계로와 이촌동을 잇는 100번(한성여객)[52] 노선이 개통되었다.

장위동과 강남구를 잇는 시내버스는 147번(진아교통)과 145번(한성운수) 노선이다. 이 노선들이 장위동을 지날 수 있었던 데에는 각각 월계2교와 한천로의 개통이 주효하였다. 월계2교는 미아사거리와 월계동을 이어주는 월계로 가운데 우이천을 건너는 다리이다. 본래 화랑로를 경유하여 강남에 가던 38-2번[53] 노선이 있었는데, 38번 노선처럼 장위동은 일부 구간만 지나고 있었다. 하지만 147번으로 개편[54] 되면서 월계2교와 돌곶이로를 경유하는 것으로 바뀌며 장위동을 남북으로 가로지르게 되었다. 이 밖에도 103번, 172번, 100번 등의 간선노선이 월계2교를 경유한다.

본래 716번[55]이었던 145번 버스[56]는 한천로를 따라 움직인다. 결국 1979년 한천로의 개통[57]이 있었기에 가능한 노선이다. 큰 관점에서 중랑천과 우이천을 따라 천호대로와 수유동을 잇는 서울 동북부의 간선도로가 개통된 것이다. 당시에는 장수로라는 이름으로 불렸다. 서울 장안동과 수유동을 잇는 도로라는 의미로 해석된다. 하천을 따라 도로가 개설되었다는 점에서 상습 침수지역의 방재 역할도 수행한다는 사실을 알 수 있다. 이 밖에도 145번처럼 한천로를 따라 이동하여 답십리에 이르는 16-1번[58]은 1218번(한성운수)[59]이 되어 장위동을 경유하고 있다.

38. 구리시 교문동 260-9, 포천시 소흘읍 송우리 642-1, 포천시 신북면 기지리 893-7, 청주시 남일면 두산리 42-3, 논산시 가야곡면 육곡리 212-1, 청송군 진보면 진안리 41-2, 함양군 백전면 평정리 711-1 9, 창원시 동읍 용잠리 228-3, 포항시 구룡포읍 구룡포리 954-30, 장흥군 안양면 운흥리 694-4, 장흥군 회진면 회진리 761-2.

39. 종암경찰서, 「경찰서 소식: 장위지구대 청사 이전을 안내드립니다」 https://www.smpa.go.kr/

40. 「서울시내버스합승노선재조정 내10일부터실시」, 『조선일보』, 1964년 12월 5일.

41. 「1일부터 버스 중간배차」, 『중앙일보』, 1970년 03월 30일.

42. 「미도파 앞 버스정류장 부활」, 『중앙일보』, 1979년 3월 3일.

43. 「빗길 과속버스에 치여 어린이 2명 숨져」, 『동아일보』, 1989년 8.22일. 현재 노선 103번의 꿈의숲 아이파크아파트 정류소 근처이다.

44. 「장월교로 임시운행」, 『중앙일보』, 1968년 4월 24일.

45. 「1일부터 버스 중간배차」, 『중앙일보』, 1970년 3월 30일.

46. 「장위~북아현 버스 월계동까지 연장」, 『중앙일보』, 1971년 12월 13일.

47. 「버스노선 번호 재조정」, 『조선일보』, 1970년 3월 29일.

48. 서울특별시, 『서울시 버스노선 안내책자』, 1998.

49. 「승객 격감…서울시내버스 울상」, 『조선일보』, 1989년 12월 22일.

50. 서울특별시, 『서울시 버스노선 안내책자』, 1998.

51. 「서울시 대중교통 이렇게 바뀐다」, 『동아닷컴디지털스토리』, 2004년 7월 1일.

52. 서울특별시, 「도시교통본부 버스관리과 2011년도 정책자료집」, 2011, 249쪽.

53. 서울특별시, 『서울시 버스노선 안내책자』, 1998.

54. 「서울시 대중교통 이렇게 바뀐다」, 『동아닷컴디지털스토리』, 2004년 7월 1일.

55. 서울특별시, 『서울시 버스노선 안내책자』, 1998.

56. 「서울시 대중교통 이렇게 바뀐다」, 『동아닷컴디지털스토리』, 2004년 7월 1일.

57. 「천호대로~수유동 장수로 내일 개통」, 『조선일보』, 1979년 5월 29일.

58. 서울특별시, 『서울시 버스노선 안내책자』, 1998.

59. 「서울시 대중교통 이렇게 바뀐다」, 『동아닷컴디지털스토리』, 2004년 7월 1일.

## 4.1.2 여의도행 노선의 쇠퇴와 벼루말교

장위동과 여의도를 잇던 48번의 한천로 구간[60]은 개편된 261번[61]이 1985년 개통된 벼루말교[62]를 경유하게 되면서 폐지되었다. 벼루말교는 장월로의 종점으로서 1017번과 1137번 노선도 벼루말교를 경유하는 등 장위동의 중요한 목이 되고 있다. 또 화랑로를 따라[63] 월계동과 여의도를 잇던 30-1, 월계동과 여의도를 거쳐 철산동을 잇던 30번 노선 모두 없어졌다.[64]

## 4.1.3 두 고가차도: 화랑 고가차도와 내부순환로

1983년에는 경원선 철로로 병목현상이 심하였던 화랑로의 석계역 구간에, 기존 지하차도에 더해 고가차도까지 건설하는 공사가 시작되었다.[65] 이에 따라서 경원선 철도를 건너는 목적으로 화랑로의 석계역 구간은 지하차도[66]는 물론 고가도로[67]까지 생기는 수직구조를 보인다. 1999년 내부순환로 개통 역시 장위동에 영향을 미쳤다. 내부순환로는 서울 강북지역의 교통을 획기적으로 개선하는 효과를 보였지만, 이 고가도로로 인해 상월곡역에서 화랑로를 타고 가다가 월곡로에서 바로 좌회전할 수 없게 되었다.[68] 이 때문에 장위동에서 종암동으로의 접근성이 낮아졌다.

장위동 경유 버스노선(1998)

| 노선 | 기점/종점 | 노선도 | 운수회사/배차간격 |
|---|---|---|---|
| 38 | 기점: 월계동<br>종점: 동부 이촌동 | 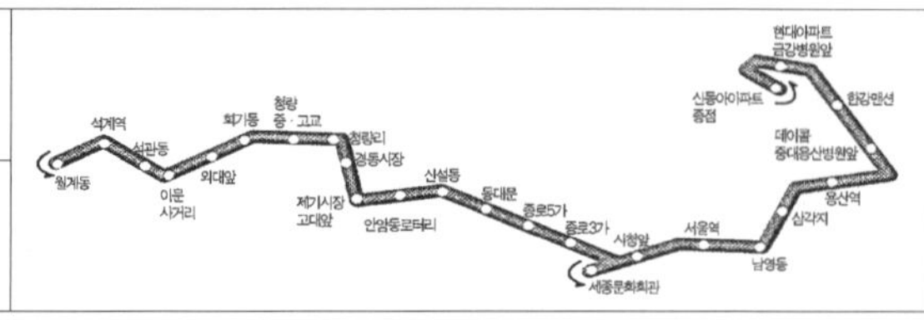 | 운수회사: 진아교통 972-381<br>배차간격: 6분 |
| 16-1 | 기점: 우이동<br>종점: 장안동 | 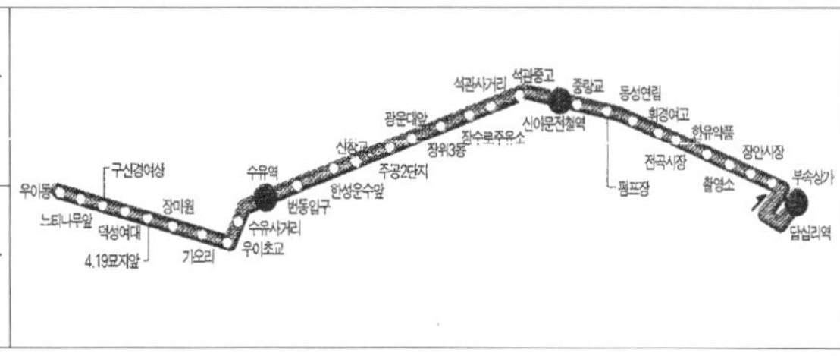 | 운수회사 한성운수 981-9001<br>배차간격 5분 |
| 442 | 기점: 미아 삼거리<br>종점: 청량리 | 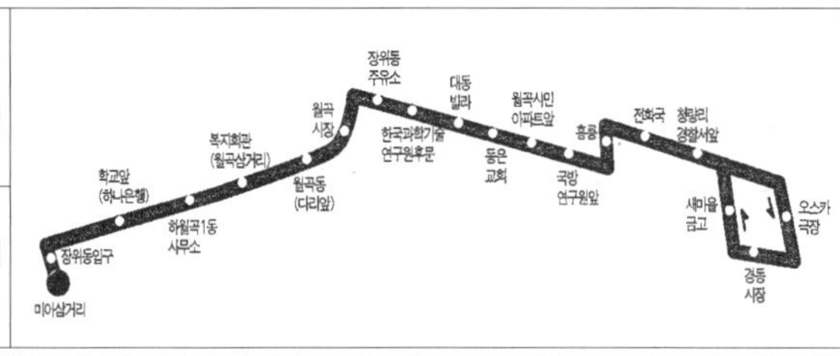 | 운수회사 영신여객 996-3501<br>배차간격 8분 |
| 30-1 | 기점: 월계동 (월계 주공)<br>종점: 여의도 | 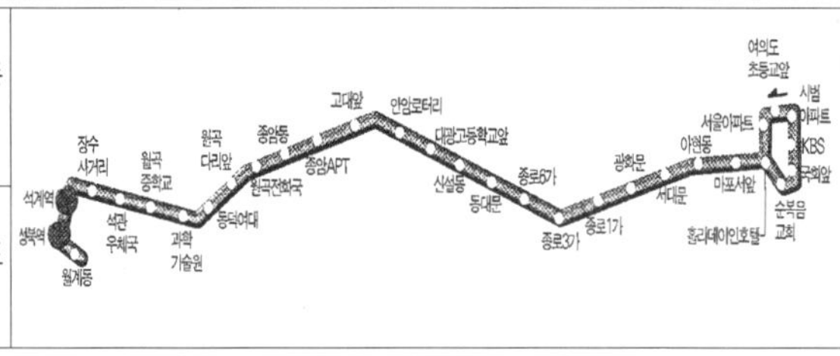 | 운수회사 삼화상운 918-6334<br>배차간격 10분 |
| 161 | 기점: 월계동<br>종점: 문화촌 | 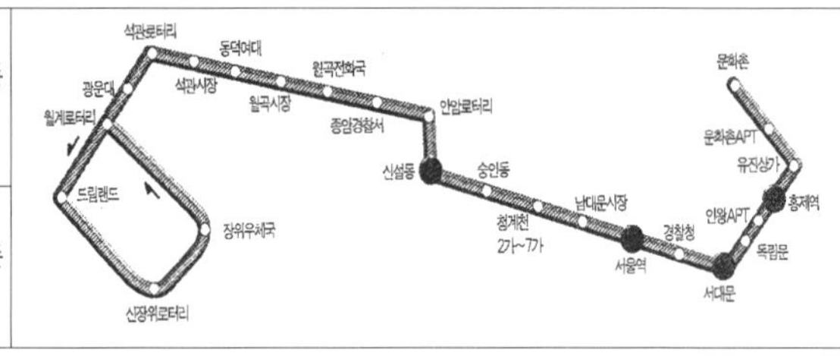 | 운수회사 삼화상운 934-2551<br>배차간격 3~4분 |
| 32 | 기점: 장위동<br>종점: 후암동 | 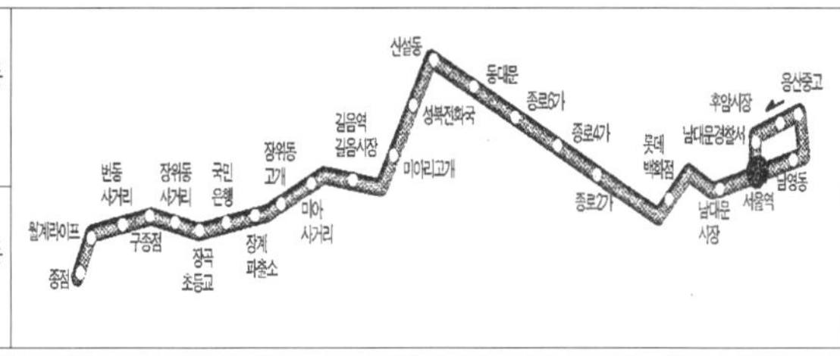 | 운수회사 삼화상운 934-2551<br>배차간격 2~3분 |
| 404 | 기점: 구리 농수산 센터<br>종점: 드림 랜드 | 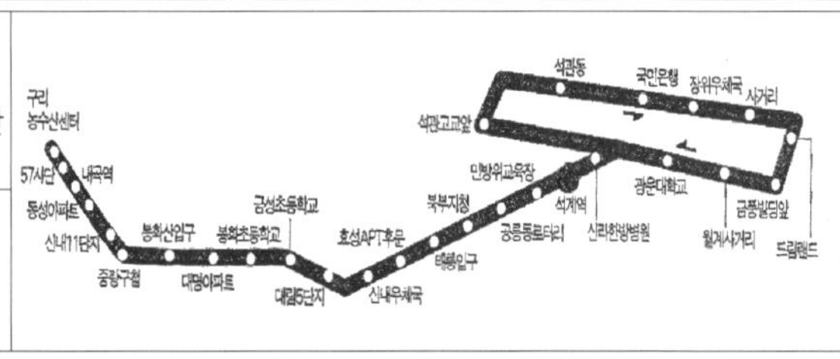 | 운수회사 상진운수 967-0049<br>배차간격 10분 |
| 34 | 기점: 상계동<br>종점: 염리동 | 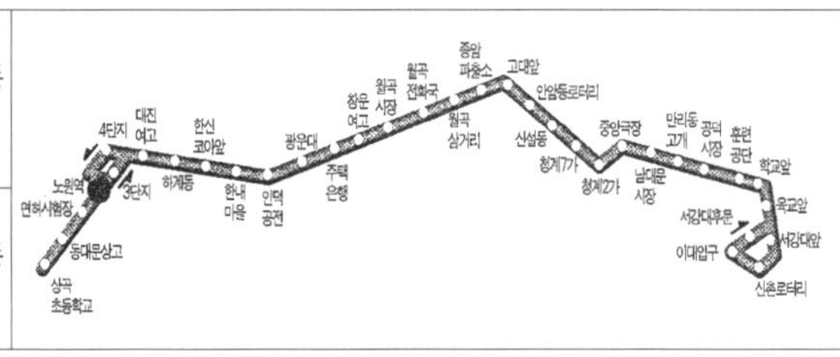 | 운수회사 한성여객 976-9522<br>배차간격 5분 |
| 38-2 | 기점: 월계동<br>종점: 도곡동 | 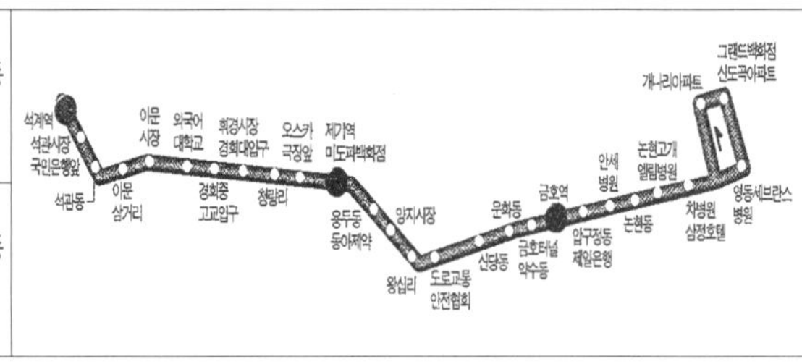 | 운수회사 진아교통 972-3811<br>배차간격 6~7분 |

| 노선 | 기점/종점 | 노선도 | 운수회사/배차간격 |
|---|---|---|---|
| 30 | 기점: 월계동(월계 주공)<br>종점: 철산동 |  | 운수회사: 상신교통 918-6034<br>배차간격: 4분 |
| 26-1 | 기점: 번동<br>종점: 번동 | 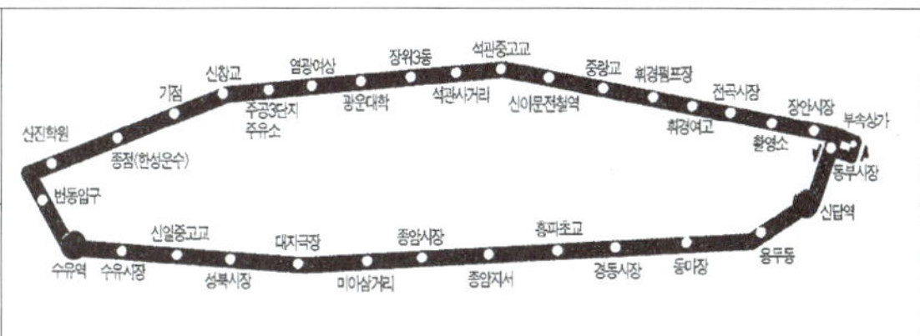 | 운수회사: 한성운수 981-9001<br>배차간격: 2~3분 |
| 16 | 기점: 번동<br>종점: 고속TR | 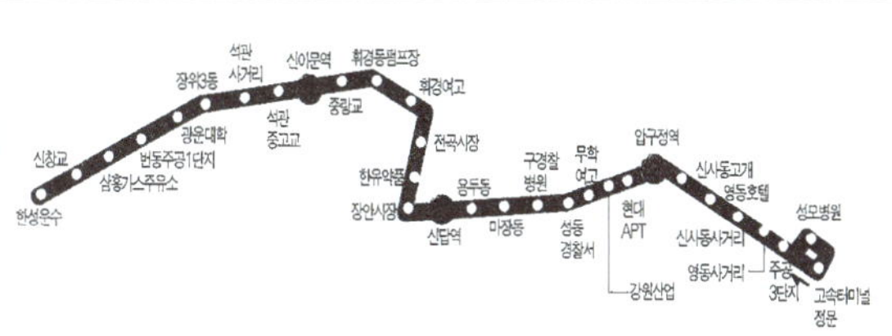 | 운수회사: 한성버스 981-9001<br>배차간격: 8분 |
| 03 | 기점: 태릉<br>종점: 길음역 |  | 운수회사: 상진운수 967-0049 태릉교통 972-1512 진아교통 972-3811<br>배차간격: 6~7분 |
| -1 | 기점: 우이동<br>종점: 청량리 | 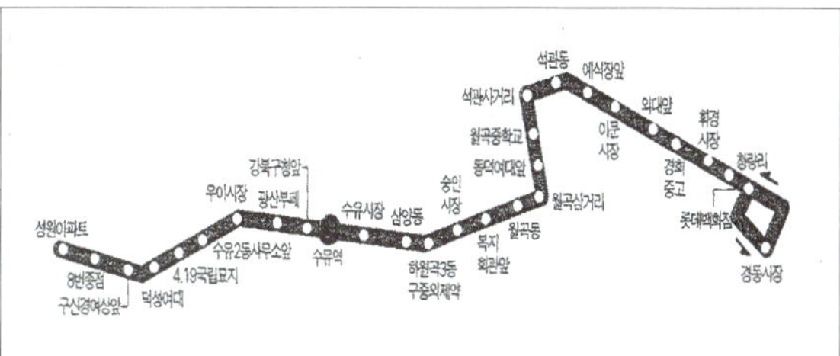 | 운수회사: 한성버스 996-3501<br>배차간격: 4, 5분 |
| 4-1 | 기점: 하계동<br>종점: 염리동 | 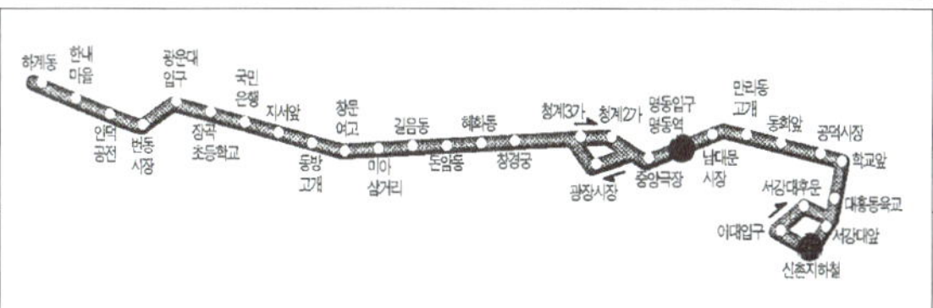 | 운수회사: 한성버스 976-9522<br>배차간격: 4~5분 |
| 8 | 기점: 석관동<br>종점: 영등포 시장 | 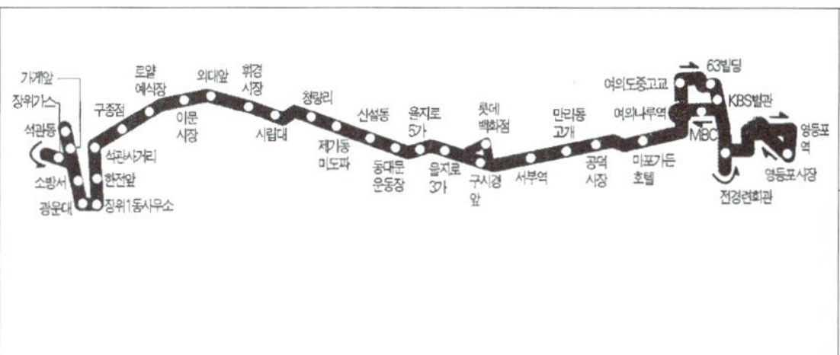 | 운수회사: 상진운수 967-0049<br>배차간격: 3~4분 |
| 5 | 기점: 상계동<br>종점: 동대문 |  | 운수회사: 삼화상운 934-2551<br>배차간격: 2~3분 |

### 4.1.4 마을버스 성북10-1: 월곡산을 반시계방향으로 돌다

2021년 1월 29일 마을버스 성북10-1 노선을 운영하는 회사인 고려승객의 중간관리직원 인터뷰에 따르면, 성북10-1 노선은 1970년대 말 생긴 이래로 노선 경로가 바뀐 적이 없었다. 마을버스가 1981년 2월 13일 교통부의 마을버스 운행지침 시달로 양성화되기 시작한 것을 고려하면[69] 성북10-1 마을버스는 이른 시기에 운행을 시작한 버스이다. 성북10-1의 노선은 장위중학교를 기점으로 월곡산을 끼고 반시계방향으로 월곡역 부근까지 내려온 뒤 미아사거리를 거쳐 다시 월곡역 부근으로 돌아온다. 그리고 나서 월곡초등학교를 향해 반시계방향으로 다시 월곡산을 올라서 장위중학교로 돌아온다. 따라서 월곡산을 한 바퀴 순환하게 되는데, 이 순환로가 성북구에 의해 도시계획시설로 결정된 것은 1990년의 일이다.[70] 그러나 고려승객 직원 인터뷰 결과 해당 순환로 가운데 장위동 측 도로는 노선의 개설 이래로 변화가 없었다고 한다. 따라서 도시계획시설로 결정되기 이전에 이미 도로가 완성되어 있었다는 말이 된다. 다만 인터뷰에 따르면 순환로의 하월곡동 측 도로는 아파트가 개발되는 과정에서 확장되었다고 한다.

60. 서울특별시, 『서울시 버스노선 안내책자』, 1998.

61. 「서울시 대중교통 이렇게 바뀐다」, 『동아닷컴디지털스토리』, 2004년 7월 1일.

62. 서울역사편찬원, 「월계508교」, 『서울지명사전』, 2009. ; 「노원구 공릉1·3동 공릉1동 변경」, 『연합뉴스』, 2011년 3월 17일.

63. 서울특별시, 『서울시 버스노선 안내책자』, 1998.

64. 「서울시 대중교통 이렇게 바뀐다」, 『동아닷컴디지털스토리』, 2004년 7월 1일.

65. 「석관동~월계아파트 고가차도 월내 착공」, 『동아일보』, 1983년 10월 1일.

66. 『카카오맵』, 2020.3. 로드뷰

67. 『카카오맵』, 2020.3. 로드뷰

68. 「10년 大役事…서울 교통지도 바뀐다」, 『매일경제신문』, 1999.1.29.

69. 서울특별시 시사편찬위원회, 『서울교통사』, 2000, 713쪽

70. 서울시보 1526호 257쪽, 성북구 공고 제93호

### 4.1.5 장위동 골목길의 건설

장위동 남부는 1980년 이전부터 장위동 옛길(화랑로19길~돌곶이로27길)을 따라 발달된 지역이어서 1990년대 이후로 새로운 도로가 거의 건설되지 않았다. 화랑로23길처럼 장위동 옛길 주변에 새로 생긴 도로는 소방도로를 설치하기 위한 것이다. 1980년대에는 장위동 동부 우이천변에도 도로 신설이 많았다. 1990년대에는 장위2동 주민센터와 장위 3동 어린이집 주변의 도로 신설이 두드러졌다. 특히 소방도로 건설을 목적으로 한 경우가 많았다. 1980년대부터 2000년에 걸쳐 새로 지어진 도로는 장위로49길의 1-1 ~ 1-26 구간, 돌곶이로27가길, 한천로86가길, 화랑로37길처럼 유독 넓은 골목이 눈에 띈다. 한편으로는 장위로50길의 경우처럼 이미 철거가 이루어져 더 이상 현장에서 확인할 수 없는 골목도 이 시기에 지어진 도로에 포함된다. 이 시기 장위동 북부에 새로 생긴 도로는 대부분 1990년대 후반에 집중되었다. 장위동에서 개발이 가장 마지막에 이루어진 지역이라는 점이 크게 작용하였다. 장곡초등학교와 장월초등학교 주변으로 도로가 생겼다는 특징이 있다. 다른 장위동 지역과 비교하였을 때 새롭게 생긴 도로임에도 불구하고 재개발로 인해 이미 사라진 도로들도 많다. 특히 월계로36길은 완공 당시 한쪽은 녹지를 끼고 반대쪽은 주택을 낀 돌곶이로의 대체 도로였으며, 샘터길이라는 이름이 붙여졌다. 하지만 지금은 주택이 있던 쪽은 물론 언덕이 있던 쪽까지 신축 아파트 단지가 들어섰다. 심지어 남쪽 구간은 아파트 단지 안으로 편입되어 도로가 사라졌다. 지금은 석계운수의 성북14-1번 마을버스가 월계로36길을 일방통행으로 경유한다. 한편 성북14-1번은 장월교를 경유하는 유일한 버스노선이다.

**1980년대부터 2000년 이전까지 장위동에 새로 생긴 도로 목록**

| 날짜 | 도로명 | 내용 | 출처(서울시보 호수, 페이지수, 고시·공고번호) |
|---|---|---|---|
| 1983.3.22. | 화랑로37길 | 개설공람 | 957; p.37; 서울특별시 공고 제171호 |
| 1983.4.12. | 장월로 미개통구간 | 개설인가 | 960; p.17; 서울특별시 공시 제211호 |
| 1984.4.24. | 장위동 33-45~장위동 37-66 | 개설 | 1016; p.21; 서울특별시 공고 제218호 |
| 1984.9.19. | 한천로86가길 | 개설 | 1039;p.46;서울특별시 공고 제557호 |
| 1984.9.19. | 한천로86 15-1~한천로86 15-3 | 개설 | 1039;p.46;서울특별시 공고 제557호 |
| 1986.4.7. | 장위로50길 | 신설 | 1267; p.125; 서울특별시 고시 제217호 |
| 1990.4.6. | 돌곶이로27가길~화랑로33길 | 개설 | 1482; p.15; 성북구 공고 제27호 |
| 1990.11.14. | 화랑로13가길 | 확장 | 1526; p.257; 성북구 공고 제93호 |
| 1990.11.14. | 장위중 부근 | 신설 | 1526; p.257; 성북구 공고 제93호 |
| 1990.11.14. | 장위로 4길 종점~장월로3길 종점 | 신설 | 1526; p.257; 성북구 공고 제93호 |
| 1990.11.14. | 장월로5길 4 및 월곡초 부근 | 신설 | 1526; p.257; 성북구 공고 제93호 |
| 1990.11.14. | 화랑로27길 21~화랑로27길 34 | 신설 | 1526; p.257; 성북구 공고 제93호 |
| 1993.5.25. | 장위로10길 | 연장 지적승인 | 1744; p.145; 성북구 고시 제1993-31호 |
| 1994.3.21. | 장위로4길과 장위로16길의 교차점 | 개설공사 변경 | 1811; p.55 성북구 고시 제1994-15호 |
| 1995.3.15. | 장월로38길 29~돌곶이로32길 35 | 신설 | 1884; p.57 성북구 고시 제1995-15호 |
| 1995.3.25. | 장위로49길 1-1~장위로49길 1-26 | 신설 | 1887; p.67; 성북구 고시 제1995-18호 |
| 1995.5.15. | 장위로21다길과 장월로23길의 교차점 | 신설 | 1898; p.13; 성북구 고시 제1995-42호 |
| 1995.9.5. | 장위로28~장위중 | 신설 | 1920; p.35 성북구 공고 제1995-218호 |
| 1996.4.6. | 장월로23길 42~장월로23길 56 | 신설 | 1963; p.61; 성북구 고시 제1996-25호 |
| 1996.6.15. | 장월초~참누리아파트 | 신설 | 1977; p.32; 성북구 고시 제1996-161호 |
| 1996.10.15. | 돌곶이로27가길과 돌곶이로27나길의 교차점 주변 | 신설 | 2001; p.29; 성북구 고시 제1996-90호 |
| 1996.10.21. | 월계로36길 | 개설 | 2002; p.32; 성북구 고시 제1996-88호 |
| 2000.9.15. | 월계로36길 꿈의 숲 아이파크 연장 | 개설 | 2284; p.166; 성북구 고시 제2000-78호 |

ㄹ

# 시장의 발달

**연쇄 도둑에 피해를 당한 상가 골목**
(「장위동 시장 일대 밤도둑 극성」, 『동아일보』, 1982년 5월 11일.)

기존 재래시장을 중심으로 한 상권이 본격적으로 변화하기 시작한 것은 1980년대 이후로 보인다. 1980년대 초만 해도 각종 사회단체가 주최하는 '바자'와 물건을 처분하고자 하는 상인들이나 프로모션이 연계된 소위 '변태바자'가 성행할 만큼 장위동의 시장은 늘어나는 인구를 쫓아가지 못하였다.

> 지난 11월 서울 장위동의 한 여학교에서 열린 바자회. 수백 평이 넘을 듯한 운동장에 마련된 55여 개의 판매대엔 고급 기성복에서부터 스테인리스 그릇, 세제, 수세미, 책, 가구, 약품, 자연건강식품에 이르기까지 가히 모든 생활필수품이 골고루 쌓여 있다. 바자장 가운데는 행운번호 추첨의 경품으로 반짝이는 새 승용차까지 전시돼 있다. 마치 대규모의 시장이 생긴 느낌.
>
> 『동아일보』, 1982년 12월 13일.

서울의 다른 신흥 주거지처럼 시장 수요는 늘어났지만 치안은 쫓아오지 못하였다. 당시 장위시장을 중심으로 '밤도둑'과 '도둑떼'에 대한 기사가 등장하였다. 1979년에는 장위시장에서 '전세방 계약금 50만 원'을 날치기당한 행상이 충격에 자살하는 사건이 있었으며[71], 1982년에는 장위시장에 위치한 장위2동에 방범위원, 정화위원, 새마을지도자, 조기축구회 등 8개 자생단체 회원 357명으로 구성된 '자율순찰대'가 동네의 우범지역을 순찰하였다고 한다.[72] 한편 장위시장에서 '안동지물포'를 운영하는 박한일 사장은 박정희 대통령 시절에는 장위시장에 사설경비가 있어 물건 진열을 단속하였다는 이야기를 전하기도 하였다.

71. 「행상 부인 50만원 날치기 당하자 충격받고 남편이 자살」, 『조선일보』, 1979년 9월 13일.

72. 「내집 내마을 내가 지킨다 장위2동의 '0시자율순찰대'」, 『매일경제신문』, 1982년 2월 13일.

> "옛날에 이제 그 뭐 기억에 남는 거는 그거 신시장이나 구시장이나 경비들이 있었어. 경비들. 경비들이 있었는데 그 경비들이 이제 이 골목을 단속으로 하는 거야. 이렇게 내 놓은 거. 지금 이거는 많이 내놨잖아. 그때는 1m 이상 나가지 못했어. 그래서 못 내놓게 다 쭉 해가지고 그 사람들이 이제 단속하고. 만약에 조금 내놓으면 구청 같은 데 신고를 하면 저걸로 재판도 받았어. 뚝섬 가서 재판 받았어. 물건 내놨다고. 그렇게 엄했었어."
>
> 박한일(장위시장 안동지물포 사장), 2020년 10월 26일.

서울 성북구 장위동 68 장위시장 일대에 도둑떼가 들끓어 하룻밤에 인근 5, 6개 점포가 털리는 등 피해가 잇달아 시장상인들이 불안해하고 있다. 범인들은 셔터자물쇠를 절단기로 자르고 가게에 침입, 금고를 통째로 들고 가 버리거나 현금 귀금속 상품 등을 닥치는 대로 훔쳐가고 있다.

10일 새벽 1시부터 5시 사이 장위동 68의 239 동서정육점(주인 서명길, 35)에 도둑이 들어 현금 자기앞수표 귀금속 등 3백여만 원어치의 금품이 든 중형금고(50㎏)를 갖고 달아났다. 이날 범인들은 이웃 온달정육점(주인 김규범, 39) 어린이완구점(주인 서광준, 44) 등 6개 점포를 차례로 턴 뒤 동서정육점 앞 전주에 묶어 둔 사과행상 리어카의 쇠사슬을 절단기로 잘라 금고를 싣고 달아났다.

이곳은 종암경찰서 장위파출소에서 5백여m 떨어진 지역으로 상인들은 자정이 넘으면 셔터문을 내리고 가게를 비워 둔 채 집으로 돌아가며 범인들은 셔터자물쇠를 자르고 침입, 사람이 없는 빈 가게를 차례로 털어간 것. 이 일대에서는 약 보름 전부터 똑같은 수법의 도난사고가 거의 매일 밤 일어나고 있으나 경찰은 손을 쓰지 않고 있다.

지난달 28일 새벽에는 장위동 237의 29 김약국(주인 김성렬, 35)에서 우황청심환을 비롯한 약품과 현금 50만 원을 도둑맞는 등 같은 시간에 부근 가게들이 잇달아 털렸다. 상인들은 도둑 때문에 불안해서 가게문을 닫고 집으로 돌아가 잘 수도 없는 형편이지만 "가게에서 자려니 돈 잃고 사람까지 다칠 것 같아 이러지도 저러지도 못하고 있다."고 말하고 있다.

이 일대에는 가로등이 없는 골목이 많아 부녀자 등이 길에서 현금을 강탈당하는 등 노상강도까지 출몰, "어두워지면 밖으로 나다니기도 두려울 지경"이라고 주민들은 불안에 떨고 있다. 경찰은 주민들이 계속 신고를 해도 피해조사조차 나오지 않고 있다가 10일 새벽에는 피해액이 크고 도둑맞은 가게가 많자 마지못해 "한 번씩 둘러보는 정도에 그쳤다."는 것이며 이날 도둑을 맞은 온달정육점 판매장부에는 범인들의 농구화 발자국이 선명하게 찍혀 있었으나 그대로 방치됐다.

1970년대 중반 국민은행 사거리에 당시 서울 전역에 생겨났던 '슈퍼체인' 중 하나인 '제일체인(장위동 238-96)'이 문을 열기도 하였으나, 백화점과 대형쇼핑의 상권이 확장되고 장수로 등의 대로가 건설되면서 재래시장이 위축되거나 용도가 변경되고 있다는 기사가 등장한 것은 1980년대 후반부터이다. 현재는 재개발되어 사라진 장석시장의 경우 1987년 기준으로 167개 점포 중 40여 개를 창고로 사용하는 실정이라는 것이다.[73] 한 기사는 이 같은 재래시장 퇴조 현상이 지하철 3·4호선 개통으로 시민들의 도심 쇼핑이 훨씬 쉬워지고 주요 고객이라고 할 수 있는 중산층에까지 자가용이 확산되면서 가속화하고 있다고 밝혔다.

1990년대에는 미아삼거리, 성신여대 입구, 석관사거리 일대의 역세권 개발이 본격적으로 이루어지면서 장위동을 포함한 성북구의 상업지구가 다시 한번 큰 변화를 맞는다. 지방자치 시대가 열리면서 성북구는 1993년부터 보문시장, 돈암시장, 미아시장, 종암시장 등 4개 재래시장을 주상복합건물로 재건축하고자 하였으나 [74] 실제 해당 사업이 본격화된 것은 2000년대 들어서이다. 2001년 성북구는 시장 재개발을 유도하기 위해 도시계획시설상 시장으로 되어 있는 재래시장 8곳(장위, 장계, 길음, 석관, 월곡, 종암, 번동, 신세계백화점 미아점)의 시장 용도를 폐지하였다.[75] 성북구는 서울시 산하 25개 자치구에서 재개발과 재건축이 가장 활발히 이루어지는 지역 중 한 곳이다. 재개발 및 재건축을 활발히 추진하겠다는 성북구 부구청장의 인터뷰는 2000년대 초 성북구가 이들 사업을 얼마나 적극적으로 시행하였는지를 잘 보여준다.[76] 장위동의 시장은 1980년대부터 1990년대 중반까지 아주 짧은 발전의 시기를 겪었던 셈이다.

2020년 현재 장위동에 남아 있는 전통시장은 장위전통시장과 장곡시장 등이다. 장석시장과 장계시장은 재개발 바람에 사라졌다. 장계시장(장위동 151-1)은 1995년 '동운프라자'로 개발되었다가 현재는 '래미안장위퍼스트 하이아파트'로 재개발되었으며, 장석시장(장위동 60-1)은 2006년 '삼익그린뷰'로 개발되었다. 현재 이 자리는 자이 아파트가 들어설 예정으로, 당시 장석시장 자리에 설립되었던 삼익아파트만 '나 홀로' 건물로 남아 있다.

73. 「상권위축 부도심 시장 창고, 공장으로 바뀐다」, 『매일경제신문』, 1987년 11월 21일.

74. 「보문 등 4개 재래시장 올해 현대화사업 계획 서울 성북구」, 『매일경제신문』, 1993년 2월 19일.

75. 「성북구, 재래시장 '시장용도' 폐지」, 『매일경제신문』, 2001년 2월 12일.

76. 「[응접실] 문승국 성북구 부구청장」, 『헤럴드경제』, 2002년 7월 26일.

미아삼거리·성신여대입구·석관사거리
상업지역으로 변경

성북구 북부 생활권 중심지로 개발

서울 성북구 미아삼거리~성신여대 입구~석관사거리 일대 주거지역이 상업지역으로 용도가 변경돼, 역세권 개발이 본격적으로 추진된다.

성북구는 6일 북부생활권의 중심지로 개발하기 위해 현재 0.03㎢에 불과한 상업지역을 0.5㎢로 넓히는 내용의 '부도심 개발계획'을 마련해 서울시장에게 보고했다.

이 계획에 따르면 상업지역이 확대되는 곳은 하월곡동 88 일대 미아권 0.25㎢, 동선동1가 1 일대 동선권 0.14㎢, 장위동 63 일대 석관권 0.11㎢로, 이들 지역을 도시설계지구로도 지정해 건물의 보완·위치 등도 계획적으로 개발할 예정이다.

하월곡동 현재 주거지역인 하월곡동 88 일대(속칭 미아리 텍사스촌)를 도심 재개발지구로 지정해 대단위 상업지역으로 개발할 계획이다.

상업지역 확대 대상지역

성북구는 "이들 지역이 지하철 4·6호선이 이어지는 전철역세권이며 도심과 도봉구~의정부를 연결하는 교통 요충지이나 자체 상업 기능이 마련되지 않아 차량이 도심으로만 진입해 교통난을 일으키고 있다"고 개발계획의 배경을 설명했다.

폐수처리시설 94곳 증설
경기 96년까지 1조 투자

【수원】 경기도는 6일 올해부터 96년까지 1조1천6백63억원을 들여 오·폐수처리시설 94곳을 신·증설하는 등 수질보전 4개년 종합계획을 마련했다.

도는 96년까지 가평군에 1백21억원을 들여 하루 7천5백t을 처리할 수 있는 하수종말처리장을 새로 건설하는 등 50곳에 하수종말처리장을 만들고 과천시에 하루 30t 처리능력의 분뇨처리시설을 만드는 등 11곳에 분뇨처리장을 건설하기로 했다. 또한 도는 양평군 양근천 3.7㎞에 94년까지 하천 정화시설을 신설하는 등 24곳에 정화시설을 만들 계획이다.

**1990년대 상업지역 개발**

(「미아삼거리·성신여대입구·석관사거리 상업지역으로 변경」, 『한겨레』, 1993년 5월 7일.)

**예전 장석시장 터에 건설된 삼익아파트**

(나 홀로 건물, 2020.07.)

商圈위축 부도심市場
창고·工場으로 바뀐다

지하철로 都心교통 단축
市內백화점에 고객 뺏겨

양담배販賣 크게 늘어
월 1백13만갑…開放초기보다 倍

**1980년대 후반의 재래시장 쇠퇴를 보여주는 신문기사**

(「상권위축 부도심 시장 창고, 공장으로 바뀐다」, 『매일경제신문』, 1987년 11월 21일.)

**장계시장 자리 상가건물 분양**

(「장위동 (구)장계시장 동운프라자상가 점포 분양 개시」, 『동아일보』, 1995년 5월 25일.)

반면 장곡시장(장위동 돌곶이로 39길, 41길)은 2019년 기준 약 23개 수준의 등록점포로 재래시장의 명맥을 이어가고 있다. 1987년부터 2020년 현재까지 장곡시장 상인회장을 맡고 있는 이종식 사장은 시장이 가장 활성화되었던 때를 1990년대로 기억한다. 상권 활성화를 위해 노력하고 있음에도 재개발 등 주변 환경의 급격한 변화로 현재는 기존 상가에 봉제공장이 입주하는 실정이라는 것이다. 장위시장 또한 장위전통시장-장위쇼핑-코코마트를 잇는 장위동의 핵심 거리였으나, 시장의 절반은 재개발 지역이 해제되고 절반은 존치되면서 지속적인 갈등을 겪고 있다.

> (1990년대 초) 그때 당시에는 그래도 상인들이 많고 하니까 우리가 이제 봄 가을에 야유회를 두 번씩이나 버스 두 대로 갔어요. 버스 기준으로

장곡시장 입구

거의 한 팔십. 그러니까 모잘라면 봉고차로 태워가고. 그만치 이제 숫자가 지금 줄어들고 상가들이. 지금은 이게 다니시다 보면 이쪽 지역이 뭐가 많냐면 상가 자리에 장사들이 안되니까 봉제공장이 들어와요. 봉제공장이 들어오니까 주인들도, 가게 안 나가니까 장사하는 사람들 줘야 세도 좀 도와줄 수가 있거든요. 공장을 주다 보니까 시장에 또 상권이 죽어요. 그래서 자꾸 이게 침체되고 그러다가. 여기가 이제 2005년도 6년도부터. 여기가 뭐 재개발된다 해 가지고 그때부터 상당히 좀. 주민들도 많이 어려움을 겪었죠. 그때부터 지금 벌써 2005년도부터 시작했으니까 또 이게 지금 몇 년이에요. 16년인가? 그러니까 이제 뭐 이사들도 가고 하다 보니까 이제 지역, 여기 지역 주민들도 많이 바뀌고 이러다 보니까 지금 여기 우리 시장뿐이 아니고 다른 데도 상권이 많이 죽었어요.

이종식(장곡시장 상인회 회장 및 형제정육점 사장), 2021년 1월 29일.

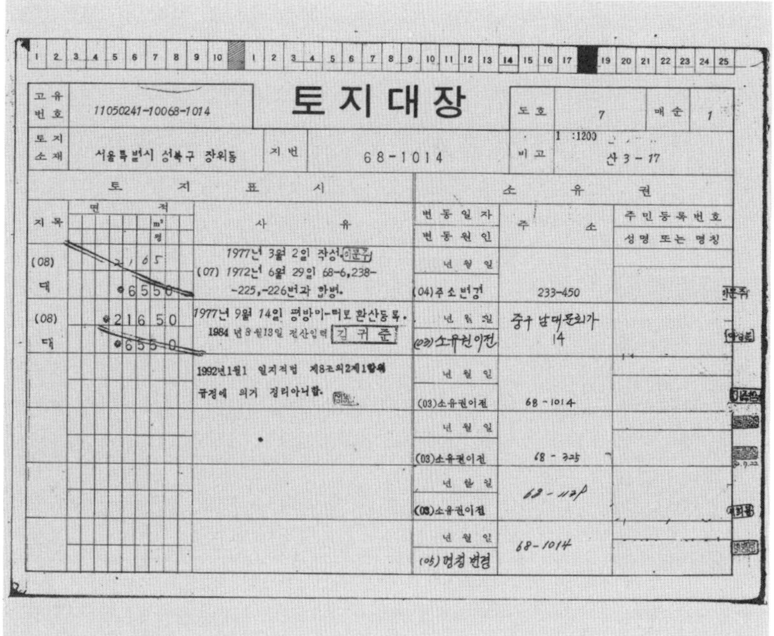

코코마트 부지 토지대장 부분 발췌

재래시장 현대화 사업은 1988년 올림픽을 앞두고 다시 박차를 가했으나, 대부분의 시장은 1990년대 초까지도 재건축이 진행되지 않았다. 주요한 이유는 건축법상 사업성이 낮아 대출이 어렵고, 공사기간 중 상인들의 생계대책이 없어 이들이 사업시행을 꺼리는 데다, 상가의 소유권이 분산되어 있어 합의가 어려웠기 때문이다. 이에 따라 서울시는 지속적으로 관련 규제를 완화하였다. 1988년에는 주거지역 내 재래시장에 시장과 아파트 기능을 겸한 복합건물 건축이 허용되었으며, 1990년에는 각종 세제감면 혜택과 건축비 지원 방안이 마련되었다.

장위시장 내 '코코마트'는 이러한 재래시장 현대화의 바람을 타고 1994년에 탄생한 시장 속 시장이다. 지하 3층, 지하 9층 규모의 주상복합 건물인 이 마트는 지하 2층과 3층은 주차장, 지하 1층부터 지상 3층까지는 슈퍼마켓 등 상가시설, 4층은 전문식당가, 5층부터 9층까지는 아파트로 구성되었다. 장위동 주민들에 따르면 처음 코코마트가 입점하였을 때는 다양한 생필품을 구입할 수 있는 '별천지'처럼 느껴졌다고 한다.

재래시장 현대식개조 '붐'

장위동 「코코마트」등 백화점형태로

/孫權美기자

『수레를 밀고 다닐 수 있으니까 아이 데려오는데 편해요.』(김숙란씨·29) 『물건을 찾기위해 많이 돌아다니지 않고, 주차장이 있어서 좋네요.』(이종수씨·33)

서울 성북구 장위동의 쇼핑센터 「코코마트」를 찾은 주부들의 평가다. 지붕도 없는 재래 시장이던 이곳은 1백억원을 들여 백화점식으로 재건축, 「코코마트」라는 이름으로 지난해 문을 열었다. 30여년만의 새 단장이었다.

최근 「코코마트」와 같이 재래 시장들이 「변신」을 보여주고 있다. 비나 눈이 와도 걱정없이 쇼핑을 할 수 있고, 청결 문제도 해결한 「새 시장」들이 주부들을 부르고 있다. 1주일치 열흘치 장을 한꺼번에 봐두고, 주부 혼자가 아니라 부부와 가족이 함께 장보러 나오는 생활 양식의 변화를 반영하는 현상이다.

거기에 건설교통부가 외국 자본의 유입 등 「시장」에 대한 개방에 대비, 『시장 재건축 면적을 2배에서 4배로 늘린다』고 건축법 시행령 개정안을 입법예고하면서 부쩍 속도가 붙었다.

현재 청량리 시장이 97년 개장을 목표로 재건축 중이고, 이촌시장 등 서울 시내 5~6개 시장들이 재건축에 들어갔거나 검토하고 있는 것으로 알려졌다. 다시 짓는 청량리 시장은 『자가 운전으로 장보러 다니는 주부들을 위해 대형 주차장을 마련하고 있다』고 밝혔다.

여기저기 흩어져있던 점포들을 종류별로 묶어 각 층마다 특화시키고 식품류는 지하층에 모아, 쇼핑 효율과 기능을 강조한다. 쇼핑객의 반응은 대개 긍정적이지만, 『물건 종류가 다양하지 않다』 『옛날같이 푸근하고 싱싱한 시장 맛이 안난다』는 불평도 있다. 「코코마트」 엄창준씨는 『백화점 같은 번듯한 외관에 생소함을 느끼는지, 처음에는 고객이 다소 줄었지만, 가격이 싼만큼 주부들을 모으고 있다』며 『재래 시장도 경쟁력을 갖추기위해서는 시장의 싼 가격과 쇼핑센터의 편리함을 갖춘 현대화를 피할 수 없을 것』이라고 밝혔다.

◇주차장을 새로 설치하는 등 재래시장에서 현대식 쇼핑센터로 탈바꿈한 「코코마트」. <李起元기자>

재래시장 현대식 개장 코코마트 소개 기사

출처: 「재래시장 현대식 개조 붐」, 『조선일보』, 1995년 11월 30일.

신문지상에 나온 코코마트 광고

77. 「재래시장 현대식개조 '붐'」, 『조선일보』, 1995년 11월 30일.

코코마트 생길 때 별천지였죠. 그렇게 큰 매장이 들어와 있지 않았죠. 쇼핑타운처럼. 거기 가면 문구도 있고 돗자리도 있구 다 파는 거예요. 엄마들이 거기 단체로 이렇게 가 가지고 쭉 사고 그랬던 기억도 나고요. 거기가 워낙 시장 상권은 맞는데 그렇게 막 체계적으로 이런 슈퍼문화? 이제 우리가 아는 홈플러스, 이마트 역할을 거기서 처음 본 거죠. 우리가 이렇게 외부에 안 나가도 대형마트. 대형마트라는 걸 그때 처음 본 거죠. 그래서 동네에서 이런 게 있으니까 편하네. 크레파스랑 먹거리랑 슈퍼 그런 거를 한 곳에서 다 장만한다는 게 조금은 또 너무 가까이 있어서 좋았죠. 주차장시설도 코코마트 앞에 몇 대는 되니까 엄마들이 편하게 차 끌고 다니시고. 그게 편했던 거 같아요. 코코마트 생겼을 때.

- 이진희(장위동 주민, 1975년생, 여), 2020년 10월 26일.

여기 장위동에 진짜 코코마트가 있었어요. 코코마트가 아주 장위시장에. 그리고 이쪽 맞은편 쪽에는 그냥 마트가 크게 있었고. 장위시장에 안에. 그리고 요쪽에 또 지하가 들어가는데 거기도 또 마트가 있고 세 개가 있어서 너무 좋았어요. 생활용품 웬만한 거 코코마트에서 다 샀어 아주. 가전제품이 없나 뭐 웬만한 이불 같은 것도 있고 다 있었어 아주. 쓸 만한 게 다 있었어.

- 이청자, 2020년 10월 23일.

당시 코코마트를 포함해 서울시내 10개 시장에 대한 재건축이 완료되었는데, 이는 그간 부진하였던 재래시장 재건축의 출발을 알리는 것이어서 그 의미가 컸던 것으로 보인다. 코코마트는 재건축 사례로 신문기사에 종종 등장하였으며, 서울시는 1996년부터 서울시내 재래시장의 재건축 범위를 2배에서 4배로 확대함으로써 유사한 사례를 많이 만들고자 하였다.[77]

**장위동 코코마트 소개 기사와 광고**

| 제목 | 날짜 | 언론사 | 지면 | 섹션 | 유형 |
|---|---|---|---|---|---|
| 30년의 상권확보! 구, 장위시장에 대형쇼 핑센터 탄생! | 1992.9.23. | 조선일보 | 4면 | 광고 | 전단광고 |
| 쇼핑센터 코코마트 분양 | 1993.4.15. | 조선일보 | 2면 | 광고 | 전단광고 |
| 코코마트 쇼핑센터 | 1993.9.9. | 조선일보 | 4면 | 광고 | 전단광고 |
| 분양·임대 4月(월) 그랜드오픈 코코마트 백화점식 쇼핑센타 | 1994.3.25. | 동아일보 | 4면 | 광고 | 전단광고 |
| 쇼핑센타 코코마트 탄생 축제 | 1994.4.29. | 동아일보 | 4면 | 광고 | 전단광고 |
| 장위동 200,000세대의 주택밀집 지역에 "백화점식 쇼핑센타 분양" 성공이 보인다! 주택밀집지역에 보다 편리… | 1994.6.22 | 조선일보 | 29면 | 광고 | 전단광고 |
| 재래시장 현대식 쇼핑공간 "재탄생" | 1994.12.23 | 조선일보 | 10면 | 경제 | 기사(뉴스) |
| 재래시장 재건축 4배까지 허용 | 1995.10.29 | 한겨레 | 17면 | 사회 | 기사(뉴스) |
| 재래시장 재건축 쉬워진다 | 1995.10.29 | 매일경제 | 19면 | 사회 | 기사(뉴스) |
| 재래시장 재건축기준 대폭 완화 | 1995.10.29 | 경향신문 | 20면 | 사회 | 기사(뉴스) |
| 주차장을 새로 설치하는 등 재래시장에서 현대식 쇼핑센터로 탈바꿈한 「코코마트」 | 1995.11.30 | 조선일보 | 31면 | 사회 | 사진 |
| 재래시장 현대식 개조 '붐' | 1995.11.30 | 조선일보 | 31면 | 사회 | 기사(뉴스) |

# ㅋ

# 마을의 중심을 보여주는 병원과 약국

한편 의료보호와 의료보험 제도 실시로 의료기관과 의료인력이 모두 증가하던 1980년대에는 병원들도 하나둘 개원하였다. 1980~1990년대에 새로 개업하였거나 영업이 확인된 병원(아래 지도에서 흐린 붉은색과 검은색)은 모두 37개소(의원 21개, 치과의원 8개, 한의원 8개)였는데, 이 중 현재까지 장위동에서 영업하고 있는 병원은 12개소뿐이다. 그 외 병원들은 2000년대 들어 개업한 곳들이다. 특히 한의원은 지금도 5개소가 재개발과 거주민 변화에도 불구하고 장위동을 지키고 있어 가장 부침을 덜 겪었다 하겠다. 하지만 본래도 상대적으로 경쟁이 심하고 재개발 구역에 포함된 경우가 많은 의원의 경우 21개소 중 5개만이 살아남아 진료를 하고 있다. 현재도 그렇지만 당시에도 병원들이 가장 많이 위치해 있던 곳은 장위로변이었다.

장위동은 1970년까지 진행된 대규모 택지개발과 주택건설로 인구가 한창 증가하였다. 1980년대 초반까지 장위로·장월로·장석로·한천로 등 주요 간선도로망까지 완성되면서 활기가 넘쳤고, 이러한 분위기에서 일찍이 약국이 들어섰다. 병원이 없던 시기에도 장위동 주민들이 아플 때 가장 가까이에서 찾을 수 있는 곳이었던 약국은, 다른 곳들과 마찬가지로 한약분쟁이나 의약분업의 여파를 겪고 2000년대에는 뉴타운 지정과 해제까지 어지럽게 얽히며 폐업이 숱하게 이루어졌다(참고로 약국의 경우 소재지를 이전할 때에도 폐업 후 개업해야 한다). 동별 의약품 제조 및 판매업 현황 통계가 집계되기 시작한 2006년만 해도 장위동의 약국은 장위1동 17개, 장위2동 12개, 장위3동 10개로 총 39개소가 있었다. 그러던 것이 2018년에는 장위1동 개, 장위2동 12개, 장위3동 4개로 특히 장위1·3동에서 약국이 많이 사라졌음을 알 수 있다(해당 동별 통계는 자료 구축의 어려움으로 2018년까지만 집계되었다). 그렇게 1980~1990년대에 영업한 약국들 중 2020년 12월 현재에도 남아있는 약국은 9개소이다(아래 지도에서 흐린 초록색). 이 중 1970년대에 들어선 알파약국, 수진약국, 개미약국이나 1980년대에 들어선 인현약국, 관문약국, 우리약국은 동네를 30~40년이나 지킨 터줏대감이다. 예나 지금이나 약국이 가장 많이 몰려 있는 곳은 장위로이며, 이 중에서 4곳이 1980~1990년대부터 장위동을 지키고 있다.

**1980~1990년대 장위동에서 영업한 약국 목록**

| 장소(주소) | 약국명 | 사업인허가 | 행정동 |
|---|---|---|---|
| 서울특별시 성북구 장위로 42-1(장위동) | 알파약국 | 1970.6.4. | 장위1동 |
| 서울특별시 성북구 돌곶이로 134(장위동) | 수진약국 | 1974.5.15. | 장위2동 |
| 서울특별시 성북구 장월로 128(장위동) | 개미약국 | 1977.11.11. | 장위2동 |
| 서울특별시 성북구 돌곶이로41길 33(장위동) | 인현약국 | 1980.5.10. | 장위1동 |
| 서울특별시 성북구 장위로 177(장위동) | 관문약국 | 1980.11.4. | 장위3동 |
| 서울특별시 성북구 장위로 110(장위동) | 우리약국 | 1988.6.22. | 장위1동 |
| 서울특별시 성북구 장월로 88-1(장위동) | 광혜당약국 | 1999.4.29. | 장위2동 |
| 서울특별시 성북구 돌곶이로41길 10(장위동) | 선약국 | 2005.3.3. | 장위1동 |
| 서울특별시 성북구 장위로15길 1, 1층(장위동) | 나약국 | 2014.6.12. | 장위1동 |

1980~1990년대부터 영업하였음에도 불구하고 사업인허가연도가 2000년대 이후로 되어 있는 경우가 있다. 우선 선약국은 대표약사의 휴업이 '폐업 후 재개업'으로 처리되어 재개업을 기준으로 한 날짜이고, 나약국은 약국 명칭을 유지한 채 대표약사가 여러 번 바뀌어 최근 대표약사의 개업에 맞춰 다시 허가를 받은 날짜이다.

**1980~1990년대 장위동에서 영업한 병원 목록**

| 병원명 | 범주 | 주요 진료과목 | 행정동 |
|---|---|---|---|
| 성모의원 | 의원 | 피부 | 장위1동 |
| 성심가정의학과의원 | 의원 | 가정의 | 장위1동 |
| 이태희가정의학과의원 | 의원 | 가정의 | 장위1동 |
| 해인병원 | 의원 | 정형 | 장위3동 |
| 장대환내과의원 | 의원 | 내과 | 장위2동 |
| 박앤김내과의원 | 의원 | 내과 | 장위2동 |
| 김종탁치과의원 | 치과의원 | 치과 | 장위2동 |
| 서울비케이치과의원(서울박치과의원에서 상호 변경) | 치과의원 | 치과 | 장위2동 |
| 중국중원한의원 | 한의원 | 한의원 | 장위1동 |
| 동명한의원 | 한의원 | 한의원 | 장위1동 |
| 명성하한의원 | 한의원 | 한의원 | 장위2동 |
| 성신한의원 | 한의원 | 한의원 | 장위2동 |
| 보림한의원 | 한의원 | 한의원 | 장위2동 |

## 4.3.1
## 일반 병원

장위동에서 현재까지 운영 중인 오래된 병원으로는 성모의원을 꼽을 수 있다. 건강보험심사평가원에 의하면 성모의원의 개업일은 1972년 9월 19일이다. 이후 손경애 원장이 1980년에 재개업한 것으로 보인다. 손경애 원장은 1965년 고려의대를 졸업하고 1970년에 피부과 전문의 자격을 획득하였으며, 예방의학 박사과정 이후 처음 차린 병원이 성모의원이었다. 손경애 원장은 병원 진료 중에 미술을 전공해 개인전을 열고 그림을 기증하기도 하는 등 '그림 그리는 의사'이기도 하였다. 성모의원 주소는 성북구 장위동 231-35번지이다. 1981년 유행성피부병으로 서울시에서 17개의 전담 병원을 지정하였는데, 당시 장위동의 성모의원이 지정된 바 있다. 성모의원은 2020년 초까지도 동일한 위치에서 영업을 계속해 왔는데 손경애 원장이 2020년 2월 별세해 문을 닫은 상황이다.

장위동 307-47번지에 위치한 해인병원(해인정형외과) 또한 현재까지 영업하고 있는 오래된 병원 중 하나이다. 대표의사는 박형로이다. 건물 전층이 병원으로 이루어져 있는 해인병원 건물의 건축물대장 사용승인 일자는 1998년 5월 4일이다. 건강보험심사평가원에 '해인정형외과'로 등록된 개업일은 2006년 4월 27일로 나온다. 일반입원실 병상 수가 15개로 꽤 규모가 있는 병원인 데다 오랫동안 장위동 내에 위치하고 있었기 때문에 장위동 주민들은 위치를 이야기할 때 해인병원 건물을 기준으로 삼기도 한다. 이는 다음의 인터뷰 내용에서 드러난다.

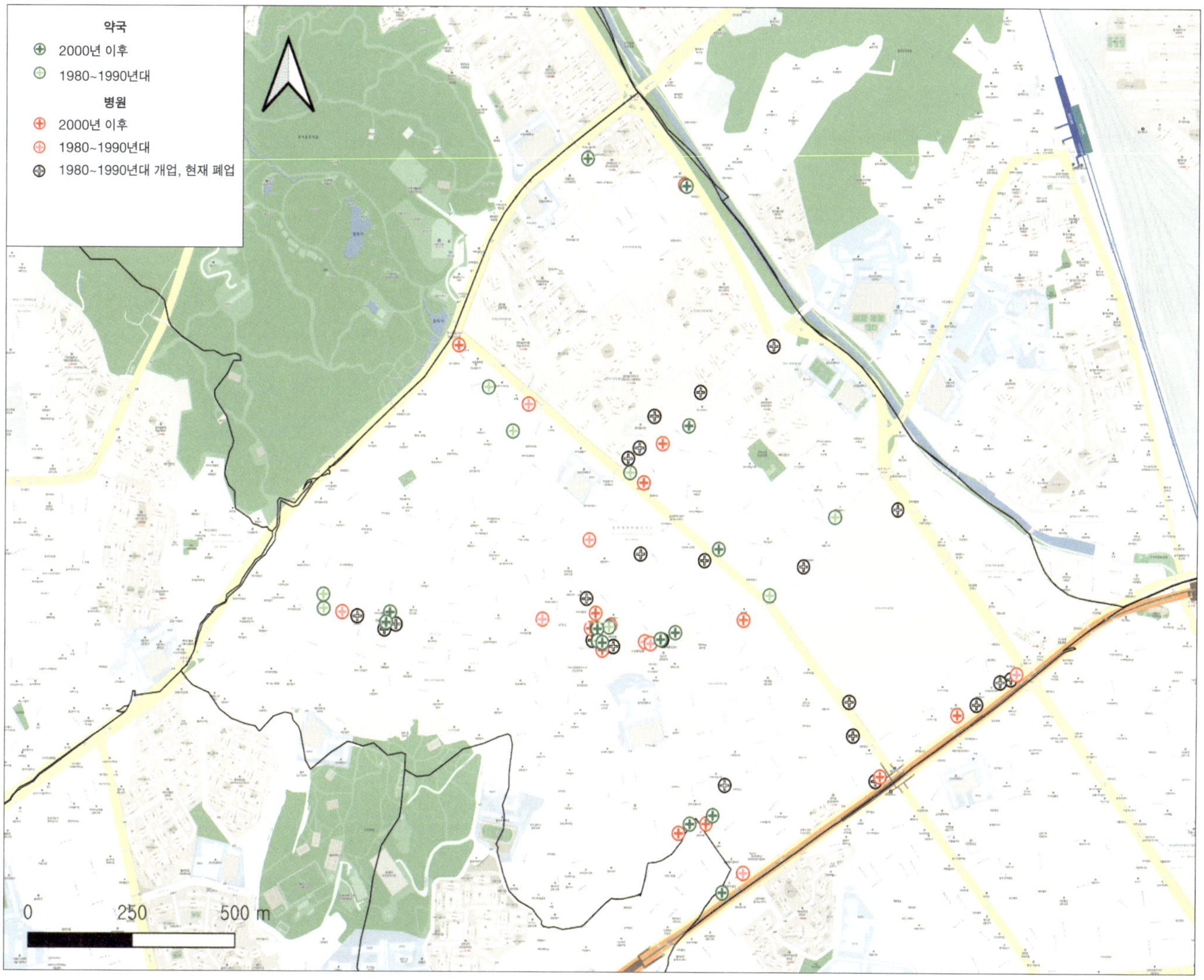


1980~1990년대 장위동에서 영업한 병원과 약국

> 저희는 또 노는 데가 틀려서 그런 것 같아요. 저희는 평지잖아요. 참누리 아파트 라운드가 주택가일 때부터 거기 살았던 거잖아요. 거기 주택가에서 저희 집이 그냥 주택이에요. 그런데 문방구를 했던 이유는 뭐냐면 참누리 모서리가 다 주택가여서 애들이 장곡초를 등교하는 길목이었던 거예요. 대로변에 상가가 있었던 게 아니라 주택가 안에 문방구 건물이 있는 거예요. 그래서 그 참누리부터 쭉 아시죠. 거기 해인병원 있는 데. 그쪽에서부터 애들이 걸어서 지금 루첸아파트도 다 주택가 빌라나 다세대주택. 거기서 쭉 걸어서 저희 집 앞을 대로변으로 안 나가고 외진 골목으로 중간으로 그렇게 나가는 거예요.
>
> 이진희, 2020년 11월 21일

현재 장위동 주민들이 많이 찾는 참이비인후과는 장위동 203-4번지, 꿈의숲교회 맞은편에 위치해 있다. 2003년 3월 26일 국민은행 사거리 인근 명성하한의원 건물 위층(장위동 75-394)에서 영업하다 재개발로 인해 위치를 이전하였다. 명성하한의원 건물 위층에 있을 때부터 다니다 이전한 이후에도 같은 병원을 다니는 단골이 많은 것으로 보인다. 2차 커뮤니티 맵 작성에 참여한 장곡초등학교 6학년 학생[78] 또한 참이비인후과에 다닌다고 이야기한 바 있다.

> 그리고 참이비인후과. 지금은 저 밑으로 좀 내려갔어요. 원래는 장위시장 저희 라인. 아까 오시는 장위 라인 시장에 거기에 위치를 했었는데 거기 인제 개발을 하잖아요. 10구역이. 그러니까 이 밑으로 내려오셨어요. 이전을 하셔 가지고.
>
> 이진희, 2020년 10월 26일.

박앤김내과의원 또한 재개발로 위치를 이전하였다. 1987년 개업한 박내과의원은 기존에 장위동 238-228번지 코코마트 앞에 위치하고 있었다. 현재는 재개발로 장위동 240-1 한양빌딩 5층으로 이전하였다. 기존 위치에서 117m 떨어진 길 건너편으로 위치를 옮겼다. 위치를 옮기며 '박앤김내과의원'으로 명칭을 바꾸었다. 시기는 정확히 알 수 없으나 의료진도 변경되었다. 박씨 성의 초기 원장이 은퇴하여 현재는 박씨 성을 가진 의사가 근무하고 있지 않으나 병원 명칭에서 '박'을 지우지 않았다. 그만큼 박내과의원이 오래된 병원으로서 지역 내에서 상징성을 가지고 있던 것으로 보인다.

1999년 3월 22일 개업한 이태희가정의학과의원도 현재까지 주민들이 많이 찾는 병원 중 하나이다. 장위1동 229-35번지 장위1동 주민센터 근처에 위치하고 있으며, 같은 건물에 희망약국이 있다. 11월 21일에 함께 커뮤니티 매핑 작업을 진행한 장곡초등학교 3학년 학생은 자주 가는 병원 및 약국으로 이태희가정의학과의원과 희망약국을 그린 바 있다. 장곡초등학교 2학년 학생 두 명 또한 이태희가정의학과의원에서 독감 주사를 맞은 기억을 떠올렸다.

78. 김민교, 2020년 11월 21일.

健康管理 〈1〉
皮膚疾患
孫敬愛〈성모의원 원장〉
皮膚와 氣候
피부는 사람의 內臟비춰주는 거울
옴 제때치료안하면 全身증상 동반
筆者略歷

장위동 손경애 성모의원 원장의 신문 기고글
출처: 「건강관리. 기후와 피부」, 『매일경제신문』, 1981년 2월 4일.

김민교, 「참이비인후과 가는 길」, 2020년 11월 21일.

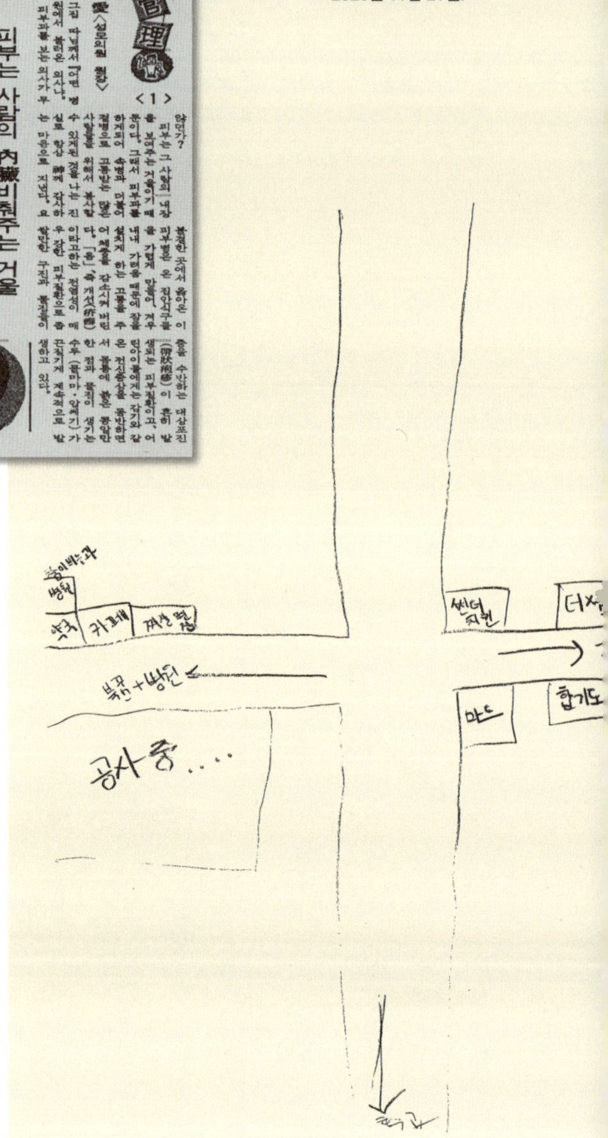

### 4.3.2
### 산부인과

장위동에서 가장 유명한 산부인과로는 윤상열산부인과의원을 꼽을 수 있다. 현재는 사라졌으나, 이진희(2020년11월 21일)의 인터뷰에 따르면 엄마들이 다 윤상열산부인과의원에서 출산할 정도였다고 한다. 같이 인터뷰에 참여한 주민 또한 이 병원을 기억한다.

> 성당 가는 길에 산부인과 하나가 괜찮은 게 있었다고 하는데. 엄마들이 다 거기서 출산할 정도였다고 하더라고요. 성당 가는 길, 국민은행 사거리요. 거기 산부인과가 있었대요. 저희 둘째 출산할 당시에만 해도 산부인과에서 분만을 안 하는 시기여서, 유일하게 거기에서 검진받아서. 거기가 햇빛촌인가로 바뀌어서 미아리로 이사를 가셨나, 그랬대요. 기억나세요? 거기가 좋았다고 하는데.
>
> 이진희, 2020년 11월 21일.

윤상열산부인과의원은 현재 장위성모정형외과의원이 있는 건물 3층에 위치해 있었다. 장위성모정형외과를 검색하면 주소가 '서울 성북구 장위동 238-200 윤상열산부인과의원'으로 나오는데, 이를 통해 해당 건물에 윤상열산부인과가 위치해 있었음을 알 수 있다. 공식적으로 남아 있는 기록은 1992년 서울특별시 공고 제1992-240호의 의료보호진료기관 목록이다. 해당 기록에 윤상열산부인과의원을 의료보호진료기관으로 지정한다는 내용이 남아 있다. 1992년 이전에 개업한 것으로 추정되나 정확한 개업 일자는 알 수 없다. 윤상열산부인과의원이 있던 건물이 1979년 9월 24일에 사용승인을 받은 것으로 보아 1980년대에 개업하였을 것으로 추정된다.

이준한산부인과의원(서울 성북구 장위2동 66-297), 임영균산부인과의원(서울시 성북구 장위3동 155-4) 등이 1992년 의료보호진료기관지정 목록에 있으나 현재는 폐업하였다. 이준한산부인과의원 건물은 남아 있고, 임영균산부인과의원 건물은 래미안 장위포레카운티 아파트가 들어서면서 철거되었다.

분만이 가능한 산부인과는 현재 장위동 내에 없다. 이에 장위동 주민들은 장위동 인근의 산부인과로 가거나 을지병원 등 대형 병원에서 분만한다. 인근의 분만 가능한 산부인과로 길음1동에 위치한 안산부인과의원이 있었으나 현재는 분만을 받지 않는 것으로 보인다.

초등학생 인지도에 등장하는 병원, 약국

분만할 만한? 안산부인과가 최종적으로 제일 늦게까지 분만을 했다가 제 둘째 출산할 때는 그때 거기 안 하더라고요. 요 근교는 을지병원 아니면 거기 채림웨딩홀에 옛날에 이쪽에서 석관이웃사람 거기도 산부인과 있을 때 거기도 분만이 첫 애까지는 됐었어요. 근데 어느 순간부터 분만하는 사람들이 적어지니까 야간진료를 할 필요가 없잖아요. 그러니까 가치, 희소가치 때문에 큰 병원으로 그냥 뺏기는 거 같아요. 개인병원에 살아남지 못했던 거 같아요.

이진희, 2020년 10월 27일

### 4.3.3
### 치과

김종탁치과의원은 1990년 10월 26일 서울특별시 성북구 장위동 238-231번지에서 개업하였다. 해당 위치는 국민은행 사거리 및 코코아파트 인근이다. 해당 위치의 건물들이 철거되면서 현재 위치인 장위동 45-8번지로 이전하였다.

장위동에는 두 개의 '박치과'가 존재하였다. 하나는 1984년 5월 3일에 개업하여 서울특별시 성북구 장위동 64-1번지에서 영업하다 삼익아파트 건설 이후 돌곶이역 1번 출구 인근으로 이전한 '박치과의원(대표 박진곤)'이다. 최근까지 장위동 64-121번지 돌곶이역 1번 출구 금산빌딩 2층에서 영업하다 현재는 진료하지 않는 것으로 보인다.

다른 '박치과'는 '서울박치과의원'으로 1994년 5월 17일 개업하였다. 위치는 장위2동 75-10번지 국민은행 사거리 인근이다. 초기 상호는 '서울박치과의원(대표 박상욱)'이었으나 이후 '서울비케이치과의원'으로 상호를 변경하였다. 현재까지 동네 치과로 주민들이 많이 이용하고 있다.

서울특별시 공고 제1992-184호에 의료보호진료기관으로 선정되었던 치과들을 살펴보면 다음과 같다.

1991년 장위동 233-264에서 개업한 백영걸치과의원은 백영걸 원장이 1985년 학교를 졸업하고 의사 면허증을 받은 뒤 군의관을 마치고 개업한 첫 병원이다. 백영걸치과의원은 1996년 여의도로 이전하였다. 부부치과의원은 당시 장위동 237-88번지 장곡초등학교 근처 사거리에 위치해 있었다. 현재는 해당 부지가 꿈의숲아이파크아파트로 바뀌어 건물 자체가 사라졌다. 부부치과의원은 석관동 266-21번지 돌곶이역 인근으로 이전한 것으로 보인다. '바른부부치과의원'이라는 이름으로 2015년 2월 13일부터 영업 중이다. 우남치과의원은 1976년 8월 19일 개업하여 성북구 장위로 50-1번지에서 영업하였다. 행정안전부 사업자인허가 데이터 기준으로 2018년 8월 31일까지 영업 등록된 것으로 나오지만 현재는 폐업한 것으로 보인다. 이 외 현재 꿈의숲아이파크아파트 부지에 류순치과의원(대표 류필순)도 위치해 있었으나 현재는 어디로 이전하였는지 알 수 없다.

장위동의 치과

### 4.3.4
### 한의원

1980~1990년대에 존재하였던 한의원들은 현재까지도 다수 운영되고 있다. 확인되는 것 중 가장 먼저 개원한 것으로 보이는 성신한의원은 1974년 2월 15일 장위2동 238-466번지에서 개원하여 현재까지 운영 중인 것으로 추정된다. 중국중원한의원 또한 1988년 7월 5일 장위동 232-140번지 국민은행 사거리 인근에서 개업하여 현재까지 운영되고 있다.

1990년대에 개원한 보림한의원(1991년 1월 10일 개원), 명성하한의원(1995년 8월 19일 개원) 또한 현재 위치에서 그대로 운영 중이다. 보림한의원은 장위동 65-171번지 돌곶이역과 상월곡역 사이 대로변에 위치해 있다. 명성하한의원은 장위동 75-394번지 국민은행 사거리 인근 과거 코코아파트 맞은편에 자리한다. 명성하한의원 건물은 1989년 4월 20일에 사용승인을 받은 것으로 2층은 참이비인후과가 사용하고 1층을 명성하한의원이 사용하였으나 현재 참이비인후과는 이전하였다.

서울특별시 공고 제1993-8호에서 의료보호진료기관으로 지정된 바 있는 동명한의원은 장위1동 212-82번지에서 영업하다 2007년 1월 3일 장위동 215-42번지로 이전하였다. 이전 이유는 정확히 알 수 없으나 현재 기존 부지에는 꿈의숲아이파크아파트가 들어서 있다.

장위동의 병원들은 내부에서 위치를 옮기거나 장위동 바깥으로 이전하는 추세에 있다. 이는 재개발 및 아파트 건축에 기인한 것으로 보인다. 2003년 3월 26일에 개업한 참이비인후과는 재개발이 진행된 10구역 인근 장위시장 라인에 위치하고 있던 관계로 현재 8구역 내로 병원을 이전하였다. 김종탁치과의원 또한 참이비인후과 인근에 위치해 있었으나 현재는 장위사거리 근처 대로변으로 위치를 옮겼다. 박치과의원 역시 삼익아파트 건설로 인해 돌곶이역 1번 출구 부근으로 자리를 옮겼으며, 부부치과의원은 7구역 내에서 영업하다 재개발 이후 사라졌다.

성모의원 옆옆 건물에 위치하며 피부과로 유명했던 우리의원(서울특별시 성북구 장위동 231-37)은 최근에 폐업하였으며, 장위동 내에서 산부인과로 유명했던 윤상열산부인과 의원 또한 문을 닫았다. 미아리 근처로 이전했다는 추정이 있다.[79]

79. 이진희, 2020년 11월 21일.

80. 김지은·김지웅·이한솔, 2020년 11월 21일.

함께 커뮤니티 매핑 작업을 진행한 장위동의 중·고등학생들은 노원구 상계동으로 학원을 다니며 그 건물에 있는 병원에 어릴 때부터 다녔다고 이야기하였다. 노원 세일학원에 다니며 해당 건물의 연세기린 소아청소년과를 이용한 것으로 보인다. 주변에 큰 병원이 뭐가 있냐고 묻자 고려대학교병원을 이야기하였으며, 학교 체육 시간에 다치면 인근의 고려대병원으로 간다고 답하였다.[80]

장위동의 한의원

학교 옆 병원을 보여주는 학생의
인지도

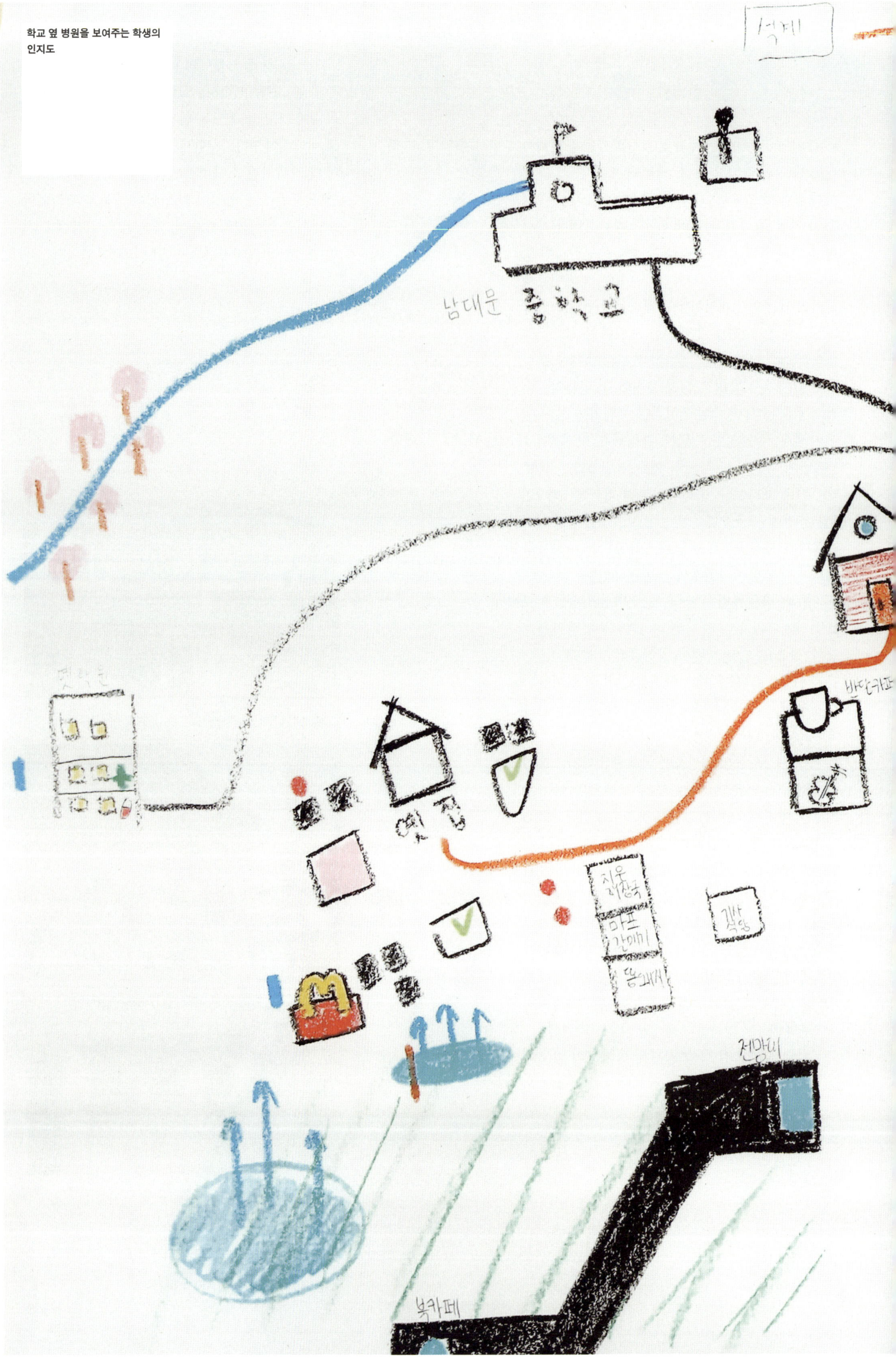

CGV
SUB
안암
길음
성신
한성대
혜화
대학로
혜화동
로터리
서울대 병원
마로니에
공원

## 4.3.5
## 약국

현재 장위동에 남아 있는 약국 중 가장 오래된 곳은 장위로 42-1번지에 위치한 알파약국이다. 언뜻 이름만 보고는 최근에 개업한 곳이라 착각하기 쉬운 알파약국은 1970년 6월 4일에 개업해 무려 50년을 넘게 장위동을 지키고 있다. 정순애 약사는 1964년 약사면허증을 획득하고 국립의료원에서 근무하다가 1970년에 원래 약국이던 곳을 인수해 알파약국을 개업하였다. 2021년이면 52년째 약을 짓고 있는 셈이다. 지금 위치는 장위로를 기준으로 바로 근방에서만 세 번째로 이사 온 곳이다. 정순애 약사는 장위동이 주택단지로 개발되고 있을 당시에 개업하였기 때문에 인터뷰에서 지금은 그리기 힘든 당시 상황도 전해주었다. 그때 장위동은 장위로를 기준으로 동방주택단지 등이 위치한 곳과 길 건너 피난민촌이 극명하게 대비되었다고 한다.

> 그 가발공장에, 그래 가지구 이쪽하고 저쪽하고 하늘과 땅이야. 여기는 완전히 스타 장성들이고, 이쪽에는 피난민들. 그 (피난민들이) 이불 털어 널고 어쩌고 그러니까 (이쪽에선) 양복 옷 입고 그랬는데 (중략) 완전히 극과 극.
>
> 정순애(알파약국), 2021년 1월 29일.

이미 오래전부터 약국을 운영해 왔기 때문에 알파약국은 최근 개업한 약국들과 달리 병원 위치도 고려하지 않고 자리 잡았다. 근처에 병원은 병원 중에서는 가장 오래된 1980년대 개업한 성모의원 하나뿐이다. 성모의원의 손경애 원장과는 국립의료원 재직 당시 동료로 함께 일하다 우연히 장위동에서 10년 차이를 두고 개업을 하게 되었다. 정 약사는 1996년 제2회 한약조제약사시험에서 한약조제자격증을 취득해, 지금은 장위동에 없으나 1980년에 근처에서 개업한 보건약국의 정남일 약사와 함께 한방 전문가이기도 하다. 두 번 약국을 이전하면서도 굳이 병원 근처로 옮기지 않고 길만 건넜다 다시 건너오며 이곳을 지킬 수 있었던 이유이다.

알파약국

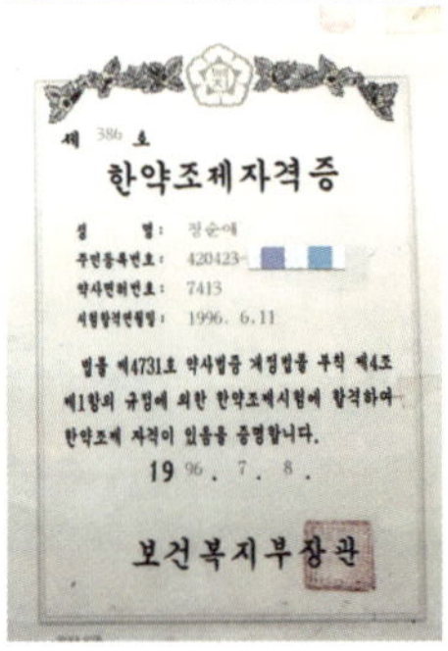


양약과 한약조제 자격증을 모두 취득한 알파약국 정순애 약사

돌곶이로 134번지에 위치한 수진약국도 1974년 개업해 장위동을 떠나지 않은 약국이다. 수진약국은 오랜 연식과 함께 돌곶이로 버스가 지나는 길목에 자리 잡아 2000년대 중반까지만 해도 48번 버스(석관동-여의도-석관동)의 정류장 푯말에 '수진약국앞'이 표시되어 있었다. 이제 버스정류장은 사라졌지만 약국은 지금도 주민들이 찾는 곳이다. 수진약국의 신연수 약사는 동대문구 이문동에서 첫 개업을 하고 출산 후 장위동으로 이전해 변함없이 약을 짓고 있다. 오래 자리를 지키다 보니 10년 가까이 된 '외상'을 받은 사연도 있다.

> 48번 버스가 약국 앞으로 지났지. 정류장 이름이 '수진약국앞'이야. 당시 48번 버스 사장이 정류장 이름 하게 해줘서 고맙다고 말도 했지. 지금은 주유소 정류장 이름은 없어졌지만 지금도 사람들은 수진약국앞이라고 그래요. 아직도 여의도에서 택시를 탄다. 장위동 수진약국 가 달라면 열에 반은 알까?
> 20년도 넘은 이야기일 거야. 봉제공장 다니던 여자 손님이었는데 1만 원 외상을 지고 소리 소문 없이 사라졌어. 그땐 외상이 있던 시절이니까. 난 그냥 그렇게 잊고 있었지. 그런데 한 10년 지났나? 어느 날 한 여자가 와서 저 모르겠어요 묻더라구. 커다란 수박 한 통 사와서 말이야. 그리고 외상값 1만 원도 갚았지. 정말 찾아와 준 게 고맙더라구.
>
> 신연수(약사, 74세), 「48번 버스정류장은 사라졌지만 약국은 그 자리에」, 『약사공론』, 2016년 7월 7일.

인현약국

선약국

**성북 13번 나약국 앞 사진**

성북 13번 마을버스 정류장은 동방주택-나약국-장위1동 주민센터-장위시장-우리랜드사우나-장위 119안전센터-석계역이다.

장위동 230-176번지에 위치한 나약국도 장위동에 자리한 지 오래다. 사실 대표약사는 여러 번 바뀌어 첫 개업 일자는 정확히 알 수 없으나, 해당 건물의 사용승인 일자는 1969년 9월 10일이다. 현재의 약사는 네 번째 바뀐, 4대 약사라고 전하였다(2021년 1월 29일). 나약국이 약속을 정하는 기준이 될 만큼 유동인구가 많은 위치에서 오래 존재하였기 때문에 약국 명칭을 유지한 것으로 보인다. 나약국은 동방주택-석계역을 운행하는 성북 13번 마을버스 정류장으로 되어 있어 만남의 기준점이 되곤 한다. 동네에서 아는 약국에 대해 질문하였을 때 커뮤니티 매핑 작업을 진행한 장위동의 중·고등학생들 또한 13번 버스를 타는 곳으로 나약국을 이야기하였다(김지은·김지웅·이한솔, 2020년 11월 21일). 역시 1980년에 개업해서 아직까지 장위동을 지키는 장수 약국인 관문약국도 13번 버스와 12번 버스에 정류장 이름으로 쓰이고 있다.

같은 돌곶이로이지만 병원과도 상가지역과도 꽤 떨어져 위치한 약국으로 1980년에 개업한 인현약국과 1991년에 개업한 선약국도 있다. 선약국 OOO 약사는 친구가 살던 신축건물을 이어받아 임차로 시작하였지만 약국을 운영하며 지금 자리한 건물을 매입하였다. 그래서 의약분업 당시 2년의 공백(2000~2002년)이 있었지만 병원 근처로 옮기지 않고도 같은 곳을 지킬 수 있었다. 최근에는 바로 앞에 코오롱아파트가 들어서고 상가가 덜 형성되어 약국을 찾는 주민도 다시 늘었다고 한다. 그러나 재개발이 다시 고민을 안기고 있다. 장위13구역이 정비구역에서 해제되자 다른 개발 방안을 찾던 주민들이 가로주택정비사업을 다시 추진하고 있기 때문이다. 선약국은 반대 비상대책위원회 구성에 함께하며 골목에 전단지를 붙이고 사업성이 없다는 반박을 하는 중이었다. 하지만 장위13-4구역 가로주택정비사업조합은 장위동 219-133번지 일대 9786㎡에 지하 3층~지상15층 아파트 239가구 및 부대복리시설을 신축하는 이 사업에 대해 2021년 1월 30일 시공사 선정을 위한 입찰공고를 낸 상태이다.

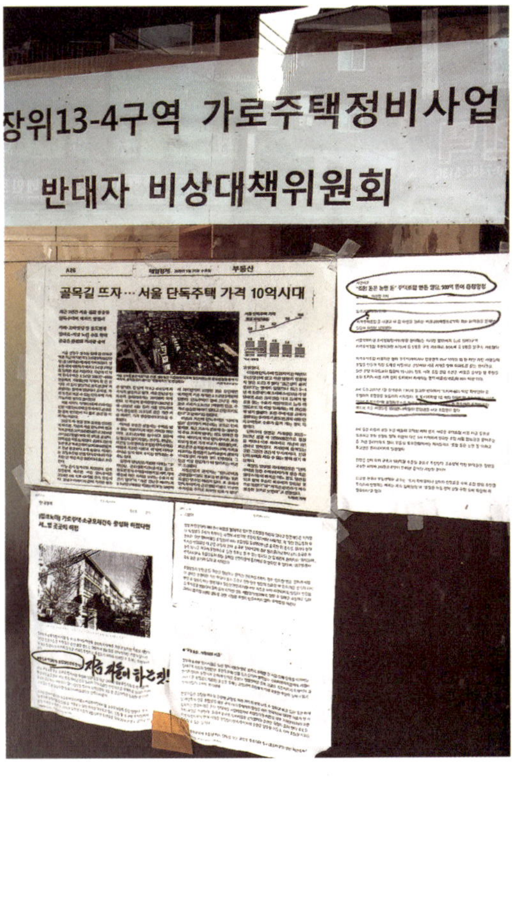


장위13-4구역 가로주택정비사업 반대자 비상대책위원회

장위동에서 알린 사망 소식, 부고.

> 김금동 씨(서울지방검찰청 검사장), 김금수 씨(서울초대병원 병원장), 김금남 씨(새한일보 정치부 차장) 부친상, 박영수 씨(오성물산 상무이사) 빙부상 - 김금연 씨(세화여대 가정과 교수) 부친상, 지상옥 씨(삼성 대학 정치과 교수) 빙부상, 이제이슨 씨(재미, 사업) 빙부상 = 7일 하오 3시 10분 신촌 세브란스 병원서, 발인 상오 9시, 364-8752, 장지 선산
> 그런데 누가 죽었다고?
>
> 김승희, 「한국식 죽음」, 『빗자루를 타고 달리는 웃음』, 2000.

부고訃告. "사람의 죽음을 알림. 또는 그런 글"이다(표준국어대사전). 『조선일보』 창간 연도인 1920년에도 부고를 볼 수 있을 만큼 널리 퍼진, 초상 당일에 친척과 지인들에게 알리는 긴급한 소식이다. 비슷한 단어로 부음訃音이 있다. 일제강점기 때 사용하던 단어라 하고[81], 각 신문에 고정란이 있을 만큼 일상생활에서 많이 쓰는 말이다. 그러나 정작 일제강점기 시기보다 1960년대부터 신문상의 부음이 급증한다. 『한겨레』 신문이 부음 대신 '궂긴 소식'이라는 단어를 사용하였다. 각 신문사의 부음란은 2003년 1월 '장례식장 서비스 표준규격'에서

81. 「부고」, 『한국민속대백과사전』, https://folkency.nfm.go.kr/kr/topic/detail/171#

일제용어 청산의 뜻으로 부고를 표준용어로 제시하며[82] 점차 부고로 바뀌었다.

신문에 등장하는 부고는 (1) 고인 혹은 고인의 친인척 명 (2) 지위 (3) 고인과의 관계 (4) 사망일 (5) 사망장소 (6) 발인 날짜와 장소 (7) 장지 (8) 연락처 등 50자 내외로 구성된다. 장례가 산 자에게 남겨진 사회의례인 것처럼, 우리나라의 부고에는 종종 사망자의 이름이 등장하지 않는다. '~의 부친상', '~의 모친상'처럼 사회적 지위를 밝히는 자들의 가족들의 죽음을 알리는 경우가 많다. 평생을 누구의 엄마로 불리다가 갈 때도 이름 없이 간다는 말처럼, '망자의 이름 없는 부고'라는 비판을 받기도 한다.[83]

『동아일보』, 『조선일보』, 『경향신문』, 『매일경제신문』 4개의 신문을 통해 1970년에서 1999년까지 30년 동안 장위동에서 알린 부고는 총 81명이었다. 25%인 20건이 사망자 본인의 죽음을 알린 부고였고, 모친상 32건, 부친상 25건으로 70%가 부모의 상이었다. 그중 부모의 이름을 밝힌 것은 『경향신문』 부고 중 3건밖에 없다. 부고의 4분의 3이 '무명인의 사망 소식'이었던 셈이다. 부모의 상을 알리는 자식들의 지위는 사회통념처럼 안정적인 지위를 가진 사람들이 많았다. 신문의 부고이기에 언론사에 근무하는 사람들이 부모상 57건 중 17건으로 많았고 교열부장, 출판 판매부장, 관리부원, 사원과 같은 직원들도 부고를 알렸다. 하지만 그 외의 직종에선 대표, 부회장, 이사, 사장, 교수 등의 지위를 밝힌 부고가 부모상 소식 40건 중 29건을 차지하였다.

사회가 바뀌면서 2000년 이후 더 이상 장위동에서 알린 부고를 찾기가 어려워졌다. 장례문화가 바뀌기도 하였고 매체의 변화 등 사람들이 소통하는 방식이 달라지기도 하였지만 "~ 자택에서 별세"와 함께 적힌 주소정보가 이제 대부분 병원으로 바뀌었기 때문이다. 고인의 감춰진 이름처럼, 고인이 살았던 장소도 사망 소식에서 사라지고 있다. 이미 1990년 이후부터 장위동에서 알린 부고의 수는 연간 4건 이하로 줄기 시작하였다. 동네에서 마을 사람들과 함께 한 '장위낚시' 대표 임주록林柱錄 씨의 1994년 부고 주소는 장위동이 아니라 성바오로병원이었다.

82. 2003년 1월, 산업자원부 기술표준원이 장례용어 표준화를 진행하며 일제식 표기를 바로잡았다. 이때 바뀐 일제식 용어는 부음(訃音) 부고(訃告), 조문(弔問) 문상(問喪), 방명록(芳名錄) 부의록(賻儀錄), 영안실(靈安室) 안치실(安置室) 등이 있으며, 기타 입관실(入棺室) 염습실(斂襲室), 상제(喪制)·주상(主喪) 상주(喪主), 망자(亡者)·망인(亡人) 고인(故人) 등이 있다.

83. 한기봉, 「부고유감」, 『대한민국 정책브리핑(기고)』, 2016년 5월 19일. https://www.korea.kr/news/cultureColumnView.do?newsId=148815441

장위동에서 알린 부고

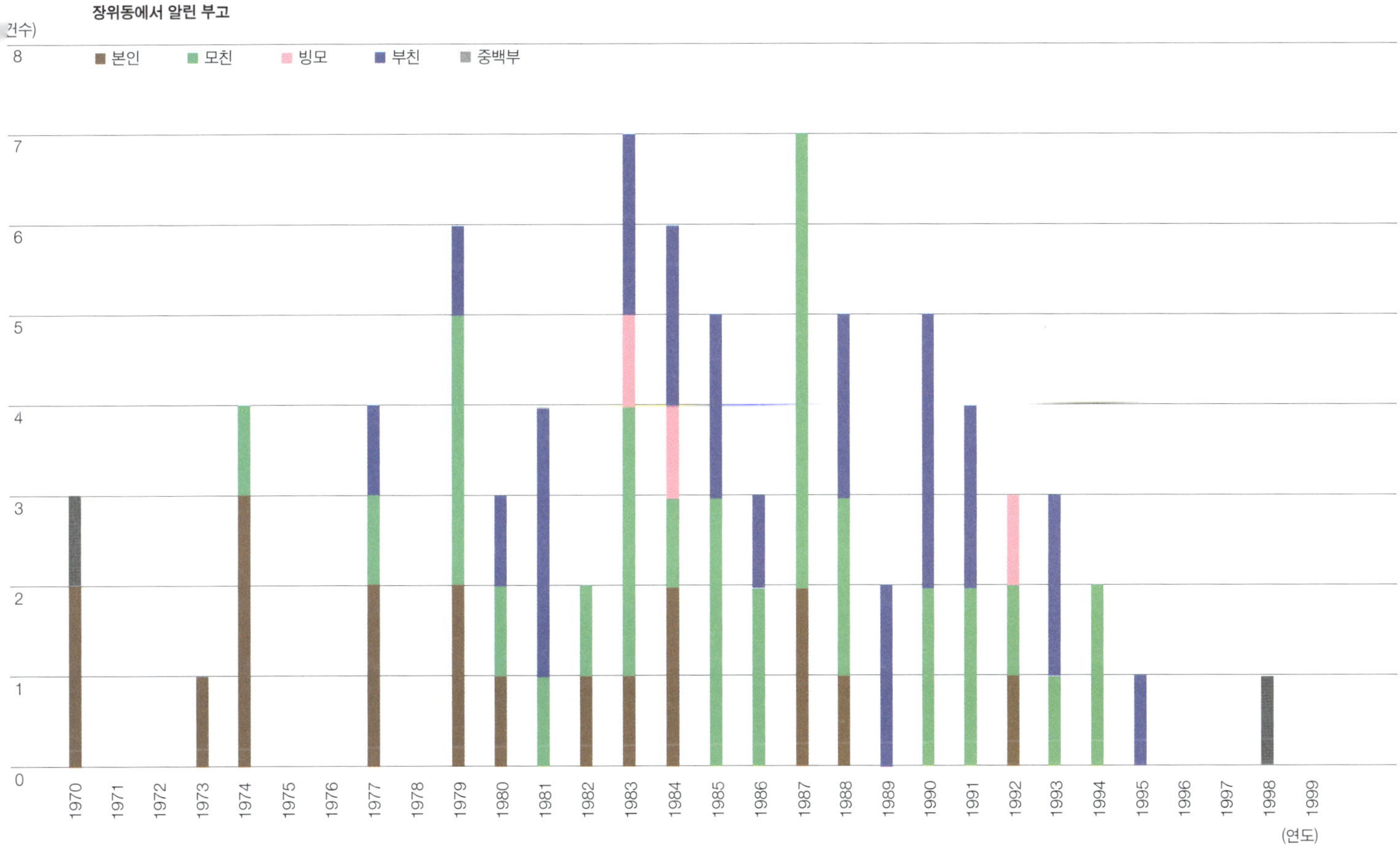

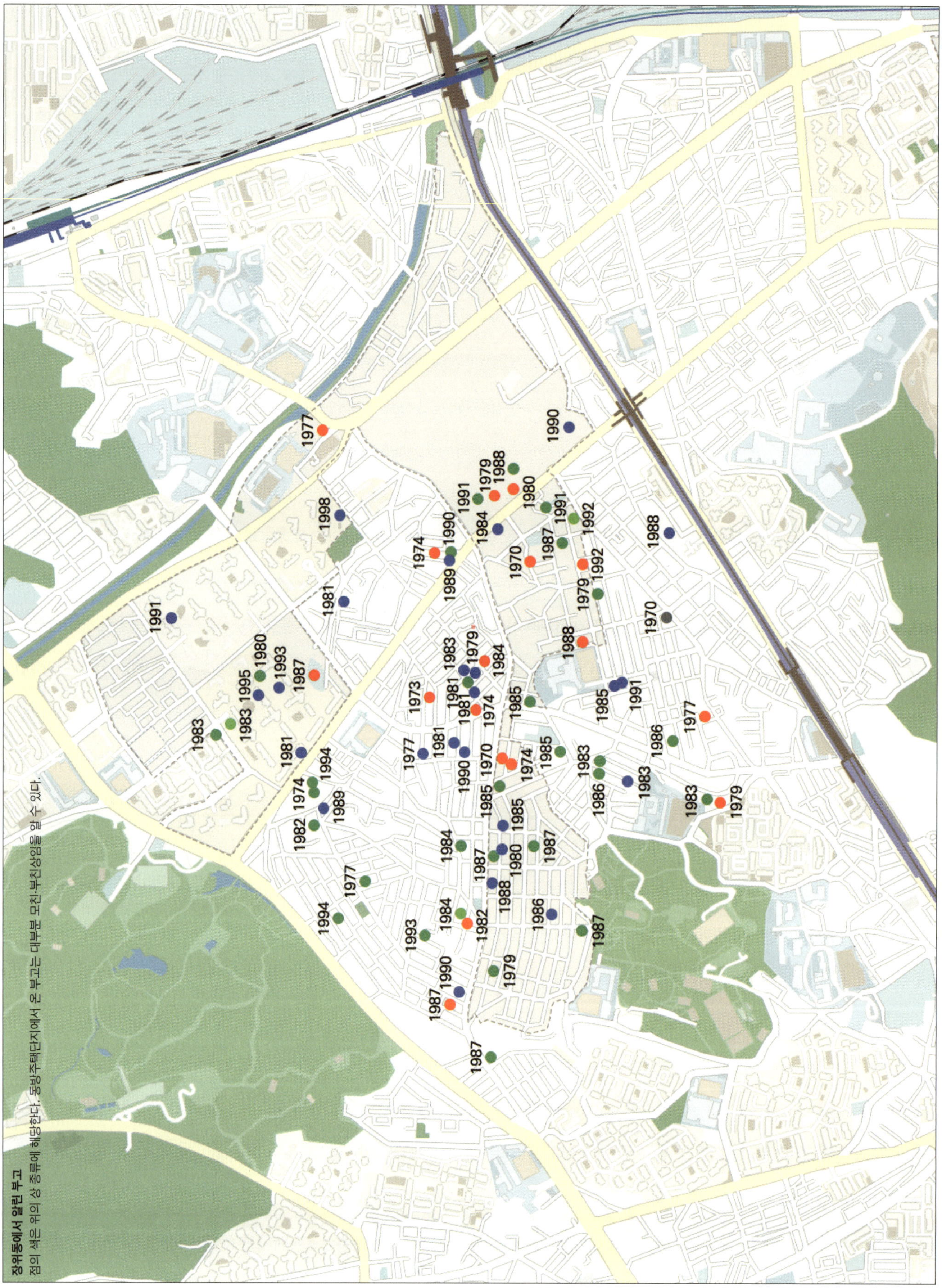


**장위동에서 얻은 부고**

점의 색은 위의 상 종류에 해당한다. 동방주택단지에서 온 부고는 대부분 모친·부친상임을 알 수 있다.

## ④

# 제자리걸음하는 교육환경

1980~1990년대 장위동 교육환경의 가장 큰 특징은 행정적으로 장위동 내에 소재한 학교의 수가 매우 적었다는 점이다. 표에서 확인할 수 있듯이 현재 행정적으로 장위동에는 초등학교 5개교, 중학교 1개교가 있고 고등학교는 없다. 이 중 2006년에 개교한 장월초등학교를 제외한 4개 학교는 전부 1980년 이전에 설립된 학교들로 그 역사가 매우 길다. 1984년에 개교한 장위중학교는 행정적으로 하월곡동에 속해 있지만 이름에서 볼 수 있듯이 장위동에 매우 인접해 있으며 장위동의 서남쪽 경계선상에 위치하였다. 이를 포함시켜도 결국 장위동에 있던 학교는 고작 5개로 행정적인 측면에서는 매우 적었다고 볼 수 있으며, 이는 주변 지역과 비교할 때 더욱 두드러지는 특성이다.

그러나 장위동의 학생들이 다닐 학교가 전혀 없었던 것은 아니다. 장위중학교처럼 행정적으로 장위동에 속하지 않지만 장위동의 학생들이 통학할 수 있는 장위동의 경계선에 초·중·고등학교가 소재하였고, 장위동 학생들은 이 학교들을 이용하였다. 장위동이 속한 성북구는 1980~1990년대에도 많은 학교가 설립되면서 교육적으로 발전을 이루고 있었고, 이에 대한 혜택에서 장위동이 완전히 벗어나 있다고 할 수는 없었다.

> 동으로 놓고 보면 장위동에 진짜 중학교가 2개 있어요. 장위중학교하고 남대문중학교. 근데 그 경계선에 또 하나 있는 게 월곡중학교 있고요. 그리고 여기 한천로 넘어가면, 기억은 안 나는데 강북구에 가까운 지근에 학교가 하나 있고, 그 다음에 여기 광운중학교 있고, 근데 여기 광운중학교도 남자 학교고, 그 다음에 석관중학교 있고요.
>
> 최OO(남대문중학교 교사), 2021년 2월 3일.

이렇게 장위동 학생들이 장위동 밖의 학교를 다니는 것처럼, 반대로 장위동 밖의 학생들이 장위동의 학교를 통학하는 경우도 빈번하였을 것으로 보인다. 행정적인 통계만으로는 장위동의 교육환경이 부실해 보일 수는 있지만, 성북구로 영역을 확대해서 볼 경우 장위동의 교육환경이 치명적인 결함이 있는 수준은 아니었던 것이다.

이처럼 장위동은 행정적으로 학교가 별로 없었으며 고등학교가 부재하였기 때문에 외부의 교육환경에 의존하였다. 장위동의 경계선에 있는 학교들도 어느 정도 있었지만, 이렇게 장위동 밖으로 통학하는 경우가 많아지는 것은 필연적으로 통학 거리의 부담에 어느 정도 영향을 끼쳤다. 중·고등학교를 통학하는데 버스를 타고 다녀야 하는 경우가 많았으며, 심지어 초등학생들도 버스를 타

1980~1990년대 장위동과 주변의 학교 수

| | 장위동 학교 수 | 장위동 주변 학교 수 | 총 학교 수 | 1980~1990년대 장위동 주변 설립 학교 수 |
|---|---|---|---|---|
| 초등학교 | 5 | 14 | 19 | 6 |
| 중학교 | 1 | 25 | 26 | 10 |
| 고등학교 | 0 | 40 | 40 | 12 |

고 통학을 해야 하는 경우도 있었던 것으로 보인다.

이렇게 장거리 통학을 하는 현실은 학생들에게 부담을 주기도 하면서 동시에 안전 문제로 대두되기도 하였다. 통학길 교통사고가 발생하는 경우가 있었으며, 안전하지 않은 등굣길 때문에 불안을 느끼는 경우도 있었다. 등굣길 안전문제는 최근까지도 제기되고 있는 문제여서 유의해야 할 사안이다.

이에 덧붙여서 비록 장위동 외부에 학교가 존재하여 장위동 내부의 교육 인프라 부족을 해소해 주고 있지만 그럼에도 교육환경에 부족함을 느끼는 사람들도 분명히 존재하였다. 장위동에 학교가 부족한 원인으로는 학생 수가 많지 않았기 때문인 것으로 추정되고 있다.

> (장위동 학생들이 갈 수 있는 곳이) 많이 적었지만, 학생 수가 작으니까 괜찮았습니다.
>
> 최OO(남대문중학교 교사), 2021년 2월 3일.

그러나 실제 통계를 살펴보면 1990년대에는 장위동의 학생 수가 결코 적었다고 볼 수 없다. 성북구 전체 가운데 약 20%의 학생이 장위동에 있었다. 실제로 인구 수도 이와 비슷한 비중을 차지하여 장위동이 결코 규모가 작지 않은 동이었음을 보여주고 있다. 장위동은 학생 수에 비해 학교 수가 적어 교육환경이 열악한 지역으로 받아들일 수 있는 여지가 있었다.

1980~1990년대 장위동 교육환경의 또 다른 특징은 장위동의 교육환경이 제자리걸음을 하고 있다는 점이다. 1980년부터 2000년까지 20년 동안 장위동에 새로이 설립된 학교는 장위동 경계선에 위치한 장위중학교 단 하나뿐이며 그 외에는 전무하다. 장위동이 이전에 학교가 많았다면 이미 교육 인프라가 완전하게 구축되었다고 파악할 수도 있겠지만, 그렇다고 하기에는 장위동의 학교 수가 절대적으로 많지도 않고 20년 동안 장위동의 구성원에 변화가 있을 수 있음에도 교육환경은 그대로 유지하고 있다는 점은 눈여겨볼 법하다.

장위동과 달리 장위동 근처의 노원구, 강북구, 성북구 지역들은 교육적으로 활발하게 발전하고 있었다. 노원구 월계동, 성북구 석관동 등 여러 지역의 경우 초등학교부터 중학교, 고등학교까지 다양하게 설립되고 있었다. 현재 장위동을 중심으로 설정된 지역에서 운영되고 있는 초등학교는 19개교, 중학교는 26개교, 고등학교는 40개교에 이른다. 이 중 1980~1990년대에 설립된 초등학교는 6개교, 중학교는 10개교, 고등학교는 12개교로 많은 수의 학교가 이 시기에 설립된 것을 확인할 수 있다. 그만큼 이 지역은 1980~1990년대에 교육환경적으로 많은 발전을 겪었다. 그러나 장위동은 이런 교육적 발전에서 눈에 띄게 배재되어 있는 모습을 보여준다. 1984년에 설립된 장위중학교조차 이름과는 달리 하월곡동에 위치해 있으며, 실제로 장위동 구성원의 대부분은 장위동 학생들이 아니었다.[84] 특히 고등학교의 경우에는 가장 많은 수의 학교가 설립되었음에도 장위동에는 단 하나의 학교도 없다. 장위동에 교육 인프라가 제대로 구축되지 않았고 현재도 개선되지 않고 있다는 사실에 주목할 필요가 있다.

84. 안OO(장위동 주민, 1980년생, 여), 2020년 11월 14일 인터뷰.

**1998년 성북구 취학아동 수**

| 연도 | 행정구역 | 항목 | 총인구 | 5~9세 | 10~14세 | 15~19세 |
|---|---|---|---|---|---|---|
| 1998년 | 성북구 | 인구 | 478,830 | 28,293 | 26,775 | 38,988 |
| | | 남 | 240,933 | 14,841 | 13,960 | 20,519 |
| | | 여 | 237,897 | 13,452 | 12,815 | 18,469 |
| | 장위동 | 인구 | 76,952 | 4,827 | 4,439 | 6,478 |
| | | 남 | 38,843 | 2,490 | 2,355 | 3,468 |
| | | 여 | 38,109 | 2,337 | 2,084 | 3,115 |

### 4.4.1 초등학교

장위동의 초등학교는 1980~1990년대에 장위초등학교, 광운초등학교, 월곡초등학교, 장곡초등학교 등 4개교가 있었다. 장위초등학교의 경우 장위동의 중심부에 위치해 있다. 월곡초등학교와 장곡초등학교의 경우 장위동의 외곽에 위치해 있어 접근성이 상대적으로 떨어졌을 것으로 보인다. 광운초등학교의 경우 장위동의 유일한 사립 초등학교였기 때문에 상대적으로 부유층이 다니는 학교로 인식되었던 것으로 보인다.

> 제 기억에도 광운초등학교가 있기 때문에 사립학교 다니는 애들은 다 13구역에 산다라는 느낌이 있었습니다.
>
> 이진희, 2020년 9월 25일.

이 외에 1980~1990년대 장위동의 초등학교 자체에 대해서는 특징적인 모습이 보이지는 않는다. 다만 중학교와 고등학교에 비해서는 4개교나 있었기 때문에 장위동의 대부분의 초등학생들은 장위동 내의 학교를 다닐 수 있었던 것으로 보인다. 대부분의 인터뷰 대상자들도 장위초등학교와 장곡초등학교 등 장위동 내의 초등학교를 다녔으며, 중학교때부터 본격적으로 장위동 근처의 학교를 이용하였다고 한다. 1980~1990년대에 장위동 주변 지역에서 총 6개의 초등학교가 새로이 개교하였으나 이 중 오현초등학교를 제외하고는 거리가 멀었기 때문에 장위동의 초등학생들이 크게 혜택을 보기는 어려웠을 것으로 보인다. 이는 주로 외부의 학교를 이용하게 되는 중학교와 고등학교에 비해서는 확실히 차별되는 요소이다. 통학에 대한 부담과 위험성이 더 클 여지가 있는 초등학생들 입장에서는 가능하면 장위동 내에서 초등학교를 다니는 것이 더욱 중요하였을 것으로 보인다.

그럼에도 장위동의 초등학교는 접근성의 문제로 등굣길 안전 문제가 빈번하였고, 이는 현재에도 해결되지 않고 있다. 통학하는 길에 인도가 제대로 형성되어 있지 않아 교통사고도 빈번하게 발생한 것으로 보인다.

> 저희 세대들 있었잖아요. 그때 사망사고. 연이어. 두 해에 아이들이 다 하늘나라로 갔어요. 3학년 애들이. 미니스톱 고 앞에. 거기가 왜냐하면 버스가 103번 172번 큰 버스가 오다 보니까 소형버스가 그 뒤에 있다 보면 버스가 지나가면 방관을 하고 지나가게 되잖아요. 그런 사례가 있었던 것 같아요. 그때만 해도 저희가.
>
> 이진희, 2020년 11월 21일.

이러한 초등학생 등굣길 안전 문제가 현 시점에서도 발생하고 있다는 점을 고려하면 1980~1990년대의 상황은 지금보다도 더 열악하였을 것으로 보인다.

또 하나의 눈에 띄는 문제점은 초등학생들도 버스를 타고 학교를 다닌 경우가 있었다는 것이다. 학생들이 버스를 타고 다닌 이유는 단순히 통학거리가 멀어서의 문제가 아니라 오르막과 내리막이 많아서 무거운 책가방을 들고 통학하기 어려워 버스를 타고 등하교를 한 것이었는데, 이처럼 장위동 내의 교통 사정이 좋지 않은 경우가 있다.

> 저희 초등학교 때는 집이 멀어서라기보다는 힘들고 춥고 하니까 그냥 도로 쪽에서 가까운 애들은 버스 타고 다녔어요.
>
> 안OO, 2020년 11월 21일.

이처럼 1980~1990년대 장위동의 초등학교들은 통학에 있어 부담이 되는 경우들이 있었으며, 교통사고도 발생하면서 안전문제가 있었다. 특히 2019년에 이루어진 조사 결과에서도 장위초등학교 학생들이 보행 안전과 관련하여 많은 위험에 노출되어 있다는 결과가 나왔다. 현재 장위동에서 이루어지고 있는 대규모 공사로 인한 위험요소들도 있었지만 교통안전과 관련한 위험도 유의미하다는 것이 밝혀졌다. 현재 대두되고 있는 문제점은 어린이보호구역으로 지정된 도로임에도 신호등이 설치되지 않은 횡단보도가 있다는 것이다.[85]

85. 국민대학교 산학협력단, 『지속가능한 성북형 아동안전 거버넌스 체계 구축 최종보고서』, 2019, 93~94쪽.

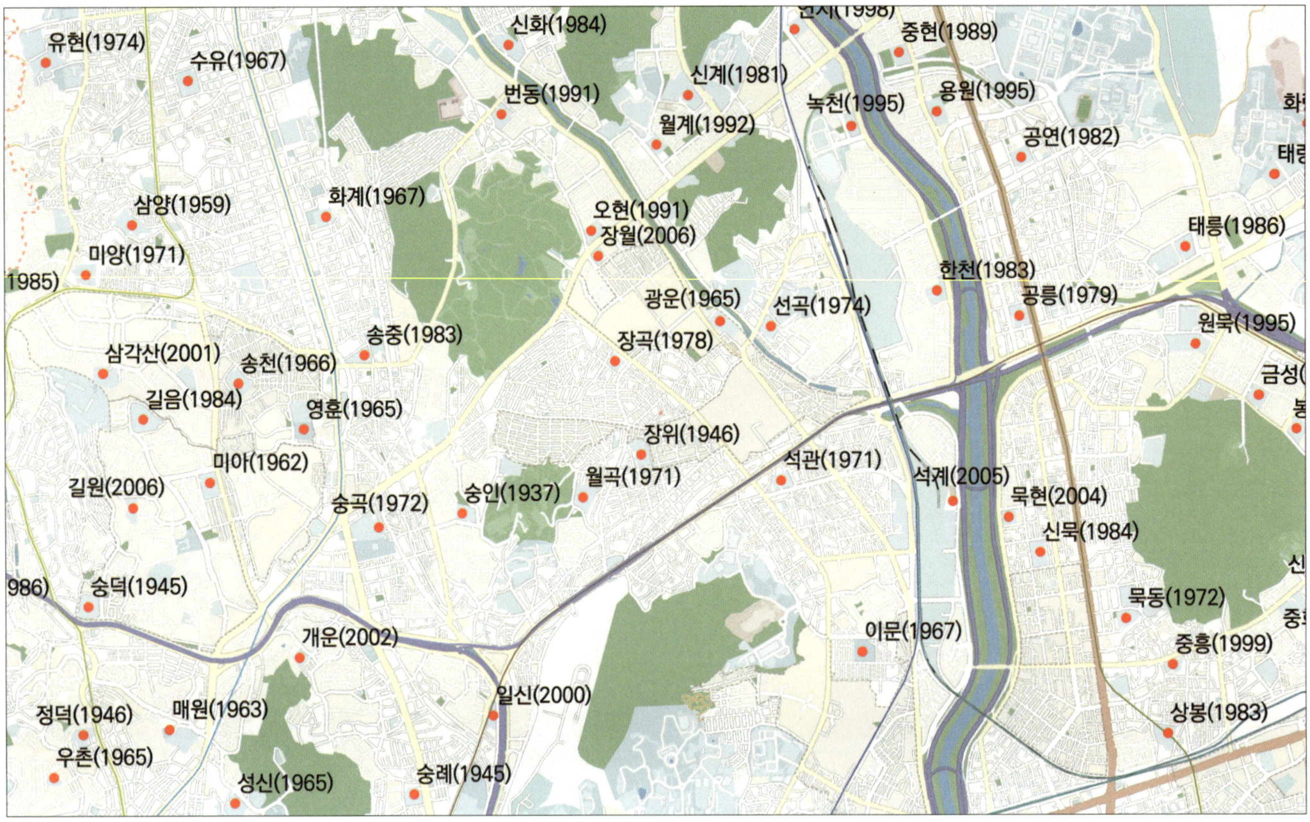


**장위동 인근 초등학교 분포** (* 괄호 안은 학교 설립연도이다.)

**장위동 인근 초등학교 목록**

| 소재구 | 설립 | 거리(m)* | 학교명 | 주소 지번 | 주소 도로명 |
|---|---|---|---|---|---|
| 성북구 | 공립 | 182 | 서울장위초등학교 | 서울 성북구 장월로8가길 41 | 서울 성북구 장위동 68-8 |
| 성북구 | 공립 | 379 | 서울장곡초등학교 | 서울 성북구 장월로23길 16 | 서울 성북구 장위동 235 |
| 성북구 | 공립 | 459 | 서울월곡초등학교 | 서울 성북구 장월로3길 42 | 서울 성북구 장위2동 246-194 |
| 성북구 | 사립 | 821 | 광운초등학교 | 서울 성북구 한천로 694 | 서울 성북구 장위동 128 |
| 성북구 | 공립 | 931 | 서울석관초등학교 | 서울 성북구 돌곶이로22길 21 | 서울 성북구 석관동 205 |
| 성북구 | 공립 | 962 | 서울장월초등학교 | 서울 성북구 한천로101길 66 | 서울 성북구 장위동 316 |
| 노원구 | 공립 | 1,010 | 서울선곡초등학교 | 서울 노원구 광운로2길 1 | 서울 노원구 월계동 446 |
| 성북구 | 공립 | 1,052 | 서울숭인초등학교 | 서울 성북구 오패산로16길 37 | 서울 성북구 하월곡동 225-3 |
| 강북구 | 공립 | 1,125 | 서울오현초등학교 | 서울 강북구 월계로 221 | 서울 강북구 번동 248 |
| 성북구 | 공립 | 1,533 | 서울숭곡초등학교 | 서울 성북구 종암로40길 30 | 서울 성북구 하월곡동 84-86 |
| 강북구 | 공립 | 1,586 | 서울송중초등학교 | 서울 강북구 오현로 9 | 서울 강북구 미아동 94-1 |
| 노원구 | 공립 | 1,596 | 서울월계초등학교 | 서울 노원구 월계로45가길 10 | 서울 노원구 월계동 561 |
| 성북구 | 공립 | 1,792 | 서울일신초등학교 | 서울 성북구 월곡로 74 | 서울 성북구 종암동 1-79 |
| 동대문구 | 공립 | 1,848 | 서울이문초등학교 | 서울 동대문구 신이문로 16 | 서울 동대문구 이문동 164-26 |
| 강북구 | 사립 | 1,861 | 영훈초등학교 | 서울 강북구 도봉로13가길 19 | 서울 강북구 미아동 471-2 |
| 노원구 | 공립 | 1,879 | 서울신계초등학교 | 서울 노원구 초안산로 29 | 서울 노원구 월계2동 602 |
| 강북구 | 공립 | 1,911 | 서울번동초등학교 | 서울 강북구 오현로 04 | 서울 강북구 번동 236 |
| 성북구 | 공립 | 1,918 | 서울석계초등학교 | 서울 성북구 한천로58길 273 | 서울 성북구 석관동 27-3 |
| 노원구 | 공립 | 1,919 | 서울한천초등학교 | 서울 노원구 마들로 45 | 서울 노원구 월계3동 3-7 |

* 장위동 중심점에서부터의 거리를 뜻한다.

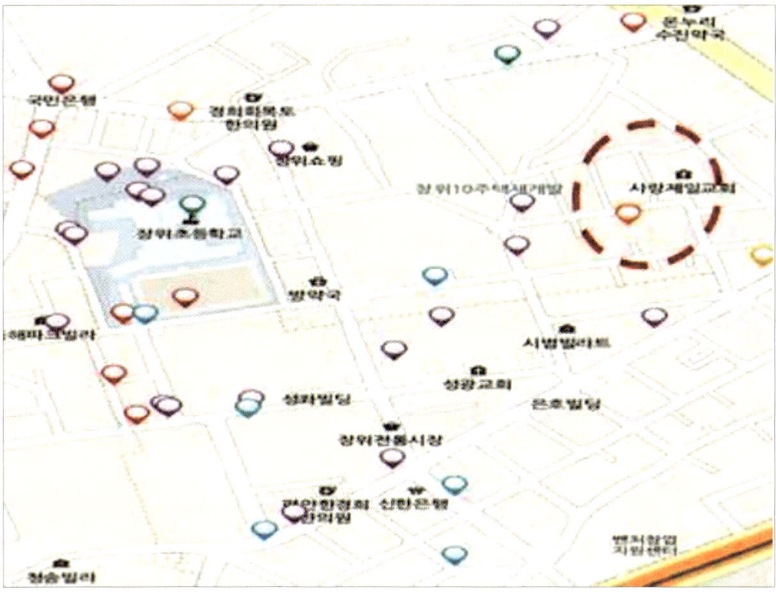


**학교 근처 안전위해장소 밀집지역**

출처: 국민대학교 산학협력단, 『지속가능한 성북형 아동안전 거버넌스 체계 구축 최종보고서』 2019, 94쪽.

위 그림의 붉은 점선으로 표시된 영역의 경우가 대표적으로 신호등이 설치되어 있지 않거나 자주 고장이 나면서 학생들의 안전에 위험요소가 되고 있는 지역이다.

### 4.4.2
### 중학교

중학교의 경우 1980~1990년대에 남대문중학교와 장위중학교가 있었다. 남대문중학교는 그 기원이 1934년에 이를 정도로 유서 깊은 학교이다. 이름에서 볼 수 있듯이 원래는 남대문 쪽에 있었으나 1969년 3월 3일에 현재 장위동으로 교사를 옮겼다. 광운대학교와 동일한 재단의 사립중학교였던 남대문중학교는 1994년 교사와 학생들이 환경활동에 앞장서서 지역에 긍정적인 영향을 끼친 것이 기사에 실리는 등 학생들의 교육에 많이 신경 쓰는 모습을 보였다.[86]

> 저희는 주로 이제 남대문중학교, 월곡중학교, 창문여중, 장위중 다녔어요. 학교는 장위1동에 걸쳐 있어요. 장위1동 끝에 있으니까 월곡동 애들이 넘어오는 거죠.
>
> 안OO, 2020년 11월 14일.

86. 「서울 장위동 남대문중학교/교육기관에선:5 (녹색환경가꾸자:84)」, 『서울신문』, 1994년 10월 20일 .

행정적으로 장위동 내부에 위치하여 비교적 통학거리가 짧은 점과 사립학교로서 교육의 질을 높이기 위한 노력을 지속적으로 한 덕분에 남대문중학교는 장위동 학생들이 이용할 수 있는 주요한 중학교 중 하나였다.

남대문중학교와 달리 장위중학교의 경우 1983년 과밀·과대 학교 해소를 위한 학교부지 확충계획의 일환으로 1984년에 설립된 학교였다. 이런 측면에서 보면 당시 장위동과 그 근처의 교육적 인프라가 풍족하지는 못한 상태였음을 짐작할 수 있다. 장위중학교는 그 이름과 달리 행정적으로 장위동 내부에 있지 않았고 장위동 경계선의 산 옆에 위치해 있었다. 특히 장위동 기준으로는 산을 끼고 있었기 때문에 고도가 높아 장위동에 사는 학생들 입장에서는 등교하는 데 불편함이 많았고, 자연스럽게 장위동 학생들보다는 장위동 외부에 사는 학생들이 주로 이용하는 학교가 되었다.

> 저도 장위중학교 4회 졸업생인데. 그때 당시에도 한 비율이 8 대 2? 여기 있는 친구들이 저기로 되게 소수만 갔어요. 다 신창·염광·월계 중학교. 저희 반에서도 장위 가면 막 울고 월계·신창 가면 애들이 웃고 그랬어요. 다 평지로 걸어가는데 저희만…. 여기 산 두 개를 건너가면서 여기가 어디야. 그랬었어요.
>
> 이진희, 2020년 11월 14일.

이러한 측면에서 장위중학교는 오히려 장위동 학생들에게는 기피되는 학교였던 것으로 보인다.

> 근데 장위중 같은 경우에는 월곡 쪽 아이들이 많이 가거든요. 장위동 아이들은, 저희 애가 장위중학교를 다녔는데 10%, 20%도 되지 않아요. 장위중학교가 워낙 월곡동에 있던 아이들이 많이 넘어오기 때문에.
>
> 안OO, 2020년 11월 14일.

장위중학교를 다닌 학생들의 대부분은 월곡동의 학생들이었고 통학로도 산길을 이용해야

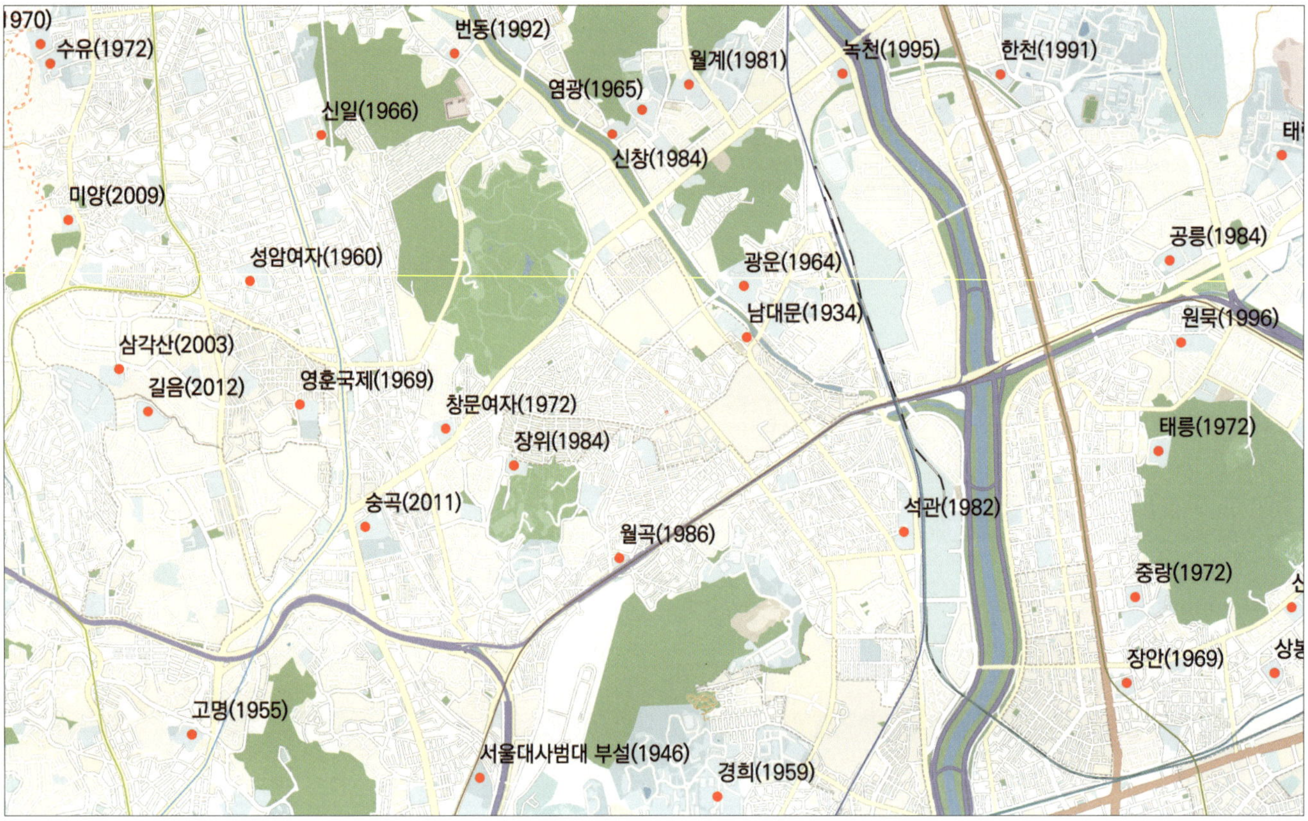


**장위동 인근 중학교 분포** (* 괄호 안은 학교 설립연도이다.)

**장위동 인근 중학교 목록**

| 소재구 | 설립 | 거리(m) | 학교명 | 주소 지번 | 주소 도로명 |
|---|---|---|---|---|---|
| 성북구 | 공립 | 672 | 장위중학교 | 서울 성북구 하월곡동 산 2-132 | 서울 성북구 장위로4길 70 |
| 성북구 | 공립 | 738 | 월곡중학교 | 서울 성북구 상월곡동 35-1 | 서울 성북구 장월로 6 |
| 성북구 | 사립 | 832 | 남대문중학교 | 서울 성북구 장위동 124-1 | 서울 성북구 한천로 660-30 |
| 노원구 | 사립 | 1,040 | 광운중학교 | 서울 노원구 월계동 500 | 서울 노원구 광운로1길 24 |
| 강북구 | 사립 | 1,079 | 창문여자중학교 | 서울 강북구 미아동 8-16 | 서울 강북구 월계로 61 |
| 성북구 | 공립 | 1,657 | 숭곡중학교 | 서울 성북구 하월곡동 87-1 | 서울 성북구 종암로 208 |
| 노원구 | 공립 | 1,657 | 신창중학교 | 서울 노원구 월계동 805-5 | 서울 노원구 월계로45길 92 |
| 성북구 | 공립 | 1,665 | 석관중학교 | 서울 성북구 석관동 88-2 | 서울 성북구 한천로 526 |
| 노원구 | 사립 | 1,829 | 염광중학교 | 서울 노원구 월계동 820 | 서울 노원구 월계로45가길 9 |
| 강북구 | 사립 | 1,907 | 영훈국제중학교 | 서울 강북구 미아동 471-2 | 서울 강북구 도봉로13가길 19 |
| 노원구 | 공립 | 1,944 | 월계중학교 | 서울 노원구 월계동 602-1 | 서울 노원구 월계로45가길 54 |
| 동대문구 | 사립 | 2,106 | 경희여자중학교 | 서울 동대문구 회기동 1-5 | 서울 동대문구 경희대로 26 |
| 성북구 | 국립 | 2,146 | 서울사대부설중학교 | 서울 성북구 종암동 7-10 | 서울 성북구 월곡로 36 |
| 동대문구 | 사립 | 2,191 | 경희중학교 | 서울 동대문구 이문동 1-3 | 서울 동대문구 경희대로 26 |
| 노원구 | 공립 | 2,323 | 녹천중학교 | 서울 노원구 월계동 321-7 | 서울 노원구 월계로 376 |
| 강북구 | 사립 | 2,326 | 성암여자중학교 | 서울 강북구 미아동 320-1 | 서울 강북구 도봉로29길 52 |
| 강북구 | 공립 | 2,394 | 번동중학교 | 서울 강북구 번동 231 | 서울 강북구 오현로35길 87 |
| 강북구 | 사립 | 2,424 | 신일중학교 | 서울 강북구 미아동 193-1 | 서울 강북구 솔매로49길 20 |
| 성북구 | 공립 | 2,680 | 종암중학교 | 서울 성북구 종암동 32-3 | 서울 성북구 종암로5길 80-17 |
| 성북구 | 공립 | 2,822 | 길음중학교 | 서울 성북구 길음동 635-7 | 서울 성북구 길음로 144 |
| 동대문구 | 공립 | 2,829 | 청량중학교 | 서울 동대문구 청량리동 14 | 서울 동대문구 왕산로 301 |
| 노원구 | 공립 | 2,860 | 중평중학교 | 서울 노원구 하계동 271-2 | 서울 노원구 동일로203길 87 |
| 노원구 | 공립 | 2,867 | 한천중학교 | 서울 노원구 공릉동 481 | 서울 노원구 공릉로 265 |
| 강북구 | 공립 | 2,914 | 수송중학교 | 서울 강북구 번동 456-1 | 서울 강북구 한천로122길 21 |
| 강북구 | 공립 | 2,969 | 삼각산중학교 | 서울 강북구 미아동 1357-11 | 서울 강북구 삼양로19길 141 |
| 성북구 | 공립 | 2,982 | 개운중학교 | 서울 성북구 돈암동 83-145 | 서울 성북구 북악산로 935 |

했으니 장위동 학생들 입장에서는 구성원들도 익숙하지 않고 불편한 점만 부각될 수밖에 없었다. 이는 대부분 평지에 위치한 다른 학교들에 비해서 장위중학교가 가지고 있는 치명적인 단점이었다.

위 인터뷰 발췌문에서도 확인할 수 있듯이 장위동의 학생들은 대부분 장위동 밖의 신창중학교, 염광중학교, 월계중학교 등의 학교를 다녔다. 초등학교와는 달리 중학교부터는 장위동 내에 다닐 만한 학교가 절대적으로 부족하였기 때문에 대부분 장위동 외부의 중학교를 이용할 수밖에 없었던 것이다. 이 또한 장위동 내의 교육환경이 풍족하지 않았음을 보여주는 사례이다. 그렇지만 장위동의 경계에 근접한 중학교들의 경우 대부분 1980년대에 설립이 되었기 때문에 중학교의 부족문제는 심각하지 않았을 것으로 보인다. 1980~1990년대에 설립된 10개의 중학교 중에서 1980년대에 설립된 중학교는 총 6개인데, 1980년에 설립된 종암중학교를 제외한 5개 중학교는 모두 장위동에 인접해 있으면서 장위동 학생들도 큰 어려움 없이 이용할 수 있게 형성되었다. 앞선 인터뷰에서 언급된 월계중학교와 신창중학교도 1980년대에 설립된 중학교이다.

> 그때는 이렇게 오래 살 줄 몰랐던 거죠. 그런데 이렇게 살고 어쩔 수 없이 살아야 하는 상황에 놓이면 중학교는 어쨌든 가까운 곳에 남녀공학도 있고 남중, 여중도 있어요. 그런데 고등학교가 진짜 없어요. 그전에는 저도 이제 남 일처럼 학교가 어디 있다고 생각도 못하고 있다가. 정말 일반 공립이나 사립을 가려고 봤더니 아이들이 갈 곳이 없어요. 가려면 저쪽으로. 제일 가까운 곳이 그나마 사대부고. 그렇지 않으면 남자 아이들은 다 말씀하신 것처럼 저기로 나가야 되는 거고요.
>
> 안OO, 2020년 11월 14일.

이처럼 학생들의 교육에 있어서 고등학교의 선택지 자체가 부족하다는 것이 큰 문제가 되었다고 볼 수 있다. 그나마 장위동의 경계선에 1974년에 설립된 창문여자고등학교가 있기 때문에 여학생들의 경우 갈 수 있는 고등학교가 있었지만 남학생들의 경우에는 보다 더 어려운 상황이었을 것으로 보인다. 특히 남성인구가 여성인구보다 많았기 때문에 이러한 점은 더 크게 작용하였을 듯하다.

> 특히 남자 고등학교가 없어요. 그래서 저희가 13구역이 재개발되면 여기에 남성 고등학교를 하나 들어오게 해 달라고 으쌰으쌰 하려고 그랬는데 그게 무산이 된 거예요.
>
> 이진희, 2020년 9월 25일.

### 4.4.3 고등학교

장위동은 1980~1990년대에 행정적으로 고등학교가 없었으며 현재에도 고등학교가 부재하다. 주변에 석관고등학교, 창문여자고등학교, 염광고등학교 등이 있으나 초등학교와 중학교에 비해서는 고등학교가 훨씬 부족하다. 이는 장위동 주민들에게 큰 고민거리가 될 수밖에 없었는데, 자녀를 보낼 만한 고등학교가 부족하다는 것이 크게 체감되었기 때문이다. 초·중학교 교육은 장위동 내 혹은 그 경계의 학교들을 통해 해결할 수 있었으나 고등학교 교육은 장위동 안에서는 물론 밖에서도 해결하기가 쉽지 않았다. 현재에도 장위동 학생들이 걸어서 통학할 만한 고등학교가 거의 없고 버스마저 잘 다니는 편이 아니기 때문에 고등학교 통학에서 큰 불편을 겪고 있는 실정이다.

결국 장위동 학생들은 초등학교와 중학교 때까지는 통학거리가 조금 길거나 높은 고도로 인해 등굣길이 불편한 문제는 있어도 갈 만한 학교가 없다는 문제는 없었다. 장위동은 제외되었으나 1980~1990년대 성북구에 많은 학교가 설립되었고 그중에서 적지 않은 수의 초등학교와 중학교는 장위동 학생들도 충분히 이용할 수 있었기 때문이다. 그러나 고등학교 때부터는 상황이 달라짐을 실감할 수밖에 없었다. 장위동 안팎의 고등학교 부족은 1980~1990년대 장위동 학생들에게 큰 문제였을 것이며, 이는 현재에도 해결되지 않은 문제이다.

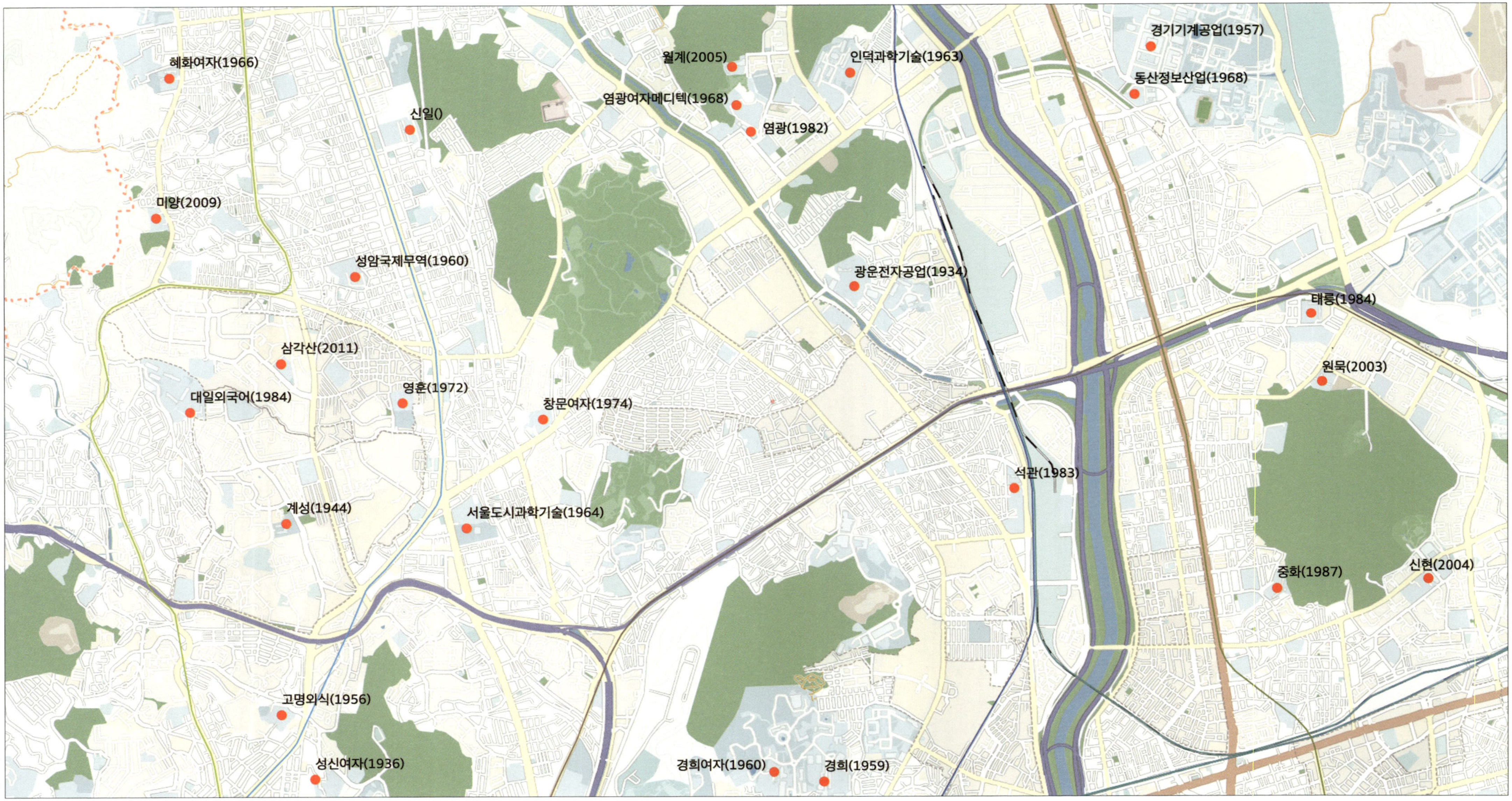


**장위동 인근 고등학교 분포** (* 괄호 안은 학교 설립연도이다.)

장위동 인근 고등학교 목록

| 소재구 | 설립 | 거리(m) | 학교명 | 지번 | 도로명 |
|---|---|---|---|---|---|
| 노원구 | 사립 | 1,032 | 광운전자공업고등학교 | 서울 노원구 월계동 500 | 서울 노원구 광운로1길 24 |
| 강북구 | 사립 | 1,110 | 창문여자고등학교 | 서울 강북구 미아동 8-16 | 서울 강북구 월계로 61 |
| 성북구 | 공립 | 1,570 | 서울도시과학기술고등학교 | 서울 성북구 하월곡동 90-1 | 서울 성북구 종암로 196 |
| 성북구 | 공립 | 1,586 | 석관고등학교 | 서울 성북구 석관동 77-1 | 서울 성북구 한천로70길 30 |
| 노원구 | 사립 | 1,653 | 염광고등학교 | 서울 노원구 월계동 820 | 서울 노원구 월계로45가길 9 |
| 노원구 | 사립 | 1,823 | 염광여자메디텍고등학교 | 서울 노원구 월계동 820 | 서울 노원구 월계로45가길 9 |
| 강북구 | 사립 | 1,871 | 영훈고등학교 | 서울 강북구 송천동 471-2 | 서울 강북구 도봉로13가길 19 |
| 노원구 | 공립 | 2,021 | 월계고등학교 | 서울 노원구 월계동 778 | 서울 노원구 초안산로5길 66 |
| 동대문구 | 사립 | 2,056 | 경희여자고등학교 | 서울 동대문구 회기동 1-5 | 서울 동대문구 경희대로 26 |
| 노원구 | 사립 | 2,135 | 인덕과학기술고등학교 | 서울 노원구 월계동 648-7 | 서울 노원구 초안산로 12 |
| 동대문구 | 사립 | 2,148 | 경희고등학교 | 서울 동대문구 이문동 1-3 | 서울 동대문구 경희대로 26 |
| 강북구 | 사립 | 2,296 | 성암국제무역고등학교 | 서울 강북구 미아동 320-1 | 서울 강북구 도봉로29길 52 |
| 강북구 | 사립 | 2,467 | 신일고등학교 | 서울 강북구 미아동 193-1 | 서울 강북구 솔매로49길 20 |
| 성북구 | 국립 | 2,500 | 서울대학교사범대학부설고등학교 | 서울 성북구 종암동 7-10 | 서울 성북구 월곡로 6 |
| 강북구 | 공립 | 2,572 | 삼각산고등학교 | 서울 강북구 미아동 812-4 | 서울 강북구 삼양로19길 40 |
| 성북구 | 사립 | 2,613 | 계성고등학교 | 서울 성북구 길음동 1284-15 | 서울 성북구 길음로 63 |
| 동대문구 | 공립 | 2,747 | 청량고등학교 | 서울 동대문구 청량리동 7 | 서울 동대문구 왕산로 303 |
| 노원구 | 사립 | 2,947 | 동산정보산업고등학교 | 서울 노원구 공릉동 481-3 | 서울 노원구 공릉로 257 |
| 성북구 | 사립 | 3,082 | 대일외국어고등학교 | 서울 성북구 정릉동 산 16-36 | 서울 성북구 서경로 116 |
| 성북구 | 사립 | 3,109 | 고명외식고등학교 | 서울 성북구 동선동4가 325-1 | 서울 성북구 북악산로 870 |
| 동대문구 | 사립 | 3,136 | 정화여자상업고등학교 | 서울 동대문구 제기동 293 | 서울 동대문구 홍릉로15길 50 |
| 동대문구 | 사립 | 3,136 | 정화여자상업고등학교 | 서울 동대문구 제기동 293 | 서울 동대문구 홍릉로15길 50 |
| 성북구 | 사립 | 3,182 | 성신여자고등학교 | 서울 성북구 돈암동 산 11-269 | 서울 성북구 동소문로26가길 80 |
| 노원구 | 공립 | 3,189 | 경기기계공업고등학교 | 서울 노원구 하계동 78 | 서울 노원구 공릉로 264 |
| 중랑구 | 공립 | 3,193 | 중화고등학교 | 서울 중랑구 중화동 21-4 | 서울 중랑구 봉화산로27길 62 |
| 중랑구 | 공립 | 3,277 | 원묵고등학교 | 서울 중랑구 묵동 23 | 서울 중랑구 숙선옹주로 82 |
| 중랑구 | 공립 | 3,310 | 태릉고등학교 | 서울 중랑구 묵동 6 | 서울 중랑구 신내로23길 36 |
| 노원구 | 사립 | 3,398 | 서울아이티고등학교 | 서울 노원구 중계동 504 | 서울 노원구 섬밭로 299 |
| 강북구 | 공립 | 3,465 | 미양고등학교 | 서울 강북구 미아동 837-734 | 서울 강북구 인수봉로 39 |
| 성북구 | 사립 | 3,492 | 용문고등학교 | 서울 성북구 안암동2가 96-1 | 서울 성북구 고려대로17가길 46 |
| 동대문구 | 공립 | 3,492 | 휘봉고등학교 | 서울 동대문구 휘경동 43-138 | 서울 동대문구 한천로 290 |
| 노원구 | 사립 | 3,548 | 대진고등학교 | 서울 노원구 하계동 55 | 서울 노원구 공릉로62가길 47 |
| 도봉구 | 사립 | 3,575 | 서울외국어고등학교 | 서울 도봉구 창동 35 | 서울 도봉구 덕릉로66길 22 |
| 동대문구 | 사립 | 3,591 | 해성국제컨벤션고등학교 | 서울 동대문구 전농동 90-3 | 서울 동대문구 전농로20길 31 |
| 동대문구 | 공립 | 3,632 | 휘경공업고등학교 | 서울 동대문구 휘경2동 49-327 | 서울 동대문구 겸재로 21 |
| 동대문구 | 사립 | 3,661 | 휘경여자고등학교 | 서울 동대문구 휘경동 43-7 | 서울 동대문구 한천로 247 |
| 동대문구 | 사립 | 3,702 | 해성여자고등학교 | 서울 동대문구 전농동 90-3 | 서울 동대문구 전농로20길 31 |
| 노원구 | 사립 | 3,731 | 혜성여자고등학교 | 서울 노원구 하계동 산 16-38 | 서울 노원구 노원로16길 2 |
| 강북구 | 공립 | 3,740 | 혜화여자고등학교 | 서울 강북구 수유동 468-43 | 서울 강북구 인수봉로 127 |
| 노원구 | 사립 | 3,967 | 대진여자고등학교 | 서울 노원구 중계2.3동 514-2 | 서울 노원구 공릉로 438 |
| 중랑구 | 공립 | 3,988 | 신현고등학교 | 서울 중랑구 상봉동 482 | 서울 중랑구 봉화산로 174 |

5

# 인구변동과 서민주거지로의 변화

## 인구변화

1980년대와 1990년대 초반까지 장위동의 인구는 계속 늘었다. 1980년 인구총조사에 따르면 장위 1~3동을 합친 장위동의 인구는 7만 3,296명이었고, 1995년 8만 1,465명으로 늘었다가 2000년에 다시 1980년 수준인 7만 3,454명으로 급감하였다. 주민등록상 장위동의 최대 인구는 1994년 말의 8만 2,128명이다. 이후 지속적으로 감소하여 2018년이면 최대치의 58% 수준인 4만 7,305명으로 감소하게 된다. 1990년대부터 시작된 이러한 변화는 연령대별·세대별 인구증감 추이에 잘 나타나 있다.

우선 연령대별로 보면, 장위1동의 경우 1995년까지 20세 이상 인구는 계속 증가하였지만 0~20세 인구는 변화가 심하였다. 1980~1985년에는 10~20세 인구가 증가하지만 1985~1990년 10~14세 인구는 감소하고 1990~1995년 10대 인구는 유지된다. 그러나 1996~2000년에는 30대 이하 인구가 급격히 감소함을 알 수 있다. 이런 패턴은 장위2동과 장위3동도 유사하다. 20대와 30대가 1995년까지 꾸준히 유입되고, 특히 40대·50대와 20대·30대가 같이 움직이며 2세대 가구의 이동이 증가하는 것처럼 보인다. 그러나 장위1동처럼 1995년 이후 5년간 20대의 감소가 두드러진다.

연령대별로 젊은 층의 인구 증감이 불규칙해 보이나 이 움직임을 세대별로 보면 보다 일관된 흐름을 발견할 수 있다. 장위1동에 1980년대 유입된 인구는 1960년대생이었고, 1990년대 초반에는 1960년대 후반부터 1970년대생까지 급증하다가 1995년이면 25~35세에 해당하는 1960년대생이 빠져나가는 것을 볼 수 있다. 장위2동과 장위3동도 크게 다르지 않으나 장위3동의 경우 1990년대 초반과 1990년대 후반의 차이가 더 크다. 1990년대 초반 당시 20대 초반이었던 1970년대 초반생들과 그 부모 세대인 1940년대 후반생들이 증가하고, 1990년대 후반이면 그 바로 위 연령대인 30대 초반인 1960년대 후반생들이 빠져나간다.

1950년대 후반부터 단독주택단지로 개발이 진행된 장위동 일대에는 현재에도 여러 시기별로 형성된 다양한 주거 유형이 남아 있다. 처음 개발이 시작될 당시에는 부흥주택·국민주택 등 서민을 위한 단독주택이 장위동 지역에 들어섰지만, 삼성생명의 전신인 동방생명에서 추진한 대규모 택지개발로 인해 소위 '동방주택'이라고 불리는 대규모 단독주택이 들어서게 되면서 어느 정도 자산을 축적한 주민들이 장위동 지역에 유입된다.

**장위동의 인구변화(1980-2000)**
출처: 「인구총조사」, 1980, 1985, 1990, 1995, 2000.

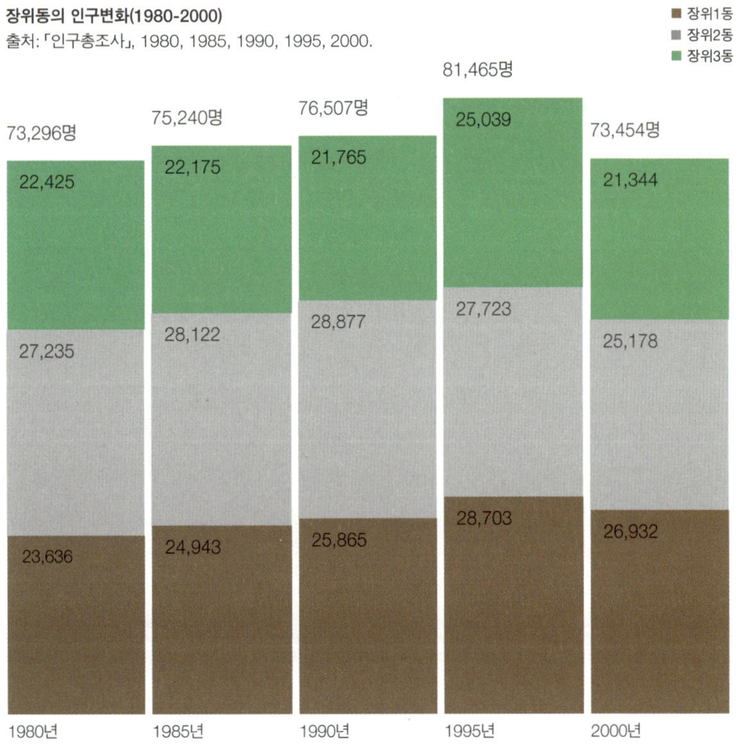

**연령대별 인구증감 추이**

출처: 「인구총조사」, 1980, 1985, 1990, 1995, 2000.

1980-1985 1985-1990 1990-1995 1995-2000

1980-1985 1985-1990 1990-1995 1995-2000

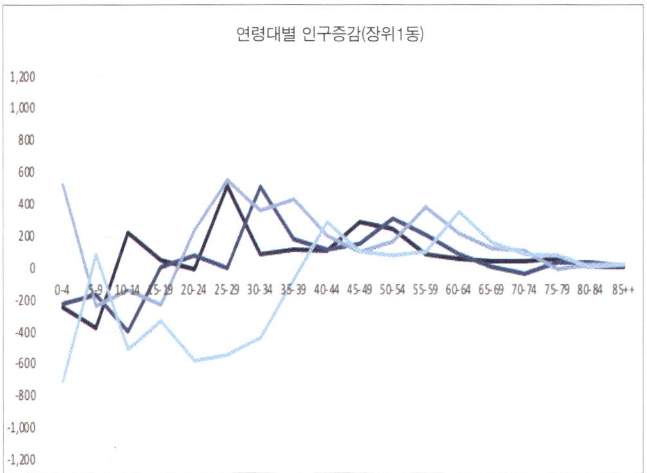


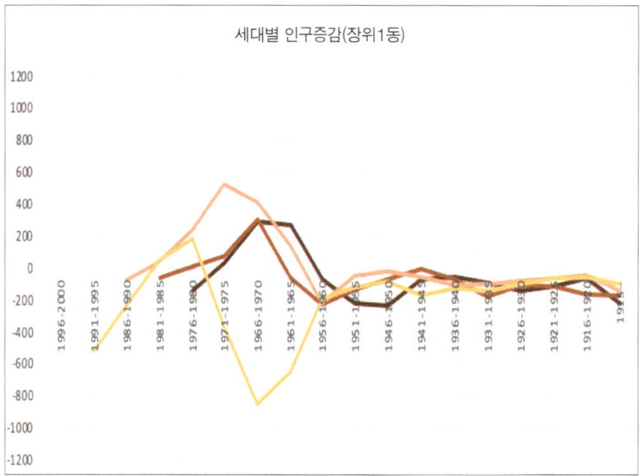


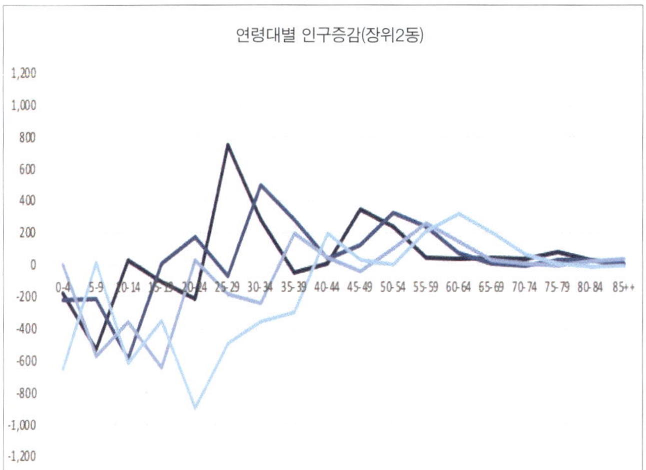


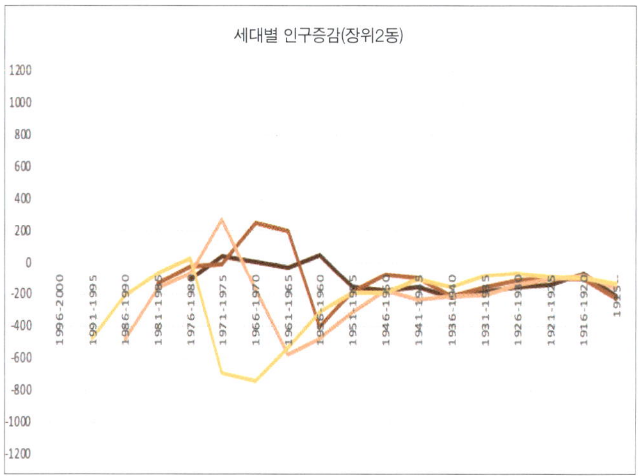


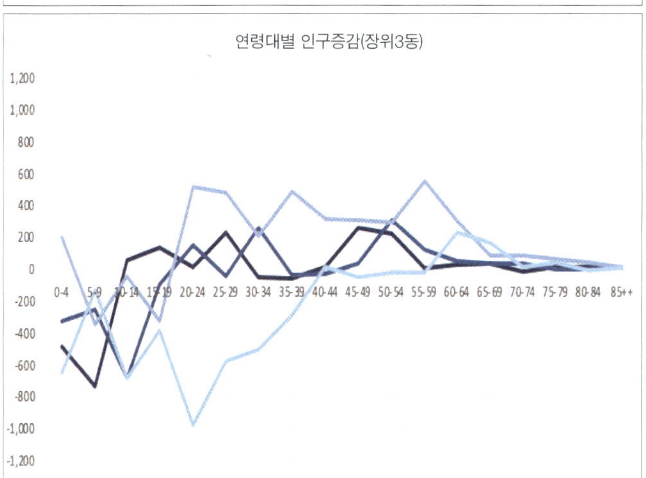


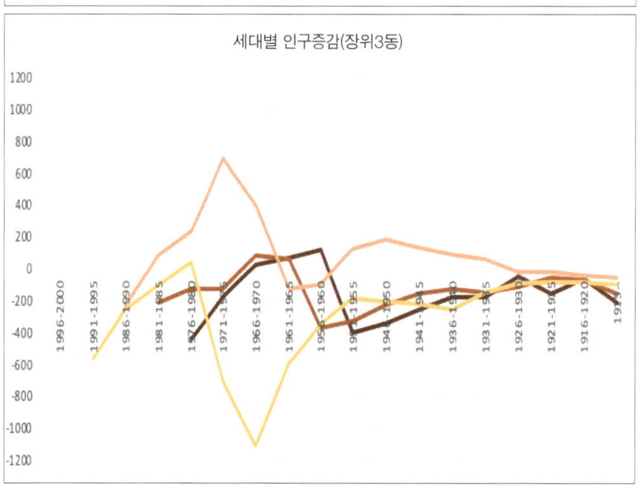

이와 함께 장위동의 지가도 계속 오르는 듯하였다. 하지만 개발의 중심이 아파트로 옮겨가면서 1975년경부터 장위동 일대의 주택 경기가 점차 하강하는 현상이 나타났고, 1980년대에는 서울 전역의 주택가격이 급등하는 가운데 장위동만 거의 오르지 않아 서울에서 집값이 가장 싼 지역이라는 소문이 나기도 하였다고 한다.

> 성북구 장위, 석관동 일대의 전세를 제외한 부동산거래가 올들어 계속 침체를 보인 가운데 주택의 경우 봄에 비해 40만~50만 원의 가격하락 현상을 나타냈다. 27일 본사 조사에 따르면 이 일대의 주택을 비롯한 대지의 매기買氣가 올들어 계속 침체를 보이고 있어 가격 형성조차 어려운 실정에 놓여 있으며 석관사거리에서 공릉동 간을 연결하는 월릉교가 이달 말경 개통을 보게 되는데 이 다리가 개통되더라도 부동산 거래에는 별다른 영향을 미치지 못할 것으로 보이고 있다. 주택의 경우 지목변경이 돼 있는 곳은 모두 건축이 돼 있는 실정이나 대지 40평, 건평 24평형인 양옥이 지난봄에 비해 40만~50만 원의 가격이 하락, 680만 원에 거래되는 등 일반적으로 매기가 부진한 반면 팔려는 사람이 늘고 있어 가격도 하락세를 보이고 있는 실정이다.(하략)[87]

> 최근의 부동산 경기는 매물부족으로 거래가 거의 중단된 가운데 값만 오르는 것이 특징이다. 두 차례에 걸친 특정지역 고시 이후 아파트 및 강북지역 단독주택 가격거래동향을 알아본다. (중략) 성북구 정릉과 장위동은 유일하게 작년 가을 수준에서 집값이 보합세를 이루고 있는 지역. 이들 지역은 대부분이 지은 지 10년 안팎의 구옥들이라서 좀처럼 집값의 움직임이 없다고. (중략) 장위동의 동방단지는 서울에서 제일 집값이 싸다고 소문나 있을 정도로 대지 30평 건평 20평 단독주택이 1900만 원 선에서 벌써 몇 년째 보합세를 이루고 있다고 주민들은 말했다. 하지만 이곳도 전셋값은 방 한 칸에 300만~350만 원으로 강세[88]

87.
「住宅·垈地거래 침체 長位洞 일대」, 『매일경제신문』, 1975년 10월 27일 7면.

88.
「賣物없이 不動產 값만 뛴다」, 『동아일보』, 1983년 3월 8일 9면.

89.
봉제공장이 처음으로 장위동에 들어서기 시작한 시기는 1980년대 초반으로 추정된다. 2000년대 초반에는 장위동에 봉제공장이 2000개가 넘었다고 한다. 「봉제 주름잡던 동네…개발과 보존 사이 '박제된 시간'」, 『서울신문』, 2020년 10월 16일.

90.
이 그래프는 구 토지대장을 분석한 것으로 1992년 지적전산망이 완성되기 전의 자료만을 대상으로 한다.

1970년대 초반부터는 여의도 및 강남 개발 등으로 인해 장위동에 거주하던 많은 중산층 거주민들이 교육과 아파트의 결합이 만들어내는 새로운 부동산 가치를 추구하기 위해 외부로 급속하게 유출된 것으로 보이며, 이로 인해 장위동이 고급 주거지라는 인식이 차츰 퇴색하기 시작한 것으로 파악된다. 이어서 장위동은 1980년대부터 새롭게 유입된 많은 소규모 봉제공장 근로자[89]와 저소득층 주민을 위한 주거지로 변모하기 시작하였다.

당시의 인구유입을 좀더 자세히 보기 위해 장위동 필지 중 173개의 필지를 표본으로 소유자 변동 추이를 살펴보았다. 오른쪽 그림은 토지의 소유권이 이전된 사건들 중 신규로 소유권을 획득한 이들의 연령정보가 있는 경우만 추출하여 연도별로 어떤 연령대가 토지의 소유자가 되었는지를 살펴본 그래프이다. 그래프에서 녹색점은 새로운 소유자가 해당 소유필지에 거주하는 경우이며, 붉은색 점은 해당 필지 이외의 곳에 거주하는 경우, 즉 부재하는 소유자를 뜻한다.[90]

우선 소유권 이전 빈도는 1970년대 말부터 증가하기 시작하며, 1983~1984년에 상대적으로 많은 이전이 있었다. 특히 1983~1984년의 이전이 이전 시기보다 외지인 소유 비중이 높은 것을 알 수 있다. 연령대 또한 1970년대 후반은 30대의 비중이 높았으나, 1980년이 시작되면서 소유자의 연령이 다양해지다가 1983~1984년에는 40대의 비중이 높아지고, 특히 30대 후반에서 40대 초반의 신규 소유자가 몰려 있음을 알 수 있다. 이 움직임은 앞에서 살펴보았던 인구이동에서 1990년대 초반의 40대 후반생들의 증가와 관련이 있으며, 이 시기 장위동에 내 집을 마련한 세대의 자식들이 1995년 이후 장위동을 떠나간 것으로 추정된다.

장위동의 경우 소유필지의 면적과 소유자 연령의 상관성이 낮다는 점이 특징이다. 동방주택 초기 필지 규모였던 170㎡(약 50평) 내외에 전 연령대의 소유자들이 분포함을 알 수 있다.

짙은 붉은색 선은 소유권 이전자가 해당 주소에 거주하는 필지이다.

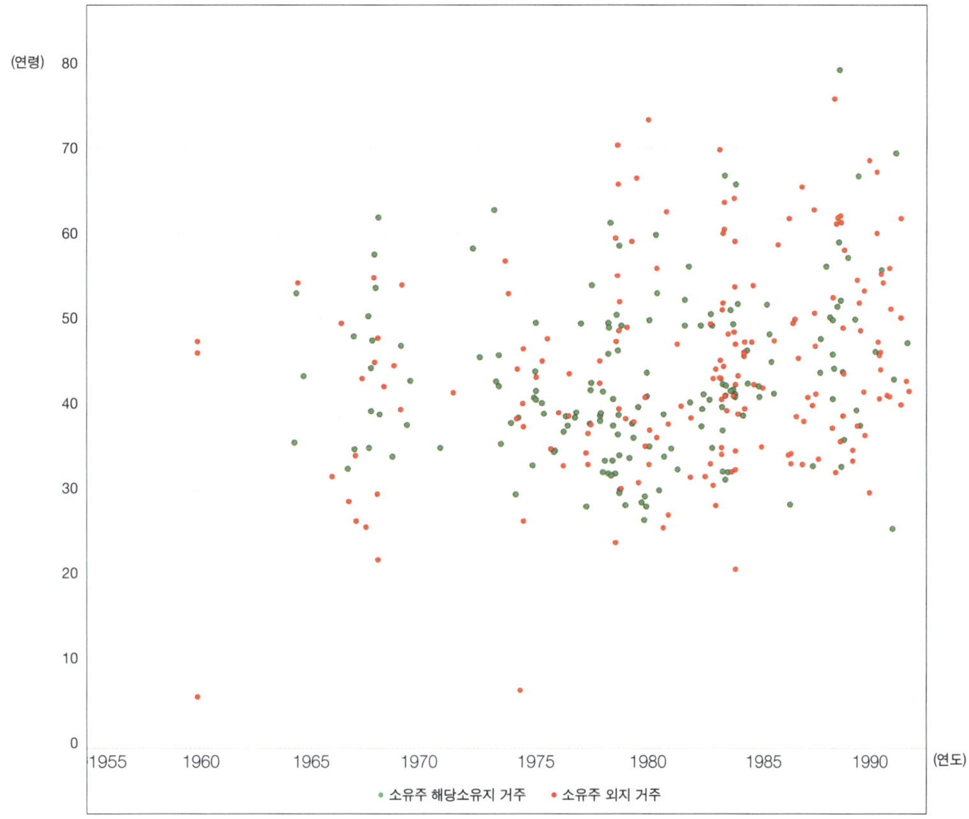


**연령대별 인구증감 추이** 출처:「인구총조사」, 1980, 1985, 1990, 1995, 2000.

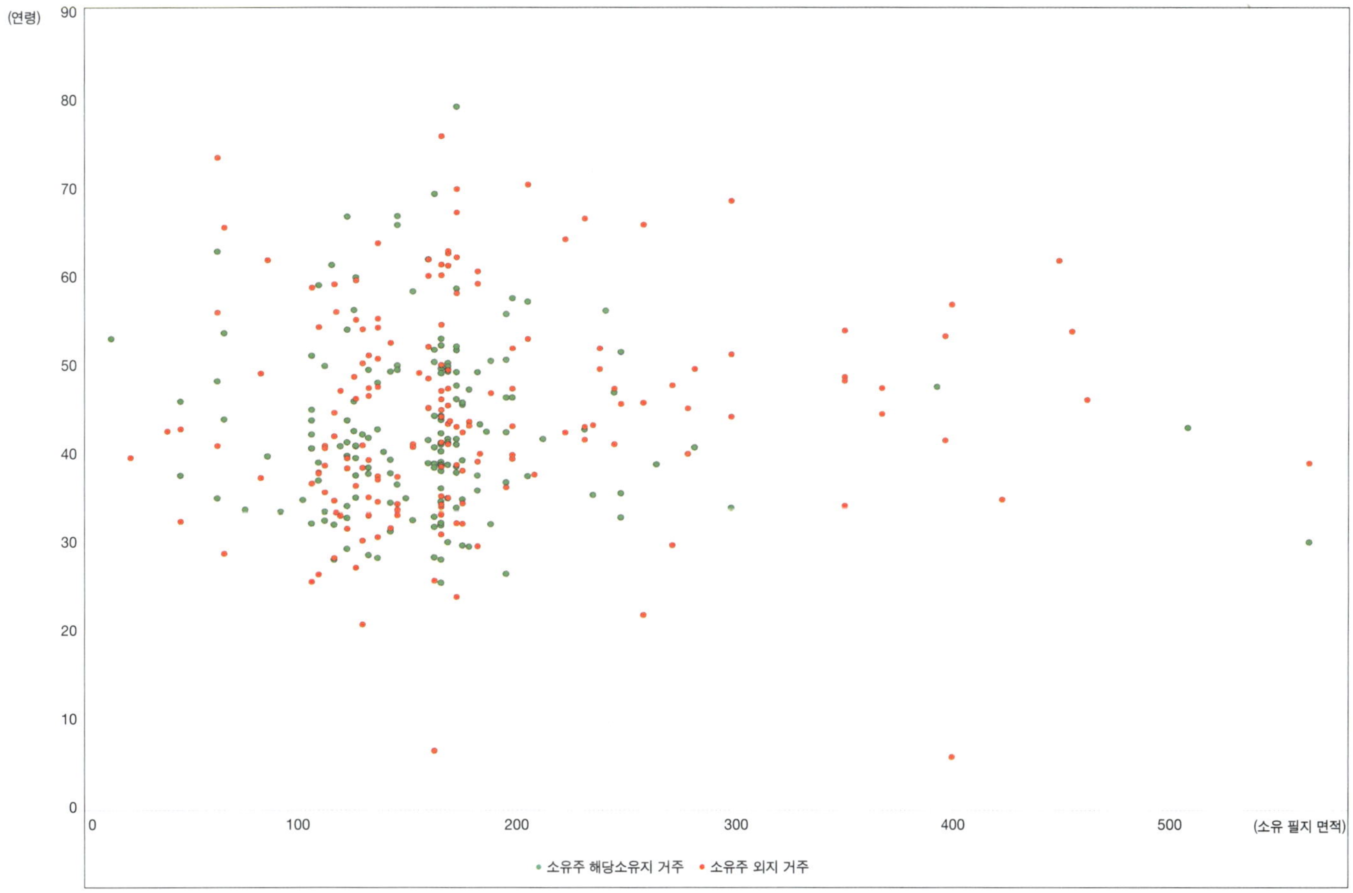


**소유권 취득자의 연령과 소유필지의 면적 규모**

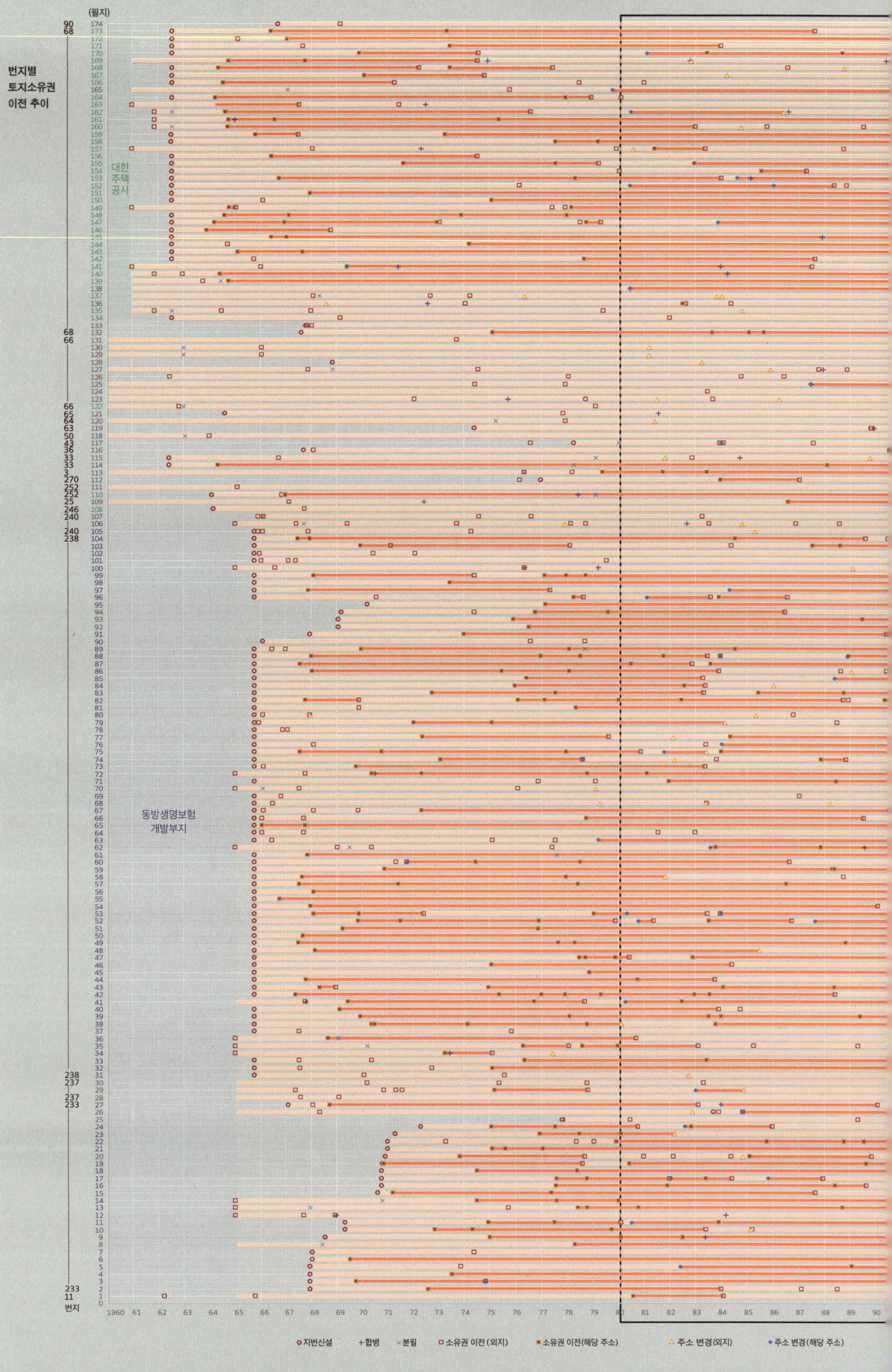

번지별
토지소유권
이전 추이
(필지)
대한
주택
공사
동방생명보험
개발부지
번지
1960 61 62 63 64 65 66 67 68 69 70 71 72 73 74 75 76 77 78 79 80 81 82 83 84 85 86 87 88 89 90
지번신설
합병
분필
소유권 이전(외지)
소유권 이전(해당 주소)
주소 변경(외지)
주소 변경(해당 주소)

2020년 현재 장위동에 남아 있는 건축물의 준공연도 또한 이 시기의 소유자 변동 빈도와 유사한 흐름을 보인다. 현재 남아 있는 건축물 중 많은 비중을 차지하는 것은 1970년대(25.86%)와 1990년대(25.42%)에 지어진 건축물이다. 다음으로는 1980년대에 지어진 주택들로(16.93%), 이 시기에 지어진 건축물의 수가 전체 주택 수의 4분의 3이 넘는다. 이 중 1970년대 건축물이 많이 남아 있는 지역은 동방고개에 위치한 동방주택, 그중에서도 큰 필지에 지어진 건축물이 다수 눈에 띈다. 1980년대나 1990년대 지어진 주택들은 과거 국민주택을 중심으로 하는 장위2동 지역이나 조선시대 옛길 주변으로 많이 나타난다. 남아 있는 주택들의 형식을 볼 때도 1970년대 주택들의 경우는 대부분 단독주택이고 1980년대와 1990년대에 지어진 주택들은 3층 정도 규모의 소위 빌라라고 부르는 다세대·다가구 건축물이다.

**장위동 건물들의 준공 연대별 분포**

| | | |
|---|---|---|
| 1920년대 | 2 | 0.03% |
| 1930년대 | 1 | 0.02% |
| 1940년대 | 2 | 0.03% |
| 1950년대 | 86 | 1.39% |
| 1960년대 | 584 | 9.41% |
| 1970년대 | 1,604 | 25.86% |
| 1980년대 | 1,050 | 16.93% |
| 1990년대 | 1,577 | 25.42% |
| 2000년대 | 409 | 6.59% |
| 2010년대 | 169 | 2.72% |
| 2020년대 | 1 | 0.02% |
| 승인 연도 없음 | 718 | 11.58% |
| 총합 | 6,203 | 100.00% |

1973년

1984년

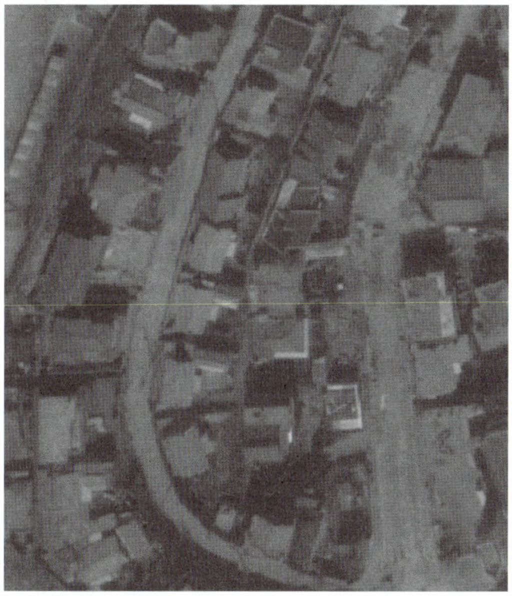

1994년

장월로 5길 주변 변화를 보여주는 항공사진(1973, 1984, 1994.)

장월로 5길의 현재 모습

⑥

# 종교시설의 확장과 변화

1960년대 이후 장위동의 종교기관들은 지속적으로 교세를 확장하여 1980년대 말 무렵에 일종의 전성기를 맞게 된다. 예를 들어 장석교회 신도 수는 1958년 75명에서 6년 후 220명으로 증가하였고 2년 뒤에는 300명이 되었다. 이후 1972년 989명에서 1978년 1,200명으로 늘어났고 1987년에는 1,708명에 달하였다. 두 번의 분리가 있었음에도 교인 수가 계속해서 증가한 것이다. 성광교회의 경우 1970년 50명에서 1년 뒤 240명으로, 1981년에는 1,087명으로, 1985년에는 1,585명까지 증가하였다. 장위동성당의 경우 1968년 첫 미사 당시 220명의 신도가 모였으나 1년 뒤 1,309명으로 증가하였고 4년 뒤에는 2,407명으로 증가하였으며 1976년에는 3,304명, 1984년에는 5,331명, 1989년에는 7,240명까지 증가하였다. 장위동성당 신도는 1980년대 후반에 장위동성당의 교세가 가장 컸다고 증언한다.

> 이게 논밭이 개발되면서 외부에서 다 들어와서. 80년대 염수정 신부님 계실 때 그때 최고로 많았어요. (신자가) 1만 얼마가 된 거야. 최고 많이 올라간 거야.
>
> 김OO(장위동성당 신자), 2020년 10월 30일.

단순히 숫자만 많은 것이 아니었다. 흔히 종교기관에 가장 어려운 작업은 건물을 신축하는

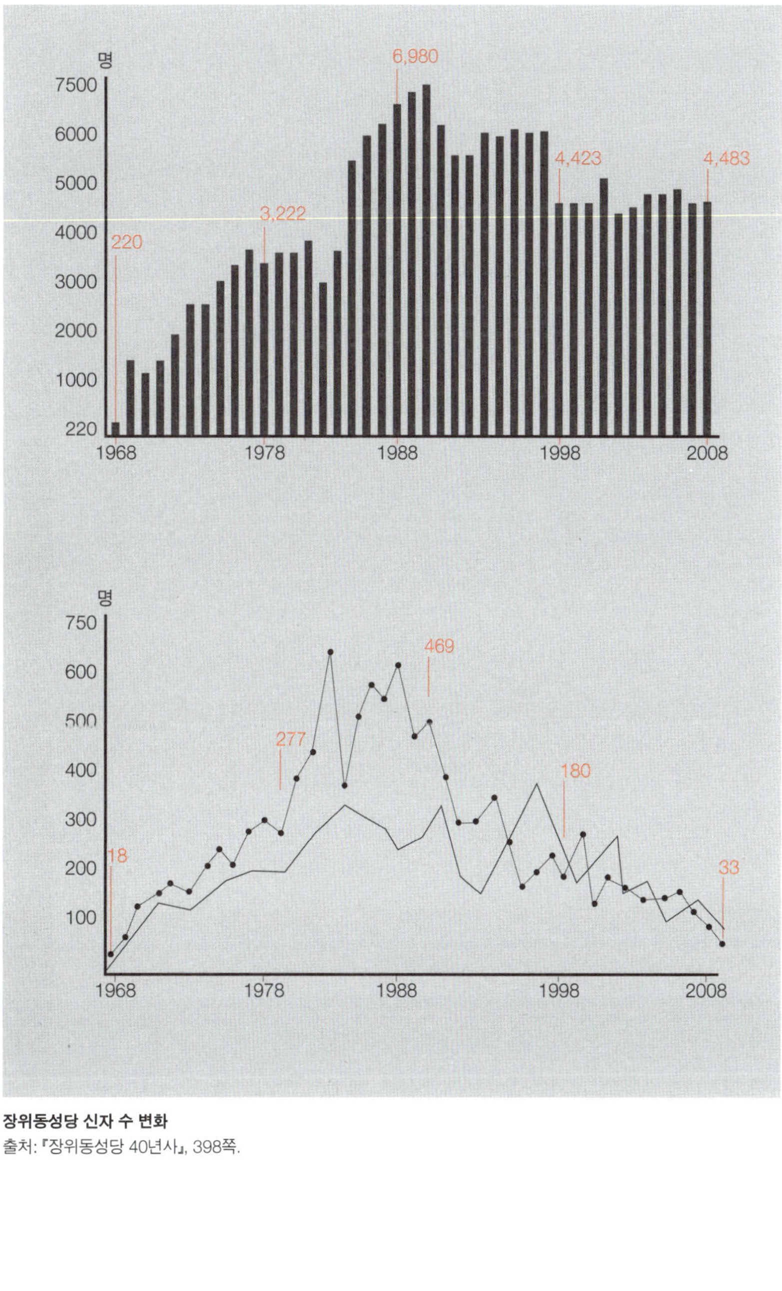


**장위동성당 신자 수 변화**
출처: 『장위동성당 40년사』, 398쪽.

것이라고 한다. 많은 금액과 노력이 필요하기 때문이다. 이는 신도들의 종교적 열정을 보여준다.

장위동의 종교기관들은 1960년대부터 1980년대까지 증축과 개축과 신축을 반복하는 모습을 보여준다. 대표적으로 장석교회는 1954년 석관동 공회당을 빌려 쓰다가 2년 뒤부터 천막에서 집회를 시작하였고, 1958년부터는 목조건물로 바꾸었다가 1959년에는 흙벽돌 건물로 바꾸었다. 그리고 건물은 1966년에 한 번 증축하고 1969년에 다시 증축하였다가 1974년에 새로이 개축하였다. 성광교회의 경우 1969년 가옥에서 출발하여 2년 만에 개축을 하고 4년 뒤 대지를 구입하여 1978년에 건물을 신축하였다. 광천교회 역시 1972년 상가건물 3층을 빌려 교회를 설립한 뒤 3년 후 단독 건물을 지었고 다시 7년 뒤에 증축하였다. 장위감리교회는 1964년 천막으로 시작하여 2년 뒤 개축하고 5년 뒤에 다시 증축하였으며 1978년에 다시 증축하였다. 장위제일교회 역시 1966년 천막에서 시작하여 2년 뒤 30평의 시멘트 블록 예배당으로 바꾸고 1970년에는 140평으로 증축하였으며 1987년에 다시 대대적인 증·개축을 시도하여 연면적을 3배 확장하였다. 이 과정에서 신도들은 지속적으로 건축비를 지출하고, 필요한 경우 자신들의 집을 저당 잡혀 사채를 쓰기도 하였다.

1990년대 이후 종교기관 건물의 증·개축은 매우 드문 일이 된다. 장위감리교회는 2002년에 건물을 새로이 짓는 과정에서 신도들의 집단 이탈을 경험하였다. 그렇기에 1980년대를 장위동 종교의 전성기로 볼 만한 것이다. 아래 사진들은 교회 건물들이 얼마나 빠르게 또 극적으로 변해 갔는지를 보여준다.

장위동은 강남의 개발과 1980년대 상계지구의 개발로 인해 1990년대 이후 상대적으로 '쇠퇴' 혹은 '낙후'한 도시로 인식되면서 2000년대 이후 재개발과 관련된 다양한 움직임이 존재하는 공간이다. 이에 따라 장위동은 도시의 쇠퇴와 종교가 어떻게 결부되어 있는지를 잘 보여주는 사례라 하겠다.

1990년대는 강남이 서울을 넘어 한국을 대표하는 중산층 주거지로 한국 사회 전반에서 그 위치를 공고화한 시기였다. 이에 맞추어 강남지역에 위치한 대형 종교기관들이 개신교계 전반에 매

장위감리교회의 변화

**성광교회의 변화**
출처: 『성광교회50년사』, 2020, 80, 81, 96쪽.

91. 「중산층 대형교회 강남지역 집중..서울대 서우석씨 논문」, 『한국경제』, 1994년 7월 17일.

우 큰 반향을 일으켰다. 짧게는 10년, 길게는 20년 남짓한 역사에 기천을 넘어서는 신도를 모은 대형 종교기관들이 강남에 등장하자 종교계만 아니라 사회과학계에서도 이를 주목할 정도였다.[91] 개신교계에서는 이들 종교기관을 하나의 성공모델로 보았다.

지역의 '쇠퇴'가 시작되는 가운데 장위동에 자리를 잡고 있던 기존의 종교기관들은 강남의 종교기관들을 따라 하고자 하는 모습을 보여준다. 한편에서는 이 지역에 구로형 종교 아비투스를 지닌 종교기관들이 자리를 잡게 된다. 장위동의 교세는 1990년대에 정체되기 시작하지만, 사실 장위동 지역에서는 1980년대에 이미 사람들이 빠져나가기 시작하였다.

과거 장위동을 대표하던 동방주택 거주자들이 먼저 떠났다. 장위중앙교회 구술자는 "그 양반들 장위동 떠난 지는 오래됐어요. 강남 개발되면서 떠났어요."라고 알려주었다. 다른 대안 주거지가 생겨난 것이다. 부유하거나 약간 여유 있는 자들이 먼저 이곳을 떠났다. 강남으로 떠난 사람들도 있고 주변 지역으로 떠난 사람들도 있다.

강남 개발 이외에도 서울 내에서 교통이 편리한 편이었던 1970년대까지와는 달리 1980년대에는 지하철 4호선이 개통되어 미아역과 미아사거리역으로 지나가면서 장위동의 교통 매력은 사라졌다. 장위동의 교통에 대한 토박이의 이야기를 들어보면 토박이가 자라나면서 느껴온 장위동 지역의 교통 변천에 대한 감각이 잘 드러난다.

> 제가 왔을 때(1972년) 까지만 해도 이 장위동은 거의 행정구역은 서울인데 거의 촌이나 마찬가지였어요. 저희 집 바로 옆이 밭이었고 그때만 해도 농약 농사가 아니고 퇴비 농사였기 때문에 퇴비 뿌리는 날에는 인분 냄새가 전체 마을을 덮을 정도였고, 그땐 아시다시피 도로포장이나 그런 건 없었고…. 그때 이제 여기 변천사라고 보면 삼화상운 버스가, 버스 종점이었어요. 저기 그 앞에 사거리 있잖습니까. 그 사거리가 종점이었어요. 그 뒤로는 (도시가) 없었어

요. 없었고, 그냥 비탈진 길이었는데 이제 길이 그쪽으로 쭉 나면서 지금 동일로 길 있잖습니까. 하천 길 있는 데. 종점이 거기 밑으로 내려갔어요. 그러면서 지금 사거리가 생겨난 거거든요. 그러다가 동일로가 뚫리면서 삼하상운이 지금 염광여상 자리로 옮겨 간 거죠. 한쪽으로 옮겨가고, 길이 뚫리면서 장위동이 많이 발전하긴 했는데. 사실은 몇 년 전까지 여기 아파트 들어서기 십 몇 년 전까지만 해도 거의 서울 변두리였어요. 사람 살기 좋고, 주거 지역이었어요. 상업지역이 아니고. 그 대신 교통은 편했어요. 전철역 성북역이 가까운 데 있어서 그때는 성북역이었어요. 성북역이 기차가 그쪽에 왔고, 전철이 그쪽에서 출발하고 그다음 경춘선도 그쪽에서 출발하고. 버스 노선도 종점이 있으니까, 서울 시내로 나가기도 편했고. 그때는 길이 없었고 동방고개로 넘어가는 그 길밖에 없었기 때문에. 일단 서울 중앙으로 진입하기는 편했기 때문에 베드타운으로 역할은 괜찮았죠.
제가 대학 다닐 때거든요. 85년도, 그때 4호선이 개통되면서 노원역, 창동역 생기면서 그쪽 아파트가 쫙 올라갔거든요. 그러다 보니 이쪽에 있던 사람이 그쪽으로 많이 빠졌죠. 서울이 확장되다 보니까 장위동까지 서울이었는데, 노원이 생기고 중랑구가 생기면서 그쪽이 광활하지 않습니까? 그 광활한 곳이 싹 개발되면서 서울에 몰렸던 인구들이 그쪽으로 분산되고 서울에 올라와서 정착한 사람이 이쪽에서도 있었지만, 저쪽도 개발된다고 하면서 간 거죠. 분당 쪽으로 빠지는 것처럼. 이쪽 사람 같은 경우는 상계동, 중계동으로 포진이 많이 된 거죠.

윤OO(장위제일교회 신도), 2020년 11월 9일.

장위동에 자리를 잡은 종교기관들이 편찬한 역사서에 1970년대와 1980년대가 전반적으로 성장기로 묘사된 것과 달리 1990년대는 더 이상 성장기로 불리지 않았다. 이들이 '성장'을 대신하여 나름대로 의미를 부여하기 위해 활용한 단어는 '성숙' '안정' 혹은 '내실화'였다. 장위동 소재 종교기관들의 해당 시기 역사는 아래와 같이 표현되고 있다.

- 장위동교회: 교회의 내실화시기(1993~1998)
- 장위감리교회: 말씀과 은혜로 채워지는 교회 (1989~2002)(이전은 '성장하는 교회')
- 신장위교회: 교회의 안정 및 성장(1996~2004)

지역이 쇠락하였다고 해서 장위동의 종교기관들이 함께 쇠락한 것은 아니다. 종교의 특성상 타지역으로 이주를 하더라도 출석하던 종교기관에 계속 출석하는 경우가 적지 않기 때문이다. 장위동이 사회경제적으로는 쇠락이라 할 수 있을지 몰라도 주민 인구가 급감하거나 노령화된 것은 아니기 때문에 종교기관들은 1990년대에도 교세를 어느 정도 유지한 것으로 판단된다. 다만 세대로 나누어 교세를 살펴볼 경우에는 젊은 세대에서 쇠퇴의 징조가 나타나고 있다.

(재개발 얘기 나오면 동네가 불안정해지잖아요. 90년대부터 동네가 어땠나요? 교회 사람들도 들어왔다, 나가고 그런.)
저희 교회는 크게 구성이 바뀌지는 않았어요.
(오히려 다른 교회보다는 중간 규모여도 변동 폭이 작았던 건가요?)
변동 폭이 별로 없어요. 기존에 있던 분들. 그러다 보니 샅샅이 많이 알죠. 대신 중간에 젊은이들 이동이 많았어요.
(젊은이들이면 여기서 결혼해서 계속 사는 게 아니라….)
쭉 나와서 청년이 와서 장성해서 결혼하고 정착해야 하는데, 정착하는 시기에 교회 사람들하고 트러블이 있어서 청년들이 쭉 빠져나갔어요. 반 이상이 동안교회로 간다든지 많이 나갔어요. 그런데 남아 있는 청년들은 꾸준히 남아 있었고요. 그때 젊은 집사들, 청년들이 많이 이동했어요. 그때 한 번 몸살을 앓고. 있는 교인은 유지되고.

윤OO(장위제일교회 신도), 2020년 11월 9일.

이와 같은 분위기 속에서 신장위교회는 설립 이후 계속된 청소년들의 토요일 모임을 폐지하고 일요일의 주 1회 모임만을 남겨 두게 된다.[92]

이러한 쇠퇴의 원인을 도시의 성장과 쇠퇴라는 구조적인 변화로 보기보다는 성직자 개인

능력의 문제로 여기는 경우도 있었다. 성직자가 카리스마적 존재로 여겨지지 않는 지역의 종교 아비투스가 지니는 특징이 반영된 것이다. 일부 종교기관에서는 교세가 정체되자 성직자를 교체하기도 하였다. 성직자의 설교를 중요한 평가 기준으로 삼아 교세가 약해지면 기존의 성직자를 사임시키고 설교가 뛰어난 성직자를 외부에서 초빙하는 방식이다. 장위중앙교회는 2000년대 초 교인 수 정체 및 감소에 대한 위기의식으로 성직자를 교체한 적이 있다.

쇠락하는 장위동의 상황은 출석 교인들의 유출입 유동성을 통해 잘 드러난다. 종교기관에 발걸음을 하는 이들은 많지만 종교기관의 신도 수는 늘지 않는 것이다. 이는 장위동의 인구 유동성을 매우 잘 보여준다.

> 장위동은 유동인구가 많은 편이었어요. 들어왔다가 이사 가시는 분이 많았어요. 그래서 1년에 한 200~300명씩 새 신자가 들어오는데 언제든지 교세가 비슷해요…. 조금 좋아지면 강남으로 간다든지. 그렇게 해서 교인들 가운데 이제는 장위동에 사는 사람이 반도 안 될 정도로 굉장히 많이 바뀌었죠.
>
> 이OO(꿈의숲교회 신도), 2020년 10월 30일.

> (강남으로 간 분들은) 교회 중진이 되면 오시지만 집사 정도 되면 안 오시는 분들도 있고
>
> 김OO(장위중앙교회 신도), 2020년 10월 26일.

이러한 상황 속에서 1990년대부터 장위동의 종교기관들은 강남을 모델로 삼아 교세의 확장을 모색한 것이다. 1990년대에 강남이 명실상부 한국의 '발전'을 대표하는 상징이 되고 이 지역의 대형교회들이 개신교계 종교의 '성장'을 상징하게 되면서 장위동의 개신교계 종교기관들도 '강남 모델'을 추구하였다.

그중 하나는 신도들에게 체계적인 성서학습을 시작한 것이다. 강남지역의 개신교계 종교기관의 신도들은 높은 교육 수준을 바탕으로 체계적인 종교교육 시스템을 선호하는 한편 성직자의 설교로부터 일방적으로 영향을 받기보다는 자발적인 성서학습이나 교리학습을 통해 종교적 가르침을 습득하는 쪽을 선호하는 모습을 보였다. 이에 따라 강남지역 대형 종교기관들은 체계적인 성서학습 프로그램을 선구적으로 도입하였는데, 1990년대 들어 장위동의 종교기관들 역시 이를 도입한 것이다. 예를 들어 장위중앙교회는 '엠마오 성서대학'을 열었는데, 소수의 신자를 대상으로 하던 기존의 방식과는 달리 일반 신자들을 대상으로 1992년 이후 화요일과 목요일 주중에도 성서공부를 도입하였고, 연령대별로 다양한 성서공부 모임을 개설하기도 하였다.[93]

장위동 종교기관들의 '강남 따라하기'의 또 다른 사례는 강남 중산층 대형교회에서 시작된 해외 선교였다. 이는 한국이 이웃 국가의 선교 대상이자 원조 대상이 되었던 과거의 경험에 기초하여 이웃 국가를 선교하고 원조하는 행위였다. 한국 경제성장의 주 수혜층이었던 중산층이 모인 강남지역의 종교기관들이 이러한 프로그램을 선구적으로 수행한 것이다.

> 평신도들의 단기 해외선교활동이 우리 교회에도 도입되었다(『장위중앙교회 50년사』, 171쪽). 장위제일교회는…. 1996년 중국에다 최초로 단독선교사를 파송하게 된다.[94]

장위중앙교회는 1986~1996년 시기를 '세상을 향한 선교의 사명'으로 규정하고 있다. 1988년에 해외선교위원회를 최초로 구성하고 파나마에 선교사를 파송하였다. 1995년까지 7인의 해외선교사를 7개국에 파송하게 된다.

1990년대 이후 사회경제적 의미에서 쇠락을 경험한 장위동의 지역적 특성은 다양한 종교기관들을 지역으로 불러들이는 결과를 낳았다. 장위동에는 유달리 개신교계 종교기관이 많다. 1996년 기준으로 성북구 내에서 개신교계 종교기관의 수가 가장 많은 동네가 장위동이었다. 성북구 30개 동 중 장위3동, 장위2동, 장위1동은 개신교계 종교기관 수에서 1·2·3위를 차지하고 있었다.[95] 이렇게 개신교계 종교기관이 많은 이유는 1980년대 이후 장위동 지역의 지가가 다른 지역보다 저렴해졌기 때문이다. 지가가 저렴해지자 성직자들이 소규모 자본으로 종교기관을 설립하는 것. 이른바 '교회 개척'을 시도하기 좋은 환경이 되었다. 그로 인하여

92. 『신장위교회 30년사』, 15쪽.

93. 『장위중앙교회 50년사』, 2019, 145~174쪽.

94. 『장위제일교회 30년사』, 1996, 250쪽.

95. 『장위제일교회30년사』, 1996, 31쪽.

현재까지도 장위동의 도로변에는 상가건물에 입주한 소규모 종교기관이 다수 있다.

도심에 위치하기 어려운 종교인 불교계 종교기관 역시 1990년대 후반 이 지역에 자리 잡았다. 조선의 마지막 공주인 덕온공주의 부마 윤의선과 그의 양자 윤용구가 살았던 집터(장위동 76-59번지)의 주인이 가옥을 기증하여 1998년 진흥선원이라는 사찰을 설립하였다. 서련사 역시 1997년에 설립된 후 2001년부터 본격적인 활동을 시작하였다.

지역의 사회경제적 쇠퇴를 반영하는 종교적 변화의 또 다른 사례는 구로형 종교기관의 지역 진입이다. 구로지역은 1960년대 이후 공단지역으로 개발된 이래 서울 지역 내에서 사회경제적으로 비교적 낮은 위치를 점하는 주민들이 다수 거주하는 지역으로 유명하다. 그리고 이 지역에는 성직자가 예언과 치병, 기복, 방언 등으로 카리스마를 발휘하며 수만의 신도를 끌어 모은 대형 종교기관들이 여럿 존재한다.

1990년대 중반 장석교회가 사용하던 건물을 인수하여 이주해 온 사랑제일교회는 구로형 종교 아비투스의 특징을 잘 보여준다. 1980년대 초 미인가 신학교를 졸업한 전광훈 목사는 답십리에 사랑제일교회를 만들어 빠르게 교세를 성장시켰고, 1990년대 중반 장석교회가 쓰던 건물을 매수하여 장위동으로 이전하였다. 전광훈 목사는 자신의 명령에 신도들이 일사불란하게 움직인다는 사실을 자랑하는 것으로 유명하였고, 자신은 남들과 달리 신과 직접적으로 소통하기에 신을 대신할 권한을 부여받았다는 주장을 한 바 있다. 그러기에 해당 종교기관은 성직자가 카리스마를 발휘하지 못하는 장위동의 다른 종교기관들과 매우 이질적인 종교 아비투스를 지녔다. 1990년대 후반 이 지역에 자리를 잡게 된 불교계 종교기관들 역시 '영가천도'를 포함하여 샤머니즘적 요소가 강한 모습이 발견되는 것으로 보고되고 있다.

사랑제일교회는 다른 종교기관들과 달리 장위동 지역사회와 조화를 이루지 못하고 있다. 신도들 다수가 외부 지역 사람들이다. 이에 따라 장위동에서 오랫동안 거주한 한 구술자도 자신이 최근까지 사랑제일교회의 존재를 몰랐다고 말한다.

> (장석교회가) 이전하면서 그 자리에 사랑제일교회가 들어오게 된 거죠. 장석교회가 빠진 자리에 그 사람 들이 들어왔는데, 전광훈 목사님 있는 교회는 지역색이 없이 많은 외지인이, 강성인 사람들이 전광훈 목사님이 여기 있다, 이래서 싹 몰려온 거죠. 예전 사람들은 장석교회에 대한 기억이 있다 보니… (사랑제일교회가 들어왔을 때 다른 교회에서 반응이 어땠는지 혹시?) 거의 초창기에는 몰랐죠. 저도 여기 있었지만 사랑제일교회가 거기 있다는 건 몰랐어요. 저희 다닐 때는 6호선이 없었으니까. 그때는 거기 가려면 장위시장을 거쳐 가야 하니까 교통편이 그렇게 좋은 건 아니었어요. 그쪽에 길이 뚫리고 전철이 생기면서 교통이 좋아진 거였는데. 많이 보던 교회인데, 저거 장석교회인 것 같은데 왜 사랑제일교회야? 그랬죠. 전광훈 목사가 사실은 막 활동 시작할 때만 해도 저게 사랑제일교회인 줄은 몰랐죠. 왜 그러냐면 장석교회가 이사갔고, 거기 어떤 교회가 들어왔다는 것만 생각했지 그게 전광훈 목사의 사랑제일교회라는 건 생각을 못 했죠. 그냥 장석교회 자리에 다른 교회가 들어왔구나….
>
> 윤OO(장위제일교회 신도), 2020년 11월 9일.

사랑제일교회가 지역에 자리 잡은 지 20년이 넘었음에도 지역의 주민들에게 잘 알려져 있지 않은 것은 위에서 언급한 지역에 대한 이질성 때문이다. 재개발을 둘러싼 지역사회와의 갈등 역시 사랑제일교회의 이질성을 보여준다. 다른 한편으로 이는 장위동 지역이 1990년대 이후 사회경제적으로 상대적 쇠락을 경험하면서 주민들 사이의 이질성이 심화되고 동시에 상호 간의 유대가 감소한 증거로 볼 수 있다.

## 동사무소

1985년에도 인구 3만 5,000명 이상인 동 중 면적이 넓고 행정 수요가 많아 주민들이 불편을 느끼는 동을 대상으로 분동이 이루어졌다. 동시에 도로 신설과 아파트 건립 등으로 주민생활권이 불합리하거나 경계가 분명하지 못한 동을 대상으로 경계 조정을 진행하였다. 장위동은 분동이 되지는 않았으나 화랑로에 의해 분할되는 지역이 성북구 석관동에 편입되었다(서울시 조례 제2015, 2016호).

1988년 5월 1일에는 서울특별시 성북구 동사무소 설치조례가 제정되어 동사무소의 설치 및 명칭, 관할구역, 지방공무원의 정원과 관장 사무에 관한 사항을 규정하게 된다. 해당 조례에 명시된 동사무소의 위치는 다음과 같다. 장위 제1동 동사무소의 위치는 장위동 270 번지 214호, 장위 제2동 동사무소는 장위동 69번지 54호, 장위 제3동 동사무소는 장위동 117번지 5호로 명시되었다. 이 중 장위 제2동 동사무소와 장위 제3동 동사무소의 위치는 현재와 동일하다.

1999년 정부의 읍면동사무소 기능 전환에 따라 동사무소의 역할이 증가하였다. 기존에는 증명민원 발급 등 비교적 단순 업무만 처리하였으나, 행정자치부 지방행정조직으로 개편되면서 동사무소가 복지나 고용과 같은 서비스까지 제공하게 되었다.

96. 성북마을아카이브 홈페이지, 서울성북소방서. https://archive.sb.go.kr/isbcc/home/u/story/view/1629.do

97. 「번동일대 26만평 근린공원으로 조성-강북구,1천억원 투입」, 『중앙일보』, 1997년 2월 13일.

98. 제26회 서울특별시 강북구의회 본회의

## 경찰서·파출소·소방서

종암경찰서 하위 조직 중 장위동을 관할하는 파출소로는 장위1파출소, 장위2파출소, 장위3파출소가 있었으며, 2000년에 장수파출소가 장위3파출소에 통합되었다.

1983년 11월 21일 서울특별시 규칙 제2042호에 의해 장위소방파출소가 신설되면서 해당 소방파출소가 장위동을 담당하게 되었다. 장위소방파출소는 성북구 장위동 34번지에 설립되었다(서울특별시 규칙 제2042 호). 현재에도 동일한 위치에 장위 119안전센터가 자리하고 있다.[96]

1989년 5월 서울도봉소방서가 신설됨에 따라 서울북부소방서의 명칭이 서울성북소방서로 변경되었다. 명칭 변경과 더불어 관할 구역도 일부 변경되었는데, 서울성북소방서는 성북구 전 지역을 관할하게 되었다.

## 공원

현재 북서울꿈의숲이 있던 지역은 공원으로 지정되어 있었으나 1987년에 공원의 일부인 11만 평에 드림랜드가 개발되었고 나머지는 미개발 상태로 오랫동안 방치되어 왔다.[97] 강북구는 방치된 공원용지를 개발하고자 1996년 5월 27일 드림랜드를 제외한 약 26만 평의 부지에 산책로와 공원을 정비하는 기본계획을 수립하였다.[98] 그러나 이는 실행되지 못한 것으로 보인다. 이후에도 오동근린공원 조성계획은 꾸준히 있어 왔으나 제대로 실행되지 못하였다(성북구 고시 제2002-17호, 성북구 고시 제2004-55 호, 서울특별시 고시 제2004-271호 등).

**성북구 동사무소 설치, 명칭과 소재지 관할구역(1988.5.1.)**

| 동사무소 명칭 | 동사무소 소재지 | 법정동 관할 / 일부지역 관할 |
|---|---|---|
| 장위 제1동 | 장위동 270번지 214호 | 장위동 중 180번지 1호 도봉구와의 구 경계를 기점으로 197의 12호를 경유하여 198의 40호에 이르는 소로와 199의 40호에서 238의 199호를 경유하여 68번지 앞에 이르는 도로와 산3의 4북측 지적선과 연결되는 서북지역 |
| 장위 제2동 | 장위동 69번지 54호 | 장위동 중 237의 286호를 기점으로 복개도로를 따라 동진하다가 76의 68호를 경유하여 남하하면서 91의 1호와 93의 12호, 55의 27호를 경유하여 45번지 화랑로에 이르는 이서지역과 남으로 화랑로를 경계로 한 이북지역으로서 장위1동장 관할구역 경계선에 이르는 지역 |
| 장위 제3동 | 장위동 117번지 5호 | 장위동 중 장위1·2동장 관할구역을 제외한 전역 |

출처: 『성북구지』, 289쪽 편집

## 장위동 도시조직의 변화

장위동은 1930년대 중반에 이르기까지 동측의 우이천과 주변 물길 그리고 물길을 따라 저지대에 자연촌락이 형성된 성밖 마을이었다. 장위동의 도시조직에 변화가 시작된 것은 1930년대 중반 경춘선의 부설이 결정되고 난 이후로, 1938년 경춘철도회사는 68번지 일대에 정지사업을 시작하고 주택지 개발을 본격화하였다. 그러나 장위동이 주택지구로 개발된 것은 1958년 이후의 일로, 대한주택영단에서는 경춘철도주식회사의 소유 부지 및 그 인근에 재건주택과 부흥주택(1958년), 국민주택(1962, 1964년)을 대규모로 건설하였다. 또한 민간사업자인 동방생명에서도 윤용구 소유의 토지를 매입하여 대규모 택지를 조성하였다. 1960년대 말에 이르면 장위동은 서울 외곽 주택지구로서의 성격을 갖추게 된다.

1960년대에 대규모 주택 건설이 이루어진 장위동에서는 1970년대에 이르러 본격적으로 도로망이 정비되었다. 장위동 내부의 물길들은 대부분 복개되었고, 조선시대부터 있던 길인 장위로와 장월로는 연장되어 장위동 전체를 관통하는 주요 도로가 되었다. 또한 장위동을 남북으로 관통하는 장석로(현재의 돌곶이길)가 개통되었다. 이처럼 장위동에서는 우선적으로 주택을 건설하고 이후에 도로망을 건설하는 양상을 발견할 수 있다. 1980년대 이후 도시적 변화가 멈추었던 장위동은 2005년 12월 장위뉴타운 사업이 결정되었으나 2014년 이후 일부 구역이 뉴타운 구역에서 해제되면서 부분적으로 재개발이 진행되고 있다. 현재 돌곶이길 동쪽은 대부분 대규모 아파트 단지로 변모 중이며 장위로 남쪽 역시 조만간 아파트 단지로 변화할 예정이다. 해제된 지역은 과거의 도시조직이 아직 남아 있지만 소규모 필지의 합필 등 지엽적인 개발이 진행 중이다.

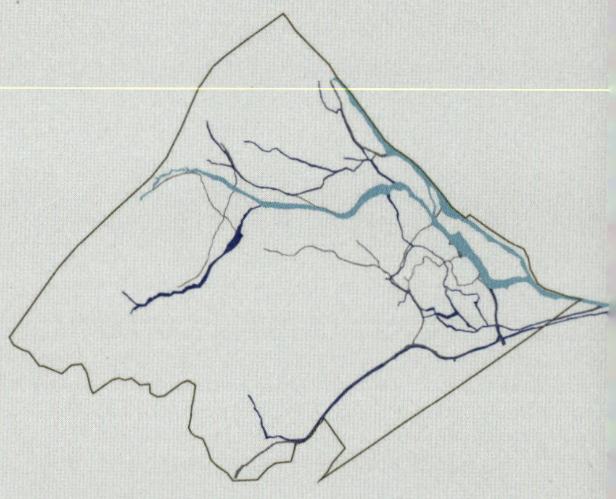

**조선시대~1930년대**

· 장위산에서 우이천으로(시→동) 흐르는 물길
· 물길 주변의 저지대에 자연촌락

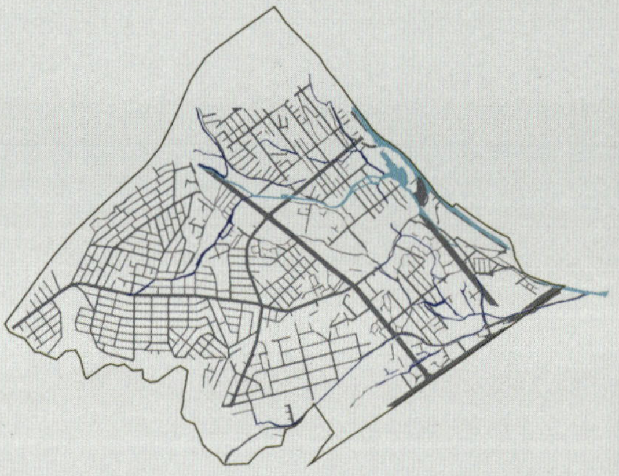

**1970~1980년대**

· 1971년 경춘선(성동→성북) 폐선과 1976년 화랑로 부설
· 1979~1983년 장위로·장월로·장석로(돌곶이길) 개통

하천
구거
도로
재건주택
부흥주택
국민주택
동방주택
재개발구역
장위동경계

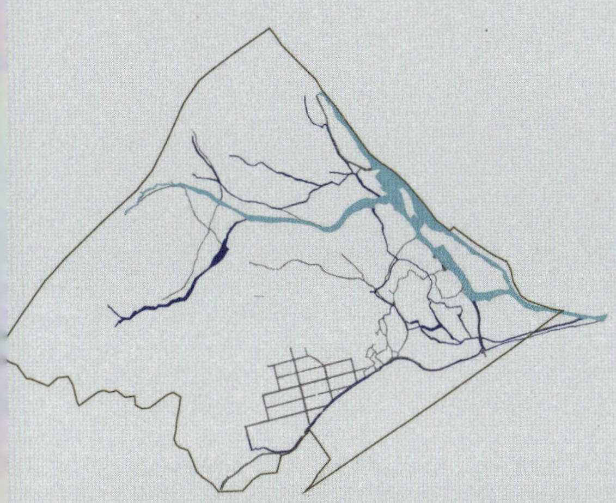

**1938년 이후**

· 1938년 경춘철도회사 택지개발사업(68번지 일대 정지사업)
· 1939년 경춘선 부설

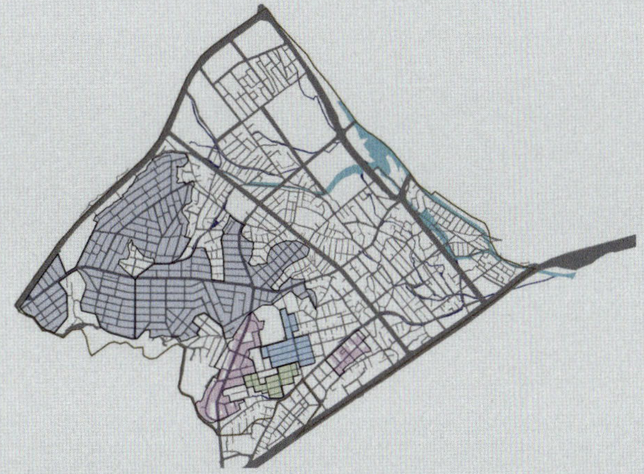

**1950~1960년대**

· 1958년 재건주택·부흥주택 건설
· 1962~1964년 국민주택 건설
· 1962~1967년 동방생명 택지조성

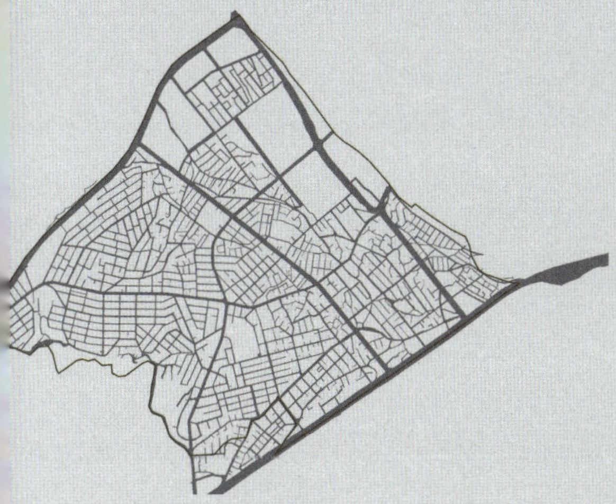

**2005년 이후**

· 2005년 이후 뉴타운 정비사업(15개 구역)
· 2015년 이후 일부 구역 사업 취소 및 직권 해제

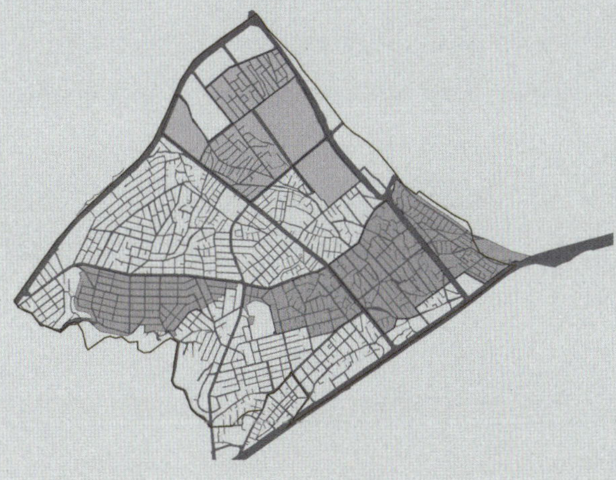

**2020년 현재**

· 1·2·3·5구역 재개발 완료
· 4·7·10구역 철거 및 재개발 진행 중
· 6·14구역 재개발 예정

#5

# 이청자 개발기

| | |
|---|---|
| 1940년 | 경기도 용인 출생 |
| 1958년 | 안성 죽산상업고등학교 졸업 |
| 1960년 | 결혼 후 용산구 후암동에 거주 |
| 1961년 | 동국무선고등학교 사택에 입주 |
| 1966년 | 도봉구 월계동으로 이사 |
| 1972년 | 장위동 223-24번지로 이사 |
| 199?년 | 223-24 집 재건축 |
| 1993년 | 새마을부녀지도자 수료 |
| 1996년 | 장위1동 제21통장 위촉 |
| 1998년 | 장위1동 제22통장 위촉 |
| 2020년 | 장위동 마을해설사 활동 중 |

조사팀이
이청자를 만나게 된 것은 사회조사 과정에서 만났던
향나무노인정 소속 어르신을 통해서였다. 이청자는 장위1동에서 오래 거주하였고
향나무노인정을 비롯한 지역 관련 활동에 활발하게 참여하고 있는 마을의
이야기꾼이었다. 그는 코로나19가 엄중한 상황에서 조심스럽게 대면 조사를
청하는 조사팀을 흔쾌히 맞아 주었다. 집에서 진행한 조사였기 때문에 앨범에
있는 사진을 보며 보다 생생하게 장위동에 정착하는 과정과 장위동에서의 생활을
알 수 있었다. 하지만 1회 차 조사 이후 사랑제일교회와 관련한 코로나 상황이
계속 악화되어 더는 추가 조사를 하지 못하였다.

이청자는 1940년에 경기도 용인에서 태어났다.
1960년 광운학원과 인연이 깊은 남편을 만나 1972년에 장위동에 정착하여
지금까지 그 자리를 지키고 있다.

이청자의 남편은 황해도 출신으로 후암동에 거주하였다. 어려운 시절 우연한
기회에 광운재단에서 일을 하였고, 조광운 이사장의 도움으로 대학을 졸업하고
군대를 제대한 후에 월계동에 있는
동국무선고등학교(현 광운전자공업고등학교)에 교사로 재직하였다.

이청자는 남편을 따라 동국무선고등학교에 딸려 있는 사택에서 지내며
돈을 모아 학교 근처 장위동에 새로운 보금자리를 마련하였다. 그는 장위동에서
4남매를 키웠고, 마을과 마을 사람에 대한 애정으로 마을의 여러 활동에
앞장섰다. 현재 81세의 나이에도 마을해설사로 일하는 등 활동을 지속하고 있다.
그가 광운학원과의 인연으로 장위동에 정착하였기 때문인지 인터뷰 전체 내용 중
3분의 1 정도가 광운학원과 관련된 이야기였다.
그 이야기를 통해 1960~1970년대 광운학원의 모습과 상황을
짐작해 볼 수 있었다. 그가 기억하고 있는 장위동의 모습 중 가장 강렬한 것은
장위동으로 이사 왔을 당시의 모습이었다. 이야기를 듣다 보면
한눈에 반할 만큼 자연과 어우러지고, 인심 좋은 풍경을 가진
1970년대 장위1동의 모습이 자연스럽게 머릿속에 그려졌다. 그가 한
마을활동 이야기에서는 장위동의 인심이 느껴졌다. 특히 행복누림복합센터
앞에 있는 향나무에 애착을 가지고 있었는데,
'향나무가 수백 년이 지나도 그 자리를 지키며 동네를 지켜주는 수호신이
되었으면 좋겠다'고 하는 말에서는 향나무와 마을에 대한 애정을 함께 느낄 수
있었다.

"장위1동에 개천이 흘렀는데,

능수버들이 늘어지고 얼마나 좋았는지 몰라요."

# 1

## 광운학원과의 인연

**"1960년에 결혼을 해서 후암동으로 왔어요."**

내가 1940년생이에요. 경기도 용인에서 7남매의 막내딸로 태어났어요. 내가 다닌 중학교가 남녀공학이었는데, 10리를 걸어 다녔어요. 내가 국민학교 6학년 때 아버지가 일찍 돌아가셨지요. 근데 중학교를 졸업하려니까 오빠가 '여자를 학교 보내봤자 연애나 한다'며 (학교를) 못 가게 했어요. 그래서 내가 엄마한테 거짓말로 양잿물 먹고 죽을 거라고, 학교 안 보내주면 죽겠다고 그랬어요. 그랬더니 다시 학교를 보내서 졸업을 했어요.

엄마가 나를 늦게 낳으셔서 노인이셨어요. 막내딸 시집 안 보내면 눈을 못 감는다며 사람만 보면 중매하라고 그러는 거예요. 친척 오빠가 해군이었는데, 그 오빠가 우리 집에 놀러 왔을 때도 (엄마가) '얘 좀 시집 보내게 중매나 서라'고 하니까 자기 주머니에서 사진을 꺼내 보이면서 (남편을) 착실하다고 얘기하며 중매를 섰어요. 우리 집 양반이 대학은 졸업했으니까, 여자는 아이들이 학교에 갔을 때 좀 가르칠 수 있고 뒷받침할 수 있는 정도면 된다고 해서, 그래서 결혼을 했어요. 1960년에 결혼을 해서 후암동으로 왔어요. 와서 3년 있다 첫애를 낳았어요. 딸 둘 낳고, 밑으로 아들 둘을 낳아서 4남매예요.

**도시재생 사업 홍보 포스터 모델이 된 이청자 부부**
출처: 이청자 제공

아주버님이 이북에서 미리 나왔어요. 그래 가지고 후암동에다가 집을 하나 샀더라고요. 그래서 거기서 시아버지와 시어머니 모시고 사는데, 우리 시어머니가 옛날 6·25 때 폭격을 맞으셨대요. 6·25 때 폭격이 칠 땐데 자식들 발이라도 나올까 봐 솜이불 덮고 있었대요. 폭격 칠 때는 방에서 그래야 했대요. 그러다가 아들들 손이나 발이 나왔을까 봐 이불을 젖히고 보다가 당신이 정수리에 폭탄 파편이 맞은 거예요. 근데 그때는 병원도 못 가잖아요. 그래서 시어머니가 정수리에 그거 맞고 오른쪽에 마비가 오셨대요. 제가 (시집) 오니까 요강에다 시어머니 대소변 다 받아 내고 그러더라고요. 시아버지는 황해도에선 아주 잘살았는데, (서울로) 내려와서는 고생스럽게 지내셨어요.

**"남편이 광운학교에서 실습관장을 오래 했어요."**

남대문 봉래동에 (광운)학교가 있었어요.[01] 처음에는 우리 양반이 갈 데가 없으니까 서울역에서 찹쌀떡 팔고, 신문 팔고 그랬대요. 그러다가 남편이 신문을 보니까 봉래동 광운학교에서 청소할 사람을 구한다고 (광고가) 났더래요. 그거를 보고 학교를 찾아갔더니 몇 달을 아무것도 안 시키고 화장실 청소만 시키더래요. 원래 우리 집 양반이 지금도 꼼꼼하거든요. 깨끗하게 하니까 이제 시장 심부름도 하고, 그러다가 대학교까지 보내 주시고, 또 군대 갔을 때는 용돈 주시고 그랬대요. 본인이 착실하니까 거기서 견뎌낸 거예요. 나랑 결혼했을 때는 남편이 해군이었어요. 그리고 1961년 5월 30일에 제대를 하고 6월 1일부터 광운고등학교로 발령이 바로 났어요, 그래 가지고 6월 2일부터 그 학교 사택으로 갔어요. 남편이 광운학교에서 실습관장을 오래 했어요. 우리 결혼할 때 학교에 있는 지프도 내 줘서 그거 가지고 우리 고향까지 갔어요.

**"광운고등학교에 사택이 크게 있었어요."**

넓게 단층으로 길게 돼서 거기 샘물도 있었어요. 사택에서는 돈 들 것이 없어요. 내가 시골 여자니까 콩나물 다듬어 주고 그러면 그냥 반찬거리도 주고, 또 (학교에서) 논밭을 했으니까 콩 좀 뽑아 오라 그러면 여럿이 가서 콩도 뽑아 오고 그래서 먹었어요. 거기서 6년 살면서 옷장에다 돈을 모았어요. 그때 월급이 2만 원이었는데, 애들이 어리고 그러니까 별로 돈 들어갈 데는 없었어요. 그렇게 모은 돈이 꽤 많았어요. 그래서 그것으로 도봉구 월계동[02] 학교 근처에 14만 원 주고 땅 사고, 남은 돈에다가 조광운 이사장님이 기와와 나무를 대준 것으로 집을 지었어요. 그런데 거기 집을 짓고 살다 보니까 산 밑인데 자꾸 물난리가 나고 그러더라고요. 그래서 장위동으로 왔어요.

현재의 광운전자공업고등학교

01. 광운학원의 시작인 조선무선강습소는 서울시 중구 봉래동에 있었다. 광운학원이 지금의 광운중학교 부지를 인수한 것은 1949년이다. 이후 중구 봉래동과 노원구 월계동에서 학교를 운영하다가 남대문 중학교는 1969년, 광운전자공업고등학교는 1973년에 현재의 부지로 완전히 이전하였다.
02. 월계동은 1973년 7월 1일부터 1987년 12월 31일까지 도봉구에 속하였다. 1988년 1월 1일부터 현재 주소지인 노원구에 들어가게 되었다.

## 2

### 장위동 223-24번지

"내가 여기 올 때
능수버들 늘어진 것에 반해서
오게 된 거예요."

223-24번지에 1972년도에 왔는데, 18년 정도 살다가 다시 1990년대에 집을 지은 거예요. 그전에는 담이 돌담이었어요. 그때는 여기가 얼마나 좋았는지 몰라요. 안방에서 이렇게 보면 여기에 개천이 흘렀는데, 능수버들이 축축 늘어지고 얼마나 좋았는지 몰라요. 처음 내가 여기 올 때 능수버들 늘어진 것에 반해서 오게 된 거예요. 우선 집에 꽃들이 많고, 나무도 많고, 그래서 좋았어요. 동네 인심도 좋고 그랬어요.

**장위동 223-24 외부 모습 (1972년)**
출처: 이청자 제공

**장위동 223-24 마당에서 아이들(1972년)**
출처: 이청자 제공

**장위동 223-24번지 내외부(1972년)**
출처: 이청자 제공

이사를 오니까 여기 주변이 다 밭이었어요. 이 주변이 전부 신천 이씨 할아버지네 땅이었어요. 1,048평이라나.... 근데 땅을 팔아서 다 분양해 가지고 각지에서 온 사람들이 집을 지었어요. 그 할아버지는 이사 갔고, 여기 지금 있는 집들은 한 번 다시 지은 집들이에요. 그 당시에 지은 집들은 다 없어지고, 2014~2016년에 집장사들이 와서 다시 지은 거예요. 내가 집 짓는 것 다 봤다니까요.

옛날의 오래된 집들은 보통 다 컸어요. 또 담 너머로 장미와 개나리가 우거지고 담쟁이덩굴이 이렇게 넘어가면 얼마나 멋스럽고 좋았는데요. 그런데 재개발이 취소되는 바람에 전부 빌라만 들어서고, 그러니까 너무 안타깝고 어떤 때는 막 슬퍼요.

**"집 앞에서 모래 가지고 놀고 줄넘기 하고 딱지 치기 하고 다 그랬어요."**

우리 애들 어렸을 때는 (집 앞이) 시멘트가 아니고 다 모래니까 넘어져도 다치지도 않고 그랬어요. 모래 가지고 놀고, 줄넘기도 하고, 남자 애들은 딱지치기를 하고 그랬어요. 우리 애들 자랄 때는 다 그랬어요. 그리고 그전에 (아이들이) 학교 다닐 때는 도시락을 싸 줬어요. (학교가) 옆인데도 제가 애들 키울 때 도시락을 일곱 개씩 쌌어요. 왜냐면 고3 애들은 두 개씩 싸고 그랬으니까요.

**개나리가 우거진 담벼락**
출처: 이청자 제공

**집 마당에서 이청자**
출처: 이청자 제공

**집 앞에서 놀이를 하는 아이들(1972년)**
출처: 이청자 제공

**집 앞에서 이청자의 두 딸(1972년)**
출처: 이청자 제공

# 3

## 장위동 마을활동가

> "새마을부녀회를 16년 했고, 종암경찰서 어머니회 봉사도 20년 했고, 그리고 통장도 했어요."

동네에 봉사하러 다닌 거예요. 제가 통장을 할 때 우리 통에 어려운 집들이 있었어요. 어려워서 연탄을 (못 때니까) 한 300장 동사무소에 요청해서 주고 그랬어요. 또 집에 물이 새면 기와를 다시 올려 주고 그러기도 했어요. 그리고 한 집은 지하에 아저씨랑 아주머니가 살았는데 아저씨가 나쁜 병에 걸려 어느 날 돌아가셨어요. 그때 그 집 아줌마가 사람들 보고 "나도 우리 아저씨 따라서 가야겠다"고, "내가 살 수가 없다"고 그러더라고요. 그래서 동네 사람들이 보다못해 '이 집 좀 도와주십시오' 하고 도장(청원)을 받으러 다녔대요.

그런데 도장을 받으러 가니까 (주민들이) 안 해 주더라는 거예요. 그때 아저씨 한 분이 "통장 아주머니가 하면 (도장) 찍어 줄 거 아니냐"고 해서 내가 "그럼요! 내가 하고 말고요. 내가 앞장설게요"라고 하고는 말도 못 하게 (도장을) 많이 받아 서류를 동사무소에 냈어요. 그래서 그 집에 혜택을 줬어요. 그랬더니 그 집 아주머니가 나중에 음료수 한 박스를 사 들고 와서 자기가 죽을 때까지 내 신세를 안 잊겠다고 그러더라고요. 그럴 때 보람을 느끼죠.

부녀회 때는 더 좋았죠. 회비 걷어서 어려운 사람들 김치 담가 주고, 떡도 해서 나눠 주고 그렇게 했거든요. 그리고 동네가 모여서 바자회 같은 거 하잖아요. 그러면 가서 옷도 팔고 그랬죠. 비가 철철 오는데도 가서 그랬어요. 아무튼 즐겁게 했어요.

마을해설은 이전엔 김중업 (건축문화의) 집에서부터 코스를 시작했어요. 그리고 (동방)어린이공원은 옛날부터 있던 공원인데, 2016년에 다시 수리를 했어요. 행복누림복합센터 짓기 전에는 (마을해설 코스가) 동방어린이공원에서부터 내려왔는데, 이제는 행복누림복합센터부터 해 가지고 올라가는 거예요. 행복누림복합센터 설명한 뒤에 향나무 한 다음 연주황 골목길 하고 그다음에 키움센터 하고 그러고 김중업 (건축문화의) 집으로 거꾸로 올라가는 거예요.

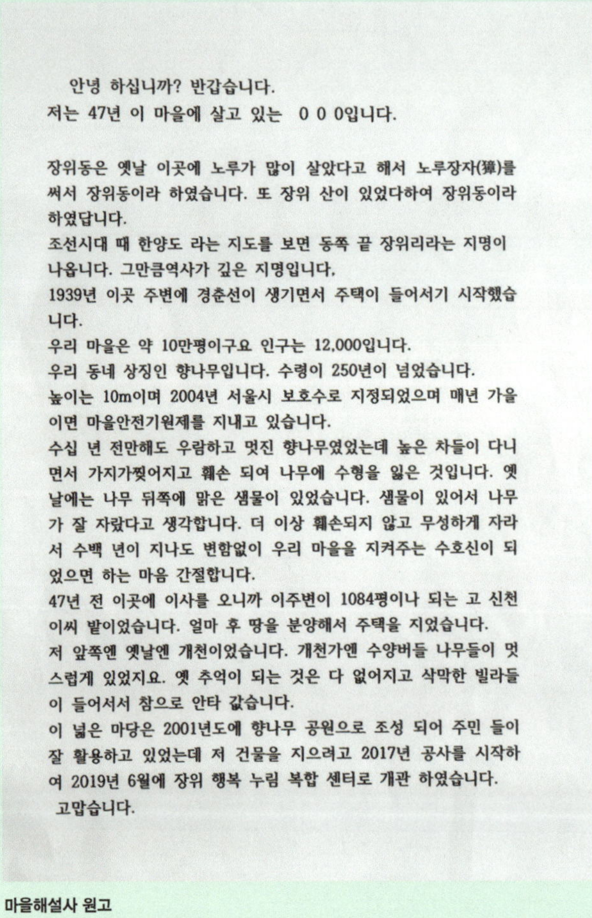

안녕 하십니까? 반갑습니다.
저는 47년 이 마을에 살고 있는  0 0 0입니다.

장위동은 옛날 이곳에 노루가 많이 살았다고 해서 노루장자(獐)를 써서 장위동이라 하였습니다. 또 장위 산이 있었다하여 장위동이라 하였답니다.
조선시대 때 한양도 라는 지도를 보면 동쪽 끝 장위리라는 지명이 나옵니다. 그만큼역사가 깊은 지명입니다.
1939년 이곳 주변에 경춘선이 생기면서 주택이 들어서기 시작했습니다.
우리 마을은 약 10만평이구요 인구는 12,000입니다.
우리 동네 상징인 향나무입니다. 수령이 250년이 넘었습니다.
높이는 10m이며 2004년 서울시 보호수로 지정되었으며 매년 가을이면 마을안전기원제를 지내고 있습니다.
수십 년 전만해도 우람하고 멋진 향나무였었는데 높은 차들이 다니면서 가지가찢어지고 훼손 되여 나무에 수형을 잃은 것입니다. 옛날에는 나무 뒤쪽에 맑은 샘물이 있었습니다. 샘물이 있어서 나무가 잘 자랐다고 생각합니다. 더 이상 훼손되지 않고 무성하게 자라서 수백 년이 지나도 변함없이 우리 마을을 지켜주는 수호신이 되었으면 하는 마음 간절합니다.
47년 전 이곳에 이사를 오니까 이주변이 1084평이나 되는 고 신천 이씨 밭이었습니다. 얼마 후 땅을 분양해서 주택을 지었습니다.
저 앞쪽엔 옛날엔 개천이었습니다. 개천가엔 수양버들 나무들이 멋스럽게 있었지요. 옛 추억이 되는 것은 다 없어지고 삭막한 빌라들이 들어서서 참으로 안타 갑습니다.
이 넓은 마당은 2001년도에 향나무 공원으로 조성 되어 주민 들이 잘 활용하고 있었는데 저 건물을 지으려고 2017년 공사를 시작하여 2019년 6월에 장위 행복 누림 복합 센터로 개관 하였습니다.
고맙습니다.

**마을해설사 원고**
출처: 이청자 제공

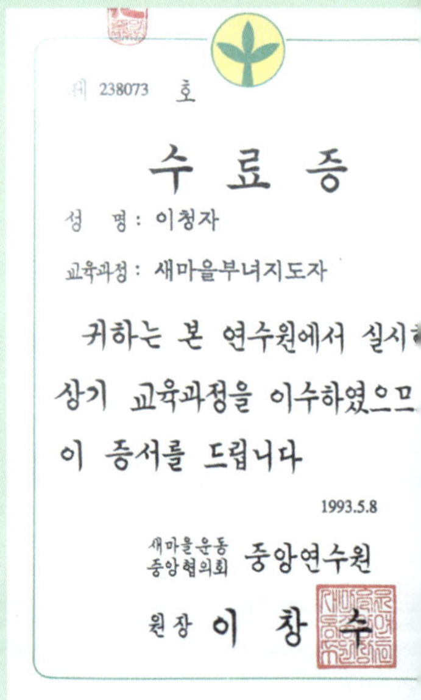

제 238073 호

수 료 증

성 명 : 이청자

교육과정 : 새마을부녀지도자

귀하는 본 연수원에서 실시
상기 교육과정을 이수하였으므
이 증서를 드립니다

1993.5.8

새마을운동 중앙협의회 중앙연수원

원장 이 창 수

**새마을부녀지도자 교육 수료증(1993년)**
출처: 이청자 제공

**새마을부녀지도자 활동 모습(1993년)**
출처: 이청자 제공

**장위1동 통장 재임 시 동정 보고회(1998년)**
출처: 이청자 제공

# 4

## 장위동 향나무

"향나무가 700년이 지나도 우리 동네를 지켜주는 수호신이 됐으면 좋겠어요."

여기 향나무가 이 동네의 상징이에요. 이게 250년에서 300년 된 나무라고 하는데요. 향나무가 2004년에 서울시 보호수로 지정됐어요. 그리고 옛날에 신천 이씨 할아버지가 말씀하시기를 음력으로 칠월칠석날 향나무에 '동네 지켜 달라'고 제사를 지냈대요. 그런데 내가 이사 왔을 때도 제사는 이미 안 하더라고요. 그러더니 2015년부터 장위1동주민센터를 중심으로 해서 동네 사람들이 제를 지내요. 가을의 어느 날을 잡아서요. 과일 놓고 떡 놓고 뭐 돼지머리도 놓고요. 그리고 제를 지내면 나는 여기 터줏대감이라 그러면서 돈 만 원 놓고 절하죠. 그리고 제사 끝나면 북어, 실, 과일 같은 거를 나한테 주고 가요.

옛날에는 향나무가 참 보기 좋았어요. 근데 높은 차들이 다니고, 또 언젠가는 눈이 많이 와서 눈 무게를 못 이겨 가지가 꺾이고 그러면서 향나무가 저렇게 됐어요. 수난을 겪은 거죠. 내 바람이라면, 지금 향나무가 300년 됐다고 하는데, 앞으로 500년이나 700년이 지나도 더 망가지지 않고 우리 동네를 지켜주는 수호신이 됐으면 좋겠어요.

그리고 향나무 밑에 샘물이 있었어요. 그 물이 맛있어서 동네 사람들이 다들 퍼다 먹었는데, 그곳에 동방주택이라고 집들이 지어졌잖아요. 그 샘을 나뒀으면 좋았는데 없어졌어요. 그 샘이 없어져서 향나무도 더 망가지지 않았나 하고 나는 그렇게 생각을 해요.

향나무 옆에 공터도 있었어요. 1991년에는 거기에 '향나무 쉼터'라고 생겼었지요. 큰 나무가 있으니까 매미가 와서 울고, 꽃나무가 많으니까 나비도 날아오고, 그래서 참 좋았어요. 그런데 행복누림복합센터를 짓는다고 그것을 허물었어요. 그래서 쉼터가 없어졌어요. '향나무 쉼터'라고 내가 써서 돌에다 새긴 것도 구청에서 다 가져갔어요.

1980년인가 구청에서 행복누림복합센터를 지으려 한다며 우리 집을 팔라고 그랬어요. 근데 내가 안 팔았어요. 그러다가 지금 행복누림복합센터는 2016년에 오래된 집 두 채를 매입해서 2017년부터 공사해서 2019년 6월에 개관한 거예요. 동네 사람들은 보통 '도서관 건물'이라고 그래요. 행복누림복합센터는 길어서 그렇게 안 불러요. 우리(마을해설사)들만 용어로 써먹는 거죠. 행복누림복합센터 지하는 주차장이고, 1층은 부모지원센터예요. 또 2층은 도서관, 그리고 3층은 도시재생 사무실이고, 4층은 옥상이에요. 코로나만 아니면 사람들이 많이 활용해요. 직장 다니는 엄마들이 종일 아이들 맡기기도 하고요.

과거 향나무 쉼터의 모습(2001년)
출처: 소구리문화지도 www.soguri.com

"향나무 쉼터에서 노인들이 모였어요."

지금은 노인정이 많이 생겼지만 노인정이 생기기 전에는 갈 데가 없으니까 '향나무 쉼터'에서 돈 천 원씩 걷어서 뭐를 사 먹든가, 아니면 내가 뭐 잡술 것 좀 드리고 그랬어요. 할머니들이 돈을 걷어서 막걸리 한 병에다 순대 그런 거 사다가 잡숫고 그랬어요. 그러다가 구의원한테 노인정 하나 만들어 달라고 하니까 바로 234-88호 1층에다 노인정을 하나 만들어 줬어요. 그래서 이름이 '향나무 노인정'이에요.

처음에는 향나무노인정에 사람들이 많았어요. 스무 명도 훨씬 넘었어요. 지금은 이제 열다섯 분 정도 계세요. 대부분 여자들이고 남자는 한 분이에요. 많을 때는 (회원이) 30명 가까이 있었어요. 그러다가 노인정이 차도 별로 안 다니는 골목으로 이사를 갔어요.

2004년 서울시 보호수로 지정된 장위1동 향나무

행복누림복합센터 기공식(2017년)
출처: 성북마을아카이브

장위 행복누림복합센터 전경
출처: 성북마을아카이브

자택에서 진행된 인터뷰 모습

5

# 뉴타운 개발사업과 도시환경의 급변

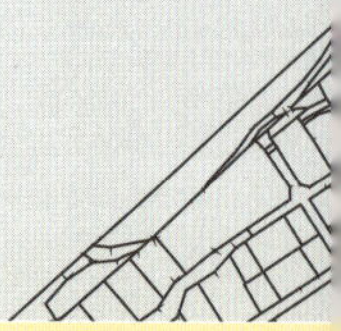

1
뉴타운
개발사업의
등장과 표류
…

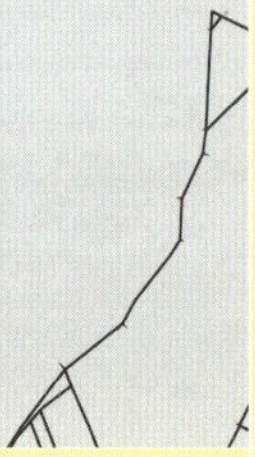

2
조각난 개발과
사회의 갈등
…

3
인구구조의 변화
…

4
장위동의 단면.
이질적인 공간들의
일시적인 공존
…

5
도로교통지도에
재현된 장소들의 변화
…

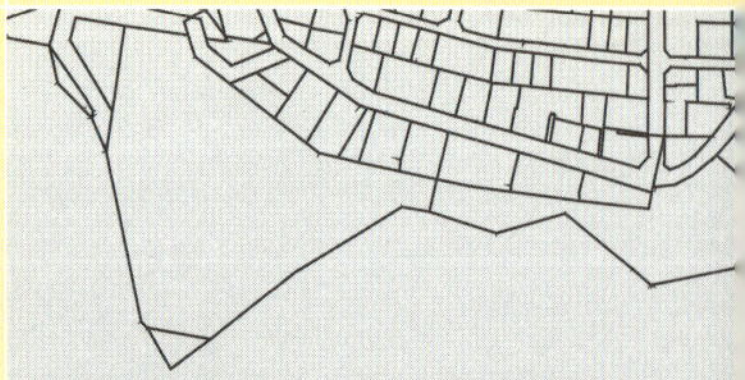

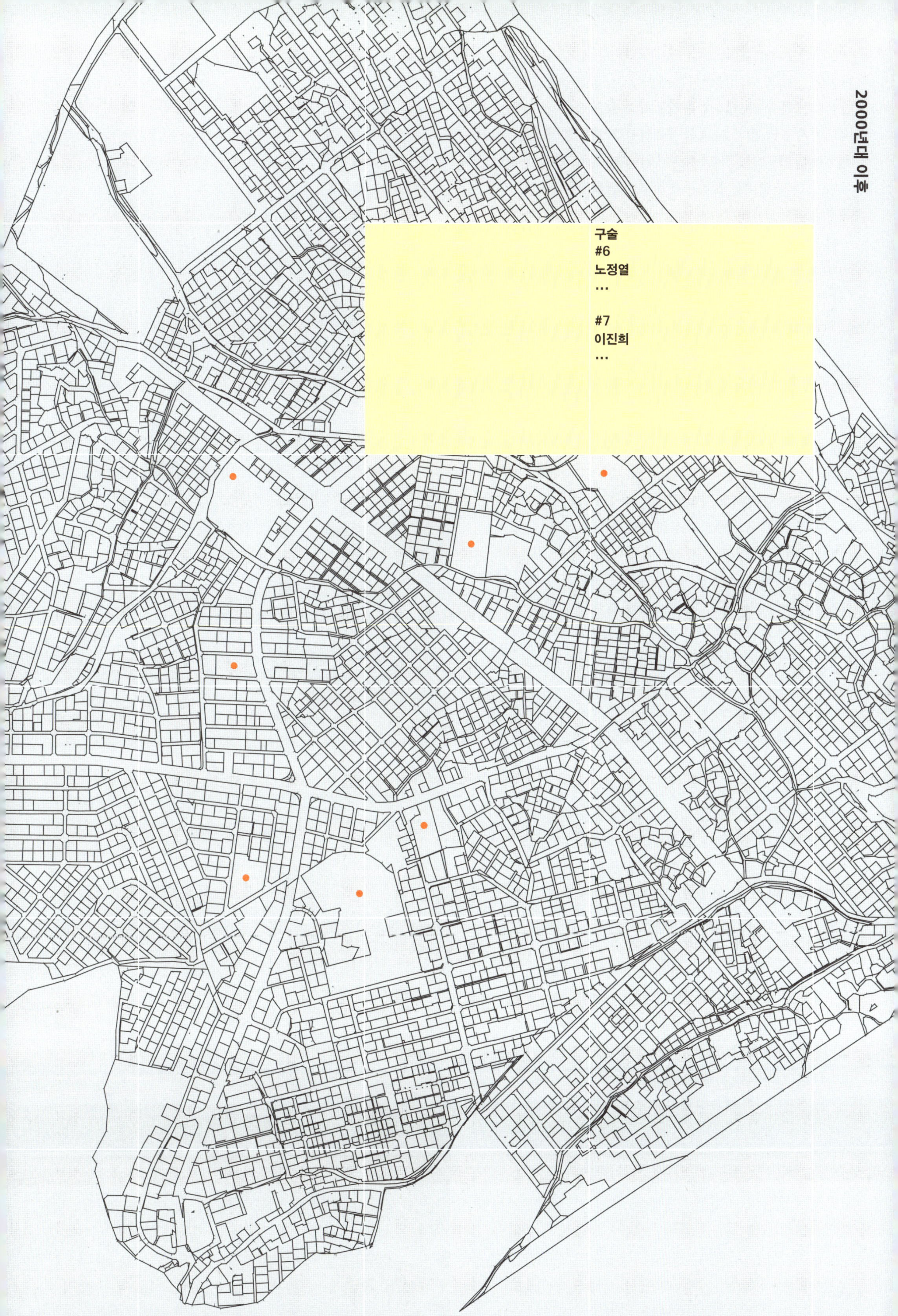

구술
#6
노정열
…

#7
이진희
…

장위동 개발은 1980년대와 1990년대 소규모 필지 단위의 빌라 건축 이외에 장위동의 개발은 그다지 이루어지지 않았다. 과거 중산층의 주거지는 빌라 건축의 증가로 기반 시설이 부족한 상태에서 고밀화되어 갔다. 이러한 물리적 변화에 수반하여 주거 환경의 급속한 저하가 감지되는 장위동은 서울 동북의 대표적인 노후주거지로 주거환경 개선이 시급한 상황에 이르렀으며, 2000년대 들어서 뉴타운 개발이라는 이슈를 맞게 되었다.

장위동 뉴타운 사업(이하 장위뉴타운)은 소위 "강북 최대 규모의 친환경 주거중심 신도시 실현"이라는 표현대로 1960년대 택지개발에 비견될 만한 대규모 주거 중심 개발 사업이었다. 장위뉴타운 사업이 처음으로 등장한 것은 2005년 뉴타운 3차 지정 시기였으며, 2008년 장위재정비촉진지구 재정비촉진계획을 시작으로 그 모습이 구체적으로 세상에 알려지기 시작하였다. 하지만 이후 개별 주민들의 재산권 행사과정을 통한 수차례의 재정비촉진계획 변경 과정을 거치면서 이 뉴타운 사업은 원래 계획과 달리 일부만 진행되고, 뉴타운이 해제된 지역에서는 주거환경 개선을 위한 가로정비사업 등의 개별적인 대안 사업들이 진행되거나 재추진을 시도하는 등 복잡한 상황이 지속되었다. 이렇게 진행과 중단 그리고 대안사업 추진 등으로 지역주민들의 의견이 흩어진 상황 속에서 마침내 2015 년 4월에는 장위2구역을 시작으로 첫 공사에 들어갔으며, 2019년부터 새로운 주민들이 입주하였다.

2020년 시점을 기준으로 장위동 뉴타운은 여전히 정리되지 않은 미완성의 계획처럼 보이며, 이를 둘러싼 지역주민들 간의 갈등은 여전히 현재진행형이다. 또한 2020년 말 유례를 찾아볼 수 없는 코로나19 상황으로 생중계된 장위동 사랑제일교회의 명도집행 과정은 장위뉴타운 추진 과정 중에 나타난 기존 시설의 이전 및 보상과 관련된 갈등구조의 민낯을 만천하에 드러내기도 하였다. 본 장에서는 1980~1990년대 서울 외곽의 대규모 개발이 비껴간 중산층 거주지가 재개발이라는 사건을 맞으며 달라지는 모습을 그리고자 한다.

재개발을 위해 일부 구역이 철거된 장위동 풍경

# ① 뉴타운 개발사업의 등장과 표류

장위동 일대는 2005년 9월 서울시 뉴타운 3차 지정을 통해 장위동 일대는 후보지로 선정되었는데, 당시 함께 지정된 11개 지역[01] 중 가장 넓은 면적(성북구 장위동 68-8번지 일대 55만 9,933평)을 가지고 있는 지역이다.

2005년 후보지로 지정되기 이전부터 장위동과 그 주변 동네에는 급속하게 낙후된 주거환경을 개선하기 위한 지역 차원의 다양한 논의들이 있었다. 그중 한 예를 들면, 성북구는 서울시와 합동으로 2005년 1월 정릉 3동 757번지 일대 10만 평과 장위동 62만 평 등 72만여 평을 지구단위계획 등의 변경을 통해 친환경 고급 전원주택단지로 조성하고자 계획하였다.[02] 성북구는 장위동과 그 일대 지역이 뉴타운 3차 지정에 선정되지 않을 경우 이와 같은 대안적 사업을 통해 장위동 일대의 낙후된 주거환경을 개선하기 위한 선제적인 계획을 수립하였다. 이 계획의 특징은 기존의 고층 고밀도 아파트 개발 위주의 사업계획이 아닌 풍부한 녹지 및 자연환경을 적극적으로 도입한 중·저층 주거단지를 장위동과 그 주변 지역에 조성하고자 하였으며, 경사지로부터 평지에 이르기까지 테라스 하우스 형태를 포함한 다양한 방식의 주거배치계획을 수립하였다. 또한 슈퍼블록 개념을 적극적으로 도입하여 장위동 일대가 서울 동북지역의 대표적인 신도시로 발전되기를 희망하였다. 다양한 주거유형 도입과 자연환경 조건을 활용하고자 하는 접근은 이후 장위재정비촉진계획에서도 나타난다.

2005년 12월 19일 서울시 고시 제2005-405호에 따라 장위동 68-8번지 일대 185만 1,020㎡ 지역이 뉴타운으로 지정되었다. 장위뉴타운은 주거 중심형 뉴타운을 골자로 하여 21세기형 강북모델마을로 조성하고자 기획되었다.[03] 이후 2006년 10월에는 서울시 고시 제2006-357호에 의거하여 재정비촉진지구로 지정되었으며, 장위 도시재정비촉진 시범지구 선정 등의 과정을 통해 용적률 상향 조정 및 학교·도로 등 도시기반시설 설치 등의 혜택을 부여하였다. 이어서 서울시는 뉴타운 사업지역에 대해 주거형태의 다양성을 도모하고자 장위7구역에 아파트와 단독주택, 연립주택, 타운하우스 등 여러 형태의 주거양식이 도입될 수 있는 기반을 마련하기도 하였다.[04]

제2670호 시 보 2005. 12. 16.(금)

고 시

◈ 서울특별시고시 제2005-405호
3차 뉴타운지구 및 2차 균형발전촉진지구 결정

3차 뉴타운지구 및 2차 균형발전촉진지구 결정에 따라 서울특별시지역균형발전지원에관한조례 제10조 제1항의 규정에 따라 아래와 같이 이를 고시합니다.

2005년 12월 16일
서 울 특 별 시 장

1. 3차 뉴타운 지구 결정

| 자 치 구 | 사 업 명 | 위 치 | 면 적(㎡) |
|---|---|---|---|
| 계 | | 7개소 | 6.938.464 |
| 성 북 구 | 장위 뉴타운 | 장위동 68-8번지 일대 | 1.851.020 |
| 노 원 구 | 상계 뉴타운 | 상계 3, 4동 일대 | 643.608 |
| 은 평 구 | 수색·증산 뉴타운 | 수색동 160번지 일대 | 877.400 |
| 서대문구 | 북아현 뉴타운 | 북아현동 170-1번지 일대 | 821.000 |
| 영등포구 | 신길 뉴타운 | 신길동 236번지 일대 | 1.469.910 |
| 관 악 구 | 신림 뉴타운 | 신림동 1514번지 일대 | 537.100 |
| 송 파 구 | 거여·마천 뉴타운 | 거여동 202번지 일대 | 738.426 |

2. 2차 균형발전 촉진지구 결정

| 자치구 | 사 업 명 | 위 치 | 면 적(㎡) |
|---|---|---|---|
| 계 | | 3개소 | 1.168.178 |
| 광 진 구 | 구의·자양 촉진지구 | 구의동 246, 자양동 680번지일대 | 385.340 |
| 중 랑 구 | 망우 촉진지구 | 망우동 상봉동 일대 | 505.738 |
| 강 동 구 | 천호·성내 촉진지구 | 천호동 453-19번지 일대 | 277.100 |

3. 관련도면 : 공람장소에 별도 비치
4. 공람장소
○ 서울특별시 뉴타운사업본부 뉴타운총괄반(☎ 6321-4342), 뉴타운사업1반(☎ 6321-4358), 뉴타운사업2반(☎ 6321-4345)
○ 광진구청 도시개발과(☎ 450-1433), 중랑구청 균형발전추진단(☎ 490-3882).

서울시 뉴타운 및 균형발전촉진지구 결정(2005, 서울특별시 고시 제2005-405호)

01\.
11개 지역은 성북구 장위동을 제외하고 종로구 창신동, 노원구 상계동, 은평구 수색동, 서대문구 북아현동, 금천구 시흥동, 영등포구 신길동, 동작구 흑석동, 관악구 신림동, 송파구 거여·마천동, 동대문구 이문·휘경동이다.

02\.
「장위, 정릉 3동 72만평 유럽풍 고급주거지로」, 『서울신문』, 2005년 1월 27일.

03\.
「성북 장위뉴타운」, 『매일경제신문』, 2006년 4월 6일.

04\.
「서울 장위7구역, 주거 다양화 시범지역 결정」, 『매일경제신문』, 2007년 8월 13일.

05\.
「서울특별시보」 제2829호, 308-309쪽

이러한 일련의 과정의 결과로 2008년 4월에는 서울시 고시 제2008-111호에 의거하여 장위재정비촉진지구 재정비촉진계획 결정 및 지형도면 작성 등이 이루어진다. 재정비촉진지구 지정의 목적을 "노후불량주택이 밀집되고 도로·공원 등 기반시설이 열악한 장위동 일대의 주거환경 개선 및 기반시설 확충 등을 통한 종합적·체계적 도시정비"[05]로 제시하면서 주거 중심이면서 "주거, 문화, 복지 기능의 조화"를 강조하고 인접한 우이천, 오동근린공원 등 자연환경과 연계를 고려한 "건강하고 편안한 도시" 조성을 목표로 하였다. 이 과정에서 장위재정비촉진지구는 15개 구역으로 나뉘게 된다.

**장위재정비촉진지구 결정도(2011)**
출처: 「서울특별시보」 제3041호, 2011. 5. 6. 66쪽.

**2008년 장위재정비촉진지구 지정 당시의 15개 구역 설정**
출처: 서울특별시 고시 제2008-111호

| 구분 | | 위치 | 면적(㎡) | | | 사업방식 | 비고 |
|---|---|---|---|---|---|---|---|
| | | | 기정 | 변경 | 변경 후 | | |
| 총계 | | - | 1,874,375.60 | 감) 211.0 | 1,874,164.60 | - | |
| 촉진구역 | 소 계(15개 구역) | | 1,768,218.60 | 감) 371.8 | 1,767,846.80 | - | |
| | 장위1구역 | 성북구 장위동 144-24 일원 | 80,050.60 | - | 80,050.60 | 주택재개발 | |
| | 장위2구역 | 성북구 장위동 290-9 일원 | 25,356.00 | - | 25,356.00 | 주택재개발 | |
| | 장위3구역 | 성북구 장위동 305 일원 | 66,011.00 | - | 66,011.00 | 주택재개발 | |
| | 장위4구역 | 성북구 장위동 289 일원 | 153,826.00 | 감) 371.8 | 153,454.20 | 주택재개발 | |
| | 장위5구역 | 성북구 장위동 173-114 일원 | 89,972.00 | - | 89,972.00 | 주택재개발 | |
| | 장위6구역 | 성북구 장위동 25-55 일원 | 105,316.00 | - | 105,316.00 | 주택재개발 | |
| | 장위7구역 | 성북구 장위동 189-3 일원 | 87,783.00 | - | 87,783.00 | 주택재개발 | |
| | 장위8구역 | 성북구 장위동 85 일원 | 119,371.00 | - | 119,371.00 | 주택재개발 | |
| 촉진구역 | 장위9구역 | 성북구 장위동 238-83 일원 | 85,878.00 | - | 85,878.00 | 주택재개발 | |
| | 장위10구역 | 성북구 장위동 68-37 일원 | 94,624.00 | - | 94,624.00 | 주택재개발 | |
| | 장위11구역 | 성북구 장위동 68-141 일원 | 159,451.00 | - | 159,451.00 | 주택재개발 | |
| | 장위12구역 | 성북구 장위동 231-233 일원 | 48,514.00 | - | 48,514.00 | 주택재개발 | |
| | 장위13구역 | 성북구 장위동 232-17 일원 | 318,415.00 | - | 318,415.00 | 주택재개발 | |
| | 장위14구역 | 성북구 장위동 233-552 일원 | 144,201.00 | - | 144,201.00 | 주택재개발 | |
| | 장위15구역 | 성북구 장위동 233-42 일원 | 189,450.00 | - | 189,450.00 | 주택재개발 | |
| 존치지역 | 존치 | 소계(1개 구역) | 106,157.00 | 증) 160.8 | 106,317.80 | - | |
| | 관리구역 | 존치구역 존치시설 | 106,157.00 | 증) 160.8 | 106,317.80 | - | |

초기 개발사업을 위한 15개 구역 설정은 이후 구역을 둘러싼 갈등과 모임이 잦아지면서 점차 일상생활 속 동네를 칭하는 장소명을 바꾸게 된다. 장위동 주민들은 동-통-반이 아닌 구역명으로 동네를 구분하기 시작하였다.

> 생각해 보니까 학창시절 때는 1동 손들어, 2동 손들어, 3동 손들어. 그러면 자기 동을 얘기를 했고 똑같은 초등학교도 3동 사는 애가 있고 2동 사는 애가 있었거든요. 3동 사는 애들은 보통 이렇게 테두리에 산다고 생각을 했고 2동은 언덕배기에 산다고 생각했는데, 어느 순간 저희 입에서도 (동네를) 구역으로 얘기를 한 거는 아무래도 2000년도 뉴타운 지정을 받으면서 그렇게 된 거 같아요. 그전에는 저도 "29통이에요. 290번지예요." 이렇게 얘기를 했어요. 그런데 이제는 '13구역' 이렇게 표현을 하면 그게 빨리 와 닿아요. 2006년 되면서 지구 지정을 받으면서 구역이 확실히 이렇게 갈라지는 시점이 됐던 거 같아요. 왜냐하면 조합장을 선출하니까 그게 이제 머리에 박히는 거 같아요.
>
> 이진희(1975년생), 2020년 10월 26일.

06.
「서울특별시보」 제2829호, 311-312쪽

**공원 및 녹지 환경보전 계획**

| 구분 | | 명칭 | 명칭의 유래 |
|---|---|---|---|
| 생활권 공원 | 주제공원 | 남령역사공원 | 남녕위 윤의선을 주제로 한 공원 |
| | | 장시문화공원 | 시장터였던 장소의 맥락을 따름 |
| | | 상길례문화공원 | 장석시장의 지역과 맥락에서 유래 |
| | | 하길례문화공원 | 덕온공주의 하가의식인 '길례'에서 공원명칭 부여 |
| | 근린공원 | 아랫말공원 | 옛 장위동을 이루는 마을이름 |
| | | 푸석공원 | 옛 명칭인 푸석산(푸르름)에서 유래 |
| | | 명덕공원 | 옛 장위동을 이루는 마을이름 |
| | | 오동근린공원(편입지역) | 대상지의 남북축을 연결하는 공원 |
| 생활권 공원 | 어린이 공원 | 석촌공원 | 석촌 윤용구 선생을 주제로 한 공원 |
| | | 간대공원 | 옛 장위동을 이루는 마을이름 |
| | | 장석공원 | 장석시장의 지역적 맥락에서 유래 |
| | | 마른대미공원 | 옛날 이 지역의 고개이름에서 유래 |
| 녹지 | 연결녹지 | 장위산내길(중앙연결녹지) | 장위동+산+내 |
| | | 푸른에움길(수계연결녹지) | 푸른 녹지와 물로 둘러싸인 길 |
| | | 보행연결녹지 | 생활 속의 환경생태녹지로 조성 |

장위재정비촉진계획은 또한 풍부한 공원과 녹지공간을 포함하고 있었다. 다양한 주제공원이나 근린공원을 계획에 포함하여 장위동의 거주환경을 개선하고자 하였다. 또한 이러한 공원들은 과거 장위동의 역사나 지역적 맥락을 고려하여 명칭을 지었다. 왼쪽은 장위뉴타운에 조성될 다양한 종류의 공원 및 연결녹지의 명칭과 유래를 정리한 것이다.[06]

서울시는 이처럼 장위동이 가지고 있는 풍부한 녹지와 물길의 자연환경을 이용하여 강북 최대의 친환경 주거단지를 실현하고자 하였다. 인근 평창동 그리고 성북동의 경우처럼 최고급 주거지역은 아니었으나 장위동에도 동방고개를 중심으로 중산층의 단독주택들이 들어서 있었으며, 평지와 경사지가 적절히 배치된 지형은 아파트와 타운하우스 등 다양한 형태의 주거유형이 들어서기에 적합하다고 보았다. 이러한 점을 고려하면 초기 장위동 뉴타운의 방향은 아파트만을 고집하던 기존의 개발방식과는 차별화된 서울시의 새로운 고급 주거환경 모델로 추진되었음을 짐작할 수 있다.

도시계획시설 결정(변경)도(서울특별시 고시 제2010-142호)
출처: 「서울특별시보」 제2973호, 156~158쪽. (초록색: 공원 및 녹지 표시)

### 5.1.1
### 계획 변경 과정

2008년 4월 서울특별시 고시로 결정된 장위재정비촉진지구 재정비촉진계획은 여러 차례 변경 과정을 거치다 2014년부터는 일부 구역이 뉴타운 개발에서 제외된다. 다음 표는 장위뉴타운 시작 단계에서부터 2020년에 이르기까지 서울시와 성북구에서 고시한 주요 내용을 시간 순서대로 배열한 것이다.

**장위뉴타운 진행 과정**

| 시기 | 고시번호 | 고시 계획안 | 고시 주요 내용 |
|---|---|---|---|
| 2005.12.16. | 서울/고시 (2005-405) | 3차 뉴타운지구 및 2차 균형발전촉진지구 결정 | 장위뉴타운이 3차 뉴타운지구로 결정되었는데, 면적기준 3차 뉴타운 가운데 최대 규모임 |
| 2005.12.22. | 서울/공고 (2005-1794) | 서울시 제3차 뉴타운 및 2차촉진지구 개발사업 지역에 대한 토지거래계약허가구역 지정 | 장위뉴타운의 토지를 거래할 때 면적이 어느 정도 커지면 허가를 받아야 함 |
| 2006.10.19. | 서울/고시 (2006-357) | 재정비촉진지구 지정 및 재정비촉진계획 결정 | |
| 2007.6.21. | 서울/고시 (2007-196) | 장위재정비촉진지구 변경지정 | (1) 월계로 옹벽구간 개선: 월계로와 장위동길 접속부의 완화차선 확보 등을 위해 편입<br>(2) 한천로 선형 개선: 한천로 굴곡구간의 선형 개선을 위해 편입 |
| 2008.4.3. | 서울/고시 (2008-111) | 장위재정비촉진지구 재정비촉진계획 결정 및 지형도면 작성 | |
| 2009.4.9. | 서울/고시 (2009-145) | 장위재정비촉진지구 변경지정(경미한), 재정비촉진계획 변경결정(경미한) 및 지형도면 작성 | 장위1구역 지적측량에 따른 면적 변경(감소) |
| 2010.4.22. | 서울/고시 (2010-142) | 장위재정비촉진지구 재정비촉진계획 변경결정 및 지형도면 작성 | 월곡중학교 편입에 따른 면적 증가로 15구역(장위뉴타운 사업지 내 유일한 존치정비 구역)이 재정비촉진구역으로 변경<br>15구역 지구단위 계획구역 폐지 |
| 2010.9.2. | 서울/고시 (2010-311) | 장위재정비촉진지구 및 재정비촉진계획 변경결정(경미한) 및 지형도면 작성고시 | 장위4구역에 대하여 측량성과에 의한 단순면적정정(감 236.2㎡) 및 촉진지구 추가편입에 따른 변경 |
| 2011.5.6. | 서울/고시 (2011-114) | 장위재정비촉진지구 변경 지정 및 재정비촉진계획 변경결정(경미한 변경) 및 지형도면 고시 | 장위7구역에 대하여 측량성과에 의한 단순면적정정(감 902.3㎡)에 따른 변경 |
| 2011.5.6. | 서울/고시 (2011-117) | 장위재정비촉진지구 재정비촉진계획 변경결정 및 지형도면 고시 | 월계로 내 가속차로 추가 확보 및 샘터길 가각 추가 확보(장위2구역) |
| 2011.6.23. | 서울/고시 (2011-162) | 장위재정비촉진지구 변경지정(경미한) 및 재정비촉진계획 변경결정(경미한) 고시 | 장위10구역에 대하여 구역계 지적측량성과 및 내부필지 지적공부 등록 면적에 의한 변경 |
| 2011.8.11. | 서울/고시 (2011-231) | 장위재정비촉진지구 변경지정, 재정비촉진계획 변경결정 및 지형도면 고시 | 지구계 정형화를 위한 석관지구단위계획구역 추가 편입(262.5㎡)(장위4구역계 변경) 장위4구역 기반시설 선형변경 및 신설에 따른 면적 변경<br>단계적 사업추진에 관한 사항 변경 |
| 2011.8.25. | 서울/고시 (2011-244) | 장위재정비촉진지구 변경지정 및 재정비촉진계획 변경결정(경미한 변경) 고시 | 장위2구역 지적측량 결과에 따른 단순 면적 변경 |
| 2011.9.29. | 서울/고시 (2011-290) | 장위재정비촉진지구 변경지정, 재정비촉진계획 변경결정 및 지형도면 고시 | 장위1구역 지구계 정형화를 위한 기반시설 선형변경에 따른 면적 변경 |
| 2012.2.9. | 서울/고시 (2012-34) | 장위재정비촉진지구 재정비촉진계획 변경결정 및 지형도면 고시 | 샘물길, 장계시장3길의 버스베이 삭제 및 이동에 따른 면적 변경, 장위5구역 내 대로3-40호(한천로)의 보도확장에 따른 도로선형 변경에 의한 녹지면적 감소 |
| 2012.2.16. | 서울/고시 (2012-35) | 재정비촉진지구 변경지정 고시(토지거래계약허가구역 해제) | 장위뉴타운의 토지를 거래할 때 면적이 어느 정도 커지면 허가를 받아야 하던 제도가 폐지되었는데, 장위뉴타운의 사업면적이 뉴타운으로 확정됐던 당시보다 넓어졌음이 드러남(185만 1020㎡에서 187만 3423㎡로 변경) |
| 2012.5.31. | 서울/고시 (2012-138) | 장위재정비촉진지구 변경지정 및 재정비촉진계획 변경결정 고시 | 장위5구역에 대하여 측량성과에 의한 단순면적정정(감118.6㎡)에 따른 변경<br>장위5구역 공동주택 및 부대복리시설 용적률 상한 변경(276.26%를 275.65% 이하로 변경) 단계적 사업추진에 관한 사항 변경 |
| 2012.6.28. | 서울/고시 (2012-169) | 장위재정비촉진지구 변경지정, 재정비촉진계획 변경결정 및 지형도면 고시 | 장위4구역 측량성과에 의한 단순 면적 변경(감소) |
| 2013.1.17. | 서울/고시 (2013-10) | 장위재정비촉진지구 변경지정, 재정비촉진계획 변경결정 및 지형도면 고시 | 장위1구역 주택재개발사업 용적률, 건폐율 및 높이계획 등 건축계획 변경<br>임대주택건설(도시형 생활주택 포함)에 관한 변경사항 |
| 2013.4.4. | 서울/고시 (2013-105) | 장위재정비촉진지구 변경지정, 재정비촉진계획 변경결정 및 지형도면 고시 | 일부 제척에 따른 구역계 변경/면적 정정(장위6구역: 감 98㎡)<br>장위6구역 주택재개발사업 용적률, 건폐율 및 높이계획 등 건축계획 변경 |
| 2013.5.30. | 서울/고시 (2013-161) | 장위재정비촉진지구 변경지정, 재정비촉진계획 변경결정 및 지형도면 고시 | 장위12구역 주택재개발사업 용적률, 건폐율 및 높이계획 등 건축계획 변경<br>임대주택 건설 등 세입자 등의 주거대책 - 건축물의 정비, 개량 및 건축시설계획 |
| 2013.9.23. | 서울/고시 (2013-301) | 장위재정비촉진지구 변경지정, 재정비촉진계획 변경결정 및 지형도면 고시 | 재정비촉진사업별 용적률, 건폐율 및 높이계획 등 건축계획 변경<br>임대주택 건설 등 세입자 등의 주거대책 |

| 시기 | 고시번호 | 고시 계획안 | 고시 주요 내용 |
|---|---|---|---|
| 2014.7.24. | 서울/고시<br>(2014-273) | 장위재정비촉진지구 변경지정, 재정비촉진계획 변경결정 및 지형도면 고시 | 장위6구역 측량성과에 따른 면적 변경<br>장위6구역 공동주택 및 부대복리시설 용적률 상향조정(258.3%를 260.3%로 변경)<br>임대주택 건설에 관한 계획 변경 |
| 2014.9.25. | 서울/고시<br>(2014-327) | 장위재정비촉진지구 재정비촉진계획 변경(경미한)결정 고시 | 장위14구역 85㎡ 이상 세대 중 72세대를 부분 임대주택으로 계획 |
| 2014.11.6. | 서울/고시<br>(2014-375) | 정비구역 해제 및 지형도면 고시 | 장위12구역 및 장위13구역이 중화, 천호, 상봉 등과 함께 뉴타운에서 해제됨 |
| 2014.11.27. | 서울/고시<br>(2014-406) | 장위재정비촉진지구 재정비촉진계획 변경결정 및 지형도면 고시 | 재정비촉진사업의 완료목표 연도 변경<br>인구주택수용계획: 8만 3105인/2만 7047세대<br>장위7재정비촉진구역: 의료부지 공동주택용지로의 변경, 종교부지 토지정형화에 따른 토지이용계획 변경,<br>장위7재정비촉진구역: 기준용적률 상향 및 주택공급계획 변경에 따른 임대주택 건립 세대수 증가 |
| 2015.1.2. | 서울/조례<br>(5789) | 서울특별시 도시재생 활성화 및 지원에 관한 조례 | 장위동이 이 조례를 근거로 암사동, 성수동, 상도동, 신촌동과 함께 서울형 도시재생 시범사업에 선정됨 |
| 2015.4.23. | 서울/고시<br>(2015-108) | 장위재정비촉진지구 재정비촉진계획 변경결정 및 지형도면 고시 | 장위10재정비촉진구역 건축계획에 의한 세대수, 연면적 변경에 따른 임대주택 변경 |
| 2015.5.14. | 서울/고시<br>(2015-132) | 장위재정비촉진지구 재정비촉진계획 변경결정 및 지형도면 고시 | |
| 2015.10.15. | 서울/고시<br>(2015-320) | 장위재정비촉진지구 재정비촉진계획 변경결정 및 지형도면 고시 | 장위7재정비촉진구역 건축계획에 의한 세대수, 규모별 건립비율 변경에 따른 임대주택 변경 |
| 2016.3.17. | 서울/고시<br>(2016-73) | 장위재정비촉진지구 재정비촉진계획 변경결정 및 지형도면 고시 | 장위5구역 획지계획 변경에 따른 공공청사 위치 변경 |
| 2016.7.28. | 서울/고시<br>(2016-219) | 장위재정비촉진지구 재정비촉진계획 변경결정 및 지형도면 고시 | 장위7구역 측량결과 반영에 의한 면적 변경(증 1㎡) 및 기존 필지 누락(186-24도, 254㎡)에 따른 면적 정정 |
| 2016.9.1. | 서울/공고<br>(2016-1779) | (2016년 서울특별시 재정공시 공고)성북구 장위뉴타운 해제확정 12,13구역 문화인프라 확충을 위한 도서관 조성 | 재정비촉진지구 해제 구역(장위13구역)에 공공구립도서관 등 복합시설을 조성·운영 |
| 2017.3.30. | 서울/고시<br>(2017-112) | 정비구역 등 해제 및 지형도면 고시 | 추진상황으로 보아 지정 목적을 달성할 수 없다고 인정되는 정비구역 등에 대하여 같은 법 제4조의 3 제7항에 따라 해제 고시 |
| 2017.3.30. | 서울/고시<br>(2017-113) | 주택재개발 정비(예정)구역 해제 고시 | 「도시 및 주거환경정비법」 제3조 및 제4조 규정에 따라 '서울특별시 도시 및 주거환경정비기본계획(주택재개발사업부문)'의 수립 및 정비구역으로 지정된 도봉구 창5동 244 일대 등 7개 주택재개발정비(예정) 구역에 대하여 같은 법 제4조의 3(정비구역 등 해제) 제4항 규정에 따라 해제 |
| 2017.10.26. | 서울/고시<br>(2017-382) | 장위재정비촉진지구 변경지정, 재정비촉진계획 변경결정 및 지형도면 고시 | 장위2구역 지적편입 오류 정정에 따른 장위재정비촉진지구 면적 정정 |
| 2018.5.24. | 서울/고시<br>(2018-163) | 정비구역등 해제 및 지형도면 고시 | 장위15재정비촉진구역과 정릉1주택재건축구역이 해제됨 |
| 2019.7.25. | 서울/고시<br>(2019-240) | 장위재정비촉진지구 변경지정, 재정비촉진계획 변경결정 및 지형도면 고시 | 장위재정비촉진구역 해제에 따른 지구 제척으로 면적 변경(8·9·11·12·13·15구역 해제) |
| 2020.3.12. | 서울/고시<br>(2020-99) | 장위재정비촉진지구 재정비촉진계획(장위5구역) 변경결정(경미한 사항) 및 지형도면 고시 | 장위재정비촉진지구 재정비촉진계획(장위5구역) 변경 결정(경미한 사항) |
| 2020.4.16. | 서울/고시<br>(2020-149) | 장위재정비촉진지구 변경지정, 재정비촉진계획(장위1구역) 변경결정(경미한 사항) 및 지형도면 고시 | 장위재정비촉진지구 재정비촉진계획(장위1구역) 변경 결정(경미한 사항) |
| 2020.5.28. | 서울/고시<br>(2020-214) | 장위재정비촉진지구 재정비촉진계획(장위4구역) 변경결정(경미한 사항) 및 지형도면 고시 | |
| 2020.10.22. | 성북/고시<br>(2020-188) | 장위7구역 재정비촉진구역 내 공원조성계획 결정(최초) 및 지형도면 고시 | 녹지공간이 부족한 주거밀집지역에 어린이공원을 조성한다고 하였는데, 이미 짓고 있는 아파트 단지 옆 자투리땅임 |

변경의 주요 원인은 기존 존치지역이었던 15구역의 편입, 사업이 추진되면서 진행된 실제 대지 측량으로 인한 면적의 변화, 도시기반시설의 확충으로 인한 대지 선형 변경 등이었다. 또한 뉴타운 대상지의 단계별 사업추진 순서 및 사업연도의 변경도 확인된다. 이는 장위뉴타운 사업의 추진이 지연되면서 전체 사업기간의 연장이 불가피한 현실과 구역별 세부사항을 조율하는 과정에서 발생된 것으로 파악된다. 그리고 실제 계획이 만들어지는 과정에서 주민들의 요구 등을 수용하며 건폐율, 용적률, 건축물의 높이 등 건축계획에 영향을 미칠 수 있는 사항들도 재정비촉진계획 변경에 반영된다. 마지막으로 서울시의 임대주택 확대보급정책을 반영하면서 임대주택에 관한 전체 물량도 추가적으로 확보된다. 장위뉴타운에 지어지는 임대주택은 총 3가지 크기로 공급되며, 전용면적 40㎡ 이하, 40~50㎡, 50~60㎡로 구성된다. 장위1구역의 경우는 도시형 생활주택도 임대주택으로 공급되도록 계획되었다. 임대주택 수는 사업이 진행되면서 증가하는 추세를 보이며, 이로 인해 장위동 뉴타운 지역의 예상 인구도 증가하게 된다. 2010년 4월 22일 서울시 고시에 따라 장위뉴타운 15구역이 존치정비구역에서 재정비촉진구역으로 편입되어서 현재와 같은 총15개 구역으로 구분된 장위뉴타운의 범위가 완성되었다.

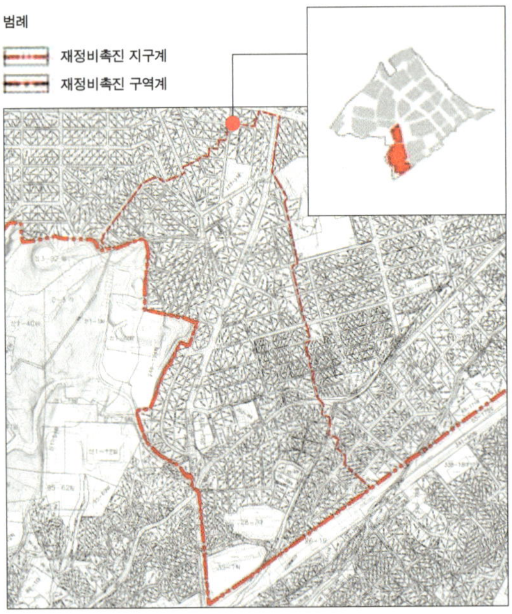


**재정비촉진구역으로 편입된 15구역(서울특별시 고시 제2010-142호)**
출처: 「서울특별시보」 제2973호, 158쪽.

**2011년 8월 변경 - 단계적 사업추진에 관한 사항(서울특별시 고시 2011-231호)**

| 구분 | 단계 | 사업기간 | 해당 구역 |
|---|---|---|---|
| 기정 | 1단계 | 2008년부터 | 장위2구역, 장위3구역, 장위5구역, 장위7구역 |
| | 2단계 | 2009년부터 | 장위1구역, 장위4구역, 장위6구역, 장위8구역 |
| | 3단계 | 2010년부터 | 장위9구역, 장위10구역, 장위11구역, 장위13구역 |
| | 4단계 | 2011년부터 | 장위12구역, 장위14구역, 장위15구역 |
| 변경 | 1단계 | 2009년부터 | 장위1구역 |
| | 2단계 | 2011년부터 | 장위2구역, 장위7구역, 장위9구역 |
| | 3단계 | 2012년부터 | 장위4구역, 장위10구역 |
| | 4단계 | 2013년부터 | 장위12구역, 장위14구역, 장위15구역 |
| | 5단계 | 2014년부터 | 장위6구역, 장위8구역, 장위11구역 |
| | 6단계 | 2015년부터 | 장위3구역, 장위13구역, 장위15구역 |

뉴타운 사업이 지연되면서 전체 사업추진 기간 및 단계가 변경되었다. 단계별 추진계획은 향후 촉진구역별 추진사항을 감안하여 구청장이 총량범위 내에서 구역별로 조정토록 하였다.

**2012년 2월 변경 - 장위5구역 주택재개발사업 용적률, 건폐율 및 높이계획 등 건축계획 변경(서울특별시 고시 제2012-34호)**

| 구분 | 주용도 | 건폐율(%) | 용적률 | | 높이계획 | |
|---|---|---|---|---|---|---|
| | | | 기준(%) | 상한(%) | 평균/최고 층수 | 최고 높이(m) |
| 기정 | 공동주택 및 부대복리 시설 | 30 이하 | 190 이하 | 230 이하 | 20층 이하/29층 이하 | 88 이하 |
| 변경 | | | 210 이하 | 276.26 이하 | 22.4층 이하/32층 이하 | 99 이하 |

장위14구역의 경우 오동근린공원 인근으로, 일부 지역의 용적률이 낮았으나 용도지역 변경을 통해 용적률을 높이고 대신 임대주택의 수를 늘리고자 하였다.

**2013년 5월 변경- 임대주택 건설 등 세입자 등의 주거대책(서울특별시 고시 제2013-161호)**

| 구분 | 구역명 | 전용면적 | | | 계 |
|---|---|---|---|---|---|
| | | 40㎡ 이하 | 40-50㎡ | 50-60㎡ | |
| 기정 | 장위1구역 | 70(16) | 68 | 22 | 160(16) |
| 기정 | 장위2구역 | 36 | 35 | 15 | 86 |
| 변경 | | 40 | 37 | 15 | 92 |
| | 장위3구역 | 84 | 79 | 21 | 184 |
| | 장위4구역 | 187 | 186 | 72 | 445 |
| | 장위5구역 | 123 | 117 | 36 | 276 |
| | 장위6구역 | 113 | 123 | 42 | 278 |
| | 장위7구역 | 102 | 85 | 24 | 211 |
| | 장위8구역 | 138 | 121 | 30 | 289 |
| | 장위9구역 | 102 | 92 | 24 | 218 |
| | 장위10구역 | 136 | 139 | 44 | 319 |
| | 장위11구역 | 168 | 154 | 42 | 364 |
| | 장위12구역 | 57 | 58 | 19 | 134 |
| | | 62 | 65 | 16 | 143 |
| | 장위13구역 | 333 | 290 | 80 | 703 |
| | 장위14구역 | 150 | 137 | 45 | 332 |
| | 장위15구역 | 179 | 193 | 48 | 420 |
| 기정 | 계 | 1,978(16) | 1,877 | 564 | 4,419(16) |
| 변경 | | 1,978(16) | 1,886 | 561 | 4,434(16) |

괄호 안 세대수는 장위1구역 획지 1-2의 도시형생활주택의 임대주택. 세입자 주거대책을 고려하여 전체적으로 중대형주택 수를 줄이고 소형주택 수를 늘렸다.

**2013년 9월 변경 - 용도지역 변경사유서(서울특별시 고시 제2013-301호)**

| 구분 | 용도지역 | | 면적(㎡) | 변경사유 |
|---|---|---|---|---|
| | 기정 | 변경 | | |
| 장위1구역 | 제2종일반주거지역(7층) | 제2종일반주거지역(7층) | 증)35.4 | 장위1구역 측량성과에 따른 단순 면적 변경 |
| | 제2종일반주거지역(12층) | 제2종일반주거지역(12층) | 감)1.7 | |
| 장위14구역 | 제1종일반주거지역 | 제2종일반주거지역(7층) | 44,012.0 | 장위14구역 내 효율적인 공동주택건립을 위해 공동주택용지 내 용도지역을 변경 |

장위14구역의 경우 오동근린공원 인근으로, 일부 지역의 용적률이 낮았으나 용도지역 변경을 통해 용적률을 높이고 대신 임대주택의 수를 늘리고자 하였다.

**2014년 9월 변경 - 임대주택 건설에 관한 계획(서울특별시 고시 제2014-327호)**

| 구분 | 면적(㎡) | 세대수 | 세대규모(전용) |
|---|---|---|---|
| 기정 | 28,277.13 | 187세대(7.24%) | 40㎡ 이하 |
| | | 186세대(7.20%) | 40-50㎡ 이하 |
| | | 72세대(2.79%) | 50-60㎡ 이하 |
| | | 전체:445세대(17.23%) | |
| 변경 | 33,913.46 | 194세대(6.83%) | 40㎡ 이하 |
| | | 200세대(7.04%) | 40-50㎡ 이하 |
| | | 90세대(3.17%) | 50-60㎡ 이하 |
| | | 전체:484세대(17.04%) | |

**2014년 11월 변경 - 재정비촉진사업 완료 목표 연도 변경(서울특별시 고시 제2014-406호)**

| 구분 | 기준연도 | 목표연도 | 비고 |
|---|---|---|---|
| 기정 | 2006년 | 2016년 | |
| 변경 | 2016년 | 2020년 | |

사업 지연에 따라 목표 연도 역시 변경되었다.

**2014년 11월 변경 – 인구, 주택수용계획 변경(서울특별시 고시 제2014-406호)**

| 구분 | 기정 | 변경 | 변경 후 | 비고 |
|---|---|---|---|---|
| 인구 | 81,578 | 증)1,527 | 83,105 | |
| 세대수(세대) | 26,550(72) | 증)497 | 27,047(72) | |

2014년 11월 뉴타운 일부 구역이 해제되었음에도 불구하고 인구 및 주택수용계획이 증가하였다.

2008년 글로벌 금융위기 이후 부동산 경기가 주춤하면서 장위뉴타운 사업도 지연되기 시작하였다. 장위뉴타운 선정 이후 거의 모든 재개발 구역들에서 민사 및 행정 소송이 전개되었다. 가령 장위7구역에서는 비상대책위원회가 설립되어 조합 측의 추가분담금에 대한 명확한 계획 제시를 요구하며 무효소송을 추진한 바 있다.[07] 장위1구역에서는 비상대책위원회가 분담금 내역을 투명하게 공개하지 않은 채 조합 설립 동의를 받았다며 조합설립 무효소송 등 총 3건의 소송을 제기하였다.[08] 해당 소송은 2009년 9월경 조합과 비대위 간의 합의를 통해 취하되긴 하였으나 이와 같은 갈등이 계속되었다. 다양한 입장과 정보가 넘쳐나면서 혼란을 느낀 주민들의 문의전화가 많아 서울시 120다산콜센터에는 "성북구 장위지구 뉴타운 언제 되나요?" "장위1구역 현황" "장위5구역 사업추진 현황" "장위14구역 사업계획" 등이 주요 질문으로 나란히 등록되어 있을 정도이다. 2009년 이후 각 구역에서 시공사 선정에 들어가기 시작하였는데, 이 과정에서도 주민 간의 갈등이 야기되었다. 여러 시공사가 개별 주민들에게 접근하며 어떤 시공사의 편인가에 대한 인식이 생겼기 때문이다.

07. 「'갈등의 골' 깊은 서울 재개발 사업」, 『파이낸셜뉴스』, 2009년 7월 14일.

08. 「장위1구역 소송 모두 취하 … 뉴타운 사업 속도낸다」, 『한국경제신문』, 2009년 9월 3일.

09. 「'고?스톱?' 갈까 말까 망설이는 장위뉴타운 10년」, 『머니투데이』, 2016년 8월 20일.

10. 「장위뉴타운 조합원 추가분담금 폭탄에 불만 … 서울시 측 '감정평가 공정성 문제없다' 불식」, 『헤럴드경제신문』, 2013년 11월 11일.

> 저희도 주민끼리, 골목 하나를 두고 너 삼성 편, 현대 편 해서 골목을 갈라서 다녔다니까. 저희 문방구 앞에 오면 언니가 그래. 너 아이파크 편이지? 이러고 가고. 삼성 편에서는 너 삼성 편이지? 이러고 가고.
>
> - 이진희, 2020년 11월 21일.

2008년경 부동산 경기가 침체되면서 아파트값이 대폭 떨어졌다. 이러한 상황에서 조합원 한 사람당 목돈이 들어가는 뉴타운 사업은 제대로 추진되기 어려웠다.[09] 주민분담금 또한 크게 증가하여 조합원들의 추가분담금에 대한 논란이 계속되었다. 가령 장위뉴타운 11구역에 집을 소유하고 있던 조합원은 2013년 감정평가에서 보유 주택이 매입가보다 1억 1000만 원 적은 1억 7000만 원의 평가를 받았다. 이는 일반 분양가보다 비싼 금액이었다.[10]

재개발이 지연되고 주민들이 갈등하는 상황에서 서울시의 뉴타운·재개발 실태조사가 실시되었다. 실태조사는 기존의 뉴타운·재개발 사업이 전면철거 방식으로 진행되며 도시경관 훼손, 지역경제와 주민공동체의 붕괴, 서민 주거공간의 멸실, 전월세 가격 상승 및 원주민의 낮은 재정착률 등 수많은 사회적 문제를 야기하였다는 서울시의 판단에 따라 시작되었다. 실태조사를 통해 주민들에게 뉴타운·재개발 사업에 관한 정확하고 객관적인 정보를 제공하고 사업의 주체로서 사업추진 결정을 "주민이 원하는 대로" 할 수 있도록 한다는 것이 취지였다.

2012년 1월 30일 서울시 뉴타운·재개발 수습방안이 발표된 이후 장위동에서도 2012년 말부터 2013년까지 장위1·5구역을 제외한 13개 구역에서 뉴타운·재개발 실태조사가 진행되었다. 그러나 주민이 원하는 사업추진을 지원한다는 취지에도 불구하고, 이미 주민들이 재개발을 추진하려는 조합 측과 조합 해산 및 구역 해제를 추진하는 반대 측으로 갈려 갈등이 한창인 상황에서 실태조사는 논란거리를 더 추가한 측면도 있다. 또 실태조사 기간 중 사실상 사업 진행이 중단되기 때문에 이로 인한 혼란도 가중되었다. 2012년 9월 7일 자 『매일경제신문』 기사에서 임영규 장위11구역 재개발조합 사무장은 실태조사로 인해 사업이 중단되는 기간의 조합운영비와 금융비용 등 조합원들이 보는 피해가 막대하다고 비판하였다.[11]

실태조사 과정에서 조합원 명부를 공개하지 않아 갈등이 생기기도 하였다. 조합원 명부를 공개하라는 주민들의 요청을 성북구청과 조합이 거절하여 2013년 11월 28일 장위11구역 주민 20여 명이 서울시청 1층 로비에서 시위를 벌이는 일도 있었다. 이는 서울시가 성북구에 명부를 공개하라고 중재하며 마무리되었다.[12] 이후 실태조사가 종료된 뒤에도 비판이 계속되었다. 제221회 성북구의회 2차 본의회에서 김일영 의원은 실태조사 결과가 많은 문제점을 가지고 있다고 언급하였다.[13] 현실성 없는 공사비 산정, 주변 시세와 동떨어진 아파트 분양가 산정 등으로 인해 실태조사에 총 7억 9,200만 원의 막대한 예산이 들었으나 주민들의 혼란만 가중시켰다는 비판이었다.

한편으로 이러한 논란에도 불구하고 실태조사 결과는 많은 주민들에게 구체적인 정보를 제공함으로써 사업추진에 영향을 미쳤으며, 기대에 미치지 못하는 사업성 평가를 받은 구역에서는 구역 해제 움직임으로 이어졌다.

11. 「서울시 실태조사 발표, 장위뉴타운 11구역 가보니」, 『매일경제신문』, 2012년 9월 7일.

12. 「장위동 뉴타운 주민, '성북구, 조합원 공개하라'」, 『문화일보』, 2013년 12월 2일.

13. 성북구의회 제221회 본회의 제2차 회의록

14. 「재개발, 절반의 성공. 부동산 뛰자 장위뉴타운 반쪽의 후회」, 『매일경제신문』, 2020년 4월 13일 ; 서울특별시 고시 제2014-375호

15. 「뉴타운 해제 '찬성 조합원' 재산 가압류」, 『중앙일보』, 2014년 7월 17일.

16. 「이미 겁먹어버렸다」, 『한겨레 21』, 2015년 1월 9일.

### 5.1.2 2014년 12·13구역 해제

2014년부터 일부 구역이 뉴타운 지역에서 해제되기 시작하였다. 장위12·13구역이 2014년 가장 먼저 뉴타운에서 해제되었다.[14] 장위12구역(장위동 231-233)은 조합의 승인취소 신청을 통해 사업 해제가 진행되었으며, 해제요청 동의율은 52.8%였다. 13구역은 일몰제로 사업주체조합을 구성하지 않고 해제를 진행하였다.

장위12구역 조합 해산 이후 매몰비용과 관련해 조합원 재산 가압류가 결정되는 일도 있었다. 시공사로 선정된 D산업이 2014년 4월 조합을 상대로 매몰비용 약 31억 원을 청구하였으며, 연대보증 책임이 있는 임원들이 조합설립인가 취소에 적극 가담한 57명에게 1인당 약 5,300만 원의 가압류를 신청하였다.[15] 이와 같은 청구소송은 2015년 10월 15일 서울 북부지방법원 민사13부가 청구소송을 기각하며 종결되었다.

해당 판결을 전후로 이러한 상황을 거의 처음 경험한 조합원들은 불안에 떨어야 했다. 『한겨레 21』 2015년 1월 9일 자 기사에 장위12구역 조합원 엄선옥(53세) 씨의 다음과 같은 말이 인용된 바 있다. "가압류 당한 주택에 월세를 들어오려는 세입자가 어디 있겠느냐. 월세를 받아 생활하는 어르신들이 큰 걱정이다. 일부는 압류랑 헷갈리며 '내 집 빼앗기는 것 아니냐'고 불안해하며 병원 신세도 졌다." 해당 판결은 다른 구역의 해산에도 영향을 미쳤다. 같은 기사에서 인용된 장위14구역 조합원 이순이(61세) 씨의 말에 따르면, 해산 동의서를 쓰려던 조합원들도 가압류로 매몰비용에 집까지 빼앗겨 많이들 고개를 저어 버렸다는 것이다.[16]

**촉진구역(해제) 결정도, 성북구 장위동 231번지 일대 장위 12·13구역 (서울특별시 고시 제2014-375호)**
출처: 「서울특별시보」 제3263호, 57쪽.

### 5.1.3
### 2017년 8·9·11구역 해제, 2018년 15구역 해제

2017년 3월 30일 서울시 고시 제2017-112호에 의해 8·9·11구역이 촉진구역에서 해제되었다. 해당 구역들의 해제는 훨씬 이전부터 이야기되어 왔다. 11구역의 경우 2014년부터 이미 뉴타운 해제 목소리가 높아 조합장 선출 총회가 난항을 겪은 바 있다. 당시 성북구청은 뉴타운 재개발 지역의 거듭되는 갈등에 공공이 적극 개입하겠다며 뉴타운 갈등관리센터를 출범시키고 2014년 3월부터 활동에 들어갔다. 센터를 통해 조합 대신 총회 개회를 주도하고 조합장 선거에서 선거관리위원회 역할도 맡는 등 기존 조합이 조합에 유리한 방식으로 총회를 열면서 불거진 불공정성 문제를 해소하려고 많은 노력을 기울였다. 그러나 조합원들 다수가 조합장 선거보다 뉴타운 해제에 관심을 기울이면서 총회가 무산될 가능성이 커졌다. 이에 갈등관리센터가 총회 개최에 필요한 추가 동의서를 발부하며 편법 운영이라는 논란이 대두되기도 하였다.[17] 이는 해당 시기부터 뉴타운 해제 움직임이 있었다는 점을 드러낸다.

8구역에서도 오래전부터 지정해제가 이야기되어 왔다. 2013년 10월 서울시가 진행한 실태조사에 따르면 8구역에 건설될 가구들은 일반분양보다 임대세대 수가 더 많게 나타났다. 이에 사업성이 떨어진다는 의견이 대두되었다. 또한 구역 내에 1종 주거지역이 있어 용적률이 떨어지기 때문에 사업성을 높이려면 이를 2종 주거지역으로 바꾸는 종 상향이 필요하다는 의견도 제기되었다. 하지만 해당 구역의 조합은 2014년 조합장의 개인 사정에 의한 자진 사퇴 후 비대위의 점거 사태 등 반대에 부딪혀 총회 개최와 새 조합장 선임이 무산되어 제 기능을 하지 못하였다.[18]

장위9구역 또한 2013년부터 비대위의 반대로 총회를 개최하지 못해 사업이 지지부진한 상황이었다. 9구역은 장위뉴타운 중 가장 빠르게 조합인가를 받았으나 사업시행인가 부결 이후 사업이 지연되었다.[19] 2013년 실태조사 결과를 통보받은 뉴타운 조합의 해산조건 완화 기간이 1년 연장된 것은 사업 지연에 영향을 미쳤다. 여기에 상가 소유자, 감정평가 불만자 등의 반대도 더해져 사업이 진행되지 못하였다. 상가 소유자의 반대의견은 2010년대 초반 9구역 조합 비상근이사로 활동한 노정열 씨의 인터뷰에서도 확인된다. 그에 따르면 9구역 재개발 추진 당시 상가건물의 권리가를 인정해 주지 않았다고 한다.

17. 「공공 적극 개입하다던 장위11구역, 시작부터 난관」, 『헤럴드경제신문』, 2014년 3월 18일. ; 「장위뉴타운 11구역 공공개입 취지 '무색'」, 『헤럴드경제신문』, 2014년 3월 21일.

18. 「뉴타운 엇갈린 희비… 희망 접은 '눈물 뒷걸음질'」, 『스카이데일리』, 2016년 6월 29일.

19. 주택산업연구원, 『재개발사업지연요인 및 개선방안. 서울시를 중심으로』, 2015.6., 70쪽.

> 가만히 보니까 상가건물은 재개발하면 손해예요. 왜 손해냐. 땅값을 제대로 인정을 안 해줘 권리가를. 그때 당시에 평당 2000만 원 정도 갔는데 1200만 원이래. 그럼 800만 원 손해 아냐. 그 다음에 여기서 월세가 한 700 나와요. 그러면 개발이 된다고 했을 때 3년에서 5년 걸려. 그러면 3년 걸리면 얼마야. 2억 넘죠? 이득 보는 쪽은 안쪽의 빌라가, 조그만 주택 가진 사람들이 이득을 봐요. 그래 가지고 반대편에 섰어. 서울시장 상대로 소송을 했어. 개발 안 하겠다고. 그래서 소송에서 이겨 버렸어. 그래서 여기 해제구역이야. 비상근이사는 내가 해제될 때까지 했어.
>
> 노정열(9구역 조합 비상근이사), 2020년 7월 13일~2020년 7월 14일.

장위15구역은 2018년 5월 2일 제6차 도시계획위원회 심의 결과 재정비촉진구역에서 직권해제되었다. 그러나 이후 장위15구역 재개발 추진위원회가 서울시와 성북구청을 상대로 구역 해제 무효소송을 제소하였다. 해당 소송은 2019년 12월 6일 행정법원, 2020년 9월 11일 서울고등법원, 2021년 1월 14일 대법원을 거치며 최종적으로 추진위원회의 승소로 마무리되었다. 서울행정법원은 정비구역 해제 과정에서 절차상 미비한 점이 있었다는 판결을 내렸고, 서울고등법원과 대법원에서도 같은 판결을 내렸다. 이에 15구역에서는 다시 재개발 추진 움직임이 이어지고 있다.

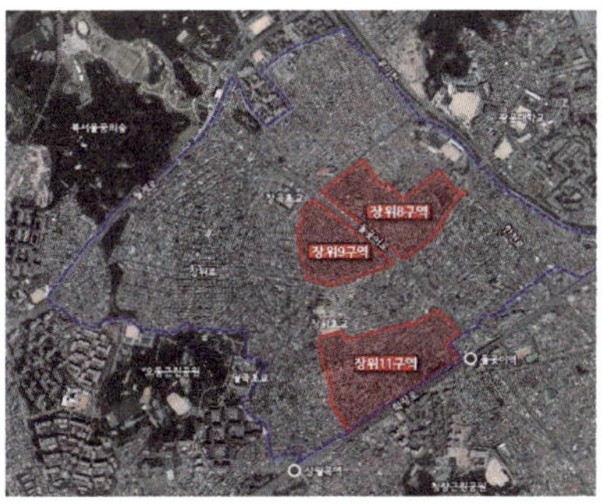


장위뉴타운 내 해제된 장위 8·9·11구역을 보여주는 위치도(서울특별시 고시 제2017-112호)
출처: 「서울특별시보」 제3402호, 137쪽.

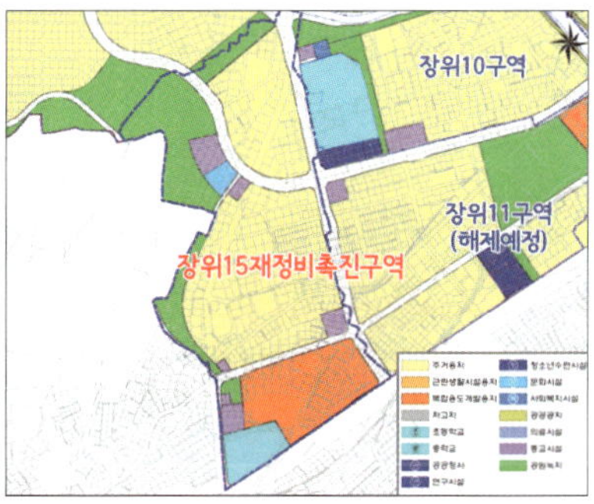


해제된 장위15구역을 보여주는 위치도(서울특별시 고시 제2018-163호)
출처: 「서울특별시보」 제3466 호, 32쪽.

# ②

# 조각난 개발과 사회의 갈등

장위재정비촉진구역이 해제된 지역은 이제 신축이나 증·개축 등 개인별 재산권을 다시 자유롭게 행사할 수 있었고, 주민들이 동의할 경우 주거환경관리사업이나 가로주택정비사업 등 다양한 대안사업을 추진할 수 있게 되었다. 뉴타운이 해제된 곳의 난개발을 막고 주거환경을 개선하기 위해 서울시와 성북구는 13구역 해제지역(서울시 성북구 장위1동 232-17번지 일대)을 '서울형 도시재생 시범사업지'로 선정하였다. 이 지역은 동방주택이 있던 곳이기도 하였다. 장기간의 건축제한으로 노후주택이 증가하고 정비사업 찬반으로 인해 주민공동체가 악화된 상황은 장위동이 도시재생 시범사업지로 선정되는 데 영향을 미쳤다.[20] 이 사업은 "지역 자산을 활용한 문화재생, 인적자원을 활용한 경제재생, 쾌적하고 안전한 주거재생" 등을 기본 목표로 하고[21] 통합 그린커뮤니티센터 건립과 같은 사업을 추진[22]하는 등 마을공동체를 보존하려는 노력이었고, 구체적인 사업으로는 공동체 활성화, 장곡시장 활성화, 복지문화거점 조성 등이 있었다.

20. 서울특별시, 「서울형 도시재생 시범사업 장위도시재생활성화 계획」, 2017.8., 2쪽.

21. 「뉴타운 접은 '장위동' 도시재생 본격화」, 「헤럴드경제신문」, 2015년 3월 20일.

22. 「뉴타운 해제된 성북구 장위동에 '그린커뮤니티센터' 건립」, 「헤럴드경제신문」, 2015년 9월 29일.

23. 「도시재생, 지역활성화-관리대책 간 균형 찾아야」, 「이로운넷」, 2019년 3월 7일.

**장위 도시재생활성화계획의 기본 개요**

| 위치 | 서울시 성북구 장위동 232-17번지 일대(장위뉴타운 재정비촉진지구 내 13구역 해제지역) |
|---|---|
| 면적 | 318,415㎡ |
| 사업기간 | 기준연도: 2015<br>목표연도: 2018(서울형 도시재생 시범사업 지원기간) |
| 사업예산 | 총 100억 원 |

이를 위해 2015년 3월 19일 도시재생지원센터가 장위동 219-341번지에 개소하였다. 도시재생지원센터는 주민활동가 및 공동체 발굴과 동시에 주민 주도 사업추진을 지원하는 역할을 수행하는 컨트롤타워로 기획되었다. 2017년 장위행복누림복합센터 개소 이전까지는 1971년 신축된 구역 내 빈집을 임차하여 도시재생지원센터 공간으로 활용하였다. 2017년 장위행복누림복합센터가 장위동 224-12번지에 개소한 후 해당 공간 3층으로 위치를 이전하였다.

박학룡 장위동 도시재생지원센터장에 따르면, 장위동 도시재생사업은 특징이 없는 것이 장점인, 즉 특별히 주목할 것도 없고 버릴 것도 없는 주거지의 모습을 유지하겠다는 기조로 진행되었다. 외부의 지나친 관심은 공동체 성장에 도움이 되지 않는다는 점을 고려하여 도시재생사업을 진행한 주체들은 외부의 관심을 덜 받으려 노력한 것이다. 그러나 동시에 이러한 노력은 행정과의 마찰을 낳기도 하였다. 외부의 지나친 관심을 피하는 동시에 도시재생 정책의 좋은 모델로서 홍보가 필요하였다. 이에 둘 사이의 균형은 재생사업 내내 딜레마로 남았다. 더불어 행정과 주민 간의 괴리 또한 지적되었다. 실패를 받아들이지 않는 행정의 시각은 주민들이 도시재생에 참여하는 과정에서 행정과 주민 간 갈등을 낳기도 하였다.[23]

2017년 6월 서울시 최초로 가꿈주택 골목길 정비사업 대상지로 선정된 '연주황 가꿈주택 골목길 정비사업'은 성북구 장위동 234-34번지 일대 낙후된 골목길과 보행환경을 개선할 목표로 총 24가구를 모집하여 시작되었으며, 면적 4400㎡에 길이 총 181.9m의 골목길이 사업 대상지로 지정되었다. 사업이 진행되면서 전체적인 공사 범위는 크게 주택 개선과 기반시설 확충으로 정리되었으며, 사업설명회 등 총 12차례에 걸친 주민회의 등을 통해 지역주민들의 의견수렴 과정을 거쳐 세부계획을 확정하였다. 주택 개선의 경우 데크 설치, 투시형 대문 설치, 담장 낮추기 등을 통해 좁은 골목길의 답답한 보행환경에 숨통을 열도록 하였고, 기반시설 확충의 경우 LED가로등·방범용CCTV 설치 등과 함께 게시판·우편함·벤치 등의 주민편의시설과 트렌치·선홈통·하수관 교체 등의 배수시설 정비 그리고 철제 화분 및 마을의 상징인 감나무 조형물 등의 설치를 통해 지역의 정체성을 되살리도록 계획하였다.

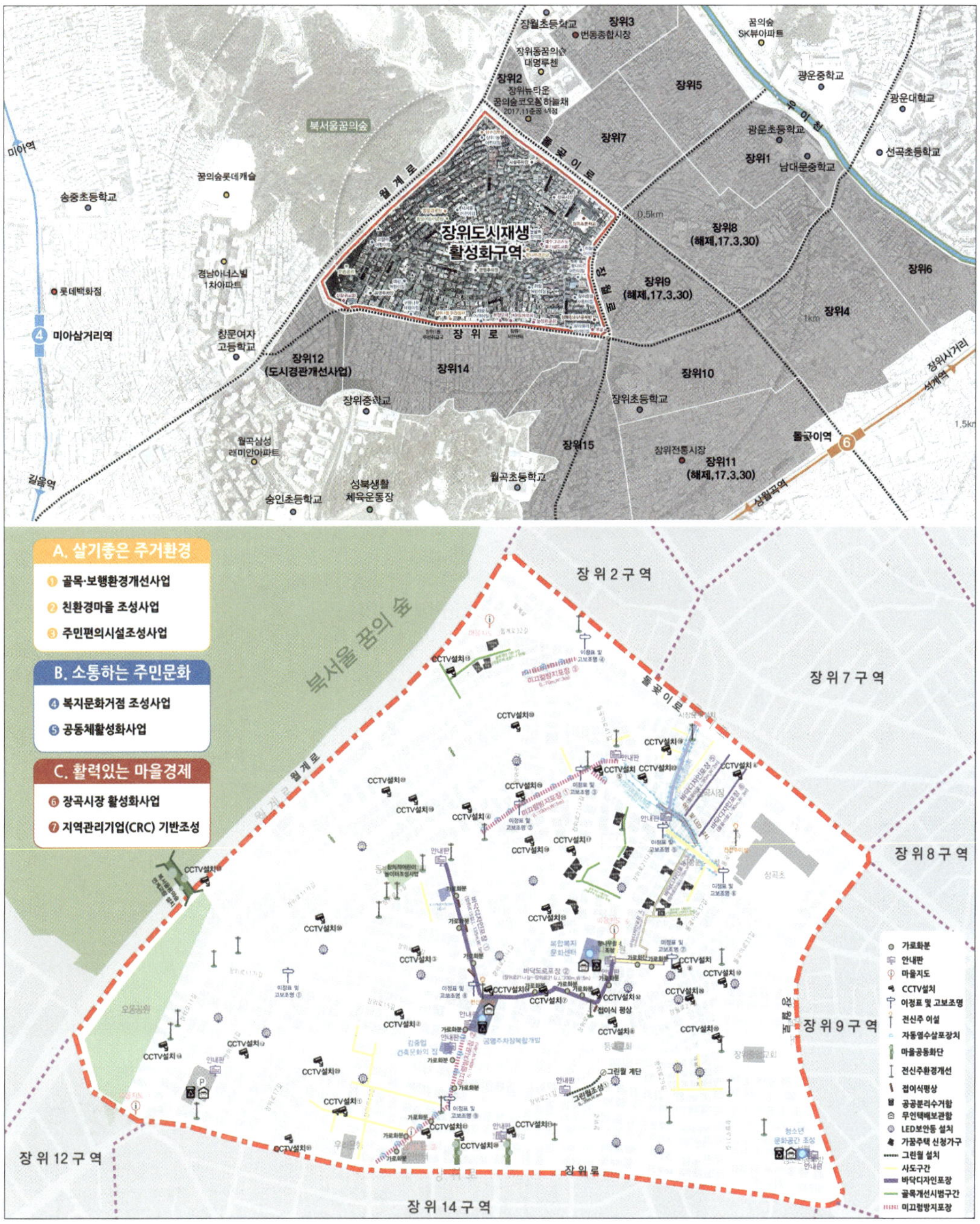


장위 도시재생활성화계획 (장위13구역) 공간적 범위

출처: 서울특별시, 『서울형 도시재생 시범사업 장위도시재생활성화 계획』, 2017.8., 5쪽.

연주황 가꿈주택 골목길 정비사업

### 5.2.1
### 가로주택정비사업

2019년부터 가로주택정비사업을 통해 소규모 재개발을 시도해 왔다. 가로주택정비사업은 2012년 「도시 및 주거환경 정비법」이 개정되면서 새롭게 도입된 정비사업이다. 노후·불량 건축물이 밀집한 가로구역에서 종전의 가로를 유지하면서 노후주택을 소규모로 정비하여 주거환경을 개선하기 위한 사업이다. 2021년 2월 1일 장위13-4 구역 가로주택정비사업 조합이 시공사 선정을 위한 입찰 공고를 냈으며, 11-1구역 가로주택조합 또한 2021년 현재 사업을 준비하고 있다.[24] 가로주택정비사업 또한 13-4 구역 반대자 비상대책위원회가 존재하는 등 주민 간의 갈등이 있는 상황이다.

이후 8·9·11·12구역은 2020년 SH와 LH가 공공시행사로 참여하는 공공재개발 사업을 신청하였다. 공공재개발 사업추진 기대와 맞물리며 해당 구역 내 집값 또한 급격히 상승하였다. 해당 구역에서 2020년 7월 2억 2900만 원에 거래된 연립의 경우 2020년 12월에는 4억 1200만 원에 거래된 바 있다.[25] 여기에 지가를 끌어올린 공공재개발 사업 또한 어려움을 겪고 있다. 2021년 2월 14일 자로 장위11구역과 장위12구역은 공공재개발 공모 신청지 추천 재검토 요청을 받은 바 있다. 이는 노후도, 가구밀도, 주민동의율 등 주거정비지수가 부족한 데 기인한다.[26]

24.
「상전벽해 앞둔 '장위뉴타운'… 제각기 정비사업 전략」, 『대한경제』, 2021년 2월 3일.

25.
「재개발이 쏘아올린 장위뉴타운 집값… 빌라 2억 껑충", 『아시아경제』, 2021년 2월 1일.

26.
「공공재개발도 쉽지 않네… 서울시 성북 5동 9곳 퇴짜」, 『아주경제』, 2021년 2월 14일.

장위동 15-1구역 가로주택정비사업 조감도
(호반건설 홈페이지)

가로주택정비사업 추진과 반대의견의 대립적 상황

## 5.2.2
## 계속되는 뉴타운 개발

뉴타운 해제와 진행이 동시에 진행되면서 이른바 "개발과 선택으로 양분된 상황"[27] 속에서 2015년 장위2구역에서는 장위뉴타운 첫 사업인 '꿈의숲 코오롱하늘채'의 착공이 이루어졌으며,[28] 장위1구역과 장위5구역에서는 삼성물산에서 시공될 래미안 아파트[29]의 분양이 2016년 8월에 개시되었다. 2010년대 중반부터 서울의 집값이 급격히 상승하며 뉴타운 사업도 탄력을 받은 것이다. 2017년 장위2구역 꿈의숲코오롱하늘채 입주가 시작되고 여러 구역에서 개발이 진행되었다.

개발추진 과정에서도 혼란과 갈등이 존재하였다. 특히 공장과 상업시설의 이주 문제가 대두되었다. 2018년 2월 25일에는 장위4구역에서 니트 공장을 운영하던 세입자가 이주를 고민하다 스스로 목숨을 끊은 사건이 있었다. 2017년 2월 장위4구역에 재개발 관리처분계획 인가가 난 이후 해당 공장에는 영업손실 보상금으로 3950만 원이 책정되었다. 해당 공장은 보증금 2000만 원에 월세 220만 원짜리 공장이었다.[30] 장위7구역에서는 강제집행이 진행되었다. 2018년 겨울부터 시작된 강제집행은 2019년 초까지 계속되었다. 철거민들은 이에 반대하며 농성을 전개하였다. 2018년 11월에는 장위7구역의 한 현금청산자가 강제철거에 반대하며 자해하는 사건이 있었다.[31]

2017년 8월경 10구역에 재개발 관리처분계획 인가가 난 이후 개발이 추진되며 장위전통시장이 반토막 나는 문제 또한 존재하였다. 장위전통시장은 장위10구역과 장위11구역에 걸쳐 있었으나 2017년 3월 11구역이 촉진구역에서 해제되었다. 반면 10구역은 재개발이 추진되어 시장의 70%가 철거 대상으로 상정되었다. 이로 인해 시장 자체의 규모가 축소되며 철거 대상이 아닌 점포에도 큰 영향을 미쳤다. 장위시장 내에서 지물포를 운영하던 박한일 씨의 말에서 재개발의 영향이 잘 드러난다. 박한일 씨는 가게를 노후에 자녀에게 물려주고자 계획하였으나 재개발로 그 계획은 물거품이 되었다.

> 우리 가게가 내가 이제 노후에 그런 게 있었거든? 이게 재개발 안 되고 그냥 있었으면 내가 내 가게를 우리 아들한테 대를 이어서 해 주려고 그랬어. 우리 인제 거기는 저 위에는 가게는 우리 가게였고 지금 내가 세 들어오는 거거든? 근데 이제 내가 이제 너를 안 나가고 그러면 우리 아들한테 대물림해 가지고 운영하게끔 해 가려고 했는데 모든 게 재개발 때문에 물거품이 돼 버린 거야. (중략) 여기 옛날에 장사하던 사람들은 미국으로 이민 가고, 거의 다 초창기에 했던 사람 다들 돌아가셨어. 은퇴하고. 요번에 또 그러면 재개발 때문에 그만둔 사람들 엄청 많아.
>
> 박한일(1952년생), 2020년 10월 26일.

27. 「'난개발' vs. '선택권', 두동강으로 쪼개진 장위동」, 『헤럴드경제신문』, 2017년 4월 18일.

28. 「10년 기다린 장위뉴타운 첫 삽」, 『헤럴드경제신문』, 2015년 4월

29. 래미안 장위 1의 경우 지하 2층에서 지상 29층, 10개동 총 939가구의 규모로 설계되었으며, 계속해서 늘어나는 중소형 아파트의 수요를 반영하여 85㎡ 이하의 중소형 가구가 전체의 96%를 차지하도록 계획되었다.

30. 「'재개발 날강도' 아침 8시 유서 … 보상 40만 원 장위동의 비극」, 『한겨레』, 2018년 5월 23일.

31. 「한국은 80년대 재개발 보상법, 선진국은 주민 90% 동의」, 『한겨레』, 2018년 5월 23일.

**철거에 저항하는 주민들**
출처: 「철거민 조한정씨가 마지막까지 버틴 이유」, 『국민일보』, 2018년 3월 30일.

2019년 6월에는 1구역 래미안장위포레카운티, 2019년 9월에는 5구역 래미안장위퍼스트하이 입주가 시작되었다. 이와 동시에 2019년 기준 장위동에 있는 총 15개 재정비 사업구역 중 6개 구역이 해제되었으며, 4개의 사업지역에서 주민들의 입주 및 아파트 공사가 시작되었다(1구역과 5구역은 6월과 8월에, 7구역은 12월에 입주가 시작되었다).[32] 나머지 5개 사업지역에서도 시공사 선정 및 조합설립 인가 절차가 진행되고 있다.[33] 또한 뉴타운 사업을 포기한 지역에서도 다른 구역의 뉴타운 개발로 인한 금전적 이익을 확인한 후 뒤늦게 사업 재추진의 의지를 보이고 있다. 장위14구역에서는 주민 의견조사 결과 60% 이상의 찬성을 보여 사업 재개를 시작하였고, 정비계획의 수정 및 변경 등이 이루어지고 있다.[34] 다만 이미 신축 빌라가 많이 들어선 구역과 가로정비사업을 추진 중인 지역에서는 주민들의 의견을 조율하기가 더 어려운 상황이다.[35]

32. 「혼란 끝…장위뉴타운 개발사업 속도」, 『헤럴드경제신문』, 2019년 4월 19일.

33. 지하철과의 연계성으로 수주전이 가장 치열하였던 6구역도 대우건설로 시공사가 결정되었다. "강북 최대 재개발 장위뉴타운 속도낸다 '알짜' 6구역 시공사 선정 '메기효과' 확산」, 『매일경제신문』, 2019년 5월 13일.

34. 「이목 끄는 재개발, 재건축 현장 뽑드는 장위뉴타운…재개발 잰걸음」, 『한국주택경제』, 2019년 1월 24일.

35. 「재개발, 절반의 성공-부동산 뛰자…장위뉴타운 반쪽의 후회」, 『매일경제신문』, 2020년 4월 13일.

**장위뉴타운 구역별 사업진행 현황(2020)**

| 위치 | 면적 | 사업진행현황 | 가구수(세대) | 아파트 단지명(시공사) |
|---|---|---|---|---|
| 1구역 | 80,513㎡ | 2019년 6월 입주 | 939 | 래미안장위 포레카운티 (삼성물산) |
| 2구역 | 15,104㎡ | 2017년 10월 입주 | 513 | 꿈의숲코오롱 하늘채 (코오롱글로벌) |
| 3구역 | 66,011㎡ | 조합설립 인가 | 1,078 | - |
| 4구역 | 153,501㎡ | 관리처분 인가 | 2,840 | 장위4구역자이 (GS건설) |
| 5구역 | 89,879㎡ | 2019년 9월 입주 | 1,562 | 래미안장위 퍼스트하이 (삼성물산) |
| 6구역 | 105,164㎡ | 사업시행 인가 | 1,637 | 장위6구역 푸르지오 (대우건설) |
| 7구역 | 87,151㎡ | 2020년 12월 입주 | 1,703 | 꿈의숲 아이파크 (HDC현대산업개발) |
| 10구역 | 94,245㎡ | 관리처분 인가 | 1,968 | 장위10구역 푸르지오 (대우건설) |
| 14구역 | 144,201㎡ | 조합설립 인가 | 2,400 | 미정 (SK건설, HDC현대산업개발) |

출처: 「재개발, 절반의 성공-부동산 뛰자…장위뉴타운 반쪽의 후회」, 『매일경제신문』, 2020년 4월 13일.

**장위시장의 부분적인 재개발지구 포함**
재개발로 철거할 쪽 시장입구에 개발하지 않는 쪽의 정상영업을 알리고 있다.(2020.6.19. 촬영).

새로 건설된 아파트 단지
1. 래미안장위퍼스트하이(장위5구역)
2. 꿈의숲아이파크(장위7구역)

2020년 말 기준으로 공공재개발이라는 새로운 대안이 뉴타운이 포기된 장위 8·9·12구역을 중심으로 추진되고 있다. 장위12구역의 경우 사업성을 높이기 위해 역세권 공공임대주택이나 공공재개발에 참여하는 방안을 검토 중이다.[36] 공공재개발을 할 경우 LH 혹은 SH 등 공공개발자가 정비사업에 참여하게 되며, 조합원 물량을 제외한 나머지 물량의 50%를 임대주택으로 공급하는 대신 용적률 상향 조정, 허가절차 간소화 그리고 분양가 상한제 적용 제외 등의 인센티브를 받게 된다. 장위11구역의 경우는 공공과 일반 재개발을 병행하는 방식을 논의 중이며, 장위15구역은 최근 서울시 및 성북구와 다툰 2심 소송에서 이겨 기존 뉴타운 방식을 그대로 유지할 전망이다.[37]

**촉진구역 해제에 따른 건축배치계획 변경안**

15개의 뉴타운 지구 중 6개 지구는 해제가 되고 9개 지구만이 진행이 되면서 정비계획 변경도 이루어졌다. 2019년 4월에 발표된 정비계획 변경안을 보면 뉴타운 사업에서 제외된 6개의 촉진구역을 반영하여 건축배치 가이드라인을 조정한 것이 확인된다. 특히 해제 구역과 뉴타운이 추진되는 접점에서 건축물의 높이가 낮게 적용된 점을 확인할 수 있다. 이는 뉴타운 개발이 중단된 지역에 거주하는 주민들의 거주환경을 고려해 일조 등을 확보하는 방향으로 조정된 것으로 이해할 수 있다. 또한 장위뉴타운 지역을 양분하는 돌곶이로 주변으로 7층의 연도형 상가를 배치하여 뉴타운이 진행되는 지역과 그렇지 않은 지역 간의 물리적 격차를 최소화하는 방향으로 조정된 점을 파악할 수 있다. 또한 뉴타운 계획 초기에 만들어진 선형녹지 연계체계는 점형 거점녹지 체계로 전환되었으며, 오동근린공원-단지 내 조경-우이천을 연계하는 보행녹지 축이 확보되는 방향으로 추진되었다.

36. 「활로 찾는 장위뉴타운…12구역, 공공재개발로 사업재추진」, 『한국경제신문』, 2020년 5월 29일.

37. 「각개전투 장위뉴타운…"15구역은 3심 조짐"」, 『아주경제』, 2020년 12월 18일.

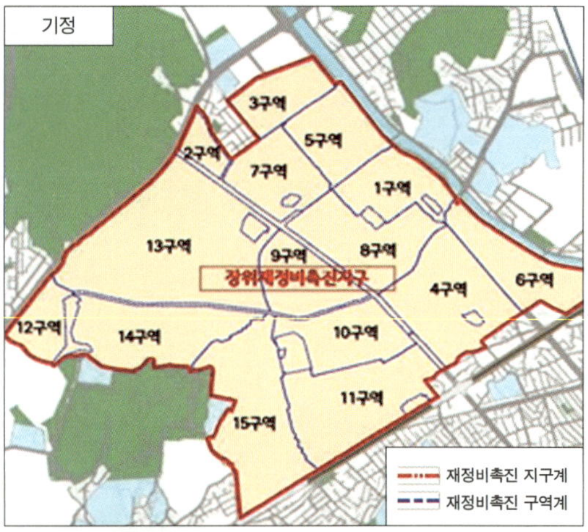


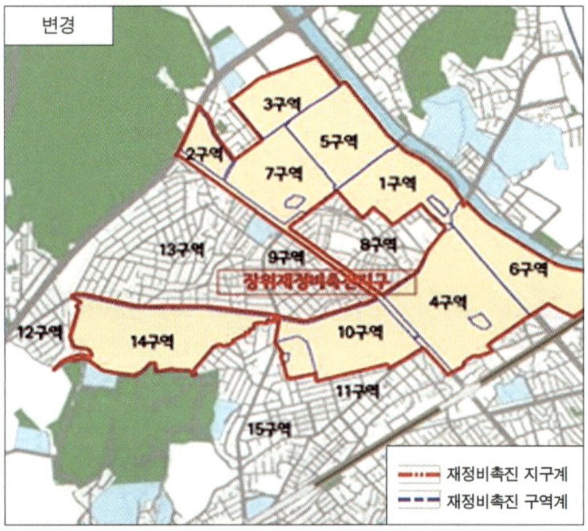


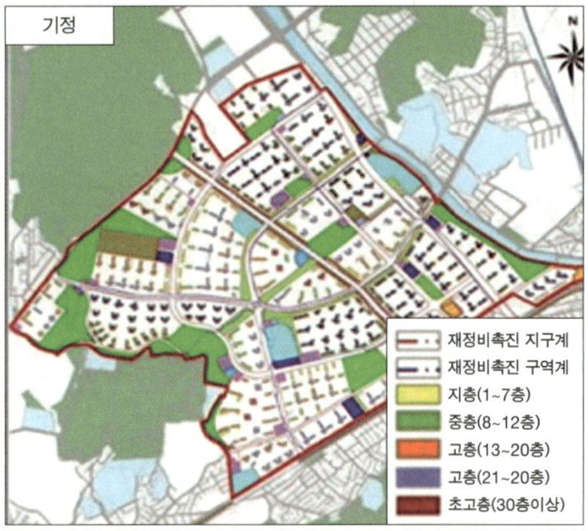


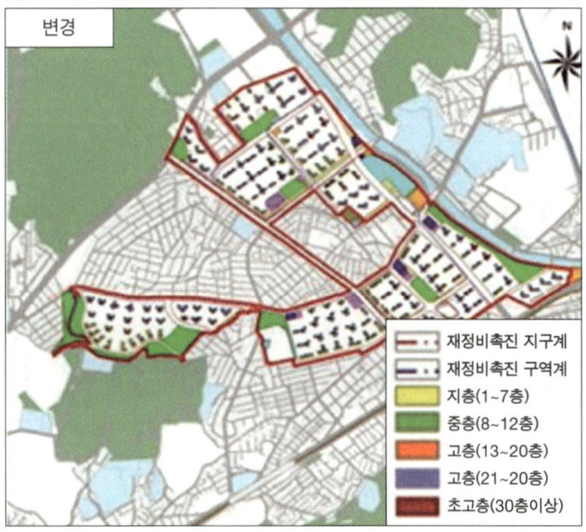


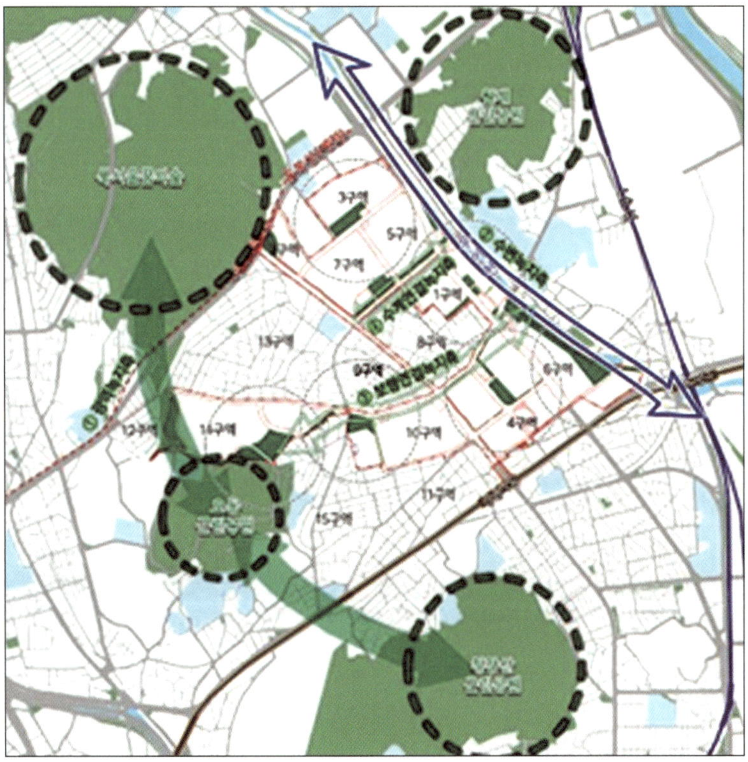

뉴타운 개발을 추진한 구역들(2020)
출처: 서울특별시 고시 제2020-149호, 장위재정비촉진지구 변경지정, 재정비촉진계획(장위1구역) 변경결정(경미한 사항) 및 지형도면 고시, 2020.4.16.

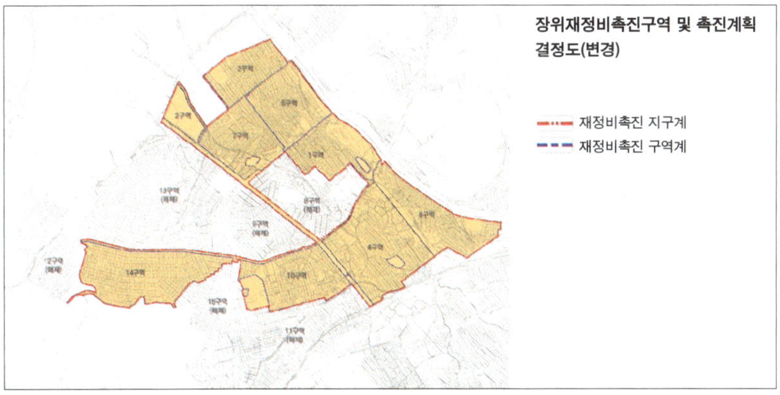


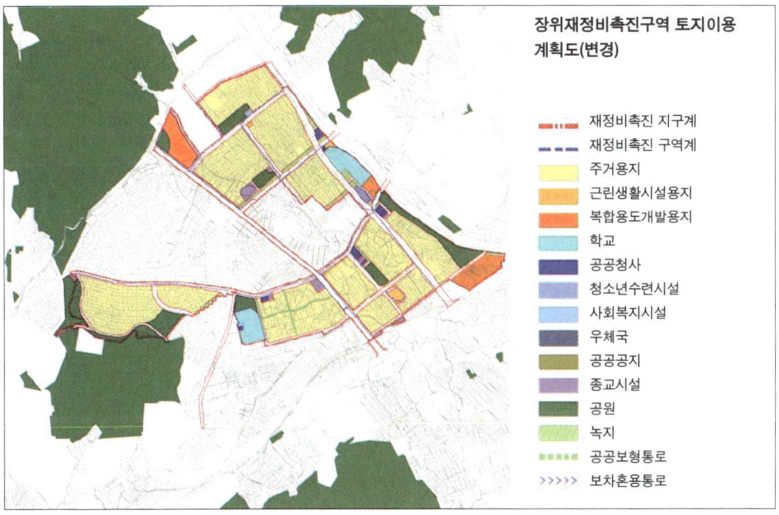


2000년대 초는 재개발 및 재건축 사업과 더불어 재래시장에 대한 대대적인 환경개선사업이 진행된 시기이기도 하다.[38] 서울시에서 작성한 <환경개선사업 시행 후 재래시장 활성화 방안에 관한 연구> 보고서에 따르면 2002년과 2003년에 39개 시장, 2004년에 21개 시장이 이 사업의 혜택을 받았으며 2005년에는 16개 시장이 지원사업 추진 중에 있었다. 주요 사업 내용은 아케이드 설치, 간판 설치, 하수도 정비, 냉난방시설 설치 등이었다.

> 상인회가 없으면, 이런 등록이 안 되어 있으면 정부에서 보조를 해줄 수가 없어요. 그래서 이제 좀 정부예산을 확보해 가지고 하는데, 음… 제가 2005년도에 할 때도 이제 어닝 사업이라고, 저 뭐야 캐노피 사업이라고 그걸 시장환경 개선사업을 하려고 사실 시작한 거예요.
>
> 길희봉(장위전통시장 상인회 회장), 2019년 4월 5일; 성북아카이브 2차 인용

38. 서울특별시, 「환경개선사업 시행 후 재래시장 활성화 방안에 관한 연구」, 2005; 이 보고서에 따르면 재래시장 활성화 정책은 크게 시설 현대화 및 환경개선 지원사업, 재개발 및 재건축 지원사업, 활성화 연구용역 및 시장 브랜드 개발사업으로 나눌 수 있다.

39. 3000㎡ 이상은 등록시장, 1000㎡ 이상은 인정시장으로 분류된다.

40. 서울특별시, 「환경개선사업 시행 후 재래시장 활성화 방안에 관한 연구」, 2005, 11쪽

41. 「뉴타운 추진 구역에 전통시장이 살아난다!」, 『시사프리신문』, 2012년 2월 16일.

42. 「이제 우리도 눈·비 무섭지 않아요」, 『뉴데일리』, 2012년 3월 20일.

43. 「장위전통시장의 숙원사업 드디어 이루다」, 『서울로컬뉴스』, 2016년 12월 16일.; 제1공영주차장은 고건 전 시장의 집터이기도 하다.

44. 「성북구, 장위전통시장 골목형시장 육성사업」, 『시사경제신문』, 2017년 2월 28일.

2005년에 직접 장위전통시장(등록 당시에는 장위골목시장)의 인정시장 등록을 진행한 길희봉 회장은 당시 시장에 아케이드를 설치하기 위해 상인회를 만들었다고 전한다.[39] 서울시가 사업추진 조건으로 시장상인의 사업추진 주체 여부를 걸어 두었기 때문이다.[40] 다만 이때 장위초등학교 남단의 시장상인들만 상인회에 가입하였는데, 길 회장에 따르면 시장 북단의 경우 이미 지붕이 설치되어 있어 남단에 추가로 지붕이 설치되는 것을 반대하였기 때문이라고 한다.

장위전통시장 상인회는 등록한 그해 서울시로부터 아케이드 설치에 대한 예산 지원을 약속받았으나 2005년 12월 장위동 전역이 뉴타운 사업지구로 묶이면서 사업 진행이 어려워졌다. 장위시장의 북단은 10구역, 남단은 11구역에 포함되었는데, 해당 구역 정비사업조합에서 사업이 지연될 수 있다는 이유로 반대 의사를 개진한 것이다.[41] 결국 상인회에서 뉴타운 개발 시 즉시 철거를 약속하고 성북구가 개입해 2012년 비·햇빛 가리개 공사가 실시되었다.[42] 그 이후로도 상인회 주도하에 지속적인 시장개선 사업이 진행되었다. 2016년에는 추가 지원을 받아 시장 전용 공용주차장 두 곳(장위동 68-130, 장위동 68-110)이 마련되었으며,[43] 2017년에는 '골목형 시장 육성사업'으로 조명·가판대·지붕 등 점포 리모델링이 이루어졌다.[44]

이렇듯 시장의 남단을 중심으로 환경개선 사업이 이루어졌으나, 뉴타운 사업으로 오래된 상가건물을 직접 고칠 수는 없게 되면서 상인들이 많은 피해를 입은 것으로 보인다. 장위시장에서 '의성마늘'을 운영하는 고문희 사장은 시장 뒤쪽으로 "쓰러져 가는 집"들이 있고 5~6년 전부터는 빈 집이 많다고 전하였다. 1976년부터 장위시장에서 '안동지물포'를 운영해 온 박한일 사장은 건물의 노후화에 더해 재개발 사업이 진행되면서 단골들이 이사를 가 피해가 막심하다고 하였다.

> 뒤에 열어 보면 쓰러져 가는 집도 있어. 막 쓰러져. 그러니까 그런 데는 이제 안 사는 사람도 있고, 또 사는 사람도 살고 하면서 장사, 장사하고 그랬다고. 내가 올 적엔 빈 집이 많이, 빈 집이 그렇게 많이 없었어. 나올 때쯤에는 전부 다 뭐 이사를 간다든가 안 그럼 이제 정비구역으로

장위시장의 아케이드

> 묶이고 난 다음부터는 이제 그걸 고치지도 못하지, 비도 새지, 그러니까 자꾸 이사를 가게 되고. 딴 데로 또 이사를 가고. 그런 상태로 있어 가지고. 집은 아마 그런 형태로. 그때 당시에 몇 년 안 됐을 거야. 빈집이 좀 있었고. 그게 한 5, 6년 됐을까나?
>
> 고문희(장위시장 의성마늘 사장), 2020년 10월 19일.

> 재개발을 하는 바람에. 그 사람들이 우리 단골들이 지금 받던 게 원래 10구역, 14구역, 7구역, 그쪽에도 손님이 워낙 우리가 가게가 오래 되기 때문에 단골이 엄청 많았어. 근데 그 사람들 다 이사 갔으니까. 그 피해가 많고. 또 그것도 그거지만 지금 현재 여기 장위동이 거의 다 재개발 지구라고 소문이 나 가지고 일들을 안 해, 도배를 안 해. 그래서 도배를 안 하니까 물이 줄줄 새도 안 한다고 내일 모레 재개발할 건데 뭐 하냐 그런 식으로 해서.
>
> 박한일(장위시장 안동지물포 사장), 2020년 10월 26일.

뉴타운 사업은 느리지만 꾸준히 진행되었다. 장위시장을 포함한 10구역과 11구역의 뉴타운 사업은 2010년 시공사 약정(장위10구역-대우건설, 장위11구역-삼성·롯데 컨소시엄) 이후 지지부진하다가 2010년대 후반 들어 장위10구역과 장위11구역이 반대의 길을 걸으며 갈등 상황이 격화되었다. 2017년 3월에 장위11구역 재정비촉진구역이 해제된 반면[45] 장위10구역은 2017년 7월에 관리처분계획인가 후 2018년 9월에는 대우건설과 장위10구역 주택재개발정비사업조합이 공사 수주 계약을 체결한 것이다.[46] 장위시장 북단을 포함한 장위10구역 곳곳에는 '이주개시공고' 플래카드가 붙었다.

이에 따라 장위시장 내 총 170개 상가 중 장위10구역에서 영업하던 100여 개 점포는 철거 대상이 되었다.[47] 2018년 12월에는 '장위전통시장 철거대책위원회(이하 철거대책위원회)'가 꾸려져 서울시, 성북구, 조합 등에 대체상가나 임시 시장을 만들어줄 것을 요청하였으나 받아들여지지 않았다. 이에 철거대책위원회는 2019년 10월 최초로 집회를 열었는데, 이들에 따르면 2019년 8월까지 조합·상인·성북구청 간의 협의체가 있었고 마지막 협의회 때 도시분쟁조정위원회를 개최하기로 하였으나 일정이 잡히지 않았다고 한다.[48] 이어 11월 21일에는 장위10구역에 대한 강제집행이 진행되었다.[49]

성북구의회 도시건설위원회 회의록에 따르면, 2018년 8월에 이미 해당 위원회에서 장위시장 내 점포에 대한 임시상가 설립 등이 논의된 바 있다. 그러나 이쪽에 임시상가를 할 수 있도록 해 달라는데 현실적으로는 조합에서 처리를 해야 한다거나 관에서 적극적으로 나서서 해 줄 수 있는 사항은 되지 않는다는 구의 답변으로 미루어 볼 때,[50] 성북구는 장위시장 상인이주대책이 재개발 조합의 소관이라는 분명한 입장을 가지고 있었던 것으로 보인다. 반면 당시 장위전통시장 상인회 회장 길희봉 사장에 따르면, 시장 상인들은 장위시장에 협조적이었던 구청장이 바뀌면서 특별한 이주대책을 마련하지 못한 채 관리처분을 받은 것으로 파악된다.

> 구청장하고도 이야기도 그래 했죠. 시장이기 때문에 개발해도 같이 가지 따로따로 안 간다 그랬어요. 나한테 그렇게 간다고 했는데 구청장이 사업인가를 내주고 이제 뭐 선거도 안 나

45. 서울특별고시 제2017-112호, 2017.03.30.

46. 「대우건설, 서울 장위10구역 주택재개발 공사 수주」, 『매일경제신문』, 2018년 9월 28일.

47. 「"재개발 날강도" 아침 8시 유서…보상 40만원 장위동의 비극」, 『한겨레』, 2018년 5월 28일.

48. 「장위전통시장 상인들, 집회를 연 이유는?」, 『뉴스라이브』, 2019년 10월 22일.

49. 도시분쟁조정위원회 조정서는 강제집행으로부터 4일 후인 25일에 전달되었다고 한다. 노동당성북대책위, 2019.11.26., 장위10재개발구역 장위전통시장 "강제집행 사태 개요와 사진 등. http://blog.daum.net/sbact/76"

50. 제60회(임시회) 성북구의회 도시건설위원회 회의록(2018.08.31.)

51. 성북구 도시재생실, 2020.09.02., 주요업무보고

> 오고 그만뒀어요. 뒀는데, 그러다 보니까 나도 준비도 안 되어 있지. 조합하고 싸우려고 해도 우리가 참…세입자다 보니까 처음엔 이제 싹 관리처분인가 나올 때는, 세입자다 보니까 어떤 할 수 있는 액션이 없었던 거예요. 그래서 이제 건물주들은 현금청산자들 해 가지고 다 받아서 나가고, 상인들은 작년, 작년 5월부터 이제 임대료 안 내고 장사하는 사람 하는 거예요. 건물주들은 다 받아 놨으니까. 그래서 이제 상인들 쫓겨날 위기니까. 나도 이제 어디 대토라도 해서 상인들 가서 장사할 수 있는 걸 만들어 달라 이제.
>
> 길희봉(장위전통시장 상인회 회장), 2019년 4월 5일; 성북아카이브 2차 인용

그 뒤로 이주 상인들에 대한 대책이 마련되었는지는 분명하지 않으며, 2020년 들어 장위전통시장은 '전통시장 연계형 도시재생사업지'로 선정되어 2023년까지 100억 원을 지원받게 되었다.[51] 이 사업에 선정되기 전 2020년 2월 성북구 <도시건설위원회> 회의록에 따르면 기존 시장이 폐쇄되는 것에 대한 대응으로 11구역에 남아 있는 시장을 주거지역으로 확장시키는 안을 검토 중이었던 것으로 파악된다. 이와 비슷한 시기에 장위10구역에 위치한 사랑제일교회 '사태'가 터지면서 장위시장은 다시 한번 위기를 맞고 있다.

장위10구역에 포함된 시장 점포 이전 안내 게시물

**강제집행 사진** 출처: 김은석, 2019.11.21.; 노동당성북대책위 웹페이지

### 장위동에서 장 보는 법

(1961년 출생, 1968년 장위동 입주) 그때는 특별하게 장을 본다는 개념이 없었어요. 예전에 어렸을 때는. 장을 본다는 개념이 없고 주로 저기 행상들. 그렇게 하고 주변 가까운 곳에 있는 저기지. 지금처럼 막 풍족해서 어디 가서 시장에 가서 대량으로 장을 본다, 그 개념은 없었던 거 같아. 그냥 아까도 얘기했잖아. 삼시세끼 입에 풀칠하는 것만 해도 감사해야 되고, 아버지 그 물건 가지고 나가서 수금해 가지고 와야만 그때 끼니 해결할 수 있는 그거. 그런 상황이지 뭐. 시장 뭐 마트 어디 시장 가서 그런 개념은 없었던 거 같아. 내가 살림하고부터는 그냥 주변에 가까운 시장 뭐 석관시장도 주로 많이 이용했고 장위동 와서는 이제 장위시장이 있고. 안 그러면 이제 옛날에는 주로 그 동네 안에 조그만 구멍가게에는 식료품이 다 있었어요. 가장 기본적인 서민들의 주식은 콩나물. 콩나물이 가장 1호 식생활 식품이었고, 나머지 그 밖에 더 많은 거를 바라면 그거는 호의호식인 거야. 제1호가 콩나물, 두부. 그렇기 때문에 동네 골목에 가면 조그만 구멍가게에 가장 1호 식품 파는 거는 두부는 기본, 콩나물. 그거에 이제 조금 저기하면 뭐 밀가루. 밀가루로 이제 수제비들 많이 해 먹고. 그거지. 지금처럼 풍족하게 그런 건….

이정자, 2020년 11월 19일.

이 테두리 여기가 장위동이라고 하면 이 사람들이 다 거기까지 갔거든요. 명절 되면 끌차 끌고. 할머니들이 항상 열무도 몇 단씩 사고. 끝까지 내려왔었어요. 참누리아파트까지.

이진희, 2020년 11월 14일.

거의 한 2010년도? 10년도까지는 괜찮았을 거야. 내 생각에는. 왜 괜찮냐면 2010년도까지는 점포마다 권리금이 형성돼 있었다고. 권리금이 형성이 되면 장사가 잘된단 얘기거든. 그때 형성이 돼 있었다고. 권리금이. 근데 2010년 이후부터 권리금이 서서히 없어지는 거야, 이제 내가 보니까. 아 이건 이렇구나, 저건 저렇구나. 권리금이 없어진다는 자체는 조금 조금 장사가 수그러드는 거야. 그러니까 수그러지는 거를 이제 느끼는 게 있지만 10년 정도 될 거야. 그때부터 이제 그러면 이제 시장을 살리자 해서 이제 천막도 이거 씌우고. 뭐 구청, 서울시에다 보조를 받아 가지고 이것도 다 했거든. 근데 거기 이제 지금은 이제는 뭐 더 안된다고 봐야 되지. 지금은 코로나 영향도 있지만. 지역적으로 지금 현재 전부 주위에가 재개발로 딱 저렇게 되어 있으니까.

첫째, 인구가 지금 모일 수 없는 조건이 되어 있잖아. 사람이 다 변두리로 이사를 간다든가. 안 그러면 땅을 판다든가. 일단 이게 입주가 다 되어서 완벽하게 되어 있어야 사람이 이제 이쪽에 장을 보든가 할 텐데, 그게 형성이 안 되다 보니까. 지금은 앞으로는 내가 알기로는 4, 5년 동안은 힘들 거야. 저게 입주될 때까지는. 왜 그러냐면 첫째, 시장이란 자체는 사람이 와야 되는 거니까. 사람이 와야 조건이 맞는 거잖아. 근데 지금은 사람이 없는 조건에 사람들이 장사를 하고 있잖아. 이제 그나마도 이제 주위에 있는 사람들, 나이 많은 사람들. 젊은 사람들이 여기 오나? 잘 안 온다고. 오겠어요? 시장에? 전부 마트 가잖아. 엊그저께 내가 노는 날이라서 코스트코에 갔다 왔는데 사람이 너무 많은 거야. 그러니까 거기 비하면 이건 아무것도. 맨 노인네들. 왜 이러냐면 주위에 지금 완전하게 체계가 안 잡혀 있으니까. 주위가 체계가 딱 잡혀 있으면 입주가 되고 다 되면 다시 또 하지. 현대식으로. 거의 성북구에서 랭킹 1위야. 거의 여기에는 월곡동. 동덕여대 있는 월곡동 사람들. 그리고 쭉 동방고개 위에서 다. 그리고 저쪽에 꿈의숲에서 이쪽으로 오는 사람들 다. 그다음에 저 밑에 돌곶이 그쪽에서 다. 그리고 이 건너편에서도 다. 그니까 전부 다 이쪽으로 오는 거야.

딴 데 시장이 없으니까. 이거 근처에 그런 이만한 시장이 없다니까. 그러니 어디로 갈 거야 사람이. 그때만 해도 잘 됐다고. 그 사람들이 뭐 아침저녁으로 출퇴근하고 사람들이 왔다 갔다 하고 이러니까 사람들이 많이 돌아다녔으니까. 지금은 이제 다 뿔뿔이 헤어지고 다 없어지고 나니까 그건 뭐 어떻게 할 수가 없지. 지금 동방고개에 있는 사람들 다 조금씩 오기는 오지만 지금은 거의 뭐 밑바닥으로 가라앉았다고 봐야지. 코로나도 있지. 또 전부 재개발 때문에 갔지. 뭐 젊은 사람 다 떠나지. 늙은 사람은 늙은 사람대로 더 늙어가지. 그러니까 여기 단독주택 있는 사람들만 들어오고.

고문희(장위시장 의성마늘 사장), 2020년 10월 19일.

장위2동 주민센터 강용구 팀장은 뉴타운 사업 이후로 장위동 상권이 다 무너졌다고 하였다. 특히 재개발로 인한 장위시장의 축소는 주민들에게 큰 불편을 가져다준 것으로 보인다. 주민들의 이야기를 통해 장위시장의 예전 위상을 확인할 수 있었는데, 한 주민은 장위시장이 지역주민들에게 동대문의 경동시장과 비슷한 역할을 하였다고 밝혔다. 그런데 뉴타운 사업으로 장위시장 및 시장과 연계된 마트가 사라지면서 먹거리를 살 수 있는 곳이 크게 줄었다는 것이다. 더불어 2019년 장위10구역의 폐쇄 이후로 11구역에 위치한 장위전통시장의 북쪽 진입로가 막히면서 장위동 북단에 거주하는 주민들은 공통적으로 너무 멀어서 장위시장을 찾지 않게 되었다고 하였다.

장위동이 2000년대 초반까지도 상권이 괜찮았는데, (…) 뉴타운이니 뭐니 얘기 나오고 상권이 다 무너졌어. 소규모로 있던 시장도 다 죽고.

강용구(인터뷰 당시 장위2동 주민센터 팀장)

장위시장을 다 이용했었는데. 이제 없잖아요. 절반만 있고. (…) 너무 멀어요. 나이 드신 분들이 걸어가기가 너무 멀어. 나 같은 경우 가끔 가다 점심 때 반찬 같은 거 거기서 사 먹고 했는데 이제는 안 가. 가기가 싫어 이제는. 너무 머니까 안 가게 되잖아. 아예 안 가. (…) 마트도 없어요. 국민은행 사거리에는. 코코마트가 제일 가까운 마트였거든요. 마트도 없어요.

OOO(장위동에서 부동산 운영)

(장위동 북단에 사는) 저희는 빵 돌아서. 그쪽으로 가야 되니까 월곡중학교 가는 방향으로 가야 되니까 못 가는 거예요. 처음에는 여기도 입구를 해 놨는데. 공사하기 전에는. 지금은 공사가 돼가지고 싹 막아 버리니까. 갈수가. (…)

윤삼녀(장위동 주민, 1978년생, 여)

이에 따라 장위동 사람들은 엘마트(장위동 229-28번지) 등 비교적 소규모 마트를 이용하거나 아예 차를 타고 나가서 대형마트에 간다고 한다. 특히 미아사거리 등 성북구의 대형마트보다는 노원구 월계동 광운대역 주변의 이마트를 많이 이용하는 것으로 보인다. 아이들은 학교 주변에 문구점도 없다고 하였다.

저희 집 여기 동사무소 옆에 마트가 있어요. 엘마트라고. 그냥 엘마트를 이용해요. 그리고 인제 할인쿠폰이나 이런 게 좀 많으면 이마트. 월계점 이마트. (아 아예 차를 끌고 가서) 차를 끌고 가서. 편하게. 아줌마들이랑 놀러도 갈 겸, 거기서 햄버거도 하나 먹고 오고. (월계 이마트가 어디예요?) 월계 이마트가 좀 멀죠. 아까 그 남대문 라인 쪽으로 빠져서 하천 쪽으로 해서 노원구로 가야 되니까. (…) 저는 종암동 이마트나 미아사거리 이마트는 안 가게 되더라구요. (왜요?) 차편이 나빠서. 운전을 하고 가면 거기로 바로 들어갈 좌회전 신호도 없고, 종암동까지 가자면 나올 때 신호가 좀 나빠요. 그래서 월계가 멀어도 편해요. 주차도 편하고, 그래서. 거기는 오히려 대형마트도 옆에 있고. 이번에 많이 탈바꿈되어서. 럭셔리하게 바뀌었잖아요, 이마트 월계점이. 그 옛날 그냥 이마트에서 그 앞에를 다 쇼핑가로 해 놨어요. 그래서 숙녀복 파는 코너도 다 나와 있고. 카페도 다 나와 있어 가지고. 여자들이 살림하기는 굳이 롯데슈퍼, 롯데백화점까지 안 가도 괜찮아요.

이진희, 2020년 9월 25일.

(대형마트도 있어? 이마트, 코스트코 이런 거?) 미아사거리 쪽에 이마트 있어요. (그럼 거기를 대형마트 중에서는 많이 가?) 아니요. (…) 여기 잘 안 가고 이쪽으로 쭉 가면 이마트나 트레이더스 같이 있어서.

김지은(인터뷰 당시 중학교 2학년)

(장 보러 따라 갈 때 어디로 가?) 잘 안 가요. 엘마트도 있고. (어딨어요?) 올라가서. 원래 살던 집은 시장이 되게 가깝고 그냥 걸어갈 수도 있는 거리였는데 얘는 언덕길인 데다가 이렇게 가야 돼요. (원래 살던 집이 어린이집 옆 말하는 거죠?) 네. 시장이 아파트 재개발 때문에 반은 중단되고 반은 살아 있고 장위시장. 거기서 장 보고 빅마트 가곤 했는데 그것도 사라져 가지고. (장 보고 어디 빅마트요?) 네. 사라졌어요. (아파트 짓는다고 하면서?) 화장실 갔다가 애들이랑 보는데 건물이 다 부숴져 있었어요. 문구점 같은 데도 바로 앞에 있었는데 그거도 재개발 때문에 다 사라져서. (학교 근처에서 군것질 같은 거 할 데 있어요?) 못 해요. 왜냐면요 문구점도 없고요, 시장에도 그런 거 안 팔아요. 장곡초 있는 데 거기 가서. (장곡초까지 가야 해요 군것질하려면?) 아니 근데 집은 여기니까 군것질할 거면 장곡초에 거기 가서. (학교가 장위초?) 네. 버스 타고 집에 가서 가방 내려놓고 문구점 갈 시간 되면 가고.

박지윤(인터뷰 당시 장위초 5학년, 여)

52. 2020년도 행정사무감사 도시건설위원회 회의록, 2020년 6월 19일 김일영 의원 발언

장위시장에서 비교적 쉽게 구할 수 있었던 신선식품을 구하기 어렵다는 것이 가장 큰 문제로 꼽혔다. 이에 따라 장위동에서는 경동시장에 갈 수 있는 버스 노선을 만들어 달라는 민원이 많이 제기되고 있다. 대형 온라인 쇼핑몰에서 제공하는 신선식품 배송은 보편화되지 않았으나 코로나 사태가 장기화되면서 배송서비스를 이용하는 비중도 점차 늘어날 것으로 보인다.

장위시장 있었잖아요. 장위시장. 지금 7구역에서 아파트를 지어서 그런데 장계시장이라고 있었고. 또 여기는 간이시장 있는데 간이시장은 지금 별로 잘 안 돼요 비싸. 그런데 이제 지금 장위시장은 그 뭐 전광훈 목사 텔레비전에 나오잖아요. 장위시장 있는 데가 10구역인데 반은 저기 재개발이 되고 저 밑으로는 안 되고 그래서 지금 장위시장으로 가려면 길을 막아 놔 가지고 저기 초등학교 그리해서 돌아가야 돼. 그래서 장위시장이 영 아니야. 우리는 차라리 저 청량리 경동시장으로 간다니까. 뭐 사려면.

이청자, 2020년 10월 13일.

원래 여기 장위시장이 좋았잖아. 근데 그 장위시장을 반토막 내면서 사람들은 저기를 안 가이제. 엘마트가 그나마 여기서 가거나 아니면 이제 대형마트를 가죠.

박희진(장위동 주민, 여)

이 마트들이 시장이 없어지니까 가격들을 올렸어요. 우리가 생활하는 일반 야채나 이런 거 가격을 저희 같으면 시장에 있는 마트도 이용하고 여기 있는 마트도 이용하는데, 공산품이나 식품이, 가격이 틀리거든요. 공산품은 저쪽 가서 사고 여기는 식품 사고 그랬는데. 완전히 여기만 있으니까, 갈 데가 없잖아요. 가격이 뛰어버리는 거지. 그러니깐. 그 차이가 너무 커 버리면. 차라리 홈플러스나 이마트 가서 사는 게 더 낫지. 이런 생각이 들어요. 오히려 거기는 싱싱하니까. 여기는 사람들이, 여기는 사람들이 여기만 이용하니까. 밑에는 안 좋은 거. 위에만 보이는 거. 이런 게 많아 가지고. 안 가게 되더라구요. 같은 동네인데도.

윤삼녀, 2020년 11월 21일.

1017 버스를 주민들이 요구하는 상황입니다. 장위동이 지금 굉장히 교통이 안 좋거든요. 동방고개 그쪽이 지금 굉장히 안 좋기 때문에 그쪽으로 가는 1017 고대 앞으로 해서 신설동쪽으로 빠져나가는 것을 경동시장 쪽으로 하나 좀 신설을 해 달라는 얘기를 계속 합니다. (…) 장위시장이 없어지는 바람에 전통시장을 찾아갈 수 있는 길은 경동시장밖에 없어요.[52]

(이마트나 이런 배송은 많이 안 시키시나요?) 그렇게…정서나 이런 게 아직은 아닌 것 같은데. 저 역시도 쓱 배송이나 이런 거 한 번씩 새벽배송 쓰기는 하는데. 그게 별로 와닿지 않는 게 5분 만 나가면 동네 마켓에서 다 할 수 있는데. 마트에서. 식자재 마트 같은 개념이나. (…) 어르신들이 생선이나 그런 류들을 드시는데 젊은 친구들은 신선한 느낌을 못 받으니 마켓이나 대형마트로 가는 거죠. (장위시장은 문제가 좀 크겠네요.) 완전 크죠. 신선 제품을 가까운 곳에서 먹을 수 있었던 것을 이제 못 먹으니.

엄민경(장위동 지역활동가)

코로나 시대에 쿠팡 같은 배송 서비스를 더 많이 이용하게 됐어요.

강덕훈(장위동 소재 시립성북청소년센터, 남)

(국민은행 사거리가) 제일 번화하다는 거보다는 그쪽이 좀 뭐라 해야 하나 사람이, 시장이 있으니까 좀 뛰었다는 얘기겠지. 모임을 해도 그쪽 가서 많이 했고. 왜냐면 먹는 식당을 가는 데를 얘기를 해도 이 아래보다는 거기가 낫고. 이쪽에는 먹는 사람 위주가 안 돼서 그런지 몰라도 모임 없어서 그런지 몰라도 모임을 해도 거기 가서 많이 하더라고. 언제부터라고 해야 하나? 내가 알기로는 한 70년대에 시작이 됐을 거 같은데? 동방주택이 들어와서 거기가 번화했다고는 난 안 봐요. 왜냐면 거기 인구밀도가 얼마 안 되니까. 예를 들어서 옛날 인구밀도라면 장위3동을 놓고 봤을 때 장위2동이 제일 컸어요. 통으로 계산해도 41개 통. 거기는 장위1동은 28개통. 장위3동은 26개 통. 인구비례로 하면 반 정도밖에 안됐으니까. 그런데 그쪽에 모이게 된 거는 시장이 있고 아무래도 먹는 장소가 여기보다 나았으니까. 그러고 나서 이제 골목시장이 생기니까 그것도 변화가 생긴 거지 이제. 파출소도 이리 내려오고 파출소 쪽에 좀 많이 붐비게 되고. 왜냐하면 석관동에서도 이리로 넘어오고 하니까 파출소 주위로 해서 시장통이 거기가 제일 번화한 거 같아. 지금도 아마 거기가 제일 바글바글할 거예요. 사람이 좀 숫자가 많을 거예요. 저기 국민은행 사거리가.

우덕수(활량리 식당 사장), 2020년 10월 13일.

**성북구의 시장**

2020년 12월 현재 장위동을 포함한 성북구의 주요 상업시설은 총 31개(영업 여부 미확인 2건 포함)로 파악된다. 구체적으로 대형마트 3개, 백화점 1개, 전통시장 12개, 중형마트 11개, 기타 상가건물 4개 등으로 전통시장의 비중이 높은 편이다. 그러나 성북구의 전통시장들은 재래시장 현대화 사업, 뉴타운 사업 등으로 그 규모가 축소되거나 사라져 왔다. 재개발·재건축으로 자취를 감춘 시장으로는 1960년대 세워졌던 종암동의 종암시장과 하월곡동의 미아시장이 대표적이다. 장위동 또한 2000년대 본격적인 재개발이 진행되면서 장석시장, 코코마트, 장위쇼핑 등의 영업이 종료되었다. 아래 표에서 폐업한 일부 시장을 확인할 수 있다.

| 동 | 사업장명 | 인허가연도 | 영업상태 | 형태 |
|---|---|---|---|---|
| 길음동 | 길음시장 | 1988 | 영업/정상 | 건물 |
| | 현대백화점 미아점 | 2001 | 영업/정상 | 건물 |
| | 이마트 미아점 | 2004 | 영업/정상 | 건물 |
| | GS수퍼마켓 길음뉴타운점 | 2012 | 영업/정상 | 건물 |
| | GS수퍼마켓 길음점 | 2012 | 폐업 | 건물 |
| | 롯데마이슈퍼 길음점 | 2012 | 폐업 | 건물 |
| | 홈플러스익스프레스 길음점 | 2012 | 영업/정상 | 건물 |
| 돈암동 | 동소문스카이상가 | 1995 | 영업/정상 | 건물 |
| | GS수퍼마켓 동소문점 | 2011 | 영업/정상 | 건물 |
| | GS수퍼마켓 돈암점 | 2011 | 영업/정상 | 건물 |
| 동선동 | 유타쇼핑몰 | 2012 | 영업/정상 | 건물 |
| 동소문동2가 | 삼선골목시장 | 미등록 | 영업/정상 | 골목 |
| 동소문동5가 | 돈암제일시장 | 1999 | 영업/정상 | 골목 |
| 동소문동5가 | 롯데수퍼 동소문점 | 2017 | 미확인 | 건물 |
| 보문동1가 | 보문골목시장 | 1961 | 영업/정상 | 골목 |
| 보문동7가 | 홈플러스익스프레스 보문점 | 2012 | 영업/정상 | 건물 |
| 보문사길 | GS수퍼마켓 성북보문점 | 2017 | 영업/정상 | 건물 |
| 삼선동1가 | 홈플러스익스프레스 삼선점 | 2012 | 영업/정상 | 건물 |
| 석관동 | 새석관시장 | 1971 | 영업/정상 | 건물 |
| | 석관시장 | 1999 | 영업/정상 | 건물 |

| 동 | 사업장명 | 인허가연도 | 영업상태 | 형태 |
|---|---|---|---|---|
| | 석관황금시장 | 2012 | 영업/정상 | 골목 |
| 장위동 | 장석시장 | 1968 | 폐업 | - |
| | 장위쇼핑 | 1972 | 폐업 | 건물 |
| | 번동종합시장 | 1972 | 폐업 | 건물 |
| | 코코마트 | 1994 | 폐업 | 건물 |
| | 삼익아파트상가 | 2008 | 영업/정상 | 건물 |
| | 롯데슈퍼 장위점 | 2012 | 영업/정상 | 건물 |
| | 장위전통시장 | 2013 | 영업/정상 | 골목 |
| 정릉동 | 정릉시장 | 1970 | 영업/정상 | 골목 |
| | 롯데슈퍼 정릉점 | 2012 | 영업/정상 | 건물 |
| | 아리랑골목시장 | 미등록 | 영업/정상 | 골목 |
| 종암동 | 종암시장 | 1961 | 폐업 | |
| 종암동 | 종암우림카이저팰리스주상복합 | 2008 | 영업/정상 | 건물 |
| 하월곡동 | 월곡시장 | 1969 | 미확인 | |
| | 미아시장 | 1999 | 폐업 | |
| | 홈플러스 월곡점 | 2010 | 영업/정상 | 건물 |
| | 이마트 하월곡점 | 2010 | 영업/정상 | 건물 |
| | 롯데마켓999 하월곡점 | 2017 | 영업/정상 | 건물 |
| | 밤나무골시장 | 미등록 | 영업/정상 | 골목 |

장위동을 포함한 성북구 주요 상업시설

### 5.2.3
### 재개발과 종교시설

2005년부터 시작된 서울시의 장위동 재개발 계획은 이전부터 진행된 장위동 주민들의 인구 이동을 더욱 강화하였다. 장위동의 종교시설에 소속되어 있는 이들 역시 다수가 지역 외부로 이주하였다. 물론 이주 이후에도 여전히 장위동의 장위동의 종교 시설을 찾는 이들이 있기는 하지만 일정한 지위나 역할을 지닌 경우가 대부분이다. 재개발의 영향으로 전반적으로 지역 내 종교인 수가 감소하였으며, 일부 종교시설만이 신도 수를 유지하고 있다.

> 사람 줄어든 건 한 10년 정도 되었을 거예요. 많이 줄었어요.
>
> 김OO(장위동성당 신자), 2020년 10월 30일.

> 2005년도 그때는 한 1,000명 정도 됐어요. 그리고 재개발되면서 한 200명 정도 빠졌고…. 우리 교인들도 나가고 동네 주민들도 나가고.
>
> 김OO(장위중앙교회 신도), 2020년 10월 26일.

지역인구 감소로 인해 나타나는 가장 두드러진 현상은 인구의 노령화이다. 장위동의 종교인들은 신도의 노령화 현상이 심각한 상태라고 걱정한다.

원불교 송천교당의 경우 노인대학 설립을 통해 지역친화적 활로를 모색하고 있다. 그럼에도 신도 수는 늘지 않아 일부 신도들의 비판에 직면해 있다.

> 노인네만 많이 와요. 젊은 사람이 없어요. 제가 80인데, 아침에 새벽 6시 미사에는 한 40명 와요. 그럼 제가 (나이가) 제일 꼴찌야. 80인데. 아 물론 77살, 76살짜리도 있겠죠. 옛날 신자로서는 바오로 씨가 오래되었으니까 좀 (관리)하는게 좋겠다고 그래서 하는 거지만. 아니 저보다 (나이 많은) 85세, 86세도 있고, 83세, 84세가 제일 많을 것 같아요. 아, 90 넘는 사람도 있는데. 젊은 사람이 없어요.
>
> 김OO(장위동 신도), 2020년 10월 30일.

장위동에는 전반적인 노령화가 진행되고 있지만 젊은 인구가 그렇게 적은 것은 아니다. 장위1·2동에는 20대 인구가, 장위3동에는 40대 인구가 적지 않다. 그런데 이들은 종교시설의 핵심적 구성원이 되지 않는 경향이 있다. 재개발로 인한 지역의 응집력 약화와 청년층의 유동적 생활의 영향 때문이다. 지역 사회의 낮은 응집력은 2020년 이후의 코로나19 사태로 잘 드러났다. 인적 네트워크에 기초하지 않고 자발적으로 종교 시설을 찾는 지역인들을 종교시설에 몸담은 이들이 오히려 불편해하는 모습이 드러났다.

> 지금은 낯선 사람들이 많아요…그런데 이제 코로나 때문에 모르겠어요…새 신자가 자진해서 나왔던데 등록시키는 것도 나는 안 좋던데 코로나 감염이라도 되면 어떡하려고 데리고 오는지. 잘 알아서 (전도해서) 오는 사람하고 자진해서 오는 사람이랑은 다르단 말이에요.
>
> 김OO(장위중앙교회 신도), 2020년 10월 26일.

장위동 지역의 재개발은 종교시설들에 이전하느냐 아니면 그 자리를 지키느냐의 문제를 던진다. 재개발에 대한 종교시설들의 입장은 다양하지만 대체로 재개발을 반기지 않는다. 현재의 위치보다 더 좋은 위치가 아니라면 아무리 부지가 넓어도 소용이 없다는 입장이 대부분이다.

예를 들어 원불교 송천교당이 속한 구역은 재개발이 예정되었다가 한 번 취소된 구역이다. 현재 위치가 장위동 들어가는 입구이기 때문에 이보다 더 좋은 자리를 확보하기는 어렵다는 입장이며, 재개발에 대해 부정적이다.

> 재개발되면 이만큼 땅 부지 주고, 다른 곳에 있다가 다시 들어와야죠. 그런데 옛날에도 교당에서는 재개발을 반대했더라고요. 왜냐면 12구역 중에서도 여기 위치가 처음이라 좋잖아요. 그런데 (재개발하고) 산 위쪽에다가 (부지를) 주면. 이 자리를 다시 받을 보장이 없으니까. 아무래도 입구니까 상가나 그런 데 주고 그러겠죠. 출입구 쪽이니까. 저희로서는 재개발을 반갑게 여기지는 않아요. 만약에 집이 낡고 그러면 (몰라도).

**신축 아파트 주변을 둘러싼 기존 중형교회들**
장위제일교회, 꿈의숲교회, 신장위교회

> 그쪽에서는 땅을 많이 줄 테니까 위로 올라가라, 그럴 가능성이 크죠?
>
> 그럴 수도 있고. 보통 재개발이… 다른 교당 재개발해서 철거했는데 딱 (철거한) 그만큼만 땅 주고.
>
> 이OO(원불교 송천교당 신도), 2020년 10월 21일.

장위동성당의 경우도 부지 이전에 대한 우려로 재개발 참여에 부정적인 입장이다.

> 저희는 (재개발을) 안 하려고 하죠. 그런데 어떻게 될지는 모르겠어요. 왜냐면 차기에 신부님이 어떤 분이 오셔서 어떻게 할지 몰라요. 저희 지금 계시는 신부님은 2월이면 가세요. 5년 계시니까. 다른 분이 오시면 그분이 와서 어떻게 할지 몰라요. 다른 데에 성당을 지어줄지 어떻게 할지 모르지만 먼저 계시던 분들은 (재개발하면) 성당을 자꾸 위로 올라가라고 한다고. 그래서 못 올라간다 그랬죠.
>
> 김OO(장위동성당 신자), 2020년 10월 30일.

재개발의 첫 논의부터 현재까지 15년 이상의 오랜 시간이 흘렀다. 그동안 재개발을 하지 않거나 하기로 하였다가 취소된 구역의 교회들은 결국 건물이 낡아서 리모델링을 택하였다. 장위시장 입구에 있는 성광성결교회나 장위제일교회가 대표적이다.

장위1동과 장위3동의 일부 구역은 재개발이 완료되었다. 2019년에 래미안장위포레카운티와 레미안장위퍼스트하이 아파트가, 2021년에는 꿈의 아이파크 아파트가 들어섰다. 이들 아파트 단지에는 세 곳의 중형 교회(꿈의숲교회, 장위제일교회, 신장위교회)가 자리를 잡고 있다. 앞의 두 교회는 재개발에 참여하지 않았지만 주변이 재개발되면서 '리모데링'을 택한 교회들이다. 이들은 새로 입주한 아파트에서 교인이 충원되기를 기대하고 있다. 하지만 그러한 기대가 이루어질지는 미지수이다. 오히려 분란이 생기는 경우도 있다.

> 이제 아파트가 우리 교회 주위에 완성이 되니까…회복이 되지 않을까 하는 그런 생각을 하고 있는데, 잘 모르겠어요
>
> 이OO(꿈의숲교회 신도), 2020년 10월 30일.

교회가 아파트랑 트러블이 조금 있어요. 저희는 예배 드려야 하는데. 4층 꼭대기에 홀이 있어요. 거기서 예배 드리는데, 소리가 저녁에는 울려요. 그러다 보니 민원을 제기하는 거예요. 우리는 사실 교회가 먼저 있다가 아파트가 나중에 생긴 거잖아요. 따지고 보면 기득권은 교회에 있는데 이 사람들이 막 저녁에 시끄럽다고 하면 화는 나는데, 우리는 일주일에 한 번 드리는 건데. 그래도 그렇다고 그 사람이랑 싸울 수는 없잖아요. 그래서 '알았다' 하고 우리가 지하로 내려갔거든요. 지하로 가서 예배 드리고. 굳이 그분들과 다툴 필요는 없잖아요.

**방음하면 되지 않나요?**

방음해도 진동이 있잖아요. 저희가 악기를 치면 진동이 나오고, 기도할 때 나오는 주파수가 창문을 진동해서 나가는 게 있더라고요. 이게 완벽한 방음을 하려면 비용이 너무 많이 들어가요. 교회가 그렇게까지는…내려갈 수 있으니까 내려간 거죠. 본당에서 드리면 상관이 없는데. 요즘 같은 경우에는 예전에는 금요일 저녁도 사람이 많이 왔는데 사람이 많이 줄었죠. 그래서 밑으로 내려가고.

윤OO(장위제일교회 신도), 2020년 11월 9일.

최근의 코로나19 사태는 재개발 완료 후 신도 수의 증가를 기대하는 상황이었지만 최근의 코로나19 사태는 종교시설들로 하여금 새로운 신도를 환영할 수 없도록 만들었다. 코로나 위기가 장위동 지역 종교시설의 위기로 이어진 것이다.

매주 새로 들어와요. 그런 분들한테는 저희도 얘기해요. 새 신자를 맞는 입장에서는 강요한다고 올 사람들은 아니고, 올 사람은 오는 거니까 대신 친절하게 해 주기는 하는데, 왔다 가시는 분이 많아요. 신천지 때문에 코로나가 터지고, 신천지 얘기가 돌면서 새로운 사람을 꺼리는 게 있었어요. 그게 아파트 입주하면서 새로운 사람이 많다 보니 그런 것 때문에 문제가 되었죠. 혹시나 그러지 않을까 색안경을 끼고 보는 것도 있었고, 그런 거 모르시는 분들은 왔다 가 보고 가시고, 등록하시고 그러시기 때문에. 몇 달 동안은 저희는 교회 사람을 다 아니까 누가 누군지 뻔히 아니까 새로 오신 분 계시면 이러이러한 상황 때문에 그러니까 양해를 해 주십시오, 말씀드리고 심야기도회 외부에서 오고 그러면 차단했죠.

윤OO(장위제일교회 신도), 2020년 11월 9일.

**장위제일교회 측면 전경**
바로 옆에 신축 아파트가 들어섰다.

장위중앙교회의 경우 오래된 교회건물을 2006년에 전면 리모델링하였으나 장위동이 뉴타운 구역으로 지정되면서 재개발로 인해 이전할 부지를 물색하여 주변 4군데를 구매하거나 증여받기도 하였다. 하지만 2014년 재개발이 취소되면서 장위중앙교회는 구입한 부지를 다시 매각하고 대신 교회 옆 부지에 '교육관'을 만드는 것으로 대책을 마련하였다. 상대적으로 뉴타운 사업 초기에는 종교기관의 재개발에 대한 기대가 지금보다는 강하였던 것으로 보인다. 하지만 재개발이 종교에 미치는 영향에 대하여 파악을 하게 된 현재 장위동의 종교시설들은 전반적으로 재개발 및 그 이후의 전망에 대하여 다소 회의적인 입장을 취하는 경향이 있다고 볼 수 있다.

뉴타운 개발을 추진하는 조합과 종교시설 사이의 갈등도 있다. 대표적으로 장위10구역은 재개발을 두고 사랑제일교회와 조합이 갈등을 빚은 바 있다. 국토교통부 중앙토지수용위원회에서 산정한 사랑제일교회의 재개발 보상금은 82억 원이었지만 사랑제일교회 측은 보상비로 536억 원을 요구하였다. 이에 재개발조합이 법원에 명도 소송을 냈고 2020년 5월 승소하였다. 그러나 여전히 물리적 충돌 등의 우려로 강제집행이 진행되지 않는 상황이다. 장위10구역 재개발조합은 제7일안식일예수재림교 장위동교회와도 보상금을 두고 갈등 중에 있다. 장위4구역 또한 꿈꾸는교회와의 갈등이 있었다. 장위4구역 재개발조합은 교회를 상대로 낸 부동산 명도단행 가처분 소송에서 승소하여 2020년 3월 강제집행을 실시한 바 있다.[53]

1990년대 종교활동의 정체기라는 위기 때문인지 2000년대 이후 종교기관들은 지역사회와의 소통에 보다 주력하였다. 종교의 지역화 시도는 선교의 개념을 교인 수 늘리기에 초점을 두는 것이 아니라 지역에 봉사하는 것을 중시한다.

장위중앙교회는 지역주민과의 소통을 강화하고자 1998년 '구제부'를 '사회부'로 변경하였다. 지역사회에 대해 좀 더 적극적으로 다가가고자 하는 방향으로, 전도와 성장만을 중시하던 기존 방향과는 조금 다른 것이었다. 장위동 지역주민들을 위해 많은 활동을 하며 지역사회에 동화되어 이웃과 직접 소통하는 모습을 보였다.[54] 장위중앙교회는 1997~2004년 시기를 "지역주민과 소통하는 교회"로 규정하고 있다. 이 교회는 지역에 유치원과 어린이집을 한동안 운영하기도 하였다(중앙선교유치원 관인어린이집 2012년 외부 위탁, 2016년 영아 감소로 폐원).[55]

2000년대 이후 장위동의 종교기관들은 본격적으로 지역사회와의 소통과 봉사활동을 시작하였다. 어린이집이나 노인대학을 운영하거나, 지역사회 소수자들을 찾아가는 사업을 수행한 것이 대표적이다.

> 행복대학(노인대학 명칭)은 굉장히 다양해요. 행복대학에 학생들이 500명이 왔는데, 6년간 하면서 원불교 교도가 된 사람은 하나도 없어요.
>
> 종교색 없이 운영하나요?
>
> 그래서 교당 교도들은 그게 불만이죠. 돈은 막 투자하는데. 작년에 한 1,000만 원 투자했거든요? 행복대학에. 그만큼 투자하는데 교도는 아무도 안 돼, 이런 데에 불만을 (가지지요).
>
> 이OO(원불교 송천교당 신도), 2020년 10월 21일.

53. 「갈길 급한데 … 종교시설에 막힌 재개발 '나 어떡해'」, 『이투데이』, 2020년 3월 12일

54. 『장위중앙교회 50년사』, 2019, 171쪽

55. 『장위중앙교회 50년사』, 2019, 186쪽, 323쪽

56. 『장위중앙교회 50년사』, 2019, 314~323쪽

57. 『장위감리교회 50년사』, 288~319쪽

58. 『광천교회 30년사』, 174~181쪽

지역 내 노인들을 위해 노래와 춤을 가르쳐 주는 등 지역 특색에 맞는 활동을 하고 있기는 하지만 모든 종교가 고민하는 신도 수 성장으로 잘 이어지지 않는 것이다.

장위제일교회는 교회주차장을 평일에 개방함으로써 주차난이 심각한 장위동 주택가의 호응을 얻고 있다.

> 어디서 행사한다고 하면 저희도 많이 빌려줘요. 주차장도 평일에 다 열어 두고 주일은 알아서 다 피하시고 그래요. 오후 2시 반에 예배 드리고 4시 이후에는 비어요. 그때 와서 차를 대고. 여기 보면 거주자 주차공간이 있는데, 주택이 많다 보니 차를 댈 곳이 없잖아요. 없으니까 골목골목 대다 보니 사람들이 교회에 많이 대고. 저쪽에 공영 유료주차장이 있는데 거기도 사람들 많이 들어가고요. 저희도 행사 있으면 외부에 차량 많이 들어오니까 사용하고 그러죠. 그래서 공영주차장 덕도 보는 거고, 공원이 생겨서 덕도 많이 보고.
>
> 윤OO(장위제일교회 신도), 2020년 11월 9일.

- 장위중앙교회: 1998년 구제부를 '사회부'로 변경. 이웃돕기 행사, 새터민·다문화가정·한부모가정 돕기, 관인 어린이집 운영[56]
- 장위감리교회: 2005년 지예지역아동센터 설치(공부방, 돌봄센터), 장기기증운동 참여, 노인·노숙인·기초생활수급자 식사 제공[57]
- 광천교회: 아기학교, 유치원, 결식아동 돕기, 극빈자 생계비 지원, 행려자 돕기, 교인들의 장기기증, 문화교실, 지하철역 독서마당 설치, 독거노인과 소년소녀가장을 위한 바자회[58]
- 원불교 송천교당, 장위동성당: 노인대학 운영

이 외에도 꿈의숲교회와 장위제일교회는 카페를 운영하며 지역과의 소통을 시도하고 있고, 예수비전교회는 지역의 고령화 추세에도 불구하고 20년 가까이 어린이집을 운영하고 있다. 성광성결교회는 실버청춘행복학교를 운영하면서 지역의 노인들을 대상으로 봉사활동을 전개하였다.

사랑제일교회발 코로나 사태로 이 일대

**장위감리교회의 지역활동**
장위감리교회는 지역아동센터, 노인 및 노숙자 식사 제공 등 지역활동을 펼치고 있다.

여러 종교기관들이 피해를 보고 있다. 특히 '장위동'이란 지역 명칭이 언론을 통해 널리 알려지고 말았다.

> 이번 사랑제일교회 이슈가 확 터지면서 저희가 피해를 본 게 뭐냐면 거기서 바깥에서 집회하면 스피커를 내놓고 바깥에서 집회했어요. 그 찬양 소리, 그게 여기까지 오는 거예요. 교회에 들어가는 사람 한계가 있으니까 밖에 의자 놓고 쭉 앉아서 스피커를 빼서 예배를 드린 거예요. 그러니까 이쪽 아파트에 있는 사람들이 저희 교회에 항의 전화를 하는 거예요. 저희는 우리 교회 아니다 (그랬죠). 저도 몰랐는데, 화장실에 가니까 저쪽 (사랑제일교회에서) 예배 드리는 소리가 확 나는 거예요. 사랑제일교회에서 집회하는 소리가 여기까지 온 거다. 그 정도였어요.
>
> 윤OO(장위제일교회 신도), 2020년 11월 9일.

사랑제일교회에서 불과 500m 떨어진 장위동성당은 코로나 전에는 교인 수가 1,000명 정도였다가 주일 미사 4회에 총 800명 이하로 감소하였다(2020년 10월 시점).

> 지금 여기 우리가 신자 수가 3,400명밖에 안 돼요. 그런데 말이 3,400명이지. 지금은 코로나 때문에, 아니 평소에도 한 1,000명 정도밖에 안 나왔거든요? 그런데 요즘은 800명도 안 돼요. 요즘 주일에 미사를 4번 오래요. 아침 6시, 9시, 11시, 저녁 6시였는데, 전부 다 해도 300명도 안 와요. 힘들어요. 아닌 말로 저희가 성당 헌금 내고 교무금 내는데 여기서 우리가 교구 납부금 있잖아요? 매번 정해 주잖아요? 이것도 금년 같은 경우는 힘들어요. 우리 1년에 1억 6,000만 원인가 교구에 내요. 그거 내기가 쉽지 않아요.
>
> 김OO(장위동성당 신자), 2020년 10월 30일.

요컨대 장위동 지역의 '쇠퇴'와 재개발 문제는 지역의 성격을 크게 바꿔놓았다. 이는 지역의 종교시설들에 부정적인 영향을 미치는 쪽으로 작용하였다. 이에 따라 '지역의 종교 시설들은 지역의 쇠퇴에 어떻게 대응할 것인가'라는 과제를 안게 되었다. 그래서 이 지역의 종교 시설들은 장위동이 필요로 하는 여러 지역사회 봉사활동을 수행하여 왔다. 그리고 몇몇 종교 시설들은 재개발 이후 새로이 이주할 이들을 통해 새로운 활력을 기대하고 있다. 하지만 재개발 사업의 불투명성, 코로나19 사태, 사랑제일교회 사태 등 장위동 지역의 종교시설들이 풀어가야 할 과제는 결코 만만치 않다고 볼 수 있다.

장위동의 인구수 및 전년 대비 인구증가율 변화(1993~2019)
출처: 「행정안전부 주민등록인구통계」

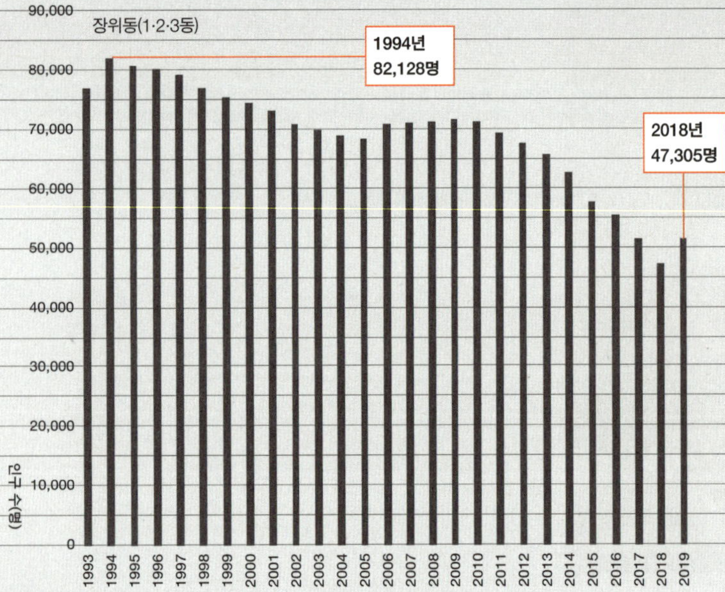


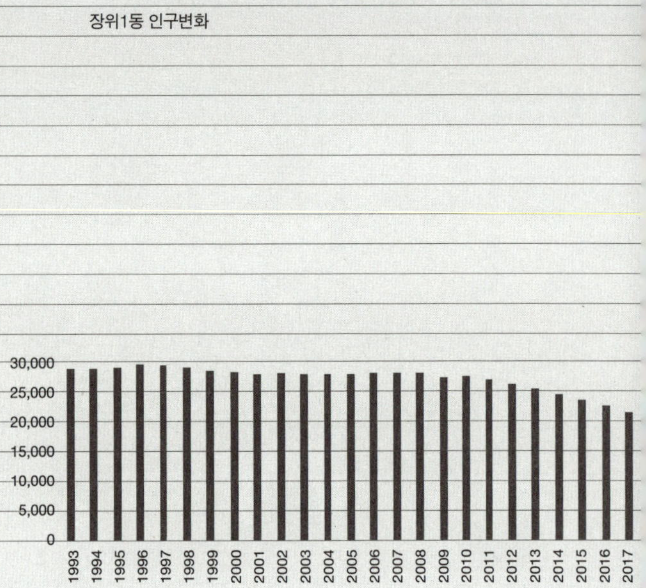


# ㅋ

# 인구구조의 변화

## 5.3.1 인구 변화

2019년 12월 현재 장위동(1·2·3동)의 주민등록상 인구는 5만 1,486명, 세대는 2만 2,340세대이다. 그림은 1993년부터 2019년까지 장위동의 인구 변화를 나타낸 것이다. 1994년 8만 2,128명을 고점으로 장위뉴타운 사업 공고가 있던 2005년 6만 8,339명까지 감소하였으며, 2009년 7만 1,589명까지 반등

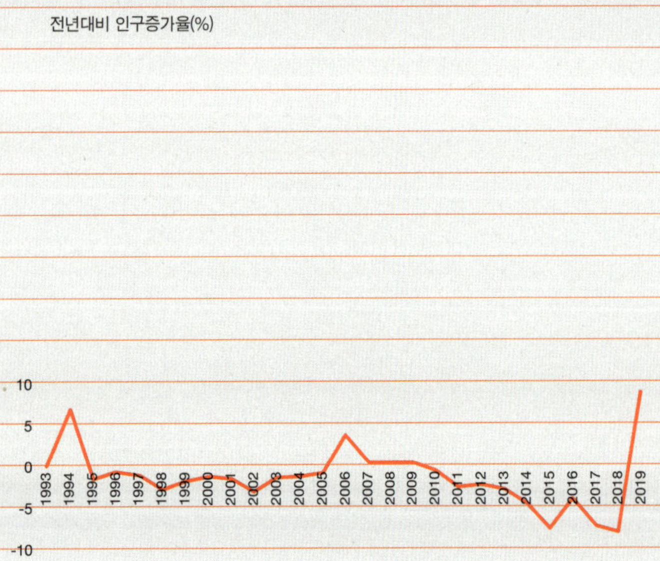


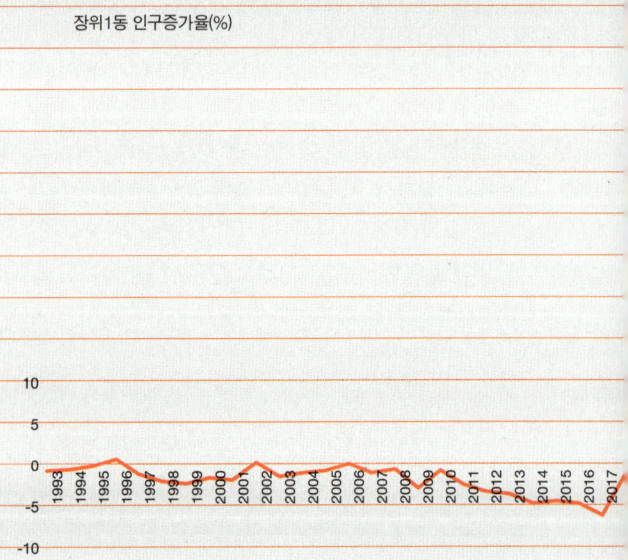

장위2동 인구변화

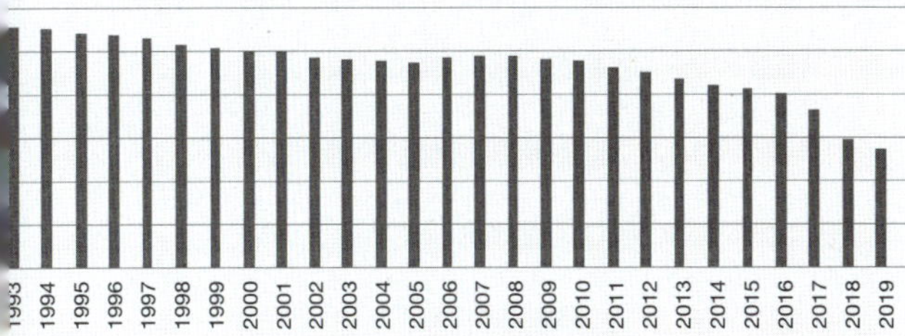

장위3동 인구변화

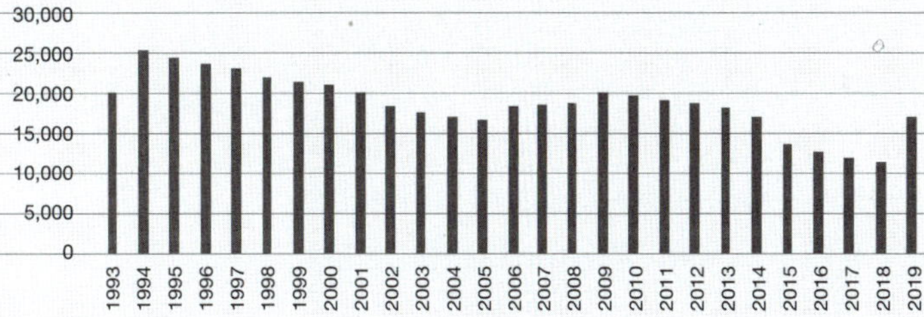

하였다가 다시 줄어들어 2018년 4만 7,305명으로 고점 기준 약 42%의 인구가 줄어들었다. 이에 따라 성북구 내의 인구 비중도 지속적으로 감소하여 1994년에 전체의 16.4%였던 비중이 2018년에는 10.9% 수준까지 떨어졌다.

장위 1·2·3동을 나누어 살펴보면 동별로 변화 양상이 달랐음을 확인할 수 있다. 장위1동은 1996년 2만 9,141명을 고점으로 최근 급격히 감소해 2019년 2만 388명으로 줄어들었으며, 장위2동은 1993년 2만 7,976명을 고점으로 꾸준히 감소해 2019년 1만 3,732명까지 줄어들었다. 반면 장위3동의 경우 장위동 전반의 인구 변화 진폭을 만들어 낸 동으로서, 1994년 2만 5,871명을 고점으로 2018년 1만 1,490명까지 감소하였다가 2019년 1만 7,366명으로 반등하였다. 2019년 장위3동 인구의 가파른 증가세는 래미안장위포레카운티(939세대), 래미안장위퍼스트하이(1,562세대) 등 뉴타운 사업으로 착공된 아파트의 입주가 시작된 데 따른 영향으로 파악된다.

장위2동 인구증가율

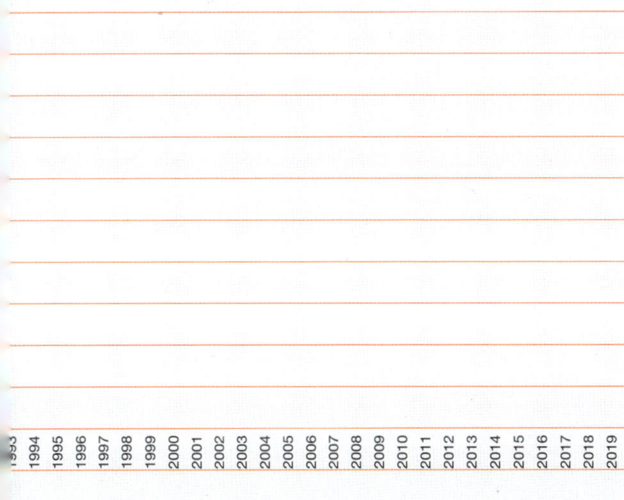

장위3동 인구증가율

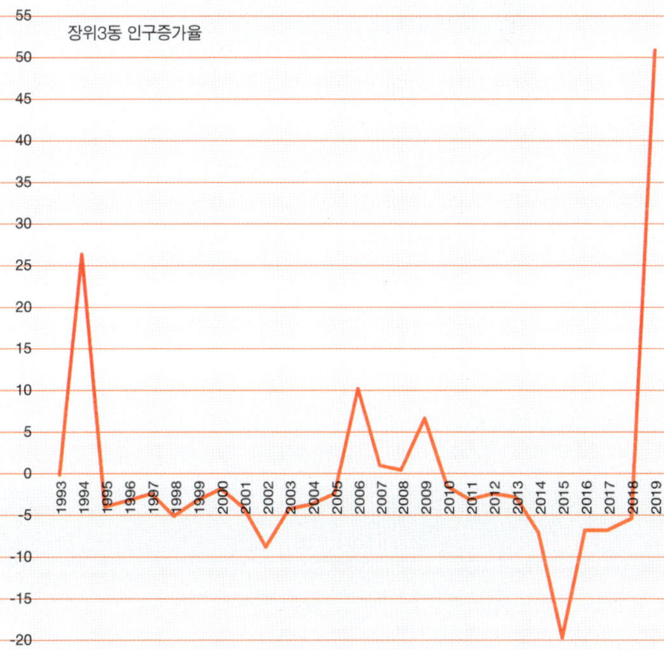

<그림>은 20년간 장위동의 인구 피라미드 변화를 10년 단위로 나타낸 것으로, 인구 규모가 전반적으로 축소 및 고령화되고 있음이 확인된다. 1999년 장위동의 연령별 구성은 20대 후반이 8000명 이상으로 가장 많고 15세 미만 유소년 비율도 전체 인구의 약 18% 수준으로 젊은 층이 많은 형태였다. 반면 2009년의 장위동은 10년 전에 비해 30대 미만 인구가 줄어들어 청장년층 경제활동인구의 비중이 상대적으로 높고, 2019년 현재에는 50대 미만 인구가 전반적으로 줄어들어 인구가 고령화되는 양상이 확인된다. 이러한 변화 양상은 성별에 따라 큰 차이를 보이지 않는다.

인구 피라미드를 동별로 나누어 살펴보면, 1999년과 2009년에는 그 규모에 차이는 있으나 유사한 양상을 보이다가 2019년 들어서는 동별로 눈에 띄는 차이를 보인다. 장위1동과 장위2동은 20대 및 50대 인구가 많은 지역이 되었으며, 장위3동의 경우 다른 지역에 비해 40대 초반 및 0~10세 유소년 인구가 늘어난 양상을 보인다.

이는 각동 연령별 비중에서도 확인할 수 있다. 장위2동의 인구가 크게 축소되고 장위3동에 젊은 인구가 유입됨에 따라 비교적 동별로 고른 분포를 보였던 1999년·2009년과 달리 2019년에는 장위3동의 유소년 및 30대 인구 비중이 다른 동에 비해 크게 증가한 것으로 파악된다.

**장위동 전체 대비 장위1·2·3동의 5세 연령별 인구 비중**
출처: 행정안전부, 「주민등록인구통계」

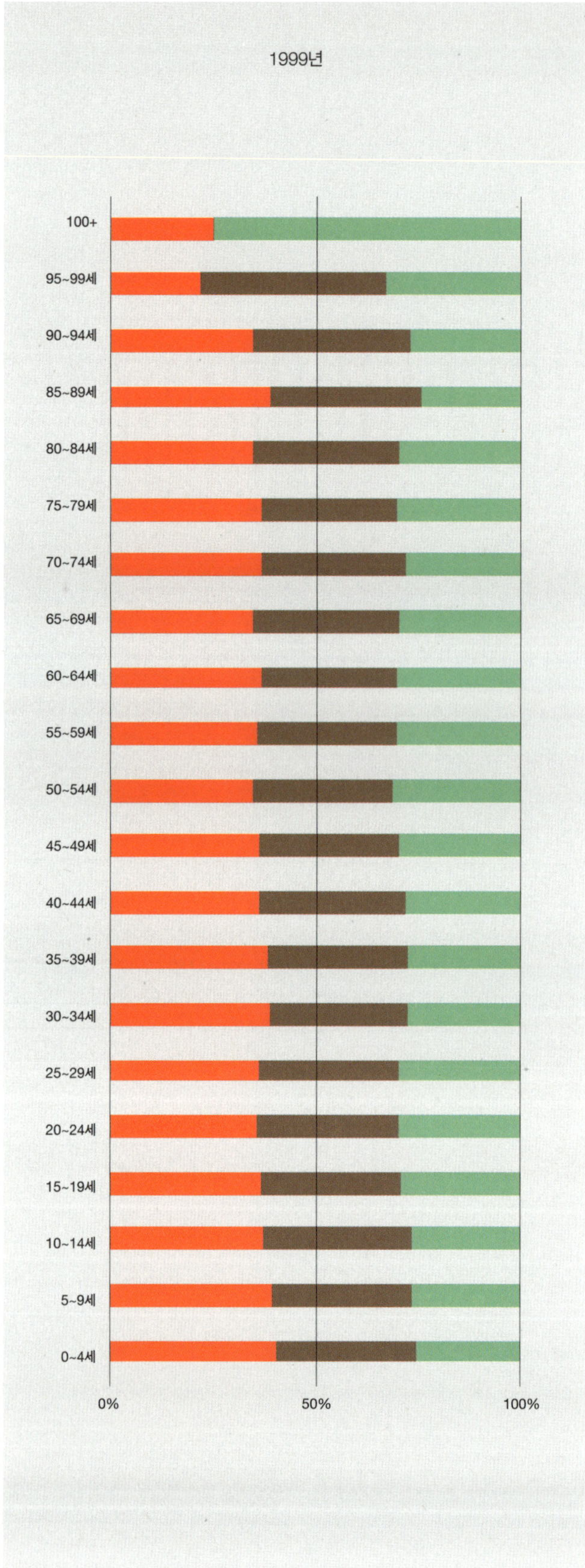

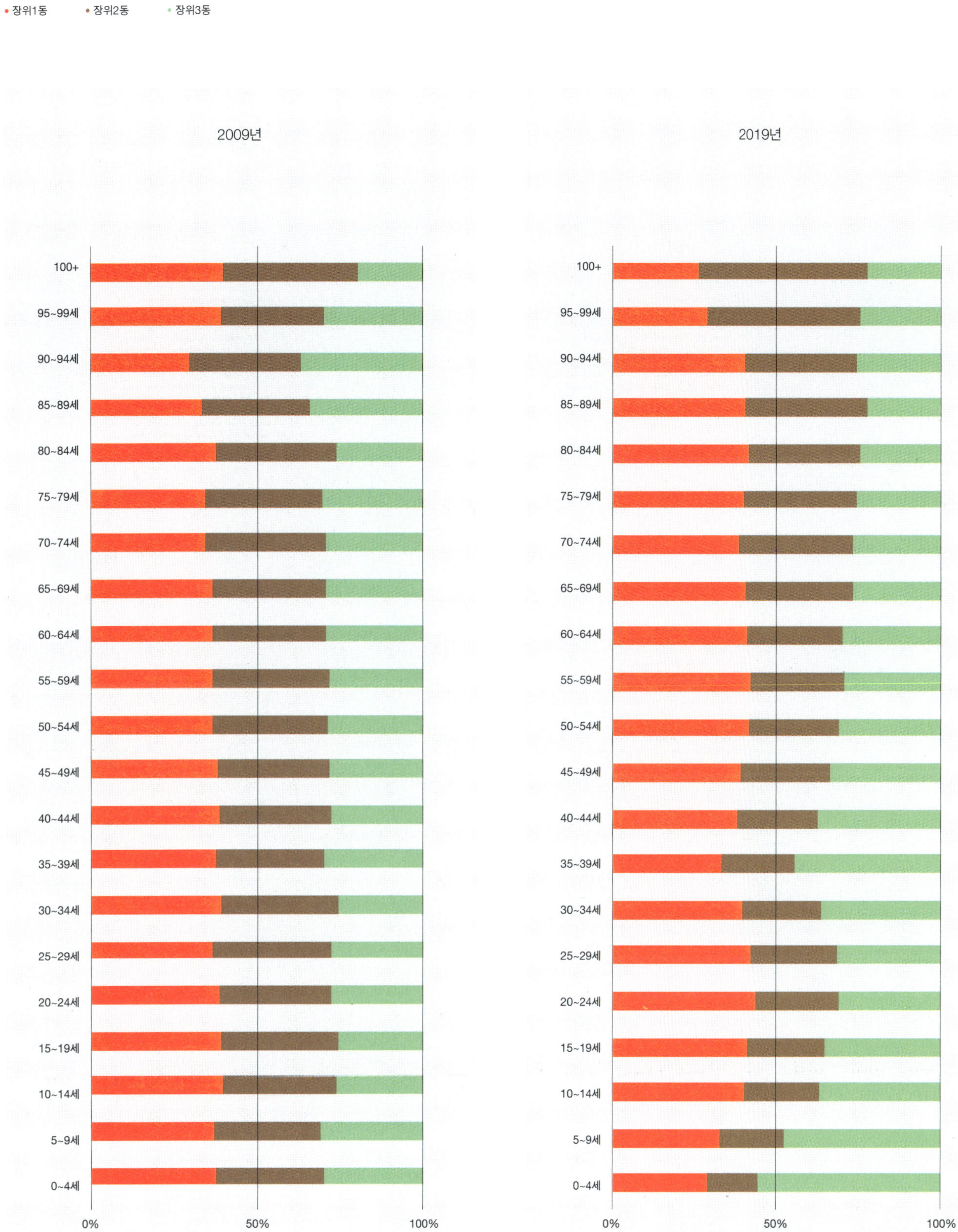
장위1동
장위2동
장위3동
2009년
2019년
100+
95~99세
90~94세
85~89세
80~84세
75~79세
70~74세
65~69세
60~64세
55~59세
50~54세
45~49세
40~44세
35~39세
30~34세
25~29세
20~24세
15~19세
10~14세
5~9세
0~4세
0%
50%
100%

**장위동의 인구 피라미드 변화(1999, 2009, 2019)**

출처: 행정안전부, 「주민등록인구통계」

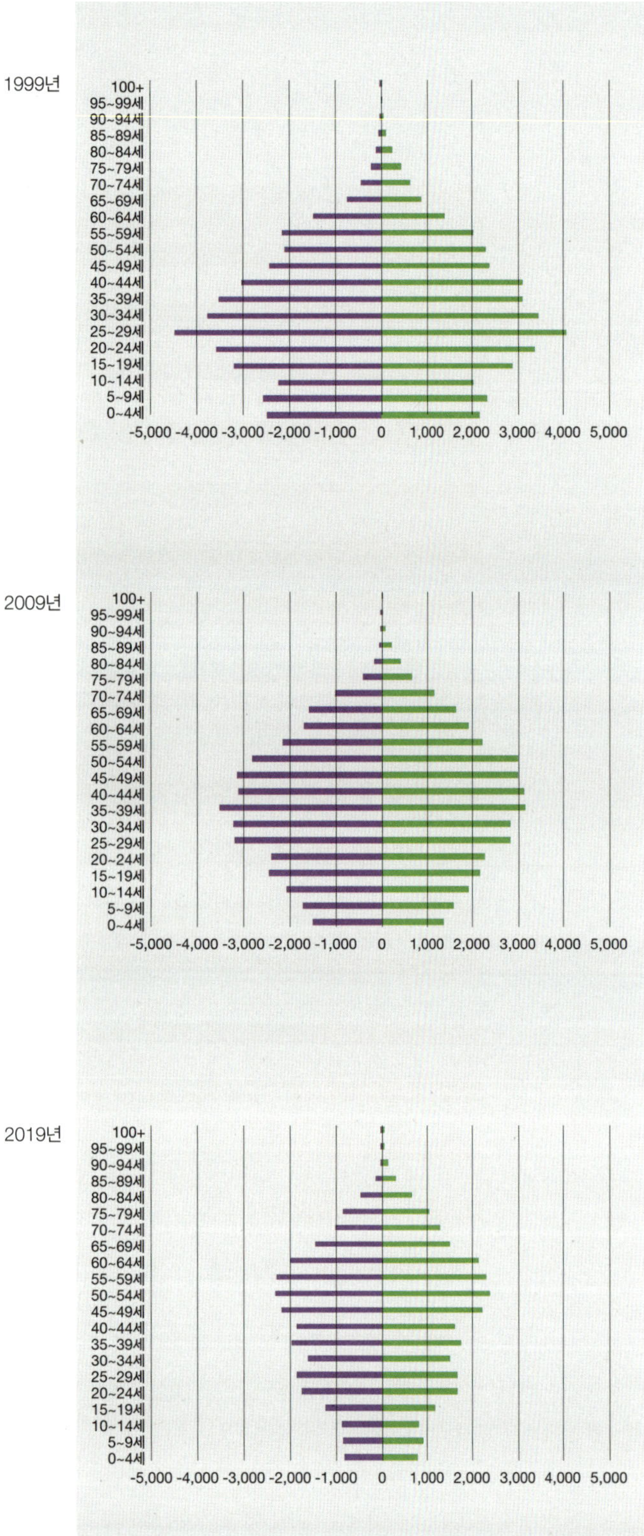


장위동

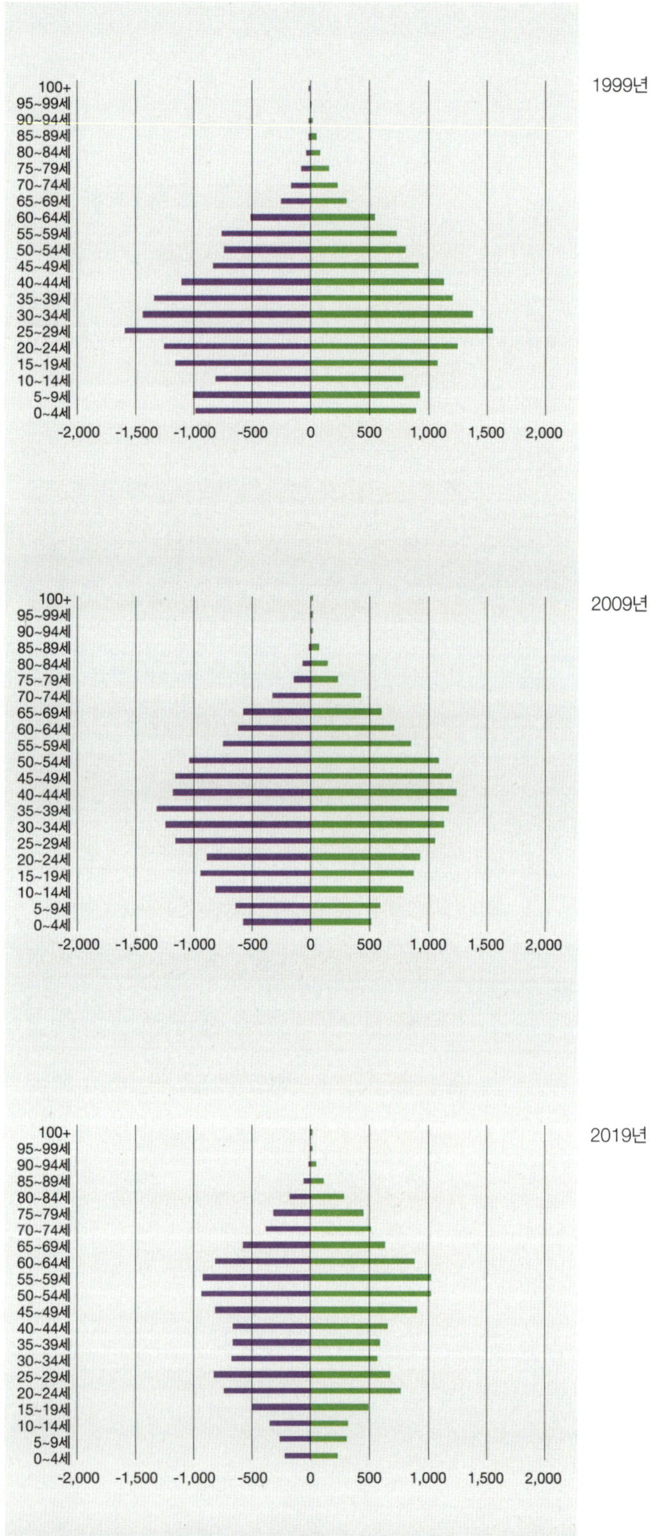


장위1동

1999년

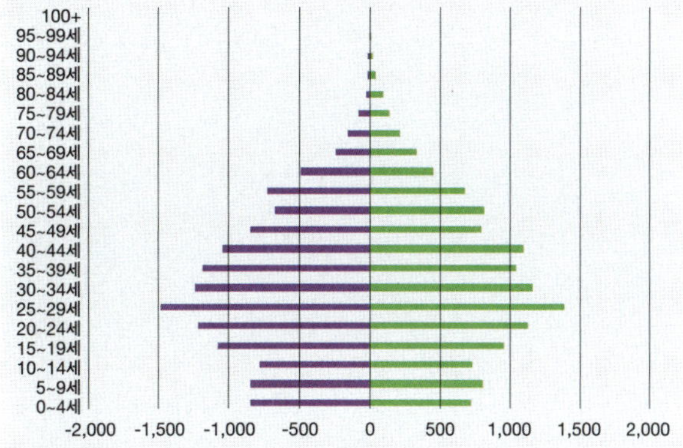


2009년

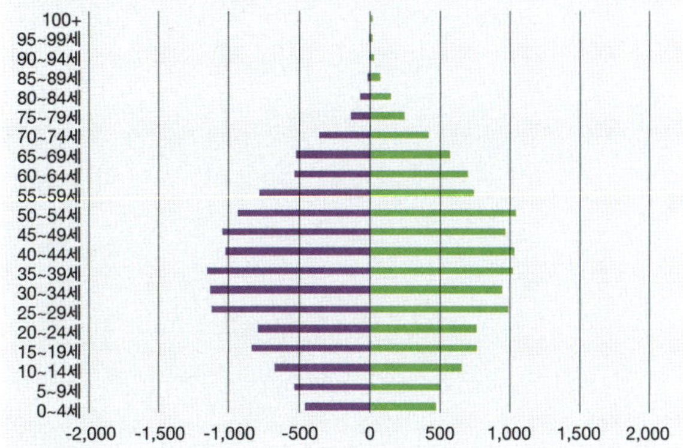


2019년

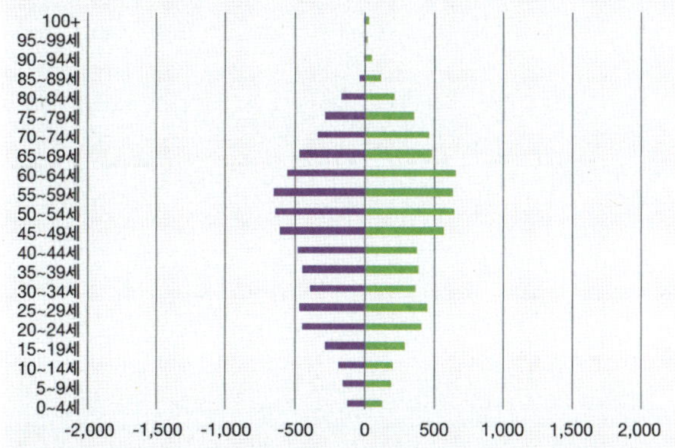


장위2동

1999년

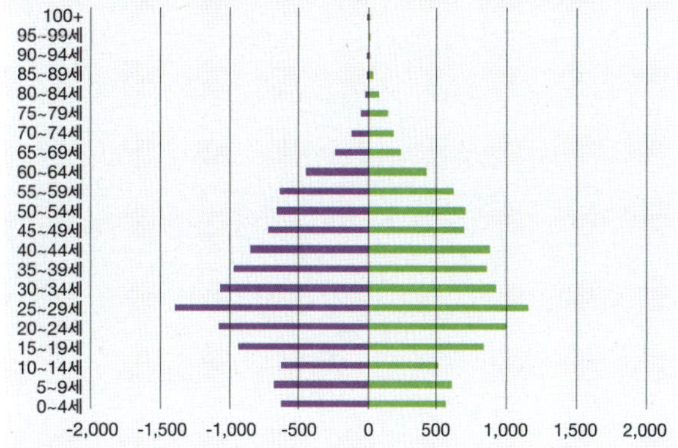


2009년

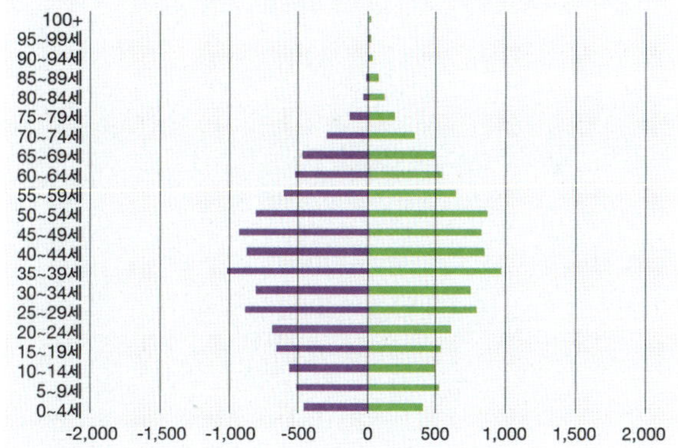


2019년

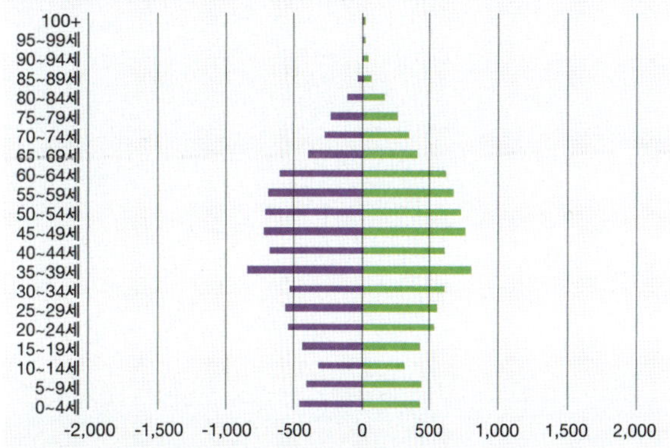


장위3동

## 5.3.2
## 장위동의 전입·전출 인구

2001년부터 2019년까지 장위동으로 들어온 이주자(전입자)는 총 23만 9,182명이고 나간 인원(전출자)은 26만 6,259명이다. 장위동 내부이동을 제외하면 주로 성북구 이외 서울지역과의 전입 및 전출 빈도가 높으며, 서울지역 내에서도 근거리 이동이 잦았다. 전출의 경우 2001년부터 2019년까지 근 20년간 장위동에서 노원구로 2만 5,103명, 강북구로 1만 8,659명, 도봉구로 1만 310명이 이주하였으며, 노원구 중에서도 월계1·2·3·4동으로 이주한 인구가 1만 3,634명으로 노원구로의 전출인구 중 54%를 차지하였다. 장위동으로 전입하는 사람들의 본 거주지는 전출지보다 더 다양하나 노원구와 강북구에서 장위동으로 전입하는 인구는 전출하는 인구보다 더 많은 비중을 차지한다. 20년간 노원구에서 2만 649명과 강북구에서 1만 4,940명이 장위동으로 전입하였으며, 다음은 동대문구·도봉구·중랑구 순이다.

시기별로 장위동으로 전입한 인구가 급증한 때는 2005년 뉴타운 개발이 알려졌을 때와 2008년 사업계획이 확정되었을 때 그리고 2018년 개발구역이 부분적으로 해제되었을 때와 2019년 최근 완공된 아파트의 입주가 시작되었을 때이다.

**장위동의 전입 인구(2001~2019 월별)**

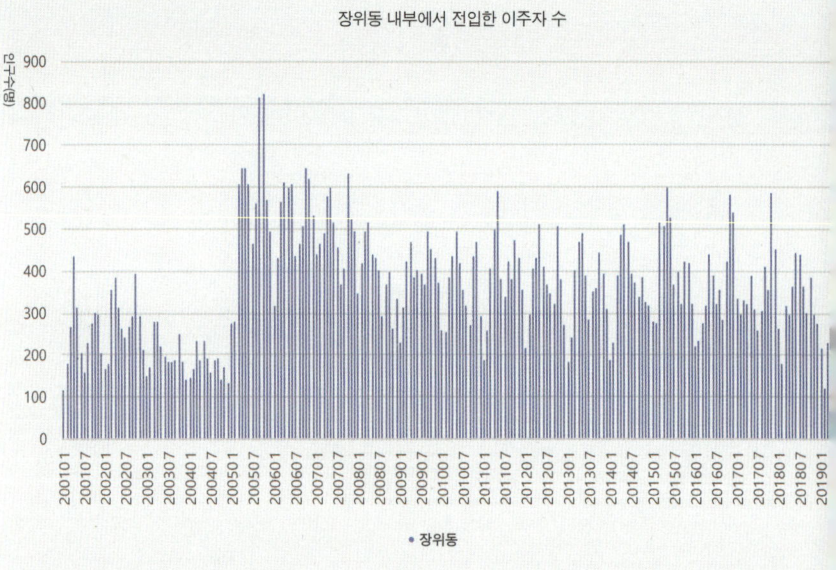


2005년부터 장위동 내부이동이 급증한 것은 이때부터 국내인구이동통계에 각동 내부이동이 포함되었기 때문인 것으로 보인다. 이에 따라 2005년 이전의 '내부이동'은 각동 내부에서의 이동을 제외한 전입 및 전출만 포함된다. 예) 장위1동에서 장위2동 또는 장위3동으로 이동

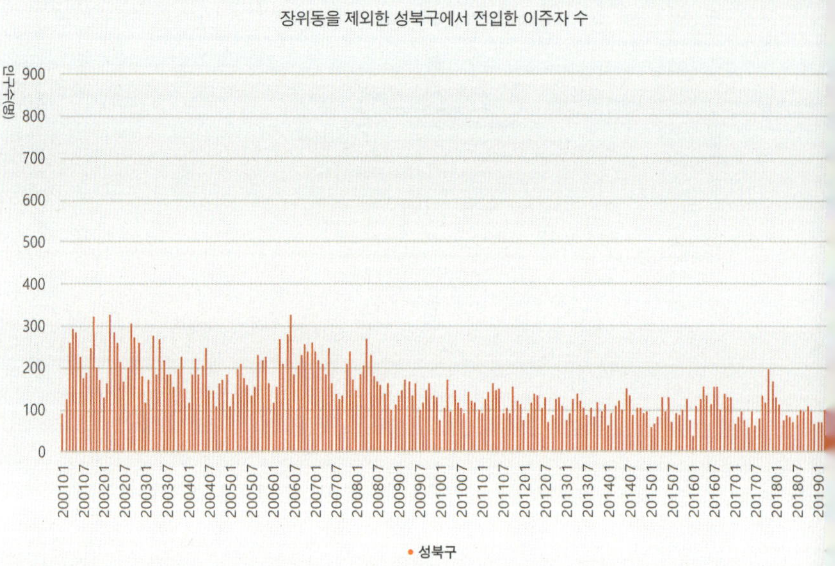


**장위동의 전입 전출 인구(2001~2019년 총합)**

| | 장위동으로 들어온 이주자 수 | | | 장위동에서 나간 이주자 수 | | | 순이주자 수 | | |
|---|---|---|---|---|---|---|---|---|---|
| | 장위1동 | 장위2동 | 장위3동 | 장위1동 | 장위2동 | 장위3동 | 장위1동 | 장위2동 | 장위 |
| 총합 | 94,679 | 76,869 | 67,634 | 103,947 | 89,739 | 72,573 | -9,268 | -12,870 | -4 |
| 성북구 | 45,550 | 42,011 | 26,788 | 49,800 | 41,072 | 26,056 | 4,250 | -939 | |
| 노원구 | 7,686 | 6,998 | 10,419 | 5,793 | 4,866 | 9,990 | -1,893 | -2,132 | |
| 강북구 | 9,033 | 4,435 | 5,191 | 6,831 | 3,134 | 4,975 | -2,202 | -1,301 | |
| 도봉구 | 4,248 | 3,086 | 2,976 | 2,538 | 1,647 | 2,665 | -1,710 | -1,439 | |
| 동대문구 | 2,056 | 2,464 | 1,889 | 2,471 | 2,702 | 2,232 | 415 | 238 | |
| 의정부시 | 2,472 | 2,015 | 1,826 | 1,165 | 961 | 1,115 | -1,307 | -1,054 | |
| 중랑구 | 1,876 | 2,279 | 1,884 | 1,701 | 1,702 | 1,793 | -175 | -577 | |
| 남양주시 | 2,135 | 1,914 | 1,640 | 1,031 | 1,023 | 967 | -1,104 | -891 | |
| 기타 | 28,891 | 24,537 | 19,960 | 23,349 | 19,762 | 17,841 | -5,542 | -4,775 | -2 |

성북구를 제외한 서울 다른 구에서 전입한 이주자 수

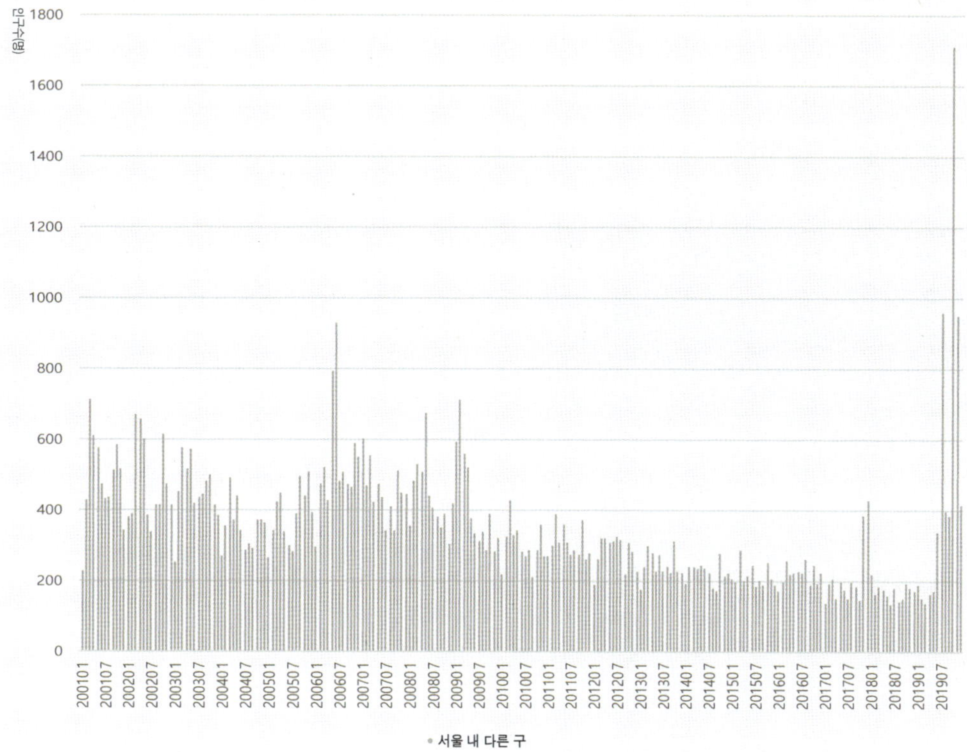


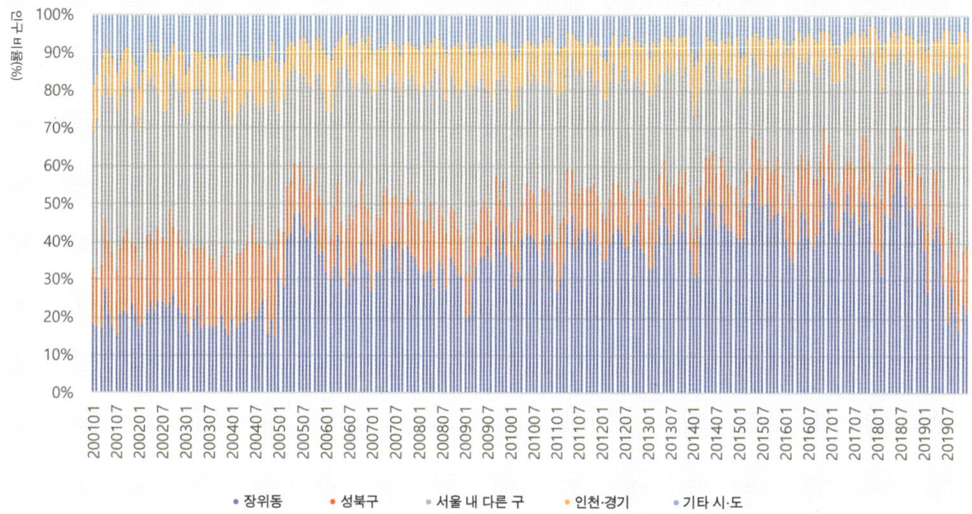


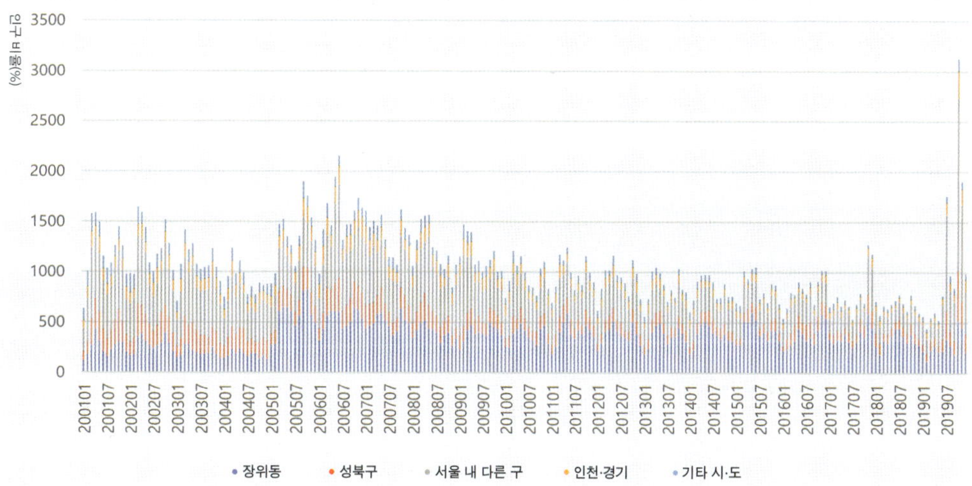

장위동과 인근 지역 간의 전입·전출자 수(2001~2019)

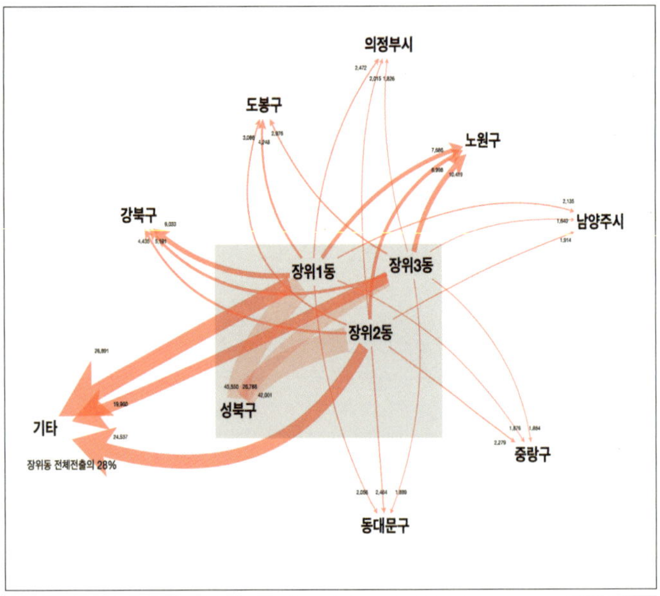

장위동에서 전출한 이주자 수

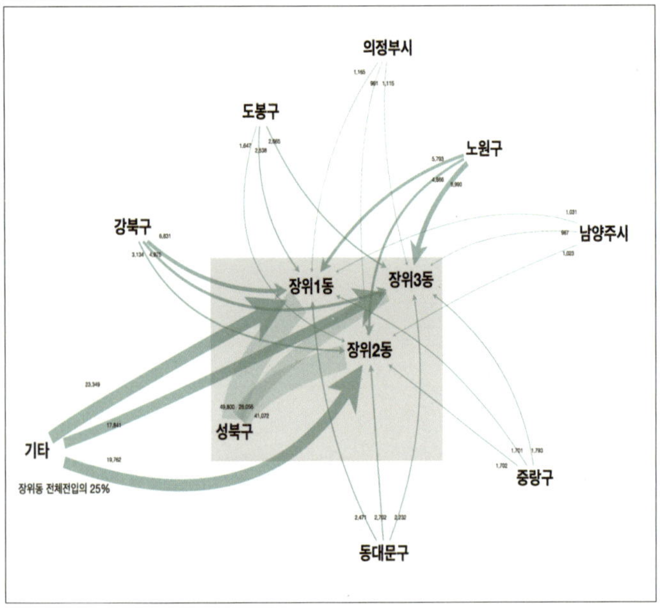

장위동으로 전입한 이주자 수

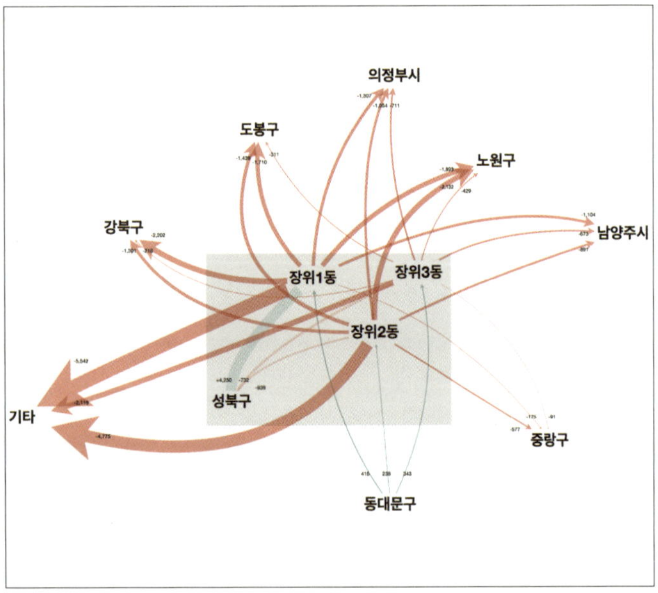

주변지역에서 장위동으로 들어온 순이동자 수

성북구를 포함해 인근에 위치한 노원구·강북구·도봉구·동대문구·중랑구 및 경기도 의정부시·남양주시에서 장위동으로 전입하거나 장위동에서 전출하는 비중은 각각 75%와 72%이다. 장위동은 주로 인접한 곳에서 이사를 오가는 것을 알 수 있다. 장위동의 인근 지역 중에서도 강북구와 노원구와의 인구이동이 두드러진다. 특히 장위1동으로 전입 오는 인구는 노원구보다 강북구가 많으며, 반대로 장위3동은 노원구로부터 들어오는 비중이 높은 편이다.

순이동자 수를 놓고 보았을 때 동대문구를 제외한 나머지 모든 지역들로 장위동의 인구가 유출되었다. 특히 도봉구와 의정부시, 남양주시의 경우 전입·전출 인구가 강북구와 노원구보다 현저히 적음에도 불구하고 순이동자 수로 본 인구 유출 규모는 비슷하였다. 반면 2018년 이후 뉴타운개발 아파트의 입주가 시작된 장위3동의 경우 순이동의 손실 규모가 크지 않았다.

## 5.3.3 동별 인구이동

동별로 인구이동을 살펴보면 뉴타운 사업으로 인해 특정 연도에 전입·전출 인구가 크게 증가한 것을 확인할 수 있다. 장위1동에서는 2016년 11월과 12월 평상시 이동 인구의 2배가 넘는 월 약 1,000명의 인구가 전출하였으며, 장위2동의 경우 2017년과 2018년에 걸쳐 월 약 700명의 인구가 전출하였다. 장위3동의 경우 앞서 설명한 아파트 입주로 2019년 전입인구가 크게 증가하는데, 대체로 성북구 이외의 서울지역에서 전입한 인구로 보인다.

**동별 전입·전출 인구**

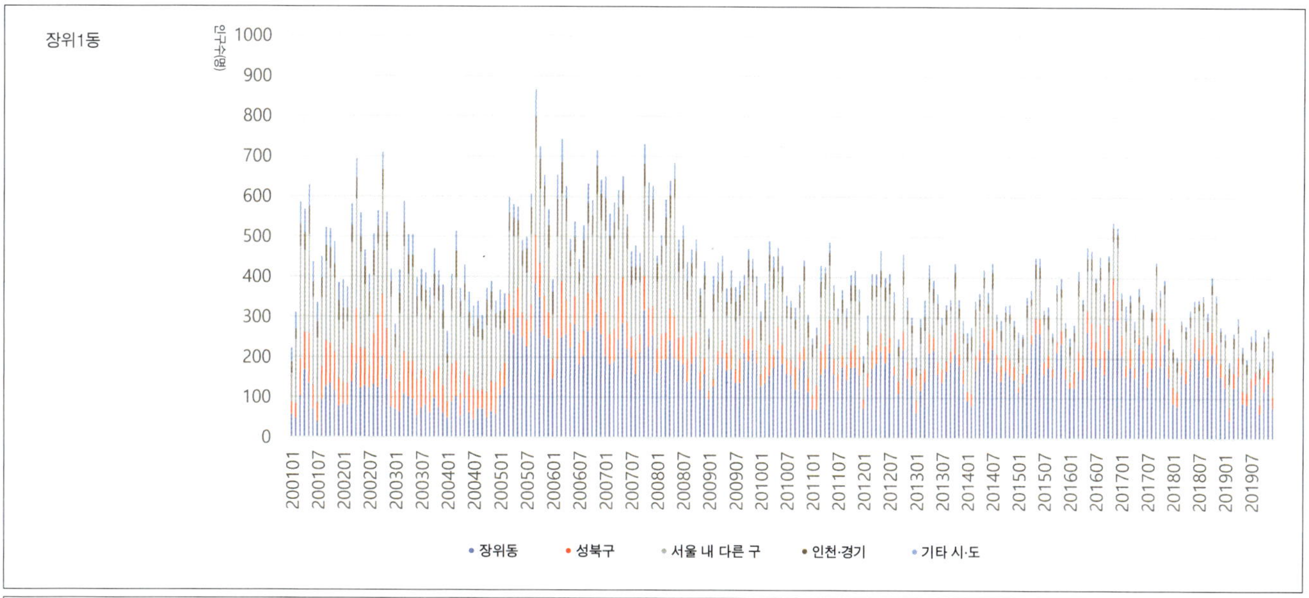
장위1동
인구수(명)
장위동
성북구
서울 내 다른 구
인천·경기
기타 시·도

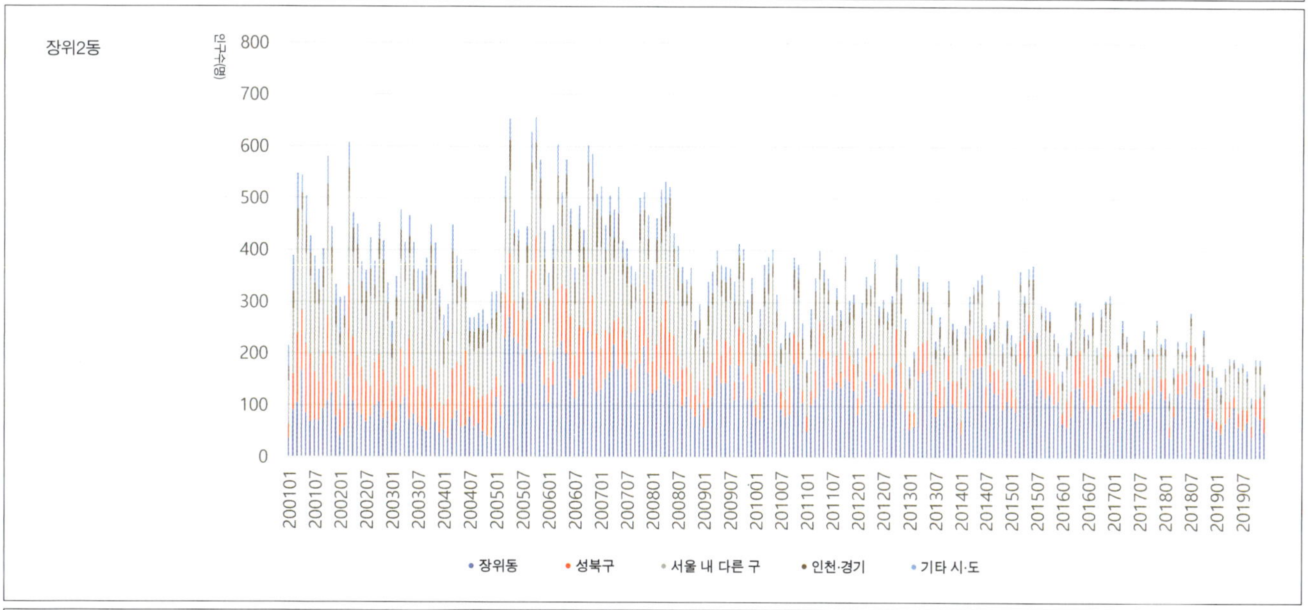
장위2동
인구수(명)
장위동
성북구
서울 내 다른 구
인천·경기
기타 시·도

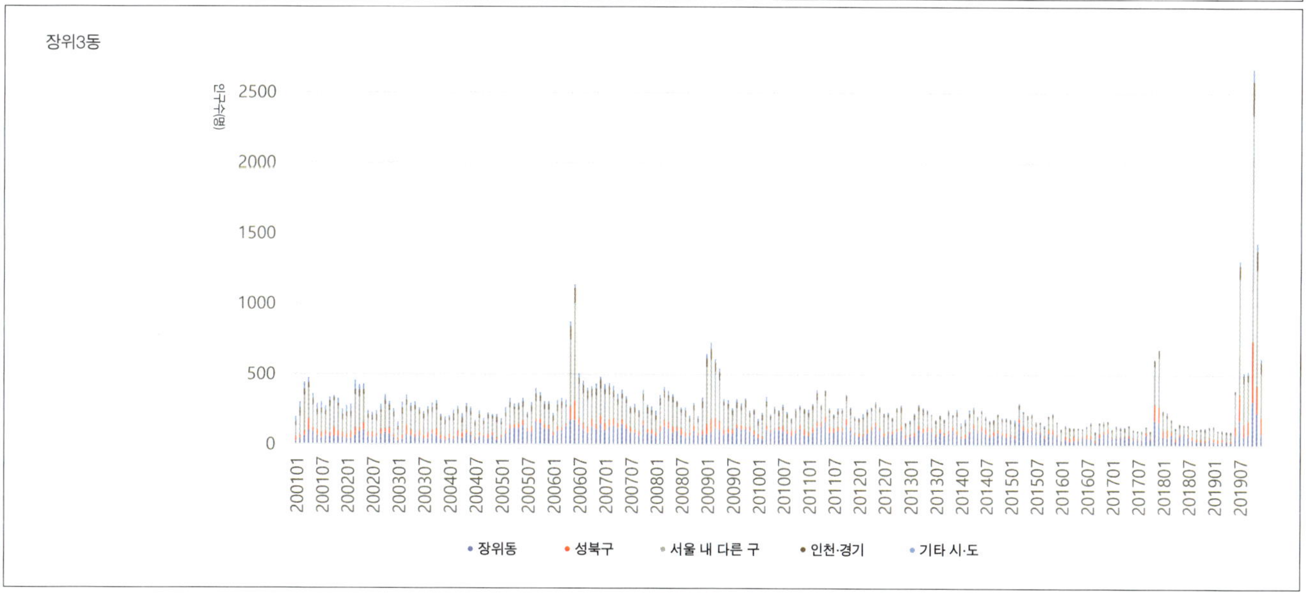
장위3동
인구수(명)
장위동
성북구
서울 내 다른 구
인천·경기
기타 시·도

## 5.3.4
## 장위동 내부 이동

전입 및 전출 인구 중 장위동 내부 이동이 큰 비중을 차지하는 것을 확인할 수 있다. 전입자 또는 전출자 중 절반 이상이 내부 이동인 달이 있을 뿐만 아니라 2005년 이후 전입자 대비 월 평균 40%, 전출자 대비 월 평균 34%가 내부 이동인 것으로 나타났다.

이는 장위1동의 전출 인구가 급격히 증가한 시기와 동일하다. 장위2동 또한 마찬가지로 내부 이동이 점차 감소하다가 2018년 7월에 고점을 맞이하며, 이 또한 전출 인구의 증가 시기와 동일하다. 장위3동은 이와 양상이 다른데, 2015년 3월 이후로 내부 이동이 급격히 감소하다가 2017년 11~12월, 2019년 10~11월에 고점을 찍는다. 장위3동의 경우 2015년 5월경에 전출이 다수 있었고, 2017년 11~12월에는 전입과 전출 모두 활발하였으며, 2019년 10~11월에는 전입이 압도적으로 많았다. 한편 2018년 8월경 장위2동에서 장위1동으로의 순전입이 많았던 이유는 확인되지 않았다.

장위동 간 전출입 인구의 변화 추이

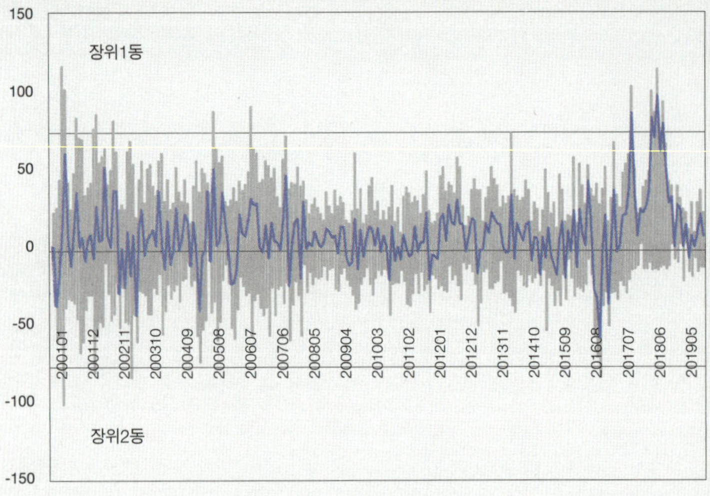


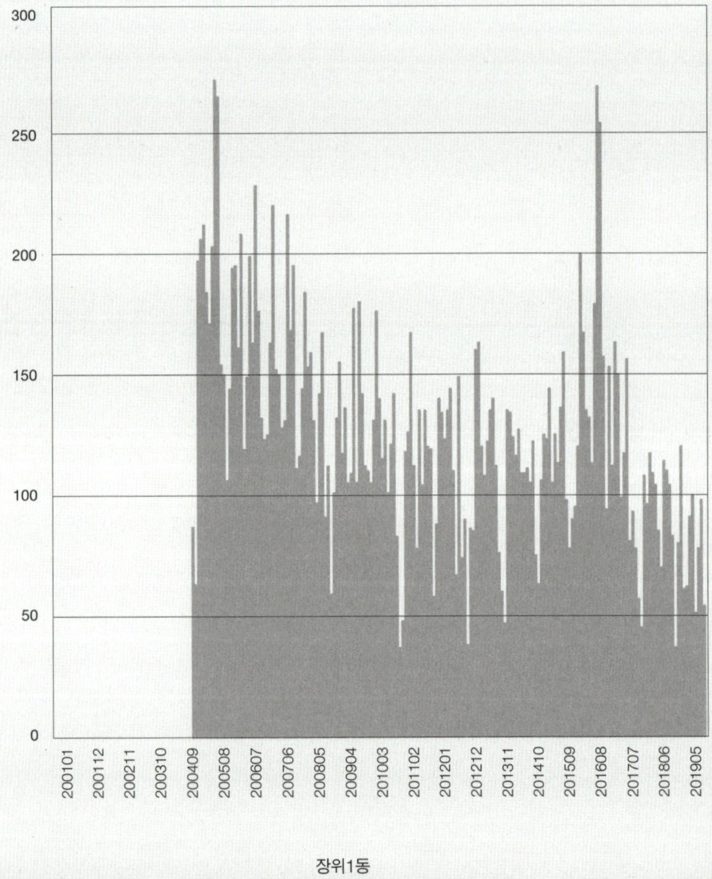

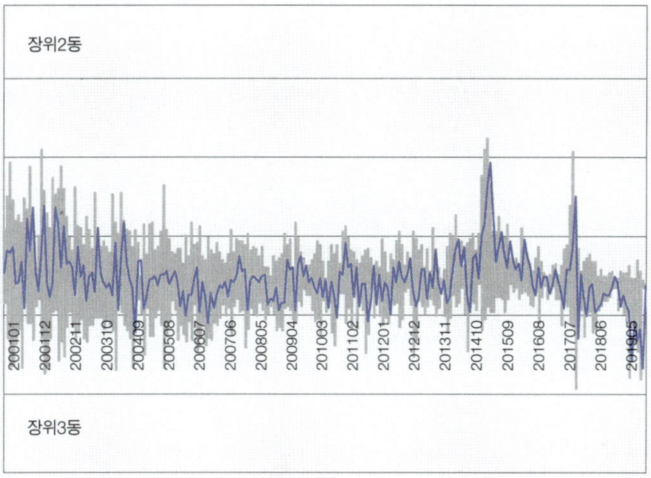
장위2동
장위3동
200101
200112
200211
200310
200409
200508
200607
200706
200805
200904
201003
201102
201201
201212
201311
201410
201509
201608
201707
201806
201905

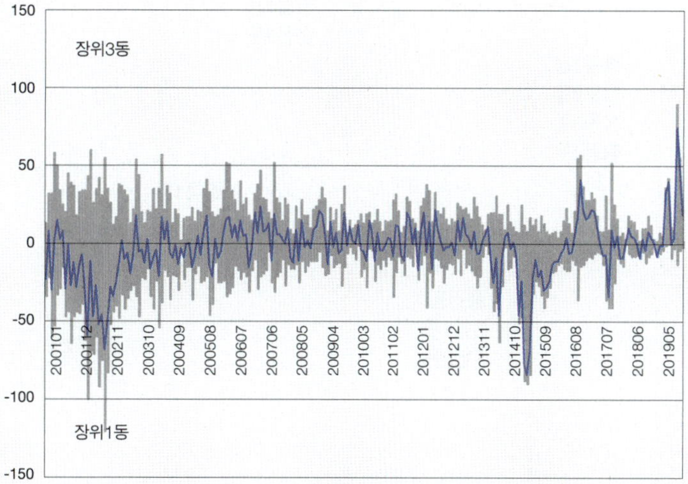
150
100
50
0
-50
-100
-150
장위3동
장위1동
200101
200112
200211
200310
200409
200508
200607
200706
200805
200904
201003
201102
201201
201212
201311
201410
201509
201608
201707
201806
201905

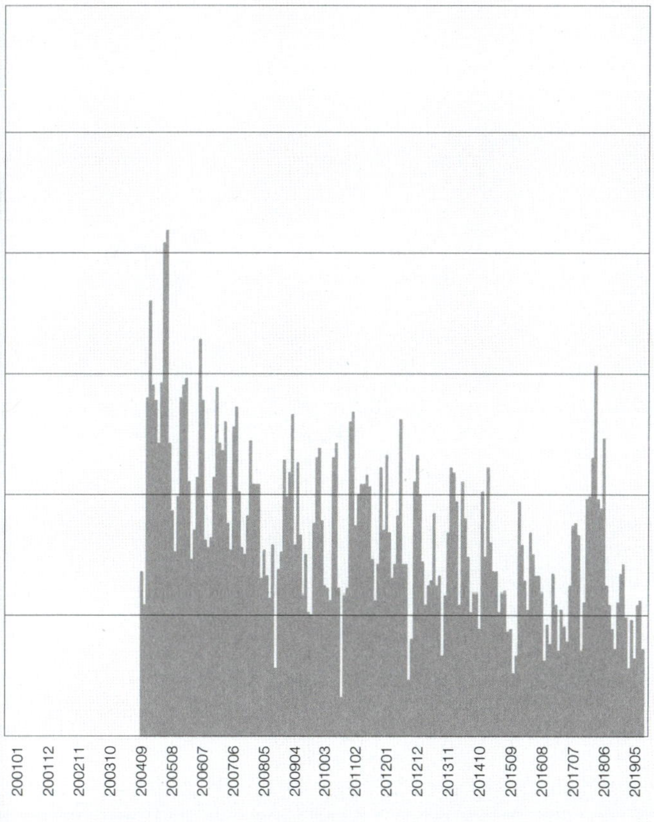
200101
200112
200211
200310
200409
200508
200607
200706
200805
200904
201003
201102
201201
201212
201311
201410
201509
201608
201707
201806
201905

장위2동

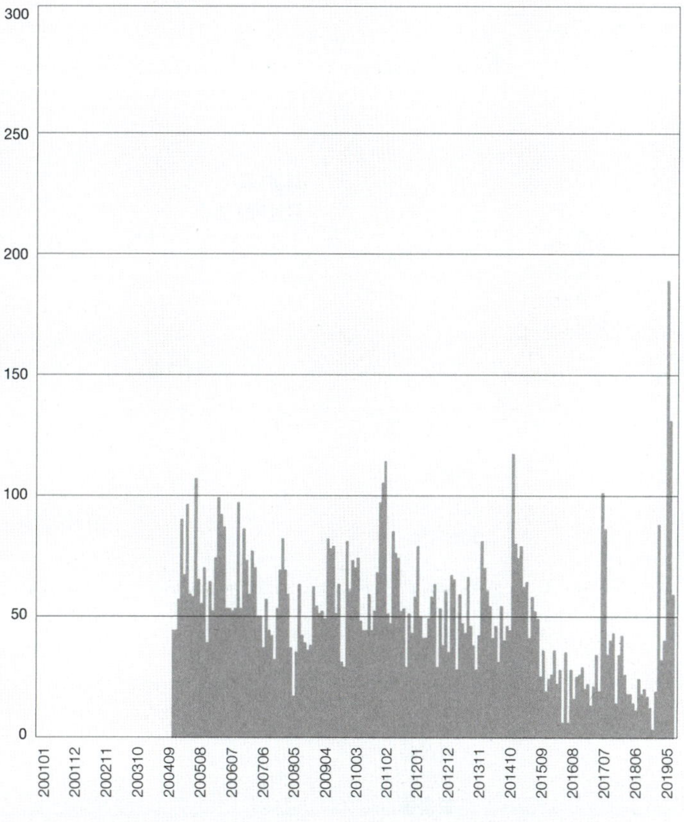
300
250
200
150
100
50
0
200101
200112
200211
200310
200409
200508
200607
200706
200805
200904
201003
201102
201201
201212
201311
201410
201509
201608
201707
201806
201905

장위3동

장위동 동별 내부 이동과 성북구 타동과의 인구 이동 분포

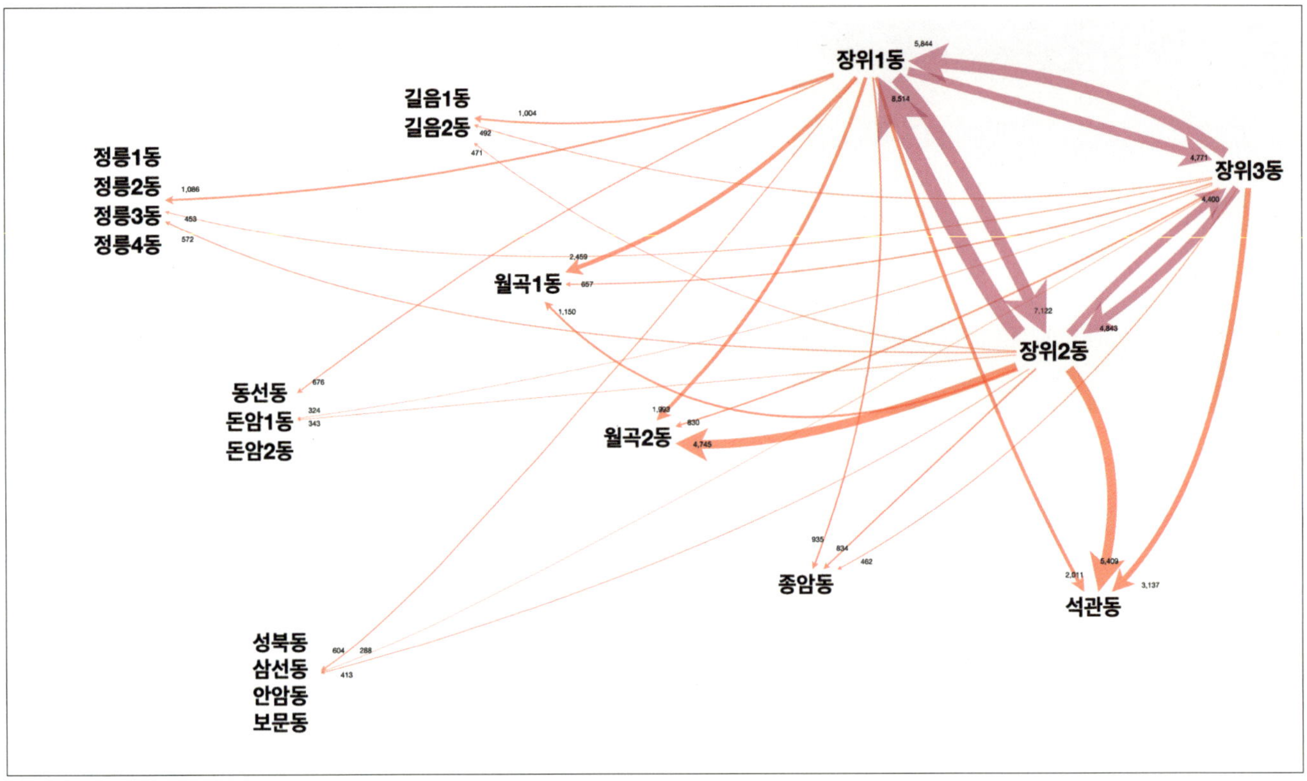


장위동에서 전출한 이주자 수

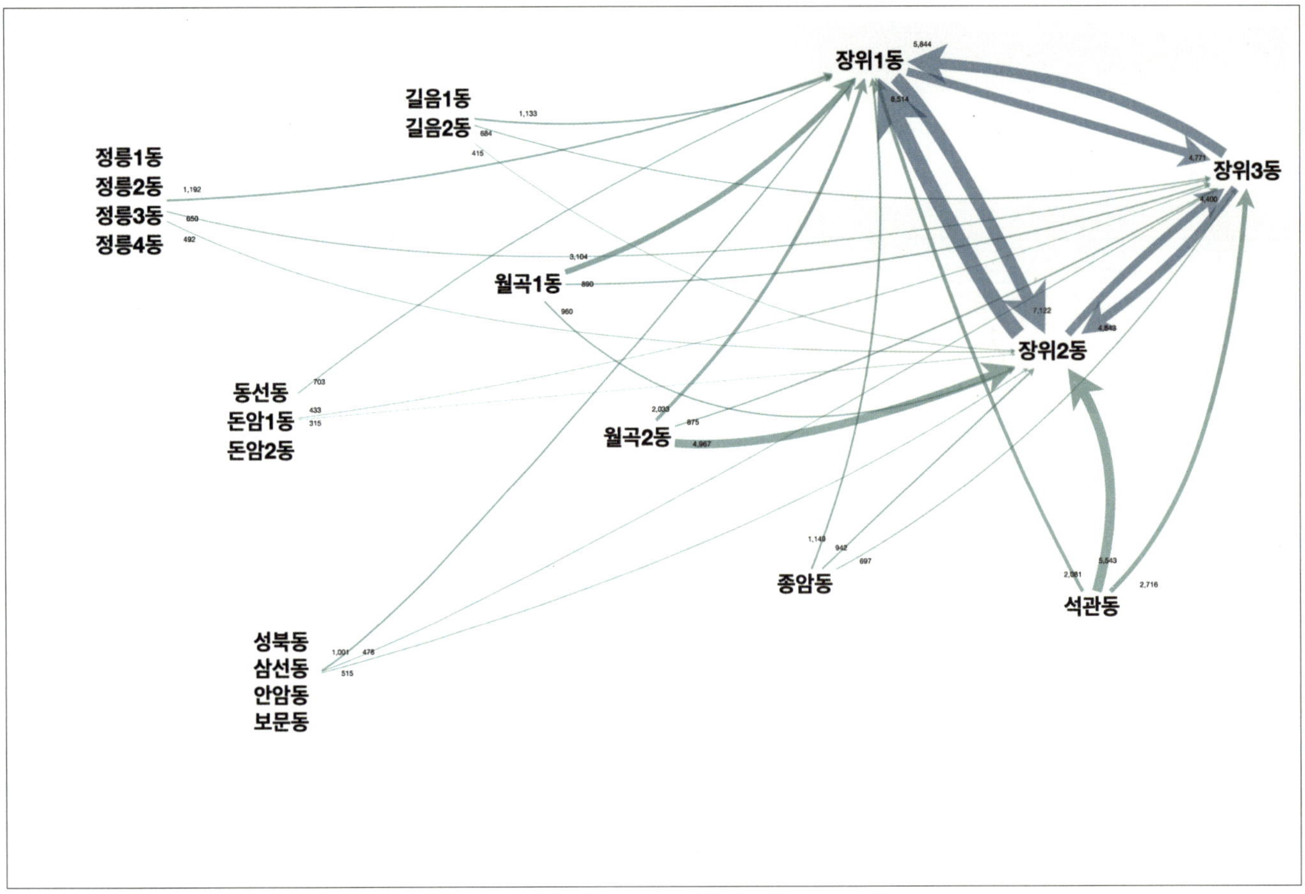


장위동으로 전입한 이주자 수

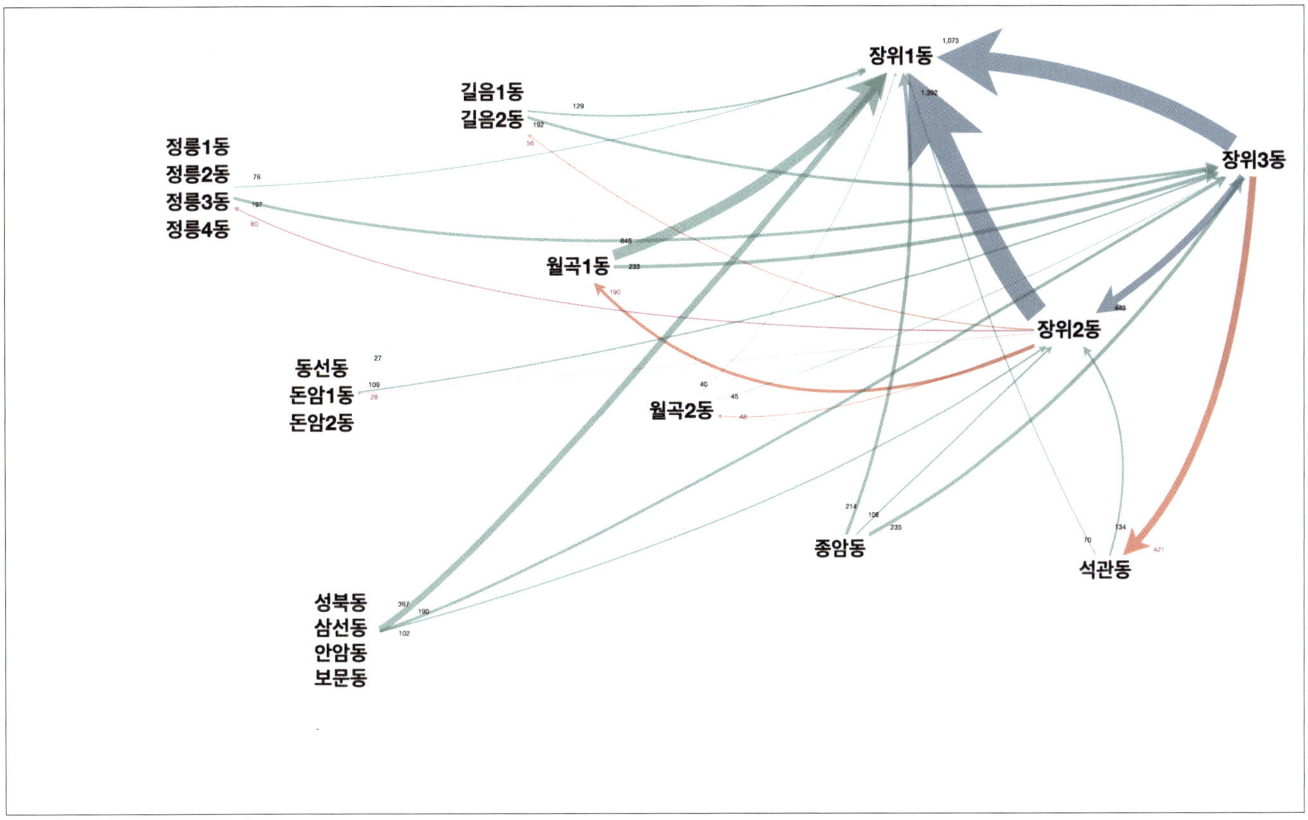


성북구 내 다른 동에서 장위동으로 들어온 순이동자 수

장위동으로 들어오고 나가는 전체 전입·전출자 중에서 성북구 내에서의 움직임은 약 60%에 해당한다. 이를 동별로 살펴보면 2000년이후 장위동 주변의 인구 흐름이 어떤 결과를 가져왔는지를 알 수 있다. 우선 전입자의 공간흐름을 보면 장위1동과 장위2동 간의 이주가 매우 높다. 또한 장위2동은 공간적으로 인접한 월곡2동과 석관동으로 오가는 이주의 흐름이 장위3동과 비슷할 정도로 공간적으로 하나의 이주권임을 알 수 있다.

반면 길음·정릉·돈암·안암·보문 등 같은 성북구에 위치하는 다른 동은 전입과 전출의 규모가 크지 않다. 그럼에도 불구하고 앞에서와 같이 순이동을 통해 공간적인 이주 흐름을 보면 약 20년 동안 인구가 어떻게 움직였는지가 드러난다. 장위2·3동에서 장위1동으로 이주의 흐름이 보인다. 또한 장위2동은 월곡·길음·정릉 쪽으로 인구가 움직이고 있으며, 장위1동을 제외한 다른 지역의 인구들이 조금씩 장위2동으로 들어오고 있다. 장위3동은 장위1동과 장위3동을 제외한 성북구 모든 지역에서 순인구이동자 수가 양의 값을 가졌다. 이는 2018년 뉴타운 개발 아파트의 입주가 시작되고 짧은 기간에 많은 인구가 유입되었기 때문이다.

한편 지난 20년간 장위1·2·3동 모두 인구가 감소하였음에도 불구하고, 장위동 내부의 움직임으로 본다면 장위1동이 인근 지역의 인구를 끌어들였음을 볼 수 있다. 여기에는 제일 먼저 뉴타운 개발이 해제되어 다세대·다가구 등의 주택건설이 빨리 시작되었고, 이를 통해 젊은 층의 인구가 유입되었기 때문으로 볼 수 있다.

### 5.3.5
### 연령별 이동

연령별 전입·전출 그래프를 통해 장위동의 인구 구성 변화를 보다 자세히 파악할 수 있다. 위의 그래프는 장위동으로의 전입, 아래는 장위동으로부터의 전출을 나타낸다. 2019년 전입인구 중 가장 특기할 만한 연령대는 30대 및 0~9세 아동인구로, 2019년 해당 세대의 유입이 장위3동 인구 피라미드의 변화를 만들어 냈음을 유추할 수 있다.

반면 전출인구는 30대 이하와 50대 이상에서 상이한 흐름을 보인다. 30대 이하의 전출인구는 지속적으로 감소하는 반면 50대 이상 인구의 전출은 점차 증가해 왔음을 보여준다. 즉 아래 그림은 최근 몇 년간 장위동에서 고령자의 전출이 많아졌고 뉴타운 사업 이후 신규 아파트에 30대와 10대 이하 아동으로 구성된 젊은 층의 전입이 급증함을 보여준다.

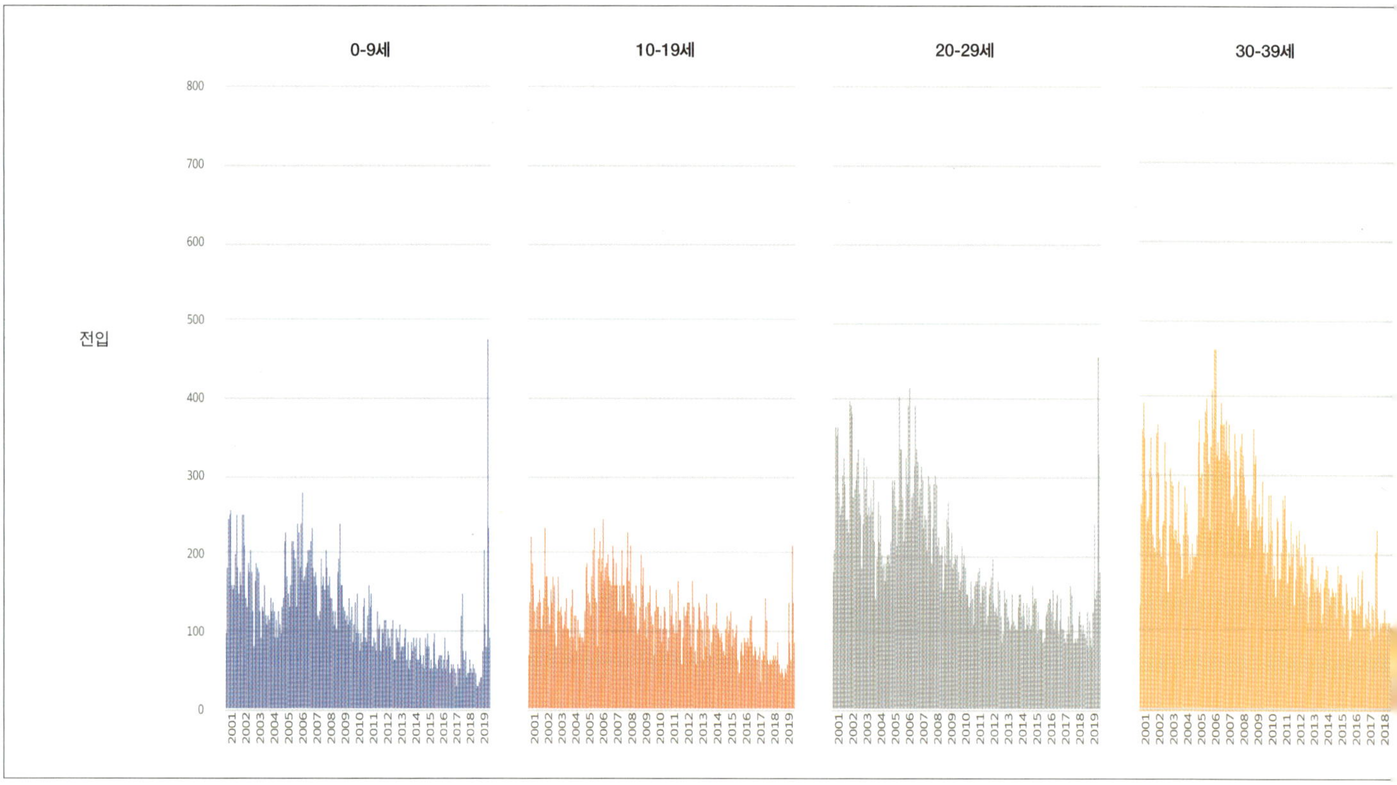


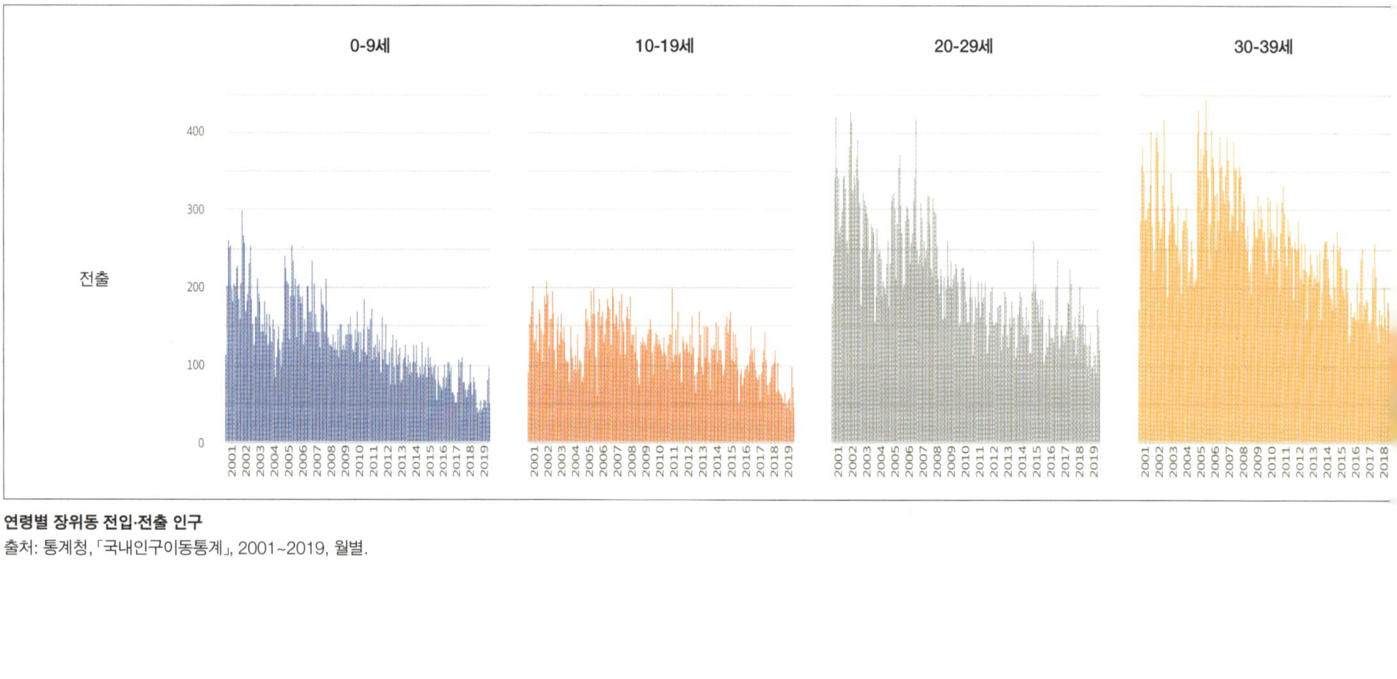


**연령별 장위동 전입·전출 인구**

출처: 통계청, 「국내인구이동통계」, 2001~2019, 월별.

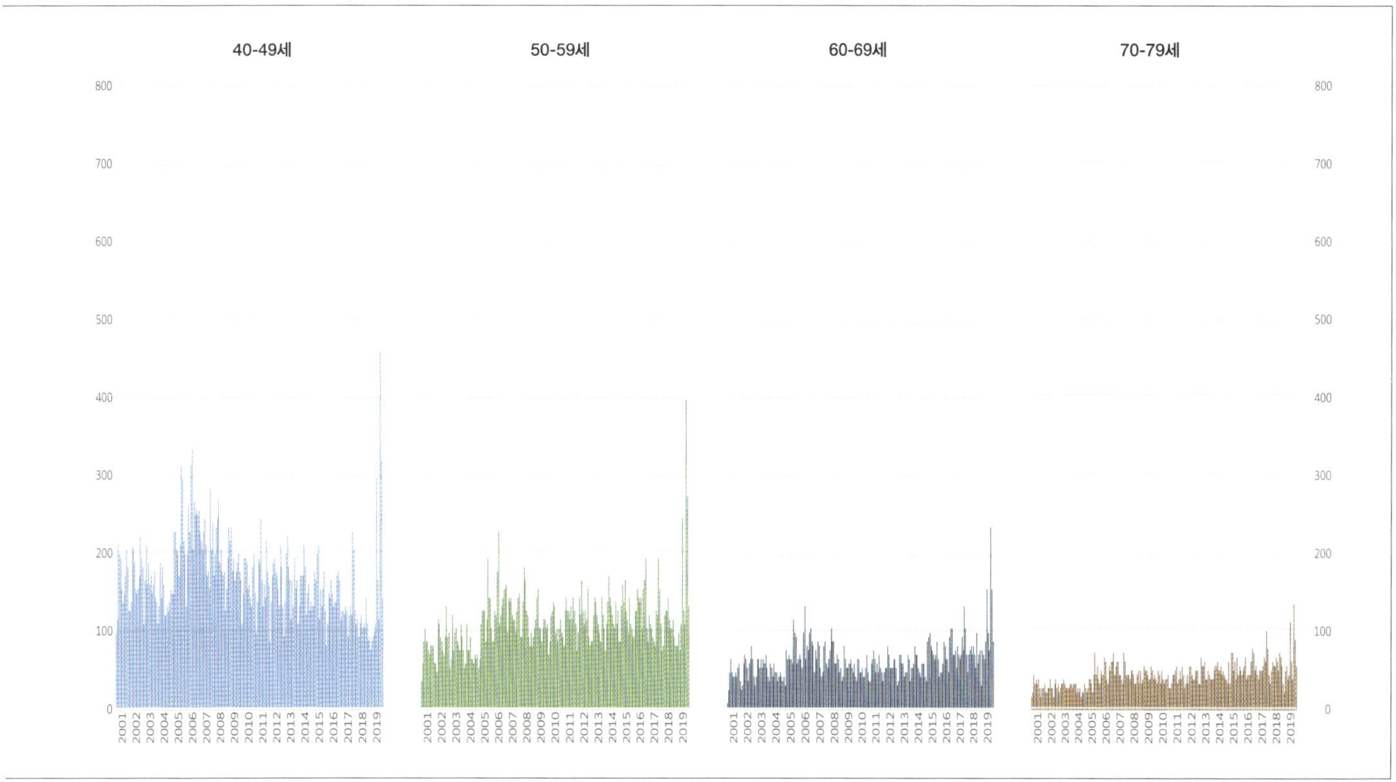
40-49세
50-59세
60-69세
70-79세

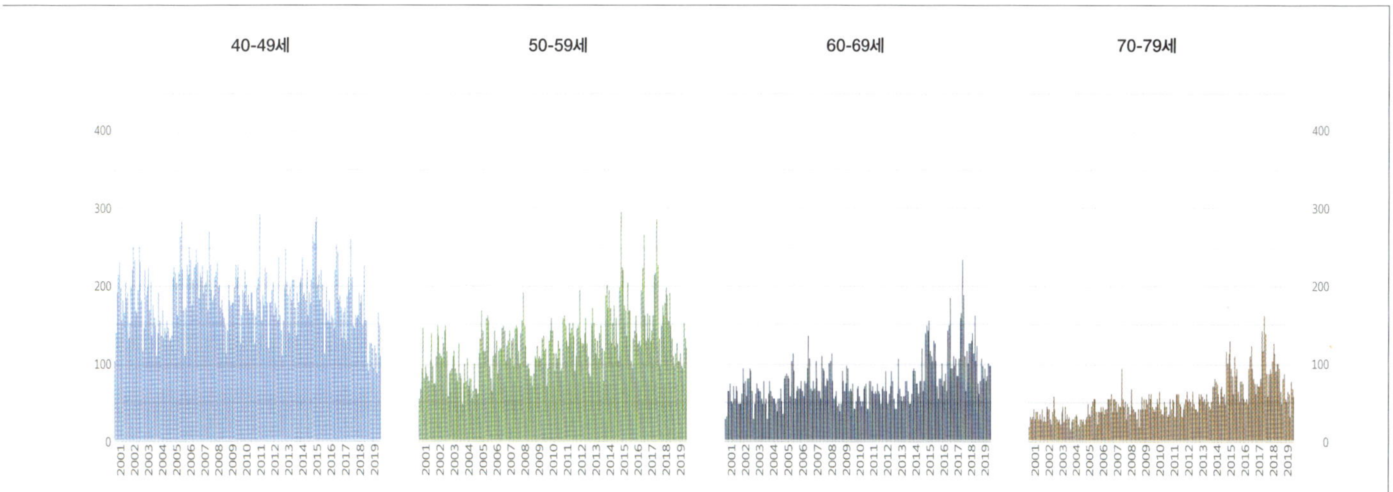
40-49세
50-59세
60-69세
70-79세

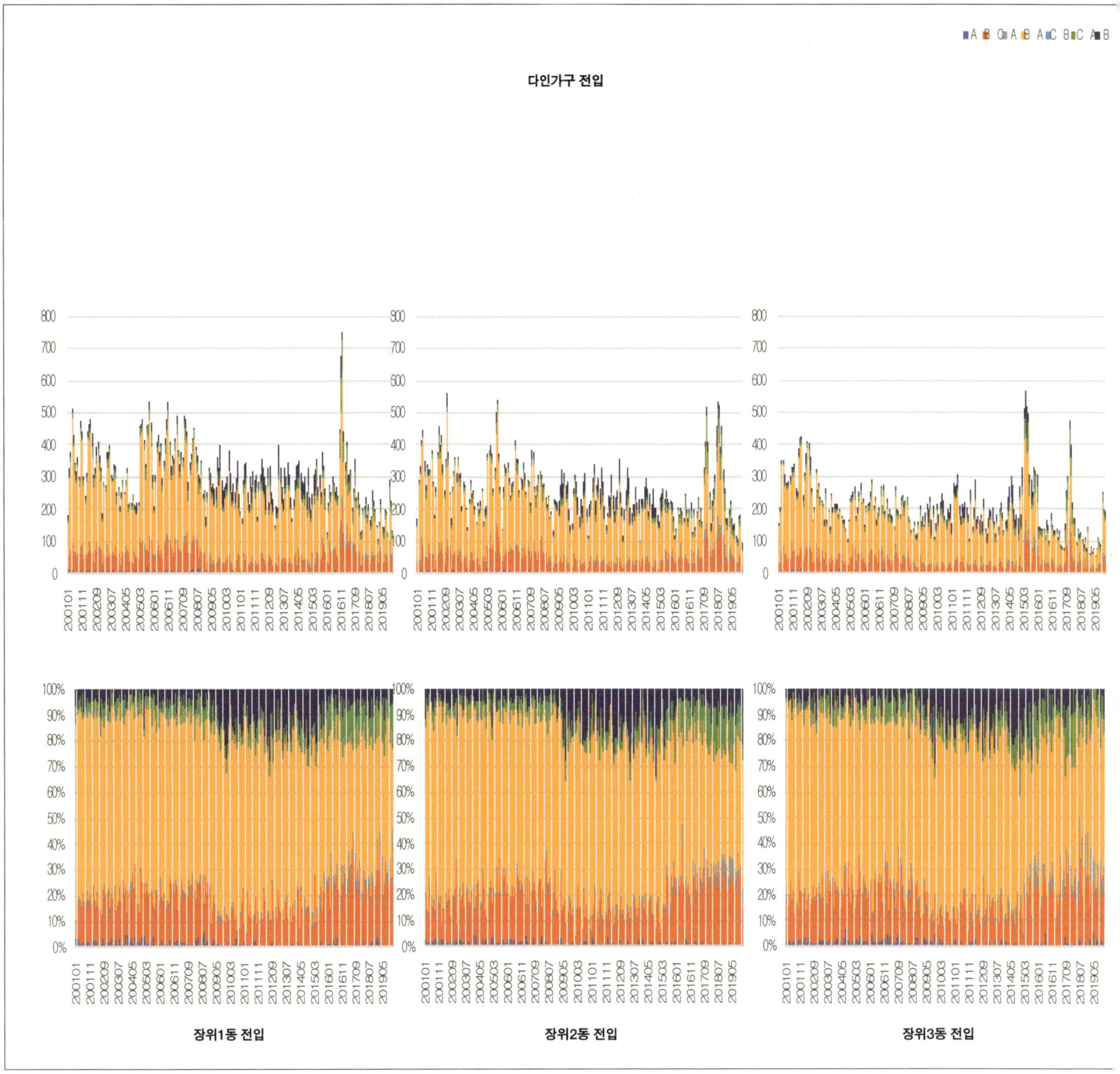


**가구구성원 수에 따른 이동패턴의 차이**
출처: 통계청, 「국내인구이동통계」

다인가구 전출
장위1동 전출
장위2동 전출
장위3동 전출

## 5.3.6
## 가구 구성별 이동 추이

장위동의 이동 인구를 가구의 형태별로 나누어 보면 또 다른 그림이 그려진다. 여기서는 인구를 연령대별로 A(0~21세), B(22~64세), C(65세 이상) 카테고리로 나누고 이를 조합해 여섯 가지 가구의 형태를 만들었다. 이에 따르면 장위동에서 이주하는 다인가구의 상당수가 학령인구인 0~21세와 청장년층인 22~64세 인원을 포함한 2세대 추정 가구인 것으로 나타났다. 그다음으로 많은 비중을 차지하는 가구는 청장년층만을 포함하는 가구와, 학령인구·청장년층·노년층 모두를 포함한 3세대 추정 가구였다. 다만 2009년부터 2014년까지 청장년층으로 구성된 다인가구의 전입 및 전출이 급격히 줄어든 것에 대한 원인은 파악하지 못하였다.

장위동 전입·전출 1인가구의 대부분은 22~64세의 청장년 인구이다. 이들은 다인가구보다 그 진폭은 작지만 유사한 패턴을 보인다. 이는 성별에 따라서도 큰 차이를 보이지 않았다.

## 5.3.7
## 출생·사망·혼인·이혼

오른쪽 그림은 장위동의 인구동태(출생·사망·혼인·이혼)를 2004년부터 2019년까지 시계열로 나타낸 것이다. 장위동의 출생인구는 대략 전체 인구에 비례하는 것으로 파악된다. 장위3동의 경우 2017년을 기점으로 반등하였다. 사망인구는 매년 유사한 수준이다. 혼인건수와 이혼건수는 장위1동이 장위2동과 장위3동에 비해 크게 높은 수준이다. 특히 2011년부터 2017년까지 그 차이가 크게 나타나는데, 그 원인은 파악되지 않았다.

**1인 가구 전입 전출 추이**

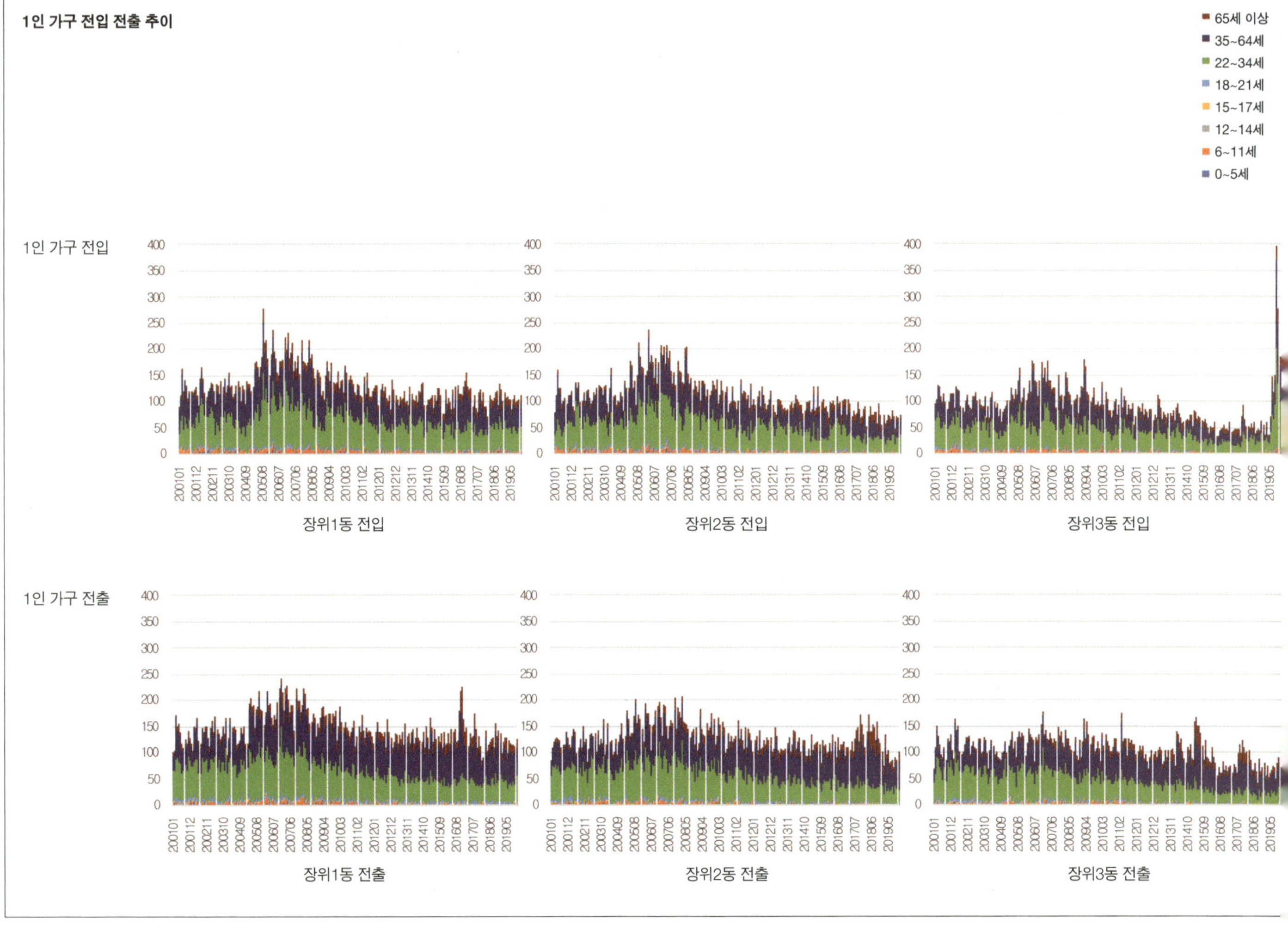

장위동의 출생·사망·혼인·이혼 추이 2004~2019

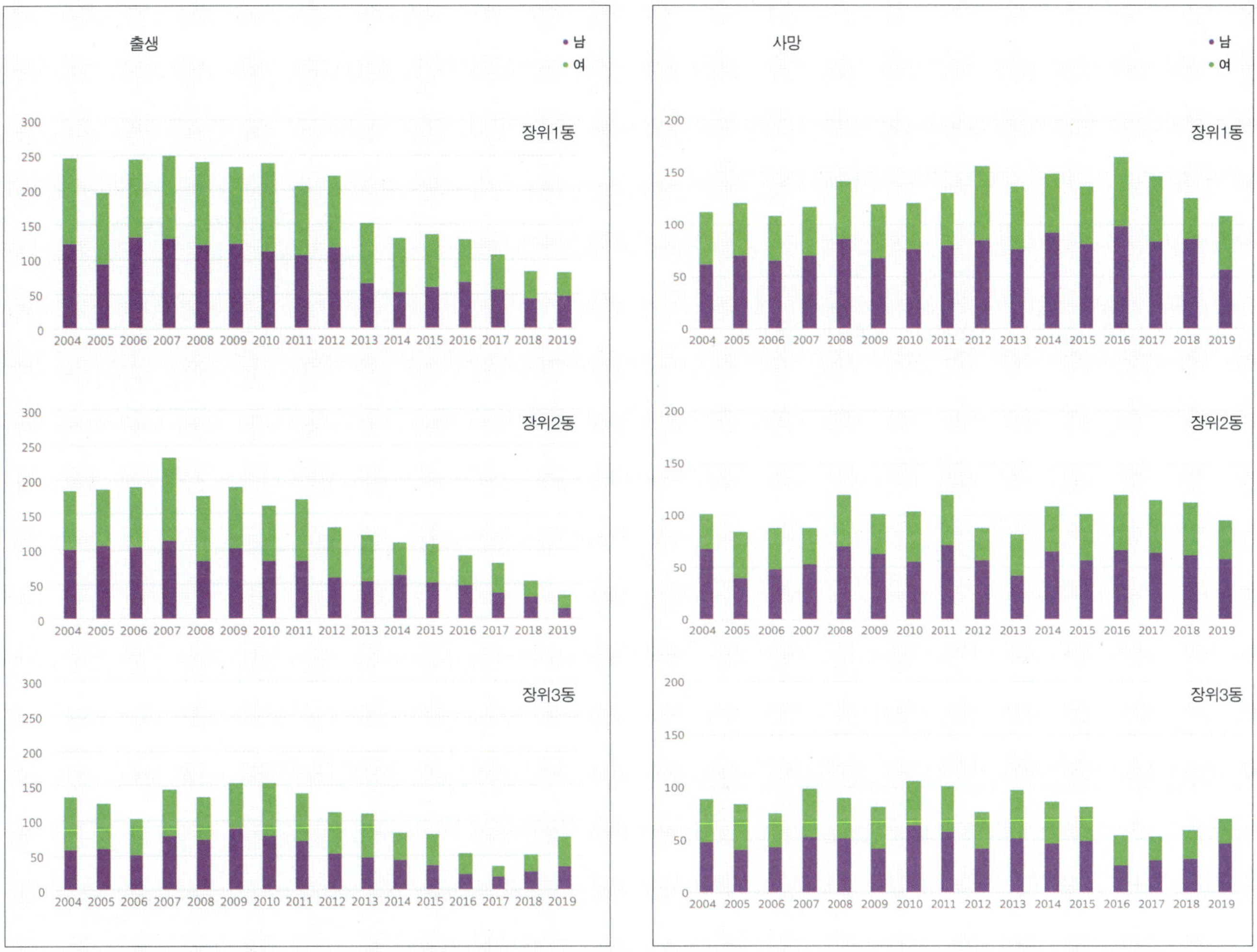


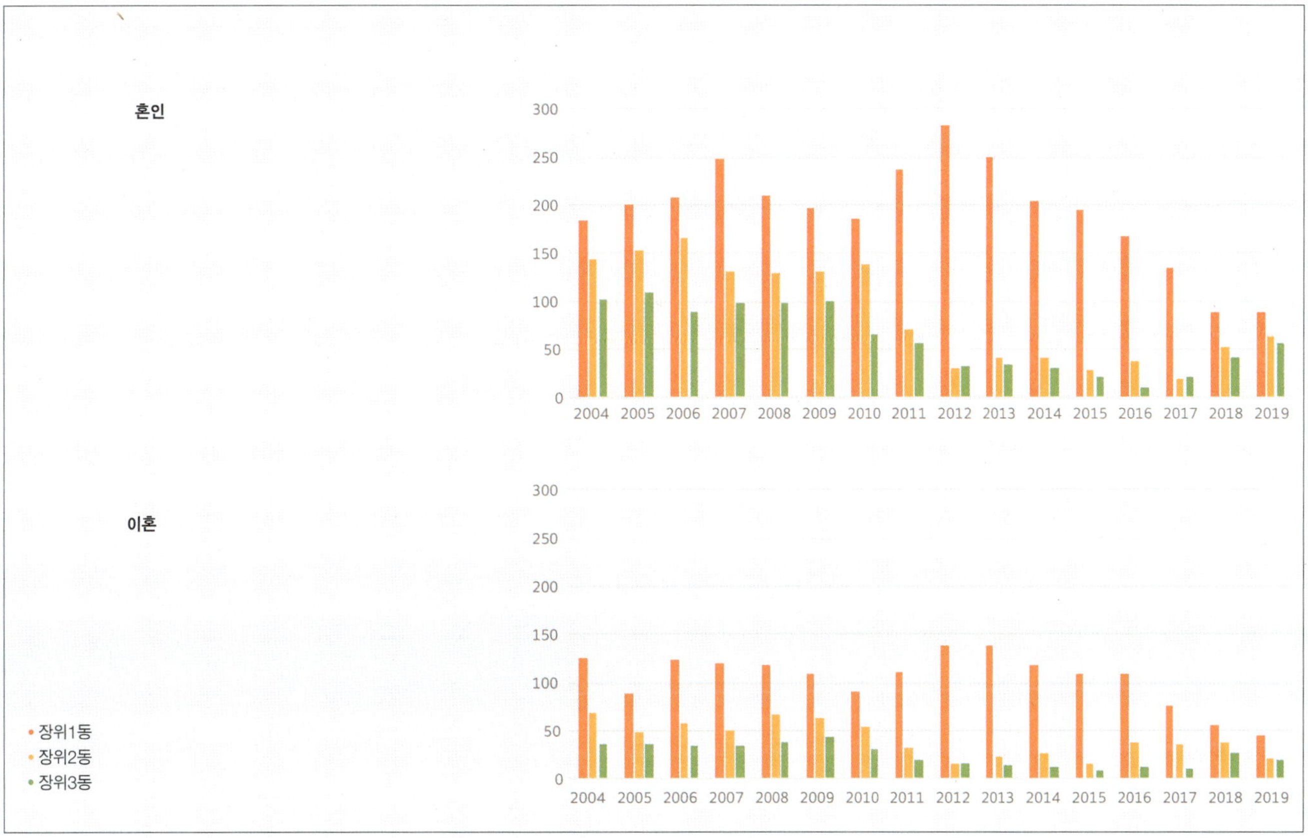

## ④

# 장위동의 단면, 이질적인 공간들의 일시적인 공존

재정비촉지구역이 해제된 지역은 단기간에 급속히 상승한 지가로 인해 부동산 개발업자들에 의한 무분별한 빌라 건립이 급속하게 진행되었다. 2020년 현재 장위동 일대 주택가에는 4, 5층 규모의 빌라 공사현장을 손쉽게 찾아볼 수 있으며, 장위동이 가지고 있는 풍부한 역사적·문화적·자연환경적 맥락을 고려하지 않은 건축행위가 끊임없이 반복되고 있다. 이는 반쪽으로 진행되는 장위동 뉴타운 사업으로 인해 표류하기 시작한 거주민들의 주거환경을 더욱 악화시키고 그들을 다른 지역으로 떠나게 만드는 결과를 낳고 있다. 비록 뉴타운 해제지역에서 발생하는 이러한 문제점들을 해결하고자 여러 필지를 묶어서 소규모로 개발하는 가로주택 정비사업 등이 장위11·13구역을 중심으로 일어나고 있으나 이 또한 주민들 간의 의견 차이로 진행이 더딘 상황이다.

반면 이는 장위동의 인구구성 변화를 동반하였다. 기존 단독 주택에서 빌라로 재건축되며 연령대가 젊은 사람들이 유입되었다. 철거와 신축, 대규모단지와 1960년대의 10평 남짓한 건물들, 경사지와 평지, 새 집과 헌 집 등 장위동은 이질적인 것들이 공존하고 있으며, 급격하게 새로운 풍경으로 바뀌고 있다. 본 절에서는 현장조사를 갈 때마다 달라진 풍경들에 당혹스러울 정도로 빠르게 변하는 장위동의 공간을 기록한다.

**그럼 재건축 앞둔 건물들도 많겠어요?**

장위동이 그런 집들이 많다가 절반은 재개발이 되었고 절반은 재개발 해제된 지역들도 있고 해요. 해제된 지역은 신축 빌라가 많이 들어왔어요. 예전에는 장위동 단독들이 진짜 큰 데가 많았어요. 100평 이상 되는 단독들. 그런 게 정말 많아요. 2008·2009·2010년도. 2014년도 이전까지. 그런 데가 재개발 해제가 되면서 신축 빌라로 다 바뀌었죠. 그 사람들은 다 팔고 떠나고. 그러면서 바뀐 게 되게 많았죠. (…) 100, 200평짜리 단독이. 거기에 다세대가 들어오잖아요. 5층짜리 건물이. 그런 사람들이 팔고 떠나고 젊은 사람들이 들어오고. 인구는 좀 늘어났을 거예요, 장위동이. 혼자 살던 집에서 10명, 15명이 들어왔으니까.

**그럼 세대도 좀 바뀌었겠어요. 단독은 가족 위주 아니에요?**

단독 가지신 분들은 나이 좀 있으신 분들이죠. 나이가 있고 여유가 있으신 분들인데. 팔고 떠나시니까 빌라 같은 경우는 좀 젊은 사람들이 많잖아요.

**평수 규모는?**

빌라 커 봐야 20평? 그렇게 많이 바뀌었어요. 그게 불과 5년 사이. 5, 6년 사이에.

OOO(공인중개사), 2020년 9월 25일.

기존 건축물의 철거가 완료된 장위4구역 현장

장위동 뉴타운 해제지역에 건설되는 빌라

장위동 항공사진(2020년)
출처: 스마트서울맵

현재 장위동은 장석로를 기준으로 크게 서측의 장위1·2동과 동측의 장위3동으로 나뉘며, 한천로가 동측의 경계를 형성하고 있다. 장월로와 장위로는 X자로 교차하며 장위동 전체를 관통하고 있다. 장위1동은 과거 동방주택단지가, 장위2·3동은 부흥주택·재건주택·국민주택 등이 있던 곳이다.

현재 뉴타운 사업이 15개 구역 중 일부만 부분적으로 진행되면서 장위동은 뉴타운 개발지역 속에서 기존 도시 조직들이 섬처럼 남아 있는 상황이다. 장위3동의 경우에는 뉴타운 사업이 비교적 빨리 진행 중인 1구역에서 7구역까지의 지역이 모여 있어서 대부분 기존 도시 조직들이 이미 사라진 상태이다. 장위동을 동서로 가로지르는 장위로의 남쪽에 위치한 뉴타운 10구역과 14구역의 경우는 현재 철거가 진행 중인데, 이 지역은 과거 동방주택 일부와 재건주택 일부 그리고 장위시장 일부 등을 포함한다. 나머지 재건주택과 국민주택·부흥주택이 있는 지역은 대부분 뉴타운 11구역과 15구역으로, 이 지역들은 뉴타운 해제지역이지만 사업 재개에 대한 의견이 분분한 지역이다. 김진홍가옥을 비롯하여 옛길의 흔적이 많이 남아 있는 지역 중 하나인 장위동 중간지역은 뉴타운 8구역과 9구역으로, 역시 뉴타운 사업은 해제되었지만 재추진에 대한 논의가 완전히 사라진 것은 아니다. 반면 장위로 북쪽 장위1동 지역은 대부분 과거 동방주택이 위치한 지역으로 뉴타운 사업 대신 도시재생 관련 사업들이 진행 중이다.

**장위동의 도시조직 및 지역별 특성 현황**
**(회색 음영 부분은**
**뉴타운 사업이 진행 중인 곳)**

장위동 건물들의 준공 연대별 분포

뉴타운 사업을 위해 철거작업이 진행 중인 현재 상태에서 남아 있는 장위동 건축물의 승인 연대를 살펴보면 1940년대 이전은 거의 없고 주로 1950년대에서부터 2020년대 사이에 분포한다. 1950년대 대한주택영단이 집중적으로 주택을 공급하던 시기 이전 건축물들은 현재 거의 남아 있지 않다. 이 중 가장 높은 비중을 차지하는 것은 1970년대 지어진 주택(1,604동, 25.86%)으로 동방고개에서 가장 빈번하게 발견된다. 1970년대 다음으로 1990년대 주택(1,577동, 25.42%), 1980년대 주택(1,050동, 16.93%), 1960년대 주택(584동, 9.41%) 순으로 높게 나타나고 있어서 현재 장위동에 남아 있는 주택들은 대부분 1960년대에서 1990년대 사이에 지어진 것으로 볼 수 있다. 이 중 1980년대와 1990년대 주택들은 과거 국민주택지를 포함하여 장위동 전체에서 고루 발견되며, 1960년대 주택들은 특히 동방주택 중 장위로 남쪽 소규모 필지 밀집지역, 장월로와 장위로가 교차하는 지역의 옛길 주변 지역, 장위시장 부근 등에서 발견된다.

반면 2000년대 이후 지어진 주택들은 2000년대 409동(6.9%), 2010년대 169동(2.72%)으로 전체의 10% 미만이다. 다만 이 수치는 뉴타운 사업들 중에서는 2구역만 포함된 것이어서 추후 늘어날 것으로 보인다. 뉴타운을 제외하고 2000년대 이후 지어진 신축들은 대부분 동방주택단지, 그 중에서도 큰 필지가 밀집된 동방고개 위쪽에서 주로 발견된다.

장위동 필지의 대지면적별 분포

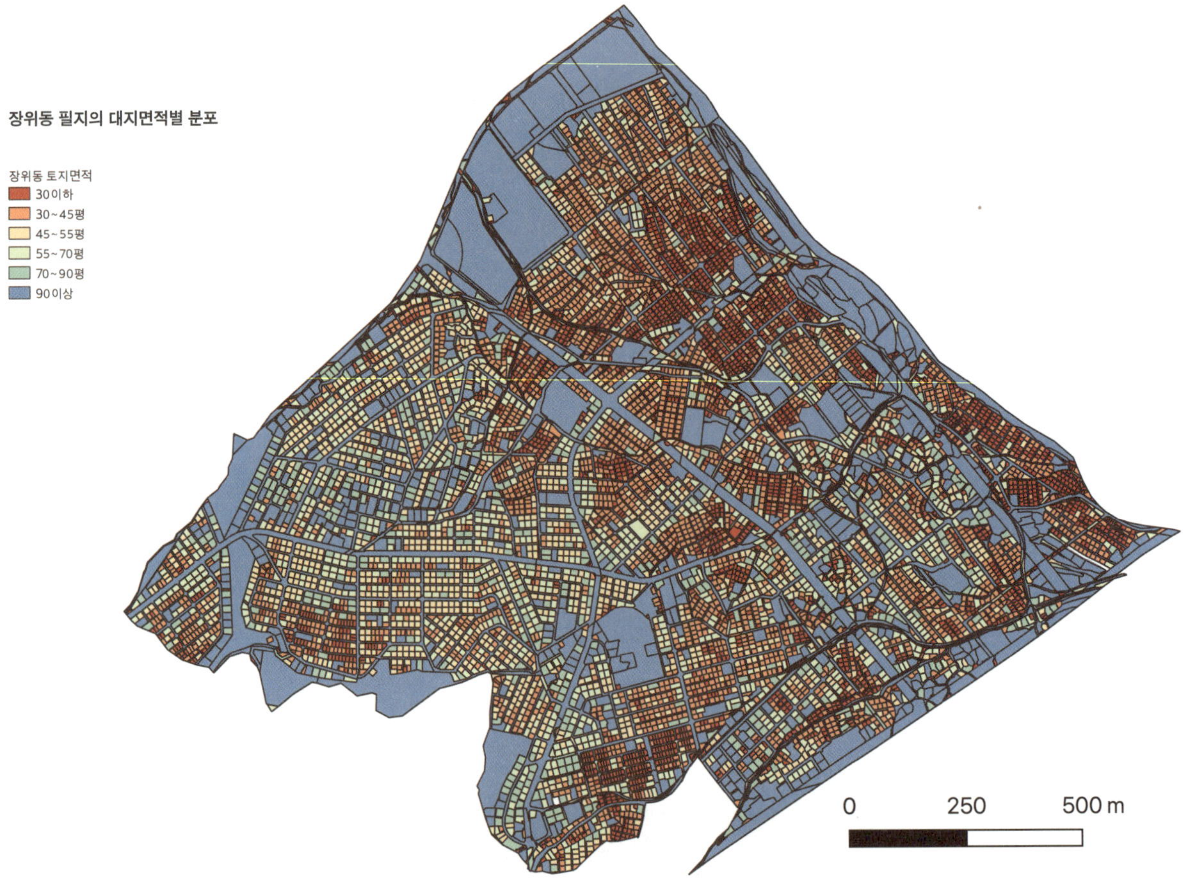


장위동 필지의 토지지목별 분포

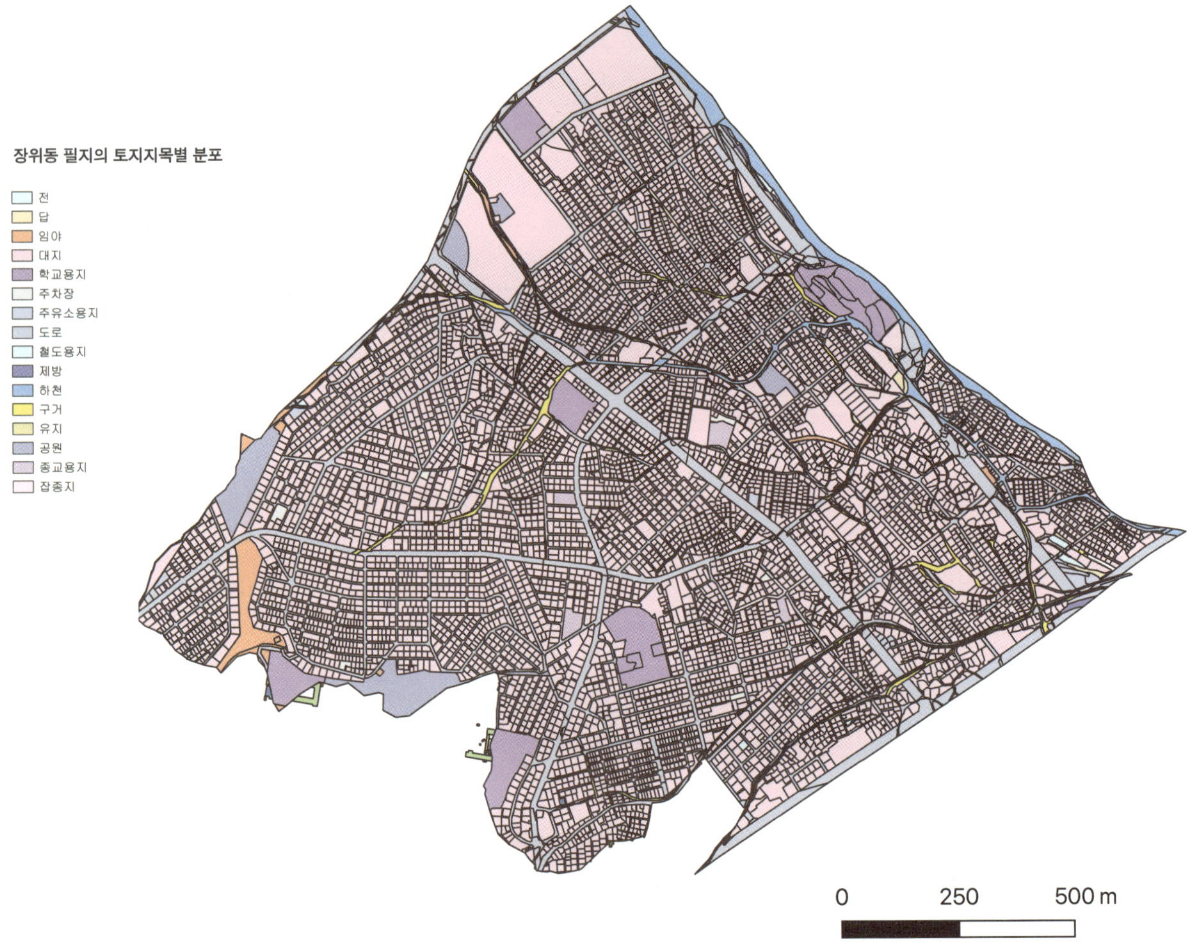

장위동 필지의 건축용도별 분포

장위동의 필지는 대부분 단독주택을 위한 규모였지만, 현재 뉴타운 사업이 진행되면서 해당 필지들은 대규모 합필이 진행 중이다. 아직 남아 있는 필지를 보면 단독주택 필지여도 그 규모가 다양한데, 30평 이하의 소규모 필지에서부터 100평이 넘는 규모의 필지까지 비교적 골고루 분포하고 있다. 다만 1950년대와 1960년대 택지개발 사업을 통해 많은 필지가 조성되었기 때문에 사업의 종류와 위치에 따라 어느 정도 편중 현상이 나타난다.

동방생명의 택지조성 사업이 진행된 장위1동, 특히 동방고개의 윗부분에는 90평이 넘는 대규모 필지가 다수 분포한다. 국민주택 지역을 포함하여 장위로 남쪽에서는 50평 전후의 필지가 다수를 이루며, 국민주택 이전 재건주택 및 부흥주택에는 30평 내외의 더 작은 필지가 집중적으로 위치한다. 조선시대 옛길 주변이나 동방생명 택지조성 사업지역 내에서 장위로 남쪽 경사지 그리고 장위3동에서 소규모 필지가 많이 나타난다. 장위3동이나 장위로 남쪽의 소규모 필지들은 조만간 뉴타운 사업으로 합필이 될 예정이다.

장위동의 필지별 지목과 용도를 색깔별로 구별하여 살펴보면 거의 대부분 대지이며 단독주택으로 분류되어 있다. 장위로와 장월로 부근에 일부 근린생활용도가 분포되어 있고 이 지역들과 동방고개 부근에 일부 공동주택이 있지만 전체적으로 볼 때 그 비중이 높지 않다. 현재 장위동에서 보이는 빌라들은 많은 경우 다가구주택이다. 이로 미루어 볼 때 장위동은 전체적으로 균질한 소규모 필지의 저층 주거지로서의 성격이 강하였다. 하지만 향후 뉴타운 사업이 진행될 경우 이들 지역은 공동주택지로 바뀔 예정이다.

### 장위동 단면에 따른 주택분포 단면

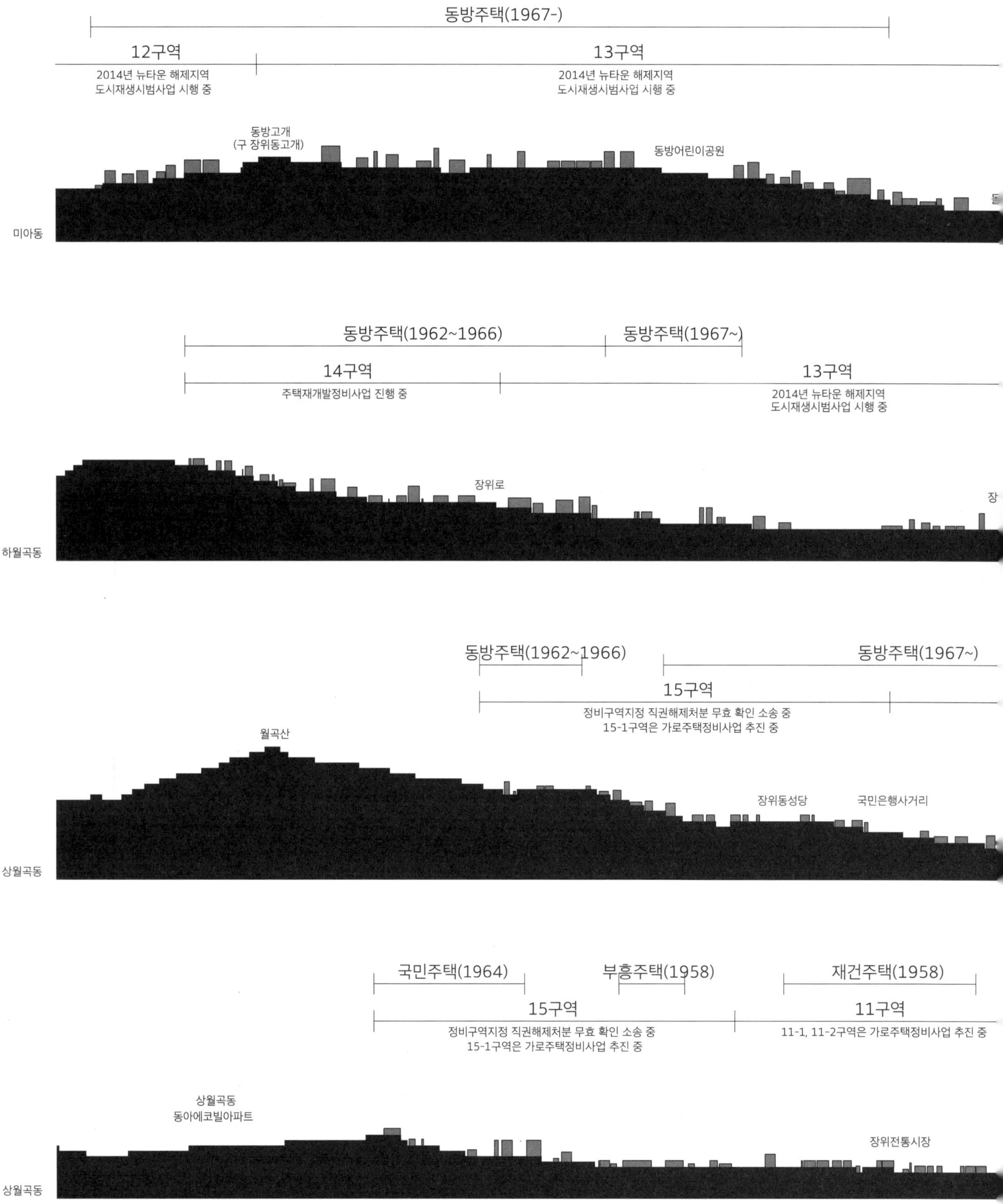

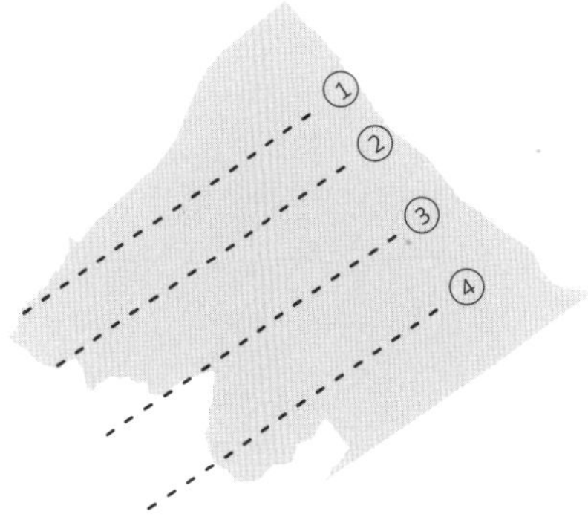


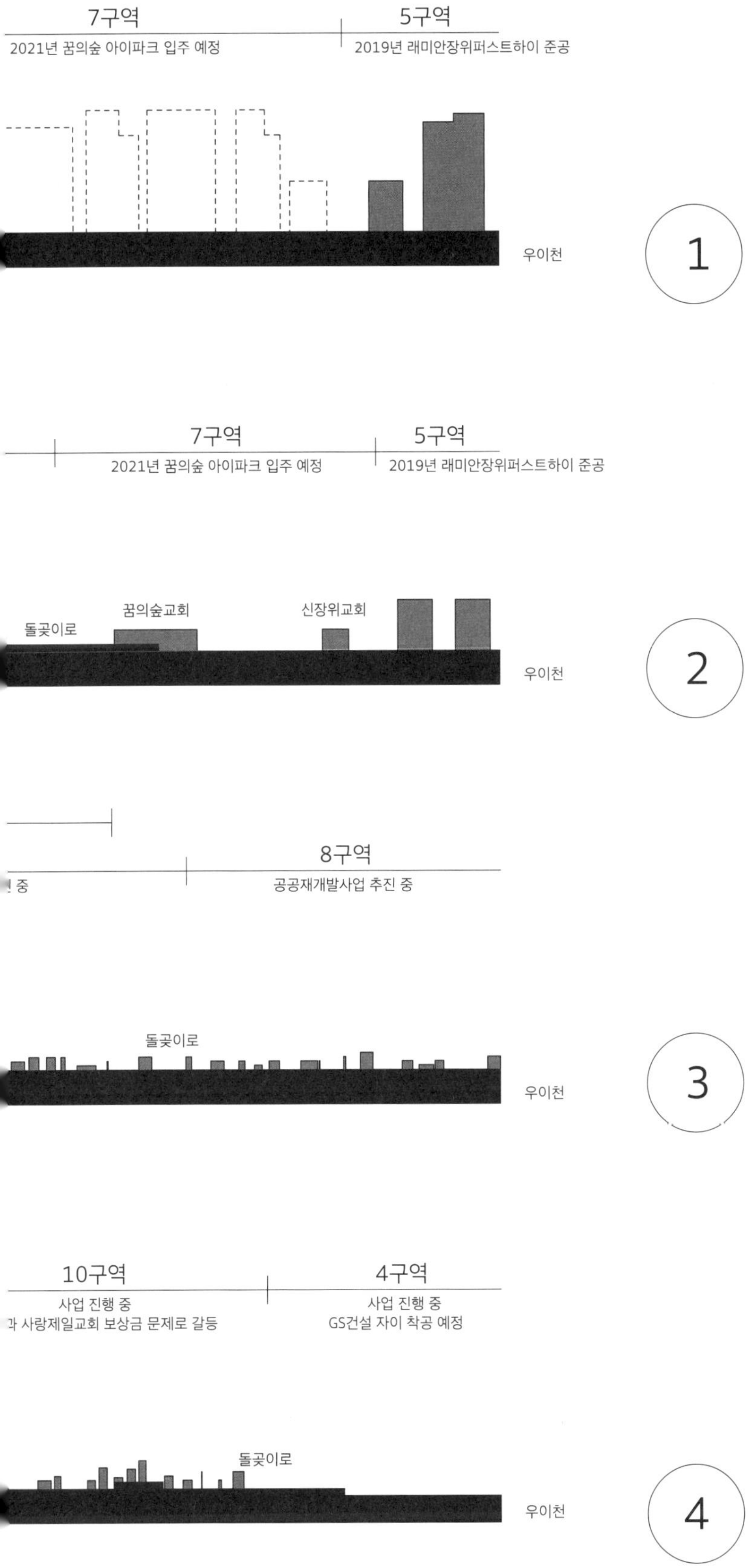


장위동의 주택 분포는 장위동의 지형과도 어느 정도 관련이 있다. 장위동은 크게 서고동저의 지형으로 이루어져 있는데, 북서 방향으로 북서울꿈의숲(매봉산), 남서 방향으로 월곡산이 위치하며 북동 방향으로는 우이천이 위치한다. 서쪽의 산에서 시작한 급격한 경사가 돌곶이로를 경계로 점차 완만해져서 우이천에 가까울수록 평탄한 지형이다. 1950년대와 1960년대 건설된 부흥주택이나 재건주택·국민주택 등은 주로 남서쪽의 완만한 지형에 위치한다. 반면 1960년대 중후반 동방생명의 택지조성사업은 서쪽의 경사지들을 정리하며 이루어졌다. 현재 동방주택은 장위동의 동방고개 경사지에 위치하게 되면서 경사지를 극복하기 위해 생겨난 다양한 축대와 계단 등이 곳곳에 위치한다. 또한 동방고개의 경우 높이에 따라 필지의 규모와 그에 따른 주택의 규모나 외장이 달라지면서 높이에 따라 변화하는 주거지 내부의 경관이 나타난다. 하지만 동방생명이 조성한 필지 중에서 월곡산 오동공원 방면의 경사지 필지 규모는 비교적 소형이라 높이와 필지의 규모가 반드시 비례하는 것은 아니었다.

다만 과거 경사지와 함께 단독주택들이 만들던 장위동의 모습은 뉴타운 사업 이후 큰 도시적 경관 변화를 겪을 것으로 예상된다. 현재 뉴타운 사업이 먼저 진행되는 구역은 대부분 우이천에 인접한 비교적 평탄한 지역이지만 14구역은 경사지를 포함하고 있다.

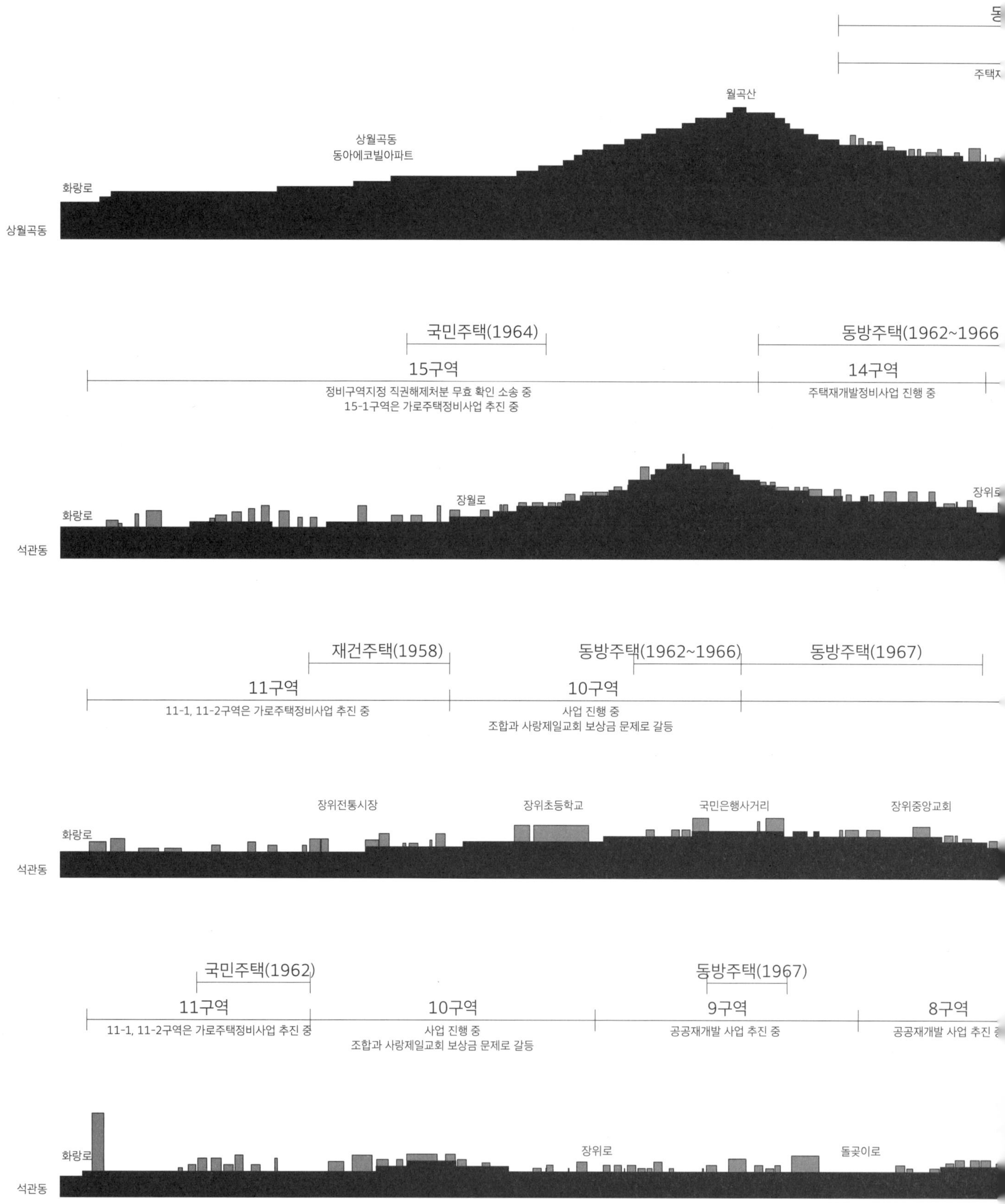

동
주택재
월곡산
상월곡동
동아에코빌아파트
화랑로
상월곡동
국민주택(1964)
동방주택(1962~1966
15구역
정비구역지정 직권해제처분 무효 확인 소송 중
15-1구역은 가로주택정비사업 추진 중
14구역
주택재개발정비사업 진행 중
장월로
장위로
화랑로
석관동
재건주택(1958)
동방주택(1962~1966)
동방주택(1967)
11구역
11-1, 11-2구역은 가로주택정비사업 추진 중
10구역
사업 진행 중
조합과 사랑제일교회 보상금 문제로 갈등
장위전통시장
장위초등학교
국민은행사거리
장위중앙교회
화랑로
석관동
국민주택(1962)
동방주택(1967)
11구역
11-1, 11-2구역은 가로주택정비사업 추진 중
10구역
사업 진행 중
조합과 사랑제일교회 보상금 문제로 갈등
9구역
공공재개발 사업 추진 중
8구역
공공재개발 사업 추진 중
장위로
돌곶이로
화랑로
석관동

1966)
동방주택(1967~)
13구역
2014년 뉴타운 해제지역
도시재생시범사업 시행 중
북서울꿈의숲
장위로
월계로
강북구 번동
A
동방주택(1967~)
13구역
2014년 뉴타운 해제지역
도시재생시범사업 시행 중
장위로15길
북서울꿈의숲
월계로
강북구 번동
B
동방주택(1967~)
구역
운 해제지역
사업 시행 중
장위로15길
월계로
강북구 번동
C
7구역
2021년 꿈의숲 아이파크 입주 예정
꿈의숲대명루첸아파트
월계로
강북구 번동
D

**동방주택 경계의 축대 모습**

동방고개 경사로 인해 동방주택 단지의 경계나 내부에서는 축대와 계단 등이 나타난다. 택지 개발의 동북쪽 경계에 위치한 높은 축대를 볼 수 있는데, 이 축대를 경계로 택지개발 지역에는 격자형의 필지 조직이 남아 있지만 외부로는 불규칙적인 모습을 확인할 수 있다. 또한 이 축대 위쪽에 위치한 주택들은 확장하면서 축대의 바깥쪽으로 구조물을 덧댄 모습을 발견할 수 있다.

**장위동에 있는 다양한 주택들**

1. 부흥주택(1950년대)
2. 복개된 옛 물길 주변으로 들어선 빌라들
3. 단독주택의 다가구화
4. 동방주택(1970년대)
5. 국민주택(1960년대)

장위동은 1950년대 이후 부흥주택과 재건주택, 국민주택 그리고 필지조성 이후 건립된 동방주택 등 다양한 공급 방식에 기반한 단독주택 중심지였다. 이러한 단독주택들은 일부는 지금까지도 리모델링을 거치며 남아 있지만 다른 일부는 1980년대와 1990년대를 거치며 빌라로 전환되어 오늘날 장위동의 모습을 만들고 있다. 장위동은 20세기 후반 서울이 급속하게 팽창함에 따라 교외에 빠른 시간에 개발된 주거지의 사례로서 다양한 유형의 주택들이 공존한다. 그리고 21세기에는 뉴타운 사업이 진행되면서 새로운 개발에 따라 또다시 변화될 예정이다.

저층 주거지와 뉴타운의 공존

시대별로 형성된 장위동 단독주택군 위치

1950년대 이후 형성되기 시작한 장위동의 모습은 시간이 지나면서 점차 변화하였다. 재건주택과 부흥주택, 동방주택과 같이 굵직한 사업으로 건설된 주택들 역시 시간이 지나면서 사람들의 변화된 삶의 모습으로 인해 바뀐 건축적 상황을 드러낸다. 특히 최근 뉴타운 사업으로 인하여 이 변화는 가속화되고 있다. 이에 현재 변화를 겪고 있는 장위동의 모습과 주요 주택들이 위치한 길들을 중심으로 기록하였다. 개별 주택의 변화뿐만 아니라 필지별로 서로 다른 변화를 겪으면서 달라지는 가로 전체의 경관을 함께 관찰하고자 하였다. 기록을 위해 선정한 길은 다음과 같다. 장위동의 주요 주택 공급 유형 중 국민주택의 경우는 현재 길을 기록할 정도로 많이 남은 지역이 없어 제외하였다.

시대별로 형성된 장위동 단독주택 유형 및 변화 조사 범위

| 위치 | 길 명칭 | 특징 |
|---|---|---|
| 장곡초등학교 부근 | 장월로 24길 | 옛길 주변으로 1970년대에서 1990년대까지 지어진 주택들 |
| 장위전통시장 부근 | 화랑로 19가길 | 1958년에 조성된 부흥주택 |
| 장위전통시장 부근 | 장위로 38가길 | 1958년에 조성된 재건주택 |
| 김중업 건축문화의 집 부근 | 장위로 15길 | 1960년대 동방생명이 조성한 택지에 지어진 주택들 중 비교적 대규모 주택들 |

## 5.4.1
## 장월로 24길(옛길 주변) 덕옹공주묘 인근 1970년대에서 1990년대에 걸쳐 형성된 주택지

현재 남아 있는 옛길은 장위재정비촉진구역 제8구역과 9구역에 걸쳐 있으며, 장위동을 양분하며 만들어진 돌곶이로가 이를 가로지르고 있다. 문헌조사를 통해 확인한바 옛길은 덕옹공주묘 인근 지역과 김진홍가옥을 연결하며 형성된 것으로 확인된다. 2020년 현재 장위8구역과 9구역 모두 뉴타운이 해제된 지역에 속하며, 옛길과 김진홍가옥을 포함하는 장위9구역은 무분별한 빌라 건립으로 거주환경이 급격하게 쇠퇴하고 있는 상황이다.

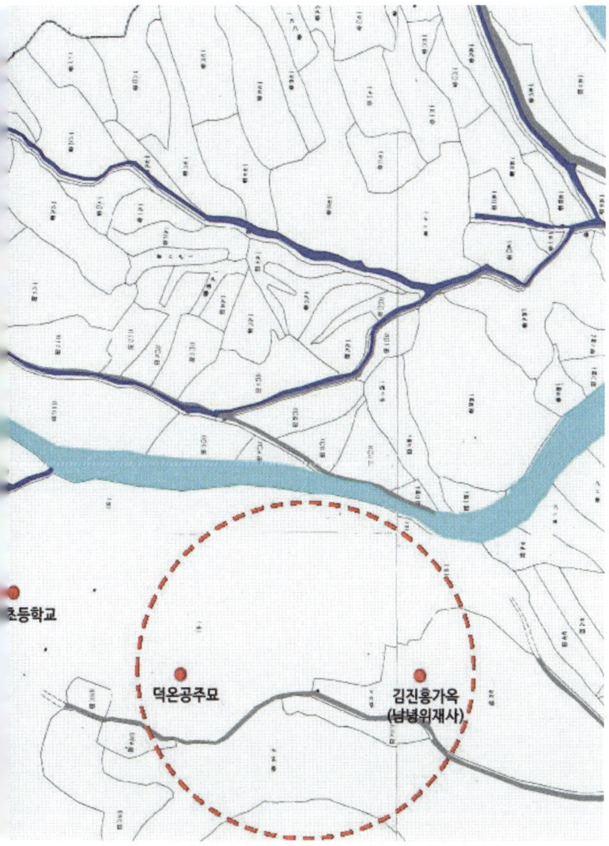


장월로 24길(과거의 모습)

1970년대부터 1990년대 사이 장월로 24길 주변의 변화

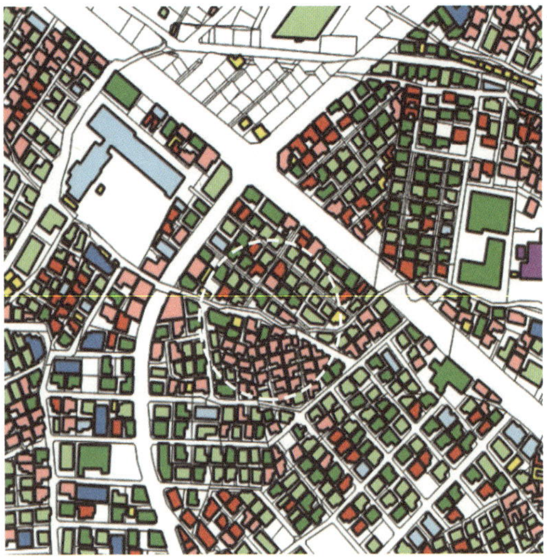

장월로 24길 주변 시대별로 형성된 단독주택의 분포(분홍색: 1970년대)

현장조사를 거쳐 확인한 바로는 현재 장위8구역 옛길(장월로24길)과 장월로 18길 주변에는 1970년대부터 1990년대까지의 짧은 시간에 걸쳐 형성된 단독주택군이 공존하고 있는 상황으로 파악되며, 옛길 위아래로 건축적 시간차가 나타난다. 항공사진에서 나타나는 옛길(장월로 24길) 주변 단독주택의 형성 과정을 보면 이미 1973년 항공사진에서 길 주변으로 단독주택이 다수 들어선 것을 볼 수 있으며, 붉은 원에 비워진 지역 역시 1980년에서 1990년 사이에 모두 주택들로 채워졌다.

또한 토지대장에 나타나 있듯이 장월로 24길 주변으로는 1970년대 초반부터 시행된 필지분할(1971년)로 토지가 정리된 흔적이 발견되며, 그 중 몇몇 필지는 합필 등으로 인해 현재 다세대 및 다가구 주택 개발이 진행되고 있다. 다만 장월로 18길 골목길 주변에 남아 있는 1970년대 단독주택은 주변의 빠른 변화와는 달리 옛 모습이 잘 보존되어 있으며 거주민들에 의한 주거환경 관리도 잘 되고 있는 것으로 보인다.

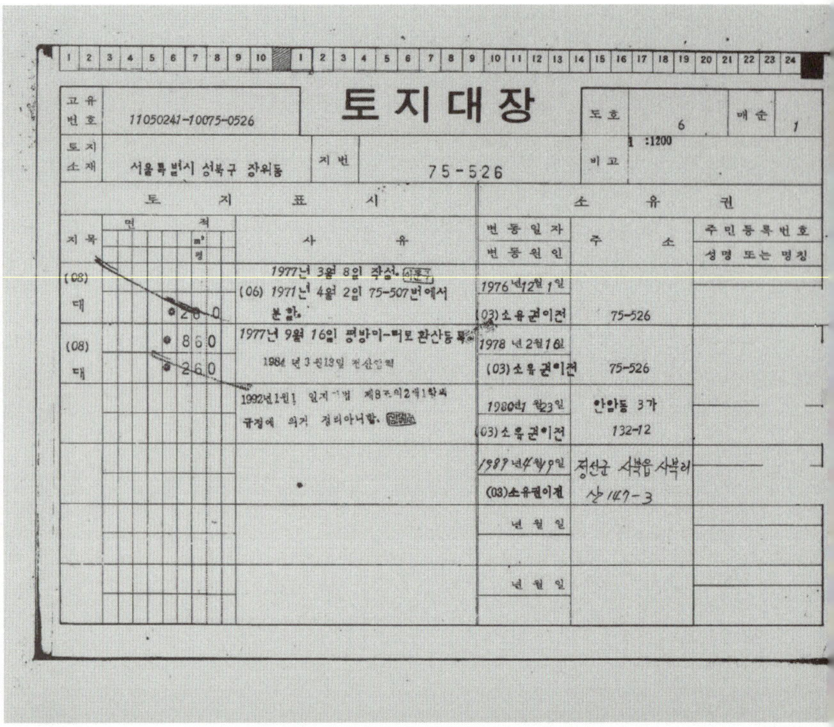

토지대장
고유번호 11050241-10075-0526
도호 6 매순 1
토지소재 서울특별시 성북구 장위동 지번 75-526
비고 1 :1200
토지표시 / 소유권
지목 / 면적 / 사유 / 변동일자 / 변동원인 / 주소 / 주민등록번호 / 성명 또는 명칭
(08) 대 260 — 1977년 3월 8일 작성. (06) 1971년 4월 2일 75-507번에서 분할.
(08) 대 860 / 260 — 1977년 9월 16일 평방미-미로 환산등록. 1984년 3월13일 전산입력
1992년1월1일 일자기업 제8조의2제1항의 규정에 의거 정리아니함.
1976년12월1일 (03)소유권이전 75-526
1978년2월16일 (03)소유권이전 75-526
1980년 월23일 (03)소유권이전 안암동 3가 132-12
1987년4월9일 (03)소유권이전 정선군 사북읍 사북리 산 167-3
년 월 일
년 월 일

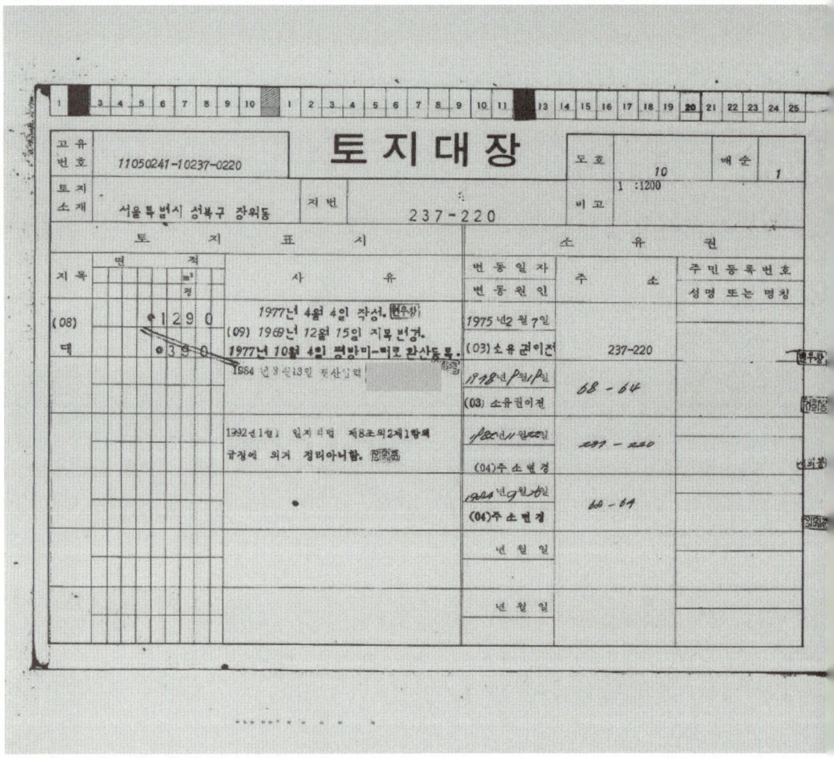

토지대장
고유번호 11050241-10237-0220
도호 10 매순 1
토지소재 서울특별시 성북구 장위동 지번 237-220
비고 1 :1200
토지표시 / 소유권
지목 / 면적 / 사유 / 변동일자 / 변동원인 / 주소 / 주민등록번호 / 성명 또는 명칭
(08) 대 129 / 39 — 1977년 4월 4일 작성. (09) 1969년 12월 15일 지목변경. 1977년 10월 4일 평방미-미로 환산등록. 1984년 3월13일 전산입력
1992년1월1일 일자기업 제8조의2제1항의 규정에 의거 정리아니함.
1975년2월7일 (03)소유권이전 237-220
(03)소유권이전 68-64
(04)주소변경 237-220
(04)주소변경 60-64
년 월 일
년 월 일

장월로 24길 주변 필지 분할이 나타나는 토지대장

장월로 24길에 접해 있는 단독주택(장위동 237-220)

장월로 18길 주변
1970년대 형성된 잘 보존된
골목길 내부 모습

장월로 24길(옛길 주변)

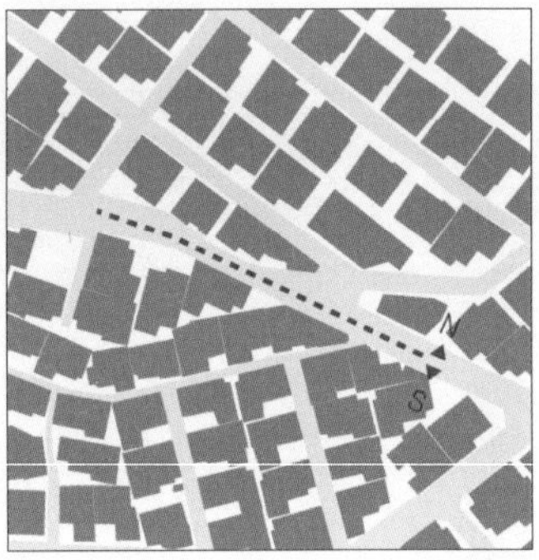


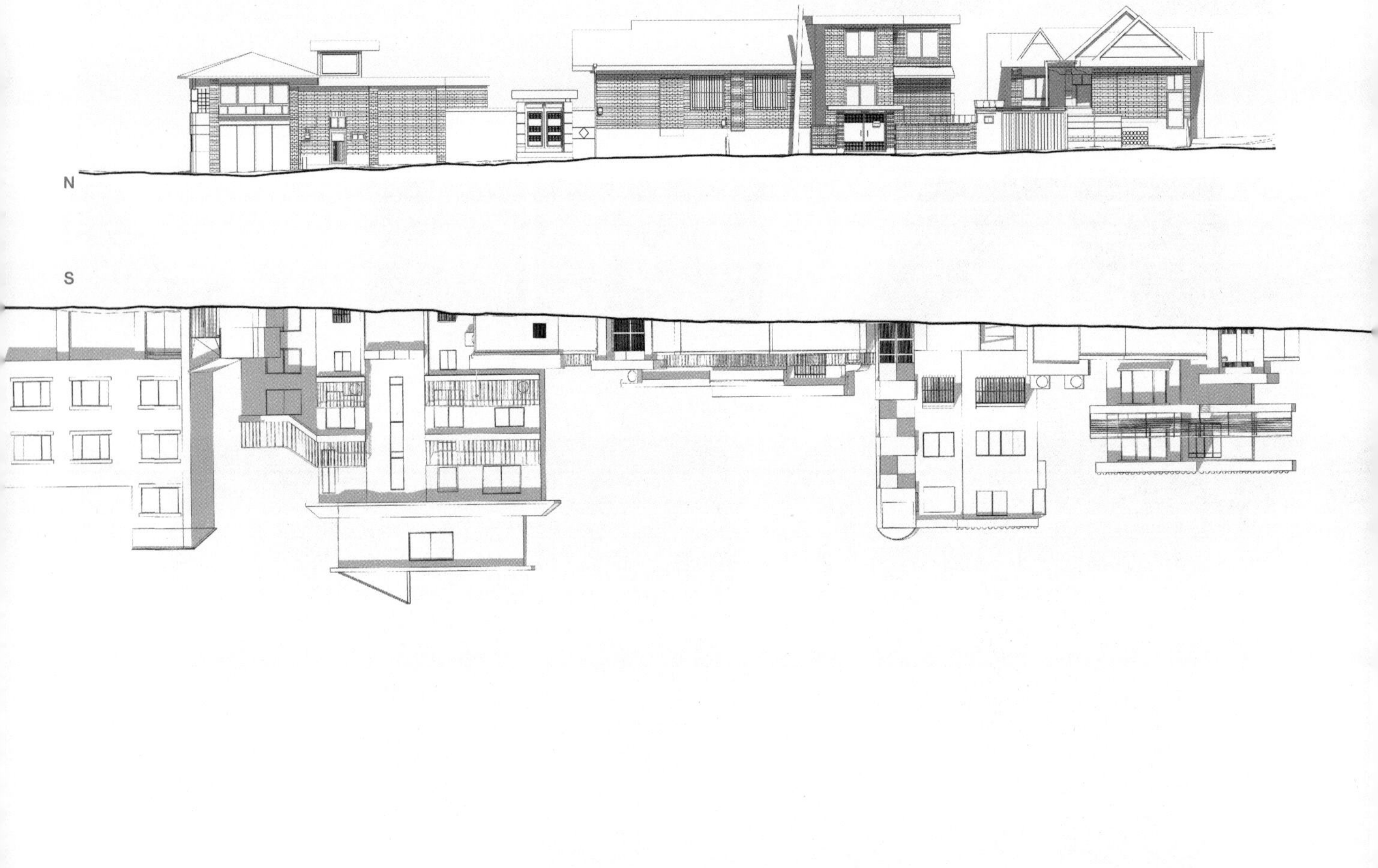

## 5.4.2
## 화랑로 19가길-부흥주택

현재 화랑로 19가길 주변 부흥주택은 1958년 건립 당시의 모습을 비교적 잘 간직한 상태로 남아 있다. 다만 대한주택공사 총람에 실려 있는 건립 초기의 모습과 항공사진 등을 통해 확인해 본 바로는 주택 주변의 외부 공간이 시간이 지나면서 사라진 것을 확인할 수 있다. 장위동 부흥주택은 여러 채의 개별 주택이 붙어 있는 연립주택의 형태를 갖추고 있지만, 주호별로 개별 필지를 가지고 있다. 또한 시간이 지나면서 변화된 거주민의 생활을 수용하기 위해 주택의 공간적 변화 및 확장이 화랑로 19가길을 향해 나타나는 모습이 확인된다. 이러한 입면의 변화는 결과적으로 개별 주호의 개성과 거주민의 삶의 모습을 동시에 보여준다.

1958년 화랑로 19가길 일대에 공급된 2층 규모의 부흥주택은 총 43개 동으로, 이 중 현재 36개 동만이 남아 있는 것으로 조사된다. 이들 주택은 그동안 거주자들에 의해 다양한 방식으로 리모델링 혹은 증축이 이루어졌으며 지어질 당시의 모습을 찾아보기 어려운 상태로 변형이 이루어졌다. 또한 개별 주택의 담장과 벽체에 덧붙여진 벽돌, 타일, 샌드위치 패널, 유리 등의 건축재료와 빨래, 화분, 장독 등의 생활집기 등은 주택들이 양쪽으로 늘어선 좁은 골목의 경관을 새롭게 변모시켰다.

현재 화랑로 19가길에 면하고 있는 많은 주택들은 2개의 대문을 가지고 있으며, 그중 한 개는 2층 세대로 바로 통하는 출입구로 판단된다. 한 필지 안에 2개의 대문과 2~3개의 도시가스 계량기가 있는 것으로 조사되며, 이를 통해서 하나의 주택에 여러 세대가 동시에 거주하고 있는 것으로 판단된다. 환기구를 통해 주택의 화장실은 길에 면해 설치되어 있는 것으로 짐작되며, 2층에 별도의 화장실이 설치되어 있는지는 외부에서 확인되지 않는다. 부흥주택 사이로 난 1m 안팎의 좁은 골목은 이전 등기부상 성북구 소유의 도로 혹은 대한주택공사 소유의 대지로 기재되어 있으며, 현재에는 우수관과 보일러 연도 등이 여기로 연결되어 있다.

화랑로 19가길 양쪽으로 늘어선 부흥주택의 현재 모습(오른쪽)과 부흥주택 사이로 난 좁은 골목(아래)

화랑로 19가길(부흥주택)

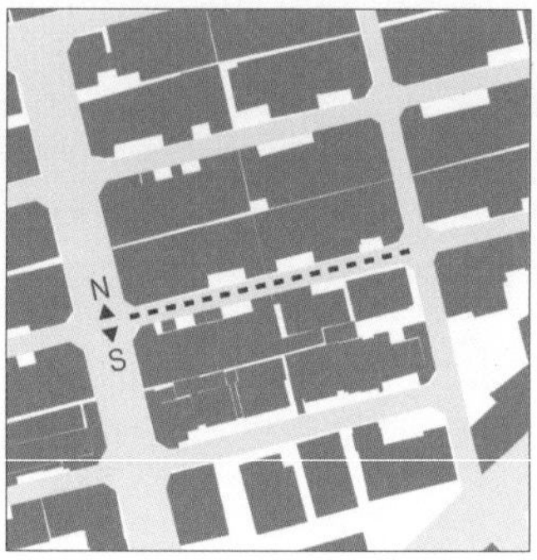

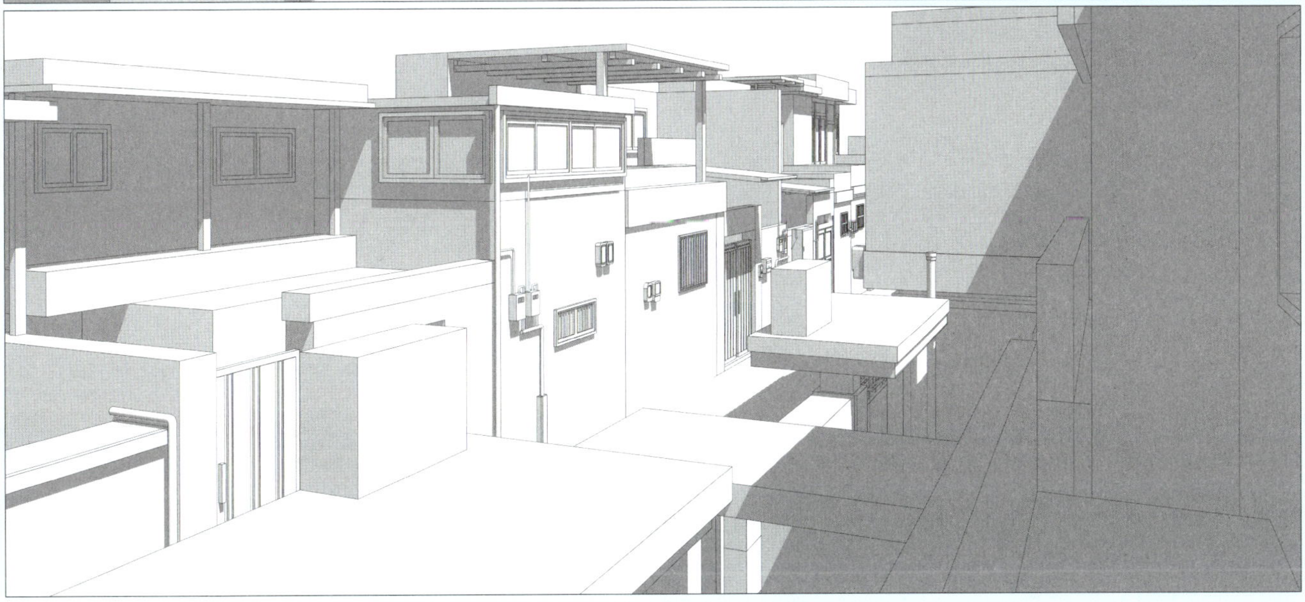

## 5.4.3
## 장위로 38길 주변-재건주택

1958년 장위동에 공급된 재건주택은 2020년 현재 10호 정도 남아 있는 것으로 파악되며, 대부분이 건설 당시 2호 연립의 형식은 사라지고 두 가구 중 한 가구만 남아 있다. 현재 장위로 38길 주변에 남아 있는 재건주택은 건립 당시 길에 면한 전면에 소규모 마당이 있었던 것으로 확인된다. 이후 길을 따라 시장이 들어서면서 이 여유 공간은 상점과 그 부속건물로 채워지게 된다. 현재까지 비교적 원형에 가깝게 남아 있는 부흥주택과 달리 재건주택은 많은 경우 1980년대부터 1990년대 사이에 다세대 및 다가구 주택으로 변형된 것으로 파악된다. 현장 조사를 통해 확인한 바에 따르면 어느 정도 원형이 확인되는 재건주택의 대부분은 시장 길에 인접해 있으며, 2020년 말 현재 뉴타운 재개발 사업으로 인해 철거가 진행 중이다.

이 길에 면한 주택들 중 실측을 진행한 68-226, 68-227번지 재건주택은 구조물의 일부가 원형에서 변형되어 있는 것으로 확인되었다. 실측 당시 장위10구역은 철거가 진행 중이어서 건축물의 물리적인 현황만 조사가 가능하였다. 각각의 필지는 대지면적이 약 57평(68-226번지)과 45평(68-227번지) 정도로 9평 규모의 재건주택이 위치하고 있으며, 크기는 너비 6.5m와 폭 4.5m 정도의 규모이다. 전체적인 구조는 시멘트 벽돌에 박공지붕을 얹어서 만들어졌다. 두 필지 모두 시장에 면한 외부공간에 증축부가 확인되었으며, 68-226번지에는 23평 규모의 콘크리트 슬래브 지붕의 연와조 단층건물이, 68-227번지에는 철근콘크리트 2층 건축물이 남아 있다. 내부공간을 살펴보면 68-226번지의 경우 시장에 면한 증축부를 통해 주택 내부로 출입하게 되어 있으며, 68-227번지는 장월로 12길에서 바로 진입할 수 있게 되어 있다. 재건주택 내부공간과 함께 증축부의 내부는 주거 용도로 사용되었으며, 방·화장실·부엌·창고·기름보일러 등이 조성되었다.

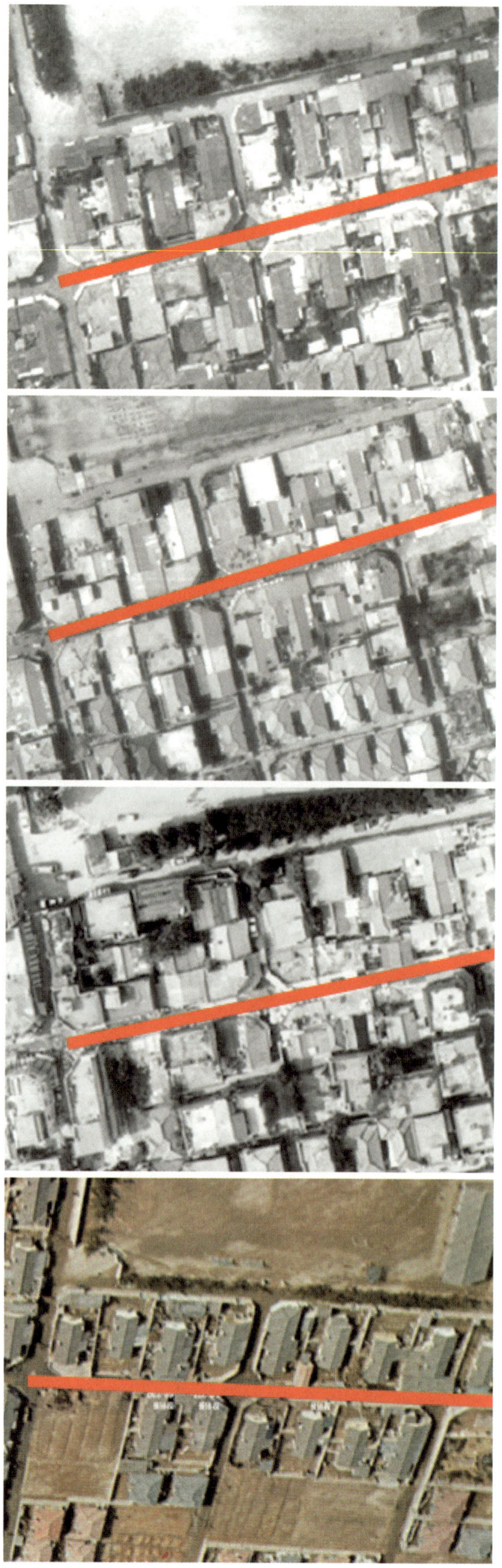

1973

1983

1993

건설당시

68-226, 68-227번지 일대 재건주택과 장위전통시장 길의 모습

장위로 38길(재건주택)

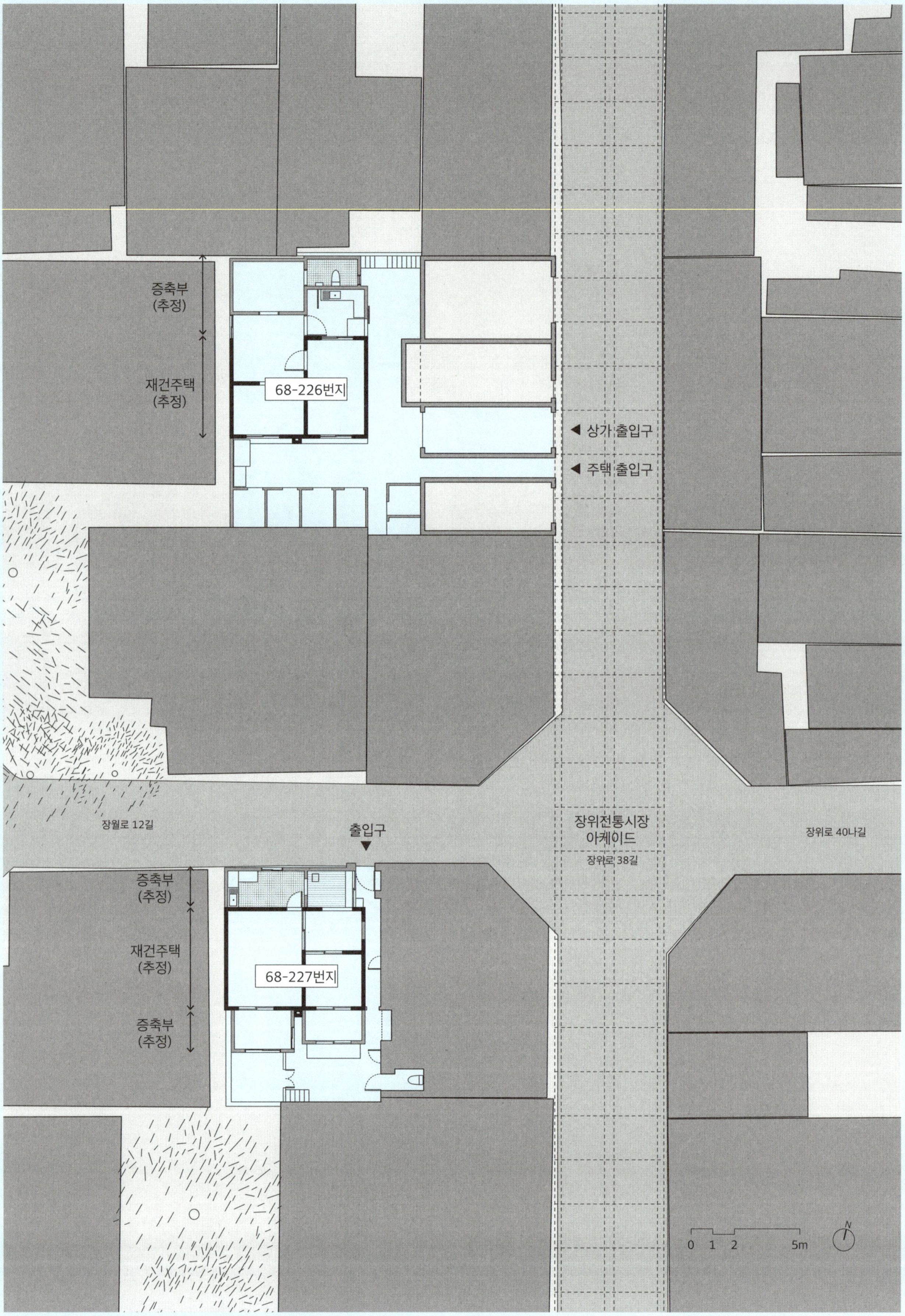


**장위전통시장(장위로 38길)과 68-226, 68-227번지 재건주택 배치도**

**68-226번지 재건주택의 모습**
박공지붕의 본채와 증축부

**68-226번지 재건주택의 모습**
시멘트기와 굴뚝의 흔적

| 1 | 2 | | 4 | 5 |
|---|---|---|---|---|
| 3 | | | 6 | |

1. 장위시장에서 바라본 장월로 12길(좌측의 출입구가 68-227번지)
2. 68-227번지의 정면 모습(대지경계부까지 확장된 건물)
3. 68-227번지의 마당과 화장실(마당에서 상가건물 1층 화장실 사용)
4. 68-227번지의 현관부(대지와 주택 바닥 사이의 높이차 극복 방식)
5. 68-227번지의 주택 내부 모습(2칸의 방 바깥으로 공간을 확장하여 사용)
6. 주택과 상가 사이의 복도 공간(과거 주택의 출입구로 추정되는 부분의 벽체 미장 사이

| 1 | |
|---|---|
| 2 | 3 |
| 4 | 5 |

1. 장위전통시장에서 바라본 68-226번지의 점포 모습(엄마손두부와 의성마늘상회 사이의 복도가 68-226번지의 주택 출입구)
2. 68-226번지 상가 지붕에서 바라본 주택의 모습
3. 지붕으로 올라가는 계단
4. 마당에서 증축한 전면부 매장 창고 모습(우측 지붕 하단에 과거 굴뚝의 흔적)
5. 주택 내부 모습(천장 중간에 과거 주택의 경계로 추정되는 흔적)

5.4.4

## 장위로 15길 주변(김중업 건축문화의집 인근)과 장위로 13길 주변(동방어린이공원 인근) 동방주택

장위로15길은 1970년대 동방생명의 택지개발사업으로 조성된 동방고개의 고지대에 위치하며, 길 주변으로 비교적 큰 규모의 필지를 가진 고급 단독주택들이 조성되어 있다. 이전에 촬영된 항공사진을 보면 1970년대 초반에 길 주변으로 이미 단독주택들이 들어서 있는 것으로 확인되며, 이들은 2000년대 초반까지도 대부분 온전한 상태로 유지된 것으로 보인다. 하지만 이후 시작된 장위동 뉴타운 재개발 사업으로 인해서 기존의 단독주택들이 고층·고밀화된 빌라 등으로 바뀌고 있으며, 2020년 현재 시점에도 장위로 15길 주변의 많은 고급 주택들이 헐리고 있는 실정이다.

특히 장위로 15길이 포함되어 있는 지역은 뉴타운 해제가 가장 먼저 결정된 장위13구역에 포함되어 있으며, 현재 이곳은 도시재생사업지구로 지정되어 있다. 비록 전면 철거를 통한 재개발은 중단되었지만, 주변 지역의 급격한 변화에 영향을 받은 빌라 등의 신축이 길 주변으로 드물지 않게 관찰된다. 또한 합필을 통해 단지형으로 건립된 대규모 빌라들도 발견된다. 이 지역의 필지 규모는 택지개발사업이 진행된 다른 지역보다 크기 때문에 고층·고밀의 개발이 용이하며, 향후 주거환경이 빠른 속도로 변화될 것으로 예상된다.

1973

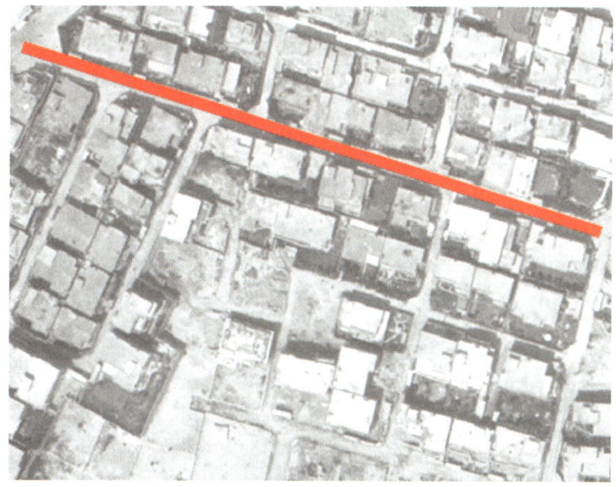

2003

2019

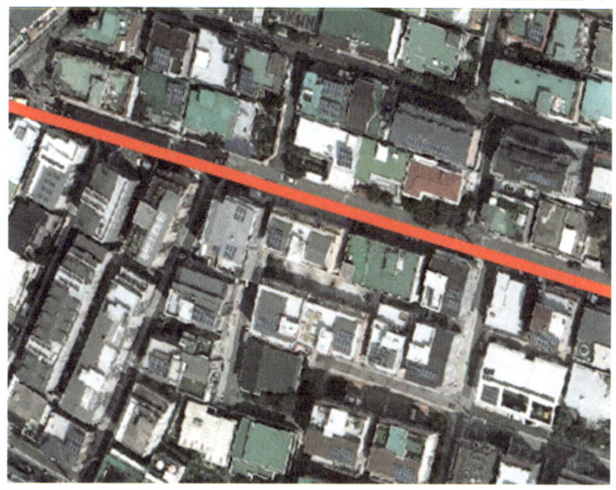

2020

장위로15길

장위로 15길 김중업 건축문화의 집 인근

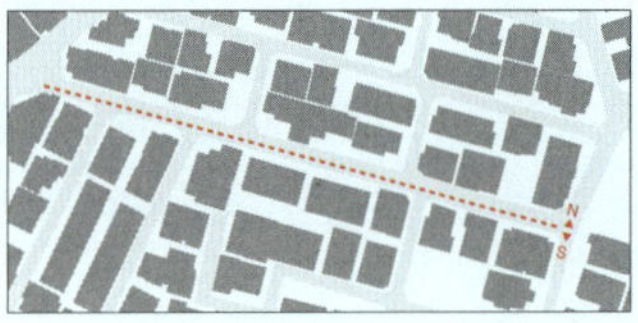

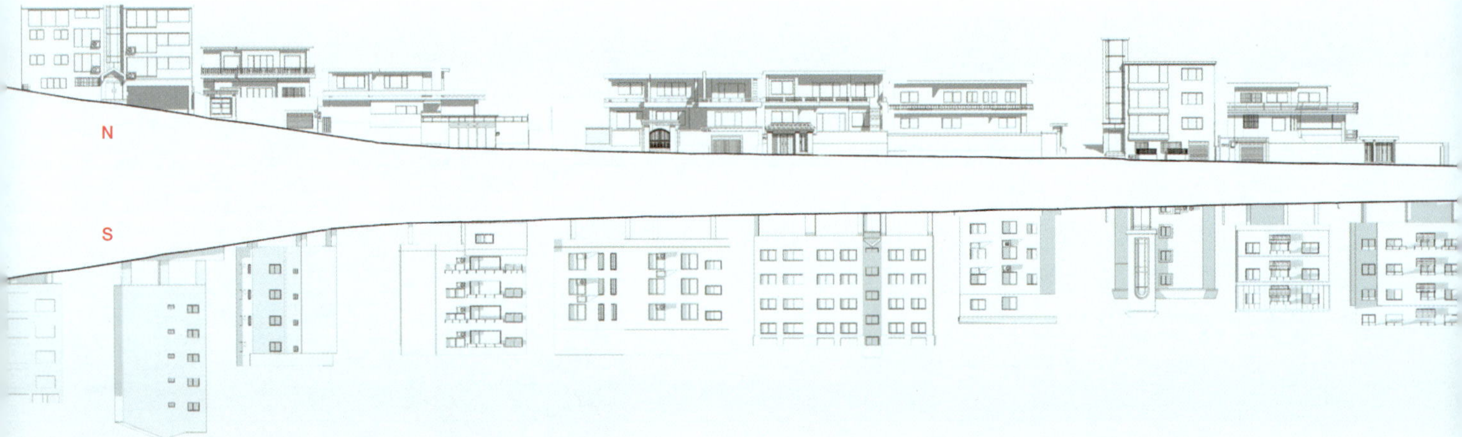

장위로 13길 동방어린이공원 인근

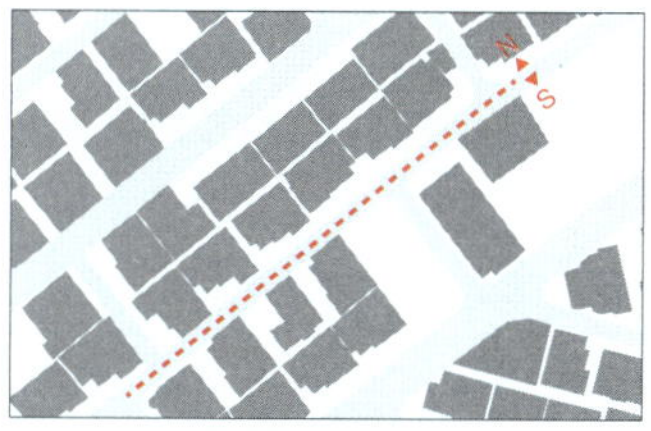

## 5.4.5
## 주택의 상품성을 위해 본뜬 장식들

여러 시대를 거치며 다양한 유형의 주택들이 들어선 장위동 일대에는 부흥주택 및 재건주택과 같이 공급 당시 표준화된 유형으로 건립된 주택과 개별로 활동한 개발업자들에 의해 지어진 단독 및 다가구 주택, 다세대 주택 그리고 초기 개발이 진행된 이후 거주자들에 의해 개조된 주택 등 장위동 사람들의 다양한 삶의 모습을 반영한 주택들이 어렵지 않게 발견된다. 이 주택들에서 발견되는 다양한 디테일을 담았다.

주택에서 발견되는 다양한 디테일 중에는 주택의 상품성을 높이기 위해 더 낫다고 여겨지는 주택의 특정 부분을 본떠 만든 장식이 있다. 주택을 공급하는 사람들은 상품으로서 주택의 교환가치를 극대화하기 위해 실제적인 쓰임이나 재료의 물성과 큰 관련 없는 장식을 주택에 적용해 왔다. 동경하는 주택의 이미지를 갖기 위해 형태적으로 모방하는 태도는 1930년대 개발업자에 의해 공급된 한옥, 일제강점기 문화주택, 1970년대 불란서식 주택에서도 발견된다.

원래의 재료 및 구축 방식과는 무관한 이러한 장식은 그 시대와 지역에서 구할 수 있는 재료와 기술력으로 형태만 유사하게 복사해 내는데, 이로 인한 결과물은 고급스럽기보다는 가벼워 보인다. 1970년대 민간 개발업자에 의해 공급된 장위동 주택의 박공지붕, 처마 및 난간 장식, 베이 윈도와 유사한 돌출창, 대문 등에서 이러한 장식을 다수 발견할 수 있다. 본래는 목재와 석재 등으로 제작하였을 요소들이 시멘트·철재 등의 재료와 공장생산 방식을 통해 현재 주택의 경관을 만들어 낸다.

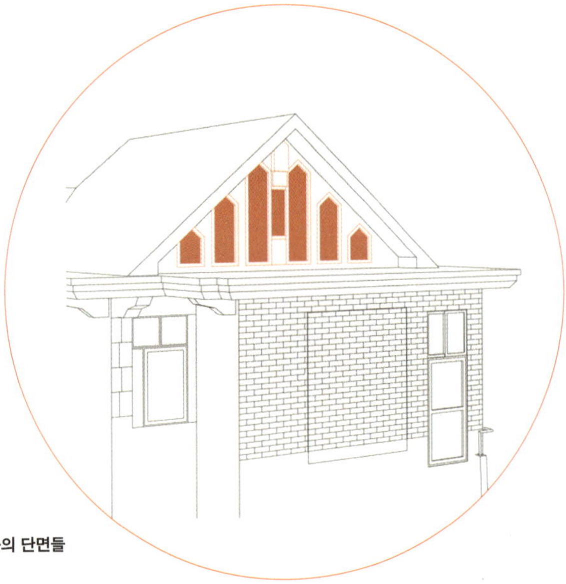
박공지붕의 단면들

동방주택의 처마 장식

시멘트 블록 난간 장식

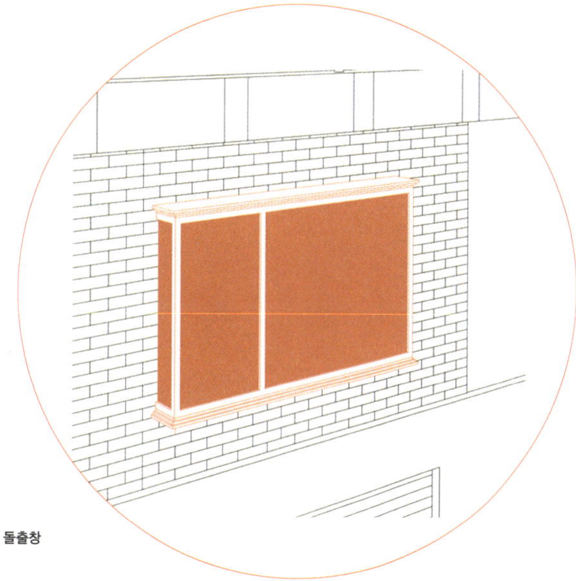

돌출창

철제

**박공지붕의 단면 장식**

장위동에서 발견되는 박공지붕의 단독주택들은 급한 것에서 완만한 것까지 서로 다른 물매를 가지며, 박공지붕이 둘 혹은 셋으로 쪼개지는 등 그 형태가 다양하다. 또한 박공지붕이 도로에 면하는 방식도 다양하여, 거리에서 보이는 주택 경관이 다채롭다. 지붕재료로는 기와가 많고, 단면부 마감의 재료는 페인트로 도장된 경우가 많아 명확히 알 수는 없으나 지붕의 물매와 평행한 목조 구조물의 사선 부재를 연상시키는 패턴이 많이 보인다. 박공의 단면에는 창문과 문이 위치한 경우도 있어 박공 구조물 안측의 공간을 사용하기도 하는 것으로 판단된다.

**급한 경사의 박공지붕과 창문, 문이 위치한 단면의 모습**

지붕의 목재 구조물을 형상화한
박공면의 장식

지붕의 목재 구조물을 형상화한
박공면의 장식

도로에 지붕이 면하는 주택들

동방주택의 보 및 슬래브 단면의 장식들

**동방주택의 처마 장식들**

구조상 연와조에 콘크리트 슬래브로 지어진 경우 건축물의 외벽 바깥으로 처마를 내어 슬래브 및 보를 노출하기도 하는데, 1970년대 공급된 동방주택의 경우 노출면에 다양한 장식이 존재한다. 두터운 슬래브에 콘크리트 거푸집 패턴을 남겨 재료를 부각시키거나 형태적으로 보의 중심에 가는 선을 긋는다거나 그 끝을 좁아지게 만들어 마치 목구조를 연상시키기도 한다. 길게 낸 콘크리트 처마에 구멍을 내어 마치 차양처럼 사용하거나 지붕으로 올라가는 계단을 위한 오프닝을 조성한 경우도 있다. 콘크리트 슬래브의 제작이 현장타설인지 공장생산인지는 확인할 수 없으나, 장위동 내에 위치한 주택들 사이에서 유사한 장식이 반복적으로 나타나는 것으로 보아 지역 안에서 서로 간에 본떠 만들기도 했던 것으로 보인다.

**시멘트 블록 난간 장식들**

석재 및 목재 난간에서 보일 법한 형태의 주택 난간들은 같은 패턴의 시멘트 블록을 연결하여 만든 난간들이다. 자세히 보면 반복되는 패턴 사이에 부재의 결합면이 보이는 때도 있다. 1960년대 이후 프리캐스트 콘크리트 패널이 적용되기 시작하는 등 건축 부재의 공업화가 이루어지는 과정에서 소규모 주택업자들 사이에서도 반복되는 부재들 생산에 공업화가 이루어졌을 것으로 미루어 짐작할 수 있다.

**다양한 장식의 시멘트 블록 난간들**

다양한 폭과 형태의 돌출창

**베이 윈도(Bay window)와 유사한 돌출창**

1970년대 지어진 장위동의 주택들 중 서양의 베이 윈도와 유사한 형태의 돌출창을 가진 경우가 많다. 폭이 좁은 것에서 넓은 것까지 다양하며, 열리는 창의 폭 및 위치도 다양하다. 때로는 건물의 모서리에 위치하기도 한다. 창문의 상하부 인방은 그 형태 또한 다양한데 모서리가 직각에서 둔각까지 나타나며, 그 재료도 시멘트가 많으나 벽돌로 장식하는 경우도 있다. 돌출창 안쪽으로 여닫이문을 더해 이중으로 사용하는 경우가 많은데 두 창 사이에 짐을 쌓아 놓는 경우도 많다. 창문 상부에는 새가 앉지 말라고 위에 스티로폼을 얹어 놓거나 아예 막아 버린 집도 있다.

환봉 및 판재의 다양한 조합으로 이루어진 철제 대문

**다양한 패턴의 철제 대문**

주택 내 주차공간 조성이 의무화되기 이전 단독주택이 위치한 필지 경계로는 담장과 대문이 위치한 경우가 많았다. 비슷하지만 사소하게 다른 철제 대문들은 선재인 철제 환봉과 면재인 철판을 다양한 방식으로 조합하여 만들어졌다. 로구로 파이프라고 불리는 스테인리스 환봉으로 만들어진 대문은 제작하는 방식에 따라 그 패턴이 다양하며, 방청페인트에 시간이 더해져 사소하지만 다양한 차이를 만들어낸다.
또한 철제 대문에는 십장생의 한 폭이 담기기도 하고 성문에 있을 법한 곡선의 식물 패턴이 문을 가득 채울 때도 있다. 거주자들은 기성의 스테인리스 대문이나 셔터 등으로 바꾸기도 한다.

# ⑤ 도로교통지도에 재현된 장소들의 변화

일상생활에서 사용되는 지도에 등장하는 지명, 시설 등의 랜드마크는 당시 살았던 사람들의 인식의 장소를 반영한다. 지도를 만든 사람들과 사용하는 사람들의 의도가 일치하지 않음에도 불구하고 지도 위에 등장하는 텍스트는 그 자체로 지금 우리의 사고 지평에서 생각할 수 없는 감춰진 무엇인가를 드러낸다. 특히 축척에 따라 등장하고 사라지는 텍스트들과 다양한 스케일에서도 계속 등장하는 텍스트들은 그 기표가 가리켰던 장소의 가치가 역사적으로 어떻게 달라졌는지를 보여주는 연구 대상이기도 하다. 이번 절에서는 일상적으로 사용한 도로교통지도에 나타난 장위동의 시설들과 장소들의 텍스트를 보고자 한다.

1999·2010·2021년의 대표적인 지도를 찾아 건축물명과 상호명 등 각종 지명을 추출하고 장위동에서 어떤 유형의 지명이 가장 많이 지도에 등장하였는지, 시기에 따라 그것이 어떻게 달라지는지 살펴본다. 지명의 분류는 건축법시행령의 건축물 종류 분류표를 기준으로 하였다. 분류표의 특정 건축물로 분류하기 어렵거나 추가 하위 분류가 필요한 경우 포괄적인 건축물의 특징을 비교하기 위해 우선 '기타'로 분류하고 해당 건축물을 설명할 때 추가 서술하였다.[59]

59. 건축물 종류 분류표는 여러 지도를 비교하기 위한 분류 기준으로 사용하였다. 본 서의 필진이 특정 상호명으로 용도를 짐작해 분류한 것으로, 실제 건축물이 건축법상 어디에 해당하는지와는 무관하다. 분류는 필자의 주관적인 판단에 근거하였기 때문에 다소 오차가 있을 수 있다.

## 5.5.1 1999년의 교통지도

1999년에 대해서는 성지문화사의 서울도로지도를 1:5,000과 1:10,000의 2개 축척으로 비교·분석하였는데, 여기에는 주로 자동차 운전자를 위한 교통·관광(여행·레저)·생활지리 정보 등을 담았다. 두 지도집은 하나의 출판사에서 동일한 목적으로 축척만 달리해 출간한 것으로, 대축척인 1:5,000 지도에서 더 많은 정보를 확인할 수 있다.『서울 1:5,000 도로지도 - 도로 교통 정보상세도』(이하 1:5,000 지도)는 1999년 1월,『서울 1:10,000 도로지도 - 도로 교통 상세도』(이하 1:10,000 지도)는 1999년 5월 발행되었으며, 모두 국립지리원이 발행한 1:5,000, 1:25,000, 1:50,000, 1:250,000 기본도를 사용하여 편집·제작하였다.

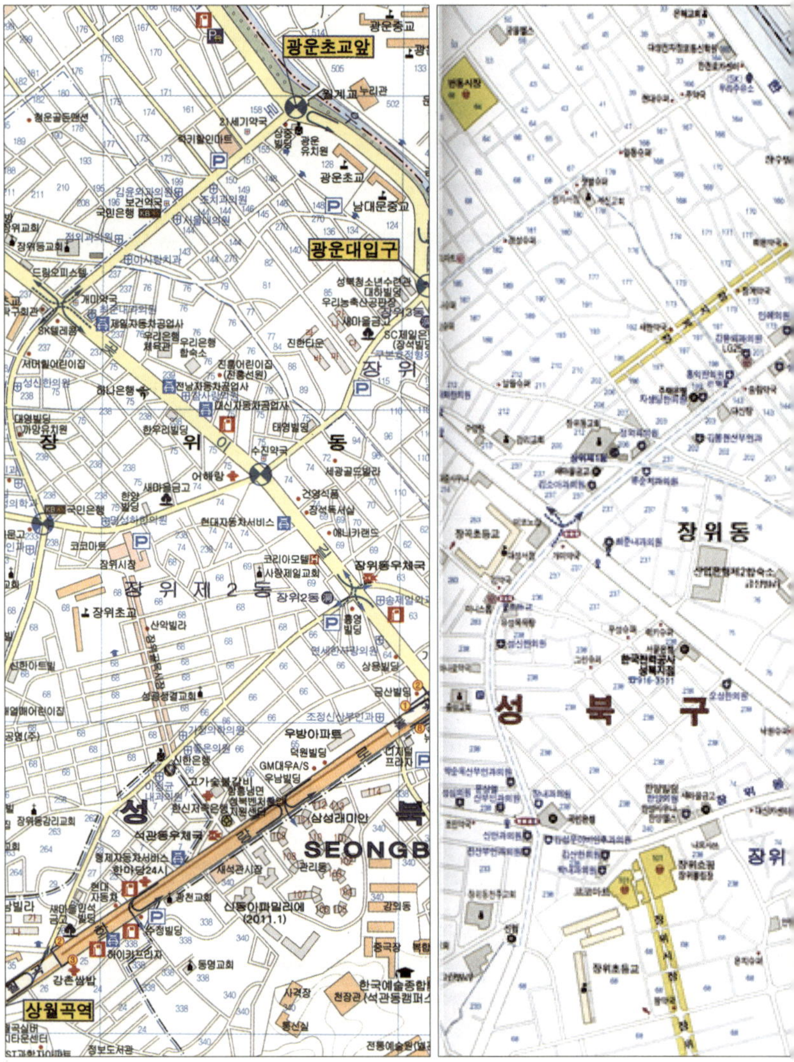


축척이 다른 교통지도에서 볼 수 있는 정보의 차이(1999)
출처: 성지문화사,「서울도로지도」1:10,000(좌), 1:5,000(우)

1:5,000 지도에서 별도의 가시적 아이콘으로 범례에서 설명되고 표시된 것은 본래 구청, 동사무소, 경찰서, 전화국, 우체국, 학교, 주유소, 주차장, 버스정류장, (A/B)무인자동화코너, 아파트 동 등이지만 실제 지도상에서는 종교시설과 병원, 은행, 숙박시설, 소매점 등도 특정 아이콘으로 표시되어 있다. 다만 후자의 경우 해당 범주의 건축물들 모두가 그러한 표시가 된 것은 아니다. 특히 소매점의 경우 브랜드를 가진 프랜차이즈에 대해서만 특정 아이콘을 사용하고 있다. 1:10,000 지도는 훨씬 적은 건축물들만 표시하고 있기 때문에 (A/B)무인자동화코너, 아파트 동은 표시하지 않고 있으나 이 외에는 1:5,000 지도에서 사용된 아이콘들을 모두 표시하고 있고, 대신 해당하는 범주의 건축물을 훨씬 더 선택적으로만 표시하고 있다. 특이할 점은 아이콘으로 표시되던 범주의 건축물 중 지금은 사라진 '전화국'이라는 명칭이 1999년 지도에서 장위동에 입지해 있지 않아 표시되지 않았으나 범례로는 등장한다는 점이다.

두 개의 지도집에서 장위동에 등장한 건축물 지명을 모두 추출한 결과 1:5,000 지도에서는 292개, 1:10,000 지도에서는 111개의 지명이 나타났다.

## 1: 5,000 지도

먼저 1:5,000 지도에 표기된 건축물 종류를 살펴보면 오른쪽의 그래프와 같다. 지도에 나타난 292개 건축물 중 가장 많은 것은 슈퍼마켓과 일용품 판매상점 등이 포함된 소매점(40개, 14%)이었으며 약국, 교회, 의원, 빌라, 목욕장이 그 뒤를 이었다. '기타' 항목이 많은 것은 'OO빌딩' 등 건물 이름 자체가 지명으로 등장한 경우를 기타 항목으로 분류하였기 때문으로, 기타 항목의 14개 중 9개가 빌딩으로 나타났다. 나머지 기타 항목으로는 한국전력공사 성북지점, 대륙여객, 영광교통, 마르조 사업본부, 내외샤쓰 등이 있었다.[60]

60. 해당 건축물의 용도 판단이 어려울 경우 '기타'로 분류하였다. 기타 항목으로 분류할지 하나의 범주로 포함시킬지는 현지조사 및 온라인상의 정보들을 종합해 실제 건축물의 용도를 고려해 판단하였다.

## 1: 10,000 지도

반면 1:10,000 지도의 111개 건축물 중 가장 높은 비중을 차지하는 것은 교회였다. 다음으로는 학교, 금융기관, 의원, 빌라, 목욕장 순이었다. 기타 항목에는 마찬가지로 빌딩이 많았으며 운수업체(동화운수, 삼보운수(주) 등), 화랑 등이 포함되었다.

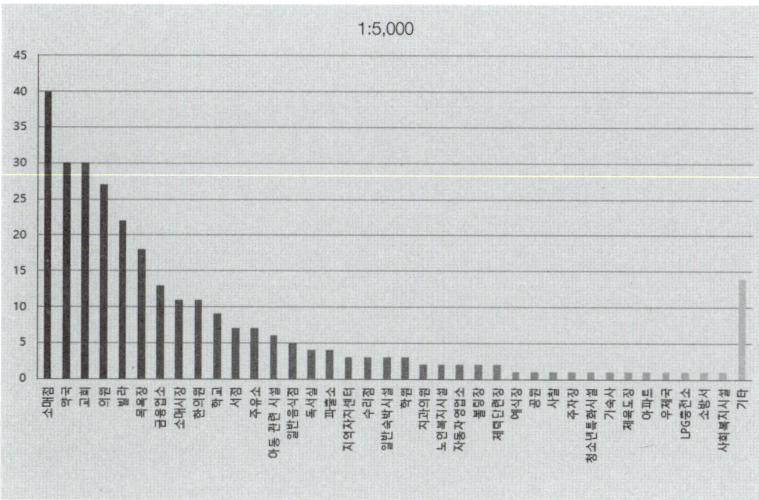


2010년 1:10,000 교통지도에서 나타난 장위동 내 지명의 분류별 등장 빈도
출처: 중앙지도문화사, 『2010년 수정판 서울시교통지도』, 2010. 1.

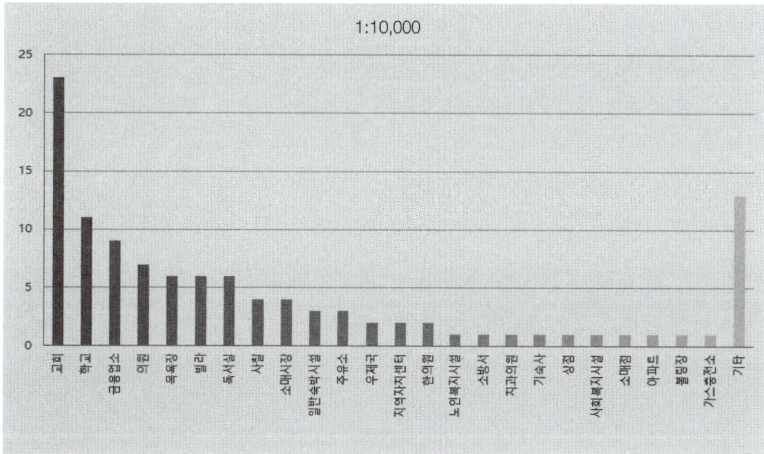


2010년 1:10,000 정밀지도에서 나타난 장위동 내 지명의 분류별 등장 빈도
출처: 영진문화사, 『서울 수도권정밀지도』, 2010. 2.

### 5.5.2
### 소축척 지도에서 사라진 지명들

1:5,000(대축척) 지도와 1:10,000(소축척) 지도를 비교하면 어떨까? 대축척에서 소축척으로 지도를 축소하면서 지명이 사라지기도 하고 새로 생기기도 한다. 가장 특징적인 것은 소매점과 교회의 등장 빈도의 변화이다. 대축척 지도에서는 슈퍼마켓 등의 소매점이 가장 많이 나타난 반면 소축척 지도에서는 교회가 가장 많이 등장하였다. 대축척 지도에서 나타난 40개의 소매점은 모두 소축척 지도에서 사라졌다. 이와 달리 대축척 지도에 표시된 교회는 소축척 지도에도 다수 나타났으며, 대축척 지도에 없었던 교회들이 소축척 지도에 새로이 등장하기도 하였다.

대축척 지도의 지명 중 소축척 지도에서 살아남은 지명은 67개였다. 지도를 축소하면서 사라진 225개의 지명 중 가장 많은 것은 소매점이었으며 다음으로는 약국, 의원이었다. 아무래도 대축적 지도는 생활정보 측면에 보다 초점을 맞추고, 소축적 지도는 랜드마크의 성격을 염두에 둔 것으로 보인다. 사라진 지명의 범주별 개수는 대축척 지도에 표시된 지명의 범주별 개수와 대체로 비례하였다.

### 5.5.3
### 소축척 지도에서 새롭게 등장한 지명들

대축척(1:5,000)에서 소축척(1:10,000)으로 지도를 축소할 때 사라진 건축물의 범주별 개수가 대축척 지도에 표시된 건축물의 범주별 개수와 대체로 비례하는 점을 고려하면, 대축척 지도와 소축척 지도에 나타난 건축물의 범주별 개수가 유사할 것이라 예상되었다. 그러나 위에서 확인하였듯이 두 지도의 범주별 개수는 다르게 나타난다. 이는 소축척 지도에서 새롭게 등장한 지명이 있기 때문이다. 소축척 지도에 표시된 111개의 지명 중 40개는 대축척 지도에 나타나지 않은 새로운 지명이다.[61] 특히 다수의 교회가 소축척 지도에 새롭게 표시되었다.

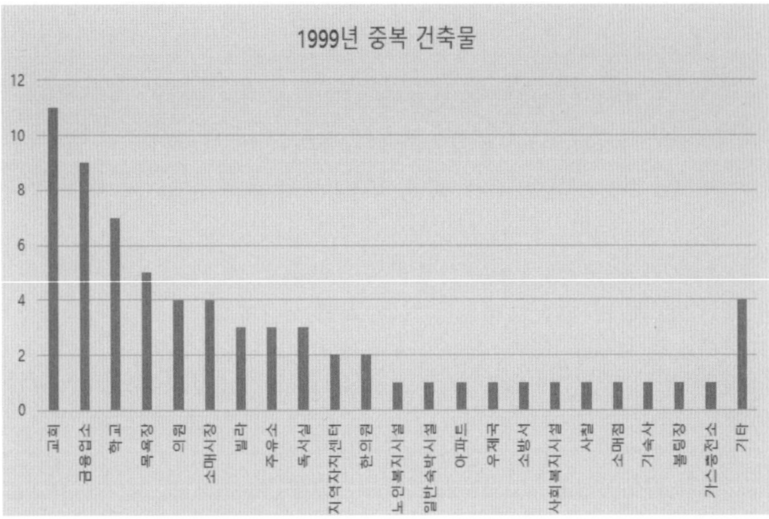

대축척 및 소축척 지도의 공통 건축물 분류별 빈도

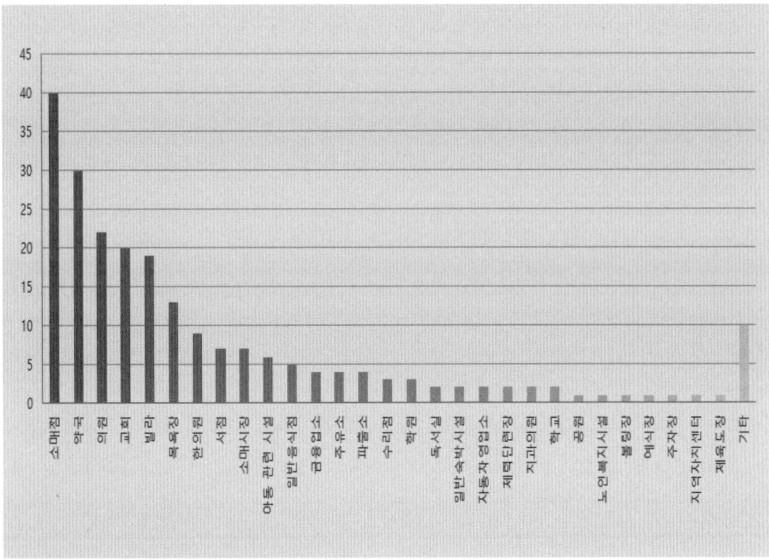

소축척 지도에서 사라진 지명의 분류별 빈도

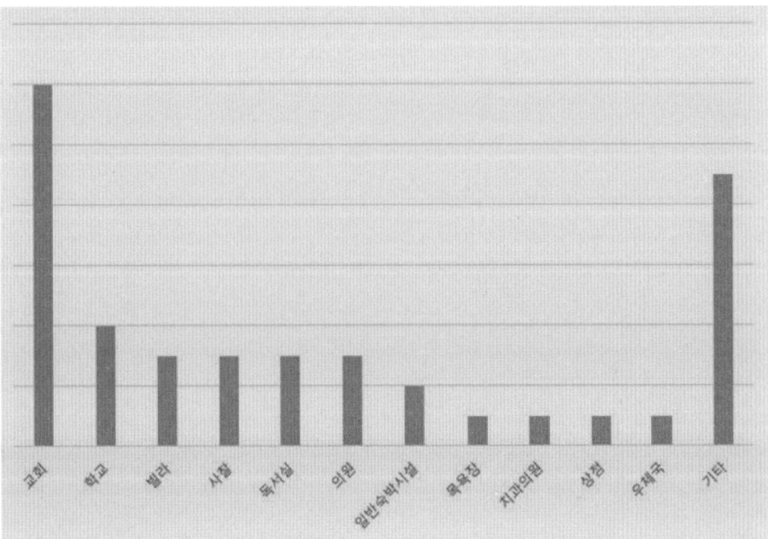

소축척 지도에서 새롭게 나타난 지명의 분류별 빈도

**소축척(1:10,000)지도에서 새롭게 등장한 지명들**

1. 장위1동: 일심교회, 신장위교회, 장위침례교회, 보은성결교회, 삼원사와 같은 종교시설과 염광유치원, 삼정탕, 통인당화랑, 동방연립 등이 추가되었다.
2. 장위2동: 가나안교회, 장석교회, 성산교회, 신온교회, 백운암 등의 종교시설과 상용빌딩, 용남빌딩, 대명빌딩이 새롭게 표기되었다. 윤경현외과, 오치과, 대창빌라, 동화운수, 삼광독서실, 예림독서실 등 또한 대축척 지도에서는 찾아볼 수 없었던 것들이다.
3. 장위3동: 대성암, 사랑교회, 동심교회 등의 종교시설이 새롭게 나타났다. 동시에 지혜유치원, 월계유치원과 같은 교육시설 및 진양상운, 소원장여관, 보성빌딩, 신평화의원, 삼성전자대리점, 수정독서실 등의 건축물이 등장하였다.

| 1 |
| --- |
| 2 |
| 3 |

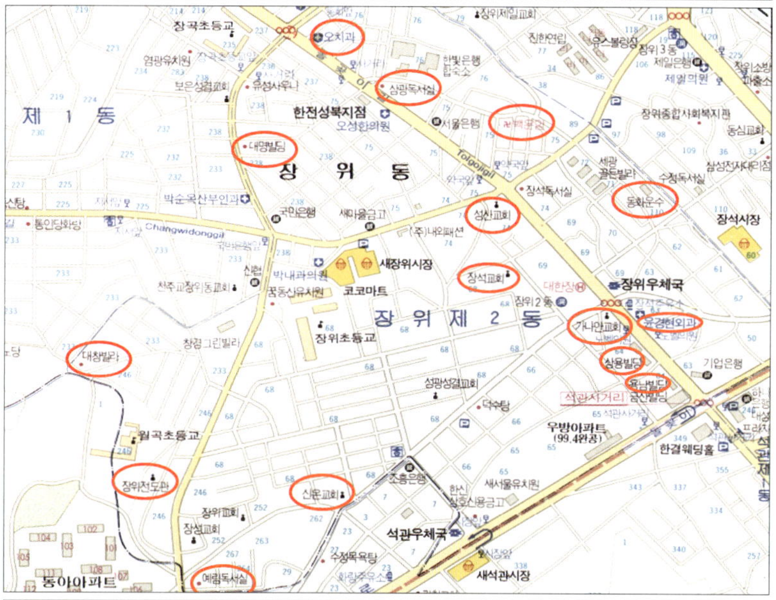


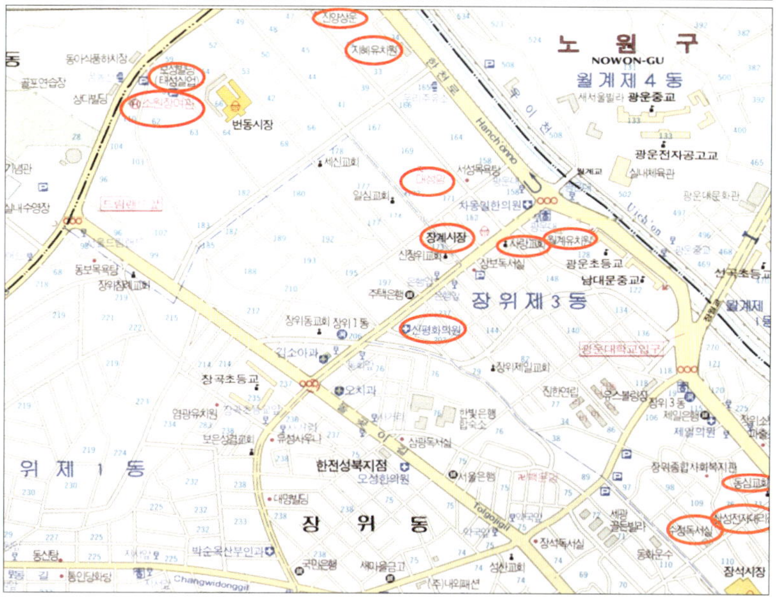


61.
이 중 3개는 1:5,000 지도와 1:10,000 지도의 동 경계가 다소 다른 데 기인한다. 1:5,000의 동 경계에는 포함되지 않으나 1:10,000 지도 기준으로는 장위동에 포함되는 건축물 세 개가 있었다. 해당 항목은 창경그린빌라, 성북정형외과, 석관우체국이다. 동 경계에서 차이가 나는 이유는 명확히 알 수 없으나 지도 작성 시기가 몇 달 차이나는 것을 요인으로 고려할 수 있겠다.

### 5.5.4
### 2010년의 교통지도와 정밀지도

2010년에 대해서는 중앙지도문화사에서 발행한 <서울시교통지도>(이하 '교통지도')와 영진문화사에서 발간한 <서울·수도권정밀지도>(이하 '정밀지도')를 비교한다.[62] 두 지도집 모두 1:10,000 축척이며 도로·행정·관광 등의 정보를 담고 있으나, 전자인 교통지도는 목적상 주유소 등의 교통편의시설이나 교통지물 등을 더 강조해 표현하였다. 중앙지도문화사의 교통지도는 국토지리정보원이 간행한 1:50,000 지형도를 기본도로 사용해 제작되었고, 영진문화사의 정밀지도는 국토지리정보원이 발간한 1:5,000, 1:25,000, 1:50,000, 1:250,000 기본도를 사용해 제작되었다.

교통지도는 범례에도 주유소, 정비소, 주차장, 차량유출입구 등 교통 관련 내용만 열거되어 있으며, 주차장은 공영·민간·노상 주차장을 다른 아이콘으로 구분해 자동차 이용자의 정보 제공에 집중하고 있다. 지도상에는 이 외에도 정밀지도와 유사하게 동주민센터, 학교, 우체국, 은행, 병원, 시장, 종교시설, 숙박시설 등을 가시적 아이콘으로 표시하고 있는데, 특이사항은 경찰서와 소방서는 아이콘 표시는 물론이고 아예 등장하지 않고 대신 다른 지도에서는 강조되지 않은 정비소나 식당이 별도의 그리고 좀 더 큰 아이콘으로 강조되어 있다는 점이 교통지도 역시 다른 지도보다 자동차 이용자의 필요 정보에 집중하여 차별화하고 있다.

정밀지도는 범례에서 동주민센터, 경찰서·치안센터, 소방서·119안전센터, 대학교·학교, 주유소와 함께 공공건물, 상가·백화점건물, 아파트(동)를 열거하고 있으며, 실제 지도에서는 이를 포함해 우체국, 버스정류장, 은행, 병원, 시장, 종교시설을 별도 아이콘으로 표시하고 있다.

62. 영진문화사, 『서울 수도권정밀지도』, 2010.02.; 중앙지도문화사, 『2010년 수정판 서울시교통지도』, 2010.01.

2010년 중앙지도문화사 교통지도의 장위동 부분

2010년 교통지도에는 장위동 내에 총 192개의 건축물이 표시되어 있었다. 의원이 23개로 가장 많이 등장하였으며 빌라[63] 18개, 교회 13개, 금융기관 13개, 학교 10개가 뒤를 이었다. 기타 항목의 빈도가 높은 이유는 건물명을 기타 항목으로 처리하였기 때문이다. 기타 항목으로 처리된 27개의 건축물 중 21개가 빌딩이었다. 나머지 6개는 장위사거리, 광운대입구, 북서울꿈의숲과 같은 지명이거나 번개전기, 성북청소년공부방, SK텔레콤이었다.

정밀지도에서는 131개의 건축물이 표시되었다. 빌라가 41개로 압도적인 빈도를 나타냈으며, 은행 등의 금융기관이 13개로 그 뒤를 이었다. 기타로 분류된 15개의 건축물 중에는 빌딩이 10개로 가장 많았다. 나머지는 석계운수, 돌곶이역 출구, 장위3동 방범초소, 연구용지, 복합용도 개발용지 등이 있었다.

교통지도에는 192개, 정밀지도에는 131개의 건축물이 표시되었다. 정밀지도에는 나타나지 않고 교통지도에만 존재하는 범주가 다수 있었다. 각 범주에 3개 이상의 건축물들이 분류된 범주만을 보면 정비공장, 일반음식점, 영유아 보육시설, 주차장, 의약품 판매소, 수리점, 한의원, 차고 등의 범주들이 교통지도에만 나타났다. 3개 이상의 건축물들이 분류된 범주 중 교통지도에만 나타나는 범주는 없었으며, 1~2개의 건축물들이 분류된 범주로는 파출소, 지구대, 소방서, 병원, 사회복지시설, 종교집회장[64]등과 같은 것들이 있었다. 정밀지도는 교통지도에 비해 적은 범주를 표시하고 있으며, 주거시설을 더 강조해 다뤘음이 확인된다.

중앙지도와 영진문화사 지도에 공통으로 표시된 건축물은 총 54개로 나타났다. 54개의 건축물 중 가장 많은 것은 은행·농협·신협 등 금융기관이었으며, 두 번째로 많이 나타난 건축물은 빌라였다. 학교, 아파트, 교회와 동사무소 등의 지역자치센터가 그 뒤를 이었다. 이는 주거를 중심으로 구성된 장위동의 지역적 특성을 보여주면서도 금융기관이 장위동의 랜드마크였음을 시사한다.

63. 건축물 용도 분류표 상 연립주택이나 다세대주택으로 분류될 수 있으나 둘 중 무엇인지 정확히 확인하기 힘들고, 공식 분류는 아니나 연립주택과 다세대주택을 통칭하여 대중적으로 사용되는 용어인 '빌라'로 표시하였다.

64. 상호명이 '종교시설'로 표기되어 교회, 사찰 등 특정 하위 범주로 분류되지 않는다.

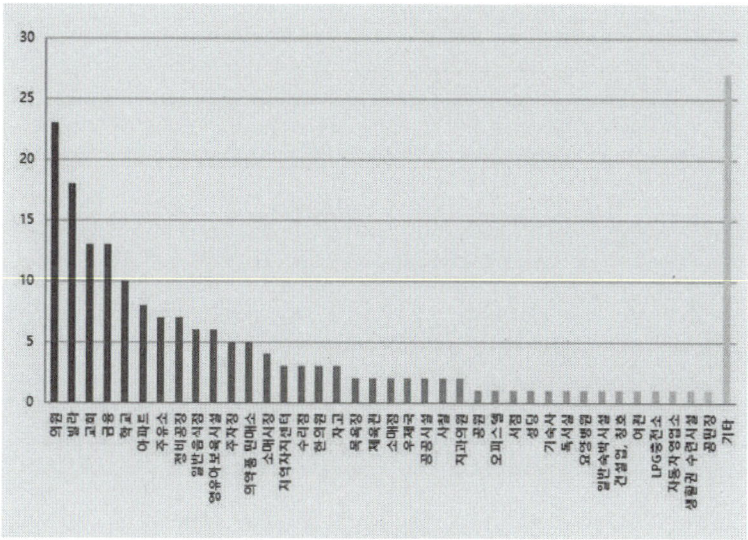


**2010년 1:10,000 교통지도에서 나타난 장위동 내 지명의 분류별 등장 빈도**
출처: 중앙지도문화사, 『2010년 수정판 서울시교통지도』, 2010.01.

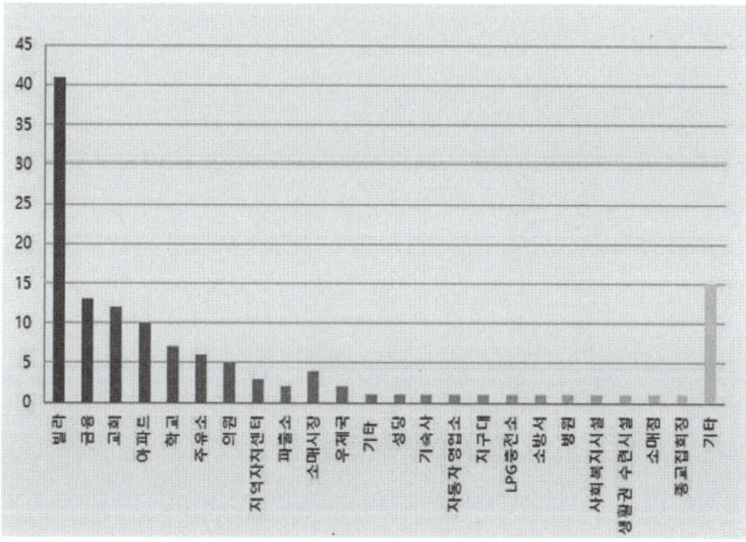


**2010년 1:10,000 정밀지도에서 나타난 장위동 내 지명의 분류별 등장 빈도**
출처: 영진문화사, 『서울 수도권정밀지도』, 2010. 2.

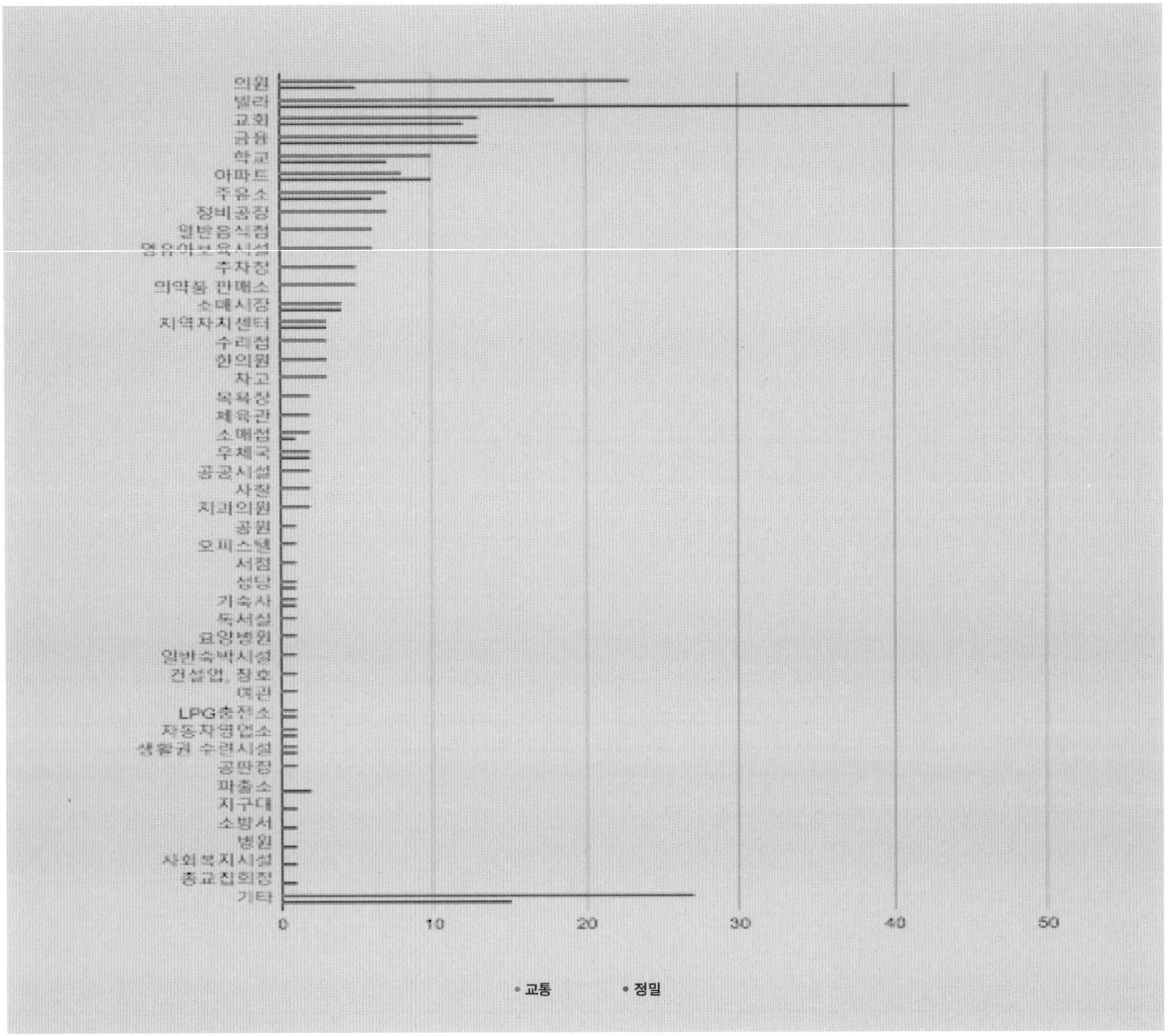


교통지도와 정밀지도에 등장하는 건물들의 유형

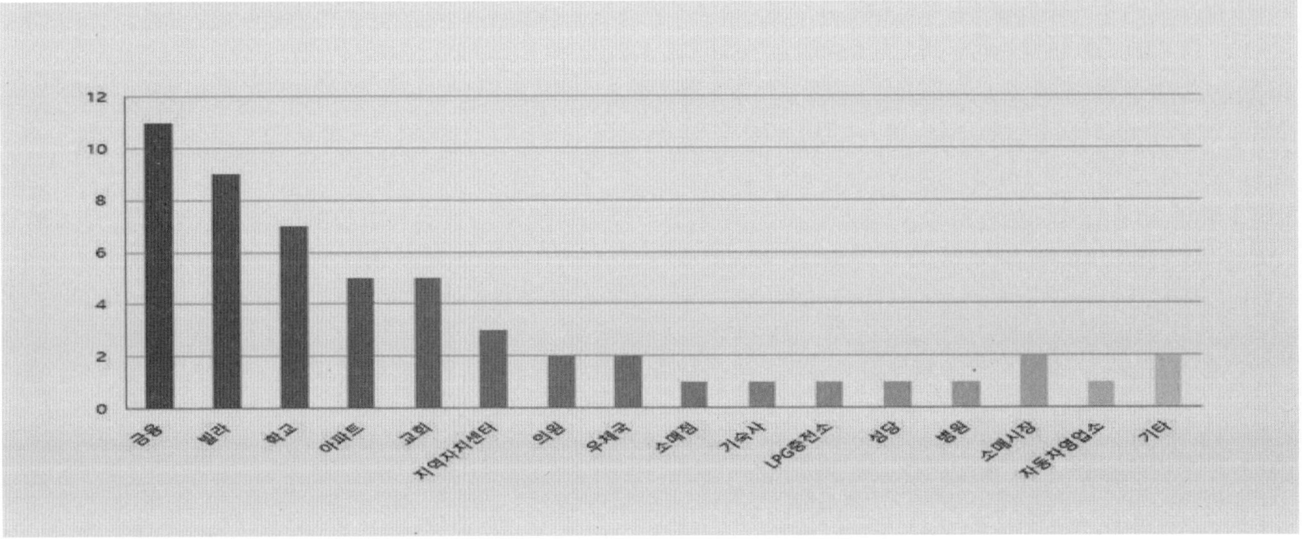


2010년 1:10,000 교통지도와 정밀지도에서 공통으로 나타난 지명의 빈도

## 5.5.5
## 네이버지도와 카카오맵

온라인 지도서비스가 보편화된 2021년 현재에 대해서는 한국에서 사용자 수가 가장 많은 지도서비스인 네이버지도와 카카오맵을 기준으로 장위동의 건축물을 살펴본다. 두 서비스는 지도상에서 유사한 구분을 제공한다.

**네이버지도와 카카오맵 분류 비교**

| 네이버지도 | 선별진료소, 음식점, 카페, 픽업주문, 마트, 병원, 캠핑장, 헤어숍, 호텔, 펜션, 주유소, 모텔, 편의점, 은행, 주차장, 약국 |
|---|---|
| 카카오맵 | 버스, 지하철, 음식점, 숙박, 카페, 은행, 편의점, 대형마트, 병원약국, 미용실, 주유정보, 주차장, 문화시설, 스토어뷰 |

출처: 네이버지도, 카카오맵(2021.2.24.)

여기서는 2021년 2월 기준으로 해당 지도 서비스의 특정 축척에서 지도상에 표기된 건축물을 정리하였다.[65] 과거 지도집보다 훨씬 더 축척을 확대할 수 있는 만큼 많은 수의 건축물이 등장한다. 네이버지도에는 1130개, 카카오맵에는 1044개의 건축물이 나타났다. 공통적으로 가장 많은 빈도로 나타난 건축물은 빌라, 음식점, 소매점이다. 네이버지도에서는 해당 세 범주가 전체의 52.4%, 카카오맵에서는 전체의 58.7% 수준으로 절반 이상이었다. 다만 카카오맵에서는 빌라의 빈도가 높게 나타났으며, 네이버지도에서는 음식점과 소매점의 빈도가 더 높았다.

네이버지도와 카카오맵에서 공통으로 나타난 건축물은 491개로 약 절반 수준이었다. 빈도와 한쪽 서비스에서만 표기된 건축물 중 눈에 띄는 것은 '부동산중개사무소'로, 네이버지도에서는 38개가 표기되었으나 카카오맵에서는 한 건도 표시되지 않았다.

오른쪽 그림은 네이버지도와 카카오맵에서 등장한 건축물 중 가장 빈도가 높은 유형인 빌라, 소매점, 영유아보육시설, 음식점, 교회의 분포를 나타낸 것이다.

2021년 현재 재개발 사업이 활발히 진행 중이거나 재개발이 종료되어 아파트 단지가 들어선 구역의 경우 건축물이 등장하지 않는다. 이에 따라 특히 장위3동에서 건축물의 빈도가 낮은 것이 확인된다.

65. 2021년 2월 24일 기준. 카카오맵은 20m=76px 축척을, 네이버지도는 20m=80px 축척을 사용하였다. 카카오맵 기준으로는 가장 축척을 확대한 것이며, 네이버지도 기준으로는 가장 높은 축척보다 한 단계 축소한 것이다. 비교를 위해 가장 유사한 축척으로 맞추었다.

네이버지도와 카카오맵에 나타난 지명의 빈도

**2021년 네이버지도와 카카오맵에 공통으로 나타난 지명의 빈도**
출처: 네이버지도, 카카오맵(2021.2.24.)

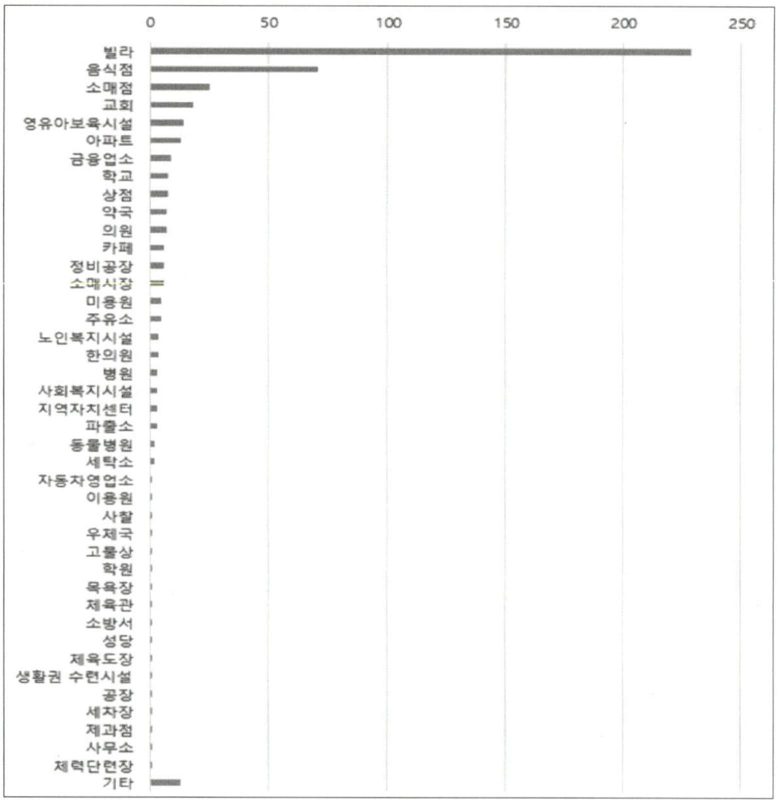

네이버지도와 카카오맵에서 공통으로 나타난 건축물 현황

### 5.5.6
### 지도 위 텍스트를 통해서 본 지난 20년의 변화

앞서 다른 축척의 1999년 교통지도, 2010년의 교통지도와 정밀지도, 2021년의 대표적인 지도서비스를 살펴보았다. 여러 지도에 공통적으로 나타난 건축물을 통해 장위동에서 어떤 유형의 건축물이 가장 대표적인지를 간접적으로 확인할 수 있다.

연도별로 가장 높은 빈도를 보였던 공통 건축물의 유형을 살펴보면 1999년에는 교회·금융기관·학교·목욕장·의원·소매시장 순이었고, 2010년에는 금융기관·빌라·학교·아파트·교회 순이었으며, 2021년에는 빌라·음식점·소매점·교회·아파트 순이었다. 1999년에는 목욕장·의원·소매시장 등 2021년 현재에는 크게 줄어든 근린생활시설이 주를 이룬 반면 2010년부터는 빌라와 아파트 등 주거시설이 등장하는 것이 특징이다.

특히 변화가 눈에 띄는 범주는 목욕장이다. 목욕장의 경우 대축척(1:5,000) 지도에서 18개가 표시되었으며, 소축척(1:10,000) 지도에서는 6개가 표시되었다. 반면 2021년 현재 지도에서 나타난 목욕장은 네이버지도 기준 1건, 카카오맵 기준 3건에 불과하다. 이는 1990년대 당시 목욕장이 지도에 표시될 만큼 사람들이 많이 이용하는 공간이었기 때문인 것으로 추정된다.

> 이 동네는 그래도 작은 목욕탕이 오래 남아 있었던 것 같아요. 연세 드신 분들도 많고. 사실 조금만 벗어나도 작은 목욕탕이 없어진 지 꽤 됐잖아요. 그런데 여기는.
>
> 안OO (장위동 주민, 1980년생, 여)

1999년 지도와 2010년 지도 모두 건축물 종류 분류표에 해당하지 않는 '기타' 건축물로 가장 많았던 것이 빌딩이었다. 이는 빌딩 자체가 주변의 다른 건물과 다르게 눈에 띄는 랜드마크였기 때문인데, 반면 2021년 온라인으로 제공되는 지도에서는 빌딩 명칭의 빈도가 상대적으로나 절대적으로 줄어들었다. 지면 지도는 빌딩을 랜드마크로 두고 길을 찾는 방식이지만, 온라인 지도는 이미 대중화된 최적 경로 제공 서비스를 통해 길을 찾는 문화가 정착된 상황에서 빌딩 명칭이 상대적으로 랜드마크로서의 기능이 없어졌기 때문으로 보인다.

1999년에서 2010년으로 넘어갈 때 특히 달라진 점 중 하나가 빌라가 증가한 것이다. 장위동은 뉴타운으로 개발된 지구와 가로변 상가를 제외하고는 층수와 높이가 거의 동일한 빌라들이 빼곡하게 들어서 있는 지대가 월등히 많다. 또한 빌라들이 들어선 곳에서는 대부분 편의시설 등 빌라가 아닌 건축물보다 빌라가 더 높은 경우가 많다. 따라서 가장 많이 들어서 있는 빌라들의 명칭을 기준으로 하지 않으면 방향이나 길을 찾기가 대단히 어렵다. 말하자면 이 일대에서는 빌라 명칭이 가로변의 빌딩 명칭과 같은 역할을 한 것으로 보인다. 또한 장위동뿐만 아니라 한국 사회에서 주거공간의 명칭이 가지는 상징의 힘이 커진 것도 영향을 미쳤을 것으로 판단된다.

한편 20년 동안 지속적으로 상위 빈도 건축물로 등장한 유형은 교회이다. 공통 건축물 기준으로 1999년에는 11건, 2010년에는 5건, 2021년에는 18개가 나타난다. 종교시설은 이용자가 많고 주차공간을 포함한 단독건물이거나 십자가라는 가시적 양식도 있어 랜드마크로서의 역할을 하기 때문으로 보인다. 2021년 공통으로 표시된 교회 18개 중 13개는 단독건물에 십자가가 설치되어 있거나 소재한 건물의 외벽 또는 맨 위층에 십자가가 설치되어 있다.

2021년의 지도 서비스에서는 이전과 달리 음식점과 소매점이 빌라 다음으로 많은 빈도를 차지하는데, 이는 현재의 지도 서비스가 이전의 지도집과 같이 행정·교통·관광 등의 유형에 더해 생활편의시설의 위치는 물론 소비자의 평가 정보까지 강조하고 있기 때문인 것으로 추정된다. 즉 사람들은 이제 지도에서 길을 찾는 것 외에 특정 장소에서 얻을 수 있는 상품과 서비스 그리고 그것에 대해 다른 사람들이 남긴 평가까지 복합적인 정보를 제공받기를 원한다. 이에 더해 지도를 온라인상에서 자유롭게 확대·축소할 수 있게 되면서 상징적인 측면보다는 실제 빈도와 가까운 분포를 담고 있다.

아래는 20년의 시간이 흐른 뒤에도 여전히 남아 있는 시설들이다. 이 시설들은 지난 20년 장위동이라는 장소를 대변하는 상징적인 기호일 것이다.

**[표] 1999·2010·2021년 지도에 공통적으로 등장한 시설**

| 분류 | 1999년 | 2010년 | 2021년 |
|---|---|---|---|
| 교회 | 보배교회 | 보배교회 | |
| 금융기관 | 신협 | 신협 | |
| 병원 | 박순옥산부인과 | 박순옥산부인과 | |
| 소매시장 | 코코마트 | 코코마트 | |
| 시장 | 번동시장 | 번동시장 | |
| 교회 | 장위동교회 | 장위동교회 | 꿈의숲교회 |
| 금융기관 | 국민은행 | 국민은행 | KB국민은행 |
| 금융기관 | 기업은행 | 기업은행 | IBK기업은행 |
| 금융기관 | 새마을금고 | 새마을금고 | 새마을금고 |
| 병원 | 성모의원 | 성모의원 | 성모의원 |
| 빌라 | 도시빌라 | 도시빌라 | 도시빌라 |
| 교회 | 성광성결교회 | | 성광성결교회 |
| 교회 | 장위교회 | | 장위교회 |
| 빌라 | 세광골든빌라 | | 세광골든빌라 |
| 아파트 | 우방아파트 | | 우방아파트 |
| 교회 | | 장위중앙교회 | 장위중앙교회 |
| 빌라 | | 광성아트빌 | 광성아트빌 |
| 빌라 | | 월드빌 | 월드빌 |
| 아파트 | | 그린빌아파트 | 그린빌아파트 |
| 아파트 | | 세영아파트 | 세영아파트 |
| 아파트 | | 신장위아파트 | 신장위아파트 |
| 우체국 | | 석관동우체국 | 석관동우체국 |
| 주민센터 | | 장위1동주민센터 | 장위1동주민센터 |
| 주민센터 | | 장위3동주민센터 | 장위3동주민센터 |
| 학교 | | 광운초등학교 | 광운초등학교 |
| 학교 | | 남대문중학교 | 남대문중학교 |
| 학교 | | 월곡초등학교 | 월곡초등학교 |
| 학교 | | 장곡초등학교 | 장곡초등학교 |
| 학교 | | 장월초등학교 | 장월초등학교 |
| 학교 | | 장위중학교 | 장위중학교 |

1999·2010·2021년 3개년에 걸쳐 공통적으로 나타난 건축물은 총 6개로, 국민은행·기업은행·새마을금고 등 금융기관과 꿈의숲교회(구 장위동교회)·성모의원·도시빌라 등이다. 새마을금고를 제외하면 모두 1999년부터 현재까지 같은 자리에 있던 건축물로 확인되며, 모두 대로변에 위치한다.

특히 장위로와 장월로가 교차하는 사거리(장위동 233-30)는 지역주민들에게 '국민은행 사거리'로 불린다. 이는 성북 13번 마을버스 노선의 버스정류장 이름이기도 하다. 국민은행 사거리는 유동인구가 많았던 코코마트·장위시장과 연계되어 장위동의 중심 지역이었던 것으로 보인다. 2008년 결혼하면서 장위동에 자리를 잡은 엄민경 씨는 장위동의 랜드마크가 이제 2017년에 개소한 행복누림도서관으로 옮겨 간 것 같다는 이야기를 전하기도 하였다.

> 장위동의 번화가라면 보통 어디를 떠올리세요?
>
> 장위동이요? 원래 제일 많이 다니는 데는 그쪽이었죠, 장위시장 부근에. 그쪽이 제일 사람들이 좀 많고, 왁자지껄하고 막 모이고.
>
> (코코마트 있는 데?)
>
> 네. 그쪽에서 파출소 쪽으로. 그 자체가 사람들이 많이 다니고 그랬었는데.
>
> 정권영(건영산업 사장), 2021년 1월 29일.

> 장위동 같은 경우에 국민은행 사거리 하면 다 알잖아요.
>
> 맞아요. 지금은 이제 행복누림도서관이 중심이 되는 것 같아요.
>
> 엄민경, 2020년 11월 14일.

지도에는 나타나지 않았지만 하나은행 장위동지점 또한 147, 261번 버스 등의 정류장 이름으로 사용된다. 현재 하나은행 장위동지점은 이전하였으나 버스정류장 이름은 여전히 남아 있다. 이전하기 전에는 하나은행이 장위동의 랜드마크로 사용되었음을 추정할 수 있다.

신한은행이나 우리은행은 버스정류장 이름으로 사용되고 있지는 않지만 매우 눈에 띄는 곳에 위치한다. 신한은행은 장위전통시장 근처 사거리의 코너에 위치한다. 우리은행 장위동 지점도 마찬가지로 삼거리에 가시적으로 위치해 있다. 동시에 우리은행의 농구팀 숙소와 연습용 체육관이 장위동에 있기 때문에 우리은행 관련 건축물들이 장위동 주민들에게 친숙한 것으로 보인다.

한편 2010년까지 지도에 등장하였다가 사라진 지명은 5개로, 보배교회·신협·박순옥산부인과·코코마트·번동시장 등이다. 보배교회는 현재 '목양교회'로 변경된 것으로 보이나 2021년 지도에 등장하지는 않았다. 장위동 토박이인 이진희 씨는 예전에 "엄마들이 다 거기서 출산할 정도"로 유명한 산부인과가 있었다고 전하였는데, 이 병원이 박순옥산부인과인 것으로 추정된다.

> 성당 가는 길에 산부인과 하나가 괜찮은 게 있었다고 하는데. 엄마들이 다 거기서 출산할 정도였다고 하더라고요. 성당 가는 길, 국민은행 사거리요. 거기 산부인과가 있었대요. 저희 둘째 출산할 당시만 해도 산부인과에서 분만을 안 하는 시기여서, 유일하게 거기에서 검진받아서. 거기가 햇빛촌인가로 바뀌어서 미아리로 이사를 가셨나, 그랬대요.
>
> 이진희, 2020년 11월 21일.

2010년에 새롭게 등장한 랜드마크는 주로 주거시설이나 공공시설이다. 학교가 6건으로 가장 많고 아파트 3건, 빌라 2건, 주민센터 2건 등이다. 뉴타운 사업 이후 거대 아파트 단지가 세워지면서 주거시설이 장위동의 주요 랜드마크가 되어가는 양상은 지속될 것으로 보인다.

우리은행 체육관

국민은행 사거리

**1999년 교통지도에서 사라진 장소와 새로 등장한 장소**

| 분류 | 소축척 지도에서 사라진 장소 | 소축척 지도에서 새로 등장하는 장소 |
|---|---|---|
| 공원 | 동방공원 | |
| 교회 | 하람교회, 평안교회, 중앙교회, 장일교회, 은혜교회, 은성중앙교회, 우현교회, 우리주님교회, 영천교회, 영신교회, 영생교회, 염광교회, 양림침례교회, 산성교회, 사랑제일교회, 단비교회, 광영교회, 광민교회, 광명교회, 감리교회 | 가나안교회, 광성교회, 동심교회, 보은성결교회, 사랑교회, 성산교회, 신온교회, 신장위교회, 일심교회, 장석교회, 장위전도관, 장위침례교회 |
| 금융 | 평화은행, 축협, 새마을금고 | |
| 사찰 | | 대성암, 백운암, 삼원사 |
| 복지시설 | 장위1동 노인정 | |
| 기타 | 태흥빌딩, 청아빌딩, 재영빌딩, 우성빌딩, 심성빌딩, 삼중빌딩, 보성빌딩, 마르조 사업본부, 내외샤쓰, 거상빌딩 | 내외패션(주), 대명빌딩, 동화운수, 보성빌딩, 삼보운수(주), 상용빌딩, 용남빌딩, 진양상운, 통인당화랑, 삼성전자대리점 |
| 독서실 | 큰샘독서실, 서울독서실 | 삼광독서실, 수정독서실, 예림독서실 |
| 목욕장 | 한양사우나, 중앙탕, 장위목욕탕, 장원탕, 장수탕, 장곡대중사우나, 인흥탕, 은온탕, 수양탕, 보배탕, 도원탕, 대신탕, 고려탕 | 삼정탕 |
| 볼링장 | 장위볼링장 | |
| 빌라 | 훼미리타운, 태광하이츠빌라, 초원빌딩, 청구빌라, 청계가든, 창덕빌라, 창경그린빌라, 장원빌라, 장수빌라, 장삼연립, 장미원빌라, 장미골든빌라, 설악빌라, 버드나무연립, 미라보빌라, 명가맨션, 동방타운, 도원맨션, 대봉맨션 | 대창빌라, 동방연립, 창경그린빌라 |
| 서점 | 청자서점, 성지서점, 보성서점, 동아서점, 동방서점, 대성서점, 광일서점 | |
| 소매시장 | 훼미리마트, 평화쇼핑, 코리아마트, 침대백화점, 장계시장, 그랜드마트, S마트 | |
| 소매점 | 화랑슈퍼, 현대슈퍼, 행복슈퍼, 프로스펙스, 평택슈퍼, 제일축산, 장위슈퍼, 장계슈퍼, 일동슈퍼, 이코노샵, 은지슈퍼, 우성슈퍼, 영신슈퍼, 여주슈퍼, 알뜰슈퍼, 신영슈퍼, 솔밭슈퍼, 샛별슈퍼, 삼일슈퍼, 빙그레슈퍼, 보람슈퍼, 미성슈퍼, 미니스톱, 미니슈퍼, 맛나슈퍼, 럭키슈퍼, 동아슈퍼, 동네슈퍼, 대한슈퍼, 대지슈퍼, 낙원슈퍼, 그린슈퍼, 공영슈퍼, 고향슈퍼, 경성슈퍼, LG25, 88슈퍼 | |
| 수리점 | 한천로카센터, 장일카센터, 대신카센터 | |
| 아동관련시설 | 한마음어린이집, 피터팬어린이집, 장위어린이집, 영천어린이집, 서정어린이집, 사랑어린이집 | |
| 약국 | 희은약국, 한양약국, 하나로약국, 태명약국, 중앙약국, 주약국, 조민약국, 정주약국, 정우약국, 장계약국, 유정약국, 월드팜약국, 원방약국, 요한약국, 왕약국, 알파약국, 안민약국, 시민약국, 승일약국, 송림약국, 세종약국, 새한약국, 무궁약국, 동제약국, 김약국, 광수약국, 관문약국, 고은약국, 건명약국, 개미약국 | |
| 예식장 | 공작웨딩점 | |
| 의원 | 한양정형외과, 한양의원, 하나의원, 최준내과의원, 조정신산부인과, 제흥의원, 정외과의원, 전산부인과의원, 장내과의원, 인애의원, 이철구소아과, 이준한산부인과, 윤상열산부인과의원, 오영산산부인과의원, 오안과의원, 신안과의원, 성심의원, 상민의원, 김윤외과의원, 김성우이비인후과의원, 김봉현산부인과, 김광빈의원 | 성북정형외과, 신평화의원, 윤경현외과 |
| 일반숙박시설 | 송원장, 공주장 | 궁전장, 소원장여관 |
| 일반음식점 | 함흥냉면, 청기와, 조선회관, 신가네, 낙원부페 | |
| 자동차영업소 | 아시아자동차, 대우자동차 | |
| 주유소 | 드림랜드주유소, (SK)주유소, (SK)장삼주유소, (LG)원천주유소 | |
| 주차장 | 지성주차장 | |
| 지역자치센터 | 장위제3동 주민센터 | |
| 체력단련장 | 한양헬스, 궁을헬스 | |
| 체육도장 | 성북유도회관 | |
| 치과의원 | 류순치과의원, 강치과의원 | 오치과 |
| 파출소 | 장위제2파출소, 장위3동 파출소, 장위1동 파출소, 장수파출소 | |
| 우체국 | | 석관우체국 |
| 유치원 | 녹원유치원, 광운유치원 | 꿈동산유치원, 염광유치원, 월계유치원, 지혜유치원 |
| 학원 | 종로학원, 열매미술학원, 대성전자정보통신학원 | |
| 한의원 | 홍익한의원, 진솔한의원, 중원한의원, 자생당한의원, 성신한의원, 보림한의원, 동명한의원, 대화한의원, 김산한의원 | |

**2010년 교통지도와 정밀지도에서 공통으로 표시된 건축물 목록**

| 분류 | 장소 |
|---|---|
| 금융 | SC제일은행, 국민은행, 국민은행, 기업은행, 농협, 새마을금고, 신협, 우리은행, 하나은행 장위지점, 한신상호저축은행 |
| 빌라 | 광성아트빌, 도시빌라 ABCD동, 세광골드빌라 가나다라동, 월드빌, 진한타운 가나다라마바동, 코벨아크빌, 한전씨티빌, 현창케트빌, 훼미리타운 |
| 학교 | 광운초등학교, 남대문중학교, 월곡초등학교, 장곡초등학교, 장월초등학교, 장위중학교, 장위초등학교 |
| 아파트 | 그린빌아파트, 대명루첸 101~115동, 세영아파트, 신장위아파트, 우방주상복합 |
| 의원 | 박순옥산부인과, 성모의원 |
| 시장 | 번동시장 |
| 교회 | 보배교회, 성광교회, 장위감리교회, 장위동교회, 장위중앙교회 |
| 기타 | 보성빌딩, 장원빌딩 |
| 우체국 | 석관동우체국, 장위동우체국 |
| 기숙사 | 우리은행 합숙소 |
| 지역자치센터 | 장위1동 주민센터, 장위2동 주민센터, 장위3동 주민센터 |
| 성당 | 장위천주교회 |
| 병원 | 주사랑병원 |
| 소매시장 | 코코마트, 럭키할인마트 |
| 자동차영업소 | 현대자동차 |

2020년 12월 기준으로 장위동에 주소를 두고 영업 중인 병원과 약국은 각각 33개소와 22개소로 확인된다. 보건소는 장위동에 없고, 인접한 월곡2동(서울특별시 성북구 화랑로 63)에 성북구보건소가 있다. 병원의 경우 의료기관종별로 보면 의원이 16개소, 치과의원이 7개소, 한의원이 9개소 그리고 일반요양병원이 1개소 있는데, 지도를 보면 알 수 있듯이 비교적 상가지역에 집중되어 있고 상가 내 위치하지 않아도 대부분 가로변에 자리 잡고 있다(23개소). 특히 국민은행 사거리는 번화가답게 병원과 약국이 가장 밀집해 있다. 진료과목이 겹칠 수 있는 의원들은 오히려 밀집해 있고 차별성을 가진 치과나 한의원은 대체로 떨어져 있는데, 상월곡역에서 장위전통시장으로 가는 길목에는 보기 드물게 한의원들이 인접해 있다. 약국은 아무래도 처방전 조제에 유리하도록 병원과 인접해 위치한 곳이 많지만, 의외로 떨어져 있는 곳도 적지 않음을 볼 수 있다.

**장위동 약국목록(2020.12.)**

| 장소(주소) | 약국명 | 1980~1990년대 영업 | 사업인허가 | 행정동 |
|---|---|---|---|---|
| 서울특별시 성북구 장위로 42-1(장위동) | 알파약국 | O | 19700604 | 장위1동 |
| 서울특별시 성북구 돌곶이로 134(장위동) | 수진약국 | O | 19740515 | 장위2동 |
| 서울특별시 성북구 장월로 128(장위동) | 개미약국 | O | 19771111 | 장위2동 |
| 서울특별시 성북구 돌곶이로 41길 33(장위동) | 인현약국 | O | 19800510 | 장위1동 |
| 서울특별시 성북구 장위로 177(장위동) | 관문약국 | O | 19801104 | 장위3동 |
| 서울특별시 성북구 장위로 110(장위동) | 우리약국 | O | 19880622 | 장위1동 |
| 서울특별시 성북구 장월로 88-1(장위동) | 광혜당약국 | O | 19990429 | 장위2동 |
| 서울특별시 성북구 돌곶이로 41길 10(장위동) | 선약국 | O | 20050303 | 장위1동 |
| 서울특별시 성북구 장위로 15길 1, 1층(장위동) | 나약국 | O | 20140612 | 장위1동 |
| 서울특별시 성북구 장위로 107(장위동) | 참사랑약국 | | 20011121 | 장위1동 |
| 서울특별시 성북구 장위로 127-1, 한양빌딩 2층(장위동) | 지선약국 | | 20020513 | 장위2동 |
| 서울특별시 성북구 한천로 743(장위동) | 청솔약국 | | 20060427 | 장위3동 |
| 서울특별시 성북구 월계로 40길 7, 1층 109호,110호(장위동, 센트럴타운상가) | 프라임온누리약국 | | 20090325 | 장위3동 |
| 서울특별시 성북구 화랑로 19길 83, 1층(장위동) | 성북월드팜약국 | | 20100427 | 장위2동 |
| 서울특별시 성북구 돌곶이로 27길 79(장위동) | 드림약국 | | 20100920 | 장위2동 |
| 서울특별시 성북구 화랑로 201(장위동, 대영치과) | 연세정약국 | | 20101001 | 장위2동 |
| 서울특별시 성북구 장위로 112(장위동) | 봄온누리약국 | | 20130116 | 장위1동 |
| 서울특별시 성북구 장위로 57(장위동) | 희망약국 | | 20130416 | 장위1동 |
| 서울특별시 성북구 장위로 123, 1층(장위동) | 보람약국 | | 20140916 | 장위2동 |
| 서울특별시 성북구 장위로 58, 1층(장위동) | 새롬약국 | | 20180314 | 장위1동 |
| 서울특별시 성북구 장월로 146, 1층(장위동) | 진약국 | | 20190826 | 장위3동 |
| 서울특별시 성북구 돌곶이로 152, 1층(장위동) | 새부산약국 | | 20191210 | 장위2동 |

장위동 병원 목록(2020.12.)

| 병원명 | 1980~1990년대 영업 | 범주 | 주요 진료과목 | 행정동 |
|---|---|---|---|---|
| 성모의원 | O | 의원 | 피부과 | 장위1동 |
| 성심가정의학과의원 | O | 의원 | 가정의학과 | 장위1동 |
| 이태희가정의학과의원 | O | 의원 | 가정의학과 | 장위1동 |
| 해인병원 | O | 의원 | 정형외과 | 장위3동 |
| 장대환내과의원 | O | 의원 | 내과 | 장위2동 |
| 장위성모정형외과 |  | 의원 | 정형외과 | 장위1동 |
| 박순옥산부인과의원 |  | 의원 | 산부인과 | 장위1동 |
| 전은의산부인과의원 |  | 의원 | 산부인과 | 장위1동 |
| 참이비인후과 |  | 의원 | 이비인후과 | 장위2동 |
| 열린마취통증의학과의원 |  | 의원 | 마취통증 | 장위2동 |
| 최준내과의원 |  | 의원 | 내과 | 장위2동 |
| 홍요한내과의원 |  | 의원 | 내과 | 장위2동 |
| 박앤김내과의원 | O | 의원 | 내과 | 장위2동 |
| 좋은이비인후과의원 |  | 의원 | 이비인후과 | 장위2동 |
| 서호종의원 |  | 의원 | 가정의 | 장위2동 |
| 연세이너힐의원 |  | 의원 | 가정의학과 | 장위3동 |
| 의료법인유라의료재단 온누리요양병원 |  | 일반요양병원 | 요양 | 장위2동 |
| 김종탁치과의원 | O | 치과의원 | 치과 | 장위2동 |
| 서울비케이치과의원<br>(서울박치과의원에서 상호 변경) | O | 치과의원 | 치과 | 장위2동 |
| 서울온치과의원 |  | 치과의원 | 치과 | 장위1동 |
| 서울치과의원 |  | 치과의원 | 치과 | 장위1동 |
| 차앤안치과의원 |  | 치과의원 | 치과 | 장위1동 |
| 장위이사랑치과의원 |  | 치과의원 | 치과 | 장위2동 |
| 서울참좋은치과의원 |  | 치과의원 | 치과 | 장위3동 |
| 중국중원한의원 | O | 한의원 | 한의원 | 장위1동 |
| 동명한의원 | O | 한의원 | 한의원 | 장위1동 |
| 명성하한의원 | O | 한의원 | 한의원 | 장위2동 |
| 성신한의원 | O | 한의원 | 한의원 | 장위2동 |
| 보림한의원 | O | 한의원 | 한의원 | 장위2동 |
| 화목토한의원 |  | 한의원 | 한의원 | 장위2동 |
| 편안한경희한의원 |  | 한의원 | 한의원 | 장위2동 |
| 차한의원 |  | 한의원 | 한의원 | 장위2동 |
| 임충모한의원 |  | 한의원 | 한의원 | 장위3동 |

#6

# 노정열

재개발

| | |
|---|---|
| 1947년 | 전라남도 장흥군 영산면 출생 |
| 1963년 | 서울 청량리시장으로 상경 |
| 1967년 | 이발사 자격증 취득 |
| 1970년 | 장위동으로 이사하며 수진이발관 개업 |
| 1972년 | 집장사 시작 |
| 1982년 | 장위동 국민주택 거주 |
| 1982년 | 동방고개(장위로) 인근 상가주택 건축 및 거주 |
| 2006년 | 한우리빌딩 준공 |
| 2008년 | 장위 제9구역 조합 비상근이사 |
| 현재 | 한우리빌딩 대표 |

노정열은 1947년 전라남도 장흥군 영산면에서 태어나 17세에 처음으로 서울에 올라왔다.
외삼촌의 도움으로 청량리시장에서 일하며 서울살이를 시작했다.
이발소에서 일하며 기술을 익혀 21세에 이발사 자격증을 취득해
24세에 장위동에서 딸의 이름을 따 '수진이발관'을 개업했다. 이발소를 운영하며 만난 손님의 영향으로
26세에 집장사에 뛰어들어 서울의 도시화 과정에서 나름의 성공을 거두기도 했다.
그는 자녀들의 안정적인 생활을 위해 장위동을 벗어나지 않고 지금까지 장위동에서 살고 있다. 현재는
장위동에 건물을 가지고 있는 주민으로서 장위동의 재개발에 적극적인 목소리를 내고 있다.

조사팀은 코로나19로 인해 사람을 쉽게 만날 수 없는 상황에서 성북문화원의 소개로 노정열을
만날 수 있었다. 그는 우리에게 재미있는 입담을 곁들여 흔쾌히 자신이 살아온 이야기를 들려주었다. 그리고
장위동 토박이를 찾고 있는 우리를 활량리식당에 데려가 주며 그곳의 사장인 우덕수를 소개해 주었다.

노정열은 지방에서 서울로 이주했던 '이주자'로서,
당시 지방 사람들이 서울로 올라오는 과정과 서울에 정착하는 모습을 잘 보여준다.
특히 그는 서울에 정착하는 과정에서 직업을 여러 번 바꾸었는데,
장위동과 주변 일대에 주택 개발이 한창일 때 집장사를 한 경험이 있었다.
그의 경험담은 우리에게 장위동의 도시화 과정에서 주택 개발이 어떻게
이루어졌는지 짐작할 수 있게 해 주었다.
2010년대 장위동이 재개발지구로 지정되면서
장위 제9구역 조합 비상임이사로 활동한 그는
재개발과 관련된 갈등과 재개발에 대한 자신의 생각,
재개발 지역으로서 장위동에 대해 이야기해 주었다.

"땅값이 싸서 투기꾼들이
장위동으로
몰리는 거예요."

# 1

## 전라남도 장흥에서 상경

**"열일곱 살 때 청량리시장에서 일하는 외삼촌 주소 하나 가지고 내가 서울로 온 거예요."**

원래 고향은 전라남도 장흥군 영산면이에요. 근데 사라호 태풍이 내가 열세 살 때 불었어요. 스물여섯에 혼자되신 우리 어머니로서는 (사라호 태풍 때문에) 먹고살 길이 막막했어요. 그래서 두 살배기 동생과 함께 강진에 있는 고모 집으로 가서 도와달라고 그랬어요. 그래서 나는 고모 집에서 학교를 다니고, 우리 어머니는 고모 동생이 인천에서 하고 있는 세탁소에 식모살이를 하러 갔어요. 두 형제를 고모 집에다가 맡겨 놓은 거예요.

그러다가 고모가 나를 국민학교도 제대로 안 보낸다고, 우리 어머니가 다시 고향으로 내려와서 남의 농사일을 도와주며 우리를 키웠어요. 국민학교 때 내가 급장도 하고, 어린이 회장도 하고 공부를 잘했어요. 그런데 국민학교를 겨우 졸업하고 돈이 없어서 중학교를 못 갔어요. 남의 집 일로 보리 등짐을 하러 갔다가 다 팽개치고 친구 주소 하나 가지고 (전라도) 광주로 도망을 갔어요. 거기 광주 양동시장에서 사기 그릇점에 취직해 점원으로 있었어요.

그런데 이렇게 지내는 게 아닌 거 같은 거예요. 마침 군대 갔다가 서울에서 주저앉은 외삼촌이 하나 있었어요. 청량리시장의 대성상회라는 곳에서 리어카로 배달을 하고 있었어요. 외삼촌이 도민증[01]을 해야 되니까 우리 어머니한테 편지를 보냈는데, 그 주소를 가지고 내가 도둑 열차 타고 서울로 온 거예요. 그때가 열일곱 살 때예요. 내가 서울로 올라오면서 무슨 생각을 했냐면, '외삼촌을 만나면 틀림없이 돌아가라고 차비를 줄 것이다. 차비 주면 시장에 가서 사과 궤짝이라도 주워 가지고 그 돈으로 구두닦이를 해서 중앙(통신)강의록(중학강의록)을 산 뒤에 공부를 해야겠다' 하는 계획이었어요.

하루 종일 굶은 채 영산포역에서 목포행, 목포에서 서울 올라오는 완행열차를 차표도 없이 철조망 넘어서 기차를 탔어요. 수중에는 돈 5,000환이 있었어요. 오직 그게 총 밑천이었죠. 그래서 그 돈을 신발 속에 탁 꽂아 넣고 있었어요. 숨겨 놓은 거죠. 그런데 대전

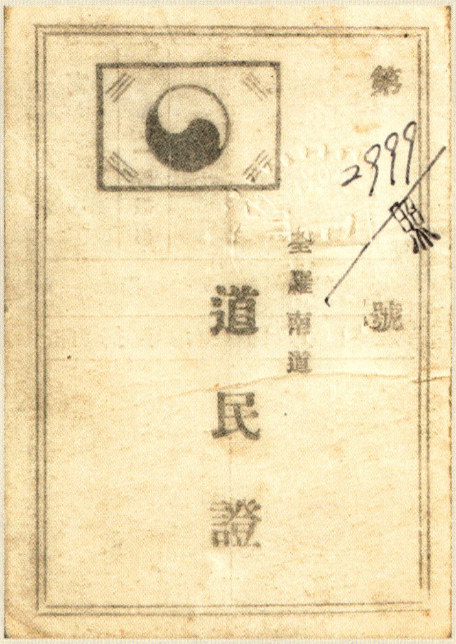

**전라남도 도민증(위)**
출처: 국립민속박물관

**중학강의록7(아래)**
출처: 대한민국역사박물관

01. 6·25전쟁 직후 국내질서가 혼란하고 북한에서 월남한 많은 동포들의 신원파악이 어려운 상황에서, 국내의 반국가적 행위자를 색출하고 도민의 안녕과 질서 유지를 위해 각 도의 규칙에 따라 도민에게 발급되었던 신분증명서. 1962년에 「주민등록법」이 제정되며 도민증 제도는 없어지고, 주민등록 제도로 발전되었다.(「도민증」, 『한국민족문화대백과』)

정도 왔나? 역무원이 순사 복장을 하고, 권총 찬 헌병하고 둘이서 차표 검사를 하러 오더라고요. 그때 나뿐만 아니라 무임승차한 사람이 한둘이 아니었어요. 그래서 표가 없는 사람들이 도망가느라고 꼭 메뚜기 뛰듯이 막 뛰는 거예요.

근데 나는 촌놈이라서 도망갈 줄도 몰랐어요. 역무원이 차표를 보여 달라고 해서 없다고 하니까 귀를 잡고 열차 안 창고로 끌고 가더니 그냥 뺨을 때리는 거예요. 겁부터 줘야 돈 있는 게 나오거든요. 돈이 없다고 하니까 '이거 봐라' 하면서 한 방 더 때리더니 각진 책받침으로 머리를 때리는 거예요. 만져보니까 (혹이) 금방 쭉 올라와요. 그래도 그때는 하소연도 못 해요. 그러고 나서 또 돈을 내놓으라고 했지만, 이게 생명하고 똑같은 돈인데 어떻게 내놓아요. 없다고 했죠. 그랬더니 죽일 듯이 협박을 하는 거예요. 허리춤도 뒤지고 그러다가 신발을 벗으라는 통에 거기서 5,000환이 들켰죠. 그래서 또 한 대 맞았어요.

그러고는 제자리에다 앉혀놓기에 서울역까지 왔는데, 서울역에서 다시 개표를 하잖아요. 차표 없는 애들은 쭉 줄을 세워놨더라고요. 그래서 '저기서 (걸리면) 어떻게 되냐'고 물어봤더니 감옥에 간대요. 근데 마침 나한테 돈 받은 사람이 지나가더라고요. 그래서 쫓아갔어요. '아저씨, 나 어떡하냐'고 하니까 그래도 그 사람이 양심은 있었는가 봐요. 내 귀를 잡고 자기네 사무실로 가더니 저리로 기어나가라고 하는 거예요. 그렇게 서울역에서 (무사히) 나왔어요. 서울역에서 나왔을 때가 한밤중이었어요. 서울역 사무실에서 나와서 보니까 촌놈이 생전 처음 보는 대우빌딩에서 막 번쩍번쩍하고…. '야, 여기가 서울은 서울이구나!' 눈이 휘둥그레졌어요.

인터뷰 모습

## 2

### 청량리시장에서 장위동으로

**“청량리시장에 점원으로 취직이 된 거예요.”**

이제 청량리를 가야 하는데 내가 (서울에서) 차 타는 걸 알아, 뭘 알아요. 걸어서 서울역에서 청량리를 왔는데, 청량리에 도착하니까 한 새벽 2시쯤 됐는가 봐요. 대성상회를 물어물어 찾아갔어요. 거기 가니까 어떤 사람이 차로 가져온 야채를 고르고 있더라고요. 그 사람한테 백형남 씨를 찾아왔다고 하니까 (나를) 쳐다보더니 ‘어디서 왔냐’고 물어봐요. 전라도에서 왔다고 했더니 (숙소에서 자고 있던) 우리 삼촌을 깨워줬어요. 우리 삼촌이 잠에서 깨서 나왔어요. (외삼촌이) ‘나를 찾아온 거냐’고 하길래 인사를 했지만, (내가) 어렸을 때 (외삼촌이) 군대를 갔던 탓에 (나를) 모르죠. (나보고) ‘어디서 왔냐’고 그래요. 그래서 고향을 댔어요. 그래도 잘 몰라요.

(그때 내가) 머리는 빡빡 깎고, 바지는 군복 하나 있었는데, 잡히면 영창 간다고 해서 물들여 입고 고무신 신고 그러고 갔어요. 진짜 없어 보이죠. 그래서 우리 어머니 이름하고 우리 아버지 이름을 대고, 내가 아들이라고 그랬더니 ‘워매, 그러냐’ 하고 전라도 말로 반기더라고요.

인사는 했는데, 외삼촌이 (숙소 생활을 하고 있어서) 나를 어디로 데리고 갈 데가 없는 거예요. 그때 청량리시장 뒤로 가면 순댓국 파는 골목이 쭉 있었어요. 지게꾼들이나 노동자들이 먹는 곳이에요. 순댓국집을 데리고 갔는데, 그 순댓국집은 밤에도 일하느라고 문을 안 닫았더라고요. 외삼촌이 단골로 다니던 집인가 봐요. 거기 가서 알은체하더니 순댓국을 하나 시켜주더라고요. 나는 그때 순댓국이 뭔지 몰랐어요. (대국이라) 대나무로 끓이는 국인 줄 알았어요. 전라도에서는 그때 당시에 순댓국을 안 먹었던 같아요.

아무튼 그걸 한 그릇 시켜줬는데 (내가) 이틀 굶었잖아요. 아주 맛있게 먹을 거 같죠? 한 숟가락 먹으니까 먹을 수가 없는 거예요. 긴장한 게 원인이에요. 배가 고프니까 두 그릇도 먹을 거 같은데 막상 국물을 두 번인가 떠먹고는 못 먹고 있으니까 삼촌이 ‘왜 안 먹냐’고 해서 ‘못 먹겠다’고, ‘안 먹힌다’고 했어요. 그랬더니 제기동에 있는 자기 약혼자 집으로 데리고 가더라고요. 가서 보니 자기 장모 될 분과 마누라 될 사람 그리고 동생 세 명, 그러니까 다섯 명이 방 하나에서 자는 거예요. 그런데도 내가 가니까 무지하게 반가워해요. 외삼촌한테는 형제도 없고 아무도 없는 줄 알았는데, ‘야, 집안이 있구나’ 하고 반겨주는 거예요. 그래서 숙모가 될 사람 집에서 지냈어요.

그런데 그 집이 밀주를 하더라고요. 고두밥 지은 뒤 뭐 섞어서 밀주 담그잖아요. 그걸 열심히 도와줬어요. 그러자 숙모 될 사람이 이것저것 꼬치꼬치 물어보는 거예요. 그래서 사정 얘기를 있는 그대로 다 했어요. 그리고 서울 아무 시장이나 점원이라도 어떻게 해주시면 안 되겠냐고 부탁을 했어요. 그다음 날 외삼촌이 일 갔다가 저녁에 와서 뭐라 그러냐면 ‘한 이틀 쉬었다가 시골로 내려가라’고 하는 거예요. 근데 숙모가 외삼촌한테 뭐라고 하니까 ‘내일 나가서 (일자리를) 한번 알아보지 뭐’ 그러더라고요. 그래서 청량리시장에 점원으로 취직이 된 거예요.

**“삼성연탄에 다니는 이종사촌 형이 소개해 줘서 장위동으로 들어오게 된 거예요.”**

생선 건어물 가게에서 한 3년 있었는데 (고향)집을 한 번도 못 갔어요. 월급도 없이 그냥 밥만 먹여주는 곳이었거든요. 명절 때만 용돈을 조금씩

02. 삼성연탄공장이 석관동 138번지에 위치하고 있었다.

청량리시장(1963년)
출처: 서울사진아카이브

청량리청과시장(1963년)
출처: 서울사진아카이브

줬어요. 그 용돈을 안 쓰고 3년 동안 모았지만, 이건 도저히 내가 있을 데가 아니다 싶더라고요. 그래서 외삼촌한테 어디 기술을 배울 데 없겠냐고 그랬더니 자기가 다니는 (청량리시장 안에 있는) 이발소에다가 취직을 시켜줬어요. 이발소에서는 손님이 대기하는 소파에서 자고, 밥은 두 끼 먹고 지냈어요. 그리고 청량리시장 안에 가서 지게꾼들하고 같이 수제비 사 먹고 그랬죠.

집사람하고는 내가 스무 살, 저 사람이 스물한 살 때 제기동 경동시장 부근에서 문간방 세를 얻어 둘이 살았어요. 그렇게 지내면서 스물한 살 때 이발사 자격증을 땄어요. 이발사 기술 자격증을 따니까 이제 하루에 얼마씩 일당을 주더라고요. 그렇게 3년 동안 월급을 한 푼도 안 쓰고 벌었어요. 그리고 스물네 살 때 장위동으로 들어왔어요. 여기 철도변에 삼성연탄[02] 다니던 이종(사촌) 형이 하나 있었는데, 그 형이 소개해 줘서 장위동으로 들어오게 된 거예요. 장위2동 개천가의 시유지에 집을 싸게 얻어서 여기서 이발소를 차렸어요. (장위동에) 이발소가 없으니까 되겠다 싶었죠. 가게 이름은 우리 딸 이름을 따서 '수진이발관'으로 지었죠.

# 3

## 집장사, 국민주택, 동방주택

**"친구가 땅하고 목재를 외상으로 줄 테니 나보고 집장사를 한번 해 보라고 했어요."**

나는 집을 사면 무조건 내 집인 줄 알았어요. 근데 땅만 소유주고 이발소는 무허가 건물이라고 해서 내가 산 값에 다시 팔았어요. 이발소를 판 돈으로 석계역 앞에다 다시 이발소를 냈어요. 그렇게 한 2년 했나? 그런데 거기 손님으로 오는 사람이 '박 목수'라고, 전라남도 강진 사람이 하나 있었어요. (그 사람한테) 건축을 하려면 어떻게 하는지 이발하면서 다 배웠어요. 이전에는 뭐 가꾸목(각목)[03]이 몇 치[04]짜리이고, 가꾸목 500개가 뭔지 알았겠어요? 전혀 몰랐죠. 그래서 노트에다 뭐 500개, 몇 자[05]짜리, 몇 미터짜리 이런 것을 다 적었어요. 그렇게 몇 달을 공부했어요.

그리고 목재소 하는 오 사장이라는 친구가 마침 자기가 땅하고 목재를 외상으로 줄 테니 나보고 집장사를 한번 해 보라고 했어요. 인덕대학 앞에 분양할 때예요. 그래서 월계역 앞, 인덕고등학교 앞에 외상으로 땅을 하나 사고 집을 짓기로 했어요. 내가 스물여섯 살 때예요. 돈이 없으니까 이발소를 병행하면서 집을 지었어요. 목수 그 사람한테 거의 현장을 맡기다시피 하고요. 그때 지은 집이 불란서(프랑스) 식으로 된 단층 주택이었어요. 당시 그런 것을 많이 지었어요.

그런데 봄에 지은 집이 여름이 가고 가을이 돼도 안 팔리는 거예요. 그러다 초겨울이 돼 눈발이 막 내리는데, 복덕방에서 사람이 왔어요. 집 팔 거냐고, 얼마 받을 거냐고 물어보는 거예요. 그래서 그때 돈으로 얼마냐? 50만 원인가, 60만 원인가 받고 팔란다고 했더니, 그럼 자기가 팔아주겠다고 하더라고요. 아~ 그래서 팔았는데, 얼마나 기분이 좋아요? (집장사로 집을 팔면) 돈이 얼마가 남느냐면 거의 30만 원(50%)이 남아요. 그래서 인건비고 뭐고 다 갚았어요. 그렇게 한번 집을 지어 팔고 나니까 이게 이발소 하는 거보다는 백 번 난 거예요. 그때 공무원 1년 봉급이 한 40만 원에서 50만 원 할 때예요. 그렇게 신용이 생기고, 배짱도 생겨서 집장사를 계속했어요. 그때는 집이 별로 없어서 주택 경기가 좋았죠.

한우리빌딩 옥상에서 진행된 인터뷰

03. 각목(角木)을 뜻하는 말로, 건설현장에서 은어처럼 사용되는 용어이다.
04. 길이의 단위. 한 치는 한 자의 10분의 1 또는 약 3.03㎝에 해당한다.
05. 길이의 단위. 한 자는 한 치의 열 배로 약 30.3㎝에 해당한다.
06. 교량·건축물 등 구조물이 수평인 판상(板狀)의 부분, 예를 들면 바닥·천장 등을 말하며, 이는 주로 콘크리트 구조로 되어 있다.(산업안전대사전)
07. 돌·연와·블록 등 재료를 사용해서 쌓은 것이다.(미술대사전-용어 편)
08. 성북구 돌곶이로23길 22(석관동 337-31)
09. 성북구 화랑로 280(석관동 220-1)

**"영단(국민)주택이라고 해 가지고 옛날에 좀 괜찮은 사람들이 살던 집이에요."**

장위2동 69-200호라고 있어요. 지금 지구대 맞은편이에요. 거기가 영단(국민)주택이라고 해서 옛날에 좀 괜찮은 사람들이 살던 집이에요. 그곳에 (대지) 98평짜리 집을 그때 돈으로 한 3억 정도에 사서 마당에 잔디도 심고 그랬어요. 또 내가 전전부터 낚시를 좋아했어요. 그래서 우물도 만들어서 고기 잡아다가 붕어도 넣어놓고, 그네도 만들어 놓고, 감나무랑 소나무 그리고 바나나나무도 심어 놓고 그랬어요. 영단주택은 100평 내외로 그때 당시에 나한테 판 사람이 동아제약 상무인가 그랬어요. 전부 다 권력 있는 사람들이 주인이었어요. 옆으로 쭉 수십 채 됐어요. 동방주택 집을 짓기 전에 영단주택은 단층이었고, 골조가 아니라 슬래브[06] 쪽이고, 외장이 아마 조적[07]이었을 거예요. 방이 큰 방 네 개, 화장실은 두 개였죠. 그리고 내가 세를 줬어요. 대문을 들어가면 세 놓은 집이고, 마당으로 해서 들어가면 우리 집이었죠. 세 사는 사람이 안채로는 못 들어오는 구조였어요.

**"동방고개 우리은행 바로 맞은편 상가, 거기서 13년 살았어요."**

내가 서른여섯 살에 영단주택에서 살 때 갑자기 아프게 돼서 도저히 뭘 할 수가 없는 거예요. 부지런히 운동하면서 처음엔 네 발로 기어다니고, 차차 목발 짚고도 다니고 해서 상업은행 맞은편 상가건물 그걸 샀어요. 거기서 애들 공부시키고 하려고요. 상업은행이 지금 동방고개 우리은행이에요. 그러니까 우리은행 바로 맞은편 집 거기서 13년 살았어요. 1층은 가게고, 2층은 중국집이고, 3층이 우리 살림집이었어요. 거기로 이사해서 애들 공부시키고 그러고 사는데, '내가 이러고 늙어 죽어서는 안 되겠다' 싶어서 그 집을 팔았어요. 팔고 났더니 지금같이 집값이 한창 올라갈 때라 이사 갈 데가 마땅치 않은 거예요. 큰일났다 싶었어요.

**"1990년대에 오피스텔을 지어놓고 물건이 없어서 못 팔 지경이었어요."**

그래서 돌곶이역 뒤에 (대지) 60평짜리를 오피스텔 지으려고 샀어요. 거기가 상업지역이었거든요. 그렇게 1990년대에 지은 게 다솜오피스텔[08]이에요. 그걸 지어놓고 물건이 없어서 못 팔 지경이었어요. 또 옛날에 달성여관이라고 있었어요. 그 뒤에 단독주택을 하나 사 가지고 새로 지었어요. 그 집을 짓는데 마루 밑에서 쇠뼈와 쇠뿔 같은 게 거의 열 리어카는 나왔어요. 그리고 장위사거리 그 옆에 보면 이웃사촌[09]이라고 있어요. 그 옆에다가 이 동네 오래된 분하고 동업으로 상가건물 7층짜리를 하나 지었어요. 지어서 준공이 떨어질 무렵이 되니까 다들 팔라고 난리여서 그래서 팔았어요.

# 4

## 장위 제9구역 재개발

**“나는 반대편에서 재개발 안 하겠다고 서울시장을 상대로 소송을 했어요.”**

그렇게 또 지어서 팔려고 여기(한우리빌딩)로 왔어요. 이제 지금 (지은 지) 14년 됐나? 15년 됐나? 원래 병원을 세주려고 지은 거예요. 그래서 엘리베이터도 커요. 그런데 갑자기 재개발 지역으로 지구 지정이 된 거예요. 그러니 어떤 사람이 (건물을) 사겠어요. 그래서 내가 이 집에 와서 실업자가 돼 버렸어요.

안 되겠다 싶어 2010년경에 9구역 (재개발)조합 비상근이사로 들어갔어요. 거기 가서 보니까 유일하게 나만 통·반장이 아니고 조합원 자격으로 이사에 참여한 거고, 다 통·반장을 하던 사람들인데도 내용을 잘 모르더라고요. 그래서 나는 이사회 한 번씩 하려면 전문가들, 내 후배들한테 전화해서 미리 메모해 가서 (그것을 근거로) 보여줬어요. 대림건설에서 여기 재개발을 맡았는데, 나를 골칫덩어리로 생각했어요.

그런데 내가 가만히 보니까 상가건물은 재개발하면 손해예요. 왜 손해냐 하면 땅값을 제대로 인정을 안 해 줘요, 권리가를. 그때 당시에 시세가 평당 2,000만 원 정도 갔는데 1,200만 원 보상해 준대요. 그럼 800만 원 손해 아니에요? 그다음에 여기서 월세가 한 700만 원 나와요. 그리고 개발이 된다고 했을 때 3년에서 5년 걸려요. 3년 걸린다고 해도 월세가 2억 넘죠? 이득 보는 쪽은 안쪽의 빌라, 조그만 주택을 가진 사람들뿐이에요. 그래서 나는 반대편에서 개발 안 하겠다고, 서울시장을 상대로 소송을 했어요. 소송에서 이겨서 여기는 해제구역이에요.

**장위뉴타운 재개발 현황**
장위9구역은 2016년에 지정이 해제되었다.

구역
조합설립인가
구역해제
관리처분인가
Base Map: 2020년 지적도

**장위뉴타운**
사진 위쪽 1·2·5·7구역은 재개발이 완료되어 아파트가 들어서 있다.

**장위동 뉴타운 소재 부동산**
재개발과 관련해 장위동에는 부동산이 여러 곳 위치해 있다.

내가 조합 비상근이사는 재개발 해제될 때까지 했어요.

이것도 큰 사업이거든요. 여기에 680명 정도 조합원이 있는데, 이 재산을 내가 계산은 안 해 봤지만 수조 원은 될 거예요. 이 수조 원의 돈을 움직이려면 조합장이 대단히 머리가 좋아야 해요. 건설회사에 끌려다녀서는 안 돼요. 건축법을 잘 알아야 하고, 구청과 시 그리고 건설회사와 정비회사 등을 항상 관리하고 있어야 해요. 근데 내가 조합에 들어가기 전까지는 조합에서 거꾸로 관리를 받고 있었어요. 영리하지 못하게 조합을 주먹구구식으로 운영하고 건설회사 뜻에 따라 움직였기 때문에 내가 반대를 한 거예요. 법으로 하니까 힘들지는 않았어요.

**"아파트값이 많이 올라서 주민들이 다시 개발하자고 난리예요."**

요즘에 아파트값이 많이 올라서 이 주변에 아파트 25평 정도면 10억이 넘어가요. 근데 조합원들 분양가는 5억 정도예요. 그래서 주민들이 다시 개발하자고 난리예요. 그때는 반대하더니 지금은 왜 찬성하냐면 그전에는 땅값도 안 쳐 주고 권리가도 없었지만 지금은 집값이 많이 올랐잖아요. 그리고 개발을 해야 강남 같은 결과가 나온다고 생각하는 거예요.

돌곶이역, 그 밑에 월곡역, 그다음에 드림랜드(북서울꿈의숲) 앞에 (동북선)경전철 들어오죠. 장위동이 교통으로는 그렇게 나쁜 편이 아니에요. 오히려 중심지라고 봐야 해요. 그리고 여기 (골목)시장이 없어져요. 철거하고 있어요. 장위동 일대는 65만 평 정도가 돼요. 여기(9구역)가 장위동에서 센터예요. 그래서 만약 개발하면 여기 일부분을 상업권으로 지정해 달라고 요청하려고 해요. 그러면 조합원들 재산이 많이 불어나잖아요. 반대하는 사람들도 많이 찬성 쪽으로 넘어왔어요. 그런데 (9구역) 전체를 (개발) 할 것인가, 분할해서 할 것인가 하는 문제가 있어요. 나는 전체(개발)로 가야 한다고 봐요. 주변에 전부 다 브랜드 아파트들이 들어섰기 때문에 프리미엄이 4억~5억씩 붙은 것이지 (부분적으로 해서) 여기에 7층짜리, 저기에 15층짜리 이름도 없는 건설회사들이 들어와서 지으면 아파트 값을 제대로 받겠느냐는 거죠. 이제 9구역 전체가 움직이고 있고, 조합은 아직 설립이 안 됐어요. 지구 지정 취소가 됐었기 때문에 지구 지정을 다시 해야 해요.

장위 9구역 재개발 준비위원회 소식지 제 1 호

## 장위9구역 전체 재개발 동의서 제출안내

장위9구역 조합원 여러분
더 이상 미룰 수 없습니다.
장위 9구역 재개발을 재추진해야 합니다.

우리 구역은 지구지정 해제된 후 주변 구역의 재개발 상황을 바라만 보았습니다.
그렇게 두려워 반대만 했던 재개발 사업을 주변 구역의 개발로 직접 눈으로 귀로 보고 듣게 되었습니다.
주변 구역 재개발로 33평 기준 10억~11억 선에 실제 거래 되고 있습니다.
이것이 바로 재개발 후 현실 이였습니다.

조합원 여러분!
장위 뉴타운의 중심 지역인 장위 9구역도 변화가 필요합니다. 아니 재개발하며 변화되어야만 합니다.
이번이 마지막이라 생각합니다.

**가로정비 결사 반대**

**통재개발 적극 찬성**

내 재산은 내가 지키는 것이지 남이 지켜주지 않습니다.
빠른 재개발 동의서 제출만이 조합원님의 재산 가치를 상승 시킵니다.

· 재개발 동의서 작성 및 제출 장소 ·

서울 성북구 장위동 237-142 1층 준비위원회 사무실
010-2277-8553 총무 김 명숙

| 장위 9구역 재개발 준비위원회 | 준비 위원장 | 문 송월 | 채 수겸 |
|---|---|---|---|
| | 부 준비 위원장 | 남 우경 | 안 의현 |

준비위원 : 전건영 한상태 구자용 이계복(이박사) 최옥자(한양) 양병주 외 다수

장위 9구역 재개발 준비위원회 소식지 제 1 호

## 두 번의 실수는 없다.

## 이번이 마지막 기회~ 아파트로 전체 재개발!!!

### 과거 재개발을 반대했었던 이유와 실상

반대이유 : 재개발하면 내집 내땅 주고 거지 되어 쫓겨난다.
==> 이웃 재개발 완료 된 곳들을 보세요.
그분들이 과연 거지가 되어 쫓겨났을까요?
1구역 5구역 사시는 지인분들에게 연락해 보세요.
심지어 7구역은 추진이 잘되어 돈 잔치 합니다.

반대이유 : 매달 월세 받아야 하는데 재개발 후에는 월세 못 받게되면 생활이 어렵다 그래서 반대한다.
==> 이주 전에 월100만원씩 36개월을 받으면 3천6백만원 입니다.
재개발을 하면 이주 이전까지는 월세를 받으시고
이주이후 3년동안 저축을 한 셈치고 묻어 두었다고 한다면
그 결과 장위 1구역이 분양가 3억2천5백만원이였습니다.
20년 5월 현재 8억원 이상에 거래 되고 있습니다.
그 차이를 보면 4억7천5백만원 이상입니다.

| 월세 | | 재개발이익 |
|---|---|---|
| 3천6백만원 | < | 4억7천5백만원 |

**Q. 둘 중 어느 선택을 하시겠습니까?**

장위 9구역 준비 위원회

| | | | | | | |
|---|---|---|---|---|---|---|
| 위원장 | 문송월 010-2456-4112 | 준비위원 : | 전건영 010-5272-9108 | 정경선 010-3897-4186 |
| 위원장 | 채수겸 010-5288-3247 | | 한상태 010-7700-6440 | 양병주 010-7737-5084 |
| 부위원장 | 남우경 010-7374-7314 | | 구자용 010-8835-6250 | 김지훈 010-3115-8227 |
| 부위원장 | 안의현 010-4789-1973 | | 이계복 010-3610-0974 | 박순자 010-4204-9331 |
| 총무 | 김명숙 010-2277-8553 | | 최옥자 010-3795-9696 | 임길빈 010-3508-7435 |

장위9구역 재개발 준비위원회 소식지 제 1호

장위 9구역 재개발 준비위원회 소식지 제 2 호

## 장위 9구역 준비위원회

### [5월19일 지구 재지정을 위한 동의서를 구청에 제출]

조합원님들 덕분에 다시 시작했습니다.
과거 9구역 재개발과는 현재 상황은 너무도 다릅니다.
내 재산의 가치 상승만 보세요. 주변지인 눈치 보실 필요는 없습니다.
조합원의 권리는 조합원 본인에게 있습니다.
이웃 조합을 부러워하기만 할 필요도 없습니다.
이제 장위뉴타운의 주인공은 바로 우리 9구역 조합원님들입니다.

이웃 조합 재개발 후 막대한 재산 증식과 좋은 환경속에서 지내고 계십니다

**막무가내 재개발 반대 이제는 아닙니다**

현재 9구역 주택은 노후도가 증가하여 해마다 고정적인 수리비용이 발생하고 있는게 현실입니다.
동의서 50% 받는 것은 어렵습니다.
하지만 우물안 개구리처럼 과거에 연연하지만 않고 미래를 보신다면 주변의 변화를 지켜본 장위9구역은 80% 동의도 가능합니다.
동의서 제출로 단합된 9구역을 만들어주시기 바랍니다.

장위9구역 재개발 준비위원회 소식지 제 2호

| 장위9구역 재개발 준비위원회 소식지 | | | |
|---|---|---|---|
| 발행일 | 2020년 08월 19일 (소식지 4호) | 주소 | 서울 성북구 장위동 238-106 |
| 발행 편집 | 장위9구역 재개발 준비위원회 | 전화/팩스 | 02-916-8777 |

조합원 여러분!
현재 빌라업자들이 들어와 무분별하게 주택을 매입하여 빌라로 건축을 하고 있습니다.
장위 뉴타운의 중심지인 우리9구역을 번듯하게 개발을 할 수 있도록 조금만 뜻을 모아 주시기 바랍니다.

앞으로의 일정이 공공재개발 공모가 9월~10월, 선정은 11월 입니다.
현재도 빌라업자와 가로정비가 조합원님들에게 접촉을 하고 있는 것을 압니다.
불과 앞으로 2~3개월만 매매 계획이 있으시면 미뤄주시기를 부탁드립니다.

**이번 기회에 재개발을 못한다면 더 이상 장위9구역에 재개발은 불가능합니다**

Q. 빌라업자가 왜 높은 평 단가로 매입을 하고 있을까요?
재개발이 진행되면 현재 분양가보다 이득이 많기 때문에 고가에 매입 고가 분양하고 있는게 현실입니다.
우리 9구역이 평당 1600만원~1700원에 형성되어 있는데 공공재개발이 진행이되면 평당 2500만원까지도 바라볼 수 있는 노른자위 땅입니다.(1억~2억 집값 상승 예상)
하지만 계속해서 신축빌라로 난개발이 된다면 어떠서도 불가능하게 됩니다.
그러면 신축중인 빌라업자 배만 불려주는 꼴이 됩니다.
제대로 된 재개발을 할 수 있는 기회인데 이를 포기하시겠습니까?

**공공재개발로 얻는 조합원의 이익**

1. 사업의 기간단축
   일반 재개발은 10년이라는 시간이 소요되지만 공공재개발의 경우 5~6년이면 마무리 될 수 있습니다.
   이는 사업계획 통합 심의하여 인허가 기간단축이 되므로 사업비 역시 줄어 조합원님의 이익이 됩니다.

장위9구역 재개발 준비위원회 소식지 제 4호

#7

# 이진희

마을활동가

| | |
|---|---|
| 1975년 | 중구 신당동 출생 |
| 1981년 | 장위동 291-19로 이사 |
| 1988년 | 장곡초등학교 졸업 |
| 1991년 | 장위중학교 졸업 |
| 1993년 | 경기도 의정부로 이사 |
| 1993년 | 염광여자고등학교 졸업 |
| 1999년 | 장위3동으로 이사 및 드림문방구 인수 |
| 2015년 | 장위3동 29통 통장 위촉 |
| 2016년 | 장위1동으로 이사 |
| 2017년 | 장위동 마을해설사 활동 시작 |
| 2019년 | 마을엄마협동조합 발족 |
| 현재 | 장위동 마을해설사<br>마을엄마협동조합 조합원 |

이진희는 장위동 마을해설사와 마을엄마협동조합에서 활발하게 활동하고 있는 마을활동가이다.
코로나19로 인해 현장에서 발로 뛰며 인터뷰 대상자를 찾기 어려운 상황이었다. 조사팀은 성북문화재단에서 운영하는 '김중업 건축문화의 집'을 통해 그를 추천받았다. 여러 차례 연락을 시도하였으나 연락이 닿지 않았는데, 사회조사팀의 조사 과정에서 우연히 그와 대면하게 되어 인터뷰가 이뤄졌다.

마을해설사로 활동하고 있는 이진희는 본격적인 인터뷰를 시작하기에 앞서 조사팀과 함께 장위동 마을 투어를 진행하였다. 이 투어는 시나리오가 있는 정형화된 마을해설과는 달리 그와 관련된 장위동의 기억을 따라가는 방식으로 진행되었다. 그 덕분에 조사팀은 직접 장소를 눈으로 확인하고 장위동 곳곳에 담긴 주민들의 삶의 흔적을 간접적으로나마 경험할 수 있었다. 투어가 끝난 후 장곡초등학교 인근 카페에서 본격적인 인터뷰를 진행하였다.

인터뷰를 통해 그의 학창 시절과 결혼 후 장위동에서 문방구를 운영하던 이야기, 마을해설사와 마을엄마협동조합에 대한 이야기를 자세히 들을 수 있었다. 또한 장위7주택재개발 조합원으로서 원주민의 재개발 경험에 대한 진솔한 이야기도 함께 들을 수 있었다.

이진희는 1975년 중구 신당동에서 1남 1녀 중 장녀로 태어났다.
7세에 가족과 함께 신당동을 떠나 장위동으로 이사해 초·중·고등학교 학창 시절을 보냈다.
고등학교를 졸업한 직후 경기도 의정부시로 이사해 몇 년간 장위동을 떠나 있었으나,
25세에 장위3동에 위치한 '드림문방구'를 인수하면서 다시 장위동에 정착하였다.
그는 문방구를 운영하면서 결혼을 하고, 자녀들을 낳아 키웠다.
2016년 재개발로 인해 장위1동으로 이사해 생활하고 있다.
이진희는 장위1동에 위치한 도시재생지원센터와 인연이 닿아 다양한 마을활동에 참여하고 있다.
마을해설사로 활동하며 뜻이 맞는 사람들과 마을엄마협동조합을 설립하여 운영하고 있다.
그가 마을을 위해 다양한 활동을 하는 궁극적인 목표는 앞으로도 장위동에서 살아갈 자녀들에게 자신이 자라온 고장에 대한 꿈과 자부심을 심어주는 것이다.

“저는 우리 아이들한테
‘나 장위동에서 살고 싶어요’라는
말을 듣는 게 꿈이에요.”

# 1

## 장위동 291-19의 기억

"장위동에서 46세까지 5~6년 빼고 쭉 살았던 이진희입니다."

일곱 살 때 장위동으로 이사 오기 전에는 신당동에 살았어요. (형제는) 저랑 연년생인 남동생 하나가 있습니다. 장위동으로 이사 와서 살았던 집이 제가 운영했던 문방구 앞집인 291-19번지예요. 단층 ㄷ자 한옥이었어요. 마당도 있었죠. 마당이 텃밭 식으로 있었고, 화장실은 공중화장실처럼 되어 있었어요. 그리고 하수구가 바깥에 있고 텃밭에다가 봉숭아랑 해바라기 등을 심었던 거 같아요. 옥상으로 올라가는 계단이 하나 있었고요. 연탄가스도 한 번 마셨던 기억이 나요. 처음에는 연탄이었다가 기름보일러로 한 번 바뀌었어요. 저희 때만 해도 전화가 없어서 가운데 있는 집 전화를 썼죠. 6학년 때까지 우리 집에 전화가 없었어요.

"저희 동네는 집집마다 마당이 있어서 과실나무를 많이 심었어요."

저희 집이 학교 가는 길목에 있다 보니까 저희 집이 친구들 놀이터가 됐었어요. 동방놀이터는 아주 멀리 있었죠. 저희 집에서 보면 초등학교가 더 가까웠어요. 저희 집이 코너에서 세 번째 집이었는데 첫 번째 코너 도는 집은 감나무가 되게 많은 집이었고, 그 옆에는 정원이 있고 돌담 식으로 앞에 텃밭같이 나온 집이 있었어요. 거기 무궁화가 서너 그루가 심어져 있었어요. 그 무궁화에 매달려서 남자애들이 놀다가 떨어지기도 했어요. 그리고 그 담벼락에는 앵두나무가 저희 집으로 넘어와서 옆집 아줌마한테 걸릴까 봐 몰래 고개 숙이고 따 먹곤 했어요. 앵두나무와 살구나무 등등 저희 동네는 집집마다 마당이 있어서 어르신들이 과실나무를 많이 심었어요. 그래서 저는 동네를 생각하면 앵두나무와 살구나무, 그런 게 아직도 애착이 가요.

인터뷰 모습

## 2

### 장곡초등학교와 장위중학교 학창 시절

**"저희 1학년 때만 해도 15반에 오전·오후반이 있었고, 4학년 때부터 급식제도가 있었어요."**

그때 당시에 (개교한 지) 7년밖에 안 되는 장곡초등학교를 다녔어요. 저희 1학년 때만 해도 15반에 오전반과 오후반이 있었어요. 겨울이 되면 운동장에 얼음을 얼려서 스케이트를 타기도 했어요. 그리고 또 좋았던 건 학교가 민속학교로 지정을 받아서 학생들이 화관무하고 창(소리) 같은 것을 배웠다는 점이에요. 그래서 화관무 배우는 친구, 가야금 뜯는 친구, 선창하는 친구도 있었죠. 저는 민요를 배웠어요. 지정 학교 대표로 장곡초등학교가 장충체육관에서 민요를 부르기도 했어요. 그리고 장위중학교와 광운초등학교가 급식을 안 먹었을 때 저희 학교는 4학년 때부터 급식제도가 있었어요. 그래서 다른 학교 친구들한테 되게 자랑했던 기억이 나요.

장곡초등학교

**"장곡초등학교에서 올라온 애들은 부잣집 애들이라는 편견이 있었어요."**

참누리아파트[01] 에서 농협(한국양계농협 장위지점)까지 이어지는 장곡 라인은 옛날 길이었는데, 지금은 아파트화되어서 정형된 길이 됐죠. 그리고 제가 어린 시절 산동네처럼 올라가서 현재 14구역으로 가는 장위중학교를 다녔어요. 지금 장위중학교에 가면 거기 래미안이랑 대림아파트가 있잖아요. 그런데 제가 중학교를 다닐 때는 산동네였어요.
밤나무골이라고 판자촌으로 돼 있었죠.

장곡(초등학교) 애들이 (장위중학교에) 올라가면 선생님들이 항상 '장곡 나온 애들은 저렇게 귀엽고 예쁘다'고 칭찬해 줬던 기억이 나요. 또 선생님들이 교탁 앞에다 저희 반에서 장곡초등학교 나온 셋을 앉혀 놓고 "장곡" 이러면 셋이 "네!" 하고 대답하곤

01. 성북구 한천로101길 18(장위동 316-5)

언덕 위에 위치한 장위중학교 주변 경관

월곡초등학교

했요. 그때 당시 월곡(초등학교) 애들은 육성회비를 못 내서 혼나기도 했고요.

저희 장위중학교가 남녀공학이었거든요. 그런데 서라벌중학교 남자아이들과 미팅을 했어요. 하루는 안산부인과, 그러니까 지금 투썸(플레이스) 있는 자리[02]가 옛날에 태극당 제과점이었는데, 거기서 (서라벌중학교) 방송부 애들이랑 미팅을 했어요. 그런데 웬 남자 선생님이 들어와서 우리를 힐끗 보시더니 '응 괜찮네' 그러면서 사인을 하시고 빵을 사 주시고 가셨어요. 그렇게 허락받고 미팅을 했었어요. 장위중학교 다닐 때 장곡(초등학교)에서 올라오는 애들은 부잣집 애들이라고 선생님들이 그런 편견을 갖고 계셨던 거 같아요.

**"동방주택단지에 사는 친구 생일 초대를 받았는데 정원에 수영장이 있었어요."**

동방주택단지에 단층 양옥집 살던 친구들이 다 부잣집 친구들이었죠. 지금도 동방주택단지에 가면 중간중간 공사하는데, 넓은 집들이 있어요. 거기 살던 친구들이 다 초등학교 때 선화여중 가고 그랬어요. 그리고 제 기억에도 광운초등학교가 있기 때문에 사립학교 다니는 애들은 다 13구역(동방주택단지)에 산다는 느낌이었어요.

동방놀이터 바로 옆에 친구 집이 있었는데, 그 집은 계단 세 개를 올라가면 담이 내 허리 밑이고, 외국에서나 볼 수 있을 것 같은, 철문에 망사처럼 꽃무늬가 있는 허리만큼 오는 대문이 있었어요. 동네 다른 집들은 유리를 깨서 사람 못 들어오게 담장에 박곤 했는데 동방주택단지는 그런 문이었어요.

그리고 큰 집들 가운데 대문에 귀를 대면 물소리가 나는 집이 하나 있었어요. 사자가 입을 벌리고 있는 집이었죠. 그 집도 친구가 살던 집이었는데, 정원에 수영장도 있었어요. 6학년 때 생일초대를 받아서 갔다가 거기서 수영을 했어요. 그리고 지하에 가서 헬스장처럼 된 데서 놀고 1층인가 2층에서 생일파티를 하고, 진짜 잘 살았었어요. 그 친구들이 예술고등학교 가고 그러면서 집을 팔고 중계동 학원가나 압구정동 이런 데로 많이 이사를 갔어요.

02. 강북구 월계로 183(번동 105-1)

장위중학교

동방어린이공원

장위로 13길 61(장위동 219-180)

장위로 21길 27(장위동 227-11)
건물 외벽에 사자 모양을 한 석장식이 있다.

장위로 13길 47(장위동 219-189)

**김중업 건축문화의 집(장위로 21나길 11)**
동방주택단지에 위치한 주택들은 온실, 연못, 잔디가 깔린 넓은 마당이 있는 경우가 많았다.

**북서울꿈의숲에 위치한 창녕위궁재사**
조선 제23대 순조의 딸 복온공주와 부마 창녕위 김병주의 재사(齋舍)이다. 복온공주와 김병주가 합장된 능은 2002년에 용인으로 이장되었다.

**"초등학교 때는 공주릉이었고, 북서울꿈의숲 되기 전에는 드림랜드였죠."**

북서울꿈의숲이 제가 초등학교 때는 공주릉이었어요. 공주릉일 때 능 근처의 정자처럼 된 데에 매점이 있었는데, 친구가 (초등학교) 3학년 때 거기를 데리고 갔어요. 그래서 거기서 낮잠도 자고, 라면 같은 거 먹고 그랬던 기억이 나요. 그리고 오패산으로 해서 정상에 올라 애들이랑 '야호'를 외치며 놀았어요. 근데 여자애들끼리는 무서워서 못 갔어요. 꼭 남자애들이 가자고 그러면 갔어요.

(북서울)꿈의숲이 되기 전에는 드림랜드였죠. 공주릉보다 드림랜드가 더 유명했어요. 입장료를 받는 드림랜드로 바뀌고 나서는 현장학습 같은 때만 되면 갔던 거 같아요. 중1 때 거기에 수영장이 있어서 현장학습도 가고 그랬죠. 드림랜드에는 열차도 있었어요. 하지만 그때보다 공원화가 돼서 아무 때나 갈 수 있는 지금이 훨씬 좋아요. 꿈의숲이 우리 동네 제일 핫한 곳이죠.

**드림랜드 개장 전 모습**
'서울 드림랜드 기공'이라고 적힌 현수막 오른쪽에 '공주능'이라고 적힌 간판이 보인다.

드림랜드 개장(1987년)

드림랜드 전경(1990년)
출처: 서울역사편찬원

# 3

## 장위3동 사랑방 드림문방구

**"문방구 앞에서 수박도 같이 먹고, 삼겹살도 같이 먹고, 애들 숙제도 같이 도와주고 그랬어요"**

제가 고3 때 우리 집이 잠시 의정부 아파트로 이사를 갔어요. 그리고 대학을 졸업한 뒤 사회생활을 하다가 스물다섯 살에 결혼을 했는데, '이제 내년쯤 결혼을 해야겠다'고 생각할 때 우연찮게 기회가 왔어요. 제가 어릴 때 살던 집 뒷집에 문방구가 있었는데, 장위동에 놀러가셨던 엄마가 그 문방구가 (매물로) 나온 걸 보신 거예요. 그래서 엄마가 얼른 계약하고, 제가 문방구를 하게 됐죠.

문방구 이름은 '드림문방구'였어요. 여기 드림랜드가 유명했잖아요. 문방구를 인수해서 10년 동안 운영했죠. 저희 골목을 끼고 나와야지만 장곡초등학교로 갈 수 있었어요. 결혼 전 1999년부터 문방구를 운영했는데, 아이들이 등교할 때 돈을 가져오기도 그렇고 잔돈을 거슬러주기도 그렇고 하잖아요. 그래서 예를 들어 지은이가 300원짜리 딱풀을 가져가면 내가 지은이 이름을 써놓고 나중에 지은이 엄마한테 돈 받고 하는 식으로 장사를 했어요. 문방구를 찾아오는 분들이 초등학생 아이들 둔 젊은 엄마들이잖아요. 그러다 보니까 제가 그 당시에도 문방구에서 30% 정도 할인판매를 했어요. 그럼 굳이 외부에 나갈 필요가 없으니까 엄마들이 지우개 하나를 사더라도 우리 문방구로 왔어요. 또 6,000원짜리를 도매급으로 3,900원에 주고 그러니까 엄마들이 그냥 단체로 사고 그러더라고요. 그렇게 하면서 동네 어머님들이랑 친해졌죠.

문방구는 1999년에 인수를 하고 처음에는 세를 살다가 2003년에 건물을 샀어요. 그리고 첫아이를 낳고, 2004년에 둘째를 출산하고 2006년에 셋째를 여기서 출산했어요. 이 집에서 그렇게 아이를 키우면서 1층에서는 제가 문방구를 하고 밑은 미싱 하시는 분에게 세를 놨고, 2층도 세를 놨어요. 3층은 저희가 사는 살림집이었고요. 참외 같은 것을 먹고 버리면 옥상에서 참외가 열리고, 옥상에다가 튜브 같은 것 갖다 놓고 물놀이도 하고 그랬죠.

문방구를 하다 보니까 아이들을 데리고 놀러 갈 수가 없잖아요. 그래서 제가 문방구 앞에 풀장 같은 거를 일부러 만들었어요. 물을 받아 놓고 볼풀도 해놓으니까 다른 엄마들도 애들이랑 같이 와서 놀곤 했죠. 그러면서 수박도 같이 먹고, 삼겹살도 같이 먹고, 제가 애들 숙제도 같이 도와주고 그랬어요.

또 그러니까 어르신들도 그 모습을 정겹고 좋게 보시더라고요. 그래서 이번에는 막걸리 같은 것을 사다 놓기도 하고, 어떤 때는 수박을 사다가 어르신들과 함께 먹기도 했어요. 어르신들이 저희 문방구 앞에 모이실 수 있도록 공간을 만들고 쉼터처럼 의자도 만들어 놓고 하니까 툇마루에 앉아 계신 것처럼 이런 얘기 저런 얘기 하시며 시간을 보내셨죠. 참, 사람 사는 것처럼 그랬어요. 그런 기억이 많이 남아 있어요.

아파트 숲이된 장위7구역

# 4

## 도시재생과 마을해설사 활동

**"저는 장위동이 도대체 뭐가 좋다는 건지 알고 싶어서 공부를 하게 됐어요."**

여기는 지금 도시재생 마을해설이 되게 활성화됐어요. 처음에는 뭐 (마을해설사) 양성교육을 한다, 탐방한다 하며 우왕좌왕 쫓아다니고 프로그램을 배우러 다녔어요. 진짜 실질적인 해설은 2017년부터 시작해 2018년과 2019년이 가장 활성화됐던 거 같아요. 마을해설사 기회는 진짜 우연히 찾아왔어요. 2016년에 7구역에서 13구역으로 이사와 도시재생이란 게 낯설었거든요. 외지 사람이 어떻게 (도시재생지원)센터에 들어갈 수 있었겠어요. 제가 아는 사람도 없는데 (도시재생지원)센터에 들어가서 "이게 뭐예요?" 하고 여쭤봤어요. 그때 거기 코디하시는 분이 우리 동네에 이런 이벤트가 있고 이렇게 해설사를 양성하는 프로그램이 있으니 '한번 참여해 보세요'라고 알려 주셔서 시작하게 됐어요.

그런데 정작 참여했을 때 너무 쑥스러웠어요. 저는 동네에 애착이 없는데 다른 분들은 이 동네에 애착을 많이 갖고 계신 거예요. 그때 정릉에서 이사 온 지 3~4년밖에 안 된 선생님이 "우리 장위동이 좋아요!"라고 하시더라고요. 저는 속으로 '도대체 뭐가 좋다는 거야' 하면서 앉아 있는데, 다른 분들도 동네가 좋다고 말씀하시는 거예요. 그래서 그걸 계기로 '공부를 좀 해 보자' 하는 마음에서 동네에 대한 공부를 하게 됐어요.

처음에는 장위동의 유래부터 학생처럼 외워야 하는 게 너무 많더라고요. 그래서 '이걸 내가 할 수 있을까' 했는데 언니들이 너무 자연스럽게 유래를 줄줄 외우는 거예요. 뭐 명덕골, 뭐 무슨 골, 또 조선시대와 고려시대 얘기까지 나오는 거예요. 그래서 저는 조금 많이 반성하는 계기가 됐어요. '그래! 내가 어른들보다 나이도 어린데 해 봐야지'라고 생각하면서 그때부터 자신감을 갖고 공부를 하게 됐죠.

도시재생지원센터에서는 2016년 이후에 2017년부터 2018년까지 저희를 양성한다고 견학도 많이 시켰어요. 성수동 같은 데 가서 그분들이 언어를 구사하는 방법, 코스 도는 방법, 태도 등 공부를 엄청 시켰어요. 그렇게 3년 동안 배우면서 동네를 알 수 있게 됐어요.

저는 장위동에서 마을해설사로 활동하는 동안 제주도에서 탐방을 오셨을 때가 제일 신기했어요. 제주도분들은 비행기 타는 비용까지 투자하며 여기로 오신 거잖아요. 도대체 그분들한테 우리가 무슨 영향을 줄 수 있을까 했는데, 그분들은 자치회를 통해서 주민들이 하나가 될 수 있는 방법을 원하셨대요. 그 부분에서 선진 사례가 된 동네가 장위동이라고 하니까, 모범이 되고 있는

마을해설 모습

08:00~20:00
·주민신고제 대상지역
21마 4867

것 같아서 너무 좋았고, 한편으론 그렇게 잘사는 제주도에서도 우리 동네에서 배울 게 있다는 사실이 신기했어요. 어떤 면에서는 제주도에 더 좋은 게 많을 텐데 저희 동네에서 무언가 배워 가려는 의지가 너무 감명 깊었고요.

마을해설사 2년 차까지는 도시재생지원센터에서 해설 프로그램을 짜 줬어요. 그래서 모든 사람이 멘트를 다 똑같이 외워서 프로그램을 진행했어요. 그러다 보니까 해설을 아무리 진행해도 해설사들 자신의 것이 안 된다는 이야기가 나와서 대표자님이 각자의 방식으로 만들어 보라고 하셨고, 이후 자기화해서 해설을 하기 시작했어요.

마을해설사로 활동하면서 초창기엔 아무래도 힘들었어요. 동네에 대해 잘 모르고 그 자리 자체가 낯선데, 탐방객들이 20~30명 와 있으니까 인솔하는 데에도 우왕좌왕했죠. 그래서 초기에 서툴 때 오셨던 분들한테는 미안한 마음이 들어요. 그리고 저도 탐방을 다녀 봐서 아는데, 그 동네를 알려면 정말 경청을 잘해야 해요. 하지만 탐방객들 중에는 건성으로 들으시는 분들도 더러 있어요. 그런 게 느껴질 때가 힘들죠. 마을해설사는 누구 앞에서든 열정적으로 얘기를 해야 하잖아요. 그런 게 애로사항이라면 애로사항이죠.

## 5

### 도시재생과 마을해설사 활동

마을엄마 협동조합의 간판

"마을엄마협동조합의 초심은 마을해설을 하되 우리만의 장위동 모델을 만들자는 거였어요."

마을엄마 협동조합에 대해 이야기하는 이진희

2016년부터 도시재생지원센터를 오가며 마을활동에 열정적이신 분들의 얼굴을 익히다가 마을해설사 활동을 본격적으로 하면서 얼굴을 많이 뵙게 됐어요. 그런데 마을해설을 12명이 하다 보니까 의견이 안 맞을 때도 많더라고요. 그래서 마을해설이 해체될 위기도 겪었어요. 그러던 중에 마음 맞는 사람들끼리 '우리 정말 좋은 일 하고 싶다. 우리끼리 뭐라도 한번 해 볼래?' 해서 마을협동조합이라는 것을 만들게 됐어요. 2019년에 본격화돼 법인을 설립했고요. (마을엄마협동조합은) '마을 여유재'라는 공간에 있어요. 협동조합센터에 계시는 대표님께서 지하를 1년 동안 저희한테 무상으로 제공해 주시고 수도요금 같은 것만 내라고 편의를 봐주셔서 장소를 마련하게 됐어요.

마을엄마협동조합이 법인이다 보니 직위가 생기고, 또 거기에 맞춰서 일을 해야 하니까 일이 너무 많아서 힘든 거예요. 문서 만드는 일부터 예산 따오는 거며, 조합원 6명이 나눠서 일을 했는데도 너무 힘들었어요. 엄마들이다 보니까 워드(문서 작성)가 능숙한 것도 아니고요. 주민들을 다 포용해야 하는 게 마을협동인데, 아직 자질을 못 갖춘 6명이 주축이 돼서 더 많은 조합원을 끌어오기가 힘들었죠. 지금은 숙련기라고 생각해요. 지금은 우리 자리 만들고, 배우고 따라다니는 것에 집중하고 있어요.

마을엄마협동조합의 초심은 '마을해설을 이렇게 버리지 말자. 마을해설을 하되 센터를 통하지 않는 우리만의 장위동 모델을 만들자'는 거였어요. 그래서 처음에는 교육에 활동 목표를 두고, 우리 아이들이 이 동네에서 꼭 살아야 하는 이유를 만들어 주자고 했죠. 학교에 (마을엄마협동조합) 선생님들이 찾아가서 이런 프로그램을 할 테니 우리를 마을해설사로 써 달라고까지 하는 등 공격적으로 진행했어요. 그런데 학교에서는 정확한 언어를 쓰고 정확한 정보를 주는 걸 희망하시는 거예요. 되게 수준 높은 교재가 나오길 원하시는데, 거기에는 저희가 좀 못 미치는 거 같더라고요.

그래서 다시 방향을 바꿨어요. 아이들이 우리 장위동에서 살면서 여러 상점을 다니잖아요. 대형마트도 가지만 우리 동네를 이용해야 하는 이유를 만들어 보고, 쿠폰제도를 운영해 우리가 여기서 (수익)창출을 하기로 했죠. 야채를 싸게 공급받아서 아이들에게 상점을 이용하게 하고, 그 상점에서 이용한 음식물을 가지고 요리를 해서 부모님이나 어려운 이웃에게 도움을 줄 수 있는 프로젝트를 진행해 보자 했는데, 준비하면서 공부를 하다 보니까 이게 너무 많은 변수가 있더라고요. 그래서 서울시에서 하는 프로그램에 저희가 참여하면서 케이터링 같은 것도 배워 보고, 요리를 해 음식으로 독거노인들한테 혜택도 드리고…. 뭐 그렇게 시행착오를 겪으면서 하나하나 배워 가고 있어요.

# 6

## 장위동 재개발과 아이들의 미래에 대한 생각

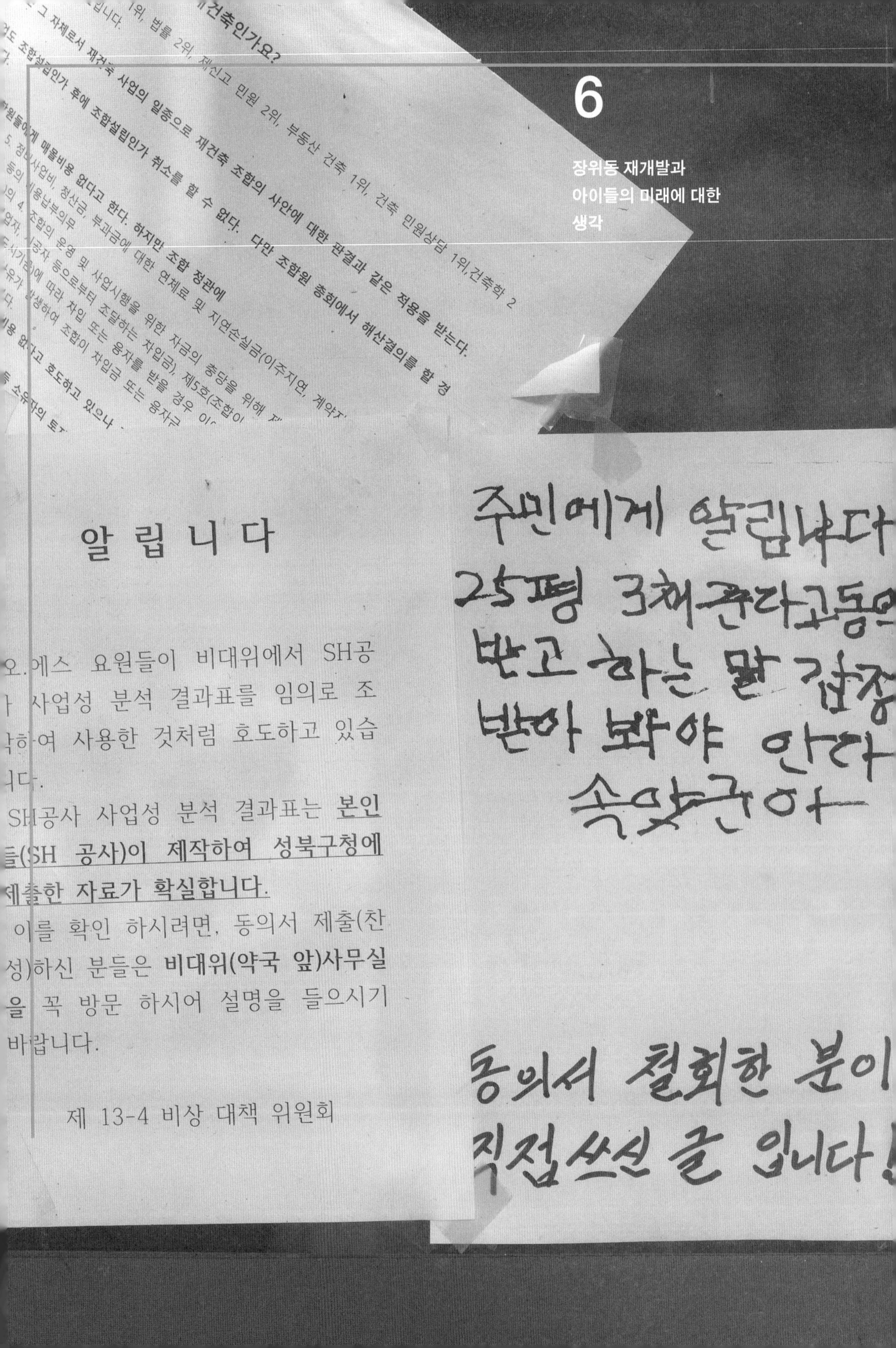

**"동네를 구역으로 구분하기 시작한 건 2000년도 초에 뉴타운 지정을 받으면서부터였어요."**

학창 시절에는 '1동 손들어, 2동 손들어, 3동 손들어' 그러면 자기 동을 손을 들어 얘기했어요. 똑같은 초등학교도 3동 사는 애가 있고, 2동 사는 애가 있었지요. 보통 3동 사는 애들은 테두리에 산다고 생각했고, 2동은 언덕배기에 산다고 생각했죠. 제 입으로도 구역 얘기를 하기 시작한 건 아무래도 2000년 초에 뉴타운 지정을 받으면서 그런 것 같아요. 이전에는 "29통이에요"라거나 "290번지예요"라고 얘기했는데 말이죠. 2000년부터 '13구역' 등을 표현했던 거 같아요. 그게 빨리 와 닿으니까요. 그리고 2006년에 지구 지정을 받으면서 구역이 확실히 갈라졌어요. 그때부터 이제 구역으로 얘기를 하게 됐어요. 조합장을 선출하니까 그게 이제 머리에 박히게 된 거죠.

**"원조합원 780명 중 200명만 다시 장위동에 들어오게 된 거예요."**

7구역의 집주인이 780명이었어요. 그럼 재개발을 하고 난 후 집주인 780명이 다 (뉴타운에) 들어와야 하는데, 280명은 현금 보상을 받고 나갔고, 500명은 아파트(입주권)를 받겠다고 했어요. 그런데 아파트를 받았는데도 실질적으로 300명은 (입주권을) 팔고 나갔어요. 결국 원조합원들 중 200명만 다시 장위동에 들어오게 된 거예요. 지금 이분들도 전세 놓겠다는 사람들이 많고 실질적으로 들어오는 사람은 거의 없죠. 왜냐하면 자식들과 같이 살고 싶고, 또 이주하면서 산 다른 집을 세 놓고 들어와야 하는 문제가 있기 때문이죠.

**"아이들이 자랑스러워하는 고장이 있었으면 좋겠다는 생각이에요."**

장위동이 제가 꿈꾸던 곳은 아니었어요. 근데 살아보니 인간은 꿈이 있어야 하고 목적이 있어야 되겠더라고요. 내가 못 이룬 꿈과 목적을 우리 아이들한테 자연스럽게 느끼게 해 주고 싶었어요. '엄마, 나 이 동네에서 살고 싶어' '엄마, 나 이곳 학교 출신이잖아' '나 장위동에서 살았잖아' 등등 자랑스러워하는 고장이 있었으면 좋겠다는 생각을 했기 때문에 제가 지금까지 이렇게 노력을 했고, 통장을 하면서 아이들한테 본보기를 보여 주려고 노력했어요.

'이렇게 동네를 위해 일할 수 있는 자리가 있고, 이런 자리를 창피하게 생각하면 안 되고, 적극적으로 활용해야 한다. 너희한테도 이런 기회가 주어진다면 이런 일을 했으면 좋겠다'는 말을 아이들에게 들려 주고 싶어요. 우리 아이들이 아직 엄마가 하는 일에 무관심이지만 저는 우리 아이들한테 '나 장위동에서 살고 싶어요' '나 여기서 아이 낳고 싶어요' '엄마, 나 여기서 내 집 사고 싶어' 같은 말들을 듣는 게 꿈이에요.

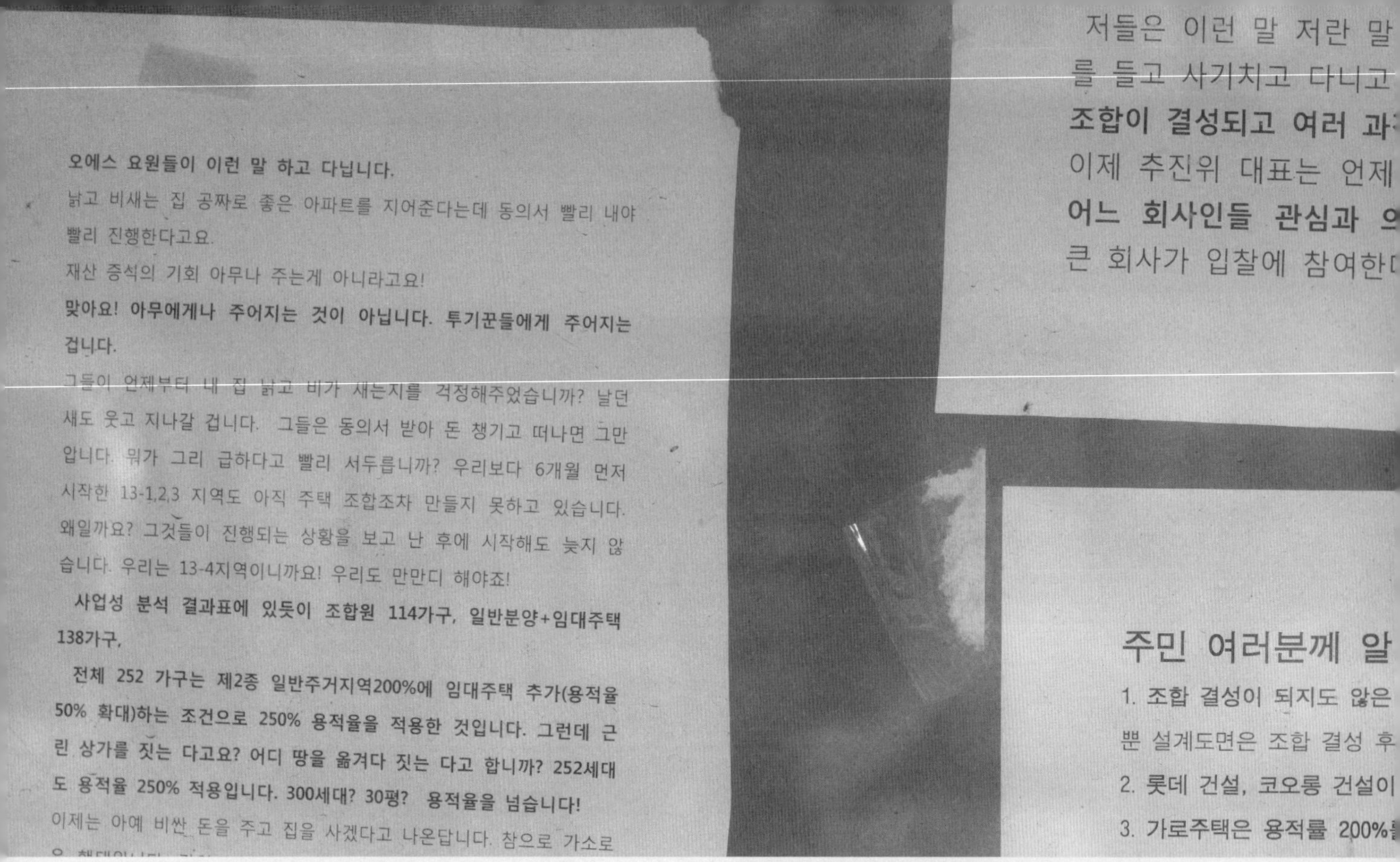


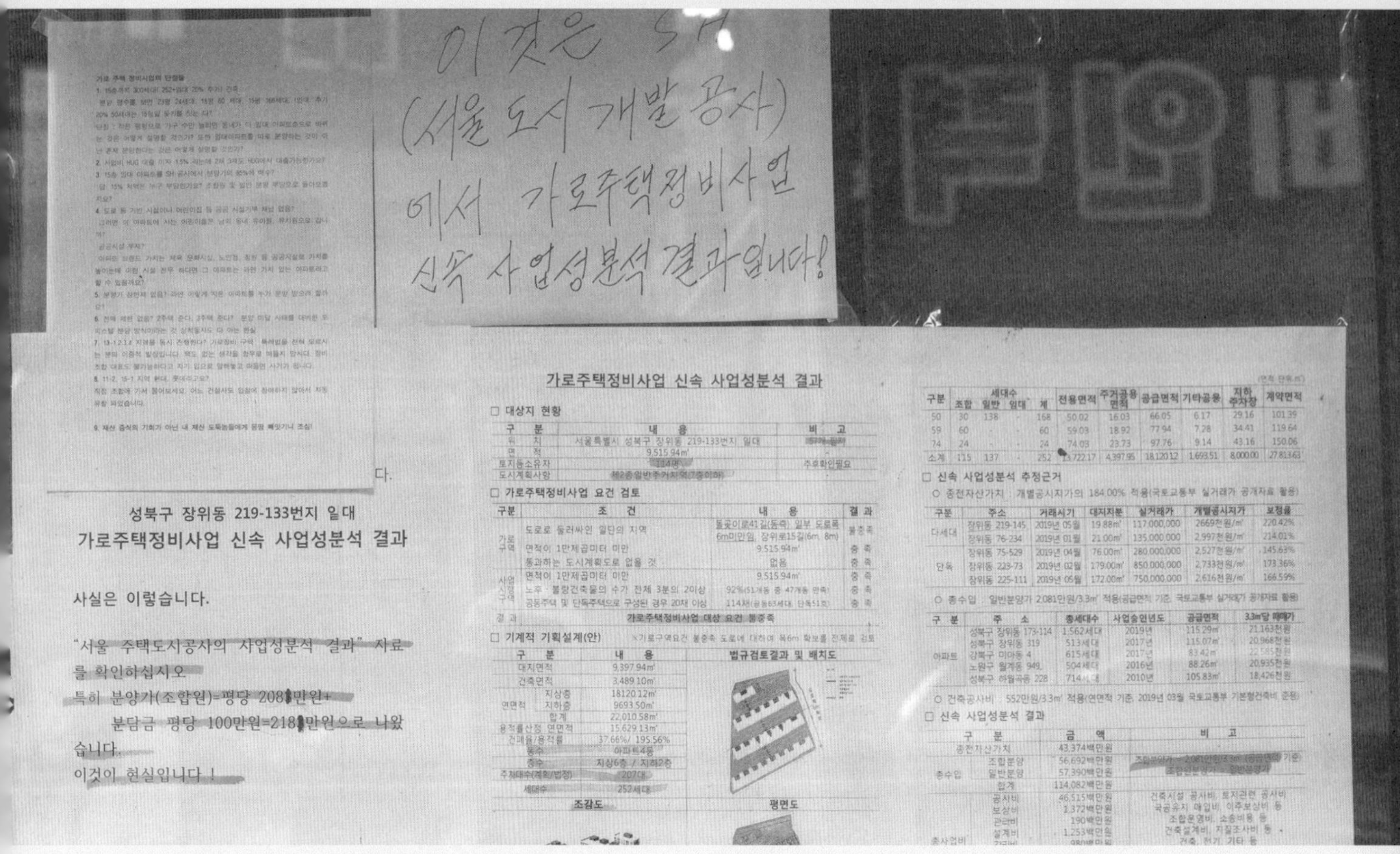


장위13-4구역 가로주택정비사업 반대자 비상대책위원회 사무실에 붙은 벽보

가칭 13-4 구역 주민여러분 !
지금 요망한 오에스 요원들이 롯데, 코롱 등 건설사가 들어온다는 유언비어를 퍼뜨려 돌고 있다고 합니다.
이런 꼬여 현혹되지 마시고 아직 조합 결성도 되지 않고 있으며 조합 결성에 필요한 조건(동의서, 토지)을 하나도 충족하지 못하고 있으니 저들의 말에 속지 마시고 우리들의 반대 의견을 지켜나가시면 되겠습니다.
저들은 이런 말 저런 말로도 회유하지 못하니 결국 되지도 않은 건설사를 들고 사기치고 다니고 있습니다.
조합이 결성되고 여러 과정을 거쳐서 건설사가 결정되는 것입니다.
이제 추진위 대표는 언제까지 악마의 탈을 쓰고 사기를 치려고 하나요?
어느 회사인들 관심과 의견 개진을 못할까요? 개도 웃고 가겠습니다.
큰 회사가 입찰에 참여한다 하면가요? ㅋㅋㅋㅋㅋㅋㅋㅋㅋ!!!!!!!!!!!!
주민 여러분께 알려드립니다.
13-4 비상대책 위원회
가로정비는
동의서 제출시 지장을 찍은 것으로 인감 증명을 대신하고, 따라서 조합설립 후 인감증명서 제출기회가 없으며 바로 관리처분들어감.
동의서 제출하신 분들! 정확한 사실을 인지하시고 대처하시기 바랍니다. (조합설립후 반대해도 된다는 오에스들의 감언이설에 속지마십시오. 그 때는 이미 늦습니다!)
10억시대
사실은 이렇습니다.
사업성 분석결과 자료에 따르면
분양가는 조합원과 일반분양가는 같습니다.
평당 분양가 2081만원, 세대당 조합원 분담금
2500만원으로 나왔습니다. 또한 가로주택 정
으로만 짓습니다.
이것이 현실입니다. 전혀 가감없이 사실을 전달할 뿐입니다.
이런 사실을 숨기고 전혀 자료 공개를 않하는 저의가 무엇일까요? 다시 한번 요구합니

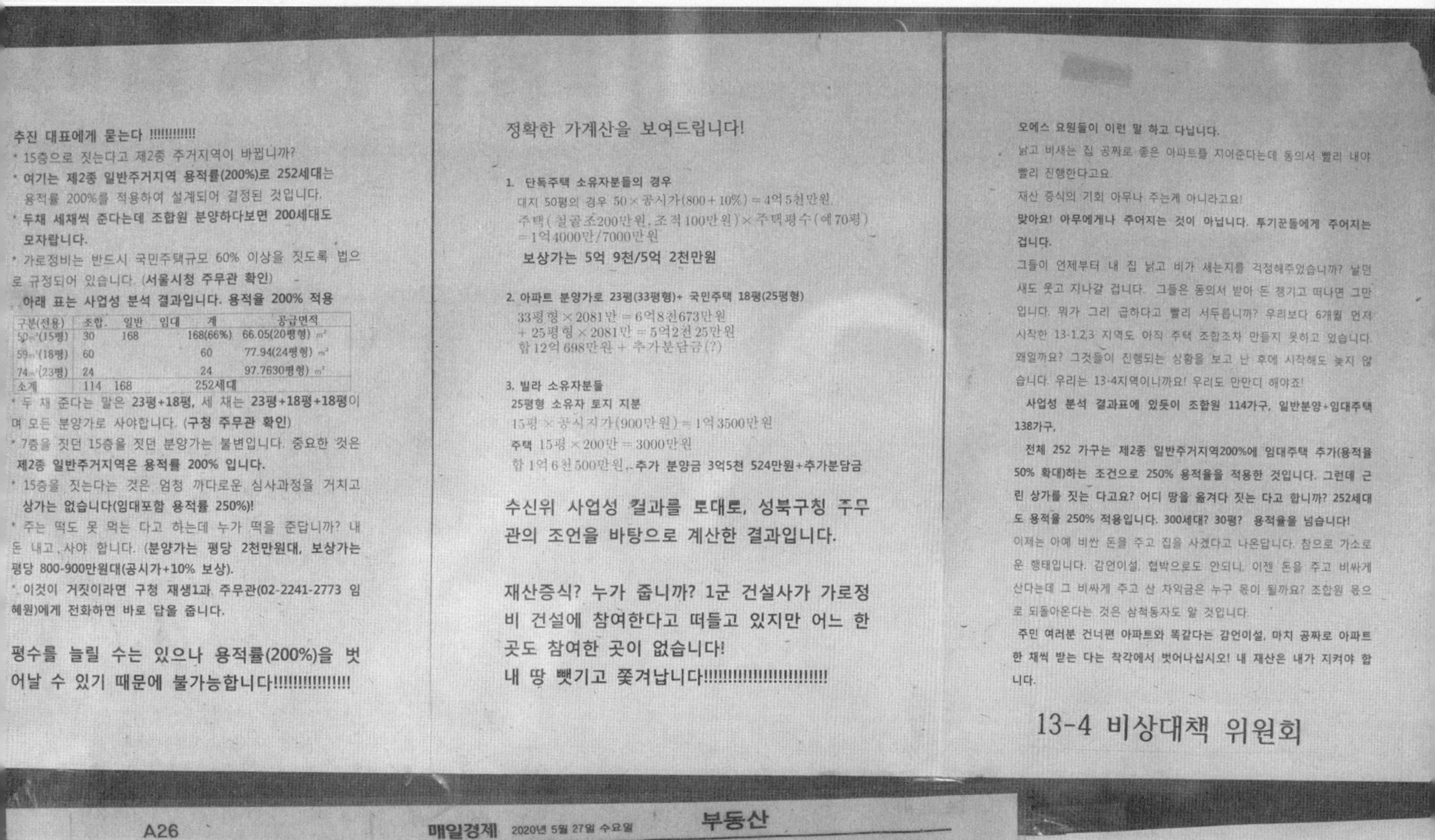
추진 대표에게 묻는다 !!!!!!!!!!!!
* 15층으로 짓는다고 제2종 주거지역이 바뀝니까?
* 여기는 제2종 일반주거지역 용적률(200%)로 252세대는 용적률 200%를 적용하여 설계되어 결정된 것입니다.
* 두채 세채씩 준다는데 조합원 분양하다보면 200세대도 모자랍니다.
* 가로정비는 반드시 국민주택규모 60% 이상을 짓도록 법으로 규정되어 있습니다. (서울시청 주무관 확인)
아래 표는 사업성 분석 결과입니다. 용적율 200% 적용
구분(전용) 조합 일반 임대 계 공급면적
50㎡(15평) 30 168 168(66%) 66.05(20평형) ㎡
59㎡(18평) 60 60 77.94(24평형) ㎡
74㎡(23평) 24 24 97.7630평형) ㎡
소계 114 168 252세대
* 두 채 준다는 말은 23평+18평, 세 채는 23평+18평+18평이며 모든 분양가로 사야합니다. (구청 주무관 확인)
* 7층을 짓던 15층을 짓던 분양가는 불변입니다. 중요한 것은 제2종 일반주거지역은 용적률 200% 입니다.
* 15층을 짓는다는 것은 엄청 까다로운 심사과정을 거치고 상가는 없습니다(임대포함 용적률 250%)!
* 주는 떡도 못 먹는 다고 하는데 누가 떡을 준답니까? 내 돈 내고 사야 합니다. (분양가는 평당 2천만원대, 보상가는 평당 800-900만원대(공시가+10% 보상).
* 이것이 거짓이라면 구청 재생1과 주무관(02-2241-2773 임혜원)에게 전화하면 바로 답을 줍니다.
평수를 늘릴 수는 있으나 용적률(200%)을 벗어날 수 있기 때문에 불가능합니다!!!!!!!!!!!!!!!!
정확한 가계산을 보여드립니다!
1. 단독주택 소유자분들의 경우
대지 50평의 경우 50×공시가(800+10%)=4억5천만원.
주택(철골조200만원, 조적100만원)×주택평수(예70평) =1억4000만/7000만원
보상가는 5억 9천/5억 2천만원
2. 아파트 분양가로 23평(33평형)+ 국민주택 18평(25평형)
33평형×2081만 =6억8천673만원
+ 25평형×2081만 =5억2천25만원
합12억 698만원 + 추가분담금(?)
3. 빌라 소유자분들
25평형 소유자 토지 지분
15평 ×공시지가(900만원)=1억3500만원
주택 15평 ×200만 =3000만원
합 1억6천500만원,-추가 분양금 3억5천 524만원+추가분담금
수신위 사업성 결과를 토대로, 성북구청 주무관의 조언을 바탕으로 계산한 결과입니다.
재산증식? 누가 줍니까? 1군 건설사가 가로정비 건설에 참여한다고 떠들고 있지만 어느 한 곳도 참여한 곳이 없습니다!
내 땅 뺏기고 쫓겨납니다!!!!!!!!!!!!!!!!!!!!!!!!!!!
오에스 요원들이 이런 말 하고 다닙니다.
낡고 비새는 집 공짜로 좋은 아파트를 지어준다는데 동의서 빨리 내야 빨리 진행한다고요.
재산 증식의 기회 아무나 주는게 아니라고요!
맞아요! 아무에게나 주어지는 것이 아닙니다. 투기꾼들에게 주어지는 겁니다.
그들이 언제부터 내 집 낡고 비가 새는지를 걱정해주었습니까? 날던 새도 웃고 지나갈 겁니다. 그들은 동의서 받아 돈 챙기고 떠나면 그만입니다. 뭐가 그리 급하다고 빨리 서두릅니까? 우리보다 6개월 먼저 시작한 13-1,2,3 지역도 아직 주택 조합조차 만들지 못하고 있습니다. 왜일까요? 그것들이 진행되는 상황을 보고 난 후에 시작해도 늦지 않습니다. 우리는 13-4지역이니까요! 우리도 만만디 해야죠!
사업성 분석 결과표에 있듯이 조합원 114가구, 일반분양+임대주택 138가구,
전체 252 가구는 제2종 일반주거지역200%에 임대주택 추가(용적율 50% 확대)하는 조건으로 250% 용적율을 적용한 것입니다. 그런데 근린 상가를 짓는 다고요? 어디 땅을 옮겨다 짓는 다고 합니까? 252세대도 용적율 250% 적용입니다. 300세대? 30평? 용적율을 넘습니다!
이제는 아예 비싼 돈을 주고 집을 사겠다고 나온답니다. 참으로 가소로운 행태입니다. 감언이설, 협박으로도 안되니, 이젠 돈을 주고 비싸게 산다는데 그 비싸게 주고 산 차익금은 누구 몫이 될까요? 조합원 몫으로 되돌아온다는 것은 삼척동자도 알 것입니다.
주민 여러분 건너편 아파트와 똑같다는 감언이설, 마치 공짜로 아파트 한 채씩 받는 다는 착각에서 벗어나십시오! 내 재산은 내가 지켜야 합니다.
13-4 비상대책 위원회
A26 매일경제 2020년 5월 27일 수요일 부동산

장위 7구역에 아파트가 들어선 모습

← 장위치안센터

# 부록

(위)
장위10구역 주택재개발정비사업
장위시장 사진기록
2020년 7월 1일.

(아래)
2019년 3월 22일.
출처: 성북마을아카이브

플러스후루츠
실내포차
항미당

장위로 →

기현사
총각네고깃집

칼라룸
안동지물포
915-0266
안동 지물포
T. 011-797-0266
02-915-0266

아줌마생선

장위치안센터

종합전자
LG전자
종합전자

번영상회
T 911-9537
-주문환영 신속배달-
·각종건어물
·제수용품
·각종마른안주
·굴비 한치 젓갈류

장위로 →

장위치안센터

화장품
최상의 품질
최저의 가격
최고의 써비스
TEL:915-3360
SALE
슈퍼

장위로 →

21세기 떡집
부산어묵
한우축산물
마산떡집
마산
떡
방앗간

김치
51-5519
아트-이븐
악세사리 팬시
DC마트
010-7668-0
김치
겨울상품

슈퍼신발
한아름 반찬 전문점
점포정리

장위치안센터

아트-이븐
두부마을
두부마을
BYC
비와이씨

두부마을
두부마을
그 동안 두부마을을 이용해 주셔서 감사합니다.
9/23일 까지 영업을 종료하고 수유리 장미원 시장으로
이전하게 되었음을 알립니다.
다시한번 진심으로 감사의 말씀 전합니다.

보물섬
피어리스 양품점
뉴욕 신발 백화점
맑은샘건강원
TEL:3292-1380 HP:010-2268-0434

장위로 →

맛있는 빵집
대머리 한우정육점
대형축산 T.915-4833
꼬꼬야놀자
호프 T.913-3579
할머니 꿀떡집
T.915-0616 집912-7696

뉴욕 신발 백화점

장위치안센터

떡
3492-5777
915-5770
반찬사랑
941-9412

장위로 →

장 위 떡 집
토종한우
915-1791

한독패션
마춤떡 전문
장위 떡 집
915-7414
내집은 생명이다. 내땅! 내집!
내집지킴이 장위연합 장위1

2020
서울생활문화자료조사

# 도시 주거 변천의 파노라마
# 장위동
JANGWI DONG

| | |
|---|---|
| 발행인 | 배현숙 |
| 발행일 | 2021년 5월 |
| 발행처 | 서울역사박물관 |
| | 03177 서울특별시 종로구 새문안로 55 |
| | museum.seoul.go.kr |
| | T. 02.724.0274　F. 02.724.0206 |
| 제작 | (주)디자인인트로 |
| 디자인 | 김지영, 김은정, 엄희영, 여의주 |
| 발간등록번호 | 51-6110569-000302-01 |
| ISBN | 979-11-90480-35-2 |